고조선문명의 사회사

신용하

신용하慎鏞廈

- · 서울대학교 문리과대학 사회학과 졸업
- · 서울대학교 대학원 경제학석사·사회학박사
- · 미국 하버드 대학교 객원교수
- · 서울대학교 사회과학대학 사회학과 교수
- · 서울대학교 사회과학대학 학장
- · 한국사회학회 회장
- · 한국사회사학회 회장
- · 한양대학교 석좌교수
- · 이화여자대학교 이화학술원 석좌교수 역임
- · 현재 서울대학교 명예교수
  울산대학교 석좌교수
  대한민국학술원 회원

고조선문명의 사회사
A Social History of Gojoseon (Ancient Korean) Civilization

초판 1쇄 발행   2018. 8. 1.
초판 4쇄 발행   2021. 12. 10.

지은이   신 용 하
펴낸이   김 경 희
펴낸곳   (주)지식산업사
         본사 · 10881, 경기도 파주시 광인사길 53(문발동)
         전화 (031) 955-4226~7 팩스 (031) 955-4228
         서울사무소 · 03044, 서울시 종로구 자하문로6길 18-7
         전화 (02) 734-1978 팩스 (02) 720-7900
         영문문패   www.jisik.co.kr
         전자우편   jsp@jisik.co.kr
         등록번호   1-363
         등록날짜   1969. 5. 8.

책값은 뒤표지에 있습니다.

    ISBN 978-89-423-9045-8(94910)
         978-89-423-9046-5(전6권)

이 책에 대한 문의는
지식산업사 전자우편으로 연락해 주시길 바랍니다.

고조선문명의 사회사

신용하

지식산업사

이 저서는 2013년 대한민국 교육부와 한국학중앙연구원의 한국학특정분
야기획연구사업의 지원을 받아 수행된 연구임(AKS-2013-SRK-1230001)

머리말

우리들은 종래 인류 최초의 독립문명을 슈메르(티그리스·유프라테스강)문명, 이집트(나일강)문명, 인도(인더스강)문명, 고중국(황하)문명의 4대 문명으로 들어 왔다. 좀 더 확대하여 여기에 에게해문명, 멕시코(마야)문명, 페루(잉카)문명 등을 넣어서 7대 문명을 논하기도 하였다. 그러나 인류 최초의 독립문명들 가운데는 아직 연구가 되어 있지 않아서 잃어버리거나 잊혀버린 문명들이 몇 개 더 있었다. 문명사가 토인비는 약 6개라고 추정하였다.

이 책은 그러한 잃어버린 문명들 가운데 '고조선문명'을 찾아서 인류 문명사의 새 패러다임을 설정하려고 시도한 책이다. 약 5,000년 전 동아시아에는 한강·대동강·요하 유역을 중심으로 또 하나의 고대독립문명인 '고조선문명'이 실재하였다.

고조선문명은 신석기시대 한족의 한강문화와 대동강문화, 맥족의 홍산문화(중국 고고학계의 '요하'문명), 예족의 신석기문화가 하나로 통합되어 약 5,000년 전 동아시아 최초의 고대국가 '고조선'이 건국됨과 궤를 같이하면서 탄생한 인류의 세 번째 고대문명이었다.

고조선문명은 인류가 창조한 최초의 고대 독립문명 가운데에서 겨울에는 얼어붙는 동토와 접변하여 가장 추운 지방에서 한파와 싸워가면서 탄생한 독특한 문명이었다.

古한반도는 이미 구석기시대와 신석기시대 초기에 유라시아 대륙의 상대적 인구 밀집 지역의 하나였다. '태양이 가장 먼저 솟는 땅(land of the sunrise)'을 향하여 유라시아 대륙의 해안을 따라 이동해 온 인류의 집단들이 태평양 바다에 막혀서 누적되었기 때문이었다. 그들은 지구 기후가 오늘날처럼 온난화되자 동굴에서 나와, 절대적으로 부족한 식료문제 해결을 위해 古한반도 남한강과 금강 상류를 비롯하여 한반도의 크고 작은 강과 해변에서 약 1만 2,000년 전부터 단립벼 쌀과 콩과 잡곡의 경작 재배를 시작해서 신석기 농업혁명을 수행하였다.

이들이 만든 고조선문명은 '단립벼 쌀+콩장'의 식문화 유형을 정립하였다. 이것은 슈메르문명과 이집트문명의 '밀+보리' 식문화, 인도문명의 '장립벼 쌀' 식문화, 고중국문명의 '잡곡·밀·보리' 식문화, 멕시코 마야문명의 '옥수수' 식문화, 페루 잉카문명의 '감자' 식문화 유형과 대비되는 독특한 것이다.

그들은 약 5,100년 전~4,600년 전에 동아시아에서 가장 일찍 청동기를 발명 제작했으며, 이어서 찬란한 금·금동·철기 등 독자적 유형의 금속문화를 크게 발전시켰다. 그들은 선진 농업과 선진 청동기문화에 기초하여 약 5천 년 전에 古한반도에서 '아사달'(Land of the Sunrise)이라는 이름의 고조선 고대국가를 개국하여 古한반도·만주·연해주·동내몽고에 걸친 거대한 고대연방국가를 성립 발전시켰다.

고조선 국가의 형성과 동반하여 탄생 성장한 고조선문명에서는 태양과 조상신(단군, Tengrism)을 숭배하는 독특한 신앙과 종교를 믿었다. 고조선문명은 고조선 고대연방국가에서 공통으로 사용하는 고조선 언어를 형성시켰다. 이 고조선 언어가 고조선 연방국가 해체 이후 각지에 흩어진 고조선 옛 주민들의 민족이동에 따라 유라시아 대륙 북방에 긴 띠를 만든 우랄어족, 알타이어족, 우랄·알타이어족의 조어(祖語)가 된 것이었다.

고조선문명은 매우 일찍 성립 발전된 목축에 기초하여 '기마문화'를 성립 발전시켜서 광대한 고조선 연방국가의 교통·통신·운반·이동 수단과 국방 수단으로 사용하였다. 고조선문명의 기마문화는 고조선 국가가 해체되어 고조선 주민들이 민족이동을 단행할 때 그 후예들 일부가 중앙아시아를 거쳐 아나톨리아 반도·발칸 반도·판노니아 평원·라인강 유역·발트 연안(에스토니아)·스칸디나비아 반도(핀란드)·갈레리아 반도까지 이동 정착한 수단이 되었다.

고조선문명은 의식주 생활문화가 독특했을 뿐 아니라, 공동의 독자적 '축제문화'를 형성 발전시켰다. 그들은 독특한 유형의 음악·무용·미술·시가·문학·체육·경기 등을 발전시켰다.

고조선문명의 내용과 구조는 인류 최초 5대 고대독립문명의 내용과 구조를 모두 갖추고 있었으며, 가장 선진한 내용도 많이 갖추고 있었다.

고조선 문명은 '우랄어족' '알타이어족' '우랄·알타이어족'의 언어를 사용하는 모든 사람들의 문화와 문명의 원래의 뿌리이고 기원이 된 문명이었다.

뿐만 아니라 동아시아 최초의 고조선문명은 그 다음 동아시아 두 번째 문명인 고중국(황하)문명의 형성에 지대한 영향을 끼쳤다. 고중국문명 형성의 주역의 핵심인 商(상)문명은 고조선 이주민들이 고조선문명을 갖고 이동해 들어가서 형성한 문명이었다.

그러므로 인류 문명을 사실대로 깊이 이해하기 위해서는 '고조선문명'을 반드시 알 필요가 절실한 것이다.

저자가 고조선문명 탐색을 시작한 계기는 우랄·알타이어족의 역사를 알게 되었기 때문이었다. 저자는 1967년 김완진(국어학자) 교수와 함께 하버드·옌칭 연구소 방문교수로 가게 되었는데, 같은 집에 세들어 체류하게 되었다. 당시 우리들은 가족을 동반하지 못하게 했기 때문에 매우 외로웠다. 지금과는 달리 당시 하버드에는 한국 교수나 학생들이 몇 분밖에 없었다. 30세의 어린 교수였던 저자는 민족은 무엇보다도 언어공동체였다고 생각하고 있었으므로 한국민족의 기원과 한국 언어의 기원을 동일계보라고 보고 2층에서 1층의 김완진 교수님 방을 자주 찾아 국어 형성의 자세한 강의를 1년 동안이나 듣는 행운을 얻었다. 감동적인 것의 하나는 람스테드(Gustaf John Ramstedt, 1873~1950) 교수 이야기였다. 핀란드의 젊은 외교관 람스테드는 19세기 후반 주일본 핀란드 공사로 부임하여 현지어인 일본어 공부를 시작했다가 일본어·

한국어·만주어·몽골어가 자기 나라 핀란드어와 문법·구조·상당한 어휘가 동일함을 알고 경악하였다. 그는 결국 외교관을 사임하고 언어학자가 되어 집중 연구 끝에 몇몇 다른 학자들과 함께 '우랄·알타이어족'의 용어·개념·학설을 정립하였다. 유라시아 대륙 최서북단 핀란드의 언어가 최동북단 한국어·일본어와 구조상 동일하다니, 당시 저자에게는 놀라운 사실이었다. 옌칭도서관의 장서들에서 언어학자들은 한국어가 알타이 지방에서 기원한 것으로 받아들이고 있었다. 핀란드나 알타이 지방에서 한국민족이 기원했는가, 핀란드 역사를 열어 보았더니 핀란드는 한국의 고려시대에 정착한 민족이었고, 알타이 지방에서는 한국의 고구려 시대에 투르크족 제국이 건설되고 있었다. 우랄·알타이어족 중에는 4,300년의 역사를 가진 한국어의 역사가 가장 오래였다. 과학적으로 기원은 가장 오랜 곳에서 나오는 것이니, 그렇다면 우랄·알타이어족의 기원은 한국어가 아닐까? 이 엄청난 사실을 어떻게 설명하고 증명할 수 있을까?

저자의 고민과 희열과 고뇌가 반복된 긴 탐색과 탐험이 시작되었다. 우선 중국 고문헌 자료조사에서는 완전히 실패하였다. 한국 고대에 대한 중국 고문헌 자료는 매우 늦게 한 무제의 위만조선 침략에 관련된 간단한 기록에서 시작될 뿐 아니라, 그 후 모든 중국 고문헌기록들은, 속속 발굴되는 한국 고대의 찬란한 출토 유물·유적들, 문화유산들과는 달리, 한국민족을 폄하 훼손시켜 야만인처럼 묘사한 편견에 가득 찬 것들이었다. 중국 고문헌 자료는 엄정한 사료비판을 거친 후에도 부차적 자료 외에는 고대문명의 진실을 밝히기에 너무 부족한 것들이었다.

필자가 여러 방법의 응용 실패 끝에 큰 도움을 받은 것이 프랑스 '아날학파'의 방법이다. 이 학파는 영국·독일·이태리에서는 '사회사학파'라 부르는 학파이다. 그들은 고대사회와 고대문명의 '장기지속'의 경우 특히 기후변화, 지리적 조건, 인구구성, 사회경제, 지식, 신앙, 사유방식, 문명 등의 엄격한 과학적 분석을 중시하고, 자료에서도 고고유물·유적, 고미술, 전설, 신화, 언어, 민담, 관습 등을 문헌자료와 함께 매우 중시하여, 처음부터 끝까지 오직 과학적·사회학적·인류학적 분석 방법을 적용하는 학파이다.

아날학파(사회사학파)의 분석 방법을 동아시아의 자료들에 적용하면서 모든 선입견·편견을 버리고 오직 검출되는 '진실'만을 모아서 정리했더니, 놀랍게도 동아시아에서 고중국(황하)문명보다 앞선 가장 이른 시기에 고중국문명과는 내용과 특징이 전혀 다른 하나의 독립 고대문명이 검출되어 나왔다. 이것이 '고조선문명'이다.

이 책은 바로 이 '고조선문명'의 기원 및 형성과정과 이 문명의 특징 및 확산과정을 밝힌 패러다임 전환 탐험의 저서이다.

고조선문명론은 새로운 개념이고 새로운 패러다임이기 때문에 처음에는 생소하게 들릴지 모르지만, 내용은 전적으로 역사적 사실에 기초하여 정립된 것이다. 저자는 '고조선문명'의 학술적 개념을 정립하여 2000년부터는 학술연구논문을 발표하기 시작했는데, 이 무렵 중국이 소위 '동북공정'을 시작하면서 '맥'족의 홍산문화를 '요하문명'으로 격상시켜 전시하기 시작하였다. 홍산문화는 고조선문명을 구성하는 4대 기원의 하나일 뿐인데, 이것을 중국학계가 '문명'으로 본 것은 저자에게 '고조선문명'의 개념 정립과 체계화에 더욱 격려를 주었다.

저자가 쓴 고조선 국가형성론(《고조선 국가형성의 사회사》, 2010), 한국민족 형성론(《한국민족의 기원과 형성 연구》, 2017), 그리고 고조선문명 형성론(《고조선문명의 사회사》, 2018)은 동일 지역에서 일어난 동일한 역사적 사실의 다른 측면이므로, 세 책의 도입 부분이 동일 자료와 동일 설명으로 중복되어 있는 부분이 있다. 이것은 각 책을 독립된 책으로 만들기 위한 불가피한 것이고, 자료가 희귀하여 동일 자료를 매번 사용할 수밖에 없는 사정 때문이므로 독자들의 양해를 구한다.

이 책이 너무 두껍게 되어 일일이 각주를 달지 못했지만, 한국·동양·서양의 다수 고고학자들, 인류학자들, 사회학자들, 고대사학자들, 언어학자들이 발굴·발견한 유물·유적·문헌들에서 많은 힌트를 얻고 도움을 받았다. 그분들께 깊이 감사드리는 바이다.

10

이 책의 집필과 토론회에 연구비를 대어주신 한국학중앙연구원 한국학진흥사업단 여러분께 깊이 감사드린다.

이 책을 발간하는 데 애쓰신 지식산업사 김경희 사장과 직원 여러분에게도 깊이 감사드린다. 그리고 이 책의 타자와 교정에 정성을 기울여 준 서울대학교 사회학과 박영대 박사후보에게도 깊이 감사하는 바이다.

2018년 5월

신 용 하 삼가 씀

차 례

16

제1장 잃어버린 또 하나의 문명을 찾아서:
- 고조선문명의 개념과 인류문명사에서의 위치 -

1. 지구 최후의 빙기와 古한반도의 구석기 인류

　인류가 오늘날처럼 경이로운 과학적 지식을 갖고 수준 높은 문화생활을 영위할 수 있게 된 기원은 아득한 옛날 일찍이 '문명'(文明, civilization)을 창조하여 발전시켰기 때문이다.[1]

---

1) '문명'의 개념은 학자들의 견해마다 상당한 차이가 있다. 학술용어로서의 문명(civilization)은 서양에서는 1752년 프랑스에서 중농학파 튀르고(Anne Robert Jacque Turgo, 1727~1781)가 처음 사용하기 시작하였다. 19세기에 프랑스에서는 사회학 창시자 꽁트(Auguste Comte, 1798~1857)가 "인류문명 진보의 3단계 법칙"(《사회재조직을 위하여 필요한 과학적 작업계획》, 1822)을 발표하였고, 역사가 기조(François Guillaume Guizot, 1787~1874)가 《유럽 문명사와 프랑스문명사》(1828~1830, 전4책)를 저술 발표했으며, 영국에서 버클(Henry Thomas Buckle, 1821~1862)이 《영국문명사》(1857~1861, 전4책)를 발표하는 등 기타 새로운 명저들이 꾸준히 발표되면서 유럽 각국에 전파되었다. 20세기에 들어와서 영국 역사가 토인비(Arnold J. Toynbee)가 인류문명사의 포괄적 연구서인 《역사의 한 연구》(전10책; 6책은 1954, 4책은 1963)라는 대작을 발표하자, '문명'의 개념, 내용, 연구방법에 대하여 러시아 출신 망명 미국 사회학자 소로킨과 유명한 세기적 논쟁이 있었다. 소로킨의 날카로운 비판에도 불구하고, 사회학자 티마셰프는 토인비를 '역사가'이며 동시에 동태 사회학(dynamic sociology)의 '사회학자'로 평가하여 그의 사회학사 저서(《사회학 이론: 성격과 성장》)에 수록하였다. 여기서는 소로킨, 토인비, 브로델, 티마셰프, 기타 관련 학자들의 '문명' 개념과 설명을 참조하여 '문명'을 "인류의 지적 활동과 산물로 형성된 복합적 사회문화 체계들 및 하위체계들을 인과적으로 통합한 거대한 최상위 사회문화 초거대체계 내지 원형"(a vast socio-cultural supersystem or prototype)이라고 잠정적으로 정의하여 사용하기로 한다.

① Peter Geyl, Arnold J. Toynbee, Pitrim A. Sorokin, *The Pattern of the Past*, The Beacon Press, Boston, 1949, pp.3~126.

고인류학자·고생물학자들의 통설을 종합해 보면, 최초의 인류의 종 (種)은 약 500만 년 전에 아프리카에서 출현하여 진화하면서 먼저 유라시아 대륙으로 퍼져 나갔다고 한다. 물론 '다기원설'도 있다. 인류는 약 500만 년 전에 겨우 손을 땅에서 떼어 꾸부정하게 걷게 되었고, 약 250만 년 전에 손을 자유자재로 사용하는 '손 쓴 사람'(homo habilis)이 되었으며, 약 170만 년 전에 허리를 펴고 꼿꼿하게 걷게 된 '곧 선 사람'(homo erectus)이 되었고, 약 20만 년 전에 돌을 깨어 불을 사용하는 '슬기 사람'(homo sapiens)이 되었으며, 약 5만 년 전에는 지혜가 더욱 발전한 '슬기슬기 사람'(homo sapiens sapiens, 新人)도 출현하게 되었다고 한다.

인류가 아프리카 대륙을 출발하여 유라시아 대륙으로 건너와서 각지로 이동하기 시작한 것은 물론 자유롭게 걸을 수 있는 '곧선 사람' 단계부터이다. 그러나 비교적 활발한 이동은 '슬기 사람'(homo sapiens)과 '슬기슬기 사람'(homo sapiens sapiens) 단계라고 설명되고 있다. 진화고고학에서는 '곧 선 사람'부터 이들을 모두 합쳐서 '구석기인'(Palaeolithic man)이라고 호칭하고 있다. 이들은 한곳에 정착하지 않고 인간 무리 (bands)를 이루어 유라시아 대륙의 여러 방향으로 분산 이동하였다.

당시 유라시아 대륙은 아열대성 기후여서 시베리아에서도 아열대성 식물이 울창하여, 맘모스와 공룡을 비롯한 거대한 초식성 동물들이 살았다. 古한반도에서도 공룡이 살았음이 화석을 통하여 확인된다. 구석기인은 매우 따뜻한 온도에서 자라며 도처에 있는 풍부한 식물의 열매

---

② Pitrim A. Sorokin, *Sociological Theories of Today*, Harper & Low, New York, 1966, pp.289~383.

③ Nicholas S. Timasheff, *Sociological Theory: Its Nature and Growth*, Random House, New York, 1967, pp.273~278.

④ Arnold J. Toynbee, *A Study of History*, A New Edition, Revised and Abridged by the Author and Jane Caplan, Weathervane, New York, 1979, pp.43~46.

⑤ Fernand Braudel, *A History of Civilizations*, The Penguin Press, London, 1994, pp.3~36 참조.

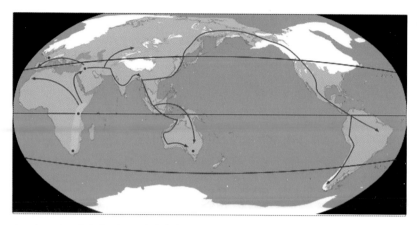

〈그림 1-1〉 빙기의 지구 해안선과 20만 년 전~5만 년 전 Homo Sapience의 주
이동경로(출처: J. M. Roberts, Prehistory and the First Civilizations, p.39의 지도를
참조하여 재작성)

를 채집하며, 깬 돌과 막대로 약한 짐승을 사냥하면 필요한 식료를 얻
을 수 있었기 때문에 아직 인위적 '문명'을 만들 필요도 지혜 축적도
없었다.

  구석기인들에게 가장 두려운 것의 하나는 맹수들과 함께 매일 찾아
오는 밤의 '어둠'이었다. 그러므로 구석기인 가운데 가장 용기 있고 호
기심 많은 구석기인 무리는 태양(해)이 가장 먼저 솟아올라 어둠을 사
라지게 하고 '밝음'의 '아침'이 먼저 찾아오는 해 뜨는 '동방'을 향하여
천천히 이동하는 형세를 이루게 되었다(〈그림 1-1〉 참조).

  古한반도와 연해주는 유라시아 대륙의 가장 동쪽 끝이고 그 동쪽은
깊은 태평양 바다(동해와 오호츠크해)이므로, 해(태양) 뜨는 동쪽을
향해 수만 년·수십만 년에 걸쳐 천천히 동쪽으로 이동해 온 구석기인
무리(bands)의 인류사적 대장정의 '종착역'(터미널) 같은 지역이었다.
구석기인들의 동방 행렬은 종착역 古한반도와 연해주 지역에 누적될
수밖에 없었다.

  유라시아 대륙의 가장 동쪽인 古한반도와 연해주 지역에 구석기인
무리가 처음 도착한 것은 약 100만 년 전경이라고 추정된다. 한반도의
가장 오래된 구석기 유적인 평안남도 상원군 흑우리 검은모루 유적(약

100만 년 전~70만 년 전)과 절골 유적(약 93만 년 전)이 이미 발굴되
어 있고,2) 충청북도 단양군 도담리 금굴 유적(약 70만 년 전)도 이미
발굴되어 있기 때문에 이를 알 수 있다.3) 이 밖에 한반도·만주·연해
주 일대에서 발굴 보고된 주요 구석기 유적이 50개를 넘는다.

그러나 약 5만 3,000년 전에 유라시아 대륙의 구석기 인류에게 참으
로 위협적인 대재앙이 닥쳐왔다. 지구 기후의 급격한 변화로 플라이스
토세(Pleistocene, 洪積世, 更新世)의 제4빙하기의 마지막 빙기인 혹한의
'최후의 빙기'(The Last Glacial Maximum; LGM; Würm Glacial; 뷔름
빙기)가 닥쳐온 것이다.4) 최후의 빙기의 절정은 약 2만 8,000년 전~1
만 3,000년 전에 닥쳤는데, 이 시기에는 대서양 난류 영향을 받는 약
간의 특수 지대를 제외한 전체 유라시아 대륙의 북위 40도 이북 지역
은 긴 겨울에는 모두 얼어붙은 동토(凍土)가 되어 생물이 생존할 수
없게 되어버렸다. 예컨대 우랄지역 겨울철 1월 평균 온도는 '섭씨 영하
30도'(−30℃)였다.5) 그러므로 북위 40도 이북 지역의 유라시아 대륙
구석기인들은 북위 40도 이남의 생존 가능한 더욱 따뜻한 지역의 동굴
을 찾아 이동한 구석기인들을 제외하고는 거의 모두 사멸하게 되었다.

동아시아에서도 이 최후의 빙기 기간에 북위 약 40도 이북 지역에
서는 인류가 상주(常住)할 수 없었다.6) 물론 여름에는 북위 40도 이하

---

2) ① 〈상원 검은모루 유적 발굴중간보고〉, 고고학연구소편, 《고고민속논문집》
    Ⅰ, 사회과학출판사, 1969.
    ② 김신규·김교경, 〈상원 검은모루 구석기유적 발굴보고〉, 《고고학자료집》 4,
    사회과학출판사, 1974 참조.
3) ① 손보기, 〈단양 도담리 금굴유적 발굴조사보고〉, 《충주댐 수몰지구 문화유
    적 현장 발굴조사 보고서》, 충북대박물관, 1985.
    ② 이융조, 《충북의 선사문화》, 충청북도 충북학연구소, 2006, pp.78~80 참조.
4) ① J. Mangerud, J. Ehlers, P. L. Gibbad(eds.), *Quaternary Glaciation: Extent
    and Chronology 1*, PartⅠ, Europe, Amsterdam, Elsevier, 2004.
    ② J. Ehlers, P. L. Gibbard (eds.), *Quaternary Glaciation: Extent and
    Chronology 3*, PartⅢ, South America, Asia, Africa, Australia, Antartica,
    Amsterdam, Elsevier, 2004.
5) John F. Hoffecker, *A Prehistory of the North: Human Settlement of the
    Higher Latitudes*, Rutgers University Press, 2006, pp.91~95 참조.

〈그림 1-2〉 '최후의 빙기' 동아시아 해안선과 구석기인의 이동 방향(바탕지도: atlas-v7x (v7x) | DeviantArt의 Coastlines of the Ice Age - East Asia를 사용하여 재작성)

의 구석기인들도 사냥감을 뒤쫓아 북위 40도 이북에 들어가서 사냥도 하고 열매 채취도 하면서 계절적인 일시 거주는 하였다. 그러나 북위 40도 이북에 상주하면서 집단 주거지를 형성하고 문명을 만들지는 못했다.

동아시아의 북위 40도선은 한반도의 신의주와 중국의 북경을 연결해 지나가는 선이다. 그러므로 古한반도의 압록강 최하류와 고중국의 북경 이북은 최후의 빙기의 약 4만 년 동안 이상 인류가 상주할 수 없는 동토가 되어버린 것이다.

동아시아 혹한의 최후의 빙기에 이 지역 구석기인의 이동을 가로막았던 큰 산맥은 대흥안령산맥과 연산산맥이다. 장비가 없던 구석기인에게 이 높고 긴 준령은 넘기 어려운 자연의 벽이었다. 약 5만 3천 년 전부터 1만 3천 년의 빙기-간빙기-빙기가 반복된 약 4만 년의 동토 기간에, 동아시아의 대흥안령산맥 동쪽과 연산산맥 동북쪽에 살았던

---

6) John F. Hoffecker, "The Human Story" in Brian Fagan(ed.) *The Complete Ice Age*, Thames & Hudson, London, 2009, p.107.

구석기인들 가운데 북위 40도 이남의 인간생존이 가능한 지역을 찾아
남방이동을 감행하지 못한 구석기인들은 거의 모두 소멸하였고, 북위
40도 이남의 인간생존이 가능한 동굴 지대로 남방이동을 감행한 구석
기인들은 살아남아 그곳의 구석기인들과 합류하였다.

　동아시아의 북위 40도 이남 지역에서 구석기인들이 피한(避寒)해 들
어갈 수 있는 '동굴'이 가장 많은 지역은 古한반도였다. 한반도의 자연
동굴 총수의 90퍼센트 이상이 석회암 동굴이고, 다음이 제주도의 용암
동굴이다. 한반도의 북위 40도 이남의 카르스트(karst) 지형 석회암지
대는 한반도 중부지역인 충청북도·강원도·경상북도 접경의 태백산맥
끝자락·차령산맥·소백산맥 일대에 가장 잘 발달해 있으며, 무려 1,000
여 개의 석회암 자연동굴이 이 지역에 집중되어 있다. 이 지역이 古한
반도 제1동굴지대이다. 그 다음이 평안남도와 황해도 접경지대의 석회
암 제2동굴지대이다.[7] 중국에서는 남방 양자강 유역과 광서성·귀주성
남방지역에 가야 석회암 동굴지대가 나온다.[8]

　古한반도는 최후의 빙기에 겨울철에는 동토(凍土)에 연접한 북방한
계선의 매우 추운 지역이었다. 그럼에도 불구하고 동아시아 최대의 석
회암 동굴 밀집지역이었기 때문에, ① 이전의 古한반도의 구석기인과
② 북위 40도 이북 지역에서 피한해 들어온 구석기인과 ③ 유라시아
대륙 동남부 해안을 따라 남방에서 꾸준히 또는 간헐적으로 이동해 올
라 들어오는 구석기 신인(homo sapiens sapiens)들이 합쳐져서, 이 기간
에 세계 구석기인의 최대 인구밀집 지역의 하나가 되어 있었다.

---

7)　① 서무송, 《한국의 석회암 지형》, 세경자료사, 1996.
　　② 홍시환, 〈우리나라 자연동굴의 지리적 분포와 그 특성의 연구〉, 《한국동
　　　굴학회지》 제62집, 2004 참조.
8)　김석주, 〈중국의 동굴자원과 동굴연구〉, 《한국동굴학회지》 제95집, 2009 참
　　조. 이 연구에 의하면, 중국의 카르스트 지형 석회암 동굴은 주로 양자강 이
　　남 남서지방에 집중되어 있다. 중국 지질과학원에 의하면, 현재 등록되어 있는
　　석회암 동굴은 450개인데, 지역별로 광서성이 139개로 가장 많고, 40개가 넘
　　는 지역은 귀주성과 호남성이며, 39~20개가 사천성·중경·운남성이고, 19-10개
　　가 광동성·광서성·절강성·호북성이며, 그 밖의 지역은 모두 10개 미만이다.

古한반도 한강유역에서는 2017년 1만여 점의 구석기유물이 일시에 쏟아져 출토된 '고양 도내동 구석기 유적'처럼, 도처에서 다수의 구석기 유적 유물들이 출토되고 있다.[9]

또한 古한반도는 '최후의 빙기'에 유라시아 대륙의 해안지형이 크게 변하여 서해가 얼어서 고중국 관내와 연륙되었고, 대만도 중국본토와 연륙되어 있었기 때문에, 전체 유라시아 대륙의 가장 동쪽 끝의 유일한 동해안이었다. '최후의 빙기'(약 5만 3천 년 전~1만 3,000년 전)에도 슬기슬기 사람(homo sapiens sapiens, 新人) 가운데 가장 현명하고 용감한 '신인'이 추운 기후 속에서 밝음(光明)과 따뜻함을 내려주는 태양(해)이 솟는 동쪽을 향하여 꾸준하게 이동해 들어오다가 바다에 부딪혀 더 못가고 정착한 '종착지'가 古한반도였다.

2. 인류 '최초문명' 탄생의 첫째 조건

인류가 최후 빙기의 대재난 시대를 극복하고 새 시대를 열기 시작한 것은 최후의 빙기를 지나 약 1만 2,000년 전(일설 1만 2,500년 전) 지구 기후가 대체로 오늘날처럼 따뜻해진 이후부터이다.

약 1만 2,000년 전 지구 기후가 온난화되자 유라시아 대륙의 동토에 인접해 있던 구석기인들은 모두 동굴에서 나와 부근 강변과 해안에 움막을 짓고, 새로운 용구로 마제석기(磨製石器)와 토기와 골각기를 만들어 사냥·어로·식료 채집을 하면서 새로운 '신석기시대'를 열었다. '구석기인'이 '신석기인'으로 진화하게 된 것이다. 유라시아 대륙의 신석기시대가 거의 모두 동일하게 1만 2,000년 무렵부터 시작되는 것은 이러한 똑같은 지구환경 변화에 인류가 동일하게 대응했기 때문이었다.

---

9) 《고양 인터넷뉴스》 2018년 1월 5일자, 〈고양 도내동 구석기 유물 1만여 점 출토〉 보고 및 사진 참조.

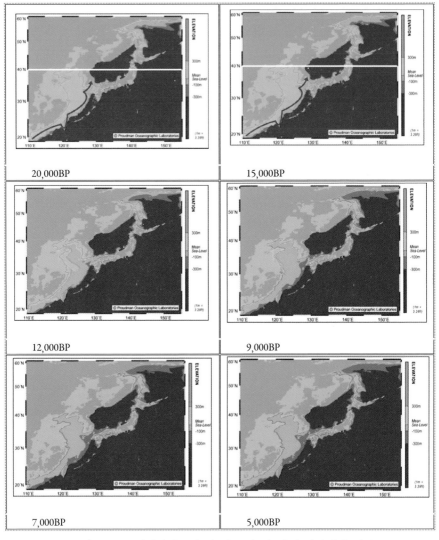

〈그림 1-3〉 동아시아의 2만 년 전~5천 년 전의 해안선의 변동
(출처: The National Oceanography Centre, south east asia post ice age inundation)

신석기시대에 인류 최초문명(the first civilization) 탄생의 첫째 조건
이 된 것은 신석기인들의 '농업경작'(agriculture)의 시작이었다.

농업경작은 꽁트(Auguste Comte)의 표현을 빌리면, 인류가 인간의

고유성능인 '지적 성능'(intellectual faculty)을 사용하여 야생 식물의 종
자를 자기가 선택한 토지에 집중적으로 심어서 과학적으로 인위적 재
배(domestication)를 하여 그 생산물로 부족한 식료문제를 해결하는 혁
명적 변화였다. 종래에는 사냥과 채집으로 한 가족을 부양하는 데 수
천 에이커의 토지가 필요했던 것에 비하여, 농경은 약 25에이커의 토
지로 충분하였다.10)

　　그러나 농업경작은 어느 곳에서나 시작이 가능했던 것은 아니었다.
비옥한 토지, 온난한 기후, 풍부한 물, 수확 때까지 집중적 노동력 등
을 투하하면서 작물을 육성(cultivate)시키는 의지를 가진 현명한 인간
집단이 반드시 필요하였다.

　　사회학적으로 이러한 조건을 갖춘 지역에서 시작된 농업경작은 완전
히 새로운 혁명적 '사회변동'을 낳았다. 농업경작은 신석기인을 특정
지역에 장기간 '정착'시켰다. 농업경작이 인간의 유랑 시대를 영구히
정착 시대로 바꾼 것이었다. 정착한 신석기인의 터전인 농경 '마을'과
'읍락'이 형성되고 이것은 대대로 전승되었다.

　　식량 생산 공급의 증가는 현저한 '인구증가'를 초래하였다. 인간의
지적 성능으로 부단히 개량된 농업경작은 인구를 증가시키고서도 '잉
여생산물'도 축적시켰다. 잉여생산물의 축적은 분배 과정에서 '갈등'과
'투쟁'을 자주 야기시켰다. 그것을 조정하고 해결하기 위해 '권력'을 위
임받은 '우두머리'와 그 집단이 출현하였다.

　　'우두머리'는 갈등의 '조정'과 '안정'도 가져왔지만 그 자신과 그의 가
족이 권력을 갖고 잉여생산물을 더 많이 점유하는 결과도 동반하였다.

　　또한 잉여생산물의 축적은 '농업'에 통합되어 있던 '수공업'을 분리
시키고, 농산물과 수공업 제품의 교환을 중심으로 한 상업을 분화시켰
다. 수공업의 분리·발전으로 자연동과 주석의 합금인 청동기를 제조하
기 시작하였다.

---

10) J. M. Roberts, *Prehistory and the First Civilizations*, Oxford University Press,
　　1998, p.56 참조.

이러한 인구 증가와 특권을 가진 족장의 출현과 농업·수공업·상업의
분화는 '복합적' 사회조직을 출현시켰다. '가족'들이 집합하여 '씨족'이
형성되고, 씨족들이 통합하여 '부족'들이 형성되었다. 부족들 사이에 갈
등과 투쟁이 일어나면, 패배한 부족의 포로는 '노예'가 되고 승리한 부
족장과 그의 무장은 노예를 소유한 세습 귀족이 되어 '신분'과 '계급'
이 발생하였다.

부족장들은 농경과 전쟁의 도구를 더 능률적으로 만들기 위해 새로
청동 등 금속도구를 발명·개량하면서 다른 부족들을 통합하여 대부족
장 또는 군장(chief)이 되고, '준국가'인 군장사회(chiefdom)를 형성하였
다. 강력한 군장은 다른 군장을 통합하여 '고대국가'를 형성하였다.

이 최초의 고대국가 형성 과정에서 인류는 최초의 '문명'을 탄생시
켰다. 인류 최초문명 탄생의 첫째 조건이 바로 농업경작 및 그 잉여생
산물 축적과 고대국가 형성이었다.

따라서 인류 최초의 문명은 말기 신석기인이 거주한 모든 지역에서
균등하게 탄생한 것이 아니라 매우 일찍 농업경작이 성립·발전하였고,
인구가 밀집되었으며, 지적 성능을 활용한 과학적 수공업 기술이 성립
되었고, 고대국가가 형성된 특정 지역에서 형성되고 탄생하였다.

당시 인류의 교통 통신 수단의 수준은 매우 저급했으므로 지구 위
인류의 최초문명들은 지역적으로 서로 '독립'되어 탄생해서 성장하면서
인근지역 사람들과 교류하고 전파되어 갔다.

3. 인류 최초 독립문명과 잃어버린 '고조선문명'

현재까지 발견되어 확인된 인류 최초의 문명은 티그리스·유프라테스
강 유역에서 탄생한 약 5,500년 전의 메소포타미아 수메르문명이다. 뒤
이어 약 5,100년 전에 이집트문명, 약 4,500년 전에 인도문명, 약 3,700

〈표 1-1〉 토인비의 세계 제문명 성장계승양상표(BC 3,500-AD 2,000)

문명	BC 3500	BC 3000	BC 2500	BC 2000	BC 1500	BC 1000	BC 500	BC 0	AD 500	AD 1000	AD 1500	AD 1970	AD 2000
서구도시문명 (Western City-State)													
스칸디나비아문명 (Scandinavian)													
극서기독교문명 (Far Western Christian)													
서구문명 (Western)													
러시아문명 (Russian)													
정교그리스도교문명 (Orthodox Christian)													
이슬람문명 (Islamic)													
모노피사이트문명 (Monophysite Christian)													
네스토리아기독교문명 (Nestorian Christian)													
시리아문명 (Syriac)													
헬리니즘문명 (Hellenic)													
에게문명 (Aegean)													
이란문명 (Iranian)													
제1시리아문명 (First Syriac)													
히타이트문명 (Hittite)													
수메르·아카드문명 (Sumero-Akkadian)													
이집트 문명 (Egyptiac)													
아프리카·동부문명 (African(East))					?								
아프리카·서부문명 (African(West))											?		
인더스문명 (Indus)													
인도문명 (Indic)													
동남아시아문명 (South-East Asian)													
티베트문명 (Tibetan)													
중국문명 (Sinic)													
한국문명 (Korean)													
일본문명 (Japanese)													
베트남문명 (Vietnamian)													
유목민문명 (Nomadic)					?								

중앙아메리카문명 (Middle American)					?	▨▨	
미시시피문명 (Mississippian)						?	▨▨
'남서'문명 ('South−Western')							? ▨▨
안데스문명(Adean)					?	▨▨	
남부안데스문명 (South Andean)						?	▨
북부안데스문명 (North Andean)						?	▨

　　■■■ 미지의 단계(Phases unknown)
　　▨▨▨ 정치적 복합체 단계(Phases of political plurality)
　　▨▨▨ 보편(세계) 국가 단계(Universal state phase)
　자료: Arnold J. Toynbee, 1979, p.72.

년 전에 중국문명이 탄생하였다.11)

　문명사가 토인비는 인류문명을 '독립문명'(Independent Civilization)과 '위성문명'(Satellite Civilization)으로 나누고, 최초의 독립문명으로서 ① 메소포타미아문명(슈메르·아카드문명) ② 이집트문명 ③ 에게해문명 ④ 인더스문명(인도문명) ⑤ 중국문명 ⑥ 중앙아메리카문명(마야문명) ⑦ 안데스문명(페루 잉카문명)을 들었다. 그리고 꽃피지 못하고 '유산된 문명'(Abortive Civilization) 6개가 있다고 관찰하여 기록하였다.12)

---

11) Glen Daniel, *The First Civilizations*, Thames & Hudson, London, 1968, pp.15~68 참조.
12) Arnold Toynbee, 1979, pp.52~72에서 '문명'을 독립문명과 위성문명으로 구분하고 그 내용을 다음과 같이 세분하였다.
Ⅰ. 개화된 문명
A. 독립문명(Independent Civilization)
　타문명에 관련 없는 문명(Unrelated to others)
　○ 중앙아메리카문명(Middle American)
　○ 안데스문명(Andean)
　타문명에 부속하지 않는 문명(Unaffiliated to others)
　○ 수메르·아카드문명(Sumero−Akkadian)
　○ 이집트문명(Egyptiac)
　○ 에게문명(Aegean)
　○ 인더스문명(Indus)
　○ 중국문명(Sinic)
　타문명에

인류의 최초 독립문명 발상지가 모두 북위 40도 이남지역임도 주목해
둘 필요가 있다.

부속한 문명(Affiliated to others)
○ 시리아문명(Syriac)은 수메르·아카드·에게·히타이트문명에
○ 헬레네문명(Hellenic)은 에게문명에
○ 인도문명(Indic)은 인더스문명에
○ 아프리카문명(African)은 처음은 이집트문명, 다음은 이슬람, 다음은 서양
○ 기독교정교문명
○ 서구문명 〕 은 시리아문명 및 헬레니즘문명
○ 이슬람문명

B. 위성문명(Satellite Civilization)
○ 미시시피문명(Mississippian)
○ '남·서부'문명('South-Western') 〕 중앙아메리카문명

○ 북안데스문명
○ 남안데스문명 〕 안데스문명

에람문명(Elamite) – 수메르·아카드문명
○ 히타이트문명(Hittie) – 수메르·아카드문명
○ 우라르트문명(Urartian) –수메르·아카드문명
○ 이란문명(Iranian) – 처음 수메르·아카드, 다음 시리아문명
○ 메로이문명(Meroitic) – 이집트문명

○ 한국문명(Korean)
○ 일본문명(Japanese) 〕 중국문명
○ 베트남문명(Vietnamian)

○ 이태리문명(Italic)
○ 동남아문명(South-East Asian) – 처음은 인도, 다음은 (인도네시아와 말레는) 이슬람
○ 티베트문명(Tibetan)
○ 러시아문명(Russian) – 처음은 기독교 정교, 다음은 서구문명
○ 유목민문명(Nomadic) – 유라시아 및 아프리카 초원의 sedentary 문명

Ⅱ. 유산된 문명(Abortive Civilization)
○ 제1시리아문명(First Syriac)이 이집트문명에 의해 가려짐
○ 네스토리아 기독교파문명(Nestorian Christian)이 이슬람문명에 의해 가려짐
○ 모노포사이트 기독교파문명(Monophysite Christian)이 이슬람문명에 의해 가려짐
○ 극서 기독교도파문명(Far Western Christian)이 서구문명에 의해 가려짐.
○ 스칸디나비아(Scandinavian)가 서구문명에 의해 가려짐.
○ 중세 서구 도시국가 세계문명(Medieval Western City-State Cosomos)이 근대 서구문명에
   의해 가려짐.

토인비는 1945년 이전 일제강점기 일본학자들의 '고조선'을 부인하는 식민주의 사
관에 의거한 한국역사자료들을 사용했기 때문에 고조선문명을 발견하지 못하고,
한국문명, 일본문명, 베트남문명을 모두 AD 1세기 이후 중국문명에 부속하여 탄
생된 '위성문명'으로 오해하였다.

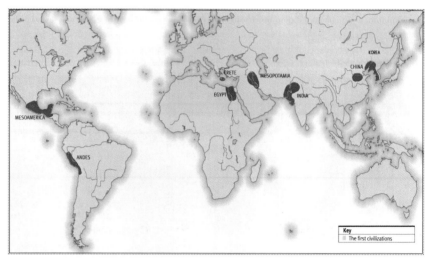

〈그림 1-4〉 인류의 최초 독립문명

자료: Arnold J. Toynbee, Glyn Daniel, 1968, pp.22~23; J. M. Roberts, 1998, p.66의
지도에 필자가 '고조선문명' 표시 첨가.

그러나 인류의 '최초 독립문명'은 4대 문명 또는 7대 문명만 있었
던 것이 아니었다. 훨씬 더 많은 최초의 독립문명들이 있었다. 언어학
자들이 분류하는 큰 '어족'(語族; language families) 가운데 오늘날에도
수억 명이 사용하면서 높은 문화를 창조·발전시켜온 민족들은 거슬러
올라가 보면 거의 모두 하나의 최초의 독립문명의 후예들이다. 그들이
하나의 최초의 독립문명에 속했기 때문에 다른 문명의 어족과는 전혀
다른 언어체계를 가지면서 발전되어 온 것이다.

인류 문명 연구의 역사는 매우 짧아서 아직 다수의 실재했던 최초의
독립문명들을 다 찾지 못했을 뿐이다. 인류문명에는 일찍이 잊어버려
서 잃어버린 문명들이 다수 있는 것이다.[13] 이 책에서 우리들이 찾으
려고 하는 '고조선문명'도 그러한 잃어버린 문명의 하나이다.

---

13) ① Edward Bacon(ed.) *Vanished Civilizations*, Thames & Hudson, London,
       1963.
    ② Austen Atkinson, *Lost Civilizations*, Watson-Guptill publications, New
       York, 2002 참조.

4. 고조선문명의 개념과 인류문명사에서의 지위

초기 문명에 관한 자료를 검토해 보면, 유라시아 대륙의 극동지역인 한반도·만주·연해주 일대에 약 5,000년 전 또 하나의 인류 '최초의 독립문명'이 있었음을 확인할 수 있다.

유라시아 대륙 극동 최초의 이 독립문명은 당시 겨울에는 얼어붙은 동토(凍土)의 북방한계선에 접근해 있으면서, 혹한을 극복하기 위한 환경과의 투쟁에서 독특한 문화와 생활양식 및 언어와 신앙을 창조하여 전파하였다.

이 또 하나의 독립문명은 선행하는 신석기시대 ① 한강문화 ② 대동강문화 ③ 요하문화(중국 고고학자들의 통칭 요하문명)를 통합하여 BC 3,000~BC 2,400년경에 최초의 고대국가를 동북아시아 지역에 동반하여 형성케 하였다. 필자는 이 문명의 명칭을 '고조선(아사달)문명'이라고 이름 붙이고 있다.

고조선문명 형성의 실증자료로서는 특히 다음의 사실이 주목된다.

1) 약 1만 2,000년 전~5,000년전의 동아시아 최초의 신석기시대 농업혁명

(1) 세계 최초 단립벼 재배 성공

古한반도에서는 신석기시대가 시작된 약 12,000년 전부터 단립벼(japonica) 재배 경작이 시작되어 계속 발전되었다(〈표 1-2〉 참조).

〈표 1-2〉 신석기시대 한반도에서의 단립벼 출토

출토 곡물 종류	측정연대	출토지	각주번호(자료)
벼(단립벼)	12,500±150(BC10,550~BC11,950)	충북 청원 소로리	14)
벼 규소체	8,000bp~4,000bp(BC6,050	경기 고양 일산Ⅲ지	15)

	~BC2,050)	역 대하리	
벼(단립벼)	6,210bp(BC4,260)	경기 고양 일산 Ⅰ지역 대화리 성저	16)
뱌(단립벼)	6,200±40bp(BC4,250±40)	충북 충주 조동리 (A)	17)
벼, 탄화미, 밀, 보리, 수수, 기장	6,140±40bp(BC4,190±40)	충북 충주 조동리 (B)	18)
탄화미, 밀, 보리, 기장, 조, 콩	5,590±70bp(BC3,500±70)	충북 옥천 대천리	19)
벼(단립벼)	5,020bp(보정치 BC3,070)	경기 고양Ⅱ지역 가와지 Ⅰ지구	20)
탄화미, 조	4,020±26bp(보정치 BC 2,070±26)	경기 김포 가현리	21)
탄화미, 조, 보리, 수수	3,036±70bp(BC1,650)	경기 여주 흔암리	22)
벼(단립벼)	3,220±60bp(BC1,270±60)	경기 고양 Ⅲ지역 가와지	19)
탄화미, 조, 수수, 콩, 기장	BC3000년기~BC2000년기	평양 남경유적	23)

---

14) ① 이융조, 〈중원지역의 구석기문화〉, 《중원광장》 창간호, 중원포럼·충북일보, 2009.

　② Kyeong Ja Kim, Yung-jo Lee, Jong-Yoon Woo, A.J. Timothy Jull, Radiocarbon ages of Sorori ancient rice of Korea, *Beam Interactions with Materials and Atoms (Nuclear Instruments and Methods in Physics Reserach B)* vol.294, January 2013 참조.

15) 이융조·김정희, 〈한국 선사시대 벼농사의 새로운 해석: 식물규소체 분석자료를 중심으로〉, 《先史와 古代》 제11집, 1998, pp.11~4 참조.

16) 손보기·신숙정·장호수, 〈일산1지역 고고학조사〉, 《일산 새도시 개발지역 학술조사보고 Ⅰ: 자연과 옛 사람의 삶·자연환경 조사-고고학발굴보고》, 한국선사문화연구소·경기도, 1992, pp.213~234 참조.
그 10톨 가운데 2톨은 부서져 8톨만이 계측되었다. 볍씨가 출토된 층의 측정 연대는 4,070·4,240·5,290·5,650bp(1지역-다); 4,400, 4,490, 6,210bp(1지역-가)였다.

17) 이융조, 2006, p.156 참조.

18) 이융조, 2006, p 156 참조.

19) 한창균·김근완·구자진, 〈대천리유적 신석기시대 집자리에 대한 고찰〉, 《옥천 대천리 신석기유적》, 한남대 중앙박물관·한국고속철도건설공단, 2003, pp.157~171 참조.

20) ① 박태식·이융조, 〈고양 家瓦地 Ⅰ지구 출토 벼 낟알들과 한국선사시대 벼농사〉, 《농업과학논문집》 제37집, 1995.

　② 이융조·박태식·우종윤, 〈고양 가와지 볍씨의 발굴과 농업사적 의미〉, 《고양 가와지볍씨와 아시아 쌀농사의 조명》, 고양 600주년 기념 국제학술

(2) 세계 최초의 콩 재배 성공

국립문화재 연구소가 최근(2015) 몇 점의 신석기시대 토기에 박힌 식물들의 압흔을 떼어내어 탄소 측정을 했더니, 신석기시대 조기, 전기부터 조·기장·콩·들깨를 재배하여 식용하고 있었다.[24]

국립문화재연구소에서 오산리 출토 신석기 초기 토기에 박힌 콩과 압흔의 토기에 부착된 탄화물을 AMS로 연대측정한 결과 〈uncal. BP 7,175~7,160〉과 〈uncal. BP 7,000~6,940)의 연대가 도출되었다(〈표 1-3〉 참조).

즉 콩과 팥이 古한반도에서는 절대연대로 약 7,175년 전~7,160년 전(BC 5,300년~BC 5,070년)무렵에 재배되었음이 확인되는 것이다. 나이

〈표 1-3〉 한반도 초기신석기시대 토기 콩과 압흔 연대측정

출토지	압흔시료번호	연대측정번호	시료	uncal. BP 68%(10)	cal. BC 68%(10)
신석기시대 문화층	Yo 34	Beta-386712	탄화물	7,175~7,160	5,300~5,070
		Beta-386713	탄화물	7,000~6,940	5,055~4,960

자료: 국립문화재연구소, 2015, p.257.

회의 논문집, 2013. 12.03~12.7
가와지 2지구 상부 흑색 토탄 아래층(2,770±60bp, Beta-45,538)에서도 300여 톨의 단립벼 볍씨가 출토되었는데, 계측 가능한 287톨의 길이는 평균 6.75mm, 너비는 평균 2.84mm, 장폭비(길이/너비)는 평균 2.39였다. 이를 세분하면 약 87.7퍼센트가 오늘날의 단립벼(*japonica*)보다 약간 작은 단립벼였고, 나머지 12.3퍼센트가 장폭비에서 장립벼(*indica*)의 형질도 남아 있는 것으로 보고되었다.

21) ① 임효재, 〈경기도 김포반도의 고고학조사연구〉,《서울대학교박물관보》제2집, 1990.
   ② 임효재 편저,《한국 고대 稻作문화의 기원-김포의 古代米를 중심으로》, 학연문화사, 2001 참조.
22) 임효재,《흔암리주거지》IV, 서울대박물관, 1978 참조.
23) 김용간·석광준,《남경유적에 관한 연구》, 백산자료원, 1984, p.108
24) 국립문화재연구소,《한국 신석기시대 고고식물 압흔분석보고서》, 2015, pp.256~261 참조. 이 보고서의 분석결과를 종합하여 정리해 보면 다음 표와 같다. 조동리 유적에서 볼 수 있는 바와 같이 밀과 보리는 6200년 이전(BC 4250년)의 것이 단립벼·탄화미·수수·기장·콩 등과 함께 출토되었음을 앞서 밝혔다.

테 보정 연대로 계산하면 약 8,000년 전에 古한반도에서는 콩과 팥이
재배되어 식용되고 있었음을 확인할 수 있는 것이다.

(3) 이에 기초한 '단립벼 쌀(및 잡곡)+콩'의 식문화 유형의 성립

이 신석기 농업혁명에 기초하여 '단립벼 쌀(및 잡곡)+콩'의 식문화
유형이 성립되었다. 이 '쌀(및 잡곡)+콩'의 식문화 유형은 메소포타미
아문명 및 이집트문명의 '밀+보리' 식문화 유형, 인도 문명의 '장립벼
쌀' 식문화 유형, 고중국문명의 '밀+잡곡' 식문화 유형과 대비된다. 단
립벼 쌀 식용문화와 콩 식용문화는 고조선문명에서 최초로 확립되어
전 세계 모든 인류에게 교류 전파된 것이었다.

또한 고조선문명은 유라시아 대륙 당시 가장 추운 지역에서 형성된
독립문명이었으므로, 주거에서도 추위를 막기 위한 '온돌'이라는 독특
한 주거문화를 창조하였다. 또한 복식문화에서도 방한용의 독특한 바
지와 두루마기 복식을 고안하였다.

2) 약 5,100년 전~3,600년 전의 청동기 문화의 형성

① 최초의 청동합금덩어리 … BC 31세기
② 최초의 청동 단추 … BC 26세기
③ 최초의 청동(비파형) 창끝 … BC 26세기
④ 최초의 비파형 청동검 … BC 18세기

고조선문명 지역인 대동강유역과 요동지역에서는 매우 이른 시기인
BC 31세기~BC 18세기에 독특한 도안과 합금 구성비를 가진 독자적
'청동기문화'가 성립되었다. '햇빛살(태양광선)무늬' 청동거울, 비파형
동검, 부채꼴 청동도끼, 팔주령 등 청동의기(靑銅儀器) 등이 대표적 청
동기들이다.[25]

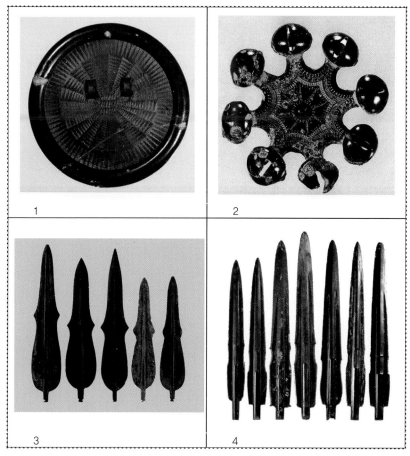

〈그림 1-5〉 고조선문명의 청동기
1. 다뉴세문경 2. 청동 의기 팔주령 3. 비파형동검 4. 세형동검

거의 모든 독립문명이 청동기 문화를 창조했지만, 고조선문명의 청동기문화는 그 중에서도 매우 이른 시기에 이웃 고중국문명과도 다른

---

25) ① 박진욱·황기덕·강인숙, 《비파형 단검문화에 관한 연구》, 과학·백과사전 출판사, 1987.
② 윤무병, 《한국청동기문화 연구》, 애경문화사, 1996.
③ 신용하, 〈고조선 국가형성과 고조선 금속문화〉, 《단군학연구》 제21호, 2009 참조.
④ 《中國新聞網》, 2018년 2월 10일자, 〈遼寧北崴遺址出土東北地區年代最初靑銅劍〉 참조.

독특한 합금 비율과 독특한 도안의 청동기를 제작하여 독자적 문명 유
형을 형성하였다.

3) 동아시아 최초의 고대국가의 형성

고조선문명에서는 BC 30세기~BC 24세기에 고대국가 '고조선'(아사
달 국가)이 성립되었고, 다수의 후국들이 포섭되어 고조선은 고대 연
방국가로 발전하였다. 고조선의 후국들을 포함한 고대 연방국가의 건
국은 동아시아 최초의 고대국가의 건국으로서, 중국의 하(夏)나라(BC
2,070년)보다 적어도 약 300년 이상 앞선 것이다. 고조선 고대 연방국
가는 한반도와 만주 및 연해주 일대를 포괄하였다.[26]

4) 최초의 기마문화의 형성

고조선 연방제국에서는 후국인 '부여'와 '실위'에서 야생마의 가축화
에 성공하여 동북아시아형 기마문화가 형성되고 독특한 기마술이 형
성 보급되었다. 그 결과 고조선 연방제국에서는 매우 일찍 '말'이 교
통·통신 수단으로 이용되었다. 특히 고조선 연방제국에 포함된 유목
민족은 '기마문화'를 채용하여 기병술과 기사법(騎射法)을 발전시켜서
생활화하였다.[27]

5) 공동의 신앙과 종교의 형성

고조선문명에서는 ① 태양숭배를 공동으로 하고, ② 최조의 고대국
가 고조선을 건국한 '단군'을 조상신이면서 동시에 하느님으로 숭배하

---

26) 신용하, 《고조선 국가형성의 사회사》, 지식산업사, 2010 참조.
27) 신용하, 〈고조선의 기마문화와 농경·유목의 복합구성〉, 《고조선단군학》 제26
    호, 2012 참조.

는 단군신앙(Tengrism, Tangurism)을 형성하여 공동의 신앙과 종교로
삼았다. 고조선문명권에서는 하느님이며 조상신인 단군이 하늘에서 항
상 후손들을 가호하고 감독한다고 믿었다.

6) 고조선어의 형성과 우랄어족·알타이어족의 조어(祖語)

고대국가 고조선은 주민의 언어를 통일하여 BC 3000년경 고조선어
를 형성하였다. 고조선연방제국이 해체될 때 BC 2세기경 고조선문명
권의 서변지역 민족과 부족들은 서방 이동을 감행하였다. 이들의 이동
에 동반하여 고조선어가 서방으로도 확산되어 그들의 새 정착지에서
'우랄·알타이어족'이 탄생하게 되었다.

현재 세계 학계는 우랄·알타이어족의 기원을 밝히지 못한 것으로 보
고 있다. 이에 유럽의 언어학자들은 최근에는 우랄어족과 알타이어족
을 분리하여 별도의 기원을 탐색하고 있다고 한다. 알타이어족의 기원
에 대해서는 몽골·투르크·만주(퉁구스) 고대어를 각각 탐색하는 연구
보고가 간혹 있어 왔으나, 이들의 원래의 기원과 동태적 변화를 설명
하지 못하는 실정이다.

큰 어족의 형성은 인류 초기 대문명권의 형성과 그 분산 이동에 관
련된 것이 대부분이다. 그러므로 우랄·알타이어족의 기원과 형성도 이
어족의 최초 대문명의 기원과 형성을 밝히고 그것이 유라시아 대륙의
북방 넓은 지역으로 확산된 사실의 역사적 실재 여부를 증명하면 밝힐
수 있는 것이다.

우랄·알타이어족에 속한 민족들이 고대에 속했던 최초의 독립문명은
민족 형성 및 민족 이동의 자료에 의거해 보면, 민족학의 관점에서는
5,000년~4300년 전의 '고조선문명'이었다. 고조선문명은 동방에서는 최
초로 말(馬)을 순화시켜 '기마문화'를 형성하였다. 고조선문명이 지역적
으로 한 덩어리로 뭉쳐 있었던 시기에는 이 문명권에 속한 각 민족과
부족들은 공동의 언어로 '고조선어'를 사용했었다. BC 108년에 고조선

연방제국이 해체되고, 고조선 후국민족들의 민족대이동이 일어났을 때,
서방행렬의 고조선 후국들은 말을 타고 새 정착지를 찾아 중앙아시아
로 이동해 정착하였다. 수백 년에 걸친 이동과정에서 훈족(Huns), 아
발족(Avars), 불가르족(Bulgars), 마자르족(Magyars), 투르크족(Turks),
기타 이를 따르던 고조선 계통 동방족들은 멀리 유럽의 핀란드, 갈레
리아 지방에까지도 말을 타고 이동해 들어가 정착하였다.

이 고조선 조어(祖語) 사용 민족은 유라시아대륙 동방으로부터 중앙
아시아를 거쳐 북으로는 에스토니아·핀란드·갈레리아 지방까지, 서쪽
으로는 헝가리·고대 불가리아·터키의 이동·정착 지역까지 역사적 대장
정을 거쳤다. 이 고조선 기마민족의 역사적 대장정 과정과 현재의 우
랄·알타이어족의 분포지역이 완전히 일치하고 있다.

그러므로 역사적 민족대이동의 변수를 넣어 고찰하면 우랄·알타이어
족의 공통조어는 고조선어이며, 우랄어족과 알타이어족은 고조선 조어
의 동일한 뿌리에서 기원하여 형성된 것임을 확인할 수 있다.[28]

그러므로 우랄·알타이어족에 속한 언어를 사용하는 한국인, 만주인,
일본인, 몽골인, 위구르인, 카자흐인, 우주베크인, 투르크멘인, 타지크
인, 키르키스인 아제르바이젠인, 타타르인, 시베리아 고아시아인, 바시
코르토인, 다게인, 발가르인, 터키인, 불가리아인, 헝가리인, 바스크인,
에스토니아인, 핀란드인들의 조상은 기원적으로 이 최초의 독립문명의
하나인 고조선문명에 속했던 옛 조상들의 직접·간접의 언어와 문화와
문명의 유산을 간직하며 살았다고 볼 수 있다.

여기서는 유라시아 대륙 동방의 최초의 독립문명의 이름이 아직 없으
므로 이 문명을 처음 탄생시킨 동아시아 최초의 고대국가 나라 이름을
빌려 필자는 '고조선문명'(Gogoseon Civilization, Ancient Korean Civilization,
Asadar Civilization)이라고 이름 붙여 학술 명칭으로 사용하고 있다.[29]

---

28) 혼혈로 인한 체질 변화와 차이에 집착해서 구태여 우랄어족을 알타이어족에
    서 완전히 분리 단절시키면, 우랄어족의 기원을 찾지 못하게 되는 것이다.
29) '고조선문명'의 학술용어는 필자가 정립하여 2000년부터 논문 발표에서도
    사용하기 시작한 용어이다. 이것은 한국민족의 기원을 추구하여 고고 유적·

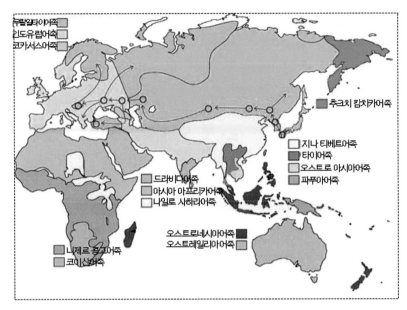

〈그림 1-6〉 민족이동에서 본 우랄·알타이어족의 이동 형성 경로(출처: Jared Diamond, Peter Bellwood, Farmers and Their Languages: The First Expansions, *Science* 25 Apr, 2003, Fig.2.를 바탕으로 하여 재작성)

'고조선문명'은 다음에 상세히 설명하겠지만 우선 간략하게 한 마디로 정의하면, "지금으로부터 약 5,000년 전에 한강·대동강·요하 유역 일대에 서 독자적 유형의 농경문화와 청동기문화를 창조하고 고조선 고대국가를 세워 우랄·알타이어족의 기원 언어인 고조선어를 창조해 사용하면서 살 았던 사람들의 동아시아 최초의 고대문명"이라고 할 수 있다.

유물 발굴보고서들과 민속자료·고문헌 자료들을 읽다가 古한반도·만주·연해 주 일대 동북아시아에 독특한 거대한 고대문명이 실재했던 사실을 발견하고, 비교사회학적·비교문명사적 관점에서 기존 수메르문명·이집트문명·인도문명· 중국문명에 비교하여 설정한 개념이다.
① 신용하, 〈한국민족의 기원과 형성〉, 《한국학보》 제100집, 2000(《한국민족 의 형성과 민족사회학》, 2001 재수록).
② 신용하, 〈古朝鮮文明圈의 三足烏太陽 상징과 朝陽袁台子·벽화묘의 三足烏太陽〉, 《한국학보》 제105집, 2001.
③ 신용하, 〈고조선문명권의 형성과 동북아의 '아사달' 문양〉, 임재해 외, 《고 대에도 한류가 있었다》, 지식산업사, 2007.
④ 신용하, 〈고조선문명권 형성의 기본구조〉, 《단군학연구》 제23호, 2010 참조.

그러나 이 간단한 정의만으로 종래 잃어버렸던 인류 최초의 문명의 하나를 이해할 수는 없다. 그러므로 학계의 공동 연구 노력으로 고조선 문명의 형성 과정과 이 문명의 독특한 유형의 내용을 더욱 상세히 설명하고 실증하여야 할 것이다.

고조선문명은 시기적으로 약 5,000년 전에 탄생한 문명으로서 중국문명(황하문명)보다 약 1천여 년 앞선 것이며, 중국 문명의 형성에도 많은 영향을 끼쳤다. 또한 고조선문명은 유라시아 대륙 극동지역에서 탄생하여 베링해협을 건너서 중앙아메리카와 남아메리카 안데스산맥에 도달한 사람들이 지녔던 문명의 모체의 하나이기도 하다.

그러므로 인류 최초의 독립문명에서 고조선문명의 위치는 ① 수메르문명 ② 이집트문명 ③ 고조선문명 ④ 인더스문명 ⑤ 중국문명의 순위로 되어야 할 것이다.

토인비의 문명설정을 참고하면, '고조선문명'의 위치는 ① 수메르문명, ② 이집트문명, ③ 고조선문명 ④ 인도문명 ⑤ 에게해문명 ⑥ 중국문명 ⑦ 중앙아메리카 문명 ⑧ 안데스문명이 될 것이다.

고조선문명은 인류의 언어에서 '우랄·알타이어족'이 독특한 만큼이나 매우 독특한 인류 최초의 독립문명의 하나이다. 그러므로 이 문명을 연구하고 탐색하는 과제는 인류 역사의 구명에 매우 중요한 연구과제의 하나라고 말할 수 있을 것이다.

이제 우리는 고조선문명이 어떻게 탄생하여 독특한 특성을 갖추면서 성장했는가의 큰 줄기를 찾아 관찰하는 긴 여정의 거시사회학적·사회사적 학술탐험을 출발하기로 한다.

제2장 고조선문명 탄생의 기원(Ⅰ)

1. 한강문화의 동아시아 신석기 농업혁명 시작과 '古한반도 초기 신석기인 유형'

1) 동아시아 '신석기 농업혁명'의 시작

약 5만 3천 년 전~1만 3천 년 전 최후의 빙기에 북위 40도 이남의 古한반도의 1000여 개 석회암 동굴이 밀집해 있는 제1동굴지대를 비롯한 각처 동굴에는 이전에 古한반도에 있던 구석기인과 북위 40도 이북에서 피한해 내려온 구석기인 및 당시 유라시아 대륙 동남방 해안을 따라 들어온 구석기 신인(homo sapiens sapiens)들이 합쳐졌다. 그 결과 古한반도는 유라시아 대륙의 가장 인구가 많은 상대적 과잉인구 지역의 하나가 되었다.

약 1만 2,000년 전 지구 기후가 따뜻해지자, 구석기인들은 동굴에서 쏟아져 나와 인접 강변과 해안에 움막을 짓고, 돌을 갈아서 만든 마제석기(磨製石器)와 토기를 사용하면서 새로운 신석기시대를 열었다.[1]

古한반도 중부 1,000여 개의 석회암동굴이 밀집된 제1동굴지역에 가까운 남한강 유역과 금강 상류 강변에는 수십 개 단위의 신석기시대 마을 유적이 남아 있었다. 특히 남한강 유역 수양개Ⅱ지구에는 약 3만 평 면적에 500채 이상의 대단위 '마을유적'도 확인되었다.[2] 이것은 신석기시대 세계 최대 마을의 하나이다. 신석기시대 시작과 함께 古한반

---

1) 신용하, 《고조선 국가형성의 사회사》, pp.35~43 참조.
2) 이융조, 《충북의 선사문화》, pp.113~114 참조.

도 중부지역은 유라시아 대륙 초기 신석기인의 최대 인구 밀집지역의 하나가 된 것이다.

古한반도 중부 초기 신석기인 인구밀집지역의 가장 심각한 문제는 상대적 과잉 인구로 인한 식료 부족문제였음이 명백하다. 종래의 사냥·어로·채집만으로는 이 과잉 인구를 부양하기 불가능한 것이었다.

식료부족 문제를 해결하는 방법은 두 방향에서 추구되었다. 하나는 야생식물의 종자와 뿌리를 채용 순화재배(domestication)하여 식량 생산을 위한 '농업경작'(agriculture)을 시작하는 것이다. 다른 하나는 다른 지역으로의 인구이동을 감행하는 것이었다.

古한반도 중부 제1동굴지역 밖의 남한강과 금강 상류 유역은 다음과 같은 조건으로 신석기시대에는 농업경작의 발생에 매우 적합한 지역이었다.

(1) 석회암 동굴 최근접 하천 유역의 비옥한 충적층 평야

한반도 중부 1,000여 개의 석회암 동굴이 있는 제1동굴지대 소백산맥은 두 개의 큰 강의 발원지가 되고 있다. 소백산맥은 높이가 동쪽은 높고 서쪽은 낮은 지형으로 평야지대에 연접하게 되어 있는데, 소백산맥의 북부 골짜기에서는 '남한강'이 발원하여 북류하고, 소백산맥의 남부 골짜기에서는 '금강'의 한 갈래가 발원하여 북류하며, 차령산맥에서는 '금강'의 다른 한 갈래가 발원하여 남류하다가 북류하는 금강 원류와 합류하고 있다. 이 소백산맥과 차령산맥 사이에는 표주박 모양의 꽤 넓은 분지평야가 형성되어 있고, 이 분지를 남한강과 금강 상류가 흘러가고 있다3) 이 분지 평야가 석회암 동굴들에 최근접한 매우 비

---

3) 남한강 유역과 금강 상류 유역에서 재배농경 시작의 최적지는 두 곳에 실재했다고 관찰된다. 남한강은 약 37km의 긴 흐름에서 평균 5km마다 약 1km의 큰 암벽에 부딪혀 큰 구비의 굴곡 물돌이강이 되고 물돌이 앞에는 평균 약 4km의 충적층 평야를 만들어 농경에 적합한 비옥한 경작지를 만들어 준다. 또한 남한강은 충청북도에서 서쪽으로 흐르는 동안 물돌이마다 크고 작은

옥한 농경지가 되었다.

(2) 북위 36°~37°30분 사이의 온난지대

지구의 북반구에서 초기 온대작물재배 농경의 경위도상의 최적합지는 북위 35°~38°선 사이로 작물재배 학자들에 의해 설명되고 있다.

남한강 유역과 금강 상류 유역은 북위 36°~37°30분 사이, 동경 127°~128°30′ 사이에 위치하고 있으므로, 기온 면에서 온대지방 작물재배에 가장 적합한 경위도상의 위치에 자리하고 있다.

(3) 인구밀집 지역에서 출현한 '우수한 재능'의 활용

약 12,000년 전 한반도 중부 제1동굴지역 1,000여 개 동굴에서 말기 구석기인들이 쏟아져 나와 초기 신석기인이 되자 이 지역은 인구밀집 지역이 되어 인구압력이 가중되고, 종래의 수렵·어로·채집만으로는 극심한 식량부족 문제에 직면하게 되었음은 의문의 여지가 없다.

그러나 과잉인구에는 동시에 다수의 우수한 재능소유자도 포함되므로, 우수한 재능소유자 집단의 식료부족 문제에 대한 대책으로 채집한

침식 분지를 만드는데, 분지마다 단양·제천·한수·충주·연풍·괴산·음성의 크고 작은 고을이 형성되었다. 물길이 큰 분지를 만나는 곳에서는 호수가 형성되고, 유속이 느린 주변에서는 신석기인들이 농경을 시도하기에 매우 적합하도록 저지대 작은 평야들이 조성되며, 주변의 산과 들에는 야생종 식물들이 만개하는 곳이다. 현재는 이 저지대의 호수같은 분지의 강을 막아서 충주호댐을 조성했는데, 이 댐에 매몰된 지역이 신석기인의 농경재배의 최적지였다고 추정된다. 다른 하나는 금강 상류로서 북에서 남서쪽으로 흐르는 미호천은 진천 분지와 청주 분지를 만들어 부근에서 농경의 최적지를 조성한다. 한편 소백산맥 자락에서 발원하여 북류하는 옥천천은 굽이굽이 돌아흐르는 동안에 하천폭을 넓히면서 호수들을 만들어 부근을 기름진 농경최적지로 조성하다가, 부강 부근에서 미호천과 합류하여 서쪽으로 흐르는 금강 본류가 된다. 이 옥천천의 물돌이는 강물을 호수처럼 풍부하게 저장하여 신석기인들이 부근에서 재배농경을 시작하기에 매우 적합한 지역을 만든 것으로 추정된다. 현재는 대청호댐을 조성했는데, 수몰지구와 그 부근이 신석기시대 농경시작의 최적지였다고 추정된다.

식물종자와 뿌리를 이용하여 '농업경작'을 시작하고 실험하게 만들었을 것이 틀림없다. 다수 인구의 압력이 새로운 발견과 발명의 추동력이 된 것이다.

한반도의 중부지방에 집중된 제1동굴지역 동굴 밖의 가장 근접한 강들인 남한강 유역과 금강 상류의 저지대에서는 실제로 신석기시대의 시작과 동시에 12,000년 전경부터 단립벼(*japonica*)의 재배가 시작되었다.[4]

각주에서 보는 바와 같이 이미 신석기시대에 한강유역과 금강유역에서 세계 최초의 단립벼를 비롯한 5곡의 곡물 재배경작이 시작되어 시계열의 성립과 함께 공간적으로 확산되어 나갔다. 필자는 이것을 '古한반도 신석기 농업혁명'이라고 보며, 필자가 제시한 '한강문화'의 중요 항목으로 강조하고 있다.[5]

고조선 국가형성기(BC 30세기~BC 24세기)에 오면 단립벼 경작을 비롯한 5곡의 농업경작은 더 넓은 지역으로 확산·전파되었다.[6]

---

4) 이융조·우종윤, 〈세계 最古의 소로리볍씨의 발굴과 의미〉, 제1회 국제학술회의 《아시아 선사농경과 소로리볍씨》, 충북대 박물관·청원군, 2003, pp.27~46 참조.
5) 신용하, 《고조선 국가형성의 사회사》, pp.47~55.
6) 다음은 고조선 국가 형성기의 단립벼 경작의 증거 사례이다.
(1) 남한강 유역과 금강 상류유역 사이의 충청북도 청원군 소로리에서 이융조 교수팀에 의해 볍씨 18톨이 발굴되었는데, 단립벼가 17톨, 장립벼가 1톨, 그 밖에 유사벼(자연벼)가 109톨이었다. 단립벼 17톨은 농업과학자들이 거듭하여 조사한 결과 초기 순화(馴化) 단계의 재배벼임이 확인되었다. 최근 이융조 교수는 장립벼 출토의 13,920년 bp를 calBC 15,118년으로 환산하고 약 17,000년 전부터 장립벼 재배가 시도되었다고 강조하고 있다(이융조, 〈소로리 볍씨, 왜 중요한가?〉, 2014, 한국선사문화연구원 발표논문 참조). 서울대학교 기초과학연구소(AMS, SNU)에서 소로리볍씨 단립벼 17톨이 포함된 중부 토탄층의 윗부분 토탄층을 탄소측정한 결과 bp 12,500년으로 측성되었고, 장립벼 1톨과 유사벼 1톨이 출토된 중부 토탄층 중간 부분의 토탄층 연대는 bp 13,920년으로 측정되었다. 이 단립벼 볍씨와 토탄층을 분리하여 단립벼 볍씨 8톨을 미국 아리조나대학교 고고연구소(Geochron Lab. GX)에서 탄소측정한 결과 토탄의 연대가 bp 12,552±90년(AA-82240), 고대벼가 bp 12,500±150년(AA-8239)으로 측정되어 나왔다. 이 사실은 한반도의 남한강 유역과 금강 상류유역에서는 bp 12,500년경부터 단립벼 경작이 시작되었음을 알려주는 것이다(이융조, 〈중원지역의 구석기문화〉; Kyeong Ja Kim, Yung-jo Lee, Jong-Yoon Woo, A.J. Timothy Jull, Radiocarbon ages of Sorori ancient rice of

Korea 참조)

(2) 남한강 유역 충주시 조동리 유적에서 bp 6,200년경(BC 4,250년)과 bp 6,140
년경(BC 4,190년)의 볍씨가 출토되었다. 이곳에서는 단립벼 탄화미가 탄화된
밀·보리·수수·기장·알 수 없는 열매 껍질들·도토리·박씨·복숭아씨 등이 농경
문화와 관련된 용구로서 빗살무늬토기, 민무늬토기, 붉은 간토기, 돌보습, 돌도
끼, 돌낫, 반달돌칼, 돌칼, 그물추 등과 함께 출토되어 농경재배가 확산되었음
을 증명해 주었다(이융조·우종윤 편저, 《선사유적 발굴도록》, 충북대박물관,
1998, p.282; 충주시, 《조동리 선사유적박물관》, 2005, pp.57~61 참조).

(3) 남한강 상류와 가까운 금강 상류 충청북도 옥천군 대천리 유적에서는 BC
3,500년경의 것으로 탄소측정된 단립벼의 탄화미가 탄화된 밀·보리·기장·조·
콩(후에 알 수 없는 열매껍질)과 함께 출토되었다. 또한 이 곡물들은 뾰족밑
팽이형 빗살무늬토기, 뾰족밑 민무늬토기, 돌도끼 뒤지개, 갈돌갈판 등 농경
용구들과 함께 출토되어 재배곡물들임을 알려주었다(한창근·김근완·구자진,
〈대천리유적 신석기시대 집자리에 대한 고찰〉, pp.157~171 참조).

(4) 한강 본류 유역인 경기도 일산 I 지역(대화리 성저)에서는 토탄층에서 토기
와 함께 고대 단립벼 볍씨 10톨이 검출되었는데, 그 중 1톨의 토탄층 연대측
정치는 bp 6,210년(1지역-가)이었다(손보기·신숙정·장호수, 〈일산1지역 고고
학조사〉, 《일산 새도시 개발지역 학술조사보고 I : 자연와 옛 사람의 삶·자연
환경 조사-고고학발굴보고》, 한국선사문화연구소·경기도, 1992, pp.213~234
참조).

(5) 일산 II 지역 가와지 1지구 갈색 토탄층에서 단립벼 볍씨(왕겨) 12톨이 검출
되었는데, 4,330±80bp(Beta-45,536)로 연대 측정되었고, MASCA 이론에 따
라 보정연대(recalibration)가 bp 5,020년으로 발표되었다(박태식·이융조, 〈고
양 家瓦地 I 지구 출토 벼 낟알들과 한국선사시대 벼농사〉; 이융조·박태식·
우종윤, 〈고양 가와지 볍씨의 발굴과 농업사적 의미〉 참조).

(6) 일산 III 지역의 가와지층의 흑색 토탄층에서 민무늬토기·겹입술토기와 함께
볍씨 6톨이 출토되었는데, 2점이 훼손되어 4톨을 검증한 결과 모두 단립벼
(*japonica*)였다. 이 흑색토탄층과 갈색토탄층의 경계지역에서 얻은 숯의 측
정연대는 3,220±60bp였다.

(7) 일산 III 지역의 대화리층에서는 bp 8,000년기~4,000 bp의 빗살무늬토기 3개
체분 이상이 출토되었다(윤내현·한창균·신숙정·양현주, 〈일산 3지역 고고학
조사〉, 《일산 새도시 개발지역 학술조사보고 I : 자연과 옛 사람의 삶·자연환
경조사·고고학발굴보고》, 한국선사문화연구소·경기도, 1992, pp.313~397). 일
산 III 지역 대화리층의 빗살무늬토기 2점(bp 8,000년기~4,000 bp)과 갈대의
식물규소체(plant-opal)를 분석한 결과 모두 '벼' 식물규소체가 검출되어, 여
기서 출토된 빗살무늬토기는 벼농사와 함께 사용된 용구임이 증명되었다(이
융조·김정희, 〈한국 선사시대 벼농사의 새로운 해석: 식물규소체 분석자료를
중심으로〉, 《先史와 古代》 제11집, 1998, pp.11~14 참조).

(8) 한강 중류지역인 경기도 하남시 미사리 030호 주거지에서는 단립벼 볍씨 자국
이 찍혀 있는 신석기시대 구멍무늬[孔列] 1기 토기 조각들이 출토되어, 이미 신
석기시대에 한강유역에서는 단립벼 경작이 진행되고 있었음을 알려 주었다(고려
대 미사리 발굴 조사단(윤세영·이홍종), 《美沙里》V, 1994, pp.347~356 참조).

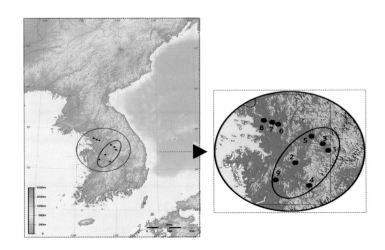

〈그림 2-1〉 한강문화의 신석기시대 재배 농경의 발상지역

1. 수양개 2. 소로리 3.조동리 4. 대천리 5. 흔암리 6. 가와지 7. 대화리
8. 가현리 9. 송국리

문명의 서막을 알리는 경작농업은 동아시아에서는 이미 초기 신석기시대에 占한반도 남한강 유역과 금강 상류유역에서 세계 최초 온대 단립벼 순화경작을 비롯한 5곡의 재배경작으로 시작되고 확산되었음을 알 수 있다.7)

---

(9) 한강 하류지역인 경기도 김포군 가현리에서는 토탄층과 함께 쌀과 조의 탄화물이 검출되었는데, 탄소 측정 결과 BC 2,070±26년(보정연대, bp4,020±26년)으로 연대가 측정되었다(임효재, 〈경기도 김포반도의 고고학조사연구〉, 《서울대학교박물관보》 제2집, 1990; 임효재 편저, 《한국 고대 稻作문화의 기원-김포의 占代米를 중심으로》, 학연문화사, 2001 참조).

(10) 남한강유역인 경기도 여주군 흔암리(欣岩里) 12호 집자리에서는 다량의 단립벼 탄화미와 보리·조·수수 등의 곡물이 출토되었는데, BC 1,650년~BC 1,490년(bp 3,306±70년)의 것으로 측정되었다(임효재, 《흔암리주거지》Ⅳ, 서울대박물관, 1978 참조).

(11) 대동강유역인 평양 남경유적 36호 집자리에서는 BC 3,000년기~BC 2,000년기로 연대측정된 탄화된 단립벼가 탄화된 조·수수·콩·기장 등과 함께 다량 출토되어, 이 시기에 대동강유역에서도 단립벼를 비롯한 5곡의 재배경작이 시행되었음을 알려주었다(김용간·석광준, 《남경유적에 관한 연구》, 1984, p.108.

7) 신용하, 〈고조선문명 형성의 기반과 한강문화의 세계최초 단립벼 및 콩의 재배 경작〉, 《고조선단군학》 제31호, 2014 참조.

〈표 2-1〉 한반도 신석기시대 토기압흔 식물 자료 현황

시 기	지 역	조	조속	기장	기장속	기장족	콩과	들깨속	미상 종자
신석기 조기 및 전기	오산리						1		4
	문암리								5
	운서동	17	3	6	3	20	1	9	72
신석기 중기	오산리	3		1		161		3	5
	문암리	16	4	9	1	44	1	4	66
	송전리	6	3	7		7	1	1	23
	지경리	18	6	105	4	59	1	4	97
신석기 후기 및 말기	운서동	2		1		3		2	14
합 계		62	16	128	9	134	5	23	286

자료: 국립문화재연구소, 《한국 신석기시대 고고식물 압흔분석보고서》(2015, pp.256~261)
에서 작성

　신석기시대 占한반도 '단립벼' 경작의 시작 지역을 지도에서 찾아
모아 보면 〈그림 2-1〉과 같다.

　고조선 국가형성기(BC 30세기~BC 24세기)에 오면 단립벼 경작을
비롯한 5곡의 농업경작은 더 넓은 지역으로 확산·전파되었다.

　2012년 발굴 보고된 강원도 고성군 문암리 유적에서는 신석기시대
상층밭과 하층밭으로 구성된 밭 유구가 발굴 조사되고, 특히 그 하
층밭에서는 그 층을 파고 조성한 신석기시대 중기 주거지 1기가 확인
되었다.[8] 이 경작층의 식물규소체를 자연과학자들이 분석해 본 결과,
벼의 기동세포 기원의 부채형 규소체가 확인되었으며, 상·하층밭에서
벼 규소체가 모두 나오지만, 특히 하층밭에서는 수전(경작)의 평균기
준을 초과하는 벼 규소체양이 꾸준히 검출되어 벼농사[稻作]가 이루어
졌던 것으로 판단되었으며, 그 재배벼는 아시아 재래의 단립벼(*japonica*)

───────────

8) 국립문화재연구소, 《고성 문암리유적(사적 426호) 발굴조사 현장설명회 자료
집》, 2012 참조.

로 확인되었다.9)

필자는 강원도 문암리 다른 유적·유물을 자료의 하나로 하여 우리
나라 신석기시대의 시작을 이미 약 12,000년 전(BC 1만 년경)에 시작
되었다고 판단한 바 있다.10) 그러므로 신석기시대 중기인 BC 6,000
년~BC 5,000년경에는 문암리지역에서도 신석기시대 벼 재배농경이 이
루어지고 있었음은 충분히 이해되고 확인되는 일이라고 말할 수 있다.

이러한 신석기시대 농업혁명의 성과는 바로 동아시아에서 최초의
고대 국가인 '고조선'을 건국하고 고조선문명을 탄생시킬 수 있게 한
사회경제적 기반이 되었음은 물론이다.

또한 고조선의 건국 이후에는 단립벼를 비롯한 5곡의 재배경작은 고
조선문명권의 기후가 허락하는 북방한계선까지 확산·전파되어 그 생산
이 비약적으로 발전했음을 확인할 수 있다. 동아시아의 고조선문명권에
서 최초의 단립벼 재배경작을 비롯한 5곡의 경작이 기원하고 발전했다
는 사실은 세계사에서도 특히 주목할 필요가 있는 획기적인 사실이다.

또한 古한반도에서는 콩·팥과 잡곡의 농업경작도 단립벼 농업경작과
함께 매우 일찍 시작되어 성장하였다. 국립문화재 연구소가 몇 점의
신석기시대 토기에 박힌 식물들의 압흔을 떼어내어 탄소측정을 했더
니, 〈표 2-1〉에서 볼 수 있는 바와 같이, 신석기시대 '조기' '전기'부
터 조·기장·콩·들깨를 재배하여 식용하고 있었다.11)

여기서 주목할 것은 콩, 콩과 작물이 신석기 초기부터 재배되었다는
사실이다. 국립문화재연구소에서 양양 오산리 출토 신석기 초기 토기

---

9) 류춘길·최미경, 〈식물규소체 분석을 통한 재배작물분석: 고성 문암리유적 신
   석기시대 경작층을 중심으로〉, 《자연과학에서 본 農耕 줄헌》(제1회 동아시아
   농경연구 국제워크숍 발표논문집, 문화재청 국립문화재연구소), 2013. 10.
10) 신용하, 《고조선 국가형성의 사회사》, pp.35~43 참조.
11) 잡곡에 밀과 보리 등 맥류가 없는 것은 썩어서 판결이 안돼서 '미상종자'에
   분류되어서 들어갔거나, 이 조사에서 덜 다루어진 신석기 후기·말기에 재배
   되었기 때문일 것이다. 조동리 유적에서 볼 수 있는 바와 같이 밀과 보리는
   6200년 이전(BC 4250년)경의 것이 단립벼·탄화미·수수·기장·콩 등과 함께
   출토되었음을 앞서 밝혔다.

에 박힌 콩과 압흔의 토기에 부착된 탄화물을 AMS 연대측정한 결과 ⟨uncal. BP 7,175~7,160⟩과 ⟨uncal. BP 7,000~6,940⟩의 연대가 도출되었다(⟨표 2-2⟩ 참조).

⟨표 2-2⟩ 한반도 초기신석기시대 토기 콩과 압흔 연대측정

출토지	압흔시료번호	연대측정번호	시료	uncal BP 68%(10)	cal. BC 68%(10)
신석기시대 문화층	Yo 34	Beta-386712	탄화물	7,175~7,160	5,300~5,070
		Beta-386713	탄화물	7,000~6,940	5,055~4,960

자료: 국립문화재연구소, 2015, p.257.

즉 콩과 팥이 古한반도에서는 약 7,175년~7,160년 전(BC 5,300년~BC 5,070년)경에 재배되었음이 확인되는 것이다.

이상을 종합해보면 古한반도의 신석기시대 한강문화에서는 약 1만 2,000년부터 신석기 농업혁명이 시작되어 약 5,000년 전까지 단립벼, 조, 기장, 콩, 팥, 수수, 밀, 보리, 들깨 등의 농업경작이 크게 발전되고 있었음을 확인할 수 있다.[12]

이러한 농업경작에서 다른 초기 문명에서 볼 수 없는 독특한 것은 단립벼와 콩·팥 및 들깨의 재배 경작이다. 인류문명에서 이것들을 최초로 경작재배하여 세계에 공급한 것은 고조선문명이 수행한 공

⟨그림 2-2⟩ 한족의 신석기시대 농경기념 선돌
1. 옥천 남곡리 1호 농경기념 선돌
2. 옥천 수북리 동정마을 농경기념 선돌

12) 신용하, ⟨고조선문명 형성의 기반과 한강문화의 세계최초 단립벼 및 콩의 재배 경작⟩ 참조.

헌인 것이다.

古한반도에서 처음 신석기 농업혁명을 시작하여 성공한 당시 신석기인들은 큰 성과를 스스로 인지하고 감동했던 것으로 보인다. 세계 문화유산에서도 이것 밖에 없는 신석기시대 농업경작(농업혁명)의 업적을 기리는 신석기시대 '농경기념 선돌'이 금강 상류에 2개나 남아 있다. 충청북도 옥천군의 남곡리 개미재(지금은 대청댐으로 수몰된)에 밭고랑을 새긴 한 개의 선돌(남곡리 1호 선돌)과 그로부터 약 100미터 떨어진 수북리 동정마을에 또 하나의 밭고랑을 새긴 다른 한 개의 선돌(수북리 선돌)이 그것이다.13) 이 선돌은 그 후 대청댐 공사로 이 지역이 수몰되어 다른 곳으로 이동되었다.14)

이 선돌에서 기념하는 업적 내용은 선돌 표면에 논밭고랑 50개를 등간격의 줄로 새기어 표시하였다. 아직 문자가 없던 신석기시대이므로, 농업혁명(농업경작)의 위대한 업적을 논밭고랑으로 그려 표시한 것이었다.15)

---

13) 남곡리 개미재 1호 선돌은 크기가 높이 165cm, 밑변 가로 52cm×세로 25cm로서, 위의 왼쪽 끝이 뾰족하도록 높이고 오른쪽은 낮게 만들어서 남성족장(또는 공동체 장)의 기념(비석) 선돌임을 표시하였다. 기념하는 업적 내용은 선돌 표면에 논밭고랑 45개를 등간격의 줄로 새기어 표시하였다. 위의 직삼각형 부분을 제외하면 고랑줄의 길이는 약 41cm이고, 줄의 간격은 3~4cm이며, 줄의 깊이는 최대 1cm로서 모두 돌로 쪼아서 새긴 것이었다.
옥천 수북리 동정마을 앞에 서 있던 또 하나의 다른 선돌은 크기가 높이 173cm, 밑변 가로 52cm×세로 25cm로서, 역시 위의 왼쪽 높이 끝이 뾰족하도록 높이고 오른쪽은 낮게 만들어서 남성족장(공동체 장)의 기념(비석) 선돌임을 표시하였다.

14) 이융조, 《충북의 선사문화》, pp.318~323 참조.

15) 신용하, 《한국민족의 기원과 형성 연구》 참조. 이 신석기시대 기념비에 조각한 줄들이 논밭이랑(또는 논밭고랑)이라는 증거는 금강유역인 대전 괴정동 출토 농경문 청동기에서 확인할 수 있다 대전 괴정동 출토 농경문 청동기에 새겨진 밭갈이하는 농부의 논밭이랑과 옥천 남곡리 1호 농경기념 선돌 및 수북리 동정마을 농경기념 선돌의 논밭이랑의 도안이 완전히 동일하다는 사실이 이를 증명해 준다. 괴정동 출토 방패형 농경문 청동기에는 '따비'라는 농구로 밭갈이하는 남성 농부가 새겨져 있다. 옥천 남곡리 1호와 수북리 농경기념 선돌에 새겨진 논밭도 신석기시대 따비로 밭갈이했다고 추정된다. 한반도의 신석기시대와 청동기시대 사용된 따비는 청동기로 제작된 것은 출토된 일이 없고, 매우 단단한 목재로 만든 따비가 사용되었다. 평안북도 염주

2) 古한반도 초기 신석기인 유형의 형성

　초기 신석기시대 古한반도 중부 제1동굴지역 주변은 유라시아대륙 최대의 인구밀집 지역의 하나였기 때문에, 초기신석기 시작단계의 농경재배만으로는 식료부족 문제를 모두 해결할 수 없었다. 이에 초기 신석기인들은 농업경작의 새로운 방법을 습득·간직한 채 씨족장들의 인솔 아래 식료부족 문제를 해결할 수 있는 다른 강변과 해안으로 인구이동을 감행하게 되었다. 古한반도 중부 초기신석기인의 인구이동은 두 단계로 나누어 볼 수 있다.

　첫 단계는 古한반도의 북위 40도선 이남의 농업경작이 가능한 다른 강변과 해안으로 이동하는 것이다.

　古한반도의 북위 40도 이남의 크고 작은 모든 강변과 해안에 정착한 초기 신석기시대 이 지역 신석기인들은 이제는 농업경작이 식료부족 문제 해결의 최선의 방법임을 알았고, 농업경작과 관련된 사상과 신념을 형성하여 갖게 되었다. 농업경작은 햇빛이 주는 따뜻한 온도의 은혜에 직결되어 있으므로, 古한반도 초기 신석기인들은 매우 일찍 공통으로 '태양'(해)을 숭배하는 '태양숭배' 사상을 갖게 되었다. 또한 그들은 태양이 제공하는 '밝음'〔光明〕을 숭상했으며, 태양이 있는 '하늘'을 숭배하게 되었다. 그들은 또한 자기들을 태양의 후손, 즉 하늘〔天〕의 후손으로 생각하여 '천손의식'을 갖게 되었다. 또한 그들은 태양이 있는 하늘을 나는 '새'를 토템으로 애경(愛敬)하였다. 후에 그들의 후예들은 그들을 태양의 밝음을 의미한 '밝'족(후대의 고대 중국인의 차

───────────

군 주의리에서 고조선시대 참나무로 만든 따비(후치)가 출토되었는데, 한반도 중부지역에서 사용된 따비도 동일 유형이었을 것으로 추정된다. 이로써 신석기시대와 청동기시대 한반도 중부지역 남한강 유역과 금강 상류유역에서 일어난 경작재배의 농업혁명은 따비를 농구로 사용한 단립벼·콩·밀·보리·잡곡 재배 및 경작 생산의 농업혁명이었음을 알 수 있다. 이러한 신석기시대 농업혁명의 성과를 '밭이랑 그림'으로 새긴 선돌을 세워 기념한 '농경 그림 선돌'은 전 세계에 보고된 것으로는 옥천 남곡리와 수북리의 '농경 그림 선돌' 2개뿐인 것으로 안다.

음표기로는 發人)이라고 호칭하였다.

주목할 것은 古한반도 동굴지대의 동굴들에서 나와 주로 강변과 해안에서 신석기시대를 시작한 초기 신석기인들은 서로 교류하면서 농업경작·사냥·어로·식료채집을 하고, 태양숭배, 태양이 있는 하늘숭배, 천손의식, 밝음 애호 사상을 공통으로 형성하여 생활하는 동안에 구석기시대 말기와 신석기시대 초기에 걸친 오랜 공동생활과 교류를 통하여 사람과 문화에 '공동 유형'을 형성하게 되었다는 사실이다.

우리는 古한반도 이 초기 신석기시대의 '밝'대족을 '밝'족이라고 통칭하면서도 동시에 엄격히 한정하여 학술용어로 '古한반도 초기 신석기인 유형' 및 '古한반도 초기 신석기 문화유형'이라고 이름 붙일 수 있다. 여기서 제시하는 古한반도 초기 신석기인 유형과 古한반도 초기 신석기 문화유형은 "약 1만 2,000년 전~9,000년 전의 시기에 동아시아의 古한반도에서 형성된 동아시아 최초의 신석기인과 초기 신석기문화의 유형"이라고 정의할 수 있다.

이 두 유형은 1950년대 체질인류학에서 주로 한국의 삼국시대부터 고려왕조 시대까지 발굴된 인골을 생물학적으로 두개골 지수·코높이·신장 등 신체적 특징을 측정하여 체질유형을 정립하여 제시한 '조선옛사람유형(朝鮮古人類型)'과는 다른 개념이다. 古한반도 초기 신석기인 유형은 사회학적·문화적 개념으로서, 시기적으로는 12,000년 전~9,000년 전의 초기 신석기시대이며, 지역적으로는 북위 40도선 이하의 古한반도에서 거주했던 신석기인의 공동 문화유형의 정립이다.

또한 이 두 유형은 고아시아족, 퉁구스족의 개념과도 다른 것이다.[16)]

---

16) 소련 인류학자 쉬로코고로프(S M Shirokogoroff) 등 일부 학자들은 신석기시대~청동기시대에 걸치는 시베리아 거주의 우랄·알타이어 사용 소수민족을 '고아시아족'으로 개념·정립하여 동아시아민족의 기원으로 생각하는 착각을 했고, 東胡(Tungus, Tunghus)의 중국발음을 취하여 만주지역 제민족의 기원을 퉁구스(Tungus, Tunghus)족이라고 생각했는데, 역사적 사실과 일치하지 않는 학설이라고 본다.

S. M. Shirokogoroff, *Anthropology of Northern China*, Royal Asiatic Sosiety, Shanghai, 1923; S. M. Shirokogoroff, *Ethnological and Linguistical Aspects of*

3) '古한반도 초기 신석기인 유형'의 분화

(1) 古한반도에 그대로 남아 정착하여 형성된 '한'족

古한반도 초기 신석기인 유형(밝족)은 성립 후 크게 세 갈래로 분화·발전하였다.

첫째는 지구기후의 온난화 이후에도 古한반도의 북위 40도 이남의 강변과 해안에 그대로 계속 남아 정착해서 고대를 맞은 신석기인들이다. 이들은 스스로 자기들을 '밝'족이라고 호칭했으나, 그들이 남한강을 거쳐서 한강 본류와 금강 유역을 비롯한 古한반도 내 모든 강변과 해안에 거주하면서 시작한 특징 때문에, 후에 '밝'대족의 다른 부족들과의 구별을 위해 '한'강에서 유래했다는 특징이 파악되어 '한'족이라는 호칭도 갖게 되었다. 이때의 '한'은 '큰' '하나' '하늘'의 뜻을 가진 古한반도 신석기인들의 고유어라고 해석된다.[17] 즉 그들은 '밝'족 또는 '한'족으로 호칭되다가 '밝'대족이 분화됨에 따라 '한'족으로 점차 호칭이 확정되어간 것이다.

이들 한(밝)족의 초기 특징은 古한반도 초기 신석기인 유형의 특징 그대로 당시 매우 선진적 농업경작을 주요 생산방식으로 하고, 농업생산을 좌우하는 태양(해)과 태양이 있는 하늘의 하느님을 숭배하며, 그 하늘을 나는 새[鳥]를 토템으로 애호하고, 자기들을 천손(天孫)이라고 생각하는 천손의식을 가진 것이었다.

후에 확정된 호칭을 미리 빌려서 古한반도에 그대로 계속 정착한

---

the *Ural—Altaic Hypothesis*, The Commercial Press, Shanghai, 1931;S. M. Shirokogoroff, *Social Organization of Northern Tungus*, The Commercial Press, Shanghai, 1933; S. M. Shirokogoroff, *The Psychomental Complex of the Tungus*, Kegan Paul, Trench, Trubner &Co., London, 1935.

17) '한'은 중국 고문헌에는 '韓' '寒' '馯' '桓' '汗' 등 동일 발음의 여러 가지 다른 한자로 차음(借音) 표기되고 있는데, 이 사실 자체가 '한'은 고대 한국 고유어임을 증명하는 것이다. '한강'은 '큰 강'이라는 뜻이며, 이것을 '漢江'이라고 표기하는 것은 차음이고, 특히 '漢'자를 차자한 것은 옛 일부 선비의 사대적 악습이라고 해석된다.

이 신석기인들을 한족이라고 호칭하면, 한족은 구석기 동굴시대로부터 계승된 古한반도의 신석기시대 본래의 '밝'대족의 주인인 '터주'라고 비유할 수도 있다. 한족의 고조선 국가형성 직전까지의 분포는 고고유물·유적에서 볼 때, 古한반도 청천강(靑川江) 유역까지의 전역이었다.

한족의 경제생활의 가장 큰 특징은 동아시아에서 최초의 신석기 농업혁명을 수행하여 가장 앞선 신석기시대 농업경작을 발전시키면서 당시 가장 선진적인 신석기시대 농업사회 생활을 영위한 점을 들 수 있다.

한족의 가장 이른 시기에 농업경작에는 막강한 남성 노동력이 필요했으므로, 매우 이른 시기에 모계제 부족공동체가 해체되고 부계제 부족공동체와 남성족장이 출현하였다. 한강·금강 유역의 초기 고인돌무덤에서 석검(石劍)이 다수 출토되는 사실에서도 이를 확인할 수 있다.

(2) 북위 40도선 이북의 서북방 요서지역에 이동 정착하여 형성된 '貊'족

둘째는 북위 약 40도 이북의 과거 동토였던 지역이 인간거주 가능 지역이 되자, 古한반도 초기 신석기인 일부가 약 9,000년 전~6,000년 전경에 서북방 이동을 감행해 지금의 요서·내몽고자치구 동부지역 일대에 정착한 신석기인들이다.

이들이 서북방 이동하여 요서지역·대릉하·소릉하·노합하·시라무렌강 유역에 정착하게 된 것은, 기온이 급상승하고 강우량이 증가하여 기후와 환경이 급변해서 과거 인간 상주와 농경이 불가능했던 북위 40도 이북의 이 지역이 인간 거주와 농경에 매우 적합하게 변화되었기 때문이다.[18]

---

18) 이에 관련하여 요녕성 남부 지역의 기후 급변을 장광직·우실하 교수의 도표에 따라 ① 기온 ② 건조도 ③ 해수면 변화의 세 측면에서 다음과 같이 설명할 수 있다.
  (1) 연평균 기온이 약 1만 1,300년경부터 상승하기 시작하여, 약 9,000년 전경에는 섭씨 7°에 접근하고, 약 8,500년 전부터 급상승하기 시작하여 8,100년 전경에는 현재의 평균기온과 같은 약 섭씨 9°가 되며, 약 7,700

이들은 자기들을 '밝'대족의 일부로서 서북방 이동을 감행했다고 자부했는데, 후대에 고대 중국인들은 그들에게 한자로 '貊'(박, 백, 맥)족이라는 이름을 붙였다.

년 전경에는 무려 13.5°로 더욱 급상승했다가, 약 5,200년부터 기온이 하강하기 시작하였다. 이것을 오늘날의 기온에 비교하면 약 7,700년 전~약 5,200년 전의 2,500년 동안 홍산문화 지역의 연평균 기온(13°)이 더 높아서 현재의 서울(연평균 기온 섭씨 12.2°)보다도 더 온화하고, 옛 홍산문화 지역인 현재의 요서 조양(朝陽 시내 용성구 연평균 기온 8.4°)보다도 더 따뜻한, 매우 온화한 기후의 지역으로 변화하였다. 이것은 옛 홍산문화 지역이 현재의 한반도 중남부지역과 거의 동일한 기온의 따뜻한 지역으로 변화했음을 의미하는 것이다.

(2) 약 8,500년 전부터 강우량의 증가로 습도가 급상승하여 약 7,800년 전경에는 건조 정도가 오늘날을 1로 할 때 0.5정도로 하강해서 약 5,200년 전까지 지속되었다. 이것은 요녕성 남부 옛 홍산문화 지역이 약 8,500년 전~약 5,200년 전경에는 지금보다 훨씬 강우량이 많은 고온 다습한 지역으로 변화했음을 증명해 준다. 이것은 옛 홍산문화 지역이 현재의 한반도 중남부와 유사한 농업경작 적합지역으로 변화했음을 의미하는 것이다.

(3) 약 1만 년 전부터 서해(황해)와 발해만의 해수면이 급상승하기 시작하여, 9,000년 전경에는 현재(0m)보다 10m가 낮던 것이 7,800년

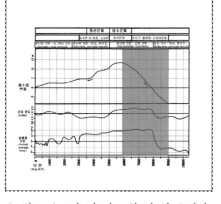

〈그림 2-3〉 1만 년 전~1천 년 전 요녕성 남부지역의 자연환경의 변화

1. Kwang-chih Chang, *The Archaeology of Ancient China*, Fourth Edition, Yale University Press, 1986, p.77~81.
2. 우실하, 〈요하문명・홍산문화 지역의 지리적 기후적 조건〉, 《고조선단군학》 제30호, 2014.6.

전경에는 현재의 해수면(0m)과 같게 상승하고, 약 5,800년경에는 최고도로 약 13m까지 상승하게 되었다. 이것은 한반도 서해안 일부가 낮은 지대일수록 바닷물에 잠기게 되었음을 알려주는 것이다. 이 사실은 약 10,000년 전~약 5,800년 전 사이의 서해안에 거주하던 古한반도 초기 신석기인들의 일부 거주지가 바닷물에 잠기어 밀려나게 되었음을 뜻한다. 이것은 또한 古한반도 서해안 거주의 초기 신석기인들에게 다른 지역으로의 인구이동을 강요하는 밀어내기 요인의 하나로 작용했음을 의미하는 것이다.

貊의 상고음은 '박'(bak)·'백'(baek)이었다. 《후한서》는 "貊은 음이 陌(백)이다"[19]라고 기록하였다. 《설문해자》에서는 "貉(맥)은 북방의 貉인데, 豸(치)종이다. 貊은 十·百의 百(백)으로 발음한다"[20]고 하여, 豸는 '북방종'을 가리키는 것이고, '百'은 족명의 '발음'이라고 설명하였다. 공자는 '貉'자는 '貊'으로도 동일하게 쓰인다고 말하였다.[21] 원래 貉의 속자(俗字)가 '貊'자이고, 초기에는 '狛'자로도 쓰여졌다. 즉 貉=狛=貊이고 발음은 '백' '박'인 것이다.

《한서》 고제기의 안사고(顏師古)의 주에는 "貊(백)은 동북방에 있고 삼한(三韓)에 거주하는 것은 모두 貉類(백류)이다"[22]라고 기록하였다. 안사고는 貊(백)족은 중국의 동북방에 있고, 한반도의 중남부(三韓)의 사람들도 모두 중국 동북부에 들어와 사는 백(貉)족과 동일한 족속이라고 해설한 것이었다.

또 《한서》 무제기에서는 주(周)의 성왕(成王)·강왕(康王)이 외교관계를 돈독히 한 나라로 숙신(肅慎)·북발(北發)·거수(渠搜)·저(氐)·강(羌)을 들었는데, 안사고는 北發의 北은 북방이고, 發은 국명이라고 하였다.[23]

《대대례기》 소한편에서는 "옛날 순임금이 하늘의 덕으로 요임금의 자리를 잇자 해외에서 숙신·북발(北發)·거수·저·강이 래복(來服)하였다.[24]고 기록하였다. 여기서도 북발(北發)의 '북'은 '북방'이고 '발'은 '밝'족을 가리킨 것으로서 북방의 밝족 즉 貊(백)족을 가리킨 것으로 해석된다.

양주동 박사는 "夫餘·貊·發·百 등은 모두 '불' '붉'의 차자(借字)"[25]

---

19) 《後漢書》卷1下, 光武帝紀 建武 25年 春正月條, 〈貊人穢貊國人也. 貊音陌.〉 참조.

20) 《說文解字》(段玉裁注) 第9篇 下, 〈貉 北方貉 豸種也(貉讀爲十百之百).〉 참조.

21) 《尙書正義》 卷18, 周書 孔安國傳, 〈說文作貉 北方豸種, 孔子曰貉之言貊.〉 참조

22) 《漢書》 卷1, 高帝紀 第1上, 〈貉在東北方 三韓之屬皆貉類也. 音莫客反.〉 참조.

23) 《漢書》 卷6, 武帝紀 第6, 〈周之成康 刑錯不用 德及鳥獸 敎通四海 海外肅眘·北發·渠搜·氐·羌來服〉의 기록에 대한 顏師古의 注에서 〈師古曰 北發非國名也 言北方卽可徵發渠搜而役屬之. 瓚說近是.〉 참조.

24) 《大戴禮記》(卷11, 少閒 第76), 〈昔虞舜以天德嗣堯…海外肅慎·北發·渠搜·氐·羌來服.〉 참조.

25) 梁柱東, 《增訂古歌硏究》, 一潮閣, 1969, p.388.

라고 지적하였다.

이 자료들은 貊족이 자기들의 족속을 원래 밝음(光明)을 의미하는 '밝·박·백'이라고 占한반도에서와 같이 호칭한 것을 고대 중국인들이 '發'(bal), '貊'(bak)이라고 표기했으며, 후대에 변음되어 '맥'(maek, 貊)으로 읽게 된 것을 알려주고 있다. 또한 안사고와 같은 중국 고대 지식인들의 일부는 貊족이 한반도의 '한'(三韓)과 동일한 족속임을 인지하고 있었음을 알 수 있다.

맥족의 기원은 占한반도 초기 신석기인 문화유형으로 한족과 함께 거주하다가 약 9,000년 전~6,000년 전에 압록강을 건너 요동반도를 거쳐서 요서지역의 농업경작에 적합한 지역으로 새로운 북방한계선까지 이동하여 정착한 일부 밝대족 신석기인들이 하나의 큰 부족으로 형성된 것이었다.

맥부족은 개척지에 새로이 정착하여 농업경작을 시도하면서, 여전히 태양(해)을 숭배하면서도, 새로운 환경조건에 적응하여 새로이 '곰'(熊)을 토템으로 정하고 '새'를 부토템으로 하여 '곰토템'족이 되었다. 일본어에서 貊을 음독에서는 박(bak)이라 읽고, 훈독에서는 고마(熊, goma, 곰)라고 읽는 것은 이러한 이유 때문이라고 해석된다.

맥족은 占한반도와 동일 바탕의 문화를 가지면서도 요서 지역 새 정착지에서 홍산(紅山)문화 등 독자적인 신석기문화를 형성하면서 생활하였다.

(3) 북위 40도선 이북의 요동지역에 이동 정착하여 형성된 '濊'족

셋째는 占한반도 청천강과 압록강을 건너서 요하 이동지방으로, 또한 동해안을 따라 북상하여 북위 40도선 이북의 미개척지를 향해서 동북방 이동을 감행한 이전 占한반도의 신석기인들이다.

이들은 자기들을 '東(동, 식)'쪽으로 이동한 '밝'족의 일부라고 자부하여 '식'(東)족이라고 자신들을 차별화해서 호칭했는데, 후대에 고대

중국지식인들은 '싀'를 '濊' '獩' '薉' '穢' 등으로 음차 표기했다가, 후에 변음되어 '예'(Ye)로 발음하게 되었다. 양주동 박사에 의하면, 濊의 원래 발음은 '새'(sae) '세'(sei)로서, 고대조선어의 '東'의 의미를 음차해서 표기한 '싀'의 차자(借字)이다. '싀'는 '新' '曙'의 뜻의 '새'와 동원어(同原語)인 '東'의 고어(古語)이다. 현존한 한국어 방언에도 '東'을 새라하니, 샛바람〔東風〕, 샛마〔東南風〕, 샛쪽〔東方〕 등과 같은 예이다.26)

즉 고대 중국지식인들이 음차 표기한 濊(예)족은 東(동)북쪽으로 이동한 '밝'족으로서, 그들의 기원은 한족, 맥족과 마찬가지로 古한반도 초기 신석기인 유형이었고, 그들의 뿌리는 古한반도 동굴지대의 강변과 해안에 있었다. 고대 중국학자 가운데에도 古한반도 한족과 예족이 동일계통의 밀접한 관계가 있음을 인지했던 흔적이 보인다. 공조(孔晁)는《일주서(逸周書)》왕회해에서 "穢人(예인)은 韓穢(한예)이니 東夷(동이)의 별종이다"27)라고 하였다. 이것은 예(穢)를 古한반도 한과 동계열의 동이족으로 주석한 것이다.

예족은 맥족과 마찬가지로 약 9,000년 전~6,000년 전에 한반도에서 청천강·압록강을 건너고 동해안을 따라 북상하여 요하의 동쪽으로 이동해서 지금의 요동반도·태자하·목단강·제2북류 송화강·두만강 하류 일대를 중심으로 널리 분산해서 정착한 신석기인들이었다.

예족은 신개척지에 이동 정착하여 농업경작을 시작하면서, 여전히 태양을 숭배하면서도, 울창한 삼림지대에 접해 맹수들과 대응하면서 생활하는 동안에 주위 환경조건에 적응하여, '범'〔虎〕을 토템으로 정하

---

26) 梁柱東,《增訂古歌研究》, pp.38, 387~392 및 pp.562~564 참조. 양주동 박사에 의하면,《世宗實錄》地理志 江陵조에 〈江陵 本濊國之古國 或稱鐵國 … 高麗太祖十九年 號東原京〉의 기사에서 '濊·鐵(쇠)·東'을 대응시켰으니, '濊'의 古音 '싀'와 '鐵'의 訓 '쇠'와 '東'의 訓 '새'이므로 상통하는 것이다. 또한《세종실록》지리지 鐵原조에 〈鐵原 本高句麗鐵圓郡 新羅改爲鐵城郡. 高麗太祖卽位 改鐵原爲東州〉의 기사에서 "鐵(쇠)·東(새)"을 대응시켰으니, 앞의 "濊之古國인데 혹 鐵國이라 칭하였다"는 기사와 통합해 보면, 濊(=鐵(싀)=東(싀))는 싀로 발음했음을 알 수 있고 이것은 東의 뜻을 가진 것임을 재확인할 수 있다. 이것은 정곡을 얻은 탁월한 관찰이라고 생각한다.

27)《逸周書》卷7, 王會解, 第59, 〈穢人前兒〉의 注〈穢韓穢 東夷別種〉참조.

고 '새'를 부토템으로 한 '범토템'족이 되었다.

예족은 요하 이동지역에서 古한반도와 동일한 바탕에 기초한 문화를 가지면서도 요하 이동지역의 새 정착지에서 독자적인 신석기문화를 창조하면서 생활하였다. 심양 부근의 신석기 신락(新樂)문화는 현재 발굴된 예족의 대표적 신석기문화 유적이라고 판단된다.

여기서 주목할 것은 구석기 말~초기 신석기시대에 古한반도는 사람이 거주하지 않는 '빈 공간'이 전혀 아니라, 도리어 古한반도는 유라시아 대륙에서 인구 밀도가 가장 높은 지역의 하나였다는 사실이다. 사회사적으로 보면, 古한반도는 최후의 빙기에 극동아시아의 대흥안령과 연산산맥 동쪽의 동토(凍土)가 되어버린 지역에서 살아남은 구석기인들과 古한반도의 말기 구석기인들 및 유라시아 대륙 남방으로부터 들어오는 구석기 신인들을 동굴 안에 모두 품어 안았다가, 1만 2천 년 전 지구 기후가 온난화되자 동굴 밖으로 쏟아 내어 古한반도의 강변과 해안에서 古한반도 초기 신석기인 유형, 古한반도 초기 신석기 문화유형을 형성시킨 유라시아대륙의 초기 신석기시대 최대 인구밀집 지역의 하나였다.

밀집된 인구의 식료부족 문제를 해결하기 위해 古한반도 초기 신석기인 유형이 분화되었다. 일부는 구석기시대 말기 동토(凍土)였다가 지구기후 온난화 후에 사람이 거주할 수 있고 농업경작도 가능하게 된 미개척지인 북위 40도 이북의 요서지역에 정착하여 맥(貊)대부족을 형성했고, 일부는 요동지역으로 인구이동을 감행하여 정착해서 예(濊)대부족을 형성하여 각각 새 환경에 적응한 신석기문화를 만든 것이 역사적 사실이었다.

2. 고조선문명의 기원이 된 '한'족의 신석기 한강문화의 특징

1) 농업경작의 발전과 전파

'한'족은 청천강 이남의 한반도에서 '古한반도 초기 신석기인'(밝족)의 신석기 농업혁명을 그 자리에 계승·발전시켰기 때문에, 古한반도의 강변들에서는 온대농업경작이 크게 발전하였다. 신석기시대 말기-고대 초기 온대농업에서 한강문화의 농업경작은 유라시아 대륙에서도 가장 선진적 농업이 성취된 곳의 하나가 되었다.

한족의 한강문화와 대동강문화에서 경작재배된 곡류는 단립벼·콩·조·기장·수수·밀·보리·들깨 등이었다.[28] 예컨대 제1장에서 쓴 바와 같이, 남한강 유역과 금강 상류 사이 충북 청원 소로리에서는 약 1만 2,500년 전(BC 11,050~BC 11,950)의 단립벼 볍씨가 출토되었다. 남한강 유역 충주 조동리유적에서는 6,200년 전(BC 4250)경과 6,140년 전의 단립벼 벼껍질·탄화미·밀·보리·수수·알 수 없는 열매씨·도토리·박씨·복숭아씨 등이 출토되었다.[29] 또한 남한강 상류와 가까운 옥천 대천리유적에서도 약 5,500년 전(BC 3,500년경)의 것으로 탄소측정된 쌀·밀·보리·기장·조·콩(일설 알 수 없는 열매씨)·삼씨 등이 출토되었다.[30] 오산리 유적의 토기에서는 약 7,175년 전~7,160년 전(BC 5,300~5,070년)의 콩과(콩·팥)의 압흔이 측정되었다.[31]

한족의 농업경작의 곡물을 분류해 보면, 조·기장·수수는 유라시아 대륙 도처에서 가장 널리 재배된 신석기시대 곡물이다. 그러나 단립벼(쌀)·콩·팥·들깨는 다른 지역에서 볼 수 없는 한족의 한강문화와 대

---

28) 신용하, 〈고조선문명 형성의 기반과 한강문화의 세계최초 단립벼 및 콩의 재배 경작〉 참조.
29) 이융조·우종윤 편저, 《선사유적 발굴도록》, p.282; 충주시, 《조동리 선사유적박물관》, pp.57~61 참조.
30) 한창균·김근완·구자진, 〈대천리유적 신석기시대 집자리에 대한 고찰〉, pp.157~171.
31) 국립문화재연구소, 《한국신석기시대 고고식물 압흔 보고서》, p.257 참조.

동강문화 등의 농경에서만 출토되는 곡물이다.[32]

밀·보리 등 맥류는 古한반도에서는 초기 신석기시대의 것은 출토되지 않고, 조동리유적의 약 6,200년 전의 것부터 다량 출토되었다. 이 밀·보리가 한족이 야생종을 순화·재배시킨 것인지, 다른 지역에서 도입·전파된 것인지 아직 알 수 없다.

최근 세계학계의 연구에 의하면, 식용빵 '밀'의 재배 기원은 서남아시아(중동)에서 약 BC 9,500년~BC 8,500년에 재배가 시작되어 메소포타미아 문명과 이집트 문명의 농업기반이 되고 유라시아 대륙에 전파되었다고 한다.[33] 그렇다면 조동리 유적(BC 4,250년)과 대천리 유적(BC 3,500년)의 밀·보리는 재배 기원은 아니고, 이것이 古한반도에 전파되어 동아시아 지역의 가장 이른 시기 재배 전파의 '제2중심'이 되었다고 해석할 수 있다.

古한반도에서 한족의 신석기시대 농업경작은 유라시아 대륙에서도 가장 선진적 농업의 하나였으므로 이주민들과 함께 이웃 지역인 고중국과 일본열도에 전파되었다. 특히 단립벼와 콩은 한족의 한강문화와 대동강문화에서 경작 재배를 시작하여 이웃 각 지역과 전 세계로 전파된 것이었다.

예컨대 세계 단립벼의 재배 기원은 남한강유역 소로리볍씨(bp 12,500년±150, BC 10,550±150년)와 그 후 충주 조동리 유적 볍씨(BC 4,250±40년), 옥천 대천리 유적 탄화미(BC 3,500년), 고양 가와지 유적 볍씨(BC 3,318±80년) 등으로 계승되는 '한강문화'에서 나오고 있다.

그러므로 단립벼의 재배 기원에 대해서 필자는 '한강기원설'(漢江起源說)을 제기했었다.[34] 소로리 단립벼 볍씨가 양자강 유역 옥섬암 장

---

32) 신용하, 〈고조선문명 형성의 기반과 한강문화의 세계최초 단립벼 및 콩의 재배 경작〉, 2014 참조.

33) Peter Bellwood, *First Farmers: The Origins of Agrarian Societies*, Blackwell, Oxford, 2005, pp.44~66 참조.

34) 신용하, 《고조선 국가형성의 사회사》, pp.78~94 참조.

립벼 볍씨보다 약 1,200여 년 앞서므로 '전체 도작재배 기원'에 대해서도 한강기원설을 정립할 수 있을 것이다. 따라서 도작 기원에 대한 '도작의 양자강 기원설'은 수정되어야 하며, 그것은 '장립벼의 양자강 기원설'로 수정하여 재검토되어야 할 것이다.

단립벼 재배는 남한강 유역 소로리 볍씨(BC 10,550±150년)에서 기원하여, 한강본류·금강 유역·섬진강 유역·영산강 유역·대동강 유역·낙동강 유역·한반도 전체로 보급되었다. 대동강 유역 남경유적 36호 집자리에서도 BC 2,000년기의 단립벼 탄화미가 출토되었다.

고조선문명의 단립벼 재배는 요동반도에도 전파되어 대취자(大嘴子) 유적에서도 BC 1,000년경의 탄화미가 출토되었다. 고중국 용산문화 유적들에서도 BC 2,000년기의 탄화벼들이 나왔다. 대취자유적에서는 고조선식 청동창의 조각(BC 2,000년경)이 출토되었으므로 이 무렵에 이미 요동반도에서 산동반도로 고조선 단립벼 도작재배가 전파되었다고 보아야 할 것이다.

그러므로 장립벼(*indica*)는 별도로 하고, 단립벼(*japonica*) 재배의 기원과 전파는 ① 남한강 소로리 볍씨(bp 12,500±150, BC 10,550±150년)를 기원으로 하여 → ② 북으로는 조동리 유적(BC 4,250±40년) → ③ 고양 가와지 볍씨(BC 3,318±80년) → ④ 김포 가현리 볍씨(BC 2,030±25년) → 대동강 유역 평양 남경 유적 탄화미(BC 3,000년기~BC 2,000년기) → 산동반도 양가권(楊家圈) 볍씨(BC 2,040±70년) 및 양저(良渚)문화 상층유적 볍씨(BC 2,760±140년) 등의 경로였다고 볼 수 있다.

또한 남쪽으로는 ① 남한강 소로리 볍씨(bp 12,500±150년, BC 10,550±150년)를 기원으로 하여 → ② 고양 가와지 볍씨(BC 3,318±80년) → ③ 옥천 대천리 유적(BC 3,500년경) → ④ 여주 흔암리 탄화미(BC 1,650년~BC 1,490년) → ⑤ 일본 규슈지방(BC 7세기~BC 5세기경) 등으로 전파되었다고 볼 수 있다(〈그림 2-3〉 참조).

이러한 단립벼 한강기원설은 세계 단립벼와 장립벼의 재배 분포에 대한 일본학자의 연구결과와도 대체로 합치되어 시사하는 바가 크다.[35)]

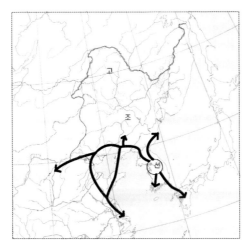

〈그림 2-4〉 단립벼의 재배기원지와 보급 경
로도. ○표는 단립벼 재배기원지.

2) 태양(해)숭배 사상과 신앙

'한'부족은 한반도의 한강·금강·대동강·영산강·낙동강·서해안·남해
안·동해안 등 모든 강변과 해안에서 동아시아 최초의 신석기시대 농

---

35) 渡部忠正, 〈アジア栽培稻の起源と傳播〉, 《サイエンス》 14(12), 1984.
일본학자 渡部의 온대 단립벼 재배 분포 지도에서 보이는 단립벼 재배 범위
는 뒤에서 설명하는 고조선문명권의 범위와 대체로 접근함을 볼 수 있다(박
태식, 〈한반도 출토 곡류의 동정법과 연구성과: 벼와 콩류를 중심으로〉, 한
국선사문화연구원 《집중세미나 논문집》, 2010년 3월, p.10 참조). 한강문화의
단립벼 재배경작은 남한강·금강 상류에서 시작되어 북으로는 대동강 유역과
요동반도(대취자 유적)를 거쳐서 고조선 이주민들과 함께 중국 동해안의 고
조선 이주민(소위 '東夷'족)의 정착지역에 전파되어 양자강 하류 양저문화(良
渚文化) 유적 상층문화에서 양자강을 따라 내려오는 장립벼 경작문화와 만났
다. 이에 양저문화 상층에서 장립벼 경작문화와 단립벼 경작문화가 중첩하게
되었다. 또한 고조선 문명이 창조한 단립벼 재배경작은 BC 7~5세기경에는
한반도로부터 일본 열도에도 전파되어, 일본 열도가 단립벼 문화권에 들어오
게 되었다. 고조선문명은 단립벼의 쌀을 식량의 기본으로 탄생·발전한 단립
벼 쌀문화의 문명이었다. 이것은 메소포타미아 문명이 밀, 인도 문명이 장립
벼의 쌀, 마야문명이 옥수수, 잉카문명이 감자를 식량의 기본으로 탄생한 유
형과 대비되는 것이다.

업혁명을 수행해 나가면서 태양숭배 사상과 신앙을 형성하여 갖게 되었다. 왜냐하면 농경재배는 환경요인들 가운데 날씨와 가장 관계가 깊고, 가장 은혜로운 것이 태양의 빛과 온도이기 때문이다. 한부족의 태양숭배 사상은 그들이 남긴 유적·유물의 그림과 도안에 광범위하게 남아 있다.[36) 두 가지 예만을 들기로 한다.

(1) 한족의 신석기시대 유물의 예로서는 경상남도 울산 반구대와 천전리 신석기시대 암각화의 중앙 상부층에 새겨진 2개의 '태양(해)무늬' 암각화가 있다.[37)

(2) 또한 한족의 청동기시대 청동거울인 고조선 전기 다뉴조문경(多鈕粗紋鏡)과 고조선 후기 다뉴세문경(多鈕細紋鏡)의 형태는 '둥근 해'를 형상화한 것이며, 뒷면의 무늬는 각종 '햇빛살무늬'를 기하학적으로 형상화해서 도안한 것이다. 종래 다뉴조문경과 다뉴세문경의 뒷면 무늬를 '삼각형무늬' '톱니무늬' 등으로 표현해 온 것은 피상적 관찰이다. 사상이 도안에 투영되어 있으므로, 삼각형이나 톱니처럼 보이는 것들도 사실은 햇빛(태양광선)을 기하학적으로 다양하게 형상화한 것이라고 필자는 생각한다.[38)

청동기시대에 들어와서도 이 문화 전통은 계속되어 한족 계통 고조선의 청동 그릇에는 해(태양)무늬와 햇빛살무늬를 넣은 것이 매우 많다. 태양과 햇빛살무늬가 일상생활의 용구 도안에서도 애용된 것이다.

한부족은 고조선을 건국한 이후 말을 타는 기마문화를 형성하면서 혁대와 혁대고리를 애용하게 되었는데, 혁대고리에는 말과 함께 고리를 장식했다. 그 고리에는 청동거울처럼 둥근 해(태양)의 형태와 햇빛살무늬의 형상 도안을 애용하는 일이 많았다.

---

36) 신용하, 《고조선 국가형성의 사회사》, p.65 참조.
37) 文明大, 〈천전리 암각화의 발견 의미와 도상의 재해석〉, 《울산 반구대 천전리 암각화》(천전리 암각화 발견 40주년기념 학술대회 논문집), 한국미술사연구소, 2010. 12 참조.
38) 신용하, 〈고조선 국가의 형성과 고조선 금속문화〉; 신용하, 〈고조선 국가의 영역확대와 고조선 청동기의 분포〉, 《사회와 역사》(한국사회사학회) 제101집, 2014 참조.

한강문화에서는 각종 제사·제천용 의기의 도안에서도 햇빛살을 기하학적으로 형상화하는 일이 매우 많았다. 거의 모든 제천·제사용 의기에는 태양과 태양광선 무늬가 도형화되어 있는 것이 한족의 한강문화의 특징의 하나이다.

태양숭배사상은 한강문화를 창조한 한부족의 가장 큰 사상적 특징이 되었으며, '신앙'으로까지 승화되었다.[39] 이 사상은 고조선 국가 성립 후에는 전체 고조선 문명권에 전파·보급되었다. 또한 그 후 일본열도에도 전파되어 '일본(日本)'이라는 호칭의 기원이 되었다.[40]

3) 하느님〔天神〕 숭배 사상

'한'족의 '하늘'에 있는 태양숭배 사상은 연장되어 하늘을 신격화해서 '하느님'〔天神〕을 숭배하고 제사하는 사상과 관습을 갖게 되었다.

또한 이 태양숭배 사상은 고조선 국가 건국 후에는 시조 단군이 승하 후 산신이 되었다가 승천하여 하늘에서 태양신이 되었다는 사상을 형성하여, '하늘·태양·단군'이 결합되었고 하느님 신앙으로서의 '태양숭배' 및 '단군조상숭배' 융합이 전개되었다.

중국 고문헌인 《삼국지》[41], 《후한서》[42], 《진서》[43] 등은 한족의 관

---

39) 신용하, 《고조선 국가형성의 사회사》, p.65 참조.
40) 江上波夫, 《騎馬民族國家》 중 〈騎馬民族の渡來〉 (江上波夫著作集6), 平凡社, 1986, pp.318~321 참조. 江上은 임나일본부설을 다른 방식으로 인정하고 합리화하려는 증거 없는 오류에 빠져 있으나, 일본열도의 태양숭배와 그 후 '日本'의 국호가 한반도 南韓(辰國) 지역으로부터의 도래인 지배층이 가져온 것임을 지적하였다. 일본에서 '日本' 호칭이 나라 이름으로 사용되기 시작한 것은 8세기 초부터이다.
41) 《三國志》 卷30, 魏書, 東夷傳, 韓條, "귀신을 믿기 때문에 國邑(국읍)에 각각 한 사람씩을 세워서 天神(천신)의 祭祀(제사)를 주관하게 하는데 이를 天君(천군)이라 부른다. 또 여러 나라에는 각각 別邑(별읍)이 있으니 그것을 蘇塗(소도)라 한다. (그곳에) 큰 나무를 세우고 방울과 북을 매달아 놓고 귀신을 섬긴다. (다른 지역에서) 그 지역으로 도망 온 사람은 누구든 돌려보내지 아니하므로 도둑질하는 것을 좋게 하였다. 그들이 蘇塗(소도)를 세운 뜻은 浮屠(부도)와 같으나, 행하는 바의 좋고 나쁜 점은 다르다." 참조.

습으로서, 국읍에 각각 한 사람을 두어 하느님〔天神〕의 제사(祭祀)를
주관하게 하는데 그를 천군(天君)이라고 호칭하고, 또 '소도'(蘇塗)라는
별읍을 두어 큰 장대나무를 세우고 방물과 북을 매달았다고 하였다.

이것은 진국과 삼한시대의 한족 관습의 기록이지만, 관습은 오래 전
에 형성되고 잘 변하지 않으므로, 이것은 신석기시대부터의 한족의 신
앙과 관습이라고 볼 수 있다.

소도에서 증명되는 한족의 하느님〔天神〕숭배에는 태양숭배와 단군숭
배가 통합되어 있었다고 해석된다.

4) '한'족의 새〔鳥〕토템의 성립

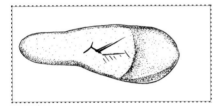

〈그림 2-5〉 남한강 유역 앙덕리 고인돌
(신석기시대) 부장품 자갈돌에 새겨진
'날아가는 새' 형상

'한'족의 토템은 '새'〔鳥〕였다.
신석기시대 유라시아 대륙의 거
의 모든 부족들이 토템을 가졌는
데, 한족은 명확하게 새를 토템으
로 애경하였다는 것이 필자의 견
해이다.[44]

한족은 하늘에 있는 해를 숭배

하고 하느님〔天神〕을 숭배했으므로, 하늘을 나는 새를 토템으로 애호하
여, 새토템족이 되었다고 해석된다. 새토템의 새는 특정되어 있지 않

---

42) 《後漢書》卷85, 東夷列傳, 韓條, "여러 國邑(국읍)에는 각각 한 사람이 天神(천
신)의 제사를 주재하는데, (그 사람을) 天君(천군)이라 부른다. 또 蘇塗(소
도)를 만들어 거기다가 큰 나무를 세우고서 방울과 북을 매달아 놓고 귀신
을 섬긴다."

43) 《晋書》卷97, 東夷列傳, 馬韓條, "國邑(국읍)에는 각각 한 사람을 세워 天神(천
신)에 대한 제사를 주재하게 하는데, 그를 天君(천군)이라고 부른다. 또 別邑
(별읍)을 설치하여 그 이름을 蘇塗(소도)라고 하는데, 큰 나무를 세우고 방
울과 북을 매단다. 蘇塗(소도)의 뜻은 西域(서역)의 浮屠(부도)와 흡사하지만
행하는 바의 좋고 나쁜 점은 차이가 있다." 참조.

44) 신용하, 《고조선문명의 학제적 연구 제1차연도 보고서》, 〈고조선문명의 사회
사①〉, 2014 참조.

고, 독수리·까마귀·닭·오리 등 실재하는 것들로부터 상상의 새인 봉황
에 이르기까지 모든 애호하는 새가 포함되었다.

한족의 새토템은 맥족의 곰토템 및 예족의 범토템과 대비되는 것이
다.[45] 새가 한족의 토템이었다는 명백한 증명은 하느님(天神)에게 제사
올리는 성역(聖域)인 '소도'(蘇塗)라는 신성한 별읍(別邑)에 세워지는
솟대의 꼭대기에 붙인 새에서 확인할 수 있다. 성스러운 소도의 상징
표시로 새를 꼭대기에 앉힌 솟대가 세워지기 때문에 솟대를 일종의
토템장대(totem pole)로 볼 수 있으며, 새가 한족의 토템임을 명료하
게 알 수 있는 것이다.

《삼국지》 등에서 "큰 나무를 세우고 그에 방울과 북을 매달아 놓고
천신을 섬긴다"고 했는데, 손진태 교수는 소도(蘇塗)를 솟대의 한자
차음표기로 보았다.[46] 솟대는 실제 유물과 그림도 다수 남아 있는데,
꼭대기에는 반드시 새를 앉혀서 솟대임을 표시하였다. 즉 새가 솟대의
존재를 알리는 상징이었던 것이다.

종래 이를 인식하지 못했던 것은 《삼국지》 위서 동이전을 기록한 중국
고대 관리가 새의 중요성을 알지 못하고 거울, 방울, 북만 기록했기 때문이
라고 생각된다.[47]

한족의 새토템은 남한강 유역의 古한반도 초기 신석기인 시기부터
형성된 증거가 있다. 남한강이 한강 본류와 합류하는 경기도 양평 앙

45) 신용하, 〈한국민족의 기원과 형성에 대한 '한'·'맥'·'예' 3부족의 결합설〉,
　《학술원논문집》(인문·사회과학편) 제55집 1호, 2016 참조.
46) 손진태, 〈蘇塗考〉, 《朝鮮民族文化의 硏究》, 을유문화사, 1948, pp.182~223; 김
　정배, 〈蘇塗의 정치사적 의미〉, 《歷史學報》 제79집, 1978; 김두진, 〈三韓 別邑
　社會의 蘇塗 신앙〉, 《한국 고대의 국가와 사회》, 일조각, 1985 참조.
47) 영·독의 사회사학파와 프랑스의 아날학파는 유물·유적·그림·조각 등을 문
　헌기록보다 더 중시하여 증거자료로 사용한다. 고대 문헌기록은 기록자의 편
　견과 권력자·지배자의 견해에 깊이 지배되고 있기 때문이다. 사회사 방법을
　소도(솟대)에 적용하면 한족의 새토템이 바로 부각된다. 그러나 진수의 《三國
　志》 魏書 東夷傳 韓조가 부주의로 새를 기록하지 않았으니, 이를 필사윤문한
　《後漢書》, 《晉書》 등 중국 고문헌들은 모두 솟대의 새를 기록하지 않았고, 문헌
　고증사학에만 의존하면 한족은 토템이 없는 것으로 오해하게 된 것이라고 해
　석된다.

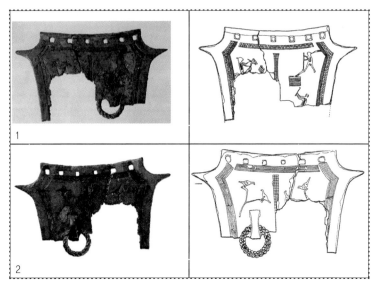

〈그림 2-6〉 대전 괴정동 출토 농경문청동기의 '새'토템 조각
　1. (뒷면) 솟대의 '새' 토템 상징조각
　2. (앞면) '새' 깃털을 머리에 꽂은 농부의 밭갈이 조각

덕리 지역의 매우 이른 초기 신석기시대 무덤인 '앙덕리 고인돌'에서 족장의 '지휘봉'으로 추정되는 방망이 형상의 다듬은 돌에 '날아가는 새'(발굴자는 독수리로 추정)를 쪼아서 새긴 부장품이 출토되었다.[48] 이 돌 방망이는 손에 쥘 수 있도록 손잡이를 약간 갈아서 만든 마제 석봉에 새를 조각한 것이어서, 이 용구가 족장급 지휘자의 권위·신앙·제의(祭儀)와 연관된 지휘석봉이며, 새겨진 새는 새토템의 상징 조각임을 알려주고 있다.

　이 지역 초기 신석기인들은 동아시아 최초로 농경재배를 시작하여 신석기 농업혁명을 선도했고, 농경과 관련하여 하늘의 태양을 숭배했으므로, 동물에서 토템을 취하는 경우 지상의 역강한 동물보다도 태양이 있는 하늘을 나는 새를 토템으로 선호했을 것임은 충분히 이해할

---

48) 이융조, 〈양평 앙덕리 고인돌 발굴보고〉, 《韓國史研究》 제11집, 1975, pp.55~99 참조.

수 있는 일이다. 농경과 태양숭배와 새토템은 하나의 통합된 체계라고 볼 수 있다. 이 지역의 신석기시대 유적·유물에 그려진 각종 새들은 한족 계열의 토템 상징이었다고 해석된다.

초기 신석기시대 한강유역 한족의 새토템의 발전 형태가 고조선·진국 시대 소도(蘇塗)로 기록되고, 청동기시대 유물들에도 조각되어 나오는 것이라고 생각한다. 농경문화와 태양숭배와 새토템의 체계적 결합을 나타내는 청동기시대 유물의 하나로, 예컨대 대전 괴정동 출토 '농경문 청동기'를 들 수 있다.

이 진국시대 한강문화의 '방패형 농경문 청동기'의 앞면에는 〈그림 2-6-1〉과 같이, 왼쪽에는 솟대 위에 새가 앉아 있고, 오른쪽에는 밭갈이하는 농민이 새의 깃털을 머리에 꽂고 따비로 밭을 갈고 있는 형상을 조각하고 있다. 또한 〈그림 2-6-2〉와 같이 뒷면에는 왼쪽과 오른쪽에 모두 솟대 위에 앉은 새를 조각하였다. 한족에게는 평민인 농민에게 이르기까지 모든 성원에게 새토템이 일상화되어 있었음을 확인할 수 있다.

한족의 새토템의 발견은 동아시아 선사시대의 해명에 여러 가지 도움을 줄 수 있을 것이다.[49] 이러한 새토템 사상은 고조선 건국 후 진국(辰國)시대에는 시조신(始祖神)이며 천신(天神)인 단군(단굴) 신앙과 관련하여 주민과 단군신(천신)을 연락하는 '영매조'(靈媒鳥) 사상으로 발전하였다. 소도별읍(蘇塗別邑)이 신성한 종교적 성소(聖所)임도 새토템을 상징으로 하여 표시되었다. 古한반도 초기 신석기인(밝족) 후예들이 유라시아 대륙 각지에 이동했을 때도 새토템으로 그들이 古한반도의 한족과 동일 계통임을 문화전통으로 표시하였다.

또한 고조선 건국 후 건국설화가 형성·보급된 후에는 '삼족오'(三足鳥) 태양신 사상과 결합되었다. 여기서 삼족오로 표현된 3태양신은 '환

---

49) 예컨대 중국 고대문헌과 고고학자들 및 고대사학자들이 말하는 소위 동이 (東夷) 가운데 조이(鳥夷)는 古한반도 한족 계열의 이동·이주족이라고 필자는 생각한다.

인·환웅·단군'의 삼신(三神)이라고 해석됨은 이미 밝힌 바 있다.[50] 한족의 새토템은 훨씬 후의 마한·진한·변한·신라 시대에도 닭, 오리, 봉황 등 새(조류)를 토템으로 간주하는 문화로 계승되었다고 볼 수 있다.

《삼국지》 위서 동이전은 "(변진에서는) 큰 새의 깃털을 사용하여 장사를 지내는데, 그것은 죽은 사람으로 하여금 (새처럼) 날아올라가라는 뜻이다"[51]라고 기록하였다. 이 기록도 한족의 새토템을 방증하는 기록의 하나로 볼 수 있다.

5) 천손(天孫)의식과 사상

'한'족의 태양숭배 사상과 해가 있는 하늘의 천신(天神)숭배 사상은 특히 족장들에게 자기들은 "태양(해)의 정기를 받고 태어난 하느님의 자손"이라는 '천손'(天孫)의식과 사상을 형성시켰다. 또한 이러한 천손의식은 모든 주민들에게도 보급되었던 것으로 해석된다.

천손(天孫)의식과 사상의 본질은 '하늘과 태양'을 일체화하여 숭배하면서, 자기들의 저 높은 '하늘'에 있는 '태양'의 정기를 받아 태어난 태양=하늘의 후손이라는 의식이다. 태양의 정기는 주로 햇빛(태양광선)으로 상징 표현되는 경우가 많았다. 한대·온대 농경족에게는 햇빛의 밝음과 따뜻함이 가장 큰 은혜였기 때문이었다.

한족의 초기 신석기시대 농업혁명의 요람의 하나인 금강 상류유역 옥천 지역에는 천손의식의 실재를 극적으로 잘 증명하고 상징하는 태양을 임신한 여성(족장의 어머니·할머니·여족장)의 신석기시대 선돌이 남아 있다(〈그림 2-7〉 참조).[52]

---

50) 신용하, 〈古朝鮮文明圈의 三足烏太陽 상징과 朝陽袁台子벽화묘의 三足烏太陽〉, 《한국학보》 제105집, 2001 참조.

51) 《三國志》 卷30, 魏書 烏丸鮮卑東夷傳, 韓傳, 弁辰條, 〈以大鳥羽送死 其意欲使死者飛揚〉.

52) 이융조, 《충북의 선사문화》, pp.166~172 참조. 옥천 안터 1호 선돌은 이융조 교수 등 충북대학교 박물관팀이 발굴·보고한 것인데, 높이 260cm×가로 92cm×세로 54cm 크기의 상당히 큰 선돌이다. 대형 긴 바위를 약간 다듬어

선돌의 주인공이 출산한 아기는 아기 태양으로서 천손(天孫)이며, 하늘에 있는 큰 태양(해)의 아들인 것이다.

이 선돌은 원래 신석기시대 농업혁명 기원지의 하나인 옥천의 대청댐 수몰지역의 바로 외곽에 서 있었다. 이 사실은 농업경작 재배 시작의 신석기 농업혁명과, 태양숭배 사상 및 천손의식이 모두 농업경작을 골간으로 하여 하나의 체계로 형성되었음을 시사하고 있다.

고조선 개국 단군설화에서 '환웅'을 하느님(桓因, 上帝, 한울님)의 아들이라고 의식하여 기록한 것도 천손의식과

〈그림 2-7〉 아기태양(해)을 잉태한 천손(天孫) 사상의 상징적 선돌인 옥천 안터 1호 선돌

관련된 것이다. 또한 고조선문명 후예들의 대부분의 개국설화에 햇빛을 받아 태양의 정기로 잉태하여 낳은 아기가 장성하여 왕이 된 것으로 기록한 것도 모두 이와 관련된 것이라고 볼 수 있다.

6) 뾰족밑 햇빛살무늬토기와 홍도 및 흑도

(1) 뾰족밑 빛살무늬토기

한족의 한강문화의 신석기시대 특징적 토기는 '뾰족밑 빛살무늬'토기이다.

토기의 바닥을 뾰족〔尖底〕하게 만든 것은 매우 특이한 형태이고 한강문화권에서만 출토되기 때문에, 이 토기는 한강문화의 분포와 범위

서 임신부의 형상을 갖도록 만들고, 그 복부 중하위에 둘레 86cm의 정확하게 둥근 원(圓)으로 커다란 태양을 쪼아 아름답게 새겨서 태양을 임신했음을 명료하게 표시하였다.

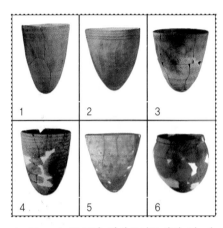

〈그림 2-8〉 뾰족밑 빛살무늬토기의 몇 가
지 양식
  1. 한강유역 암사동(BC 6,000년기~BC
  4,000년기)
  2. 한강유역(BC 6,000년기~BC 4,000년기)
  3. 황해도 지탑리(BC 6,000년기~BC 4,000
  년기)
  4. 장촌유적(신석기시대)
  5. 대동강유역 남경유적(BC 3,000년기)
  6. 대동강유역 남경유적 팽이그릇(BC
  3,000년기)

를 추정하는 데 지표유물로 사
용될 수 있다. 여기에 '햇빛'(태
양광선)을 도안한 '빛살'도 이
토기의 독특한 도안이다.

한강 유역에서 특히 많이 출
토되는 뾰족밑 빛살무늬토기는
대형이 많아서 알곡의 저장용
그릇 등 농경과 관련된 일상 용
구로 해석된다.

현재까지 암사동유적53) 및 미
사리유적54) 등 한강 유역에서
발굴된 이 토기의 편년은 나이
테 등에 의한 교정 이전의 편년
으로 늦게 잡아도 BC 6,500
년~BC 5,000년경에 널리 사용
되었다고 볼 수 있다.

필자는 이 토기는 초기신석기
시대부터 한강문화의 선진적 농경문화의 용구로서 남한강 유역과 금강
상류유역을 비롯한 한강문화에서 기원하여 다른 지역으로 널리 전파되
었다고 본다. 그 분포 지역을 검증해 보면 이를 확인할 수 있다(〈그림
2-9〉 참조).

한국 고고학계가 지금까지 발굴한 뾰족밑 빛살무늬토기의 분포도를
보면 남으로는 남해안과 낙동강 하구까지, 북으로는 청천강까지, 동으
로는 강원도 양양 오산리까지, 서로는 서해안 모두가 포함되어 있다.

53) 김원룡, 〈岩寺里遺蹟의 土器·石器〉, 《歷史學報》 17·18, 1962; 임효재, 《암사
    동》, 서울대 박물관, 1985; 국립중앙박물관, 《岩寺洞》, 1994.
54) 김원룡, 〈廣州 渼沙里 櫛文土器遺蹟〉, 《歷史學報》 14, 1961; 김종철, 〈廣州 渼沙
    里 櫛文土器에 대한 小考〉, 《韓國考古》 1, 1967; 渼沙里遺蹟發掘調査團, 《渼沙里》
    Ⅰ~Ⅳ, 1994.

여기에 동심원을 그리면서 그 중앙지점을 찾아보면 한강 유역이 중심이고, 선진 농경의 기원지역과 대체로 일치한다.

만일 이 토기가 대동강이나 청천강에서 기원했다면 이 유형의 토기가 남쪽으로 한강을 넘어 남해안에 분포되기 전에 북으로 압록강을 넘어 요동반도에 들어갔을 것이다. 반면에 남해안이나 낙동강에서 기원했다면 반대현상이 일어났을 것이다. 이 토기 분포의 북방한계선이 청천강이었고 남쪽으로 남해안

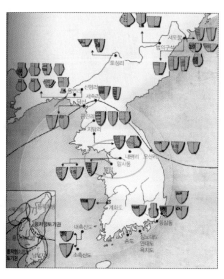

〈그림 2-9〉 한족의 분포를 반영한다고 볼 수 있는 뾰족밑 빗살무늬토기의 분포(국립중앙박물관의 분포도에 필자가 동심원 2개 추가)

전역과 낙동강 하구에 이미 도달한다는 사실은, 이 토기의 기원지가 한강 유역의 한강문화임을 간접적으로 시사하는 것이라고 볼 수 있다. 또한 이러한 분포는 신석기시대 한부족의 세력과 한강문화의 지역적 범위가 북으로는 청천강까지 미쳤고, 남으로는 남해안 전역까지 모두 미쳤음을 동시에 시사하는 것이다.

뾰족밑 빗살무늬토기는 한강문화의 독특한 토기이지만 한강문화권 안에서 지역에 따라, 그리고 시대에 따라, 약간의 변형이 나타난다. 이 토기를 직접 계승한 약간의 변형이 '팽이형 뾰족밑 빗살무늬토기'와 '둥근밑〔圓低〕 빗살무늬토기'이며, 후에 빗살무늬가 사라진

〈그림 2-10〉 한강유역 암사동 뾰족밑 햇빛살무늬 토기의 햇빛살(크기 부동)

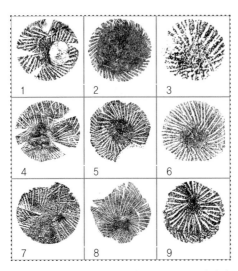

〈그림 2-11〉 한강문화 암사동 출토 햇빛살
무늬 토기의 뾰족밑(첨저) 햇빛살의 도안
(크기 부동)
  1. 제3호 주거지 바닥 출토
  2. 제4호 주거지 내부퇴적토 출토
  3. 제4호 주거지 내부퇴적토 출토
  4. 제4호 주거지 출토
  5. 제4호 주거지 출토
  6. 제5호 주거지 출토
  7. 제7호 주거지 내부퇴적토 출토
  8. 제7호 주거지 내부퇴적토 출토
  9. 제7호 주거지 내부퇴적토 출토
자료: 국립중앙박물관, 《岩寺洞》, 1994에서 작성

변형이 '뾰족밑 민무늬토기'와 '둥근밑 민무늬토기'이다.

한족의 뾰족밑〔尖底〕 빛살무늬토기는 한강문화의 독특한 토기양식이고, 팽이형 빛살무늬토기는 한족의 대동강문화의 독특한 토기양식이라고 볼 수 있다.

한부족의 한강문화에서 창조한 무늬를 한때 일본학자들이 즐목문(櫛目紋)토기라 이름 붙였고, 한국학자들이 머리 빗는 즐목(櫛目, 빗살)을 한글로 풀어서 빗살무늬토기로 이름해왔다.55) 그러나 이것은 햇빛을 형상화한 것이므로, 햇빛살무늬(약칭 빛살무늬 또는 햇살무늬)로 이름하는 것이 더욱 정확한 것이라고 생각한다.56)

신석기시대인들은 햇빛살을 빗금으로 표시하는 것이 일반적이었다. 한족의 뾰족밑 햇빛살무늬토기도 제작과정을 고려하여 꼭지(뾰족밑) 도안을 모아 보면 꼭지 정점을 중심으로 하여 '햇빛살'을 그린 것을 확인할 수 있다(〈그림 2-11〉 참조).57)

55) 有光敎一, 《朝鮮櫛目紋土器の硏究》, 京都大學考古學叢書3, 1962 참조.
56) 김양동, 《한국고대문화 원형의 상징과 해석》, 지식산업사, 2015; 신용하, 〈고조선문명의 사회사①〉(한국학중앙연구원) 참조.
57) 신용하, 〈한국민족의 기원과 형성에 대한 '한'·'맥'·'예' 3부족의 결합설〉.

(2) 홍도(紅陶)와 흑도(黑陶)

'한'족은 신석기시대에 빗살무늬토기 등 일상 생활용품 토기뿐만 아니라, 제천용·제사용·의례용 토기로서 '붉은 간토기'〔磨研紅陶〕 '검은 간토기'〔磨研黑陶〕 등 예술적 토기들을 제조하여 사용하였다.

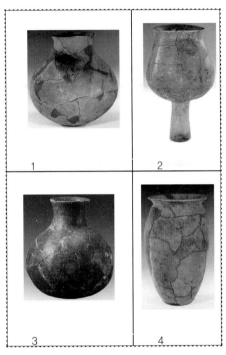

〈그림 2-12〉 한강문화의 중요 붉은 간토기
1. 충주 조동리 붉은 간토기(3호집터: 높이 25.cm)
2. 충주 조동리 굽잔토기(1호집터: 높이 16.5cm)
3. 제천 황석리 붉은 간토기(높이: 27cm)
4. 수양개 Ⅱ지구 항아리형 단지(높이: 41cm)

붉은 간토기는 붉은 흙으로 토기를 굽기 전에 그릇 표면에 산화철을 바르고 겉면을 매끄럽고 윤이 나도록 문지른 다음 구워서 붉은 색을 발색시킨 것인데, 뾰족밑〔尖底〕 빗살무늬토기와 민무늬토기의 시대에도 밑을 평평하게 만들고 작은 목을 만들어 형태의 아름다움에 힘을 쏟은 예술적 토기이다. 〈그림 2-13-2〉와 같은 형태의 '굽이 긴 술잔 붉은 간토기'(굽잔토기)는 멋을 내어 매우 귀중하게 여긴 예술품 토기임에 틀림없다.

초기 신석기시대 양평 앙덕리 고인돌 무덤은 무덤방 바닥을 돌로 깔지 않고 '붉은 흙'으로 덮고, 뼈조각 5점도 붉은 흙이 나온 범위 안에서 출토되었다고 보고되었다.[58] 이것은 붉은 흙을 신성한 것으로 생

---

58) 이융조, 〈양평군 양근리지역·앙덕리지역 유적발굴보고〉, 《八堂·昭陽댐 수몰지구 유적발굴 조합조사보고》, 1974, pp.155~156 참조.

〈그림 2-13〉 한강문화권의 '검은 간 토기'(흑
도, 크기 부동)
1. 부여 구봉리 석관무덤 출토(높이 23cm)
2. 대전 괴정동 석관무덤 출토(높이 22cm)

각한 의식과 관련된 것이다.

필자는 古한반도 신석기시대 토기의 붉은색은 '태양'을 상징한 색으로서, 붉은 색을 하늘의 태양숭배와 연관하여 신성시한 것으로 추론한다. 또한 귀중한 붉은 흙을 채취하여 모양을 낸 예술품으로서 붉은 간토기와 술잔을 제조하여 예술품과 제기 등으로 사용한 것으로 해석한다. 족장급의 커다란 고인돌에서 부장품으로 출토된 붉은 간토기는 하느님〔天神〕, 태양과 태양신을 숭배하고 제사하는 의식과 관련된 제의기(祭儀器)라고 생각한다.

이에 비하여 검은 간토기〔磨研黑陶〕는 같은 시대에도 형태를 달리해서 목을 길게 만들었다. 이 토기는 특별히 검은 흙으로 긴 목의 토기를 빚고 겉면을 갈아서 윤이 나도록 매끄럽게 제작한 것인데, 물을 담을 수 있는 볼록한 큰(20~25cm) 몸체와 긴 목은 물병으로 매우 적합한 형태이다. 필자는 이 특징에서 볼 때 일찍 농경문화를 발전시킨 한족이 '흙'을 표상하는 지신(地神)과 '물'을 표상하는 수신(水神)의 제의기(祭儀器)로 이 토기를 제작하여 사용한 것으로 해석한다.

한강문화를 창조한 밝대족과 그 중심 갈래인 한부족은 색깔로서는 붉은색〔赤·紅〕을 가장 신성시하였다. 그들의 유물들에서 관찰되는 색깔의 인지와 채택의 특징은 태양의 색을 붉은색으로 인지하여 가장 신성시하고, 햇빛을 흰〔白〕색으로 상징하여 선호했으며, 흙(비옥한 경작지)은 검은〔黑〕색으로, 땅은 노란〔黃〕색으로, 하늘은 청(靑)색으로, 식물은 녹(綠)색으로 연관시켜 인지하여 채택해서 선호한 것으로 필자는 생각한다.

그들은 자주 목격하는 '무지개'에서 이러한 원색의 배합을 발견하고, 무지개를 가장 아름답고 신기한 색깔의 조합으로 인지한 것으로 생각된다. 이 점은 그 후 고대에 이 지역에서 '색동옷'을 만들게 한 미의식으로 진전된 것이라고 볼 수 있다.

한족의 색깔에 대한 인식은 맥족 및 예족과 결합하여 고조선 고대국가를 건국해서 광대한 영역을 갖게 된 무렵에는 '방위'와 관련되어 배정되었다. 즉 중앙은 노란색, 남쪽은 붉은색, 북쪽은 검은색, 동쪽은 청색, 서쪽은 흰색을 배정하여, 이를 고조선의 오방색(五方色)으로 사용하였다. 오방색은 미술품은 물론이오, 군대의 깃발색으로도 널리 사용되었다.

7) 부계 부족공동체 사회로의 조기 이행

'한'족이 매우 이른 시기에 농경재배를 시작하고 농업사회에 들어간 것은 구석기시대 말~초기 신석기시대의 모계공동체를 매우 일찍 해체하고 부계 씨족공동체 및 부계 부족공동체 사회로 이행하도록 작용하였다.

古한반도 중부의 구석기인이 약 1만 2,000년 전 동굴에서 나오자마자 강변과 해안에 움막을 짓고 남녀가 한 쌍씩 '가족'을 이루어 초기 신석기시대 농경에 들어간 경우, 농업경작에는 가족노동력에서 자연히 체력이 강한 남성 노동력이 필수적이고 우위이기 때문에, 종래의 모계제는 급속히 해체되고 부권이 강한 부계제가 매우 일찍 형성되었다. 이것은 가부장제도 성립의 동인이 되었으며, 자연히 씨족장·마을촌장·부족장의 직책에 남성족장이 많이 나오게 제도화되었다.

한족이 부계공동체 사회로 매우 일찍 이행했다는 사실은 한족의 신석기시대 무덤양식인 고인돌에서 석검(돌검)과 석촉(돌화살촉)이 많이 출토되는 사실에서도 확인할 수 있다. 이 석검 등 무기는 전투용·수렵용·지휘용 무기로서 남성족장 및 부계 공동체사회의 상징적 문화 항목의 하나라고 볼 수 있다.

이를 '맥'족과 비교하면 여성부족장이 지배한 맥족의 홍산문화 우하량 유적 적석총 무덤에서는 석검이나 옥검은 한 개도 출토되지 않고 아름다운 옥기들만 다수 출토된 사실과 대비된다.

신석기 말기~고조선 고대국가 건국기 단군설화에서, 한 대부족장의 아들 가운데 하나인 환웅(桓雄)의 환은 한과 호환되는 표기이며, 웅(雄)은 남성족장과 연관된 표기라고 해석할 수 있다.

한족의 부계공동체 사회는 기본적으로 농경사회였고, 문자 이전 신석기시대 농경의 지식은 경험을 많이 가진 노인의 경험과 지식과 지혜에 많이 의존하고 전수되기 때문에, 노인 공경, 장로(長老) 공경 문화를 동반하였다. 특히 남성(부계) 노인족장은 매우 큰 권위를 갖고 존경의 대상이 되었다고 해석된다.

8) '한'족 언어의 형성과 존대어

한강문화를 남긴 '한'족은 초기 신석기시대에 '한'족 언어를 형성하여 발전시켰다. 이 언어는 그 후 고조선 고대국가 형성에 동반하여 '맥'족 언어 및 '예'족 언어와 융합해서 '고조선어'를 형성하는 근간의 하나가 되었다. 필자는 언어학도가 아니기 때문에 이를 언어학적으로 설명할 수는 없으나, 민족 형성에는 '언어의 공동' 요소가 필수적 구성요소이므로, 여기서 약간의 사회학적 고찰을 피력하여 독자의 연구에 참고자료를 제공하려 한다.

사회학적 관점에서 인간은 이미 구석기시대에 언어를 발명하여 사용하기 시작했을 것이므로, 古한반도에 들어온 구석기인도 '언어'를 사용했음은 더 말할 필요가 없다. 가혹한 최후의 빙기의 5만 3천 년 전~1만 3천 년 전의 긴 기간에 古한반도의 동굴지대에 들어가서 생존을 유지한 구석기인들은 의사소통을 위한 공동의 원시언어를 사용했을 것이다. 또한 그들은 기후가 온난화된 약 1만 2천 년 전부터는 동굴에서 나와서 주로 강변지역과 해안지역에서 식료의 채집·고기잡이·사냥·농업경작을 시작하면서 약 9,000년 전 '古한반도 초기 신석기인 유형'을 형성하기까지 장구한 기간에 古한반도 초기 신석기인의 공동의 원시언어를 형성했을 것임은 논란의 여지가 없다.

이어서 약 9,000년 전~약 5,000년 전 시대에 古한반도 한강(남한강·북한강 포함)·금강·낙동강·섬진강·영산강·임진강·예성강·재령강·대동강·청천강·기타 하천변 및 해안에서 한부족이 형성되고, 부족의 공동언어로서 한족 언어가 형성되었다고 볼 수 있다.

古한반도 초기 신석기인 유형 가운데 약 9,000년 전 북위 40도선 이북의 만주 대요하 동쪽으로 이동하여 정착한 초기 신석기인들은 예부족을 형성하였고, 대요하 이서 지역에 이동하여 정착한 초기 신석기인들은 맥부족을 형성하였다. 두 부족은 새 정착지에서 신석기시대에 각각 예족 언어와 맥족 언어를 형성했으며, 또한 동시에 신석기 문화로서 예족문화와 맥족문화를 형성하였다.

여기서 주목할 것은 기후 온난화 이후 북방으로 이동하여 형성된 예족과 맥족도 이동하지 않고 古한반도 안에 그대로 남은 한족과 함께 북위 40도선 이하 동굴생활시대와 그 직후 시기의 장기간에 걸쳐 형성된 '古한반도 초기 신석기 문화유형'의 공통적 기반을 공유하고 있었다는 사실이다. 따라서 9,000년 전 이후의 대대적 분화와 진화 속에서도 언어와 문화에 古한반도 초기 신석기 문화유형의 공동의 뿌리와 공통적 문화기반 위에서 각각 한족·예족·맥족 언어가 형성·발전되었다고 볼 수 있다.

한족의 분포범위는 뾰족밑 빛살무늬토기의 분포가 시사하는 바와 같이 한강·금강을 중심으로 북으로는 청천강까지, 남으로는 남해안 및 제주도에 이르는 넓은 범위였다.

약 5,000년 전 요서·요동 지역의 강우량 급감으로 인한 기후변동으로 맥족이 남방이동을 할 시기에, 한족과 이동해 온 맥족 및 예족의 3부족이 중첩된 변경에서, 한족에서 왕을 내고 맥족에서 왕비를 내며 예족은 자치권을 얻는 방법으로 3부족이 동맹하여 古한반도에서 '고조선'(아사달) 고대국가를 건국하였다. 이 동아시아 최초의 고대국가에서 형성·사용된 고조선어는 자연히 한·예·맥의 부족어가 통합되어 형성된 언어였음은 용이하게 추론할 수 있는 일이다.

이 가운데서 한부족어는 왕을 낸 부족어이므로 고조선어의 형성에서도 중심적 위치에 있었다고 볼 수 있다. 뿐만 아니라 한족은 古한반도 초기 신석기 문화유형을 古한반도에 그대로 남은 채 계승했으므로, 고조선어 형성에서의 중심성이 더욱 강화되었을 것이라고 볼 수 있다. 바로 이 고조선어가 현대 한국어의 제1단계 고대어임은 더 말할 필요도 없다.

주시경 선생은 일찍이 한국어의 존대법을 '서분'(序分)이라고 하여 언어에서 높고 낮음의 질서(서열)를 구분하는 방법이며, 동사에 '시'와 '니다'를 넣어 표현한다고 설명하였다.[59] 즉 '가니'를 '가시니'라고 '시'를 넣고, '가다'를 '가십니다'로 '니'를 넣어 표현하는 규칙성을 발견한 것이다. 고조선 건국후 고대·중세에 걸쳐 존대어는 어휘에도 보통어와 존대어의 어휘'쌍'을 만들어 내었다. 현대 한국어에서 예를 들면 '나'와 '저', '우리'와 '저희', '말'과 '말씀', '있다'와 '계시다' 등과 같은 것이다. 또한 접미어도 '가'(내가)와 '께서'(아버지께서)와 같이 존대어가 도입되었다.

필자는 한국어의 특징인 '존대어'(높임말)는 동아시아에서 가장 이른 시기에 농경사회를 발전시킨 신석기시대 한족어에서 형성된 특징이라고 생각한다.

이기문 교수에 의하면, 존대어가 있는 언어는 우랄·알타이어족 가운데서도 신라어(新羅語)와 일본어뿐이다. 다른 우랄·알타이어족의 말들은 존대어가 없다.[60] 이 특징은 어떻게 형성되었을까? 존대어는 한국어 가운데서도 고조선 시대 한족의 진국(辰國) 지역이 초기 신석기시대부터 신석기농업혁명을 추진하여 가장 일찍 농경사회를 형성했으므

---

59) 周時經,《국어문법》, pp.98~99 참조.

60) 李基文, 〈韓國語形成史〉,《韓國文化史大系(Ⅴ)》(言語·文學史), 高大民族文化研究所, 1967, p.99 참조. 이 연구에서 지적한 신라어(新羅語)의 존대어의 특징은 거슬러 올라가 한반도 중부지역 진국(辰國)을 거쳐 신석기시대 '한'부족의 언어 형성에서 기원한 것으로 볼 수 있을 것이다.

로, 당연히 진국지역의 후신인 백제·신라·가라의 언어가 존대어가 강하게 된 것이라고 해석된다. 일본어에 존대어가 강한 것은 역사적으로 인구와 문화의 이동 및 교류의 흐름이 진국 지역에서 일본 규슈 지역으로 가장 활발했기 때문이었다고 볼 수 있다.

존대어가 한족언어에서 발생하게 된 사회적 배경은 가장 이른 시기의 족장사회와 농경문화의 형성에 수반한 족장과 노인에 대한 존경과, 신분적 사회질서 및 예절의 형성에 연관되어 있다고 본다. 사회학적으로 언어의 기능과 역할은 생각과 뜻을 다른 사람에게 전달하여 소통하고, 다른 사람과 사회관계를 형성하여 결합하며, 공동체의 문화 가치를 다음 세대에 전승하고, 사회관계의 규범과 예절을 공급하여 학습시키는 것이다.

한족은 매우 이른 시기에 가장·씨족장·부족장·군장 등 족장제도를 형성하고, 가장 이른 초기 신석기시대에 농경사회를 형성하기 시작했으므로, 재배 농업경작 발전과 관련하여 노인의 경험·지식·지혜가 유일한 지식체계로 매우 존숭되었다. 그러므로 족장과 노인에 대한 존경의 서열(序列) 규범과 예절이 언어 형성기에 아예 언어구조(체계, 문법) 속에 들어가서 매우 이른 시기에 '시' '니' 등의 도입에 의한 존대어의 특징이 형성되었다고 해석할 수 있을 것이다.

9) '한'족의 '십진법'(十進法)과 자(尺度)의 사용

필자는 '한'족이 숫자를 계산할 때 '십진법'(十進法)을 사용한 것으로 본다. 고대한국어에서 보면, '열'(10)을 단위로 하여, '열하나'(11)부터는 '위치'를 한 단계 격상해 옮겨서 1단계의 끝자리의 명칭에 다시 1~9까지의 명칭을 붙이고, 20이 되면 '스물'의 독립 명칭을 만든 후 또 위치를 한 단계 격상해 옮겨서 1~9까지의 명칭을 붙이는 정확하고 기계적인 '위치적 10진법'(positional decimal system)체계를 정립하였다.[61]

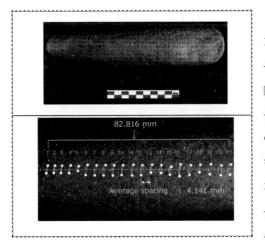

한족이 구석기 말~초기 신석기시대부터 십진법을 사용하고, 십진법의 '자'〔尺度〕를 사용했다는 사실을 증명하는 유물이 최근에 출토되었다. 문화재청과 한국선사문화연구원은 남한강 유역인 충청북도 단양군 적성면 하진리의 단양 수중보 건설지역에서 진행된 남한강변 구석기 유적 발굴작업 가운데 3개층으로 구성된 후기 구석기유적(수양개 6지구)의 최하

〈그림 2-14〉 남한강 유역 단양 하진리(수양개 6지구)에서 출토된 구석기 말기 '눈금돌'
   자료: Institute of Korean Prehistory, Recent Discoveries and Interpretations from Korean Paleolithic Sites(Ⅴ), 2014.

층에서 눈금을 새긴 돌제품을 비롯하여 총 1만 5,000여 점의 유물을 발굴했다고 2014년 6월 16일 발표하였다. 이 가운데 눈금돌은 약 3만 9,000년 전의 제3문화층에서 발굴되었는데, 길이 20.6cm, 너비 8.1cm, 두께 4.2cm의 길쭉한 규질사암 자갈돌에 0.41cm의 간격으로 눈금 21개를 새긴 것이었다. 한국선사문화원은 이러한 눈금돌은 동아시아에서 처음 발견된 것이라고 설명하였다.[62] 그 후 눈금돌이 출토된 제3문화층의 연대는 38,000년 전~39,000년 전이라고 공식 발표되었다.[63]

이 눈금돌은 많은 사실을 알려주고 있다고 생각한다.

(1) 눈금돌이 발견된 단양 하진리의 남한강변은 북위 36도 50분의 위

---

61) 신용하, 〈고조선문명의 첫 기반인 한강문화의 '10진법'의 성립과 사용 시론〉, 《고조선문명의 학제적 연구》 2016년 4월 30일 월례세미나 발표논문 참조.

62) 《조선일보》, 2014년 6월 17일자 A20면, 《동아일보》, 2014년 6월 17일자 A16면; 기타 각 신문 2014년 6월 17일자 보도기사 및 사진 참조.

63) Institute of Korean prehistory, Recent Discoveries and Interpretations from Korean Paleolithic Sites(Ⅴ), 2014, pp.3~18.

치이므로 3만 8,000년 전~3만 9,000년 전의 빙기에도 여름철에는 남한강이 녹아 동굴 안의 구석기인들이 강가에서 고기잡이와 용구 제작의 활동을 할 수 있었을 것이다. 또한 이 지역은 강변이어서 유물들의 다른 층으로 이동도 가정해야 하므로, 여기서 발견된 눈금돌은 기후가 따뜻해져 동굴에서 나와 강변지역에서 움막집을 세워 거주하기 시작한 초기 신석기 사람들까지도 사용했던 것이라고 볼 수 있다.

(2) 이 눈금돌은 남한강 유역의 말기 구석기인들과 초기 신석기인들이 강변에서 석기와 토기 등 용구를 만들 때, 길이와 높이와 너비 등 크기를 측정하는 눈금자(尺度)로 사용되었다고 볼 수 있다.

(3) 또한 이 눈금돌은 나뭇가지나 섬유줄로 동일한 길이의 '줄자'를 만들어 여러 곳에서 사용해서 표준화된 동일한 크기의 석기와 토기 등의 용구를 만들게 한 길이의 표준 척도 기능을 수행한 눈금자였다고 볼 수 있다.

(4) 이 눈금돌의 전체 길이는 82.816mm이고, 그것을 20개 칸으로 세분하여, 1개 눈금의 급간은 4.141mm였다. 이 눈금돌은 이 지역 말기 구석기인과 초기 신석기인들이 20개 급간(1개 급간 0.4141cm)을 가진 약 8.2816cm의 '길이의 표준척'을 1단위자로 사용한 것으로 해석할 수 있다.

(5) 이 눈금돌은 남한강 유역의 말기 구석기인과 초기 신석기인들이 숫자는 물론이오 20개 급간의 줄자를 사용한 것으로 보아 10진법(5진법 포함)의 산수개념을 갖고 있었음을 시사하는 것이라고 해석할 수 있다. 20개 급간의 절반이 10개 급간이다. 인간의 손가락 5개에 양손을 합하면 10개가 되므로, 인간의 지적 성능이 크게 활동하기 시작한 구석기 말기~초기 신석기에 한강문화에서는 가장 편리하고 보편적 셈법으로 10진법이 형성되었다고 해석할 수 있다.

(6) 필자는 남한강 유역 초기 신석기인(한족)의 10진법과 척도사용 증거를 이 지역 신석기시대 농업경작 기념선돌(비)의 밭고랑줄 길이 조각에서 찾아 확인하였다. 옥천 남곡리 출토의 신석기시대 농업

경작 성취의 기념 선돌(남곡리 1호 선돌)에 새겨진 45개 고랑의 각 고랑줄 길이는 41cm이다(〈그림 2-2-1〉 참조). 한편 이번 담양 하진리 출토 눈금돌의 1눈금의 길이는 0.4141cm≒0.41cm이다. 이 눈금돌 1단위(0.41cm)에 100을 곱하면 이 선돌 논밭고랑 길이(41cm)와 정확히 일치한다. 이것은 이 지역 초기 신석기시대 한족이 0.41cm의 눈금돌(척도)을 길이 척도로 사용했으며, 여기에 10진법을 적용하여(0.41cm×100=41cm) 길이 41cm의 논밭 고랑을 비석(선돌)에 새겼음을 나타내는 것이라고 해석된다.

또한 청원 아득이 고인돌유적 출토 신석기시대 '별자리돌판'(32.4×25×5cm, 〈그림 2-19〉의 ③ 참조)의 세로 길이 약 32.4cm는 '하진리 눈금돌 척도'(0.41cm) 80눈을 사용하여 재단한 것이고, 가로 25cm는 하진리 눈금돌 척도 60눈을 사용하여 제작한 것으로 해석된다.

또한 중요한 토기 제작에서 사용한 예를 들면, 충주 조동리 3호집터 붉은 간토기 높이 25cm는 눈금돌 척도 60눈을 사용한 것이고(〈그림 2-12〉의 ① 참조), 조동리 굽잔토기 높이 16.5cm는 눈금돌 척도 40눈을 사용한 것이다. 또한 제천 황석리 붉은 간토기 높이 27cm는 눈금돌 척도 65눈을 사용한 것이고(〈그림 2-12〉의 ③ 참조), 수양개Ⅱ지구 항아리형 단지 높이 41.0cm는 눈금돌 척도 100개를 사용한 것으로 해석된다.

여기서도 한족의 한강문화에서 10진법을 사용했고, 눈금돌을 척도를 제작하여 실생활에 사용했음을 확인할 수 있다.[64]

남한강 유역에서 출토된 한족의 신석기시대 유물이 기하학적으로 매우 반듯하고 선진된 특징을 가진 것은 눈금돌에서 볼 수 있는 바와 같은 명확한 표준척도를 사용했기 때문이었다고 볼 수 있다.

---

64) 필자는 충주댐 지역인 단양 하진리 출토의 눈금돌의 척도와 대청댐 지역인 옥천 남곡리 출토의 농경 성취 기념 선돌의 밭고랑 척도가 완전히 일치하는 것은 초기 신석기시대 농경 발생기에 남한강 유역과 금강 상류 유역이 동일한 농경문화권이었음을 동시에 증명하는 것이라고 본다. 현재의 충주댐이 된 지역과 대청댐이 된 지역이 신석기시대 한강문화의 농업혁명의 중심적 발생 지역이었다고 추정할 수 있는 것이다.

10) 큰 활〔大弓〕과 석검의 발명 발전

한강문화의 고인돌
무덤과 집자리에서는
초기신석기시대부터
상대적으로 많은 화살
촉이 출토되고 있다.
이것은 활이 이 지역
에서 발명되어 발전되
었음을 시사하는 것일
수 있다. 실제로 고중
국에서는 '동이'(東夷)
가 처음 활과 화살을
발명했다는 전설이 있
었다.65) 이것은 적어도
동아시아에서는 '古한

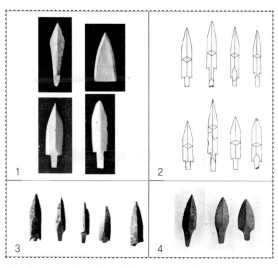

〈그림 2-15〉 남한강 유역의 신석기시대 돌화살촉
도안의 사례(크기 부동)
1. 양평 상자포리 고인돌 출토 ① 2. 양평 상자포리 고
인돌 출토 ② 3. 양평 대심리 유적 출토 4. 양평 문호
리(북한강과 남한강 합류지) 고인돌 출토

반도 초기 신석기인'이 '활'과 '화살촉'을 발명하여 사용했고, 고조선 이
주민들이 중국 동해안에 발전된 '큰 활'을 갖고 가서 사용한 사실을 알
려주는 것이라고 볼 수 있다. 동이(東夷)의 '夷'자 자체가 원래 '큰 활을
쓰는 사람'이란 뜻이다. 후에 《진서》(晉書)에는 "단궁(檀弓: 고조선 활의
뜻)은 5척 5촌이고 호시(楛矢: 호나무 화살)의 길이는 1척이 조금 넘는
다"66)고 기록되었다. 고조선의 활 크기 5척 5촌은 약 1m 5cm로서 1미터
가 넘어 당시에는 상당히 큰 활이었음을 알 수 있다. 이러한 큰 활과 화
살은 목재이므로 부식되어 없어지고 석촉만 출토되고 있는 것이다.

석검은 세계 모든 신석기유적에서 출토되는데, 동아시아에서는 한반
도에서 가장 이른 초기의 것이 출토되고, 그 도안과 크기도 발달된 것

---

65) 張富祥, 《東夷文化通考》, p.7, 〈今人或又聯繫 古夷人發明弓箭的傳說〉云云 참조.
66) 《晉書》 卷97, 東夷列傳, 肅愼氏傳.

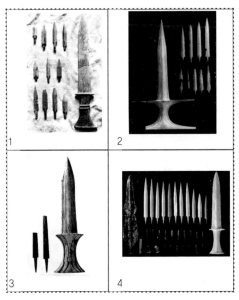

이 많이 나온다(〈그림 2-16〉 참조). 석검이 초기 신석기시대 '한강문화'에서 발명되었다고 아직 속단할 수는 없으나, 석검이 크게 발전되었음은 유물로 확인할 수 있다.

〈그림 2-16〉 한강문화의 신석기시대 및 초기 청동기시대 석검(돌검)의 도안 유형(크기 부동)
1. 양평 상자포리 4호 고인돌(신석기시대)
2. 김해 무계리 고인돌(신석기시대)
3. 의창 진동리 석관무덤(초기 청동기시대)
4. 부여 송국리 석관무덤(초기 청동기시대)

11) 기하학적 도안의 특징과 예술적 표현

(1) 기하학적 도안의 특징

남한강 유역 신석기시대(및 청동기 시대) 유물의 큰 특징은 매우 이른 시기의 경탄할 만한 기하학적 도안이다. 이것은 모든 유물에서 나타나고 있다. 몇 가지 예만 들기로 한다.

신석기시대 초기부터 이 지역에서는 석기에도 콤파스를 사용한 것처럼 매우 정확한 원을 그리는 도안이 실행되었다. 신석기시대의 옥천 안터 1호 선돌의 '태양(해)'를 임신한 여성족장의 복부 태양 형상 원은 콤파스를 사용한 것처럼 정확한 원을 가득차게 도안하여 쪼아서 새긴 것이었다.[67]

'한'족의 이러한 기하학적 '원'형 도안의 전통은 청동기시대에는 '다뉴조문청동경'에서 볼 수 있는 바와 같이, 더욱 발전하여 한속의 신국 지역에서는 그 도안을 활용한 우수한 청동기들이 다수 출토되고 있다.

또한 마제 돌화살촉 제작에서 보이는 세모꼴(정삼각형과 직삼각

---

67) 이융조,《충북의 선사문화》, pp.169~172 참조.

형)·마름모꼴·사다리꼴의 도안도 이미 신석기시대 초기부터 한강문화에서는 광범위하게 사용되었다. 또한 직삼각형과 직사각형의 조합, 마름모꼴과 직삼각형 및 직사각형의 조합 등도 널리 활용되었다.

한강문화의 청동기시대에 들어오면, 삼각형 도안의 활용은 모든 부문에서 더욱 활발히 진전되었다. 예컨대 다뉴조문경·다뉴세문경 등 청동거울의 뒷면 태양과 햇빛(태양광선)을 표현하는 곳에 삼각형과 원의 조합 도안을 많이 활용하였다(〈그림 13-1〉 참조).

한강문화에서 신석기시대에 매우 일찍 ○(원), ▢(네모꼴), △(세모꼴), ◇(마름모꼴), ⬠(사다리꼴)과 그 변형 및 조합이 자유자재로 활용되어, 추상적인 기하학적 도안이 크게 발전한 데에는 한족이 숭배하는 태양과 햇빛을 용구에 구체적으로 구상화해서 표현하는 방법을 추구한 지적 노력이 큰 요인의 하나라고 생각된다.

한강문화 신석기 시대 석검(돌검)도 기하학적 도안에 의거하여 제작되었다. 예컨대, 남한강유역 양평 상자포리 4호 고인돌 출토의 신석기시대 석검은 전체가 매우 균형 있게 기하학적으로 잘 도안되어 있을 뿐 아니라, 특히 손잡이 부분의 미끄럼방지 2개 양각 줄은 특출한 것이다(〈그림 2-16-1〉 참조).[68] 이러한 유형의 석검은 파주 옥석리(玉石里) 신석기시대 고인돌 아래 수혈주거지에서도 출토되었다.

한강문화의 남해안 쪽에서도 신석기시대와 초기 청동기시대 돌검의 기하학적 도안은 화려하였다. 검목과 손잡이 부분에 멋을 낸 곡선과 직선을 조합시켰을 뿐만 아니라 검은색 줄을 새겨 돋보이게 하였다(〈그림 2-16의 2·3〉 참조). 꾸밈이 없는 소박한 석검조차에도 보이는 기하학적 도안은 세계 어느 지역 출토의 석검에 비해서도 참으로 우수한 기하학적 균형을 갖추었음을 보여준다(〈그림 2-16의 4〉 참조).

한강문화 신석기시대 석검에서 보이는 직선과 곡선의 조합의 특징은 고조선의 청동기시대에 이르면, 다른 문명의 직선형 청동검이 아니

---

68) 문화공보부, 문화재관리국, 《八堂·昭陽댐 수몰지구 유적발굴 종합조사보고》, 1974, p.57 및 p.69 도판 30 참조.

〈그림 2-17〉 신석기시대 한강문화의 그
림과 조각의 사례
  1. 한강 양평 문호리 2호 고인돌 적석층에
     서 발견된 물고기 선각화(신석기시대)
  2. 한강유역 화성 쌍정리의 신석기시대 여
     인 얼굴 조각석상

라, 곡선의 아름다움을 크게 배합
한 독특한 '비파형' 창끝과 비파형
동검의 기하학적 도안 창조로 발
전·전개되었다고 볼 수 있다.

  (2) 예술적·미적 사유와 표현
      의 특징: 그림과 조각의 사례

  한강문화를 창조한 '한'족 신석기
인들은 초기 신석기시대에도 바위나
돌에 그들의 애호하는 동물 등을
쪼아 그림을 그리고 조각해서 예술
적·미적 사유와 의식을 자주 표현
하였다. 예컨대 양평 문호리 2호 지
석묘 적석총에서 발견된 물고기 선
각화도 그 하나이다(〈그림 2-17-1〉
참조).69)

  이미 잘 알려진 울산의 거대한 반구대 대곡리 암각화는 신석기시대 '진
국'지역에 살던 한족이 그려 넣은 바위그림인데, 태양과 고래를 비롯하여
많은 동물들이 그려져 있다(〈그림 2-18〉 참조). 특히 사람들이 배를 타고
나가서 작살로 고래잡이를 하는 장면의 바위그림은 세계 다른 곳에서는 보
기 드문 독특한 것이다.70)

  신석기시대·청동기시대에는 종이가 발명되어 있지 않았기 때문에
나무판 위에도 그림을 그리거나 새겼을 것임에 틀림없다. 그러나 오랜
시간 동안에 나무는 부식되어 지금은 그 유물이 발견되지 않는다.

  진국지역에 거주했던 사람들은 사람 얼굴의 조각에도 관심이 있었

69) 문화공보부, 문화재관리국, p.372 참조.
70) 문명대, 〈대곡리 암각화의 의미와 기법과 양식에 의한 신석기시대 편년연
    구〉, 《강좌 미술사》(한국미술사연구소) 제47호, 2016 참조.

〈그림 2-18〉 울산 반구대 대곡리 암각화(신석기시대)

음을 볼 수 있다. 이미 구석기의 동굴시대에도 청원 두루봉 2동굴에서는 사슴뼈에 사람 얼굴을 조각한 일종의 예술품이 출토되었다.[71] 옥천 안터1호 고인돌에서도 비슷한 사람 얼굴을 돌에 파서 조각한 예술품이 출토되었다.

신석기시대 사람 얼굴의 대표적 조각품으로는 한강 유역 화성 쌍정리의 선돌 석상(石像)을 들 수 있다(〈그림 2-17-2〉 참조). 쌍정리 선돌 석상의 머리 위 부분이 평평한 것은 '여성'을 나타내며, 그 아래 가늘게 미소를 머금은 여인 얼굴이 크게 조각되어 있다. 이 선돌 여인 얼굴 석상은 세계 신석기시대 조각 예술품의 하나가 될 것이다.

12) 별자리·천문(天文)에 대한 관심

한강문화를 창조한 남한강 유역과 금강 상류지역의 신석기인들은 신석기시대 초기부터 그들의 고인돌무덤의 덮개돌에 굼(홈 구멍)을 쪼아

71) 이융조, 《충북의 선사문화》, p.57 참조.

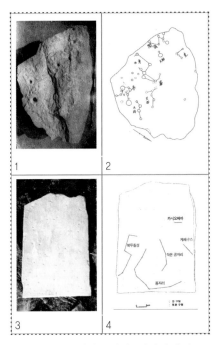

〈그림 2-19〉 한강문화의 신석기시대 고인돌에 새겨진 별자리(크기 부동)
 1. 양평 앙덕리 고인돌
 2. 별자리 이름(김동일 교수): 삼수(오리온), 구유, 천도, 필수(황소), 5차(마부), 천반(페르세우스), 규수(안드로메다), 각도(카시오페아)
 3. 청원 아득이 출토 별자리 돌판
 4. 별자리 이름(이융조 교수)

파거나 찍어 파서 하늘에 있는 '별자리'를 새겼다(〈그림 2-19〉 참조).

이러한 별자리 고인돌은 이미 신석기초기의 양평 앙덕리 고인돌부터 바로 나타나기 시작하였다.[72] 앙덕리 고인돌에는 고대에 동양과 서양에서 이름 붙여진 삼수(參宿, 오리온), 구유(九斿), 천도(天都), 필수(畢宿, 황소), 오차(五車, 마부), 천반(天盤, 페르세우스), 규수(奎宿, 안드로메다), 각도(閣道, 카시오페아) 등의 별자리와 별들이 새겨져 있었다.[73]

또한 청원 아득이 고인돌 유구 출토 별자리돌판(32.4×25×5cm)에서는 북두칠성, 용자리, 작은 곰자리, 카시오페아, 케페우스 등의 별자리가 확인되었다.[74]

남한강유역 양평 앙덕리 고인돌 외에도 양수리 1호 고인돌, 금남리 고인돌,[75] 제천 도아리 광암고인돌과 금강 상류유역의 청원 가호리 아득이 고인돌, 옥천 석탄리 안터 고인돌, 옥천 교평리 2호 고인돌과 3호 고인돌, 기타 수많은 고인돌 무덤의 덮개

72) 문화공보부, 문화재관리국, 《八堂·昭陽댐 수몰지구 유적발굴 종합조사보고》, p.167; 이융조, 〈양평 앙덕리 고인돌 발굴보고〉 참조.
73) 김동일, 〈별자리가 새겨진 고인돌무덤에 대하여〉, 이형구 엮음, 《단군과 고조선》, 살림터, 1999, pp.538~554 참조.
74) 이융조, 《충북의 선사문화》, pp.217~218 참조.
75) 황용훈, 〈양평군 문호리지구 유적발굴보고〉, 《八堂·昭陽댐 수몰지구 유적발굴 종합조사보고》, 1974, p.353 및 p.365 참조.

돌 등에 별자리 굼(홈구멍)이 새겨져 있다. 신석기인들은 별자리의 모양은 굼(홈구멍)의 모임 형식으로 표시하고, 별의 밝기는 굼의 크기로 표시했다고 해석되었다.[76]

고인돌에 새겨진 별자리는 신석기시대와 청동기시대 한족의 하늘에 대한 신앙뿐만 아니라, 천문(天文)에 관한 큰 지적·과학적 관심을 나타내고 있다.

한족은 일찍 농경을 시작하였기에 농경을 거의 결정하다시피 하는 기후, 기온, 강우량 등에 큰 지적 관심을 가졌으며, 그것을 가져오는 공간인 하늘의 태양, 달, 별에도 큰 관심을 가져서 태양과 달과 별자리를 고인돌 덮개돌에도 새겨 지적 탐구를 시도하고 어떤 의미를 부여한 것이라고 해석된다. 고인돌 덮개돌에 매우 큰 굼(홈 구멍) 2개를 새긴 것은 해와 달을 새긴 것이고(옥천 교평리 2호 고인돌), 크고 작은 굼 7개만을 새긴 것은 북두칠성을 새긴 것으로 해석되고 있다.

이러한 별자리 표기는 단순히 신앙적 접근이 아니라 신석기시대 한족의 천문에 대한 지적·과학적 접근을 나타내고 있음을 주목할 필요가 있다.

13) '한'족의 고인돌 무덤

한강문화를 창조한 '한'부족은 개석식(蓋石式) 고인돌 무덤의 장례문화를 시작하고 남겼다. 한강문화에서는 신석기시대 이른 시기의 농경지역과 개석식 고인돌 무덤 분포지역이 일치하고 있다. 또한 고인돌무덤의 부장품으로서 '돌화살촉'과 함께 '반달돌칼'이 다수 출토되고 있다.[77] 반달돌칼은 농경 수확농구이므로 농경문화의 시작과 고인돌 무

---

76) 이융조, 《충북의 선사문화》 참조.
77) 이융조, 〈양평 앙덕리 고인돌 발굴보고〉; 하문식, 〈금강과 남한강 유역의 고인돌문화 비교연구〉, 《손보기박사 정년기념고고인류학논총》, 지식산업사, 1988; 우장문, 《경기지역의 고인돌 연구》, 학연문화사, 2006 ; 경기도박물관, 《경기도 고인돌》, 2006; 하문식, 〈고인돌의 축조에 관한 문제: 채석과 덮개돌운반-경기

덤의 시작 사이에 어떤 연관관계를 시사해 준다고 할 것이다.

古한반도 한강(남한강·북한강 포함)·임진강·금강·영산강·섬진강·낙동강·예성강·대동강 등 큰 강과 지류의 농경지대의 낮은 산과 들에는 '개석식 고인돌'이 집중적으로 분포되어 있다. 예컨대 전라남도 한 지역에만 1만 9천여 기의 개석식 고인돌이 보고되고 있다. 최근 남한지역 전국조사를 보면 전남 19,068기, 경북 2,800기, 전북 1,597기, 경남 1,238기, 경기 502기, 강원 338기, 충북 189기, 제주 140기, 충남 4기, (북한의 옛 조사 인용 3,160기) 등 모두 29,510기가 알려져 있다.[78] 그러나 1999년 이후에도 계속 고인돌 지표 조사 보고가 있었으니, 실수는 이보다 훨씬 많을 것이다.

개석식 고인돌 무덤의 장례 양식은 신석기시대 초기·전기에 한반도의 한강문화에서 발생 기원했다고 필자는 보고 있다. 한족의 한강문화의 신석기 농업혁명 유적·유물을 추적하다 보니, 그 유적들이 거의 모두 고인돌 무덤과 직결되어 있음을 관찰하게 된다.

현존 유물 증거의 하나로 남한강유역 양평의 신석기시대 초기·전기의 '앙덕리 고인돌' 무덤을 재해석하여 들 수 있다. 앙덕리 고인돌은 남한강의 강변을 따라 강변에서 약 400m 안쪽으로 1km 정도의 거리에 줄지어 있는 10여 기의 고인돌이 가운데 한 1기이다.[79] 이 앙덕리

지역을 중심으로〉, 《白山學報》 제79호, 2007; 오대양, 〈한강 본류 유역 고인돌 유적의 성격〉, 《백산학보》 제79호, 2007; 하문식, 《고조선 사람들이 잠든 무덤》, 주류성, 2016 참조.

78) 최몽룡·이청규·이영문·이성주 편저, 《한국 지석묘(고인돌)유적 종합 조사·연구 (Ⅱ)》, 1999 참조.

79) 손보기·이융조, 〈앙덕리〉, 《八堂·昭陽댐 수몰지구 유적발굴 종합조사보고》, pp.147~169 참조. 개석(덮개돌)의 크기는 220×170cm이며, 두께는 30~40cm이고, 덮개돌 무게는 약 3.5톤이며, 고인돌의 높이는 기준밑 약 50cm 이내로 쌓은 것이었다. 개석의 표면에는 약 60여 개의 크고 작은 굼(구멍)을 파서, 하늘의 별자리 모양을 표시하였다. 이 고인돌 무덤에서는 2.0~39.0g 사이의 사람 뼈조각이 붉은 흙 출토 범위 안에서 5점이 출토되었고, 그 밖에 부장품으로 약간의 석기(흑요석의 긁개, 새기개, 돌도끼, 홈날석기, 갈돌대, 찌르개, 구멍을 뚫은 자갈돌, 새를 새긴 자갈돌, 물고기 모양·돼지 모양 자갈돌)가 출토되었다.

고인돌은 탄소측정이 되어 있지 않지만 신석기시대 초기·전기의 것으로 판단된다.[80]

한족의 한강문화 남한강 유역에서의 고인돌무덤 형성의 기본 과정을 간단히 재구성해 보면 다음과 같이 설명할 수 있을 것이다.

(1) 한강문화에서 가부장, 씨족장·부족장 등 족장이 사망하면, 신석기

---

80) '앙덕리 고인돌'이 신석기 초기·전기의 것임은 다음의 출토 부장품의 특징에서 확인할 수 있다.

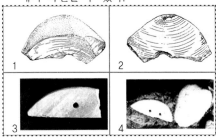

<그림 2-20> 남한강 유역 신석기시대 초기·전기(1·2)와 중기·후기(3·4)의 고인돌 출토 (반달)돌칼의 비교(크기 부동)
 1. 앙덕리 고인돌 출토
 2. 앙덕리 고인돌 출토
 3. 상자포리 6호 고인돌 곽외 출토(사진)
 4. 양수리 3호 고인돌 출토(사진)

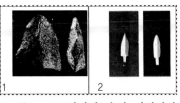

<그림 2-21> 남한강 유역 신석기시대 초기·전기(1)와 중기·후기(2·3·4)의 고인돌 출토 돌화살촉의 비교(크기 부동)
 1. 앙덕리 고인돌 출토(신석기 초기)
 2. 상자포리 고인돌 곽외 출토(신석기 후기)

① 고인돌 부장품으로 한강문화에서는 반달돌칼〔半月形石刀〕이 자주 출토된다. 신석기 중후기의 반달돌칼은 잘 갈아진(마제된) 반달돌칼인 데 비하여, 앙덕리 고인돌 출토의 반달돌칼은 구석기 말기의 것으로 보일 정도의 초기 홈날 석기(반달돌칼에 해당)여서 신석기시대 초기의 도구임을 나타내고 있다(<그림 2-20> 참조). ② 한강문화에서는 고인돌 부장품에 돌화살촉이 자주 출토된다. 신석기 후기의 돌화살촉은 잘 갈아진(마제된) 직삼각형의 화살촉인데 비하여, 앙덕리 출토의 돌화살촉은 찌르개 형태의 거친 구석기식 타제의 돌화살촉이다(<그림 2-21> 참조). ③ 앙덕리 고인돌의 부장품으로 나온 9점의 돌도끼(유구에서 3점, 돌무지에서 6점) 가운데서 8점이 완전히 떼기만을 베푼 '타제 돌도끼'이고, 나머지 1점도 돌도끼의 대체적 형태와 비슷한 자갈돌을 선택하여 양 옆날에 간(마제한) 흔적이 있는 것이었다(이융조, 1975 참조). 이러한 구석기 말기에 가까운 타제석기는 초기 신석기시대의 것이라고 해석된다. 이 밖에도 남한강 유역 양평 양수리의 조사된 5개 고인돌 가운데서 1호 고인돌은 신석기시대 초기·전기의 것이고, 3호 고인돌은 신석기시대 중기·후기의 것임이 반달돌칼에서 추정된다(李浩官·趙由典, <양평군양수리지석묘 발굴보고>, 《八堂·昭陽댐 수몰지구 유적발굴 종합조사보고》, pp.283~325 참조).

(1) 한강문화에서 가부장, 씨족장·부족장 등 족장이 사망하면, 신석기
시대 영혼 불멸과 부활의 사상에 의거하여 족장의 영혼은 승천해서
후손인 성원들을 가호해 줄 것이라고 생각하면서, 족장의 시신을 땅
에 묻은 후에 족장의 유골이 흘러 유실되지 않도록 그 위에 시신보
다 훨씬 커다란 돌을 옮겨와 덮고, 덮개돌 위와 주변에 족장을 기념
할 수 있도록 공동체 성원의 의식과 신앙을 그들의 방법에 따라 표
시한 것이 고인돌 무덤의 발생 기원이라고 해석할 수 있다. 씨족장
과 부족장을 위해 시작된 고인돌의 장례 방식은 유력한 가장에게도
적용되어 일반화된 것으로 해석된다.

(2) 고인돌 장례 방식은 다음 몇 가지 방향으로 발전 전개되었음이 관
찰된다. ㉠ 시신을 묻는 방의 사면의 돌을 쌓는 방식과 재료의 변화와
진전, ㉡ 덮개돌을 받치는 고임돌(기둥돌)의 크기와 높이, ㉢ 덮개돌의
크기 및 모양의 변화와 진전, ㉣ 무덤방과 덮개돌 위에 그들의 의식과
사상을 표현하는 방식의 변화와 진전 등이다.

(3) 영혼 불멸과 부활을 신앙하는 경우에는 무덤방이나 그 주변에 주
인공이 평소에 애용하던 부장품을 껴묻기도 하였다. 또한 덮개돌의
표면에는 그들의 의식과 신앙을 표시하여 하늘의 별들이나 태양을
상징하는 굼을 파 넣기도 하였다. 앙덕리 고인돌 및 양수리 1호 고
인돌의 덮개돌과 같이 별자리 등을 덮개돌에 새기는 방식은 고인돌
무덤 형성 초기부터 존재하였다고 관찰된다.

(4) 고인돌 장례문화는 한부족의 한강문화에서 기원하여 한족이 진
출·이주하는 전체 한반도 인접지역에 확산되었다고 본다.

고인돌의 변화의 추세는 고인돌의 높이와 덮개돌의 크기의 증대 방향
으로 변화하였다. 한·맥·예 3부족이 한부족에서 왕을 내는 동맹으로 결
합하여 고조선 고대국가를 건국할 무렵에는, 고조선 제왕의 무덤들은
고인돌의 고임돌 높이를 크게 높이고, 덮개돌도 최대로 큰 것을 다듬어
모양을 크게 내어 웅장한 '탁자식' 고인돌 무덤을 성립시키게 되었다고
해석된다. 막강한 권력과 부력이 필요한 탁자식 고인돌 양식이 일단 성

립되자, 고조선 역대
제왕들과 제왕급 왕
족·귀족 권력자들은
탁자식 고인돌을 채
용하여 장례하였다.81)

그 결과 고조선사
회에서는 개석식 고
인돌과 탁자식 고인
돌의 2유형의 고인돌
장례문화가 형성되었
다고 볼 수 있다.82)

고대사회에서 거대
한 탁자식 고인돌은

〈그림 2-22〉 남한강 유역 한강문화의 신석기시대 초
기·전기 고인돌(크기 부동)
1. 양평 앙덕리 고인돌(옆면)
2. 양평 앙덕리 고인돌(윗면, 부분 파손)
3. 양평 양수리 1호 고인돌
4. 양평 상자포기 제2지구 1호 고인돌

제왕이나 제왕급 최고위 왕족·귀족이 아니면 축조할 수 없는 것이었
다. 그러므로 현재 남아 있는 한반도와 요동지역의 거대한 탁자식 고
인돌은 왕릉(또는 왕릉급 무덤)이라고 볼 수 있다.

필자는 개석식 고인돌은 한족의 한강문화의 일부로서 초기 신석기
시대부터 한부족이 시작하여 한반도와 요동지역에 전파시킨 무덤양식
이며, 탁자식 고인돌은 한부족의 주도로 맥·예부족과 연맹하여 고대국
가 고조선을 건국할 무렵 한족의 대동강문화의 일부로서 신석기시대
말기~청동기시대 초기부터 한반도와 요동지역에 전파시킨 무덤양식이

---

81) 사회학적 관점에서 제왕과 귀족의 권력·부력·권위를 과시하는 지향은 ①
    높이를 더욱 높이고, ② 크기는 더욱 크게 하는 것이다. 이 지향이 고조선
    언어의 왕 칭호에 투영된 표현은 '마리한'(麻立干, 머리한, 首王)과 '거서한'
    (居西干, 큰한 大王)이라고 본다(《三國史記》卷1~4, 新羅本紀 第1~4 참조). 이
    지향이 고인돌 무덤에 투영된 것이 탁자식 고인돌 무덤이라고 볼 수 있다.
82) 고인돌 무덤의 장례양식은 한부족에서 개석식 고인돌 무덤으로 기원하여,
    고조선 국가의 제왕이 한부족에서 나온 무렵에 탁자식 고인돌로 발전한 것
    이므로, 고인돌 무덤은 고조선 국가와 사회 연구에서 한족 지배의 범위와 시
    대를 판별하는 지표 유물로도 사용할 수 있다고 본다.

라고 본다.[83]

　그러므로 결국 개석식 고인돌과 탁자식 고인돌은 고인돌 무덤의 2
대 유형이 되었지만, 시기별로는 개석식 고인돌이 신석기시대 초기·전
기의 먼저이고, 탁자식 고인돌이 신석기시대 말기·청동기시대 초기의
다음이다.

　고인돌 무덤의 기원은 한강문화의 개석식 고인돌무덤·장례문화에서
시작되고 형성되어, 그 후 탁자식 고인돌 무덤과 기타형식으로 변화·
발전되었다고 볼 수 있다.

14) '한'족의 선돌〔立石〕문화

(1) '한'족의 선돌문화의 특징

　'한'부족은 초기 신석기시대에 한강유역과 금강유역에서 작물 재배의
농업혁명을 시작하면서 고인돌문화와 함께 '선돌'〔立石〕문화를 창조하
였다.

　한부족의 개석식 고인돌이 죽은 사람을 땅에 묻고 그 위에 덮은 '큰
돌'문화라고 한다면, '선돌'문화는 산 사람을 위하여 세운 큰돌문화라
고 할 수 있다.

　선돌에는 여러 가지 기능과 의미가 있으나, 그 가운데 중요한 몇 가
지를 들면 다음과 같이 말할 수 있을 것이다.[84]

(1) 선돌은 마을공동체 또는 씨족마을공동체의 표지석 상징으로 건립

---

83) 신용하, 《고조선 국가형성의 사회사》, pp.68~72 참조.
84) 한흥수, 〈조선巨石文化연구〉, 《震檀學報》 제3호, 1935; 손진태, 〈조선 Dolmen
　에 관한 조사연구〉, 《朝鮮民族文化의 연구》, 을유문화사, 1949; 방선주, 〈한국
　巨石制의 제문제〉, 《史學硏究》, 제20집, 1968; 한규항, 〈한국 선돌의 기능변천
　에 대한 연구〉, 《白山學報》 제28집, 1984; 이융조, 〈한국 선사문화에서의 선돌
　의 성격〉, 《東方學志》 제46집, 1985; 우장문, 〈화성·용인지역 선돌의 비교고
　찰〉, 《京畿史學》 제6집, 2002; 하문식, 〈경기지역 선돌유적과 그 성격〉, 《古文
　化》 제72집, 2008 참조.

되고 사용되었다.
선돌은 모계 씨족
공동체로부터 부계
씨족공동체로 이행
하던 시기에 주로
건립되었다고 추정
된다. 족장이 부계
족장일 경우에는
남성 상징으로 선
돌의 끝을 뾰족하

〈그림 2-23〉 대동강문화의 강동군 문흥리 2호 고인돌

게 치석(治石)하고, 모계 족장일 경우에는 여성 상징으로 끝을 납작
하게 치석하였다. 선돌 가운데는 제천 황석리 선돌처럼 여성 선돌과
남성 선돌을 나란히 세웠으나, 여성 선돌을 더 크게 축조하여 아직
도 모계 족장의 지배력이 더 막강함을 표시하기도 하였다.[85] 현재
남아 있는 선돌의 다수는 부계 남성 선돌만 1기씩 서 있어서, 한부
족은 선돌 축조 시기에 이미 부계 씨족·부족공동체 단계의 사회에
들어섰음을 알려주고 있다.

(2) 선돌은 농업 생산의 풍요와 후손의 다산(多産)의 상징으로도 건립
    되고 기능하였다. 선돌의 끝에 성별 구분 상징을 표현한 것도 그러
    하거니와, 대부분의 선돌이 평지와 야산·구릉의 끝자락에 샛강의 물
    줄기를 따라 세워진 것도 농업생산의 풍요와 관련됨을 나타내는 것
    이라고 볼 수 있다.[86]

(3) 선돌은 마을공동체의 안전·안녕과 수호 의지의 표현으로도 기능하
    였다. 마을공동체 장의 강력한 힘으로 공동체를 외부의 적으로부터
    보호함과 동시에 질병과 악귀의 침입도 물리치겠다는 '벽사' 의지를

---

85) 이융조, 〈한국 선사문화에서의 선돌의 성격〉 참조.
86) 이융조, 〈한국 선사문화에서의 선돌의 성격〉; 이융조·우종윤 편, 《선사유적 발
    굴도록》, pp.236~237; 이융조, 《충북의 선사문화》, pp.274~358; 하문식, 〈경기지
    역 선돌유적과 그 성격〉 참조.

표상했다고 볼 수 있다. 이 때문에 지역에 따라서는 때때로 선돌을 마을공동체의 수호신의 표상으로 삼기도 하였다.[87]

(4) 선돌은 고인돌 무덤의 부근에 연결되어 세워졌을 경우에는 고인돌 무덤의 묘표의 기능과 의미도 갖고 있었다. 예컨대 옥천 안터 1호 고인돌과 선돌의 관계, 그리고 청원 아득이 고인돌과 선돌의 관계가 그 좋은 예라고 할 수 있다.

(2) '비석' 문화의 기원

〈그림 2-24〉 한강문화에서 '비석'문화의 시작을 알리는 '기념비' 선돌(크기 부동)
  1. 제천 마곡리 1호 선돌
  2. 용인 창리 2호 선돌

한강문화의 '선돌'은 고조선문명과 동아시아의 '비석'문화의 기원을 이루었다고 필자는 보고 있다. 한강문화에서는 부족공동체에서 큰 업적을 내어 성원들에게 큰 혜택을 준 위대한 인물을 기리고 기억하기 위해서 '기념비'로서의 선돌을 세우기도 하였다.

앞에서 설명한 옥천 남곡리 1호 농경기념 선돌과 옥천 수북리 동정마을 농경기념 선돌은 이 지역 농경재배에서 큰 업적을 낸 위대한 인물의 기념비석이라고도 볼 수 있다(〈그림 2-2〉 참조).

또한 앞서 설명한 옥천 안터 1호 태양임신 선돌은 족장을 출산한 위대한 여성(족장의 어머니 또는 여족장)의 기념비석이라고도 볼 수 있다(〈그림 2-7〉 참조).

당시 문자가 없었으므로, 화성 쌍정리 선돌은 이 지역에서 큰 업적

---

87) 하문식, 〈금강과 남한강유역의 고인돌문화의 비교연구〉; 하문식, 〈경기지역 선돌유적과 그 성격〉 참조.

을 낸 위대한 여성(어머니 또는 할머니 또는 여족장)의 '얼굴'을 아예 선돌에 조각하여 '석상 비석'을 건조하였다(〈그림 2-17〉 참조).

제천 마곡리 1호 선돌과 용인 창리 2호 선돌은 우연히 집안 고구려 광개토대왕비와 형상이 비슷하여 동아시아의 비석문화가 한강문화의 선돌에서 발전한 것이 아닌가 하는 착상을 갖도록 유도하는 인상을 주는 선돌이다(〈그림 2-24〉 참조).

고조선문명권에서는 비석문화가 왕족 등 지배층에 퍼져 있었고, 고중국에서도 초기에는 주로 북방계가 비석문화를 갖고 있었다는 사실도 참고할 필요가 있을 것이다.

15) '한'족의 청동기문화의 시작

'한'족의 대동강문화에서는 BC 31세기경의 고인돌무덤에서 '청동기' 조각들이 출토되기 시작하여 청동기시대의 서막을 예고하고 있었다.

한족의 대동강문화의 가장 큰 특징은 한강문화와는 약간 달리 군장들이 권력을 집중화하면서 탁자식 고인돌 문화를 발전시킴과 동시에 이 지역 부근의 풍부한 광물자원과 관련하여 매우 이른 시기에 청동기 제작을 추구한 곳에 있었다.

예컨대 평안남도 성천군 용산 고인돌무덤에서 '청동(靑銅)조각'이 뾰족밑 빛살무늬 팽이형 토기 및 돌도끼 등과 함께 출토되었는데, 청동 조각은 절대 연대 5,069년 전 것으로 측정되었다(〈그림 2-26-1〉 참조).[88] 이것은 청동기 용구를 제조하기 직전의 청동 조각이지만, 이미 동(銅)과 석(錫)과 연(鉛)의 3광석을 녹여 '합금'시켜서 제조한 청동 합금 조각이기 때문에, 바로 청동기시대 시작을 예고하는 것이었다고 볼 수 있다. '대동강문화'에서는 이미 BC 31세기에 청동기가 나타나기 시작한 것이다.

---

88) 과학·백과사전종합출판사, 《조선기술발전사 I》, 1996, p.38 참조.

〈그림 2-25〉 고조선 초기 청동기 출토 유물
1. 청동조각(BC 31세기: 평남 성천군 용산무덤)
2. 비파형 청동창끝(BC 25세기 평남 강동군 5호 고인돌 무덤)
3. 청동단추(BC 26세기: 평남 상원군 용곡리 4호무덤)

한족의 한강문화의 특징이 선진적 농업경작에 있었다면, 한족의 대동강문화의 특징은 선진적 청동기문화의 시작에 있었다고 볼 수 있다.

또한 고조선(단군조선) 성립기인 서기전 26세기(4,593±167년 B.P.)의 것으로 측정된 청동단추(4㎝, 〈그림 2-26-3〉)가 평남 상원군 용곡 4호 고인돌 무덤에서 발굴되었다. 이어서 같은 시기(B.C. 26세기)의 것으로 남양 16호 집자리에서도 '비파형 청동창끝'이 발굴되었다.[89] 서기전 25세기의 것으로 측정된 비파형 청동창끝이 강동군 용곡리 5호 고인돌 무덤에서 나왔다(〈그림 2-26-2〉).[90] 함남 영흥읍에서는 비파형 청동창끝의 '거푸집'〔鎔范〕이 발굴되었다.[91] 비파형 청동창끝은 고조선의 비파형 청동단검으로의 발전과 연계된 중요한 것이다.[92]

---

89)《조선기술발전사》Ⅰ, pp.31~38 및 김교경,〈평양일대의 단군 및 고조선 유적유물에 대한 년대측정〉,《조선고고연구》, 1995년 1호 참조.
90) 강승남,〈고조선시기의 청동 및 철가공기술〉,《조선고고연구》, 1995년 2호 참조.
91) 서국태,〈영흡읍 유적에 관한 보고〉,《고고민속》, 1965년, 제2호 참조.
92) 비파형 청동단검은 고조선 초기의 것이 황해도 배천군 배천읍 대아리 석관무덤에서도 출토되었는데 길이 27cm, 뿌리 길이 4cm, 등대의 굵기 0.9~1.0cm의 비파형 동검이다(그림10, 리규태,〈배천군 대아리 돌상자 무덤〉,《고고학자료집》6, 1983, pp.175~177 참조). 황해도 신평군 선암리 제1호 석관무덤에서도

또한 상원리 장리에서 BC 3,000년기 전반기의 큰 규모 고인돌(오덕형) 무덤(뚜껑돌 깊이 630㎝, 너비 405㎝, 두께 72㎝)의 무덤 칸에서 청동 교예장식품 1개, 청동방울종 2개, 청동끌 1개를 비롯한 청동제품과 돌 활촉 44개, 질그릇 조각 수십 점, 사람 뼈 등이 나왔다. BC 26세기의 유적·유물로 측정되었다.93)

이 가운데서 청동2인 교예장식품은 서로 어깨를 끼고 발목을 합친 2인 교예사(키 3.7㎝)가 각각 1개씩의 환(鐶)을 들고(환 사이의 너비 5.1㎝) 또 2개의 환 위에 올라서(환까지 합친 높이 4.8㎝) 재주를 부리는 형상을 제작한 것이다. 옷의 몸통과 팔 소매, 바지에 굵은 기하학적 번개무늬가 돋쳐져 있고, 얼굴에는 입·코·눈·귀가 잘 묘사되어 있는, 작지만 매우 숙련된 기술의 청동 공예품이다.

또한 청동방울종은 원추형의 종처럼 아구리가 넓고 꼭대기가 좁은 형으로서, 그것은 울림통·고리·추로 이어졌는데, 방울의 높이는 3.6㎝, 직경 1.7㎝, 추의 길이 2㎝의 작은 청동방울이다. 울림통을 세로로 크게 네 등분하여 구멍을 길게 내고 몸통 위에 굵은 기하학적 삼각형 번개 무늬를 돋친 것으로서 어려운 구조를 숙련된 기술로 만든, 작지만 뛰어난 청동공예품이다.

이 두 점의 청동제품은 곡예와 음악·무용의 청동 부장품으로 BC

비파형동검(길이 22.5cm, 뿌리 길이 3.9cm)이 사람 뼈, 돌 활촉 5개, 돌 구슬 2개와 함께 출토되었다(정용길, 〈신평군 선암리 돌상자 무덤〉, 《고고학자료집》 6, 1983, pp.170~172 참조). 대아리와 선암리의 비파형 동검 2개는 초기 비파형단검의 선행단계의 것으로, 일부 고고학자와 자연과학자에 의해 용곡 4호 고인돌무덤의 BC 26세기보다 더 이른 시기의 비파형 청동단검으로 추정되었다(박진욱, 〈고조선의 비파형단검문화에 대한 재검토〉, 《조선고고연구》, 1995년 2호 및 《조선기술발전사》I, pp.44~45. 참조). 북한고고학계는 1980년대는 대아리와 선암리의 비파형청동단검 돌기부의 약함 때문에 발굴 직후 이들이 비파형 동검 쇠퇴기의 것으로 분류했다가, 1980년대는 다수가 형성기의 것으로 분류하였다. 고고학자들의 합의된 결론이 아직 없으므로 이 2점을 빼는 경우에도 12점의 BC 24세기 이전의 청동기유물이 발굴되어 있으므로 이 논문의 전체 논지에는 영향이 없다.

93) 최응선, 〈상원군 장리 고인돌무덤을 통하여 본 고조선 초기의 사회문화상에 대하여〉; 이형구 편, 《단군과 고조선》, 살림터, 1999, pp.479~488 참조.

26세기에 제조한 것으로서 한족의 대동강문화에서 청동기가 오락 도구로 제작되는 데까지 이르렀음을 알려준다.

한족의 신석기 말기 대동강문화에서는 이미 BC 31세기~BC 26세기에 청동기문화가 시작되고 있었음을 확인할 수 있다.

제3장 고조선문명 탄생의 기원(Ⅱ)

1. 고조선문명 탄생의 기원이 된 '맥'부족의 신석기 요하문화

1) '맥'부족의 형성과 홍산(紅山)문화

'맥'부족은 앞서 밝힌 바와 같이, '古한반도 초기 신석기인 유형'(밝족)에서 기원하여, 북위 40도 이북의 과거 동토였던 지역이 인간 거주 가능지역이 되자 古한반도 신석기인('밝'족) 일부가 약 9,000년 전(BC 7,000년경)부터 약 6,000년 전(BC 4,000년)경에 북방이동을 감행해서 그 서방 행로가 '요하' 서쪽인 시라무렌강·노합하·대릉하 유역 등 지금의 요서·내몽고자치구 동부지역 일대에 정착하여 형성된 부족이었다. 맥족은 종래의 견해와 같이 고중국의 북서지방 또는 알타이 지방에서 형성되어 동방으로 이동해 들어온 부족이 아니었다.

古한반도 초기 신석기인 일부가 북방이동을 한 시기는, 기후변화와 농업경작 조건을 고려할 때, 서북방 이동의 경우 2단계로 나누어 볼 수 있다.

제1단계는 약 9,000년 전부터 약 8,000년 전까지의 서북방 이동이다. 이 기간에는 주로 소하서(小河西)문화 유적(BC 7,000년~BC 6,500년), 흥륭와(興隆洼)문화 유적(BC 6,200년~BC 5,200년)을 남긴 초기 신석기인들이 이동했다고 볼 수 있다. 제1단계의 북서방 이동의 인구는 비교적 소수였으리라고 추정된다.

제2단계는 약 8,000년 전부터 5,000년 전까지의 서북방 이동이다. 주로 사해(査海)문화 유적(BC 5,600년~BC 5,500년), 부하 (富河)문화

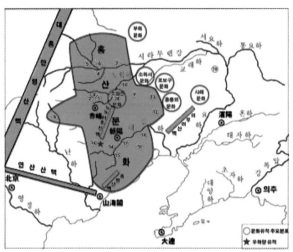

〈그림 3-1〉 홍산문화 유적의 위치 약도

① 적봉 홍산후(赤峰紅山后)   ② 적봉산(蜘蛛山)
③ 적봉 서수천(西水泉)   ④ 옹우특기 삼성타랍(翁牛特旗 三星他拉)
⑤ 임서 사와자(林西沙窩子)   ⑥ 파림우기 나사대(巴林右旗 那斯臺)
⑦ 파림좌기 성교(巴林左旗城郊)   ⑧ 위장 하과방(圍場下夥房)
⑨ 오한(敖漢下窪)   ⑩ 나만기(奈曼旗)
⑪ 금서 사와둔(錦西 沙鍋屯)   ⑫ 부신 호두구(阜新胡頭溝)
⑬ 부신 부흥지(復興地)   ⑭ 객좌 동산취(喀左東山嘴)
⑮ 객좌 신영자(新營子)   ⑯ ★우하량(牛河梁)
⑰ 조양 십이대영자(朝陽十二臺營子)⑱ 북표 백석수고(北票白石水庫)
⑲ 강평 성교(康平城郊)   ⑳ 소하연(小河沿)

자료: ① 郭大順, 《紅山文化》, 2005.
    ② 張星德, 《紅山文化研究》, 2005.
    ③ 우실하, 〈요하문명·홍산문화지역의 지리적 기후적 조건〉, 《고조선단군학》 제30호, 2014.

유적(BC 5,200년~BC 5,000년), 조보구(趙寶溝)문화 유적(BC 5,000년~BC 4,400년), 홍산(紅山)문화 유적(협의 BC 4,500년~BC 3,000년), 소하연(小河沿)문화 유적(BC 3,000년~BC 2,000년)을 남긴 중기·후기 신석기인들이 여기에 해당한다. 제2단계의 북서방 이동 인구는, 옛 홍산문화 지역이 현재의 그 지역보다 농업경작에 더 적합한 기후로 급변했기 때문에 더 다수였다고 볼 수 있다. 홍산문화의 범위는 우하량 유적에 한정되지 않고 그와 유사한 문화 유형을 가진 요서지역 신석기시대 유적을 모두 포괄하는 것으로 해석될 수 있다.1)

1) 중국 고고학계가 '홍산문화 유적'의 범위 안에 포함시키는 신석기시대 주요 유적은, 〈그림 3-1〉에서 표시된 바와 같다. 이 가운데서 중국 고고학자에 따라서는 소하연 유적을 소하연문화로 독립시키는 견해도 있다.
   중국 일부 고고학자는 홍산문화 유적의 최근 발굴 성과로 특히 다음의 중요 유적들에 주목할 것을 권고하기도 한다. 즉, ① 나만기 만덕도(奈曼旗滿德

주의해야 할 것은 제1·제2단계의 북서방 부족이동의 경로가 모두 현재의 요동반도(遼東半島) 지방을 경유했다는 사실이다. 또한 노합하·시라무렌강 유역의 최서북방 지역으로 이동한 부족도 씨족별로 요동과 요서의 각지에 수십·수백 년 동안씩 정착했다가 다시 이동하는 식의 점진적 이동을 했으리라는 점도 고려해야 할 것이다. 요서에 이동한 맥족 부족장·씨족장들이 주로 요동반도의 '수암(岫岩)옥'으로 주요 옥기를 제작했다는 사실은, 옥광석의 교역을 고려할지라도, 그들이 '수암 옥 광산'이 있는 '요동반도' 일대를 경유하여 이동했으므로 요동반도 수암의 거대한 옥광산의 존재를 잘 알고 있었기 때문에 이루어진 것이라고 볼 수 있을 것이다.

맥부족은 古한반도 초기 신석기인 문화유형('밝'족 유형)에서 기원하여 약 9,000년 전~약 6,000년 전에 대흥안령 동부의 과거에는 동토

圖) 유적, ② 나만기 대심타랍(大瀋他拉) 유적, ③ 적봉 서수천(西水泉), ④ 파림우기 나사대(巴林右旗那斯臺) 유적, ⑤ 옹우특기 해금산(翁牛特旗海金山) 유적, ⑥ 오한기 삼도만자(敖漢旗三道灣子), ⑦ 오한기 사능산(四棱山) 유적, ⑧ 적봉 지주산(赤峰蜘蛛山) 유적, ⑨ 우하량 여신묘(牛河梁女神廟) 유적, ⑩ 부신 호두구(阜新胡頭溝) 유적, ⑪ 객좌 동산취(喀左東山嘴) 유적, ⑫ 능원 삼관전자 성자산(凌源三官甸子城子山) 유적, ⑬우하량 적석총(積石塚) 유적 등이 강조되는 홍산문화의 중요한 유적들이다.
張星德, 《紅山文化硏究》, pp.15~25; 劉振華, 〈內蒙古奈曼旗滿德圖遺址〉, 《社會科學輯刊》, 1994년 增刊號; 朱鳳瀚, 〈吉林奈曼旗大瀋他拉新石器時代遺址調査〉, 《考古》, 1979年 第3期; 中國社會科學院考古硏究所內蒙古工作隊, 〈赤峰西水泉紅山文化遺址〉, 《考古學報》, 1982年 第2期; 巴林右旗博物館, 〈內蒙古巴林右旗那斯臺遺址調査〉, 《考古》 1987年 第6期; 遼寧省博物館·昭烏達盟文物工作隊·敖漢旗文化館, 〈遼寧敖漢小河沿三種原始文化的發現〉, 《文物》, 1977年 第12期; 中國社會科學院考古硏究所內蒙古工作隊, 〈赤峰蜘蛛山遺址的發掘〉, 《考古學報》, 1979年 第2期; 遼寧省文物考古硏究所, 〈遼寧牛河梁紅山文化'女神廟'與積石塚群發掘簡報〉, 《文物》, 1986年 第8期; 華玉冰, 〈牛河梁女神廟平臺東坡筒形group存發掘簡報〉, 《文物》, 1994年 第5期; 方殿春·劉葆華, 〈遼寧阜新縣胡頭溝紅山文化玉器墓的發現〉, 《文物》, 1984年 第6期; 郭大順·張克擧, 〈遼寧省喀左縣東山嘴紅山文化建築群發掘簡報〉, 《文物》, 1984年 第11期; 李恭篤, 〈遼寧凌源縣三官甸子城子山遺址試掘報告〉, 《考古》, 1986年 第6期; 遼寧省文物考古硏究所, 〈遼寧牛河梁紅山文化'女神廟'與積石塚群發掘簡報〉, 《文物》, 1986年 第8期; 魏凡, 〈牛河梁紅山文化第三地点石棺墓〉, 《遼海文物學刊》, 1994年 第1期; 遼寧省文物考古硏究所, 〈遼寧牛河梁第二地点四號塚筒形器墓的發掘〉, 《文物》, 1997年 第8期; 朝陽市文化局·遼寧省文物考古硏究所, 《牛河梁遺址》, 學苑出版社, 2004.

가 되었다가 다시 온난화된 요서·내몽고자치구 동부지역에 정착해서
농경과 목축을 시작하면서 새시대를 연 곰토템을 가진 신석기인들의
통칭이다. 그들이 남긴 유적들이 위에서 든 홍산문화 유적 등 신석기
문화 유적들이었다.[2] 이 유적과 유물들을 통하여 맥족의 신석기문화의
특징을 간추려 볼 수 있다.

2) '맥'부족의 여신(女神)숭배와 여족장 지배 체계

(1) 여신숭배의 유적유물

홍산문화 우하량 제1지점에는 제단(祭壇)과 신(神)을 모시는 신성한
묘당(廟堂)터에서 진흙으로 빚은 여신상(女神像)의 파편들이 출토되었다
(〈그림 3-2〉 참조).[3] 여신상이 '묘당'터에서 출토되었기 때문에, 우하량
일대의 홍산문화를 남긴 부족이 '여신숭배' 부족임을 확인하게 되었다.

우하량 유적지에서 약 50km 떨어진 객좌현 동산취(東山嘴)의 건축
물 유적지에서 역시 진흙으로 빚은 파손된 여인상 조각들이 출토되었
는데, 여신상(女神像)으로 판정되었다.[4] 홍산문화를 남긴 신석기인들이
여신숭배 부족이었음을 거듭 증명하는 것이다.

맥부족은 고조선 건국 이전 신석기시대에는 부족신으로서 여신숭배
신앙과 여성족장 숭배사상을 갖고 있었다. 맥족의 신은 고조선 건국
후에도 '여신'(女神)이었음이 일찍이 양주동 박사의 연구에 의해 밝혀
졌었다.[5]

---

2) 신용하, 〈고조선문명 형성에 들어간 貊부족의 紅山문화의 특징〉, 《고조선단
   군학》 제32호, 2015 참조.
3) 遼寧省文物考古研究所, 〈遼寧牛河梁紅山文化 女神廟 與青石塚群進屈簡報〉.
4) 郭大順·張克擧, 〈遼寧省喀左縣東山嘴紅山文化建築群發掘簡報〉.
5) 양주동 박사에 따르면, '곰'토템에서 '굼'(임검, 임금)의 단어가 왔는데 '왕'
   과 '신'(神, 일본어 '가미')의 두 뜻을 가진 고대어이다. '신'으로서의 '굼'(곰·
   검)은 여신(女神)이었으며, '굼·검'은 'ㄱ-ㅇ-ㅇ'의 소리전화(音轉)에 따라 '음·
   엄' 등으로 전화되었음이 《삼국사기》의 지리지에 의해서도 증명된다고 하였다
   (梁柱東, 《增訂古歌研究》, pp.8~10 참조). 맥족은 여신숭배 부족이면서 '왕비'를

홍산문화의 여신숭배 '맥'족
과 원래 한강문화의 태양 숭배
'한'족이 동일한 기원(古한반도
초기 신석기인, '밝'족)과 뿌리를
가졌다는 사실은 우하량 여신묘
의 벽면의 '번개무늬'와 우하량
출토 토기의 '번개무늬'에서도 확
인된다. 우하량 여신묘의 벽에는
신성한 붉은 색으로 번개무늬가
그려져 있는데, '한'족과 후의 고

〈그림 3-2〉
1. 복원된 우하량 여신묘 여신상의
   상상도
2. 우하량 여신묘에서 발견된 원래
   여신상의 머리 부분

조선에서 애용된 번개무늬와 동류의 것이다. 우하량 여신묘의 토기와
통형질그릇에서도 한족의 한강문화 및 그 후 고조선문명이 애용한 번개
무늬가 널리 애용되고 있었다.[6)]

(2) 여족장 지배의 모계 부족공동체와 '군장사회'의 성격

홍산문화를 남긴 '맥'족은 신석기시대 말기까지 '모계 부족공동체
사회'였으며, 부족장도 '여족장'이었다.

홍산문화의 중심지인 BC 3,500년경의 우하량(牛河梁) 유적 제2지점
의 여신을 위해 제사하는 제단(祭壇) 다음에 족장급의 묘들이 있는데,
중부대묘(中部大墓)의 2개 대묘 가운데 제단을 향해 맨 먼저 앞에 있는
대묘(N2Z1M25)가 '대족장'의 대묘인 것으로 판단되었다. 중국 과학자
들이 발굴 검증한 결과 대족장의 무덤인 '앞 대묘'(N2Z1M25)의 인골
은 여성이었다.[7)] 이것은 홍산문화를 창조한 부족의 대족장이 '여성족

내는 부족이었다. 고조선 건국과 고조선문명 형성 단계의 신모(神母)사상, 삼신
(三神)할머니사상·신앙·전설과 관련된 것으로 볼 수 있다.

6) 遼寧省文物考古研究所 編著,《牛河梁: 紅山文化遺址發掘報告(1983~2003年度)》, 圖版 24~26, 圖版
   113~114, 圖版 121, 圖版 228, 圖版 257~258 및 圖版 273 참조.
7) 遼寧省文物考古研究所 編著,《牛河梁: 紅山文化遺址發掘報告(1983~2003年度)》, pp.74~78.

장'임을 알려주는 것이다.[8]

맥족의 여신숭배와 여족장지배 및 모계 부족공동체 사회는 하나의 큰 고리로 연관되어 통합체계를 이루고 있었던 것으로 해석된다.[9] 신(神)과 족장이 모두 모계(母系)이고 여성이었다.

인류의 신석기시대에 여족장은 장식물로서 '옥'이나 '그릇'을 선호하고, 남족장은 '검'이나 '활'을 선호하는 것이 통례였다. 홍산문화 우하량 유적의 무덤들에서는 매우 정교하고 아름다운 옥 장식 패물과 예기들이 다량 출토되었고, 아름다운 채색단지도 출토되었으나, 검은 석검이나 옥검의 어느 것 단 한 자루도 출토되지 않았다. 이 사실도 맥족의 족장은 여족장이었음을 방증하는 것이라고 본다. 홍산문화의 옥 패물 중심의 부장품은 한강문화의 석검·돌화살촉 중심의 남성 족장급 무덤의 부장품과 매우 대조적인 것이다.

전 세계 모든 신석기시대 부족들은 초기에 모계사회로 시작했다가 신석기시대의 어느 시기에 주로 농경·목축·수렵의 발달과 병행하여 부계사회로 이행한 것이 일반적이었다. 맥족의 홍산문화는 여족장 지배 아래에서 형성되었으므로, 찬란한 '옥문화'를 창조하였다. 그러나 여족장은 '검문화'를 창조하지 못했으므로, 단독으로는 '고대국가'를 건국하기는 어려웠다고 본다. 고대국가는 군사형국가였으며, 세계 모든 지역에서 한 손에는 '검'(무력)을 들고 다른 손에는 '덕화'(농경·생계·신앙)를 들면서 여러 부족들을 연맹시켜 고대국가를 건국하는 것이 일반적이었기 때문이다. 소병기(蘇秉琦) 교수 등 일부 중국 고고학자들이 우하량의 여족장 부족정치체를 '고국'(古國, ancient state, 일종의 고대국가)의 일종으로 해석하려고 시도하는 것은 무리라고 생각된다.[10]

---

8) 필자는 최근 수차례 우하량 유적을 다시 답사했었는데, 웅장한 돔식 유적보호 건축물을 만들고, 여신묘 주변의 건물 회랑에는 중국 미술가들의 벽화가 있었는바, 역시 '여족장'이 맨 앞에서 '여신'에게 제사하는 상상도를 그려서 중국인들도 홍산문화 부족이 '여성족장' 지배체제였음을 인지하고 있음을 보여 주었다.

9) 신용하, 〈고조선문명 형성에 들어간 貊부족의 紅山문화의 특징〉 참조.

10) 蘇秉琦, 〈遼西古文化古城古國—試論當前田野考古工作的重點和大課題〉, 《文物》 1986

필자는 맥족의 홍산문화가 제신(祭神)체계를 갖추면서 상당한 규모
의 '제단'과 시설들을 축조하고 찬란한 '옥문화'를 창조한 것으로 보아
여족장 체제의 평화적 '군장사회'(chiefdom: 준국가)를 형성했었다고
본다. 그러나 맥족은 아직 고대국가를 건국하지는 못했고, 고대국가를
건국하기 위해서는 검을 든 남족장의 군장사회와 연맹하지 않으면 안
되었다고 생각한다.[11]

홍산문화 우하량 유적을 창조한 맥족은 우하량 일대를 중심으로 대
릉하·소릉하·노합하·시라무렌강 일대에서 여족장 체제의 군장사회를
형성하여 신석기문화를 창조하고, 막 청동기시대에 들어가기 시작한
상태의 고대국가 형성 직전의 단계인 약 BC 3,000년경에 강우량 급감
으로 말미암은 연속적 대한발을 만나서 부족대이동을 감행했다고 해석
된다.[12]

年 第8期 참조.

11) 물론 여족장 지배 아래의 부족 군장사회에서도 남성 무사는 존재했음이 틀
림없으나, 그들은 여족장 지배 아래에서 여족장의 호위무사와 군장사회의 질
서 유지가 주임무였고 외적으로부터의 방어가 임무였지, 타부족의 무력병합
을 적극 추진했다고는 보기 어렵다.

12) 필자의 견해로는 요서지역 신석기시대 문화의 가장 선진적인 홍산문화 우하
량 유적은 세계 사회학계와 문화인류학계가 널리 사용하는 보편적 개념을
빌려 표현하면 군장사회(君長社會, Chiefdom)의 대부족공동체 사회 단계였
다고 본다. 초기형태 제단(祭壇)·묘(廟)·총(塚)의 조합은 신석기시대 말기의 부
족공동체에서 널리 발견되는 신앙집단 표시이기 때문에, 이것만으로는 고대
국가나 고대문명의 증거 지표로서는 부족한 것이다. 고대문명은 물질적으로
는 농업경작 생산과 함께 '청동기' 등 금속문화 또는 그에 버금가는 자연광
물 변용 사용 방법을 동반하는 것일 뿐만 아니라, 사회학적으로 반드시 '국
가'라는 통합적 지배체제의 형성과 동반하는 것이다. 국가의 지표로서는 수
장으로의 '국왕'(king, emperor)과 '관료'(또는 막료와 국가방위용 군대의)지
배체제 유적이 증명되어야 한다. 우하량 유적에는 제단·여신묘·적석총의 3자
의 체계적 결합이 발굴되어 이 유적의 창조자가 신앙제사공동체 집단이었음
을 잘 증명해 주고 있다. 그러나 '국가' 형성의 증거는 어디에도 보이지 않는
다. 특히 고대국가 형성에 필수인 '군왕의 무력'을 나타내는 '검'은 무수한
부장품들 가운데 단 1자루도 출토되지 않았으니, 이 신앙공동체 집단은 아직
고대'국가'를 건설할 수 있는 단계에 진입하지 못했다고 볼 수 있다. 우하량
유적의 창조자들은 아직 평화로운 부족공동체 제사집단의 단계에 있었다고
보아야 할 것이다. 부족장이 여성부족장이었다는 사실도 이를 보완하여 증명
해주는 것이다.

3) '맥'족의 곰(熊)토템과 새(鳥)부토템의 한강문화와의 관련

(1) '맥'족의 '곰'(熊)토템

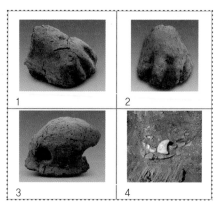

〈그림 3-3〉 우하량 여신묘 출토 곰 조각상의
부분 파편
　1.2. 우하량 제1지점 여신묘 출토 곰의
　　　손톱(N1JB:8)
　3. 우하량 제1지점 여신묘 출토 곰의
　　　입술(N1J1B:7)
　4. 우하량 제1지점 여신묘 출토 곰의
　　　아래턱 출토 상태

'맥'부족은 '곰'토템부족이었다. 우하량의 여신을 모시는 신성한 묘당에서 여신과 함께 모셔져 있던 곰의 조각상(파편)이 출토된 사실은, 우하량 일대의 홍산문화를 남긴 신석기인이 곰을 주토템으로 하는 맥족이었음을 증명하는 것이다13)(〈그림 3-3〉 참조).

《후한서》는 '맥이'(貊夷)는 '웅이'(熊夷)와 같다고 설명하였다. 일본어에서는 훈독할 때 '貊'(맥)도 '고마'로 읽고 '熊'(웅)도 '고마'로 읽는데, '고마'는 '곰'의 한국 고대어이며, 현대 일본어이기도 하다.

우하량의 여신묘에서 출토된 곰의 조각상은 파손된 상태여서 앞발 2개, 아래턱과 이빨(실물 사용) 1벌, 입술 2개가 흩어져 출토되었는데, 원래는 2개체의 곰 조각상이 안치되어 있었던 것으로 추정된다.14)

(2) '맥'족의 '새'(鳥)부토템

'맥'족은 '곰'을 토템으로 하면서, 동시에 '새'(鳥)를 부토템으로 애호

---

13) 신용하, 《고조선 국가형성의 사회사》, pp.100~101 참조.
14) 遼寧省文物考古研究所 編著, 《牛河梁: 紅山文化遺址發掘報告(1983~2003年度)》, p.25 및
　　(下) 圖版 19 참조.

하였다.15) 우하량의 신성
한 묘당에서 '여신'상, '곰'
조각상과 함께 '새'의 날개
와 두 발톱이 출토되었
다.16) 원래는 온전한 새조
각상이었겠지만 이미 파손
되어 부분만 출토된 것이
다. 이 새조각상은 신성한

〈그림 3-4〉 우하량 여신묘 출토 '새' 조각상 파편
1. 새의 발톱 부분(N1J1B: 9-1)
2. 새의 날개 부분(N1J1B: 9-2)

장소인 묘당에 여신상, 곰상과 함께 모셔져 있었기 때문에 '새부토템'을
증명하는 것이 된다. 새토템은 초기 신석기시대부터 古한반도의 '한강문
화'에서 매우 성행한 것으로서, 태양숭배와 관련된 것이었다.17)

맥족은 원래 초기 신석기시대에 '古한반도 초기 신석기인 유형'('밝'
족)에서 기원하여 북상해서 대릉하 일대의 새로운 환경에 적응하여 정
착한 시기에 맥부족을 형성하면서 곰토템을 정했었으나, 원래 한강문화
의 새토템도 부토템으로 여전히 간직하고 있었던 것으로 해석된다.

우하량의 여신묘에서 새토템을 나타내는 새조각상(파편)이 발견된
것은 맥족의 홍산문화가 古한반도의 한강문화와 깊은 관련이 남아 있
었음을 증명하는 것이다(〈그림 3-4〉 참조).

홍산문화를 창조한 맥족이 새토템을 간직하고 있던 사실은 우하량
16지점 4호무덤에서 출토된 '옥봉황새'에서도 확인되고,18) 우하량 제2
지점 17호묘의 '옥봉황새' 머리 조각에서도 확인되며,19) 제27지점 23묘

---

15) 우실하, 〈홍산문화의 곰토템부족과 단군신화의 웅녀족〉, 《고조선단군학》 제
　　27호, 2012 참조.

16) 遼寧省文物考古研究所 編著, 《牛河梁: 紅山文化遺址發掘報告(1983~2003年度)》(下), 圖
　　版 20 참조.

17) 신용하, 〈고조선문명의 형성과 한강문화의 특징〉, 《고조선문명의 학제적 연
　　구 제1차년도 연차보고서》, 2014 참조.

18) 遼寧省文物考古研究所 編著, 《牛河梁: 紅山文化遺址發掘報告(1983~2003年度)》(下), 圖
　　版 274 참조.

19) 遼寧省文物考古研究所 編著, 《牛河梁: 紅山文化遺址發掘報告(1983~2003年度)》(下), 圖
　　版 84 참조.

의 여족장급의 '옥봉황새' 패물에서도 확인된다.[20] 이 옥봉황새는 죽은
이의 바로 머리 상단에 마치 베개처럼 놓여 있어서 매우 귀중하게 애
호한 토템 상징임을 재확인시켜 준다.

4) 옥(玉)문화의 형성 발전과 그 동인

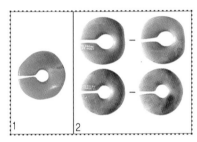

〈그림 3-5〉 흥륭와 유적과 문암리 유적
의 옥 귀걸이
  1. 흥륭와 유적
  2. 강원도 고성 문암리 유적

'맥족'의 홍산문화는 인류문명사
에서 매우 이른 시기인 신석기시대
중후기에 이미 독특한 옥기문화를
형성 발전시켰다.

홍산문화 유적들 가운데 가장
오래된 대표적 '옥귀걸이'가 출토된
유적은   흥륭와(興隆洼)문화   유적
(BC 6,200~BC 5,200년)이다. 이
옥귀걸이는 태양처럼 정확한 동그

란 형태에 귀에 끼우는 부분만 열어 놓은 형식이다(〈그림 3-5〉 참조).

중국 고고학계의 연구에 의하면, 이 흥륭와 옥귀걸이는 요동반도의
수암(岫岩)에서 나오는 '수암옥'(岫岩玉)으로 만든 것이다.[21] 이 형식의
귀걸이는 ① 흥륭와문화와 같은 시기의 한반도 강원도 고성군 죽왕면
문암리(文岩里) 유적(BC 6,000년 이상)과 동일한 형식의 것이다.[22] 중
국 요녕성 흥륭와 유적과 한국 강원도 고성 문암리 유적에서 동일한
시대의 동일한 형태와 재료의 옥귀걸이의 출토는 두 부족의 기원·형
성·분화·관계 등과 관련하여 극히 주목해야 할 사실이다. 그 다음 시
기에 동일한 형식의 옥귀걸이는 ② 한반도 전라남도 여수시 남면 안도

---

20) 遼寧省文物考古研究所 編著, 《牛河梁: 紅山文化遺址發掘報告(1983~2003年度)》(下), 圖
     版 96~97 참조.
21) ① 劉國祥, 〈紅山文化墓葬形制與玉制度硏究〉, 《首届紅山文化國際學術硏討會》 資料
     集, 2004.
     ② 우실하, 《동북공정너머 요하문명론》, 소나무, 2007.
22) 國立文化財硏究所, 《高城文岩里遺蹟》, 2004, pp.237~239 및 p.267 참조.

패총 유적(BC 4,000년~BC 3,000년)에서도 발견된다.[23]

흥륭와문화에서 선도한 옥기문화는 홍산문화를 남긴 모든 맥족에 전파되었음이 홍산문화 유적들 모두에서 출토되고 있는 동일 유형 옥기들에서 확인할 수 있다.

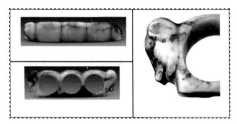

〈그림 3-6〉 우하량 제16지점 1묘(N16-79M1) 출토 웅수삼공(熊首三孔) 옥기장식

우하량 여신묘 발굴 책임자의 하나인 곽대순은 홍산문화의 옥기를 ① 동물형 옥(動物形玉) ② 통형 옥(筒形玉) ③ 구운형 옥(勾雲形玉) ④ 옥벽(玉璧)의 4대 유형으로 분류하고, ⑤ 그 밖의 옥기를 특수형 옥(特形玉)으로서 열거하였다.[24]

우하량 출토 옥벽 가운데 필자가 주목한 것은 '웅수 삼공기'(熊首三孔器) 삼련옥벽인데, 웅수 삼공기의 양쪽 끝에는 '곰'의 머리가 장식되어 있다. 삼공(三孔)은 '3개의 태양'(三大陽神)을 상징한 것이고, 양끝의 곰머리는 곰토템을 상징한 것으로서, 이 웅수삼공기는 홍산인의 곰토템과 태양숭배 신앙에 직결된 옥기라고 생각된다(〈그림 3-6〉 참조).

여기서 나오는 의문점은 맥족의 홍산문화에서만 특이한 아름다운 '옥문화' 발전의 동인에 관한 것이다. 필자는 맥족 옥문화의 발전 동인은 무엇보다 '여족장'제도의 영향이었다고 본다.[25]

---

23) 우실하, 2007, pp.109~119 참조.

24) 郭大順 主編, 《紅山文化》, 2005(동북아역사재단 번역본), pp.164~206 참조.

25) 필자는 맥족의 옥문화 발전의 동인에 대해 약간의 사회학적 견해를 갖고 있다. 첫째, 마제석기를 특징의 하나로 하는 신석기인이 자연석 가운데서 발견한 가장 아름답고 귀중한 자연석(즉 보석)은 옥석인데, 그 광산 부존지역이 요동의 수암(岫岩) 옥광산과 의무려산(醫巫閭山) 옥광산이다. 고대 중국인들이 '東夷玉(동이옥)'이라고 호칭한 것이 바로 이것이다. 신석기시대에 古한반도 초기 신석기인들의 일부가 새 정착지를 찾아 요동반도를 거쳐 동·서로 나뉘며 북상할 때 서방행렬(후에 맥족 형성) 부족과 동방 행렬(후에 예족 형성)에게 발견되어 맥족과 예족은 신석기시대에 옥을 애용하는 신석기문화를 창조하게 되었다. 맥족의 흥륭와문화와 홍산문화의 옥기들은 대부분 지리

일부 중국 고고학자들 가운데는 홍산문화의 옥기의 발달에 기초하여, 신석기시대 말기에서 초기청동기 시대로 이행하는 과도기에 시대 구분의 한 단계로서 '옥기시대'26) 또는 '옥병(玉兵)시대'27)를 설정하려

적으로 먼 지역에서도 요동반도의 수암옥을 원재료로 사용했다는 사실은, 그들이 상당히 빈번한 교류를 하며 동일계통 기원과 이동경로, 교통로와 문화권을 저변에서 유지했음을 시사하는 것이라고 해석할 수 있다. 둘째, 맥족과 예족이 같은 시기에 옥광산을 발견하고 옥을 보배로운 돌로 애용했음에도 불구하고, 예족의 신석기문화에서보다는 맥족의 홍산문화에서 옥문화가 더 찬란하게 발전한 요인은 맥부족의 족장이 여족장이었고 섬기는 신(神)이 여신(女神)이었으며, 모계 부족공동체 사회였다는 사실과 관련되어 있다고 본다(신용하, 2010, p.102 참조). 여족장은 패물(장식품)을 남족장보다 훨씬 애호했던 것이 일반적 성향이었다. 홍산문화 여족장의 무덤에서 가끔 출토되는 부장품 토기도 아름답게 채색한 채도단지들이 대부분이다. 우하량 적석총 발굴자인 곽대순은 우하량 적석총 부장품의 특징은 다른 부장품은 거의 없고 옥만을 부장품으로 사용한 것이라고 지적하고, 그 옥은 '통신(通神)'의 수단으로서 사용한 것 같다고 하였다(郭大順, 〈紅山文化'惟玉爲葬與遼河文明起源特徵' 再認識〉, 《文物》 1997年 第8期). 필자의 설명을 하나 첨가한다면 그 신이 여신이었고 여신도 여성이었기 때문에 옥이 일찍이 통신(通神)의 수단으로 매장된 부장품이 된 것이라고 해석할 수 있다. 홍산인(맥족)이 여신을 섬겼다는 사실도 여신을 홍산인의 조상신과 연결시킨다면 여족장의 옥 애호와 여신의 옥 애호는 동일체계인 것이다. 여족장과 홍산인이 그들의 조상신인 여신과 영혼의 소통을 이루는 도구는 옥기가 될 것임은 당연한 일이라고 볼 수 있다. 셋째, 홍산문화의 특징의 하나는 세석기(細石器)의 발달에 있다(遼寧省文物考古研究所 編著, 2012(下), 圖版 202, 圖版 204, 圖版 206~209, 圖版 229, 圖版 246, 圖版 250~253 참조). 이를 놓고 일부 중국 고고학자들은 세석기(細石器)의 발달이 홍산문화의 옥기문화 발전의 원인이라고 보는 견해를 제시하였다(郭大順, 〈玉器的起源與漁獵文化〉, 《北方文物》, 1996年 4期 등). 이것은 그와 정반대로도 생각할 수 있다. 요하 이동지역 심양의 신락(新樂)유적에서는 세석기가 매우 많이 출토되었음에도 불구하고 옥제품은 매우 적게 출토되었다(瀋陽市文物管理辦公室, 〈瀋陽新樂遺址試掘報告〉, 《新樂文化論集》(瀋陽新樂遺址博物館), 2000). 원래 세석기문화는 신석기시대 수렵경제에서 가죽을 벗기고 고기를 자르기 위해 발전한 초원 축목(畜牧) 경제의 특징이라는 견해도 있다(李恭篤, 〈遼寧原始文化區計劃分與類型研究〉, 《遼寧大學學報》, 1988年 第2期, 참조). 우선적으로 고찰할 필요가 있는 것은 사회적 필요의 요인이다. 여족장과 공동체의 관심 및 명령이 옥에 집중되어 있고, 정교한 옥기 세공을 위해서는 세석기가 필요했으므로, 옥기문화의 수요가 세석기를 발전시킨 측면도 동시에 관찰되어야 할 것이다.

26) ① 張光直, 〈談'琮'及其在中國古史上的意義〉, 《文物與考古論集》, 文物出版社, 1986.
　② 牟永抗·吳汝祚, 〈試論玉器時代－中國文明時代産生的一個重要標誌〉, 蘇秉琦 主編, 《考古學文化論集(4)》, 文物出版社, 1997.
　③ 陳星燦, 〈靑銅器時代與玉器時代－再論中國文明的起源〉, 《考古求知集》, 中國社會科

는 시도까지 있다. 그러나 우하량유적 발굴자가 지적한 바와 같이 우하량의 유적의 옥기는 주로 '장례' 때의 매장부장품 의기(儀器)로 사용되었다.[28] 필자의 견해로는 시대구분의 기준이 되는 용구는 생산력 변혁에 직접 관계를 가진 생산용구를 채택하는 것인데, '옥기'는 생산력 변혁의 생산용구가 아니라 제사용 의기와 장식용 패물이었기 때문에 시대 구분의 기준으로는 부적합하며, 따라서 '옥기시대' '옥병시대'의 설정은 타당치 않다고 본다.

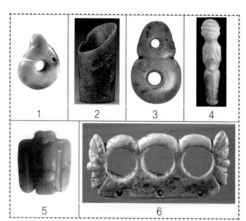

〈그림 3-7〉 홍산문화의 옥기의 몇 가지 사례
1. 옥웅룡. 우하량 제2지점 1호총 제4호묘 출토
2. 사구(斜口) 통형 옥기. 우하량 제2지점 1호총 제25호묘 출토
3. 쌍련옥벽(雙聯玉璧) 우하량 제2지점 수집
4. 거북모양옥기. 우하량 제2지점 1호총 제21호묘 출토
5. 홍산문화 황옥매. 홍산문화 유적 수집
6. 사람머리 3공 옥빗 패물(人首三孔梳背飾) 우하량 제2지점 1호총 제12호묘 출토

맥족의 발전된 옥기는 다른 부족들에게는 맥족의 장식적 표상으로 인지되었다.[29]

맥부족의 옥기문화는 생산용구문화가 아니라 장례용 예기와 장식패물이라는 한계가 있지만,[30] 신석기시대의 장식문화와 공예로서는 당시

學出版社, 1997.
　④ 郭大順 主編, 2005, pp.161~163 참조.
27) 孫守道, 〈論中國史上'玉兵時代'的提出－紅山文化玉器硏究札記〉, 《遼寧文物》, 1983年 第5期.
28) 郭大順, 1997年 第8期.
29) 후에 맥족이 왕비를 내는 부족으로 한족 및 예족과 연맹하여 고조선국가를 건국한 뒤, 고조선의 왕계는 하늘이 내려준 3개 왕통의 증거물의 하나로 '옥'을 '거울'(청동거울) 및 '검'(석검 및 동검)과 함께 한 벌로 갖추어 사용한 사실도 그 증거 사례의 하나가 된다.
30) 郭大順, 1997年 第8期.

세계 최고 수준의 것이라고 볼 수 있다.

5) 기장·조 농경과 '돼지'의 가축화

(1) 기장[黍]과 조[粟] 농경의 시작과 보급

흥륭와 유적(BC 6,200~BC 5,200년)에서 7,700년 전~8,000년 전의 기장[黍]과 조[粟]가 출토되어 '맥'족이 기장과 조를 중심으로 한 잡곡 재배 농경을 시작했음이 증명되었다(〈그림 3-8〉 참조).

중국 고고학계는 2010년 8월 31일 신화사 통신을 통하여 흥륭와문화 유적(내몽고 적봉시 紅山區 文鍾鎭 魏家窩鋪村 유적)에서 2003년 발견된 1,500낱알(90퍼센트는 기장, 10퍼센트는 조)을 캐나다 토론토대학에 의뢰해 방사성동위원소 14번의 탄소측정을 했더니 7,700년~8,000년 전의 것으로 측정돼 나왔는데, 이것은 중부유럽에서 발견된 것보다 2,000년~2,700년 앞선 것이므로 세계에서 가장 오래된 북방 한작(旱作)농업의 기원 또는 기원지의 하나라고 볼 수 있으며, 중국은 이를 "세계 중요 농업문화유산"으로 등재 신청하기로 했다고 발표하였다.[31]

여기서 주목해야 할 점은 흥륭와 유적의 기장과 조의 농업경작 시작이 古한반도 한강문화의 동아시아 최초의 신석기 농업혁명의 시작의 연장선 위에 있다는 사실이다.[32] 한강문화에서는 12,000년 전의 단립벼의 재배 볍씨가 충주 소로리에서 출토되어, 신석기시대가 시작되자마자 신석기 농업혁명이 시작되었음을 알려 주었다. 古한반도의 인천 영종도 운서동(雲西洞)에서는 이미 신석기시대 초기·전기에 기장·조·콩·들깨가 경작되고 있었다.[33] 충주 조동리 유적에서는 6,200년 전의

---

31) ① 우실하, 〈고조선문명의 기원과 요하문명〉, 《고조선문명의 학제적 연구 제
     1차년도 연차보고서》, 2014.
    ② 孫永剛·趙志軍, 〈魏家窩鋪村: 紅山文化遺址植物遺存綜合研究〉, 《農業考古》, 2013年
      第3期 참조.
32) 신용하, 2014 참조.
33) 국립문화재연구소, 2015, pp.256~261 참조.

볍씨를 비롯하여 그 후
탄화된 쌀·밀·보리·수수·
기장 등이 출토되었다.[34]
구석기시대 말기-신석기
시대 초기 동굴에서 나
와 강가에서 농경을 시
도하다가 북방의 새 정

〈그림 3-8〉홍륭와문화 유적 출토의 탄화된 기장과 조
1. 기장(黍)   2. 조(粟)

착지를 찾아서 이동한 古한반도 초기 신석기인 유형의 한 갈래가 홍륭
와 유적 일대에 정착하여 북방의 한랭한 기후 조건에 적응하면서 古한
반도에서 경험한 '기장·조'의 재배를 시작했을 것임은 충분히 가능한
일이다.

　이 사실을 더욱 보강해 주는 것은 홍륭와 유적에서 출토된 한강문
화 유형과 비슷한 '빗살무늬'토기이다. 한강문화의 빗살무늬토기는 처음
에는 뾰족밑〔尖底〕이었다가 중·후기에는 둥근밑〔圓低〕·납작밑〔平底〕로 변
해 갔는데, 홍륭와 유적에서 출토된 빗살무늬토기는 바닥은 모두 납작
밑으로 변화되었지만 무늬는 한강문화와 동일한 빗살무늬 그대로였다.

　홍륭와 유적에서의 '기장·조'의 출토는 요서에 이주해 정착한 맥족
의 주식이 '기장'과 '조'였음을 알려주는 것이다.

(2) 돼지의 사육과 가축화의 특성

　'맥'족은 '돼지'〔猪〕를 사육해서 가축화했으며, 애완하고 때로는 장례
에도 사용하였다.

　우하량 유적을 비롯하여 홍산문화 유적들에서 가장 많이 출토되는
옥패물 장식의 대상 동물은 돼지였다. 중국 고고학자들은 이 옥돼지
패물을 옥저룡(玉猪龍)이라고 호칭하지만, 어미에 용(龍)을 붙이는 것

---

34) 이융조·우종윤 편저, 《선사유적 발굴도록》, 충북대 박물관, 1998, p.282; 충
　　주시, 《조동리 선사유적 박물관》, 2005, pp.57~61; 이융조, 2006, p.156 참조.

<그림 3-9> 흥륭와문화 유적 118호 '人猪合葬墓'
자료:《敖漢文物精華》, pp.14~15.

은 이 유물을 고중국 계열에 연결시키려는 일부 중국 고고학자들의 관행에 지나지 않고,[35] 전혀 '용'이 아니며, 새끼 옥돼지로서 '옥저'(玉猪)가 정확한 것이다. 일부 중국 고고학자들은 이것이 돼지가 아니라 새끼 옥곰〔玉熊〕이라고 보는 견해도 있다.

맥족은 농경을 주업으로 하면서 돼지는 가축으로 가옥(수혈주거)에 부속하여 사육되었으며, 새끼돼지는 가옥 내부 공간에서 애완동물처럼 사육된 것으로 보인다.

맥부족이 돼지를 가옥 경내에서 사육한 요인의 하나에는 수혈주거 맥족에게 위협적 파충류인 '뱀'〔蛇〕 퇴치 목적도 있었던 것으로 추정된다. 돼지는 뱀 등 파충류의 천적으로서 신석기시대에 이 지방에도 많이 번식했으므로, 수혈주거지에 들어오는 뱀 등을 자연 퇴치하는 데는 주거지 안의 돼지 사육이 가장 효과적인 방법이었을 것이기 때문이다.[36]

맥족의 돼지 사육과 애호의 특징은 흥륭와문화 유적에 사람과 돼지를 합장한 무덤이 발굴된 사실에서도 확인할 수 있다(<그림 3-9> 참조).[37]

35) 林沄, 〈所謂 '玉猪龍' 并不是龍〉, 《二十一世紀的 中國考古學》, 文物出版社, 2006; 복기대, 〈試論 紅山文化 原始龍에 대한 재검토〉, 《白山學報》 제77호, 2007 참조. 《牛河梁遺址》(2004), 《敖漢文物精華》(2004), 《遼河文明展文物集萃》(2006) 기타 도록들을 보면 옥으로 만든 돼지 패물은 옥저(玉猪)이고 중국 고고학자들의 호칭처럼 옥저룡(玉猪龍)은 아니다. 끝에 '龍'자를 붙여 호칭한 것은 실물과 일치하지 않는다.

36) 신용하, 2010, pp.102~103 참조.

37) 內蒙古敖漢旗博物館, 《敖漢文物精華》, 內蒙古文化出版社, 2004, pp.14~15. 흥륭와문화 유적의 118호묘는 50여 세의 남성 묘주의 인골 우측에 <그림 3-9>과 같이 머리와 꼬리를 상접시킨 완전한 암·수 돼지를 나란히 합장시켜, '인저합장묘'(人猪合葬墓)로 불리고 있다.

6) 맥족 '빛살무늬'토기의 변화와 한강문화 토기와의 관련

(1) 납작밑〔平底〕 '빛살무늬'토기로의 발전

홍산문화의 토기는 주로 모래를 섞어 만든 회도(灰陶)와 진흙으로 만든 홍도(紅陶)가 많고, 다음으로 진흙으로 만든 흑도(黑陶)가 있다. 회도의 특징은 항아리〔筒形罐〕의 햇빛살무늬(중국고고학계의 표현은 '之'자 문양)이다.[38] 즉 홍산문화 토기의 가장 큰 특징은 납작밑〔平底〕 빛살무늬 토기로 중국고고학자들도 지적하고 있는 것이다.

홍산문화의 중심지인 우하량 여신묘 유적지에서는 납작밑 빛살무늬 토

〈그림 3-10〉 홍산문화 우하량 유적 출토 빛살 무늬 토기
1. 제2지점 2호총(N2Z1)
2. 제2지점 4호총(N2Z4H1:3)
3. 제2지점 4호총 갱(N2Z4H1:4)
4. 제5지점 상층 2호총 D(N5SCZ2D:1)
5. 제5지점 하층 1호총(N5ZCZ1:3)
6. 제5지점 41갱(N5H41:4)

기가 다수 출토되었다(〈그림 3-10〉 참조).

우하량 유적지 출토의 납작밑 빛살무늬토기들은 한강문화의 뾰족밑〔尖底〕 빛살무늬토기와 비교할 때, 한강문화 토기보다 시기가 후기이고 바닥만 뾰족밑이 아닌 납작밑이지, 형태와 빛살무늬는 거의 같다.[39]

이 사실은 우하량 일대의 신석기문화 토기들을 만든 '맥'족이 한강

---

38) 郭大順 主編, 2005, pp.53~56 참조.
39) 國立中央博物館, 《岩寺洞》, 1994년 보고서에서 볼 수 있는 바와 같이, 홍산문화 우하량 출토 토기는 한강문화 암사동 출토 토기와 바닥밑의 첨저·평저를 제외하면 동일 유형의 빛살무늬토기이다.

문화의 빛살무늬토기를 만든 '한'족과 동일 계열 '古한반도 초기 신석
기인 유형'('밝'족 유형)의 뿌리를 가진 부족임을 시사하는 것이다. 맥
족은 모래톱이 없는 평지에서 '세우기'[立]에 불편한 뾰족밑을 납작밑
으로 변형·개조하여 납작밑 빛살무늬토기를 만든 것으로 추정된다. 납
작밑 빛살무늬토기는 우하량 유적지뿐만 아니라 넓은 의미의 홍산문화
(중국 고고학자들의 요하문명) 유적지 일대에서 모두 출토되고 있다.
특히 기장과 조 경작농업이 시작된 지역에서는 빛살무늬토기가 다수
출토되고 있음을 주목할 필요가 있다. 매우 이른 시기(7,700년 전~
8,000년 전)의 기장과 조 낟알이 출토된 흥륭와(興隆洼)문화 유적에서
도 토기는 거의 모두 평저 빛살무늬토기가 출토되었다.[40] 중국 고고학
자들의 서요하 유역 토기문양 조사결과를 보니, 흥륭와문화의 경우 흥
륭와토기 206개 중에서 각종 형식의 빛살무늬토기가 무려 202점, 다른
문양이 2점, 민무늬토기가 2점이었다.[41]

홍산문화의 이러한 납작밑 빛살무늬토기 분포는, 이 문화를 남긴
맥족이 원래는 뾰족밑 빛살무늬를 남긴 한족과 동일한 기원과 뿌리를
가진 부족으로서 뾰족밑 빛살무늬토기를 환경에 적응하여 납작밑 빛살
무늬로 변형해서 발전시킨 것임을 시사한다고 볼 수 있다.

(2) 채색토기의 다양한 발전

홍산문화 토기의 특징의 하나는 '채색토기'[彩陶]의 발전이다. '한'족
의 한강문화의 토기는 자연색인 '회색토기'[灰陶]를 특징으로 하고, 채
색의 경우는 도안을 넣지 않고 적색(赤色)과 흑색(黑色)에 마광(磨光)
을 내어 주로 제기(祭器) 등으로 사용한 것이 일반적이었다.

'맥'족이 아름답게 채색한 채색토기를 만들고 발전시킨 배경은 맥족

---

40) 席永杰·張國强·王華·孫永剛 編著, 《西遼河流域史前陶器紋飾圖錄》, 內蒙古人民出版社,
   2011, pp.2~3 및 敖漢旗博物館, 《敖漢文物精華》, 2004, p.52 참조.
41) 席永杰·張國强·王華·孫永剛 編著, 2011, pp.13~82 참조.

의 족장이 여성족장이었다는 사실과 깊이 관련되어 있다고 해석된다. 여성은 남성보다 섬세하고 아름다움을 더 추구하는 성향이 강하기 때문에 권력을 가진 여족장의 이러한 성향은 '옥기'의 발전뿐만 아니라 채색토기의 출현과 발전에도 직접 크게 작용했으리라고 생각된다. 채색토기는 맥족의 여족장과 지배층의 제기 및 애완용기였다고 판단된다.

〈그림 3-11〉 빛살무늬 토기에서 3족기로의 변화과정의 사례(1)
　1. 홍산문화(신석기시대), 남탑향(南塔鄕) 두력영자(杜力營子) 유적 출토
　2. 우하량 제16지점 하가점 하층문화 유적 출토

(3) '맥'족의 삼족(三足)토기의 시작과 납작밑 빛살무늬토기의 결합 변형

'맥'족 토기의 주목해야 할 특징은 홍산문화 말기~고조선 건국기 하가점 하층문화에서 '한'족의 뾰족밑토기의 영향을 받고 삼족기(三足器)가 출현한 것이다.

필자는 홍산문화의 삼족기는 한강문화의 '뾰족밑 빛살무늬토기' '뾰족

〈그림 3-12〉 빛살무늬토기에서 3족토기로의 변화과정의 사례(Ⅱ)
　1. 우하량 16지점 하가점 하층문화 유적 출토 토기
　2. 하가점 하층문화 적봉지구 출토 토기
　자료: 《牛河梁: 紅山文化遺址發掘報告(1983~2003年度)》(中) 및 《西遼河流域前陶器紋飾圖錄》, 2010.

밑 민무늬토기'에 발다리를 3개 붙이거나 빛살무늬토기 3개를 결합시킨 착상에서 창조된 토기라고 생각한다.

바닥이 뾰족한 뾰족밑 빛살무늬토기는 강가 모래톱이나 돌무지 화덕 턱 위에는 세우기 쉽지만, 평탄한 바닥에는 세울 수 없는 큰 불편이 있다. 그러나 뾰족밑 빛살무늬토기 밑에 발(다리)을 3개 붙이거나, 뾰족밑 빛살무늬토기나 뾰족밑 민무늬토기 3개를 결합시켜 하나의 몸

통에 통합하면 용이하게 세울 수 있는 '삼족토기'가 만들어진다. 홍산문화 유적지에서 이러한 뾰족밑 빗살무늬토기에 발 3개를 결합시킨 형태의 삼족토기가 출토되기 시작하며, 하가점 하층문화 유적에서는 집중적으로 다수 출토되고 있다.

홍산문화와 하가점 하층문화의 삼족기는 다음과 같이 세 유형으로 나눌 수 있다. 제Ⅰ유형은 뾰족밑 빗살무늬토기의 밑바닥에 작은 발을 3개 붙인 유형이다. 동아시아에서 뾰족밑 빗살무늬토기는 한강문화의 토기뿐이다. 그러므로 이 유형의 3족기는 한강문화권에서 이주해온 사람들 또는 그 문화의 영향을 직접 크게 받은 유형이라고 볼 수 있다. 〈그림 3-11〉의 신석기시대 홍산문화 삼족토기는 한강문화의 빗살무늬토기의 밑바닥에 3개의 발을 붙인 형태임을 명료하게 나타내고 있다. 몸체 형태도 한강문화의 뾰족밑(및 둥근밑) 빗살무늬토기와 동일 유형일 뿐 아니라, 몸체에 새긴 무늬도 한강문화의 빗살무늬와 동일 유형이다.

제Ⅱ유형은 뾰족밑 빗살무늬토기 3개의 상체를 비스듬히 결합시켜 다리 3개로 만들고 그 위에 납작밑 단지를 얹어 붙이는 유형이다. 즉 3개의 뾰족밑 빗살무늬토기 3개의 상부를 하나로 접합하여 한 개의 삼족기를 제작한 것이다. 이것은 단순한 추론이 아니다. 필자는 고조선 계통 상나라 지식인이 '상(商)'자의 한문자를 만들 때 갑골문에 표현한 유형이라고 해석한다. 商자는 삼족기를 사용하는 사람이 사는 나라의 뜻과 모양이 포함되어 있다고 해석하는 것이다. 중국에서는 갑골문에서 '酉'자와 '丙'자의 원형은 바로 3개의 첨저병이 변천하여 하나로 결합된 형식이라는 해석이 있다.[42] 그러므로 제Ⅱ유형은 뾰족밑 빗살무늬토기 3개를 다리로 사용하고, 그 위에 얹은 납작밑 단지 1개를 붙여서 제조한 모형이라고 할 수 있다. 〈그림 3-12〉의 우하량 16지점 하가점 하층문화와 적봉지구 하가점 하층문화의 삼족토기는 한강문화의 그것과 유사한 뾰족밑 빗살무늬토기 3개의 상부를 하나의 형태로 결합한 창의로 제조한 것임을 명료하게 나타내고 있다.[43] 몸체의 형태 부

---

42) 郭大順 主編, 2005, p.212 참조.

분도 그러하거니와 몸체에 새긴 빛살무늬도 한강문화의 빛살무늬와 동일유형의 것이다. 또한 〈그림 3-12의 1·2〉에서 볼 수 있는 바와 같이, 화분형 빛살무늬토기와 별도의 뾰족밑 빛살무늬토기를 분리하거나 결합하면 삼족토기가 제조됨을 명료하게 알 수 있다.

제Ⅲ유형은 중국 고고학계가 존(尊)형이라고 부르는 주둥이와 입술이 밖으로 떡 벌어진 화분형 단지에 다리 3개를 붙이는 유형이다.[44] BC 30세기~BC 24세기 고조선 건국 후에 요서지방의 청동기시대 하가점 하층문화에서는 온갖 형태의 채색 삼족토기가 출현하여 발전하였다. 후기 하가점 하층문화의 채색 삼족기를 피상적으로 보면 한강문화의 뾰족밑 빛살무늬토기와 관련 없는 토기처럼 보일 수도 있으나, 그 진화·발전과정과 구성 부분을 분석적으로 보면 그 관련과 영향이 관찰된다.

필자는 요서지방의 홍산문화와 하가점 하층문화의 3족토기는 한강문화의 뾰족밑 빛살무늬토기의 영향과 교류 속에서 출현한 것이며, 고조선문명의 서부지역 토기 형태라고 본다. 고조선문명의 삼족토기는 하가점 상층문화에서는 삼족 청동기로 발전하며, 고조선 이주민이 처음 세운 박(亳)·상(商)나라에서 삼족 청동기로 크게 발전했다고 보고 있다.

7) 적석총(積石塚, 돌무지무덤)의 장례문화

(1) 적석총(積石塚, 돌무지무덤)

맥족의 홍산문화의 무덤 양식은 주로 '적석총'(돌무지 무덤)이었다.[45] 이것은 한족의 한강문화의 무덤이 주로 '고인돌'(개석식 고인돌)

---

43) 遼寧省文物考古硏究所 編著, 2012(中), p.445 및 席永杰·張國强·王華·孫永剛 編著, 2011, p.271 참조.
44) 복기대, 〈존(尊)의 기원과 계승성에 관한 시론〉,《先史와 古代》제25집, 2006 및 〈홍산문화와 하가점 하층문화의 연관성에 관한 시론〉,《文化史學》제27호, 2007 참조.
45) 遼寧省文物考古硏究所 編著, 2012(中), p.471 참조.

1. 적석총대와 석체(石砌) 묘실(서─동)

2. 묘실 서벽(동─서)

3. 적석총대의 동쪽 외벽 및 그 하부 체석(砌石. 동─서)

〈그림 3-13〉 홍산문화 우하량 유적의 적석총 사례: 제2지점 2총 제1호묘(N2Z2M1)

자료:《牛河梁: 紅山文化遺址發掘報告(1983~2003年度)》(下) 圖版 111

무덤 양식이었던 사실과 비교된다.

홍산문화의 적석총은 ① 하층적석총(下層積石塚)과 ② 상층적석총(上層積石塚)으로 분류되었다.[46]

하층적석총은 땅밑을 상당히 깊고 넓게 파서 돌로 벽을 쌓은 직사각형의 묘실(1개묘, 쌍묘, 또는 다수의 묘)을 설치하고, 석판(石板)을 덮은 후에 흙으로 봉한 다음 그 위에 다시 자갈돌을 쌓는 적석총이었다. 묘실만을 보면 적석총은 석관묘(石棺墓)를 포함한 것이었다.

상층적석총은 땅을 얕게 파서 돌로 벽을 쌓아 만든 직사각형의 묘실을 설치하고 흙 봉분 위에 다시 자갈돌을 쌓아 덮을 뿐 아니라, 반드시 주위에 돌을 쌓아 만든 사각형 돌담장을 조성하여 무덤을 보호하는 양식이었다.

---

46) 遼寧省文物考古研究所 編著, 2012(上), pp.142~208 및 pp.217~221; (中), pp.292 ~336, pp.362~426 및 pp.471~473 참조.

(2) 수혈토갱묘(竪穴土坑墓)

홍산문화의 무덤 양식에는 주류인 '적석총' 이외에 '수혈토갱묘'가 있었다. 이것은 땅에 직사각형의 흙구덩이를 파고 돌 쌓음이 없이 흙구덩이에 시신을 바로 매장하는 방식이었다.

그러나 수혈토갱묘는 우하량 조사 지역 전체에 3기밖에 없었다. 길이 2.05~2.38m, 폭 0.6~0.78m, 깊이 0.4~0.58m의 토갱을 만든 3기가 동남방을 향하여 나란히 배치되어 있었다.[47] 숫자가 적고 부장품도 없었으므로, 제2차 매장을 전제로 다급하게 조성된 무덤일 가능성도 있다.

(3) 피라미드형 적석총 가능성의 토구(土丘)

《우하량: 홍산문화유지발굴보고(1983~2003년도)》 머리 부분에는 우하량 유적 제13지점의 머리에 토구(土丘, 흙동산)의 사진이 다음 〈그림 3-14〉와 같이 수록되어 있고, 아랫부분 발굴 시도 사진이 수록되어 있다.[48]

〈그림 3-14〉 우하량 13지점 적석총 가능성이 있는 토구(土丘)
자료:《牛河梁: 紅山文化遺址發掘報告(1983~2003年度)》(下) 圖版 2

이 토구(土丘)에 대하여 발굴자들은 해석을 내놓지 않고 있다. 아직

---

47) 遼寧省文物考古硏究所 編著, 2012(中), p.361 참조. 이 3개의 수혈토갱묘는 우하량 유적 무덤양식으로서는 예외적인 것으로서, 적석할 시간 여유가 없어 다급하게 시행된 것으로 추정된다. 혹시 우하량 맥족이 이곳을 떠날 무렵 사망한 동족이어서 적석총을 만들 시간 여유가 없으므로 수혈토갱묘를 쓰고, 우하량 맥족이 출발하는 방향인 동남쪽을 향하도록 무덤을 만든 것이 아닌가 추측된다.

48) 遼寧省文物考古硏究所 編著, 2012(下), 圖版 2 참조.

합의된 결론을 내리지 못한 상태인 것으로 보인다.

한편 중국의 일부 학자와[49] 한국의 일부 교수는 이 토구를 피라미드형 거대 직석총으로 해석하고 있다.[50] 특히, 우교수는 이 피라미드형 적석총이 고구려의 광개토왕릉과 장군총(장수왕릉)으로 계승·발전하고 있는 것으로 보고 있다.

맥족의 적석총·석곽묘·피라미드형 적석총은 고조선과 부여·고구려·백제 유적에서는 다수 보이지만, 고중국 계열에는 보이지 않는 무덤양식이므로, 홍산문화 우하량 유적이 고조선과 연결되는 문화 유적임을 명백하게 증명해 주고 있다고 할 것이다.

(4) 고인돌 무덤〔石棚〕의 유적과 기록

필자는 종래 古한반도 '한'족에서 기원한 고인돌 무덤은 한반도와 만주 요동지방에 주로 분포되어 있는 것으로 알았는데, 내몽고지역의 자료를 읽다가 현재의 중국 내몽고자치구 적봉지역 임서현(林西縣)의 2곳에 고인돌무덤〔石棚〕유적이 남아 있고, 파림좌기(巴林左旗)에는 석붕구(石棚溝)의 명칭과 석붕구성지(石棚溝城址)가 남아 있음을 알게 되었다.

임서현 고인돌무덤의 하나로는, 내몽고 자치구 임서현 쌍정점향(雙井店鄉) 서앵도구(西櫻桃溝) 석붕촌(石棚村) 남쪽 750m 지점에 하가점 하층문화(청동기시대) 시기의 파손된 고인돌무덤〔石棚〕유적이 남아 있다고 기록되어 있다. 자료는 고인돌무덤 유적의 현존실태를 다음과 같이 기록하고 있다.

고인돌유적(雙井店鄉 西櫻桃溝 石棚村 南 750미터 청동시대 縣문물 보호단위) 지표에 타원형의 석체(石砌)로 둘러싼 담장이 있는데, 담장의 남아 있는 높이는 1미터이다. 면적은 약 150평방미터, 문화층의 두께는 0.2~0.4

---

49) 孟昭凱·金瑞淸,《五千年前的文明: 牛河梁遺址》, 中國文耳出版社, 北京, 2009 참조.
50) 신형식, 〈'중화5천년', 紅山文明의 재조명〉, 《백산학보》 제77호, 2007; 우실하, 2014 참조.

미터. 채집 유물은 하가점 하층문화의 협사홍도두(夾砂紅陶豆), 협사갈도 승문력(夾砂褐陶繩紋鬲), 하가점 상층문화의 협사홍도옹(夾砂紅陶瓮) 잔편 및 마제 석배(石杯) 등이다.[51]

또한 임서현 오십가자진이도(五十家子鎭二道) 만자촌(灣子村)에도 '석봉구묘군'(石棚溝墓群)이라고 전하는 명칭과 함께 시대가 불명확한 고인돌무덤 4기가 남아 있다고 기록되어 있다.[52]

한편 내몽고 자치구 적봉구역 파림좌기 북부 백음오라소목(白音烏拉蘇木)에 석봉구(石棚溝)라는 지역명칭과 함께 석봉구 숲 동남쪽에 산에 의지하여 축성한 연대 불확실한 약 400미터의 산성이 남아 있는데, 석봉구성지(石棚溝城址)라고 호칭되고 있다.[53]

고인돌의 유적이나 명칭이 남아 있는 내몽고자치구의 이 지역은 대릉하와 시라무렌강 사이의 대릉하 북안(北岸) 지역에 속하는 지역이었고,[54] 뒤에 비파형동검이 집중적으로 출토되는 요녕성 조양(朝陽) 지구에 비교적 근접한 곳임을 주목할 필요가 있다.

내몽고자치구 적봉시지역 임서현과 파림좌기에 하가점 하층문화 시대의 고인돌유적과 석봉구(石棚溝) 지명들이 남아 있는 것은 이 지역 하가점 하층문화와 하가점 상층문화가 고조선문명의 일부이며, 고조선의 영역이 이 지역에 미쳤음을 증명하는 자료의 하나가 된다고 볼 수 있다.

---

51) 中國國家文物局 主編, 《中國文物地圖集; 內蒙古自治區分冊》(下), 西安市圖出版社, 2003, p.143.
52) 中國國家文物局 主編, 2003, p.149에 의하면, 면적 약 1,000㎡의 지표에 둥근 석두(石頭)로 쌓은 4기의 석붕(石棚)이 있고, 직경은 3~6m라고 한다. 그러나 부근에 산포되어 수집된 유물은 소량의 협도비점문일(夾陶篦点紋壹) 백자완배 (白瓷碗杯) 잔편들뿐이었다. 편찬자는 수집 유물에 근거하여 이 유적을 요 (遼)시대의 것으로 추정한 것 같으나 요나라의 무덤양식이 고인돌은 아니었으므로 부정확한 것이어서, 전문학자의 현지조사 후에 새로 더욱 정확한 유적 연대가 판단되어야 할 것이다.
53) 中國國家文物局 主編, 2003(下), p.122 참조. 이 자료 편찬자는 역시 이 성지도 요(遼)시대의 것으로 기록했으나, 근거는 제시되지 않았다.
54) 中國國家文物局 主編, 2003(下), p.142 및 p.148 참조.

8) 기후 건조화와 맥족 주류의 남방 이동

우하량 유적지를 중심으로 하여 신석기시대 홍산문화를 남긴 '맥'족은 거족적으로 BC 3,000년경(5,000년bp)에 남방으로 부족 대이동을 감행하였다.

홍산문화 출토 유적·유물이 BC 3,000년경 것으로 갑자기 뚝 그쳐 소멸되고, 그 대신 요동반도 압록강 유역, 요서의 하가점 하층문화 유적 지역에서 홍산문화를 계승한 맥족의 유적·유물이 발견·발굴된 데서 이를 알 수 있다.

왜 맥족은 대릉하·소릉하·노합하·시라무렌강 유역에 오랫동안 정착 거주하면서 찬란한 옥문화 등을 창조해 남겨 놓고 갑자기 이 지역을 쫓기듯이 떠나 남방 이동을 감행했을까?

기후가 급변하여 농업경작이 거의 불가능하게 되었기 때문이었다. 앞의 흥륭화문화 유적에서 증명되는 바와 같이, 맥족은 기장과 조 재배를 중심으로 한 농경부족으로 형성·발전하였었다. 농경부족은 정착지가 농경에 부적합하게 되면, 그곳을 떠나 농경에 적합한 새 정착지를 찾아서 이동할 수밖에 없는 것이다.

약 5,000년 전(BC 3,000년) 요서지역은 강우량이 급감하여 건조도에서 150퍼센트 건조화되어 버렸고, 기온도 급감하여 농경이 불가능하게 되어 버렸다.

기후·환경 생태 조건의 급변으로 말미암아 더 이상 이 지역에서 기존의 농경이 불가능하게 된 맥족은 약 5,000년 전(BC 30세기)에 더욱 따뜻하고 더욱 습한 기후를 가진 남방으로 '부족 대이동'을 감행하게 되었다. 맥족의 남방 이동은 세 갈래로 나누어 볼 수 있다.

첫째 갈래는 여족장(우하량 지역 홍산문화의 중심)의 지휘 아래 압도적 주류와 절대 다수가 동남쪽 요동반도와 압록강을 건넌 한반도 북부로의 이동이다. 맥족의 주류 절대 다수가 요동반도·한반도 북부를 택하여 이동하게 된 이유는 3가지를 들 수 있다. ① 맥족의 원래의 신석기 초기 기원은 古한반도 지역이었으므로 그곳의 온난한 기후와 강 우량을 아는 맥족은 그들의 기원지인 역사적 고향에 근접한 안전한 방 향으로 진로를 택했다고 볼 수 있다. ② 그들의 생업인 농업경작에 적 합한 토지가 있는 새 정착지로 요동반도와 한반도가 적합했기 때문이 었다. ③ 또한 여족장층의 관심이 많은 수암(岫岩) 옥광산이 있는 요동 반도 쪽이 고려되었으리라고 추정된다. 맥족의 여족장을 비롯한 절대 다수의 주류는 이 세 조건을 모두 갖춘 요동반도와 한반도 북부로 이 동해 들어왔다고 볼 수 있다.

둘째 갈래는 어떠한 사정으로 맥부족 내의 소수 일부 씨족이 주류 에서 이탈하여 바로 남방의 발해만 연안 해안으로 내려와 새 정착지를 개척한 경우이다. 해수면이 낮아지고 있었으므로 해안선은 아래로 내 려가고 있었다. 맥족 이동의 작은 갈래가 서요하 발해만 연안지역에 정착해 남긴 유적이 하가점 하층문화라고 볼 수 있다.

셋째 갈래는 어떠한 사정으로 맥부족 안의 극소수의 씨족이 서남방 으로 이동하여 중국 동해안에 정착한 경우이다. 당시 중국 동해안은 해수면이 약간 내려가서 주인 없는 새 간척지가 조성되고 있었다. 그 들은 이 새 간척지에 정착해서 고대 중국인들이 말한 '동이'(東夷)의 일부가 되어 앙소문화의 후예들과 연접해 살면서 상호 교류를 활발하 게 시작했다고 해석된다.

2. 고조선문명 탄생의 기원이 된 '예'부족의 신석기 요하문화

1) '예'부족의 형성

고조선문명의 탄생에는 '古한반도 초기 신석기인 유형'('밝'족 유형) 에서 분화되어 요하 이동으로 이주 정착해서 형성된 예족의 신석기문화도 참가하여 큰 몫을 담당하였다.

지구 기후가 약 1만 2,000년 전 따뜻해진 이후 古한반도 초기 신석기인 유형 가운데 한반도에 그대로 남아 강변과 해안에서 매우 일찍 농경을 하며 정착한 부족을 후에 고대인들은 한족이라고 호칭한 데 비하여, 북동쪽을 향해 이동해서 지금의 대요하 동쪽 요동반도·태자하·제2북류 송화강·눈강·목단강·수분하·혼강 두만강 중하류·연해주 남부 일대를 중심으로 정착한 신석기인들을 '濊'(새, 세, 예)족이라고 호칭하게 되었다. 이들은 역시 '농경'을 시도하면서 산악과 산림지대의 주변 환경과 관련하여 '범'〔虎〕을 토템으로 하였다.[55] 이들은 '동〔東〕쪽'의 밝족이라는 뜻으로 '싀'(새, 東)족이라고 호칭했는데, 후에 고대 중국문인들이 '싀'〔東〕를 '濊'·'獩'·'薉'·'穢'라고 음차해서 표기했다가, '예'(濊, 원래 발음은 sae, sei, 東의 의미)족이라고 발음하게 되었다.[56]

이것은 북서쪽을 향해 이동해서 지금의 대릉하·소릉하·노합하·시라무렌강 강변 등 지금의 요서지역에 정착한 신석기인들을 '북쪽으로 이동해온 밝족' '북방의 밝족'으로 정체성을 인지하여, '북방의(豸) 밝(百·白)족'을 나타내는 '貊'이라고 쓰고 '박' '백'이라고 발음했다가, 후에 '貊'을 '맥'으로 변음해서 읽게 된 것과 대비되는 것이다.

그러므로 古한반도 초기 신석기인들 가운데 한반도에 정착해서 남은 한 대부족, 북상하여 대요하의 동쪽 제2송화강 유역 등에 정착해서 형성된 예(濊) 대부족, 북상하여 대요하의 서쪽인 대릉하·시라무렌강 유역 등에 정착해서 형성된 맥(貊) 대부족 등 3대 부족은 모두 원래 古한반도 초기 신석기인 유형(밝족)에 기원을 둔 신석기인들이었음을 주목할 필요가 있다.

이 가운데 예족은 소주산(小珠山)·요동반도·태자하·운하·제2송화강·눈강·목단강·수분하·혼강·흥개호·두만강 중하류·연해주 남부 등 지역에서 한편으로 한족과 유사하면서도 다른 한편 한족과 구별되는 독

---

55)《後漢書》卷85, 東夷列傳 濊傳 참조.
56) 梁柱東, 1969, p.38, pp.387~392 및 pp.562~564 참조.

특한 신석기문화를 남겼는데, 이것을 요동 신석기문화라고 할 수 있다.
현재 심양시 인근의 신락(新樂)문화 유적은 예족의 요동 신석기문화의
대표적 유적이라고 필자는 판단하고 있다.[57]

예족의 기원은 이전에는 얼어붙어 인간 생존이 불가능했던 시베리
아의 동토지역의 가상 古아시아족에서 기원하여 내려온 것이 아니라,
말기 구석기인과 초기 신석기인이 생존 가능했던 북위 약 40도 이남
古한반도 동굴지대 부근 강변과 해안 지역에서 기원한 古한반도 초기
신석기인들(밝족)이 지구 기후온난화(약 12,000년 전) 이후에 북상하여
압록강·요동반도·소주산·태자하·운하·제2송화강·눈강·목단강·두만강·
동해안 북부에 이르러 정착해서 형성된 것이었다.[58]

예족의 기원인 古한반도 초기 신석기인(밝족)의 일부가 북방 이동
을 감행하여 지금의 요동·제2송화강 지역 등과 요서·동부 내몽고 자치
구 일대에 도달해서 정착한 것은 9,000년 전경(BC 7,000년경)부터
6,000년 전경(BC 4,000년경)이라고 추정된다.[59]

---

57) 예족에 대한 중국 고문헌의 기록은 맥족에 비해 매우 드물다. 예족의 거주
   지가 원래 현재의 요하 이동지역에 분포되어 古중국으로부터는 거리가 매우
   멀었기 때문이었다고 해석된다. 예족에 대한 3세기 이전의 중국 고문헌 기록
   은 《逸周書》王會解의 '穢人' 기록과 《管子》小匡篇의 '穢貊' 기록뿐이다. 《관자》
   의 기록은 '예'와 '맥'으로 읽을 수도 있지만, '예'족이 '맥'족과 요서에서 섞
   여 활동한 이후서 '예맥'으로 붙여 읽을 수도 있으므로, 엄밀하게 '예'족만
   언급한 것은 《일주서》가 유일한 것이다. 그러므로 신석기시대와 초기 청동기
   시대 예족 연구는 거의 전적으로 고고 유적·유물에 의거한 판단과 해석이
   극히 중요하다고 생각한다.
58) 신용하, 〈고조선문명 형성에 들어간 濊族의 新樂문화와 신석기문화의 유형〉,
   《고조선문명의 학제적 연구》제2차년도 보고서, 2014 참조.
59) 약 12,000년 전~약 7,000년 전의 초기 한강문화 유적과 대동강문화 유적에서
   나오는 빛살무늬토기, 초기 마제석기 가운데 특징적 농구, 동물토템(새토템 등)
   등과 동일 유형의 유적·유물을 지표로 하여 초기 신석기시대 요하 이동지역으
   로의 북상 이주민 계통의 동일 문화 유형의 유적·유물을 추적해 보면, 예족의
   대표적 초기 신석기시대 유적으로는 ① 요동반도 남단 대련·여순 지구 및 부근
   섬들의 유적을 대표하는 광록도(廣鹿島) 소주산(小珠山) 하층문화 유적(bp
   8,000년~bp 6,000년 추정)과 소주산 중층문화 유적(bp 5810±105~bp
   4,870±100, 곽가촌(郭家村) 유적, 영걸촌(英杰村) 유적 및 오가촌(吳家村) 유적
   포함] ② 압록강 하류 대안의 단동(丹東)·수암(岫岩)·봉성(鳳城)·관전(寬甸)·
   해성(海城)·본계(本溪) 등 요동반도 지역 신석기유적을 대표하는 동구(東溝)현

2) 범(虎)토템 부족과 새(鳥) 부토템의 의미

'예'부족은 '범'(虎, 호랑이)토템 부족이었다. 《후한서》 예전에서 "(예족은) 해마다 10월이면 하늘에 제사를 지내는데, 주야로 술 마시고 노래 부르며 춤추니 이를 무천(舞天)이라 한다. 또 범(虎)을 신으로 여겨 제사 지낸다."60)고 하였다. 또한 "(예족은) 그 풍속이 산천을 중시하여 산천마다 각 부락의 경계가 있으며, 함부로 서로 침범하지 않는다. 동성(同姓) 간에는 혼인하지 않는다."61)고 하여 마을 사이의 경계와 '족외혼'(族外婚, exogamy)의 실재를 기록하였다. 이것은 신석기시대부터 계속되어 온 매우 오래된 민속으로 해석된다.

고고유물로는 예족의 유적인 압록강 하류 요녕성 동구현(東溝縣) 후와(后洼) 하층문화에서 활석제 '범(호랑이 머리)' 조각이 출토되었다.62) 이 밖에도 후에 예족이 흩어져 거주한 중국 요녕성과 길림성 일대에서는 범 조각상이 다수 발견되었다.

古한반도에서 요하이동으로 북상 이주한 예족의 자연환경은 장백산맥과 천산산맥을 중심으로 울창한 삼림지대 사이사이에 흐르는 크고

삼가촌(三家村)의 후와(后洼) 하층문화 유적(bp 5,600±110~bp 5,410±150, 나이테 교정 추정치는 bp 7,000년~bp 6,000년) ③ 심양(瀋陽)과 신민(新民) 일대의 초기 신석기유적을 대표하는 신락(新樂)하층문화 유적(bp 7,245±165~bp 6,800±145) ④ 북류 제2송화강 유역 초기신석기 유적을 대표하는 길림성 농안(農安)현 좌가산(左家山) 하층문화 유적(bp6,755±115년)과 좌가산 중층문화 유적(bp 6,400년~bp 6,000년 추정) ⑤ 눈강 중하류 신석기문화를 대표하는 치치하르 부근의 앙앙계(昂昻溪)문화 유적(신석기시대·연대 미측정) ⑥ 연해주에 연접한 흥개호(興凱湖) 호반 일대의 신석기문화를 대표하는 신개류(新開流)문화 유적(bp 6,100년경) ⑦ 한반도 북부 초기 신석기문화 유적으로 강원도 고성(高城) 문암리(文岩里) 유적 하층(BP 12,000년~BP 8,000년)과 문암리 유적 중층(bp 8,000년~bp 5,500년) 문화유적 등을 들 수 있다.

60) 《後漢書》 卷85, 東夷列傳, 濊條, 〈常用十月祭天 晝夜飮酒歌舞 名之爲舞天. 又祠虎以爲神.〉 참조.

61) 《後漢書》 卷85, 東夷列傳, 濊傳, 〈其俗重山川 山川各有部界 不得妄相干涉 同姓不婚.〉 참조.

62) 趙賓福(崔茂藏 譯), 《中國東北新石器文化》, 集文堂, 1996(이하 번역본 사용), 도판 34의 4 참조.

작은 강변들과 골짜기에 정착했기 때문에, 범을
비롯한 각종 맹수들의 출몰이 잦았다. 예족은 이
러한 환경의 영향을 받으며, 부족 정체성을 맹수
의 왕인 범을 토템으로 정하여 외경했던 것으로
추정된다.

예족이 한족·맥족과 함께 고조선 건국에 일정
의 자치권을 가진 후국족으로 참여한 후에는 예
족은 요동지방뿐만 아니라 요서지방의 일부에도
이주해서 마을공동체를 이루어 맥족과 섞여서 생
활하였다. 이 경우에도 예족은 부족정체성으로 범
토템을 상징하는 조소품들을 요서지방에 다수 남
겼다.

古한반도 초기 신석기인 유형('밝'족)에 기원
을 둔 초기 신석기인들은 古한반도 거주시기에 모
두 해(태양)를 숭배하며 새를 토템으로 했기 때

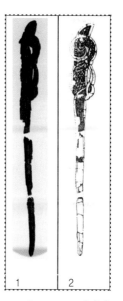

〈그림 3-15〉 신락하
층문화의 '새'토템 지
팡이
1. 사진   2. 그림

문에, 북상 이주하여 형성된 예족도 처음에는 새를 토템으로 간직한
흔적이 여러 곳에 보인다. 그러나 예족이 범토템을 정한 후에는 종래
의 새토템은 부토템으로 전화되었다.

예족의 씨족에 따라서는 새토템을 강인하게 간직한 경우도 일부 관
찰된다. 예컨대 예족의 초기 이주민 문화유적인 신락 하층문화에서는
씨족장의 토템지팡이(totem pole)로 판단되는 '나무지팡이'(길이 38.5cm,
너비 4.8cn, 끝두께 1cm)가 마을 중앙의 가장 큰 집자리에서 출토되
었는데, 지팡이에 커다란 '새'[大鳥]가 조각되어 있었다(〈그림 3-15〉
참조).[63)]

이 나무지팡이의 '새'는 부리[嘴]·머리[頭]·몸[身]·꼬리[尾]·자루[柄]
의 5부분으로 구성되어 있었는데, 새의 전신을 양면으로 음각한 매우

---

63) 瀋陽市文物管理辨公室·瀋陽古宮博物館,〈瀋陽新樂遺址第2次發掘報告〉,《考古學報》 1985
年 2期.

예술적인 작품이었다.[64] 중국 고고학계도 이 '새' 조각 지팡이를 지휘봉[權杖]이고 '새'토템을 표시한 것이라고 해석하고 있다.[65]

신락 하층문화의 새 조각 지팡이의 새토템은 그들이 이주하기 이전에 가졌던 토템을 갖고 이주해온 것이라고 해석된다. 그들이 이주하기 전의 새토템은 어느 지역의 어느 부족이 가졌던 토템인가? 새토템은 古한반도의 초기 신석기인과 한족이 태양숭배와 함께 가졌던 토템이었다. 즉 신락 하층문화에서 출토된 이주정착민 씨족장의 새 조각 '토템지팡이'와 '새'토템은 신락인이 古한반도에서 출발하여 이주해온 씨족이며, 古한반도 신석기인 유형('밝'족 유형)에서 분화되어 나온 씨족임을 강력히 시사하는 것이다.

또한 압록강 하류 후와 유적 하층에서 출토된 조소품의 3분의 1 이상도 새 형상 조소품이었다. 그 가운데 1점은 활석제 조각의 '사람·새 합일상'이었다. 즉 활석제 조각의 앞면은 사람, 뒷면은 새로서 사람과 새를 합일시켜 신상에 달고 다니는 토템 장식품이었다.[66] 이것은 후와 유적을 남긴 예족이 범토템과 함께 새부토템을 갖고 있었음을 증명하는 것이다.

3) 농경과 가축 사육

'예'족은 정착지에서 농경을 주업으로 하고 어로와 수렵을 부업으로 보충하였다. 《삼국지》 동이전 예조에 예족은 "항상 10월을 제천(祭天)하는 달로 써서 주야로 음주하고 노래하며 춤추니 이름하여 무천(舞天)이라 한다"[67]고 기록되었다. 이것은 《삼국지》 한(韓)조의 10월에

---

64) 陳俏蕾, 〈新樂遺址木雕藝術品再探〉, 瀋陽市文物考古硏究所編, 《瀋陽考古文集》 第2集, 2009.

65) 曲瑞琦, 〈試論新樂文化〉, 《新樂遺址學術討論會文集》, 1983; 《新樂文化論文集》, 2000, p.109.

66) 許玉林, 〈后洼遺址考古新發現與硏究〉, 《中國考古學會 第6次年會論集》, 文物出版社, 1990; 趙賓福, 1996, pp.273~274 참조.

67) 《三國志》 魏書, 東夷傳 濊條 참조.

농사가 끝났을 때의 '한'족의 제천행사와 일치하는데, 여기서 예족도 농경을 주업으로 했다고 추정할 수 있다.[68]

신락 하층문화에서는 주거지에서 탄화된 곡물과 함께 갈돌과 공이, 기타 마제석기 농구들이 다수 출토되었다. 이것은 예족이 농경을 생업으로 했음을 알려주는 것이다. 이와 함께 돌화살촉, 어망추, 짐승뼈와 탄화된 과일씨가 출토되었다. 이것은 농경만으로는 식량이 부족하여 어로와 수렵 및 과실 채집을 병행하여 부족분을 보충했음을 알려준다.[69]

예족의 후와 하층문화(BC 6,000년경)에서도 신락 하층문화에서처럼 갈돌, 공이, 돌도끼, 돌호미 등 농구가 매우 많이 출토되어 농경이 주업이었음을 증명해 주고 있다. 그러나 예족의 정착지는 아직도 기후가 추워서 농경만으로는 식량이 부족하여 수렵과 어로를 부업으로 보충했음을 출토 유물들이 알려주고 있다.[70]

예족의 생산양식과 생활양식에서 주목할 것은 돼지와 개의 가축화와 사육이다. 요동반도 대련시 곽가촌(郭家村) 유적에서는 다량의 생활용구 및 생산도구와 함께 많은 짐승뼈들이 출토되었다. 그 가운데 가장 많은 것은 전체의 55.3퍼센트를 차지하는 각종 사슴뼈들이고, 다음이 돼지의 200여 개체이며, 개뼈도 나왔다. 중국 고고학자들의 분석결과 사슴뼈는 꽃사슴·말사슴·노루·사향노루 등 모두 사냥하여 식료로 보충한 것이었다. 그러나 주거지와 저장 구덩이에서 출토된 200여 개체의 돼지는 사육한 것이었다. 개도 사육된 것이었다.[71] 이것은 예족이 돼지와 개를 가축화하여 사육했음을 알려주는 것이다.

예족의 돼지 사육은 같은 시기 서북방 맥족과 같은 것이지만, 개의 가축화와 사육은 예족의 독특한 것임을 주목할 필요가 있다.

---

68) '예'의 한자 표기가 '薉'에서 '濊'로, 다시 '穢'로 옮겨 간 것도 예족이 수초를 따라 이동하다가 정착하여 농경생활로 들어간 것을 반영한 것이라고 볼 수 있다.

69) 瀋陽新樂遺址博物館·瀋陽市文物管理辨公室,〈遼寧瀋陽新樂遺址搶救淸理發掘簡報〉,《考古》1990年 11期.

70) 李曉鐘,〈瀋陽新樂遺址 1982~1988年 發掘報告〉,《遼海文物學刊》, 1990年 1期.

71) 傅仁義,〈大連郭家村遺址的動物遺骨〉,《考古學報》1984年 3期; 遼寧省博物館,〈大連市郭家村新石器時代遺址〉,《考古學報》1984年 3期.

4) 개(犬)의 사육과 수렵문화의 병행발전

'한'족과 '맥'족의 초기 정착지역에서는 보이지 않는데, '예'족의 초기 정착지역에서 보이는 특징의 하나는 '개'(犬, 狗) 사육이다. 이것은 예족이 북위 40도선을 넘어 북상해서 정착하자마자 바로 개를 가축화하여 사냥에 활용함으로써 농경과 병행해서 수렵 문화를 발전시킨 사실을 시사하는 것이다. 이것은 예족이 정착한 장백산맥과 천산산맥 등을 낀 울창한 삼림지대의 인접 강변 및 호수 인근과 골짜기의 환경적 요소들과 관련된 것이라고 볼 수 있다.

예족의 가장 오래된 소주산 하층 1기 문화(약 7,000년 전)에서는 개뼈만 출토되었고 집돼지뼈는 없었다. 소주산 2·3기 문화시기에는 개뼈와 함께 사육된 200여 개체의 집돼지뼈가 다수 출토되었다.[72] 이것은 맥족의 초기 신석기 유적에서는 돼지뼈는 출토되지만 개뼈는 출토되지 않았다는 사실과 대조적이다.

예족은 동아시아에서 개를 가장 먼저 가축화하여 사육하였고, 다음에 돼지를 맥족과 함께 가축화하여 많이 사육한 것으로 해석된다. 요동반도 남단 대련시 곽가촌 하층유적에서 탄화된 기장(黍)과 마제석기 농구들과 함께 가장 많이 출토된 짐승뼈는 사슴뼈, 집돼지뼈와 그 다음이 약 20개체의 개뼈였다. 개는 당시 사냥에서 상당히 중요한 역할을 했기 때문에, 개뼈의 수량 증가는 사냥의 발달과 연관되었음을 나타내 준다.[73]

예족의 신석기 초기 개 가축화와 사냥에서의 활용은 그들이 농경과 함께 수렵문화도 버리지 않고 발전시켰음을 알려주는 것이라고 볼 수 있다.

예족의 개의 사육은 신석기시대 한족의 한강문화에 전파되어, 부산 동삼동 패총에서 개의 뼈가 나오기 시작하였다. 그 후 예족문화가 고조선문명에 통합된 BC 3,000년경 이후에는 개와 돼지의 사육이 한족

---

72) 遼寧省博物館, 1984年 3期; 劉俊勇, 《中國大連考古研究》, pp.32~33.
73) 傅仁義, 1984年 3期; 趙賓福, 1996, p.171.

에서도 널리 보급된 것으로 해석된다.

세계 학계는 개는 극동 지방에서 신석기시대에 가축화된 것으로 해석하고 있는데, 필자는 초기 신석기시대에 예족이 삼림지대 맹수들과 대결하면서 생활하는 과정에서 개를 매우 일찍 가축화하여, 고조선문명과 유라시아대륙에 전파된 것이라고 본다.

고조선 건국에 예족이 참가한 후, 고중국에서 가장 선호한 고조선으로부터의 비싼 수입품이 '발조선'(發朝鮮, 박달조선)의 문피(文皮, 표범 및 범무늬 가죽)로 기록되고 있는데,[74] 이것은 예족이 농경과 함께 발전시킨 수렵 문화의 결과로 해석된다.

5) 부계 부족공동체

예부족의 부족장은 남성이었으며 예족은 부계 부족공동체를 형성했다고 추정된다. 다음의 고고유물에서 이를 판단할 수 있다.

(1) 홍개호지구 신개류문화 유적에서 32기의 무덤이 발굴되었는데, 부장품이 많은 1차장의 큰 묘들의 묘주인공은 모두 남성이었다. 부장품이 102점이나 많이 출토된 가장 큰 M6호의 묘주는 씨족장으로 추정되었는데, 묘주는 남성 노인이었다.[75] 이것은 부계 가족제도와 부계 씨족공동체제도의 성립을 나타낸 것으로 해석된다.

(2) 예족 출토 유물에서 돌화살촉·돌검 등 무기의 비중이 상당히 높다. 소주산 유적의 돌화살촉, 돌검; 송화강 유역 좌가산(左家山) 하층유적의 돌화살촉, 창; 눈강(嫩江) 유역 앙앙계(昻昻溪) 유적의 석제 창끝, 석검, 돌화살촉; 홍개호(興凱湖) 지구 신개류(新開流)문화의 다수의 돌화살촉, 투창머리 등 무기들은 모두 남성의 사냥 용구·무기이다.

---

74) 《管子》 卷23, 揆道篇 및 《管子》 卷24, 輕重甲篇 참조.
75) 黑龍江省文物考古工作隊, 〈密山縣新開流遺址〉, 《考古學報》 1979年 4期.

(3) 예족은 농경을 추구했지만 기후와 자연환경의 영향으로 수렵과 어로의 비중이 다른 부족에 비해 상대적으로 매우 컸고, 따라서 '남성' 가장과 씨족장 및 부족장의 성립 기반이 컸다고 볼 수 있다. 예족의 출토 유물에서 남성의 수렵과 어로 도구인 큰 화살촉과 작살이 많이 출토되는 사실도 주목할 필요가 있다.

(4) 예족이 범을 토템으로 정하여 선택한 사실도 삼림지대 자연환경 적응과 함께 용맹한 남성 가장·씨족장·부족장의 대두와 관련이 있음을 추론할 수 있다.

(5) 예족이 한·맥 등과 함께 고조선을 건국할 때, 한족과 맥족은 한족에서 제왕을 내고 맥족에서 왕비를 내는 '혼인동맹'으로 결합했었는데, 예족은 혼인동맹이 아니라 일정의 자치권을 가진 후국으로 참가하게 된 배경에는, 맥족 족장은 여성족장인데 비하여 예족 족장은 한족과 동일하게 남성족장이었던 사실과도 관련이 있었다고 볼 수 있다.

6) 납작밑〔平底〕 빗살무늬토기와 손잡이 토기

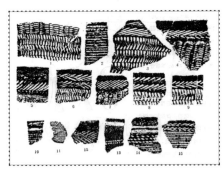

'예'족의 신석기 토기문화의 특징은 한강문화의 뾰족밑〔尖底〕 빗살무늬토기를 실용에 편리한 납작밑〔平底〕 빗살무늬토기로 개혁하고, '손잡이'를 붙인 변화를 관찰할 수 있다.

〈그림 3-16〉신락 하층문화 토기의 빗살무늬 탁본(자료: 신락유지박물관)

압록강 하류 후와 하층문화 유적은 bp 5,410±150년~5,600±110년의 유적으로, 나무 나이테 교정치는 bp 6,000년(BC 4,000년) 이상의 것이다.[76] 후와 하층문화

76) 許玉林, 〈遼寧東溝縣后洼遺址發掘槪要〉, 《文物》 1989年 12期; 許玉林, 1990; 趙賓

의 토기의 특징은 납작밑 빛살무늬토기로서, 古한반도 한강문화와 빛살무늬토기와 비교하면 빛살무늬는 거의 동일 유형인데, 바닥을 '뾰족밑'에서 '납작밑'으로 개혁하여 세우기 편리하게 개조하고, 토기의 양쪽에 대칭적 '손잡이'를 붙인 것이다.

후와 하층문화 토기에서는 배부른 단지는 거의 모두 '손잡이'를 붙였고, 원통형(항아리형) 단지의 다수에도 '손잡이'를 붙여 제작하였다. '국자'도 출토되어 식기 발전의 단편적인 모습도 알 수 있다. 후와 하층문화 유적에 이웃한 수암 북구(北溝) 문화유적 토기에서도 배부른 단지들에 손잡이가 붙어 있다.

한강문화의 빛살무늬토기나 단지에는 손잡이가 거의 없고, 홍산문화 등 맥족의 토기에도 손잡이는 예외적으로 매우 드물게 나타난다. 다수 토기에 손잡이를 붙인 것은 예족 토기의 특징이라고 볼 수 있다. 예족의 가장 이른 시기 신석기시대 유적인 소주산(小珠山) 하층문화의 토기들에도 손잡이를 붙인 것이 다수 있다.[77] 한반도 동북부 강원도 고성군 문암리(文岩里) 신석기유적(bp 8,000년 이전)은 예족의 유적으로 판단되는데, 여기서도 다수 항아리형 단지와 배부른 단지에 손잡이가 붙어 있다.[78]

여기서 주목할 것은 예족의 대표적 신석기문화인 신락 하층 토기의 '빛살(햇빛살)무늬'가 古한반도 한강문화의 '빛살무늬'와 완전히 동일 유형이라는 사실이다(〈그림 3-16〉 참조).

신락 하층 토기에서 한강문화에 없는 특이한 토기는 '사구형(斜口形)'토기이다. 사구형(斜口形)토기는 〈그림 3-17〉과 같이 입구를 비스듬히 사선(斜線)으로 절단하거나 오려내어, 뒷면은 높이가 온전하고 앞면은 높이가 약 절반이 되도록 오려낸 특이한 형태의 토기이다. 무늬는 모두 빛살무늬이다.

福, 《中國東北新石器文化》, 1996, p.178.

77) 王嗣州, 〈小珠山 下層文化類型與后洼下層文化類型的比較〉, 《博物館硏究》 1990年 3期; 孫祖初, 〈論小珠山中層文化的分期及與各地比較〉, 《遼海文物學刊》, 1991年 1期.

78) 신용하, 2010, pp.106~111 및 pp.130~134.

〈그림 3-17〉 신락 하층문화 빛살무늬 사구형 토기

사구형토기의 용도에 대해 중국 고고학계에서는 아직 정론을 합의하지 못하였다. 중국에서는 대체로 세 가지 견해가 제시되어 있다.

① '저장용기'라는 견해79)

② '잡물공구(工具)'라는 견해80)

③ '불씨보존용기'〔保存火種的容器〕라는 견해81)

필자의 견해로는 사구형 토기는 초기 신석기시대의 '이동식 화로'(移動式火爐)라고 본다.82)

사구형 토기는 홍산문화 유적과 부하(富河)문화 유적에서도 각각 1점씩 출토되었다. 그러나 신락문화 유적에서는 3개나 출토되었고, 시기도 신락문화가 더 오래된 것이다. 길림성 제2송화강 지류 이통하(伊通河) 북안에서 출토된 예족의 좌가산(左家山)문화 유적 상층(bp 4,870 ± 180년)에서도 납작밑 빛살무늬토기와 함께 2개의 사구형토기가 출토되었다.83) 사구형토기는 현재까지의 출토로서는 신락문화에서 발명되어

───────────────

79) 劉煥民, 〈新樂斜口異形器用途硏究〉, 《新樂遺址學術討論會文集》, 1983 ; 《新樂文化論文集》, 2000, pp.196~197.

80) 위와 같음.

81) 周延忠, 〈淺談'新樂文化'出土的斜口器〉, 《新樂遺址學術討論會文集》, 1983; 《新樂文化論文集》, 2000, pp.198~200.

82) 〈그림 3-17〉의 사진에서도 볼 수 있는 바와 같이, 모든 사구형토기 안쪽 절반 하부에 불에 타고 그을린 흔적과 흑색으로의 색깔 변화가 있다. 특히 사구형토기 ③의 형태를 자세히 보면, 바닥쪽 벽면에 불에 그을린 자국이 있고, 또 사구(斜口)의 반대편 뒷벽에 통풍을 위해 큰 구멍을 만들었다가 메운 흔적이 있다. 사구의 반대편 벽면이 2배 이상 높은 것은 외풍(外風)을 막기 위한 장치로 보인다. 이것은 이 용기가 '화로'임을 시사하는 것이다. 주거지에는 모두 중앙 또는 입구에 화덕이 있고 대형 주거지에는 2개의 화덕노 있는데 이것은 붙박이 화덕이다. 불씨는 모든 화덕에서 보존될 수 있다. 필요한 것은 주거지 밖에 있을 경우에나 대형 주거지의 화덕 열이 덜 미치는 공간이 있는 경우, 또는 노인이나 병자가 있어 특히 화로가 필요한 경우에는 옮겨서 이동시킬 수 있는 화로가 필요하다. 이 필요에 응하여 신락인이 발명한 토기가 사구형토기라고 생각한다. 즉 사구형토기는 '이동식 화로'라고 볼 수 있다.

전파된 것이며, 신락문화의 특징의 하나라고 볼 수 있다.

7) 골각기의 발전

'예'족의 여러 신석기 유적·유물들에서 현저하게 보이는 특징의 하나는 '골각기'가 생산용구 및 생활용구로서 발전했다는 사실이다.

요동반도 남단 예족의 신석기문화인 소주산 중층문화의 출토 유물에서 볼 수 있는 바와 같이, 짐승(및 물고기)뼈로 ① 창 ② 송곳 ③ 화살촉 ④ 칼 ⑤ 낫 ⑥ 관(罐) ⑦ 비녀 ⑧ 바늘 ⑨ 장식품을 만들어 사용하였다. 이러한 골각기 용구는 종류에서 석제와 토제 용구에 조금도 뒤지지 않은 것이었다.[84]

이주민이 일찍이 북상하여 눈강(嫩江) 중하류에 정착해서 예족의 일부를 형성하면서 남긴 신석기 앙앙계(昻昻溪)문화 유적에서는 가혹한 추위 등에 맞서 생존투쟁을 하면서 물고기잡이와 사냥 용구로 골각기를 현저하게 발전시켰다. ① 뼈제 창 ② 뼈제 작살 ③ 홈이 패인 뼈 칼집 ④ 뼈 송곳 ⑤ 뼈제 낚시바늘 등이 그 예이다.[85]

이주민들이 북상하여 정착한 지금의 흑룡강성 흥개호(興凱湖) 호반의 신석기시대 신개류(新開流)문화 유적에서도 골각기가 상당히 발전했음이 확인되었다. 뼈제 용구로 짐승뼈, 짐승뿔, 짐승이빨, 물고기 뼈, 물고기 이빨 등을 재료로 온갖 도구를 제작하여 사용하였다. 예컨대

---

83) 吉林大學考古敎硏室, 〈農安左家山新石器時代遺址〉, 《考古學報》, 1989年 2期; 吉林省文物考古硏究所, 〈吉林省近十年考古工作的主要收穫(1979~1989)〉, 《博物館硏究》, 1990年 1期; 陳全家·趙賓福, 〈左家山新石器時代遺址的分期及相關文化遺存的年代序列〉, 《考古》, 1990年 3期; 陳雍, 〈左家山新石器時代遺存分析〉, 《考古》, 1992年 11期; 趙賓福, 1996, pp.191~194.

84) 孫祖初, 〈論小珠山中層文化的分期及與各地比較〉, 《遼海文物學刊》 1991年 1期; 趙賓福, 1996, pp.158~165.

85) 黑龍江省博物館, 〈昻昻溪新石器時代遺址調査〉, 《考古》 1974年 2期; 張泰湘, 〈嫩江流域原始文化初論〉, 《北方文物》 1985年 2期; 李龍, 〈試談昻昻溪遺存的元始農業〉, 《黑河學刊》 1988年 2期; 郝思德, 〈也談昻昻溪文化的經濟生活〉, 《內蒙古東部區考古學文化硏究文集》, 海洋出版社, 1991; 趙賓福, 1996, pp.195~208.

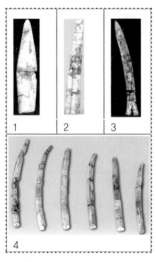

〈그림 3-18〉 신락하층문화의
골각기
 1. 뼈 화살촉·창촉
 2. 뼈 숟가락
 3. 뼈 송곳
 4. 뼈 비녀

① 뼈 투창 끝 ② 이빨 창끝 ③ 뼈 칼 ④ 뿔 칼 ⑤ 이빨 칼 ⑥ 뼈 송곳 ⑦ 뼈 바늘 ⑧ 뼈 화살촉 ⑨ 이빨 화살촉 ⑩ 뼈제 양 끝날 도구 ⑪ 뼈제 독수리머리(토템용) ⑫ 베틀 북 형태의 도구 등 다양한 골각기들 이 출토되었다.[86]

신락 하층문화 유적에서는 〈그림 3-18〉 와 같이 골각기가 다수 출토되어 신락인들 의 생활용구로 널리 사용되었음을 알려 주 었다. 신락인이 제작하여 사용한 골각기는 화살과 창끝에 붙이는 뼈 화살촉과 뼈 창 촉, 뼈 송곳, 뼈 수저, 뼈 비녀 등이 대표적 인 것이었다.[87]

예족 신석기문화의 골각기는 그들이 정 착한 삼림지대와 큰 강과 호수 부근의 자 연환경에 관련해서 형성된 도구 형태라고 해석된다.

초기 예족을 형성한 신락인이 골각기를 널리 사용한 사실은 그들이 농경과 함께 수렵 문화와 가축사육을 발전시키면서 골각기 용구문화를 발전시킨 것이라고 볼 수 있다.

8) 실용적 옥기와 옥 장식품

'예'족은 옥광산이 부존해 있는 수암(岫岩) 일대와 부근을 그들의 영역과 생활권으로 활용했음에도 불구하고 옥 장식품은 매우 소박히고 검소한 것이 특징이었다.

---

86) 黑龍江省博物館, 〈烏蘇里江流域考古調査〉, 《文物》, 1972年 3期; 黑龍江省文物考古
    工作隊, 〈密山縣新開流遺址〉, 《考古學報》, 1979年 4期; 趙賓福, 1996, pp.223~237.
87) 瀋陽市文物管理辦公室·瀋陽故宮博物館, 〈瀋陽新樂遺址第二次發掘報告〉, 《考古學報》, 1985
    年 2期; 瀋陽新樂遺址博物館編, 《新樂遺址博物館館藏文物集粹》, 2008.

예족의 신석기유적이라고 판단되는 한반도 강
원도 고성군 문암리 유적에서는 '맥'족의 흥륭와
유적에서 최초로 출토된 bp 8,000년경의 옥귀걸이
와 동일한 연대의 같은 형태 옥귀걸이가 한 쌍 출
토되었음은 앞서 쓴 바와 같다(〈그림 3-5〉 참조
).[88] 신락 하층문화 유적의 가장 큰 집자리에서도
옥목걸이가 1벌 출토되었다.[89]

소주산 중층문화에서 '옥토끼' 조각 장식품이 1
점 출토되었고, 좌가산 중층문화(bp 6,400~6,000년
경)에 옥돼지형 장식품이 1점 출토되었으며, 목단
강 수분하(綏芬河) 유역의 신석기문화인 아포력북사
장(亞布力北沙場) 문화 유적(bp 5,000~4,500년경)에서
옥 장식품 2점이 출토되었다. 소주산 중층문화의
옥토끼의 도안은 독특한 것이다. 좌가산 중층문화
의 옥돼지와 아포력북사장 문화의 옥 장식은 맥족

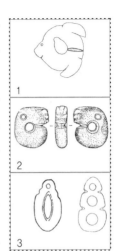

〈그림 3-19〉예족의
옥 장식품의 형태
  1. 소주산 중층문
    화의 옥토끼
  2. 좌가산 중층문
    화의 옥돼지 장식
  3. 다포력북사장문
    화의 옥장식

옥기문화와 교류한 영향이 보인다(〈그림 3-19〉 참조). 이러한 옥 장식
품은 요서 지역 맥족의 옥 장식품과 동일 형태여서 예족과 맥족의 교
류를 시사해 준다.

예족의 옥문화 특징은 수암옥(岫岩玉)을 갖고 화려한 장식품보다는
실용적 용구를 만들어 사용한 데 있었다. 예족의 신석기시대 다른 유
적들에서도 옥 장식품은 소박하고 검소한 것이 큰 특징이다.

예족의 대표적 신석기시대 유적인 신락 하층문화 유적에서도 흥륭
와문화나 홍산문화와 같이 일찍 옥기(玉器)를 제작하여 사용하였다. 그
옥은 요동반도의 수암옥을 원재료로 사용한 것이라고 보고되었다.[90]
신락 하층문화 옥기의 특징은 옥기를 장식용 패물이나 제의용 귀중품

88) 國立文化財研究所,《高城文岩里遺蹟》, 2004, pp.237~239 및 p.267.
89) 瀋陽市文物管理辨公室·瀋陽故宮博物館, 1985年 2期.
90) 瀋陽市文物管理辨公室·瀋陽故宮博物館, 1985年 2期.

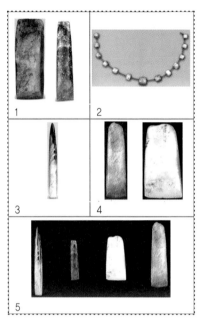

〈그림 3-20〉 신락 하층문화 출토 옥기
1. 쌍날 옥도끼 ⓐ ⓑ
2. 옥 목걸이
3. 옥송곳 및 끌 겸용
4. 옥도끼 ⓐ ⓑ
5. 옥기 모음 한 벌

으로만 사용한 것이 아니라, 주로 옥도끼·옥송곳·옥끌 등 더욱 실용적 용구로 사용한 것이 특징이다.

예족의 신락 하층문화 옥기들은 옥목걸이 1벌을 제외하면, 모두 나무나 진흙 또는 토기에 조각을 할 때 실제로 사용된 용구였다(〈그림 3-20〉 참조).

9) 석탄정제품과 적철광석과 석묵

'예'족의 신락 하층문화 유적에서 매우 독특한 것은 여러 주거지에서 '석탄'을 갈아 정제한 해석하기 어려운 특수한 석탄정제품(石炭精製品)이 발굴된 사실이다(〈그림 3-21〉 참조).

발굴자들은 석탄정제품의 형태를 ① 거품형〔泡形〕, ② 귀고리형〔珥瑹形〕, ③ 원구형(圓球形)으로 분류하였다.[91]

그러나 그 용도에 대해서는 다음의 여러 가지 견해가 제시되어 있다.

① 장식품설: 이 견해의 경우에는 구멍이나 걸이 귀가 없는 것이 문제이다.

② 장난감〔玩具〕설: 신석기 초기에는 이러한 장난감을 만들지 않았으리라는 반론이 있다.

③ 신앙·점복(占卜)·제사용구설: 원시종교 신앙용 도구, 길흉화복 또는

---

91) ①   瀋陽新樂遺址博物館·瀋陽市文物管理辨公室, 〈遼寧瀋陽新樂遺址搶救淸理發掘簡報〉, 《考古》 1990年 11期.
② 瀋陽新樂遺址博物館編, 2008, pp.56~59.

구신제천(求神祭天) 때 사용하는
일종의 점복 용구 또는 제사(祭
祀) 용구라는 견해이다.[92]

④ 사건의 기사(記事), 숫자를 헤아
리는 기수(記數)의 부계(符契)라
는 설[93]

석탄 정제품의 용도는 앞으로
의 연구과제이다. 이 석탄원료는
무순(撫順)의 노천 석탄광석의 광
질과 동일한 무순석탄으로 밝혀졌
다.[94] 이 사실은 신락인이 100리
밖 무순 지역의 초기 신석기인과
교역했으며, 그들의 활동 범위가
무순 지역까지 닿았음을 시사하는
것이라고 해석되었다.

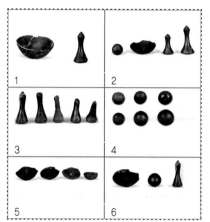

〈그림 3-21〉 신락 하층문화 유적의 석탄
정제품
 1. 석탄 정제 거품형기(좌)·귀고리형
　기(우)
 2. 석탄정제품 일습
 3. 석탄정제 귀고리형기
 4. 석탄정제 원구형기
 5. 석탄정제 거품형기
 6. 석탄정제품 한 벌

또한 신락 하층문화 유적에서
는 〈그림 3-22〉와 같이, 적철광석(赤鐵鑛石)이 발굴되었다.

이것은 자연 적철광석을 채굴하여 조각내서 간직한 것인데, 어떤 용
도에 사용했는지 정확한 것은 아직 밝히지 못하고 있다. 이 적철광석은
그림을 그릴 때의 홍색(紅色) 안료이고, 다음의 석묵(石墨)은 흑색(黑
色) 안료였을 것이라는 해석이 있다.[95]

또한 신락 하층문화 주거지에서는 〈그림 3-22〉과 같이, '석묵'(石
墨)의 마제 덩이가 출토되었다. 이 '석묵'은 그림 또는 기호를 표시할
때 마치 연필처럼 사용한 것으로 추정된다.

---

92) 瀋陽新樂遺址博物館·瀋陽市文物管理辨公室, 〈遼寧瀋陽新樂遺址搶救淸理發掘簡報〉, 《考
　古》 1990年 11期 참조.

93) 趙賓福, 《中國東北新石器文化》, pp.147~148.

94) 于崇源, 〈從瀋陽的新樂文化談記〉, 《遼海文物學刊》 1999年 1期.

95) 黎家方, 〈新樂文化的科學價値和歷史地位〉, 《新樂文化論文集》, 2000, pp.159~160.

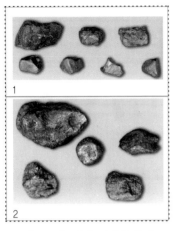

〈그림 3-22〉신락 하층문화 출토
의 적철광석과 석묵(石墨)
 1. 철광석   2. 석묵

신락인이 이미 초기 신석기시대에 자연 석탄광과 적철광, 석묵을 채집하여 생활용구로 사용했음은 특히 주목할 만한 사실이다.

남만주 지역(지금의 요녕성·길림성) 일대의 기후가 약 5,000년 전에 다시 급변하여 기온이 섭씨 4~5도 급강하고 강우량도 급감하여 건조도가 상승하게 되자, 예족 가운데에서도 농경씨족들의 일부는 씨족이동을 감행하여 농경에 적합한 남방으로 이동하지 않을 수 없게 되었다.

그러나 남방으로 이동한 예족 일부는 맥족보다는 소규모였다고 추정된다. 왜냐하면 예족의 다른 일부는 삼림지대와 큰 강·호수지역 환경에 잘 적응하여 수렵과 어로를 농경과 균형적으로 발전시키면서 정착했기 때문에 농경이 어려워져도 다른 생존수단이 여전히 일부 남아 있었기 때문이었다.

예족은 요동반도와 압록강·두만강 양안 및 청천강 이북의 古한반도에도 이미 분포하여 거주하고 있었기 때문에, 북상하여 정착했던 예족 일부의 남하는 이 지역의 인구 밀집에만 작용했지 큰 교란을 일으키지는 않았다고 볼 수 있다. 그러나 같은 시기 맥족 주류의 동남방 이동과 정착은 이 지역에 상당히 큰 충격과 영향을 주었다. 약 5,000년 전 이 지역은 예족과 맥족이 섞여서 거주하면서, 청천강 일대까지 올라와 정착한 한부족의 환웅족과 접변한 지역이 된 것이다.

3. 고조선문명의 탄생과 3대 신석기문화의 통합 및 고조선 건국의 관계

'고조선문명'이 탄생한 것은 약 5,000년 전에 앞에서 고찰한 ① '한'족의 한강문화와 대동강문화, ② '맥'족의 요하 이서 홍산문화(일부 중국학자들의 '요하문명')와 ③ '예'족의 요하 이동 신락문화 등 크게 3대 신석기문화가 하나로 통합되고 한 단계 지양·승화되어서 탄생한 것이다.

고조선문명은 큰 강의 입지와 연관시켜 표현하면, '한강문화'·'대동강문화'·'요하문화'가 하나로 통합되고 한 단계 더 발전하여 탄생한 것이었다고 말할 수 있다.

동아시아 3대강(한강·대동강·요하) 문화가 하나로 통합되고 한 단계 더 발전되어 고조선문명이 탄생한 결정적 계기는 약 5,000년 전에 古한반도에서 한부족·맥부족·예부족이 결합하여 동아시아 최초의 고대국가 '고조선'을 건국한 대변혁에 의거한 것이었다.

고대국가 고조선의 건국은 주민을 정치적으로 통합시키고, 동시에 합법적 강제력을 동반하면서 3부족의 3대강 유역의 문화를 하나로 통합하였다.

고조선 고대국가의 합법적 통합의 강제력은 전체 사회구조에 대한 통합의 구속력으로 작용하여 문화까지도 동일 문화체계로 통합되도록 작용하는 강력한 사회력이 되었다. 이와 동시에 동일 국가 안에서 활발한 문화교류가 이루어져서 자발적으로 통합적 문화의 상위 거대한 초체계(supersystem)가 형성되어 고조선문명이 탄생하게 된 것이다.

한·맥·예 3부족은 원래 古한반도 초기 신석기인 유형('밝'족)에서 분화되어 나왔고, 3부족의 신석기문화는 원래 古한반도 초기 신석기 문화유형에서 분화되어 형성되고 발전한 것이었기 때문에 동일한 '뿌리'에서 나온 것이었다. 수천 년 동안 각각의 변용·성장·발전이 있었다 할지라도 그 근저와 기본구조에는 유사성과 강력한 친화력이 여전히 존재했었음은 논란의 여지가 없다.

그러므로 새로이 고대국가의 강력한 통합의 '사회력'이 주어졌을 때 3부족의 문화가 큰 마찰 없이 통합되면서 한 단계 더 발전하여 하나의 '문명'을 탄생시키게 된 것은 당연한 귀결이었다고 볼 수 있다.

고조선문명의 탄생은 이와 같이 고조선 '국가'의 건국에 직결되어 있으므로, 다음에서 고조선 국가의 형성과 고대연방제국으로의 발전과정을 먼저 고찰하고, 이어서 고조선문명의 구체적 내용을 부문별로 더 상세히 고찰하기로 한다.

제4장 고조선문명의 정치적 기초와 고조선 고대국가 건국

1. 동아시아 최초의 고대국가 '고조선'의 건국

1) '고조선' 건국의 2단계 과정과 환웅의 군장국가

고조선 건국은 2단계 과정을 거쳐 달성되었다. 제1단계는 '한'족의 북변 군장 '환웅'에 의한 '한'부족과 '맥'부족의 연맹의 단계였다. 제2단계는 환웅족과 맥족 여족장 사이에 태어난 아들 '단군'(檀君)에 의한 한·맥·예 3부족의 연맹 결합에 의한 고대국가 고조선(아사달)의 건국이었다.

제1단계에서 맥족의 주류가 여족장의 지휘 아래 새 정착지를 찾아 요동반도와 한반도에 이동해 들어왔을 때에는 요동반도와 요동지역에는 이미 예(濊)족이 흩어져 거주하고 있었고, 古한반도에는 청천강(靑川江) 유역까지 한족이 거주하고 있었다.

특히 한족 가운데 환웅(桓雄)족은 이미 bp 5,000년경(BC 3,000년경) 훨씬 이전에 군장국가(君長國家, chiefdom)의 정치체를 형성하고 있었다.[1] 환웅족 군장은 3상 5부의 막료체제를 갖추어 압록강 이남 청천강·대동강 유역에서 일부 한족을 통치하고 있었으며, 매우 선진한 농경과 태양숭배·새토템 등의 신앙과 관습을 갖고 신석기 말기 농업사회를 영위하고 있었다.

맥족의 이동 이입은 이 지역의 기존 한족과 예족에게 새로운 자극

---

1) 신용하, 〈한국민족의 기원과 형성에 대한 '한'·'맥'·'예' 3부족 결합설〉,《학술원논문집》(인문·사회과학편) 제55집, 1호, 2016 참조.

과 충격이었을 것이다. 그들은 이 새로운 사회적 변동을 '부족간 전쟁'으로 응전하지 않고 평화적 방법의 '부족연맹'에 의한 새로운 고대국가 형성의 방향으로 대응하여 해결하였다.

《삼국유사》에 인용된 《위서》의 기록과 《고기》의 단군설화에서 신화적 요소를 접어두고 사실적 요소들을 사회학적으로 해석하면, 한족의 남군장 환웅과 곰토템 부족인 맥족의 여군장(웅녀)은 혼인동맹으로 결합하여 그 사이에서 후에 단군(檀君, 壇君)이라고 호칭한 아들을 낳았는데, 환웅과 웅녀의 아들 단군이 후에 '아사달'에 도읍을 정하고 '조선(朝鮮, 古朝鮮)이라는 이름의 고대국가를 건국한 것이었다.

이를 다른 객관적 자료를 포함하면서 사회학적으로 해석하면, BC 30세기경 한 대부족의 군장들 가운데 북변 일대 부족장〔君長〕인 환웅의 군장국가의 통치지역에 곰토템 부족인 맥족의 주류가 서북방으로부터 새 정착지를 찾아 이동해 들어오자, 이미 발전된 선진적 농업경작 생산방식과 초기 청동기문화를 갖기 시작한 환웅족은 이동해 온 맥족과 부근의 예족에게 선진적 농업경작 방식을 가르쳐 주고 평화적 농경생활을 조건으로 정착을 허용하였다.

맥족은 새 환경에 잘 적응했을 뿐 아니라 한족 군장 환웅에게 두 부족의 혼인동맹을 제의하여 환웅의 동의를 얻었다. 이에 한·맥 2부족 연맹이 이루어져서 환웅의 '군장국가'는 비약적으로 강대하게 되었다.

환웅의 한족과 맥족의 혼인동맹에 의거한 환웅 군장국가의 확대 발전이 고대국가 고조선 건국의 제1단계(전 단계)이다.

2) '단군'의 '한' '맥' '예' 3부족 연맹에 의한 고조선 건국

한부족의 군장국가들 가운데 한 군장국가의 군장 환웅(桓雄)이 맥부족의 여군장(부족장)과 혼인동맹을 맺어 그 사이에서 아들 단군(檀君)이 태어나 성장하자, 단군은 아사달에 도읍을 정하고 '조선'(朝鮮)이라고 호칭한 고대국가를 개국(開國)하였다. '고조선' 개국을 기록한 고문헌은 《삼국유사》에 수록된 중국 고문헌 《위서(魏書)》와 한국 고문헌 《고기(古記)》이다. 우선 《위서》는 다음과 같이 기록하였다.

> 魏書에 이르되 지금으로부터 2천 년 전에 壇君왕검이 있어, 도읍을 阿斯達에 정하고 나라를 開創하여 이름을 朝鮮이라 하니 高(堯)와 같은 시기이다.[2]

《위서》[3] 기사의 특징은 ① 이 책 《위서》가 쓰여진 당시로부터 약 2,000년 전에 ② 단군(檀君)이라는 왕검(王儉)이 있어서 ③ 아사달(阿斯達)에 수도를 정하고 개국(開國: 건국)하여 나라 이름을 조선(朝鮮)이라 했는데, 자기 나라인 중국과 시기를 비교하면 요(堯)임금과 동일 시기라는 것이다. 《위서》의 기록은 ① 조선의 건국 사실 ② 건국 시의 왕검 명칭 ③ 건국 시기 ④ 건국 때의 수도 명칭 ⑤ 건국한 나라 이름 '조선'(朝鮮, 古朝鮮) ⑥ 중국의 전설시대의 임금 요와 동시대의 사실이라는 연대 비교를 하고 있다. 고대 중국 측 입장에서 짧지만 명료하게 신화나 설화 없이 역사적 사실만 간추려 기록한 것이었다.

한편 한국 고문헌 《고기》 기사의 특징은, 다음 절에서 더 분석하겠지만, 단군설화를 수록하면서 ① 환인의 아들 환웅의 계보 ② 환웅의 통치조직 ③ 환웅과 웅녀(熊女: 곰토템 부족 여족장·여성)의 혼인에 의한 한·맥의 혼인동맹 ④ 범[虎]토템족의 혼인동맹이 아닌 다른 방법

---

2) 《三國遺事》 卷1, 古朝鮮(王儉朝鮮)條. "魏書云 乃往二千載有壇君王儉 立都阿斯達(經云無葉山 亦云白岳 在白州地 或云在開城東 今白岳宮是) 開國號朝鮮 與高同時."

3) 《魏書》에는 서명(書名)이 기록되어 있는 것만으로도 약 30종이 있었는데, 현재 전해지고 있는 것은 진수 《三國志》의 《魏書》뿐이다. 진수의 《魏書》에는 고조선 기록이 없고, 일연이 인용한 것은 다른 《魏書》이다. 일연이 인용한 위의 고조선 기사는 문체도 중국식이고 내용도 중국식으로 서술되어 있어서 중국 고문헌 《魏書》의 인용임이 틀림없다고 본다. 일연이 인용한 《魏書》의 내용을 큰 줄기에서 의심할 필요는 없다. 중국에서 지금 전해지지 않는 《魏書》의 하나인 《魏略》의 인용 부분을 귀중한 사료로 사용하고 있는 것과 마찬가지로, 일연이 인용한 《魏書》도 사실을 기록한 귀중한 사료이다.

鄭寅普, 《朝鮮史研究》, 서울신문사, 1946, p.34에서는 《三國遺事》에서 인용한 《위서》는 曹魏시대 王沈(신)의 《魏書》일 것이라고 논증하였다.

의 선택 ⑤ 환웅과 웅녀 사이에 출생한 아들인 단군왕검 ⑥ 단군왕검
의 조선(朝鮮, 古朝鮮) 개국 ⑦ 고조선 개국 시기의 중국 요임금 경인
(庚寅)년 추정 ⑧ 수도는 평양에 두었다가 두 번 천도했음을 설화식으
로 기록하였다.[4]

한(桓雄)부족과 맥부족의 예와 같이 혼인동맹에 의한 부족연맹으로
고대국가를 건국한 전통사례는 대체로 직계 후대 왕조에서 계승하는
일이 있는데, 고조선의 직계 후대 왕조인 고구려의 국가 형성도 혼인
동맹을 주축으로 하였다.[5]

고조선(古朝鮮) 건국에서 한부족과 맥부족은 혼인동맹에 의하여 공
고하게 결합되었다. 중국 고문헌에 나오는 '한맥(馯貊)'이 한족과 맥족
의 결합에 의한 한국원민족의 형성을 인지한 기록의 한 사례이다.

BC 5세기경의 기록인《상서(尙書)》의 주서(周書) 원문에 "武王既伐
東夷 肅愼來賀"(무왕이 이미 동이를 정벌하니 숙신이 와서 축하했다)라
는 BC 11세기의 일에 대한 기사가 있다.[6]《상서정의(尙書正義)》의 공

---

4)《三國遺事》卷1, 古朝鮮(王儉朝鮮)條. "古記云" 참조.〈古記云 昔有桓因(謂帝釋也)庶
   子桓雄 數意天下 貪求人世 父知子意 下視三危太伯 可以弘益人間 乃授天符印三箇 遣往
   理之 雄率徒三千 降於太白山頂(卽太伯. 妙香山)神壇樹下 謂之神市 是謂桓雄天王也 將
   風伯雨師雲師 而主穀主命主病主刑主善惡 凡主人間三百六十餘事 在世理化時有一熊一虎
   同穴而居 常祈于神雄 願化爲人 時神遺靈艾一炷·蒜二十枚曰 爾輩食之 不見日光百日 便
   得人形 熊虎得而食之 忌三七日 熊得女身 虎不能忌而不得人身 熊女者無與爲婚 故每於
   壇樹下 呪願有孕 雄乃假化而婚之 孕生子 號曰壇君王儉 以唐高卽位五十年庚寅(唐堯卽
   位元年戊辰 則五十年丁巳 非庚寅也. 疑其未實) 都平壤城(今西京) 始稱朝鮮 又移都於白
   岳山阿斯達 又名弓(一作方)忽山 又今彌達 御國一千五百年 周武王卽位己卯 封箕子於朝
   鮮 壇君乃移於藏唐京 後還隱於阿斯達爲山神 壽一千九百八歲〉참조.
5) 고구려는 처음 5부의 결합으로 고구려 국가를 건국했는데,《三國志》《위서》
   동이전 고구려조에 의하면, 연노부(涓奴部)·절노부(絕奴部)·순노부(順奴部)·관
   노부(灌奴部)·계루부(桂婁部)의 5부 중에서 처음에는 연노부에서 왕을 내기로
   했다가 세력이 약해지자 계루부에서 계속 왕을 내게 되었다(《三國志》卷30, 魏
   書 30, 東夷傳 高句麗條 참조). 한편 왕비는 절노부에서 계속 내었다. 이에 따
   라 계루부 다음으로 절노부가 높은 권위를 가졌으며, 절노부의 대인(大人)은
   '고추[古雛(加)]'의 칭호를 더하였다. 계루부가 왕을 내고 절노부가 왕비를 내
   는 혼인동맹의 결합 방법은 매우 공고한 결합 방식이어서 함부로 그 밖의 부
   족 여자를 취하기 어려웠다(李基白, ①〈高句麗王妃族考〉,《震檀學報》제20집,
   1959 및〈高句麗國家形成문제〉,《한국고대국가와 상회》, 1985 참조).
6)《尙書》卷22, 周官 참조.

안국전(孔安國傳)에는 이를 "해동(海東)의 오랑캐들인 구려(句麗), 부여(扶餘), 한맥(馯貉) 등의 족속들이 무왕(武王)이 상(商, 殷)을 이기자 모두 길을 통하게 되었는데, 성왕(成王)이 왕위에 오르자 회수(淮水) 지방의 동이(東夷)들이 반란을 일으켰으므로 성왕(成王)이 이를 정벌했고 숙신이 와서 축하한 것이다"라고 해설하였다.[7]

이때 고조선을 '한맥(馯貉, 馯貊)'으로 표현하여 그것이 '한(馯)과 맥(貊)'의 결합 민족임을 시사하였다. 뿐만 아니라 '馯(馬와 干의 결합 문자)'자를 써서 '한'족은 동이(東夷)족이면서 기마문화 민족임을 알 수 있게 하였다.

고조선 건국 전후부터 한반도에서 한부족의 일부가 산동반도 등에 건너가서 소분국을 이루며 살았는데, 이를 고대 중국인들은 '寒', '韓', '汗', '馯' 등 여러 문자로 표기했으며, 일부 중국에 동화한 '한'을 '韓'으로 표기하기도 하였다.

《상서(尙書)》 주서(周書)의 위 기록에 대하여 《상서정의(尙書正義)》는 구려(駒麗), 부여(扶餘), 한맥(馯貊) 등 족속이 공군(孔君)의 때에 모두 그 이름이 있었다고 기록하였다.[8]

정현(鄭玄)은 위의 기록에 대해 "고구려(高句麗)·부여(扶餘)·한(韓)은 있으되 이 한(馯)은 없으니 한(馯)은 곧 피한(彼韓, 저들의 韓)이며 음은 같고 글자는 다르다"[9]고 하여 '한맥(馯貊)'은 '저들(동이족)의

---

7) 《尙書注疏》 卷18, 周書 孔安國傳, "海東諸夷 句麗·扶餘馯貌之屬 武王克商 皆通道焉. 成王卽政而叛 王伐而服之 故肅愼氏來賀." 참조. 공안국(孔安國)은 이어서 '한(馯)'은 '戶旦反'('한')으로 발음하여 읽으며, 《지리지(地理志)》《漢書)에서는 '한맥(寒貊)'으로 기록했다고 쓰고, 공자(孔子)는 '맥(貉)'이라 하는 것은 '맥(貊)'이라고 말했다고 기록하였다. 즉 '馯貊'(한맥;馯貌, 馯貉)은 '한맥(寒貊)'이라고도 쓰며, 馯(한)족과 맥(貊)족이 결합한 동이(東夷)가 주무왕(周武王)이 상(商)나라를 쳐서 이긴 BC 11세기경에 새 왕국 주(周)나라와 통하게 되었음을 기록한 것인데, 이것이 고조선을 가리킨 것임을 바로 알 수 있는 것이다.

8) 《尙書注疏》 卷18, 周書 孔穎達疏, "正義曰 成王伐淮夷滅徐奄 指言其國之名此傳言. 東夷非卽淮水之上夷也 故以爲海東諸夷 駒麗·扶餘馯貊之屬 此皆於孔君之時有此名也." 참조.

9) 《尙書注疏》 卷18, 周書疏, "鄭玄云 北方曰貉 又云東北夷也. 漢書有高句麗·扶餘韓 無此馯 馯卽彼韓也 音同而字異." 참조.

한'〔彼(東夷)韓)이라고 하였다.

즉 BC 11세기~12세기에 해당하는 주(周)의 무왕(武王)과 성왕(成王) 때에 주(周)나라와 교통한 동이(東夷)의 한맥(馯貊, 고조선)이 있었음을 단편적 기록으로나마 확인할 수 있는 것이다.

예(濊)부족은 다른 방식에 의해 '한·맥'족과 결합하였다고 볼 수 있다. 예부족의 고조선 국가 결합 양식은 일정의 자치권을 가진 '후국(侯國)'제도에 의거한 것이었다.

단군의 고조선 건국에 예족도 참여했다는 사실은 몇가지 자료에서 증거를 찾아 볼 수 있다. 예컨대, 예족에 관한 최초의 고문헌 기록인 《일주서》(逸周書) 왕회해(王會解)편에 처음으로 예인(穢人)이 나오고, 그 주에는 "예(穢)는 한예(韓穢)이니 동이(東夷)의 별종(別種)이다"[10]라고 기록하고 있는데, 여기서 '한예(韓穢)'는 〈'한'과 결합한 '예'〉 또는 〈'한'의 '예'〉의 의미를 포함한 것으로 해석된다.

중국 고문헌 《일주서》에 기록된 한예(韓穢)가 BC 12세기경에 주(周)나라에 독자적으로 경축사신을 보낸 사실도 그러하거니와, 뒤의 일이지만 중국의 한(漢)무제가 위만 고조선을 침입한 시기에 예군(濊君) 남려(南閭)의 투항 기사의 '예군(濊君)'이라는 호칭으로 보아서도,[11] 고조선 형성에 참가한 예족 군장은 고조선 왕검의 제후(諸侯)의 하나로서 지위를 인정받는 상태로 결합된 것이었음을 미루어 알 수 있다.

즉 한부족과 맥부족은 혼인동맹으로 공고하게 결합하고, 예부족은 족장을 제후의 하나로 인정받는 후국 방식으로 결합하여 한·맥·예 3부족이 조선(고조선)이라는 고대국가를 최초로 건국한 것이었다.[12]

---

10) 《逸周書》 卷7, 王會解 第59, 〈穢人前兒 前兒若彌猴立行 聲似小兒. (注)穢韓穢東夷別種.〉 참조.

11) 《漢書》 卷6, 〈武帝紀〉第6, 元朔 2年 秋, "東夷濊君南閭等 口二十八萬人降 爲蒼海郡," 및 《後漢書》 卷85, 東夷列傳 75 濊條, "元朔元年 濊君南閭等畔右渠 率二十八萬 口 詣遼東內屬 武帝次基地爲蒼海郡 數年乃罷." 참조.

12) 신용하, 〈고조선 국가의 형성-3부족 결합에 의한 고조선 개국과 아사달〉, 《사회와 역사》 제80집, 2008 참조.

〈그림 4-1〉 요령성 평강지구에서 출토된 새토템족이 곰토템족, 범토템족, 이리 토템족을 휘하에 거느린 도안의 청동장식

고고유물에서 보이는 한·맥·예 3부족 결합의 증거의 흔적도 최근에 발견되었다. 고조선 강역이었던 만주 요령성 평강지구 유적에서 고조선 말기(중국 고고학자들의 중국 서한 초기 시대) 금도금 장식으로 〈그림 4-1〉의 유물이 출토되었는데, 커다란 독수리 같은 새(삼족오)의 지휘와 보호 아래서 곰과 범이 순종하고 있고 그 옆에 이리가 따르는 조각유물이었다.[13]

이 유물 도안의 동물은 부족의 토템을 상징한 것으로서,[14] 커다란 새는 한족의 토템이고, 곰은 맥족, 범은 예족의 토템이며, 이리는 후에 고조선 후국족이 된 '실위'족 등 유목민족의 토템이었다. 이 유물은 고조선이 한·맥·예 3부족이 연맹하여 형성되고, 후에 이리토템족이 참여

---

13) ① 林山姬,《고조선 복식문화의 발견》, 지식산업사, 2011, p.362
② 徐秉琨·孫守道,《中國地域文化大系》, 上海遠東出版社, 1998, p.129, 그림 149 참조.

14) ① Emile Durkheim, *Le Formes Elémentaires de la Vie Religieuse* ; (영어판) Translated by Karen E. Field, *The Elementary Forms of Religious Life*, Free Press, 1995; (한국어판) 노치준·민혜숙 역,《종교생활의 원초적 형태》(한국사회과학연구소), 민영사, 1992, pp.153~339
② Claude Levi-Strauss, *Totemism*, Merlin Press, London, 1964.
이 연구들은 원시부족의 거의 모든 토템은 부족 명칭의 기능을 하며 그 대명사임을 설명해 주고 있다.

했음을 나타내 준다고 해석된다.

종래 고조선 국가형성에 결합한 부족들에 대해서 기존학설로는 ①
예(濊) 1부족설(이지린 교수 학설)[15] ② 예맥(濊貊) 1부족설(이병도
교수 학설)[16]과 ③ 예(濊)부족과 맥(貊)부족의 2부족 결합설(김상기
교수 학설)[17] 등이 있었다. 여기에 필자는 고조선 건국시기 자료들을
검토한 결과로 ④ 한(韓·寒·馯·桓)부족·맥부족·예부족의 3부족 결합설을
제시하였다.[18]

필자의 3부족설은 '한'부족을 찾아내어 추가할 뿐 아니라, '한'부족
을 고조선 제왕을 배출하여 가장 중심적 역할을 수행한 부족으로 보
는 견해이다.

종래 고조선 국가를 수립한 부족을 예와 맥의 1부족 또는 2부족이
라고 보아온 것에 더하여 여기서 한·맥·예의 3부족설을 제시하여,
'한'(韓·桓·馯·汗)부족을 새로이 발굴 정립한 것은 매우 중요한 것이라
고 생각한다. 왜냐하면 한이 고조선 건국의 주역이며 왕계(王系)였기
때문이다. 건국의 주역과 왕계부족이 명확히 됨으로써 그 후 동아시아
에서 고조선의 활동과 분화와 각 민족의 민족 형성의 내부 동태가 더
욱 명확히 밝혀질 수 있기 때문이다.[19]

---

15) 李址麟, 《고조선연구》, 과학원출판사, 백산자료원, 1963 참조.
16) 李丙燾, 〈檀君說話의 해석과 阿斯達문제〉, 《한국고대사연구》, 1976 참조.
17) 金庠基, 〈韓·濊·貊 移動考〉, 《東方學論叢》, 1974 참조.
18) 愼鏞廈, ① 〈民族形成의 理論〉, 《韓國社會學研究》제7집, 1984.
   ② 〈檀君說話의 社會學的 解釋〉, 《韓國社會史研究會論文集》 제47집, 1995.
   ③ 〈韓國民族의 起源과 形成〉, 《韓國學報》 제100집, 2000; 《한국민족의
      형성과 민족사회학》, 지식산업사, 2001 재수록.
   ④ 〈한민족의 형성과 단군에 대한 사회사적 고찰〉, 《단군학보》 제3
      집, 2000; 단군학회 엮음, 《단군과 고조선연구》, 지식산업사, 2005
      재수록.
   ⑤ 〈고조선 국가의 형성: 3부족 결합에 의한 고조선 개국과 아사
      달〉, 《사회와 역사》(한국사회사학회), 제80집, 2008 겨울.
   ⑥ 〈고조선의 통치체제〉, 《고조선연구》 제1집(고조선학회), 2008.
   ⑦ 《고조선 국가형성의 사회사》, 지식산업사, 2010 참조.
19) 신용하, 《한국민족의 기원과 형성 연구》, 서울대학교출판문화원, 2017 참조.

또 하나의 중국 고문헌자료의 사례로서 '한(韓:馯·寒)·맥·예' 3부족 결합에 의한 고조선(古朝鮮) 국가 형성을 알 수 있는 문헌자료로 《시경(詩經)》 한혁(韓奕)편이 있다.

> 커다란 저 한(韓)의 성(城)은 연(燕)나라 백성들이 완성한 것일세.
> 선조가 받으신 명(命)을 받들어 많은 오랑캐를 다스리셨네.
> 왕(王)께서 한후(韓侯)에게 추(追)와 맥(貊)을 하사하셨네.
> 북국(北國)들도 모두 받아서 그들의 백(伯)이 되셨네.[20]

주선왕(周宣王)과 한후(韓侯)를 기리기 위한 《시경》에 실린 이 고대의 노래는 채록자의 주관에 의해 문제가 발생함을 곧 알 수 있다. 《시경(詩經)》 채록자가 여기서 찬양하고자 한 한후(韓侯)는 춘추시대 황하 상류에 있던 작은 나라 진(晋)이 3분되어 조(趙)·위(魏)·한(韓)으로 분열된 한(韓)이다. 이 3국 가운데에서도 동북쪽을 향한 소국은 조(趙)였기 때문에 이 한(韓)은 지리상 이동이 있었다 할지라도 오늘의 북경 및 만리장성 북동의 추(追)나 맥(貊)과 겹치거나 국경을 맞닿을 여지가 없는 매우 먼 거리의 시종일관한 최약소국의 하나였다. 따라서 《시경(詩經)》 채록자가 존주·존화주의의 악습관으로 주선왕(周宣王)이 한후(韓侯)에게 추(追)·맥(貊)을 하사하고 북국(北國)들을 모두 하사했다는 기록을 남겼다고 할지라도, 황하 상류의 약소국 한(韓)의 사실은 아닌 것이다. 적어도 과학적으로는 그렇게 될 수 없다. 이것은 한반도와 만리장성 위치 동북 만주의 강대한 고조선의 '한'이 맥·예(추) 모든 북국들을 지배한 사실을 끌어다 붙인 것이라고 볼 수 있다. 燕과 국경을 접한 한(韓)은 고조선의 '한'뿐이었다. 고조선의 통치족 한을 끌어다 붙인 근거는 주의 선왕이 칭송한 한(韓)후의 기원이 고조선 이주민 한의 후예였기 때문이라고 추정된다.

그러므로 《시경(詩經)》에 기록된 바의 연(燕)과 투쟁한 한(韓)은

---

20) 《詩經》 韓奕篇, "溥彼韓城 燕師所完 以先祖受命 因時百蠻 王錫韓侯 其追其貊 奄受
北國 因以其伯."

모든 추(追; 예)와 맥족을 다스렸던 고조선의 한[韓(馯, 桓)]인 것을, 주왕(周王)을 빛내기 위해 중국 관내의 고조선 이주민(동이족) 후예 한(韓)과 혼합시켜 마치 중국 관내의 '한(韓)'이 모든 추(追)와 맥(貊) 족 등을 다스리도록 하사한 것처럼 존화주의적 사필로 왜곡한 것이다. 그러나 이것을 중국 관내의 고조선 이주민 후예 한(韓)과, 연(燕)과 투쟁한 고조선의 한[韓(馯, 寒, 桓)]으로 구분하여 보면, 《시경(詩經)》 의 이 노래는 고조선의 한[韓(馯, 寒, 桓)]이 연(燕)과 세력을 다투었 고 추(追)와 맥(貊)을 지배했으며 모든 주변 오랑캐를 다스렸다는 중 요한 역사적 사실을 시사해주고 있는 것이다.

즉 편견 없이, 중국 주왕의 하사 운운한 필법을 모두 무시해 버리 고 사실 부분만을 떼어보면, 고조선의 한(韓)이 연(燕)의 동북쪽 지역 에 존재하여 그 주변 지역을 모두 지배했음을 시사하는 것이다.[21]

일찍이 김상기 교수는 '추(追)'의 음가는 '되' '퇴'이고 '예(濊)'의 음가는 '회' '외'인데, '퇴'와 '회' '되'와 '외'는 서로 전환되기 쉬우며, 여기서 쓰인 '추(追)'는 '예(濊)'를 지칭한 별명이라고 보았다.[22]

그렇다면 이 기록에서 우리는 예[濊(追)]와 맥(貊)을 통합한 강성한 한(韓·馯·寒·汗·桓)이 그 후의 연(燕)나라 지역을 지배해서, 큰 성(城)

---

21) 여기서 유의해 둘 것은 중국 관내의 한(韓)도 원래의 고중국 계열에는 없는 성(姓)이라는 사실이다. 일찍이 중국 산동반도에 건너간 고조선 이주민의 '한'(寒)족이 고중국에 귀화한 경우가 있었는데, 중국 관내의 韓(한)도 기원 은 고조선 이주민의 후예일 가능성이 매우 높다는 점이다. 주의 선왕이 고조 선족 이주민 후예의 신하를 동북방 고조선 세력 견제를 위해 한후(韓侯)로 임명하여 성(城)을 지키도록 조치했을 가능성이 높다. "옛 조상의 명(命)을 받들어 많은 오랑캐를 다스렸다"는 시구 표현에 중국 관내 '한'(韓)의 '옛 조 상'[先祖]이 맥·추(예) 모든 북국들을 다스린 (고조선의) '한'이었으며, 고중 국 관내의 '한'도 고조선 통치족 '한'의 후예임이 강력히 시사되고 있다. 앞 으로의 연구 과제라 할 것이다. 《시경》 한혁편은 다음과 같이 해석하여 분절 해 볼 수 있다. ① 한(韓)나라의 저 커다란 성은 원래 (고조선의) 한(韓·馯· 寒·汗·桓)이 쌓았었는데, 또 연(燕)이 그것을 완성시킨 것이다. ② 한(韓·馯· 寒·汗·桓)은 많은 오랑캐들을 다스렸다. ③ 한(韓·馯·寒·汗·桓)은 추[追(濊-김 상기 등)]와 맥(貊)을 다스렸다. ④ 한(韓·馯·寒·汗·桓)은 북국(北國)들도 모 두 지배하여 그 우두머리[伯]가 되었다.

22) 金庠基, 〈韓·濊·貊移動考〉, 《東方史論叢》, 서울대출판부, 1974, 357쪽 참조.

을 쌓고 북쪽의 나라들〔北國〕로부터도 '백(伯)'으로 존중받으며 그들을
지배했다가 연의 공격을 받고 성을 빼앗긴 것을 알 수 있게 된다.

즉《시경(詩經)》한혁(韓奕)편은 고조선의 한(韓‧馯‧寒‧汗‧桓)족이
중심이 되어 추〔追(濊)〕와 맥(貊)을 통합하고 북국들(중국의 북쪽에
있는 나라들)을 '모두' 다스리는 종주국〔伯〕이었음을 시사하는 기록이
라고 할 수 있다.

또한《한서(漢書)》식화지(食貨志)에서 "팽오(彭吳)가 예맥(穢貊)
조선(朝鮮)과 개통하여 창해군(滄海郡)을 설치하자 연(燕)과 제(齊)나
라 사이가 모두 발동(發動)하였다"23)고 하여 '예맥(穢貊)'을 말하고 이
들을 또 '조선(朝鮮)'과 연달아 적음으로서 '예맥조선(穢貊朝鮮)'으로
통합해 해석할 가능성을 열어 놓았다. 또한《사기(史記)》에서도 "좌방
(左方)의 왕장(王將)들은 동쪽에 위치해 있는데 상곡(上谷)을 거쳐 곧
바로 가면 예맥‧조선(穢貊‧朝鮮 또는 穢貊朝鮮)과 맞닿는다"24)고 하여
'예(穢)'와 '맥(貊)'의 결합 또는 '예(穢)'와 '맥(貊)'과 '조선(朝鮮)'의
결합을 시사하였다.

즉 중국의 고문헌들은 동이의 '馯貊'(한맥)25)‧'寒貊'(한맥)26)‧'韓
穢'(한예)‧'穢貊'(예맥)‧'穢貊朝鮮'(예맥조선)을 기록함으로써, 한과 맥
의 결합‧한과 예의 결합‧예와 맥의 결합‧예와 맥과 조선의 결합을 인
지하고 있었음을 알려주고 있다.

요컨대, 고조선은 구체적으로 한부족에서 제왕을 내고, 맥부족에서
왕비를 내며, 예부족은 일정의 자치권을 가진 후국의 지위를 갖도록
되어, 한‧맥‧예 3부족의 연맹 결합에 의거해 동아시아 최초의 고대국
가로서 건국되었음을 확인할 수 있다.27)

---

23)《漢書》, 卷24, 食貨志 第 4 下, "彭吳窄 穢貊‧朝鮮 置滄海郡 則燕齊之間 靡然發動"
    참조.
24)《史記》卷110, 列傳 50, 匈奴 참조.
25)《尙書注疏》卷18, 周書, 孔安國傳 참조.
26)《漢書》卷28 地理志 및《尙書注疏》卷18, 周書 孔安國傳 참조.
27) 신용하, 〈한국민족의 기원과 형성에 대한 '한'‧'맥'‧'예' 3부족 결합설〉,《학
    술원논문집》(인문‧사회과학편) 제55집 1호, 2016 참조.

3) 고조선의 건국 시기

고조선의 건국 시기에 대해서는 종래 여러 가지 견해와 조사연구가 진행되어 왔다.

(1) 《삼국유사》에서 인용된 〈위서〉에서는 고조선의 건국시기를 고중국의 요(堯)임금 즉위년과 같은 시기라고 하였다.

중국에서는 전통적으로 요임금의 즉위년에 대해 무진(戊辰)년설과 갑진(甲辰)년설이 병존하였다. 《동국통감》(東國通鑑)(徐居正 편찬)은 무진년설을 택했는데, 구한말 서력기원이 들어온 후에는 이를 서기로 BC 2,333년으로 환산하였다. 즉 고조선 건국시기를 BC 2,333년, 즉 BC 24세기로 보는 견해가 정립된 것이다(한편 '갑진년설'을 취하여 환산해도 역시 BC 24세기가 고조선 건국 연대가 된다).

즉 《삼국유사》에 인용된 《위서》의 견해를 번역하면 BC 24세기경의 고조선 건국을 말하고 있는 것으로 볼 수 있다.

(2) 고고유물에서 이를 추정해 보면, 중국학자들이 동이족의 하나인 소호(少皞 또는 少昊)족의 유적이라고 보는 산동반도 거현(莒縣) 능양하(陵陽河) 대문구(大汶口)문화 상층유적 유물에서 '아사달문양'이 새겨져 있는 고조선 '뾰족밑 팽이형(변형) 민무늬토기'11점(파손분 포함)이 출토되었다.

위의 11개 토기 술잔은 형태가 고조선 특유의 뾰족밑 팽이형 민무늬토기일 뿐 아니라, 그 토기 위의 잘 보이는 위치에 아사달문양까지 새겨 넣었으니, 고조선 건국 후에 산동반도에 이주해 간 고조선 이주민이 제조한 토기임이 명백한 것이다.[28]

이 문양에 대해 허진웅(許進雄, 캐나다 토론토대학 교수)과 소망평(邵

---

28) 愼鏞廈, 〈古朝鮮 '아사달문양'이 새겨진 山東 大汶口문화 유물〉, 《韓國學報》 제102집, 2001 참조.

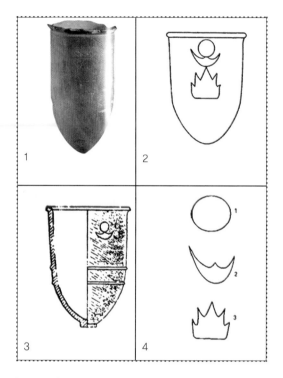

〈그림 4-2〉 대문구문화 유적에서 출토된 아사달 문양이 새겨진 팽이형 토기

1. 산동반도 거현 출토 아사달문양이 새겨진 토기 사진
2. 거현 출토 아사달문양의 완벽한 모양
3. 산동반도 대문구문화 유적 출토 아사달문양이 새겨진 토기 그림
4. 아사달문양 구성의 부분별 상징 설명
   1. 아사달문양의 윗부분: 해(태양) 상징
   2. 아사달문양의 중간 부분: 구름 또는 초승달 상징-위와 중간 부분을 합하여 '아사'(아침)를 나타냄
   3. 대문구문화의 팽이형 토기에서 볼 수 있는 모양 가운데 아사달의 '달'(땅·산·나라)을 상징. 5개 달은 고조선의 5부(지역)를 상징.

望平) 교수는 아사달을 모르는 상태에서 "산 속에 사는 '단'(旦, 아침 단)족의 부족 표시"라고 해석하였다.[29] 그들도 고조선의 고조선어 명

29) 許進雄,《中國古代社會》, 1991, p.20 및 邵望平, 〈遠古文明的火花-陶奠上的 文字〉,《大汶口文化討論文集》, 濟魯書社, 1979; 金仁喜, 〈上古史에 있어 韓·中의 文化交流: 중국 大汶口文化와의 관계를 중심으로〉,《東아시아 古代學》제2집, 2000 참조.

칭이 아사달이었음을 알았다면 고조선족의 표시라고 설명했을 것이다. 이것은 고조선 건국 직후 고조선 이주민들이 자기의 족속을 밝힌 아사달문양이었다.[30]

〈표 4-1〉 대문구문화 유적에서 발굴된 '아사달' 문양 일람표

번호	문양	발굴 상황	유물개수
(1)		거현 능양하 대문구문화 말기 유적층에서 1957년 발굴. 1963년에 다시 1개 추가 발굴.	2
(2)		제성시(諸城市) 서남 30리(중국리) 적구진교장촌(積溝鎭喬庄村) 서북 8리에 있는 한 유지에서 1970년대 발굴.	1
(3)		거현 능양하 대문구문화 유적에서 1957년 발굴.	1
(4)		거현 능양하 대문구문화 유적에서 1979년에 3개 발굴.	3
(5)		거현 능양하 대문구문화 유적에서 1979년에 2개 발굴.	2
(6)		거현 능양하 대문구문화 유적 묘26군사영수묘장(領袖墓葬)에서 1979년에 1개 발굴.	1
(7)		대주촌(大朱村) 유지 북부 대문구대형묘장에서 1982년 1개 발굴.	1

이 문양의 토기 편년에 대해서는 다음의 3개 측정치가 제시되었다.

(a) 중국 사회과학원 고고연구소: BC 2,800년~BC 2,600년[31]

(b) 고광인(高廣仁)·난풍실(欒豐實)의 수정 연대: BC 3,000년~BC 2,600년[32]

(c) 허진웅(許進雄) 등 토론토대학팀: BC 2,600년~BC 2,400년[33]

그러므로 아사달문양의 고조선식 토기의 편년을 취하면, 고조선 건국시기는 BC 3,000년~BC 2,400년 이전으로 볼 수 있다.

(3) 북한 고고학자들이 1993년 강동읍의 단군묘를 발굴해 보니 남녀 한 쌍의 인골이 출토되었는데, 두 기관에서 24~30차 측정한 평균

---

30) 신용하, 〈고조선문명의 형성과 동북아의 '아사달' 문양〉, 임재해 외, 《고대에도 한류가 있었다》, 지식산업사, 2007 참조.

31) 高廣仁, 〈試論大汶口文化的分期〉, 《考古學報》 1978年 4期.

32) 高廣仁·欒豐實, 《大汶口文化》, 文物出版社, 2004, pp.73~78 참조.

33) 許進雄(洪熹 譯), 《中國古代社會》, 東文選, 1991, p.19 참조.

치가 bp 5,011±267년으로 나왔다.[34] 이 뼈를 단군의 유골로 보면, 고조선은 bp 5,011±267년경, 즉 BC 30세기경에 건국된 것으로 볼 수 있다.

한편 중국 사회과학원은 5개년계획으로 1996년 '하상주단대공정' (夏商周斷代工程)을 진행한 결과, 중국 최초의 고대국가 夏(하)나라 의 건국 연대를 BC 2,070년이라고 발표하였다.[35] 이것은 고조선 건국 연대인 30세기보다 9세기 뒤늦은 것이며, 가장 낮은 연대인 BC 2,333년보다 263년 뒤늦은 것이다.

이상의 고찰을 종합해 보면, 환웅족의 군장국가 시기를 거쳐, 단군 의 고조선 건국 시기는 이르면 BC 30세기, 가장 늦게 잡아도 BC 24 세기경이라고 볼 수 있다. 가장 안전하게 말해서, BC 30세기~BC 24 세기에 고조선이 건국되었다고 보면 틀림이 없을 것이다.

고조선은 BC 30세기~BC 24세기에 건국된 동아시아 최초의 고대 국가임이 명백한 것이다.

4) 고조선의 나라 이름

(1) 고조선의 나라 이름 '아사달'

일연의 《삼국유사》에 인용된 《위서》와 《고기》는 고조선의 나라 이 름을 '조선'(朝鮮)이라고 기록하였다. 일연은 이것이 삼국(고구려·백 제·신라) 이전의 '옛 나라'임을 나타내기 위해 '古'(고)자를 붙여서 '고 조선'(古朝鮮)이라는 항목 이름을 사용한 것으로 볼 수 있다.[36]

그러나 '朝鮮'은 한자 이름인데, 고조선의 건국시기에는 한자가 아

---

34) 허종호, 〈단군 및 고조선 역사연구에서의 몇 가지 기본문제들과 그 해명〉, 《단군과 고조선》, 살림터, 1999, p.231 참조.
35) 岳南, 《天古學案》, 2001, 심규호·유소영 역, 《夏商周斷代工程(2)》, 일빛, 2005, pp.349~351 참조.
36) 《三國遺事》 卷1 〈紀異〉, 古朝鮮(王儉朝鮮)條.

직 없었으므로, 순수한 고조선말 원래 나라 이름이 있었을 것임은 틀림없는 일이다.

이병도 박사는 《삼국유사》가 인용한 《위서》와 《고기》에서 고조선의 도읍이라고 기록한 '아사달'(阿斯達)이 바로 고조선의 나라 이름일 것으로 보았다. 고대 역사에서는 도읍 이름과 나라 이름이 동일한 경우가 종종 있는데, 현대 일본어에서도 '朝'를 '아사'(아침)로 읽으며, '달'은 '땅·나라'의 뜻이니, '아사달'을 뒤에 한자로 의역한 것이 '朝鮮'이라고 본 것이다.[37] 필자는 이병도 박사의 해석에 찬동한다.

고조선의 고조선말 고유의 나라 이름은 '아사달'(Asadar)이었다. 고조선의 서변지역과 고중국에서는 '사'(sa)가 '시'(si)로 변음되어 '아시달'(Asidar)이라고도 하였다.

여기서 '달'은 '땅'(land) '나라'의 뜻이고, '아사(시)'는 '태양이 맨 처음 뜨는 아침'의 뜻이다. '아사(시)달'은 '태양이 맨 처음 뜨는 나라'(land of sunrise), '태양이 맨 처음 뜨는 아침의 나라'(land of morning)의 뜻이다.

여기서는 두 가지 점을 보충하여 논의할 필요가 있을 것이다.

첫째는 '아사달'의 '아사'가 고조선말에서도 '아침'임을 증명할 필요가 있다. 현대 한국어의 '아침'은 중세 한국어에서는 '앗춤'이었다.[38] 이것은 '아사(시)참'의 준말이라고 할 수 있다. '춤' '참'은 '무렵'과 유사어로 일정한 시간대를 지칭한 것이다. 현대 한국어에도 '시작' '처음'을 뜻하는 '아시'라는 말이 남아 있다. 조선 후기에 오면, '아사(시)춤' → '앗춤' → 의 '사이시옷'이 탈락하여 '아춤'으로 되어버렸지만,[39] 어원을 거슬러 올라가보면 고조선시기에는 고조선말의 '아침'도 '아사(시)'였다고 볼 수 있다. '阿斯'(아사)는 현대 중국 발음으로는 '아시'이다. 현대 한국어 '아침'은 고조선말에서도 '아사(시)'였다고 필자는

---

37) 李丙燾, 〈檀君神話의 해석과 阿斯達 문제〉, 《서울대論文集》 제2집, 1955 참조.
38) 《老乞大諺解》 상권, p.59.
39) 《訓蒙字會》 상권, p.2.

생각한다.

둘째, '아사달'의 '달'은 '산·땅·나라'의 뜻인데, 고조선말에서 '나라'는 '나', '라'의 다른 말도 있었다. 그러므로 고조선의 원래 나라이름은 '아사달'과 함께 '아사나'로 호칭되었다고 볼 수 있다. '아침의 나라'라는 뜻이다.

중국의 고문헌 자료들에는 고조선 계통 인명·지명 등에 ① 阿斯達 ② 阿史德 ③ 阿史那 ④ 阿史壤 ⑤ 阿詞塔納(아사다나, 아사답납) 등이 나온다.

이 가운데서 ① 阿斯達(아사다)과 ② 阿史德(아사더)은 '아사달'의 차음(借音) 한자 표기라고 볼 수 있고, ③ 阿史那(아사나)와 ④ 阿史壤(아사나)는 '아사나'의 차음(借音) 한자 표기라고 할 수 있다. 신채호 선생은 '壤'은 현대 한국어로는 '양'으로 읽지만 고대에는 '나'로 읽었다고 하였다.[40] ⑤ 阿詞塔納는 중국어로 '아사(시)다나'로 읽는데, '아사달 나라'의 의미로서 '아사달'과 '아사나'가 동시에 사용되었음을 알려주는 것이기도 하다. 고조선의 원래의 나라 이름은 '아사달' '아사나'였다. '아침의 나라'라는 뜻이다.

'아사달', '아사나'를 후에 '朝鮮'이라고 한자 의역한 것은 고중국에 들어간 고조선 이주민들(동이족)의 번역이라고 본다. '朝鮮'은 '아침이 고운 나라' '아침의 아름다운 나라' '아침의 빛나는 나라' '아침이 좋은 나라'의 뜻이기 때문이다. 고중국인들은 다른 나라 이름의 어미에 거의 반드시 나쁜 의미 글자를 붙이는 관습이 있는데, '朝'자 다음 끝에 '아름다운', '고운', '빛나는', '좋은'의 뜻을 붙인 것으로 보아 이를 추론할 수 있다.

《신증동국여지승람》에서 "朝鮮은 동쪽에 해 뜨는 땅에 있으므로 조선이라 이름하였다"[41]고 기록했는데 이것이 정확한 설명이고, 그 밖의 견해는 빗나간 것이라고 생각한다.[42]

---

40) 申采浩, 《朝鮮上古史》, 《改訂版丹齋申采浩全集》 상권, p.75 참조.
41) 《新增東國輿地勝覽》 권51, 平安道 平壤府 郡名條.

(2) '밝달 아사달'과 '發朝鮮' 및 '發息愼'

고조선의 수도 '밝달 아사달'(대박산 아사달)은 수도의 명칭에 한정
되지 않고 건국 후 상징적으로 고조선 나라의 대명사처럼 사용되었다.

고중국에서는 '밝달 아사달'을 '發朝鮮'으로 번역해서 사용하기도 하
였다. '밝달'이 '發'로 음차 표기되고, '아사달'이 '朝鮮'으로 의역 표기
되어 합쳐진 것이다. 고조선이 다수의 후국을 거느린 시기에는 고중국
에서 고조선 본국을 가리킬 때에는 특히 '발조선'(發朝鮮)이라는 호칭
을 사용한 것으로 해석된다.

또한 '발' '밝달'은 거대한 '민족' 호칭으로 사용되기도 하였다. '古
한반도 초기 신석기인 유형'은 그 후 스스로 통칭 밝족 또는 발인(發
人)으로 호칭되었는데, 이것은 '거대민족'으로서의 '밝'족, '발'족, '밝달'
족을 가리키고 의미한 것이었다. '밝달'민족을 한자 차음 표기 때 '倍
達'(배달)로 표기했으므로 '밝달'민족을 '배달'민족으로 통칭해온 것이

---

42) 《史記》素隱에서는 "'朝(조)'는 음이 潮요, 鮮(선)은 음이 仙(선)이니 汕水(산
수)가 있으므로 이렇게 이른다"고 하였다(《新增東國輿地勝覽》의 주의 이 설명
은 중국 魏나라 학자 張晏이 "朝鮮有濕水·洌水·汕水 三水合爲洌水 疑樂良朝鮮取名
於此也"라고 한 것을 《史記》 朝鮮列傳이 인용한 것을 다시 검토한 것이다. 리
지린의 《고조선연구》는 이 설을 취하고 있다).
    안정복은 "기자의 땅이 요지(遼地)의 태반을 봉(封)함 받아서 선비(鮮卑)의
동쪽[鮮卑之東]에 있으므로 조선이라고 칭하게 되었다"(安鼎福, 《東史綱目》 附卷
上, "朝鮮名號" 참조)고 했는데, 이 견해는 틀린 것이라고 본다. 고조선이 선
비보다 먼저 성립하여 먼저 '조선'이라고 호칭되었기 때문이다.
    신채호 선생은 《만주원류고(滿洲源流考)》에 청(淸)초의 관경(觀境)을 '주신(珠
申)'이라고 하고, '주신(珠申)'은 '肅申'과 동음(同音)이라고 했는데 '조선'도
동음으로 '주신(珠申)'에서 나와 형성된 명칭이라고 보았다(申采浩, 《朝鮮上古
文化史》, 《改訂版丹齋申采浩全集》 상권, pp.361~362 참조). 정인보는 신채호와
유사한 견해를 제시하였다(鄭寅普, 《朝鮮史研究》, 서울신문사, 1946, pp.52~53
참조). 신·정 두 분의 견해도 만주족이 형성되기 전에 고조선 국가가 형성되
었기 때문에 성립될 수 없다고 본다.
    양주동은 고대 조선족은 태양숭배신앙을 갖고 도처에 '밝'과 '새[東]'의 지명
을 남겼다고 지적하면서 '朝(조)'를 '밝'으로 '鮮(선)'을 '새'로 해석하여 '朝鮮
(조선)'을 '밝새'로 풀이하였다(梁柱東, 《古歌研究》, 박문출판사, 1957, pp.380~391).
매우 포괄적 풀이로서는 타당하다고 보지만, 역으로 '밝새'에서 '朝鮮'의 한자
뜻을 번역해 내기는 어렵다고 본다.

다. 이 경우 '발조선'(發朝鮮)은 발과 조선을 일단 나누어서 '발'은 민족 호칭이고 '조선'은 국가 호칭으로 보아 '밝달민족 조선국'으로 해석해도 틀리지 않은 정확한 해석이라고 볼 수 있다.

'발조선'은 또한 '단군조선'(檀君朝鮮)으로 해석할 수도 있다. '밝달'을 '檀'(단)으로 한자 번역하여 '단군조선'으로 해석한 것이다.

고조선의 서변 후국인 산융(山戎)이 BC 707년에 고중국의 제후국인 연(燕)을 공격하여 무찌르고 산동반도의 제(齊)까지 공격한 일이 있었고, BC 664년에도 산융이 연을 공격한 일이 있었다. 이때 고중국 주(周)의 제후국 가운데 가장 강성했던 제(齊)가 조(曹)·허(許)·노(魯)·연(燕)·진(晉, 그 후 韓·魏·趙 3제후국으로 분화) 등과 함께 연합군을 편성하여 산융을 공격하자, 고조선 측은 서변 후국인 고죽(孤竹)·불령지(不令支)·불도하(弗屠何)·산융(山戎) 등의 연합군을 편성하여 대항함으로써 상당히 큰 전쟁이 일어난 일이 있었다.[43]

이때 고중국 측 제(齊)의 패왕 환공(桓公)을 보좌하여 출정하고 재상으로 활약하여 공을 세운 관중(管仲)의 언행을 기록한 《관자》(管子) 경중(經重) 갑(甲)편에는 8천 리 밖에 있는 '발조선'(發朝鮮)의 기록이 있다. 환공이 사이(四夷)가 복종하지 않고 중국에 반대하는 정책을 펴서 제나라가 상하지 않을까 걱정하여 환공이 관중에게 대책을 묻자, 관중은 다음과 같이 답변했다.

　오(吳)와 월(越)이 입조(入朝)해 오지 않으면, 청컨대 (그곳에서 나는) 구슬(珠)과 상아(象牙)를 화폐로 사용하는 것입니다. 발조선(發朝鮮)이 입조해 오지 않으면 청컨대 문피(文皮)와 타복(舵服: 아름다운 털옷)을 화폐로 사용하는 것입니다. 우씨(禹氏)가 입조해 오지 않으면 청컨대 흰옥〔白璧〕을 화폐로 사용하는 것입니다 … 한 개 표범 가죽은 금과 같이 사용할 수 있습니다. (그것을 화폐로 사용한) 연후에 8천 리 밖의 발조선이 입조해 올 것입니다 …[44]

---

43) 신용하, 〈고조선의 기마문화와 농경·유목의 복합구성〉, 《고조선단군학》 제26호, 2012 참조.

관중의 대답은, 8천 리 밖에 멀리 있는 '발조선'(發朝鮮)이 '입조'[45]하도록 하는 방법은 '발조선'의 특산물인 '문피'(文皮: 무늬가 있는 범 또는 표범의 가죽)와 '타복'(魮服: 아름다운 털옷)이 금과 같이 매우 값비싼 귀중품이므로 이것들을 '제'의 화폐로 사용하면 8천 리 밖의 발조선이 교류 방문해 올 것이라는 것이었다.

또한 《관자》 규탁(規度)편에서도 진귀한 물건으로 화폐를 만드는 7가지 방법을 묻는 환공의 질문에 대해, 관중은 발조선(發朝鮮)의 특산물인 문피(文皮)도 화폐로 사용하자고 제안하였다.[46]

BC 8세기~BC 7세기의 고조선에 관련된 고문헌 자료가 매우 희귀한 상태에서 《관자》의 위 기록은 많은 사실을 알려주고 있다.

(1) 고조선을 관중은 발조선(發朝鮮)='밝달조선'이라고 부르고 있다.[47]

(2) 고조선은 BC 8세기~BC 7세기까지에도 고중국 주(周) 등에 사신을 보내지 않았던 완전한 독립국가였다. 오히려 고조선이 침공해 오지 않을까 제(齊)나라가 걱정했던 것으로 보아 고중국보다 강성

---

44) 《管子》卷23 經重甲,〈桓公日 四夷不服 恐其逆政游於天下而傷寡人 寡人之行 爲此有道乎. 管子對日 吳越不朝 請珠象而以爲幣乎. 發朝鮮不朝 請文皮魮服而以爲幣乎. 禺氏不朝 請以白璧爲幣乎.（…）一豹之皮 容金而金也. 然後 八千里發朝鮮可得而朝也.（…）〉참조.

45) 여기서 '入朝'는 조공의 뜻이 아니라 교류 방문의 고중국식 표현이다.

46) 《管子》卷23, 第78篇 揆度,〈桓公問管子日, 吾聞海內玉幣有七筴 可得而聞乎. 管子對日 陰山之礝碯 一筴也. 燕之紫山白金 一筴也. 發朝鮮之文皮 一筴也. 汝漢水之右衢黃金 一筴也. 江陽之珠 一筴也. 秦明山之曾青 一筴也. 禺氏邊山之玉 一筴也.〉(음산(陰山)에서 나는 연민(礝碯: 옥돌의 일종)을 사용하는 것이 한 방책입니다. 연(燕)의 자산(紫山)에서 나는 백금(白金: 은)을 사용하는 것이 한 방책입니다. 발조선(發朝鮮)에서 나는 문피(文皮)를 사용하는 것이 한 방책입니다. 여수(汝水)와 한수(漢水)에서 나는 황금(黃金)을 사용하는 것이 한 방책입니다. 강양(江陽)에서 나는 구슬(珠)을 사용하는 것이 한 방책입니다. 진(秦)의 명산(明山)에서 나는 증청(曾青: 仙藥의 일종)을 사용하는 것이 한 방책입니다. 우씨(禺氏)의 변산(邊山)에서 나는 옥(玉)을 사용하는 것이 한 방책입니다.) 참조.

47) 환공과 관중은 고조선 서변 후국들인 '고죽' '불령지' '불도하' '산융' 등과 싸운 경험과 지식이 있으므로 후국과 본국을 구분할 수 있어서, 일부 일반 중국인들이 고죽국을 '조선'이라고 쓰는 관행이 있는 것과 구분하여, 고조선 본국을 '발조선'(=밝달조선)이라고 호칭한 것으로 해석된다.

한 독립국가였음을 알 수 있다.

(3) 고조선(발조선)의 수도와 산동반도 제(齊)나라는 통칭 8천 리의 먼 거리에 있었다.

(4) 고조선과 제나라와는 BC 8세기~BC 7세기에 공식적 교역관계가 없었다.[48] 고조선 특산품인 문피와 타복 등이 민간상인에 의해 귀중품으로 교역되고 있었을 뿐이다.

(5) 소위 기자조선은 실재하지 않았던 허구이다. 일부 중국인들이 주장하는 소위 기자조선(箕子朝鮮, BC 11세기~BC 3세기)이 만일 실재했다면, 바로 BC 8세기~BC 7세기의 《관자》의 시기는 '기자조선'의 시기인데, 《관자》에서도 기자조선은 실재하지 않았고 발조선(發朝鮮＝밝달조선＝檀君朝鮮)만 실재한 것이었다.[49]

중국 고문헌에는 아사달을 '발식신'(發息愼)으로 번역표기한 것도 있다. 《사기》 오제본기에는 순(舜)임금 때의 일로 "북쪽으로 산융(山戎)과 발식신(發息愼)을 접촉했다"[50]고 하였다. 이밖에 '발직신'(發稷愼) '발숙신'(發肅愼)의 기록도 나온다.

필자는 그러므로 아사달의 한문자 번역에는 두 개의 계보가 있었다고 본다.

첫째는 고조선 이주민 계통 상(商) 계열의 '朝鮮'(조선)의 번역이다. 아름다운 뜻의 글자를 골라 의역한 것이다.

둘째는 '동이'족에 적대적이었던 주(周) 계열의 '朝鮮'을 동음(同音)의 다른 한문자로 채용한 음역이다. '珠申' '肅愼' '稷愼' '息愼' 등과 같은 것이다.

《흠정만주원류고(欽定滿洲源流考)》에서는 "살펴 생각하건대 본조의

---

48) 고조선과 고중국과의 교역은 주로 고죽국(孤竹國)을 경유해서 고죽국 사람들이 담당하고 있었던 것으로 알려져 있다.

49) 신용하, 〈箕子朝鮮說의 사회학적 검증과 '犯禁8條'의 실체〉, 《고조선단군학》 제29호, 2013 참조.

50) 《史記》 卷1, 五帝本紀.

옛이름 滿珠(만주)는 '所屬'(소속)을 말하여 珠申(주신)이라 하는데 珠里眞(주리진)과 음이 서로 가깝다. 단지 완급의 차이가 조금 있는데, 이것은 모두 肅愼(숙신)의 轉音(전음)이다."[51]라고 하였다. 여기서 《흠정만주원류고》가 설명한 '肅愼'(숙신)과 '珠申'(주신)이 모두 '所屬'(소속)을 말한 만주어라고 한 것은 '고조선에의 소속', 즉 고조선연방국가를 가리킨 것이었다고 필자는 보고 있다. 신채호·정인보는 '조선(朝鮮)'과 '주신(珠申)'이 (중국어에서) 동음(同音)인 것에 주목하여, '주신(珠申)'에서 '조선(朝鮮)'이 나왔다고 해석하였다. 잘못 해석한 것이다. 그 반대가 진실이다.

필자는 선후관계로 보아서 반대로 '朝鮮'에서 '珠申'의 표기가 나왔다고 지적한 바 있다.[52] 또한 "滿珠所屬珠申"은 "滿珠는(가) 소속을 珠申이라 한다"고 해석할 수도 있고, "滿珠어에 소속을 말하여 珠申이라 한다" 또는 "滿珠는 珠申(朝鮮)에 속하였다"고 해석할 수도 있다. 필자는 세 가지 해석이 모두 하나로 통한다고 생각한다. 이것은 淸의 옛 명칭 滿珠가 소속을 말하면 珠申(朝鮮; 고조선, 고조선 연방제국)에 속했으며, '所屬'을 '珠申'이라 말하는 것도 이러한 역사적 연원에 의거한 것임을 의미한 것이라고 해석된다.[53]

그 증거는 중국 고문헌에 처음 등장했을 때 이들 '息愼', '稷愼', '肅愼'은 모두 머리에 고조선을 나타내는 별칭인 '發'(밝달)자를 붙여서 '發息愼' '發稷愼' '發肅愼' 등으로 기록되거나 해석되어 나오기 때문이다.

중국 고문헌에 나오는 발식신(發息愼), 발직신(發稷愼) 또는 발숙신(發肅愼)은 고조선연방국가의 별칭이었다. 여기서 發(발)은 앞서 쓴 바

---

51) 《欽定滿洲源流考》卷7, 部族7 完顔, 大金國志,〈金國本名珠里眞. 謹按 本朝舊稱滿珠所屬曰珠申 與珠里眞 音想近 但 微有緩急之異 盖皆肅愼之轉音也.〉참조.

52) 신용하,《고조선 국가형성의 사회사》, 2010, p.152 및 pp.279~281 참조.

53) 《欽定滿洲源流考》를 읽고 필자가 깨달은 것은 여진족(만주족)의 본명은 '주리진(珠里眞)'으로서 이 가운데에서도 '리진(里眞)'이었으며, '주(珠)', '주신(珠申)'은 '소속'을 가리킨 것이고, '만주(滿珠)'는 여진족이 소속됐던 고조선, 부여의 영역을 모두 영유하겠다는 의미로 사용했다가 '만주(滿洲)'로 변경·표기했다는 것이다.

와 같이, '밝' '밝달'의 한자표기로서 '발숙신' '발직신' '발식신'은 '밝
달숙신'의 표기이며, '발'(發) '밝'은 바로 '고조선'을 가리킨 것이다.

다산 정약용은 "朝鮮(조선)의 칭호가 멀리 檀君肅愼(단군숙신)의 이
름으로 주나라 역사 기록에 실려 있다"[54]고 하였다. 여기서 '檀君肅愼'
은 '發肅愼(발조선)'을 가리킨 것으로 해석된다.

《사기》 오제본기에 나오는 '발식신'(發息愼)도[55] '밝달식신'으로서
'고조선연방국'을 가리키는 것이다. 이때의 '발식신'[56](발직신, 숙신)은
지금의 북경 바로 위에 있던 고조선족을 가리킨 것으로서, '밝달족'의
중국식 별칭이었고, 지금의 연해주 지방의 읍루(挹婁)와는 관계가 없
는 것이었다. 부사년도 이때의 '숙신'은 '읍루'의 선조가 아니며 관계는
없는 것이라고 하였다.[57] 즉 고조선 전기에 주(周)나라 등과 교류하면
서 나오는 '식신' '직신' '숙신'은 주나라가 '고조선'을 말할 때 사용한
'고조선연방국의 별칭'이었다.

'발'족은 모두 '고조선족'으로서, 그 뒤에 오는 나라 이름의 국가도
고조선족 국가임을 나타낸 것이다.

주 이후 특히 전국시대부터 중국 고문헌은 '朝鮮' 대신 '肅愼'의 용
어를 주로 사용하였다.[58]

또한 《춘추좌씨전》 소공(昭公) 9년조에는 "숙신(肅愼)·연(燕)·박
(毫)은 우리의 북쪽 토지이다"[59]라고 기록했는데, 춘추시대 노(魯)나
라의 북쪽에 연나라와 함께 (또는 더 가까이) 인접한 나라는 '고조선
연방국'의 서변이었다. 당시 고조선 연방국의 서변은 지금의 난하에
이르렀다가 그를 넘어 우북평(右北平) 지역까지 와 있었다. 한편 당시

---

54)《與猶堂全書》詩文集 地理策,〈朝鮮之號 遠自檀君肅愼之名 載在周乘〉참조.
55)《史記》卷1, 五帝本紀.
56)《春秋左氏傳》卷17, 昭公5年條.
57) 傅斯年,〈夷夏東西說〉참조.
58) 하·상·주시대 중국역사지도들에서 만주일대를 '숙신(肅愼)'으로 표기하고 있
　　는데 이것은 중국의 잘못된 전통의 표기이며, 고조선(古朝鮮)으로 표기해야
　　사실과 일치한 정확한 표기가 된다.
59)《春秋左氏傳》卷17, 昭公9年條,〈肅愼燕毫 五北地〉참조.

읍루(挹婁)는 지금의 연해주에 있었으므로, 하(夏)·상(商)·주(周)·춘추(春秋)시대의 중국과 밀접하게 교류한 중국 고문헌의 '숙신'은 '읍루'와는 관계가 없다. 이때의 '숙신'은 '발숙신'으로서 '고조선연방국'의 별칭이었다.

《죽서기년》에 '숙신'이 방문하여 '순'임금에게 활과 화살을 선물했다거나,[60] 주나라 무왕과 성왕을 경축했다는 기사의[61] '숙신'도 '발숙신'으로서 '고조선연방국'을 별칭한 것이었다.

중국 고문헌에서 고조선의 국호 '아사달'(밝달 아사달)을 고중국계가 '조선'(朝鮮)의 번역을 취해서 처음 기재한 것은 B.C. 7세기의 일을 적은 《관자》(管子)에서부터이다.

부사년은 '숙신'과 '조선'의 관계에 대하여 "'朝鮮'(조선)이라는 말은 六經(육경)에는 보이지 않는다. 司馬相如(사마상여)의 《상림부(上林賦)》에 '齊(제)는…숙신과 斜界(사계)를 이루고 있다(斜與肅愼爲界)'고 했는데, 서한(西漢) 때의 제의 사계는 朝鮮인족, 혹은 戰國(전국) 이래의 소위 朝鮮(조선)이 古肅愼(고숙신)이 아니었을까"[62]라고 하여 '고숙신'은 '조선'을 가리키고 '읍루'와는 관계없는 별개의 것이라고 하였다.

'숙신'을 '읍루'의 조상으로 연결하여, 숙신→읍루→물길→말갈→여진→금→후금→만주족으로 연결시켜 계보화한 것은 후대에 이르러 만주족이 청(淸) 제국을 건국한 후 만주족의 역사를 만들 때《흠정만주원류고(欽定滿洲源流考)》등에서 일부 중국과 청나라 역사가들이 서술한 것이었다.[63]

(3) '밝달'의 상징적 호칭과 의미의 확대

고조선 국가가 '단군'에 의해 처음 건국되어 도읍한 '밝달 아사달'

---

60) 《竹書紀年》 卷1, 五帝本紀, 帝舜 25年條 참조.
61) 《竹書紀年》 卷4, 周武王15年條 및 周成王9年條 참조.
62) 傅斯年, 〈夷夏東西說〉 참조.
63) 《欽定滿洲源流考》 卷首 참조

의 '밝달'은 시간이 경과함에 따라 고조선 나라뿐만 아니라 고조선 민족의 상징적 호칭의 대명사로서도 의미가 확대되어 사용되었다. 그리하여 고조선 사람들을 '밝달' 사람, 고조선 민족을 '밝달'족으로도 상징적으로 간소화해서 호칭하기도 하였다.

후에 '밝달'을 한자로 번역할 경우에는 앞서 쓴 바와 같이, '倍達'(배달)로 음차표기하기도 하였다.[64]

또한 고조선의 건국제왕 '단군'(檀君)이 서거한 후 밝달산(밝안산, 白山, 太白山)에 들어가서 산신(山神)이 되었다가 태양이 있는 하늘로 승천했다고[65] 믿는 '단군(단굴)'신앙이 형성된 후에는 '밝달'은 '신성한 산'이 되어 '박달'(朴達, 白山, 太白山, 小白山, 白岳, 北岳)의 호칭이 여러 지역들에 확산되었다.

또한 고조선이 후국제도를 채택하여 고조선 후국들이 만주 요동·요서·동내몽고 여러 지역들에 형성되고 '고조선문명권'이 형성되면서 '단군(굴)'신앙이 확산됨에 따라, 고조선문명권의 여러 후국지역과 후국민족들지역 및 후국민족들의 이동 거주지 부근지역의 명산에 '밝달' '밝안달'(밝은산) '발간산' '불칸산' 등 지역 방언발음의 이름을 붙이면서, '밝달'은 조상신 숭배와 관련된 '신성한 산'으로 숭배하게 되어 '밝달'(밝은산)의 호칭이 널리 확산되었다.[66]

(4) 아사(시)달과 '아시아' 호칭

여기서 주의를 환기하고자 하는 것은 고조선의 나라이름 '아사(시)달'(land of the sunrise, 태양이 처음 뜨는 나라)가 '아시아(Aisa: land

---

64) 후대에 이르면 '倍達'을 다시 한국어로 읽어서 '배달나라' '배달겨레' '배달민족' 등으로 사용하기도 하였다.

65) 《三國遺事》, 卷1, 〈紀異〉, 古朝鮮(王儉朝鮮)條, 古記云 참조.

66) 고조선 국가가 BC 108년에 멸망한 후 고조선 서변 후국민족의 일부는 새 정착지를 찾아 서방으로 이동하면서 이동 경로와 정착지의 명산들에 '밝안산'(밝달)의 명칭을 붙여서 오늘날까지도 호칭을 남기고 있다. '발칸'반도의 '발칸산'과 '발칸산맥'은 그 대표적 예의 하나이다.

of the sunrise)와 동일한 뜻을 가진 나라이름이라는 사실이다.[67]

'아사달'은 상고음으로는 '아시달'로 고조신 시방후국들 사이에서 발음되고 있었다. 왜 유럽 사람들은 '아시(사)달'이 있는 동방을 '아시아'로 이름 붙였을까?

서양인들이 그리스·로마시대에 유라시아대륙의 동방 끝에 태양이 처음 뜨는 곳 '아시(사)달'이라는 나라가 있다는 정보나 소문을 알고 있었다고 추정된다.[68]

적어도 BC 10세기~BC 3세기 사이 기마민족들의 유라시아대륙 스텝 루트를 통한 비교적 활발한 교류가 있던 시기에 유럽의 지식인이나 군사지휘자가 동방의 끝에 '태양이 처음 뜨는 나라 아시달'이 존재한다는 정보를 입수하여 우랄산맥 이동을 '아시달'이 있는 지역으로서 '아시아'(Asia)로 호칭했다고 해석할 수 있다. 바우머 교수의 저서를 보니, 그리스 알렉산더 대왕의 동방 원정군의 진출 지도가 있는데 중앙아시아에 진출한 전위군이 놀랍게도 파미르고원을 돌아서 '발카쉬'(Balkash)호 좌측까지 깊숙이 진군하고 있었다.[69] '발카쉬'(Balkash)는 '발칸'(Balkan)과 동일하게 고조선어로는 '밝은'의 뜻으로 고조선문명권의 기마유목민족이 붙인 호칭으로서 동·서연결지역의 큰 호수이다. 이 지역까지 진군하려면 이 지역과 동방에 대한 많은 정보를 사전에 수집했을 것이고, 동방의 끝에 태양이 처음 뜨는 '아시달'이라는 나라가 있다는 정보도 수집했을 것이다.

알렉산더 대왕은 '아시아'라는 용어를 사용했을까? 사용하였다. 바

---

67) 신용하, 〈한국민족 최초 나라이름·겨레이름에 대한 사회사적 고찰 – '밝'·'밝달'·'한'·'맥'·'예'·'아사달'을 중심으로〉, 한국학중앙연구원 현대한국학 연구센터, 《한국사 속의 나라이름·겨레이름》 학술대회 기조발표논문, 2015

68) 이 밖에도 고조선언어와 그리스·로마언어 뿌리가 동일해서 해가 처음 뜨는 곳을 '아시아'로 호칭했을 경우와 우연의 일치의 경우를 가정할 수 있다. 그러나 이러한 가정은 성립하기 불가능하기 때문에 반드시 정보의 교류흐름이 있었다고 보아야할 것이다.

69) Christoph Baumer, *The History of Central Asia: The Age of Steppe Warriors*, Tauris, London, 2016, pp.271~302 참조.

우머의 저서에 알렉산더 대왕의 연설로, “검으로 획득한 소유물은 오래 지속되지 않는다. 그러나 친절에 대한 감사는 영구히 지속된다. 만일 우리가 ‘아시아’(Asia)를 획득하고자 원하고, 단순히 이것(아시아)을 통과하기만 원하는 것이 아니라면, 우리는 이 사람들(정복된 박트리아인과 속드인)에게 관용을 베풀어야 한다. 그들의 충성심이 우리의 제국을 안정시키고 지속시킬 것이다.”[70]라는 인용이 있다. 그리스의 알렉산더 대왕은 BC 4세기에 ‘아시아’(Asia)를 말하고 ‘아시아’를 상당히 알고 있는 것이다. 종래 유럽에서는 ‘Asia’를 로마시대에 정립된 용어로 알고 있다고 했는데, 이미 그리스에서 알렉산더 대왕이 아시아 정복에 나설 때 ‘아시아’ 획득을 말했었던 것이다. 알렉산더 대왕과 그의 참모들이 정복의 최후의 목표지점인 맨 처음 해돋는 나라 ‘아시달’이 동방에 있음을 알고 ‘아시아’라는 용어를 사용한 것으로 해석될 수 있을 것이다.[71]

5) 고조선의 도읍

《삼국유사》에 인용된 《위서》와 《고기》에서는 고조선의 첫 도읍지가 ‘아사달’(阿斯達)이라고 하였다.

‘아사달’을 지리 비정하여 찾는 연구작업에서 주목할 것은 고조선시대부터 오늘날까지 ‘아사달’이 ‘밝달’이라는 말과 중첩되어 사용되어 왔다는 사실이다.

---

70) Christoph Baumer, *The History of Central Asia : The Age of Steppe Warriors*, 2016, p.271. “Possession achieved by the sword is not of ling duration, but gratitude for kindness is everlasting. If we wigh to hold Asia and not merely pass through it, we must impart our clemency to this people(the conquered Bactrians and sogdians) - it is their loyalty which make our empire stable and enduring. (Alexander the Great in 327 BC. Quoted by Quintus Rufus, *The History of Alexander* Ⅷ, 8, 11~12)

71) 필자는 ‘아시(사)달’이라는 나라가 있는 지역이라는 의미로서의 ‘아시아’의 호칭이 고대 그리스에서 형성되어, 그리스의 탐험가·군사정보참모·알렉산더 대왕과 지식인들에 의하여 사용된 것이라고 추정하고 있다.

'밝달'은 '밝은 산'(고조선 시대의 발음으로는 '밝안달')의 준말(2음절)로써 '광명의 산'이라는 뜻이며 '아사달'과 거의 유사한 뜻을 갖고 있다.

원래 '古한반도 초기 신석기인 유형'이 한강문화에서 신석기시대 농업혁명을 시작하면서 농경과 직결된 '태양숭배' '밝'음(光明)애호 숭배사상을 형성 발전시켰는데, '古한반도 초기 신석기인 유형'에 함께 뿌리를 둔 '한' '맥' '예' 3부족이 결합하여 '고조선'을 개국할 때 수도 '아사달'이 있는 산을 큰 '밝달'(대박산·태백산·한밝달)로 이름 붙였기 때문에 '밝달'이 '아사달'과 동일 의미로 사용되어 '고조선' 나라의 대명사처럼 된 것으로 해석된다.

이 때문에 구한말에 쓰여졌다고 추정되는 비사류 자료에는 고조선의 처음 이름이 '밝달'(檀)이었다가 몇 년 후에 '아사달'(朝鮮)로 나라 이름을 개칭했다는 기록도 있다.[72]

'밝달'은 한자가 들어온 후 '白山'(백산), '白岳'(백악), '朴山'(박산), '朴達'(박달), '北岳'(북악), '檀'(밝달나무 단) 등 여러 가지 한자로 음차 표기되어 왔다.

《삼국유사》의 〈고기〉에는 고조선의 초기 도읍을 단지 '아사달'로만 기록하지 않고 '백악산 아사달'(白岳山 阿斯達)이라고 기록하였다. '백악산'과 '아사달'이 연속되어 있는 것이다. 이것은 고조선의 초기 도읍지를 비정하는 데 매우 중요한 참고가 된다.

《신증동국여지승람》을 보면 평안도 강동현(江東縣)조에 '대박산'(大朴山)과 '아(사)달산'(阿達山)이 연속되어 산이 있다.[73] 《강동군읍지》의 지도를 보면, '대박산'의 비탈이 거의 끝나는 기슭 옛 현청 동헌의 뒤에 '아달산'이 그려져 있다.[74] '대박산'(大朴山)이 '큰 밝달'(太白山의 뜻)과 동일한 것이고 '아달산'이 '아사달'임은 바로 알 수 있는 것이다.

---

72) 《帝王年代歷》, 〈戊辰 國人推戴神人爲君 定國號曰檀 … 都平壤 改國號曰朝鮮〉 참조.
73) 《新增東國輿地勝覽》 平安道 江東縣 古跡條 참조.
74) 《江東郡邑誌》(江東郡邑誌 謄書成册, 奎章閣圖書 No.10912) 앞면 〈江東郡邑誌圖〉 참조.

《신증동국여지승람》 강
동현 조에는 왕릉으로 ①
단군묘(檀君墓) ②고황제묘
(古皇帝墓)의 2개 고대왕릉
이 이 고문헌이 편찬된 15
세기까지 남아 있었다.75)
《신증동국여지승람》은 '단
군묘'가 15세기에도 둘레가
410척(약 123m)이라고 하
였다. 이 무덤의 매우 큰
규모는 이 무덤이 '거대 왕
릉'임을 알려주는 것이기도
하다. 단군묘 등 옛 왕릉이
2개나 15세기까지 남아 있

〈그림 4-3〉 강동 아사달의 탁자식 고인돌
1. 문흥리 2호 고인돌 2. 문흥리 1호 고인돌

는 곳은 옛 왕조의 도읍지가 아니면 있을 수 없는 일이다. 또한 《강동
군읍지》에는 강동현에 조선후기까지 '황제단'(皇帝壇)이라고 호칭하는 제천(祭
天)용 거대한 '제단'(祭壇)이 남아 있었는데, 둘레가 607척(약 182.2m), 높이
가 126척(약 37.8m)이라고 기록하였다.76) 이러한 거대한 제단은 여러
계단의 피라미드형 큰 제단일 수밖에 없었을 것이다.

　《신증동국여지승람》 강동현조의 기록을 자세히 검토해 보면, '왕궁
터'(대궐터)까지도 찾을 수 있다. 이 고문헌은 강동현의 마을들 가운
데서 특히 6개 마을을 별도로 '고적'(古跡)으로 분류했는데, ① 잉을사
향(仍乙舍鄕; 현의 남쪽 12리에 있다) ② 기천향(岐淺鄕; 현의 북쪽 3
리에 있다) ③ 반석촌(班石村; 현의 서쪽 20리에 있다) ④ 박달관촌
(朴達串村; 현의 북쪽 15리에 있다) ⑤ 마탄촌(馬灘村; 현의 서남쪽
30리에 있다) ⑥ 태자원(太子院; 현의 남쪽 25리에 있다) 등이다.77)

---

75) 《新增東國輿地勝覽》 平安道 江東縣 古跡條 참조.
76) 《江東郡邑誌》 古蹟조 참조.

이 6개 큰 마을들을 《동국여지승람》의 편찬자가 구태여 '고적'조에 분류한 것은 이 마을들이 아주 오래고 오래된 고적 같은 지역임을 알았기 때문일 것이다. 바로 이 6개 마을이 고조선 초기 수도 '아사달'의 시가지와 대체로 일치할 것이라고 생각된다.

이 6개 마을 가운데, 한자로는 풀리지 않고 '이두'로만 풀리는 마을이 '잉을사향'(仍乙舍鄕)이다. 이것을 이두식으로 풀어 읽으면, '임금집마을'='왕궁리'(王宮里)가 된다. 여기서 '仍'(잉)은 옛말 그대로 표기한다는 이두식 도입 표현이고, '乙'(을)은 '우르'='임금'〔王〕의 이두식 표기이며, '舍'(사)는 모든 종류의 집(궁궐 포함)을 표기하되 '마'로 읽으며, '鄕'(향)은 '마을'로서 위의 '마'(舍)와 연접하여 동리를 표기한다. '乙舍'(을사)가 '우르집'='왕궁'(王宮)이다. 즉 '잉을사향'(仍乙舍鄕)은 '왕궁리'(王宮里)이며, 이곳이 고조선의 왕궁이 있던 '터'임을 명칭으로 남겨져 전해온 것이다.[78] '잉을사향'(王宮里의 뜻)은 《신증동국여지승람》에 의하면 15세기에는 '용흥리'(龍興里)로 호칭되었다.[79]

또한 강동현에는 이곳이 아득한 옛날 어떤 왕조의 도읍이었음을 알리는 다른 흔적도 있었다. 예컨대 강동현에는 '황제굴' '태자원' 등과 같은 유적과 지명들도 남아 있었다.[80]

《강동군읍지》에는 현의 서쪽 10리 문흥리의 대로변 산정에 지금도 남아 있는 왕릉급 거대한 '고인돌'(支石墓)이 그려져 있어서,[81] 그 어떤 왕조가 바로 '고조선'(아사달)이었음을 알려주고 있다.

강동현은 고성(古城)을 2중으로 둘러쌓은 옛 도시였다. 《강동군읍

---

77) 《新增東國輿地勝覽》 平安道 江東縣 古跡條 참조.
78) 신용하, 《고조선 국가형성의 사회사》, pp.166~167 참조.
79) 《新增東國輿地勝覽》 평안도(平安道) 강동현(江東縣)조에서는 고려 인종 14년에 서경기(西京畿)에서 나누어 현을 설치했는데, 잉을사향(仍乙舍鄕)이 곧 지금(조선왕조)의 현내방(縣內坊) 용흥리(龍興里)이고, 반석(班石)이 곧 지금의 고천방(高泉坊) 반석리(盤石里)이며, 박달관촌(朴達串村)이 곧 지금의 구지방(區池坊) 용암리(龍巖里)이고, 마탄촌(馬灘村)은 지금의 마탄방(馬灘坊)이라고 설명하였다.
80) 《新增東國輿地勝覽》 平安道 江東縣 古跡條 및 《江東郡邑誌》 古跡條 참조.
81) 《江東郡邑誌》 古蹟條, 支石 참조.

지》에는 현의 서쪽 40
리에 고성(姑城)이 있
는데, 조선왕조 시대에
는 유지(遺址)만 남아
있다고 하였다.[82] '고
성'(姑城)은 '고모성'
'곰성' '검성'의 표기로
서, 단군시대의 유적임
을 시사하는 것이다.
또한 15세기에 편찬된
《동국여지승람》에는
(위의 성의 유적 외
에) '고읍성'(古邑城)이
남아 있다고 하면서,
"서강(西江) 동쪽에 있

〈그림 4-4〉 요동반도 '개주 아사달'의 탁자식 고인돌
1. 개주 석봉산 고인돌   2. 해성 석목성 고인돌

다. 토축(土築)의 둘레는 5,759척이며, 안에는 두 개의 우물이 있다"[83]고
기록하였다. 이 '고읍성'은 '고성'(姑城)보다 외곽에 있던 다른 성이었
다. 고읍성과 관련된 지명으로는 일제 강점기까지 석문동(石門洞)·고
성동(古城洞) 등이 남아 있었다. 이 성(城)이 '아사달'의 성이었다면
'아사달'은 큰 성곽도시(城市)였다.

　이상의 증거들에서 우리는 고조선의 첫 (초기) 도읍은 '강동 아사
달'이었음을 알 수 있다. 또한 강동 아사달은 2중으로 성을 쌓아 방어
한 큰 규모의 '성곽도시'였음을 유적을 통해 알 수 있다.

　고조선은 강동 아사달에 도읍을 정하고 건국 후에 요동·요서 지역
으로 진출함에 따라 여러 진출 지역에 '부수도'를 두었다.[84] 현재 밝

82) 《江東郡邑誌》姑城條 참조.
83) 《新增東國輿地勝覽》平安道 江東縣 古跡條.
84) 신용하, 〈고조선 국가의 요동·요서지역으로의 발전〉, 《고조선단군학》 제25
　호, 2011 참조.

힐 수 있는 부수도로서는 ①요동반도의 개주(蓋州)지구 ②요서지방의
창여(昌黎)현 험독(險瀆)지구 ③조양(朝陽)지구 ④동내몽고지방의 적봉
(赤峰)지구 등을 들 수 있다. 이 밖에 또 다른 지역에도 부수도를 두
었을 수 있다. 앞으로의 연구과제가 될 것이다.

《삼국유사》에 의하면, 고조선은 개국 후 2번 천도했다가 다시 '아
사달'로 돌아왔다고 하였다.[85] 천도는 부수도와 관련되어 있는 것으로
보이며, 이 경우에도 강동 아사달은 '원 도읍'으로서 계속 존속했었다
고 추정된다.

요컨대 고조선의 첫 도읍은 대동강 중류 동쪽 강동(江東) 아사달이
었고, 그 다음 천도한 둘째 번 도읍은 요동의 '개주(蓋州) 아사달'이었
다고 본다.

2. 고조선의 정치체제와 행정제도

1) 고조선의 건국제왕 '단군'과 군주제

(1) 실재했던 왕검 '단군'

고조선 국가의 개국 제왕은 《삼국유사》에서 인용된 《위서》(魏書)
및 《고기》(古記)의 기록과 같이 '단군'(壇君) 왕검이었다.[86] 《삼국사
기》(三國史記)에서는 '선인왕검'(仙人王儉)이라 하여,[87] 단군의 이름은
쓰지 않으면서도 내용은 동일한 뜻을 표시하였다. 《제왕운기》(帝王韻
紀)는 고조선의 시조를 '檀君'(단군)으로 기록하였다.[88]

---

85) 《三國遺事》 卷1, 〈紀異〉, 古朝鮮(王儉朝鮮)조 참조.
86) 《三國遺事》 卷1, 〈紀異〉, 古朝鮮(王儉朝鮮)조 참조.
87) 《三國史記》 卷17, 高句麗本紀, 東川王 21年조, 〈平壤者本仙人王儉之宅也. 或云王之都
王險.〉(평양은 본래 仙人王儉의 宅이다. 혹은 왕의 도성을 王儉이라 한다) 참조.

고조선 국가가 실재했음은 중국의 고문헌 《관자》(管子), 《산해경》(山海經), 《전국책》(戰國策), 《한서》(漢書) 등이 자기 시대에 실재한 국명 '조선'(朝鮮, 發朝鮮, 고조선)을 기록하였고, 유적유물로서 《동국여지승람》에 '단군묘'(檀君墓)의 실재 유적도 기록했으니, '단군'(檀君)은 실재했던 고조선 건국 제왕임에 틀림이 없다. 개국한 국가가 실재했는데, 개국한 주체인 '임금'이 실재한 것은 너무나 당연한 것이다.[89]

주목할 것은 '단군'(檀君)에는 두 가지 차원의 의미가 있다는 점이다.

첫째는 고조선을 개국한 제왕의 '고유명사'로서의 단군이다. 《삼국유사》에서 인용된 《위서》 및 《고기》의 기록과 《제왕운기》의 기록이 그 예이다.

둘째는 고조선의 역대 제왕 모두를 가리키는 '보통명사'로서의 단군이다. 《규원사화》(揆園史話)는 단군조선(고조선)의 47대 왕이름을 기록하면서 모두 'ㅇㅇ단군' 등으로 '단군'을 보통명사로 사용하였다.[90]

하나의 '제왕'의 용어를 '고유명사'와 '보통명사'의 2개 뜻으로 사용하는 용례는 근대 프랑스에서조차도 있었다.[91]

고유명사로서의 '단군'은 '한'족(환웅족, 태양숭배 부족, 새토템 부족) 한 갈래의 군장 환웅부친과 '맥'족(곰토템 부족)의 여족장 모친 사이에서 출생하여, '한족' '맥족' '예족'의 3부족을 연맹 결합시켜서 동아시아 최초의 고대국가인 '고조선'을 개국한 고유명사로서의 고조선 초대 '제왕'이었다.

환웅의 군장국가 시대에 '한'족과 '맥'족은 두 부족 군장의 혼인동맹에 의한 부족연맹이 이미 이루어졌다고 볼 수 있으나, 아직 '예'족은 포함되지 않았었다. 또한 환웅시대의 '한'족과 '맥'족의 연맹은 각각 별

---

88) 《帝王韻紀》 卷下, 〈前朝鮮紀〉 참조.

89) 신용하, 〈한민족의 형성과 단군에 대한 사회사적 고찰〉, 《단군학보》 제3호, 2000 참조.

90) 《揆園史話》, 檀君記 참조.

91) 프랑스어에서 'Empereur'를 대문자로 시작해 쓰면 고유명사 '나폴레옹'을 가리키고, 소문자로 시작해 'empereur'라고 쓰면 보통명사 '황제'를 가리킨다.

도의 부족에서 출생한 남군장과 여군장의 혼인동맹이었으므로, 그것은 부족연맹의 초기단계였다고 볼 수 있을 것이다.

그러나 한부족 남군장 환웅과 맥부족 여군장 사이에서 출생한 아들 '단군'이 장성하여 '고조선'국가를 개국했을 때에는, 단군의 친가 부족은 '한족'이고 외가 부족은 '맥족'이므로, 두 부족의 혈통을 모두 체현한 단군은 두 부족의 더욱 완전한 통합을 실현할 수 있었을 것이다. 또한 '단군'은 일정한 자치권을 주어 '예'족도 후국으로 통합할 수 있게 되었으므로, 단군은 '한·맥·예' 3부족 연맹을 성취한 강력한 제왕이 되어 '고조선'을 건국할 수 있었다고 해석된다.

고조선을 개국한 단군은 단순한 '왕'이 아니라 초기의 '제왕'(帝王)이었다. 단군은 선대의 혼인동맹의 결과로 통합된 한부족과 맥부족을 직접통치했을 뿐만 아니라, 예부족은 예족장에게 '후왕'(侯王)으로서의 일정한 자치권을 주면서 간접통치의 방법으로 연맹·통합했으므로, 단군은 직령지(한족과 맥족의 거주지)를 지배 통치함과 동시에 예족 후국(侯國)을 예족장(侯王)을 통하여 간접통치하는 제왕(帝王)이 된 것이었다.

필자는 여기서 단군이 소국의 '왕'이 아니라 후왕(侯王, 濊君)도 통치하는 '황제'(皇帝)의 성격을 가진 '제왕'(帝王)이었음을 지적하고자 한다. 전통시대에 '단군'에 한정해서 사용하던 '왕검'(王儉)의 용어는 왕과 임금을 겹친 뜻의 용어이기도 하지만, 내용은 '제왕' '황제'의 특성을 나타낸 용어라고 필자는 생각한다. 뒤에 고조선 이주민 상(商)의 지배층이 고중국에서 '한자'를 만들 때 '황제'를 '皇'(황)자로 표시했는데, 당시에는 동아시아 최초의 고대연방제국 고조선에만 '황제'가 있었으므로, '白'(밝달)자와 '王'(임금)자를 합성하여 '皇'자를 고안한 것이라고 필자는 해석한다. 처음에는 '皇'자가 바로 고조선 제왕을 나타낸 것이었다. 고중국은 BC 3세기 진시황에 이르러서야 첫 황제가 나오게 된다.[92]

---

92) 申采浩, 《朝鮮上古史》, 《改訂版丹齋申采浩全集》 상권, p.83에는 "또 楚辭에 據하여 東皇太一, 곧 檀君王儉을 祭하는 풍속이 湖北·浙江 등지에 많이 유행하였으므로"라고 하여, 고대에 '東皇太一'의 가사가 단군왕검을 제사할 때 '동이족'들이 불렀던 노래가사임을 밝히었다. 굴원(屈原)이 채록한 구가(九歌) 중의 첫

한편 보통명사로서의 '단군'(檀君)에는 몇 가지 의미가 통합되어 사용되었다.

(1) '밝달족 임금'의 뜻을 한자로 의역하여, '밝달나무 단'(檀)자의 '檀' 君(단군)으로 표기해서 보통명사 '밝달임금'으로서의 '단군'(檀君)으 로 사용함.

(2) 다음 맥족은 '하늘'[天]을 '탄'(tan)' '단(dan)'이라고도 말하므로 '천왕'(天王), '천제'(天帝)의 의미로 '단군'을 사용하는 용법이다. 이 경우에는 한자는 '제단 단(壇)'자의 '壇君'을 주로 사용함.93)

(3) 위의 두 의미를 통합, '박달족 천왕' '밝달족 천제'의 뜻으로 사용함.94)

고조선 개국시조 단군은 고조선의 직령지와 후국을 모두 통치하는 제왕으로서 정치적 군왕이었을 뿐 아니라, 또한 전국 규모의 제천(祭天)행사에서는 제사장(祭祀長, 祭主)이 되었다. 그러므로 단군을 선인왕검(仙人王儉)으로 기록한 고문헌도 있었다.95) 이 때문에 단군을 '무군'

노래제목인 이 '東皇太一'에 대해 그 후 '太一'을 신의 명칭으로 생각하여 선교(仙敎) 등에서 '太一神' '太乙神'으로 해석하였다. 그러나 이것을 문자대로 해석하면 "동쪽 나라 황제(단군왕검)가 맨 처음 (황제)일세"[東皇太一]라는 뜻의 단군왕검 찬가로 볼 수 있다. 이 '東皇太一'의 가사제목도 고대에 동아시아에서 "최초의 황제는 동쪽나라 고조선의 단군왕검"이라는 인식이 있었음을 시사해 준다고 할 것이다.

93) 《廣開土王陵碑》 비문에 〈惟昔始祖鄒牟王之創基也 出自北夫餘 天帝之子(이하략)〉라고 해서 고구려 시조 추모왕(고주몽)이 '天帝'의 아들이라고 기록했는데, 一然의 《三國遺事》 王曆 고구려조에는 〈東明王 甲申立 理十九年 姓高 名朱蒙(一作鄒蒙) 壇君之子〉라고 해서 추모왕이 '檀君'의 아들이라고 기록하였다. 즉 '天帝'와 '檀君'이 동일 의미로 사용된 것이다. 여기서도 '檀君'이 '天帝' '天王'의 의미를 갖고 있음을 확인할 수 있다고 본다.

94) 《揆園史話》는 1675년 북애자(北涯子)가 편찬한 고조선 비사류의 하나로 종래 간주되어 왔다. 이 책은 비록 17세기의 저서이기는 하나, 당시에는 전승되어 오던 《朝代記》 《震域遺記》 등의 고조선 왕세계(王世系)를 필사 참고했다고 했으므로, 다른 곳에서 동일 왕명의 기록이 나오면 교차 검증하여 사료로 사용할 수 있다고 본다. 최근 북한에서 발굴된 《成川誌》는 고조선 첫 도읍지 강동에 통합된 연혁도 있는 성천군읍지(成川郡邑誌)인데, 5개의 지명이 《揆園史話》의 고조선 왕명과 동일하다. 또한 《新增東國輿地勝覽》 平安道 成川都護部조를 필자가 대조해보니 《揆園史話》의 왕명과 동일한 2개 지명이 더 있었다. 그러므로 《揆園史話》의 고조선 단군왕세계는 일단 사료가치가 있다고 보아야 할 것이다.

95) 《三國史記》 卷17, 高句麗本紀, 東川王 21년조 참조.

(巫君)으로 보는 견해도 있었으나,[96] 이것은 정확한 견해는 아니라고 본다. 왜냐하면 모든 고대사회에서 전국 최고수준의 제천행사에서는 공식적으로 제왕이 제사장의 역할을 정치행사의 일부로 수행하지만, 그것은 '정치'의 일부였고, 일상적 '무군'은 아니었기 때문이었다. 고조선에서는 별도의 '소도'(蘇塗) 별읍에 '천군'(天君)을 따로 두어 일상적 '무군'의 일을 담당토록 한 별개의 제도가 성립되어 있었다.[97]

(2) 고조선의 군주제

'단군'을 개국 시조로 하는 고조선의 정치지배체제는 '군주제'였다.

《규원사화》(揆園史話)는 발해시대의 서책인 《조대기》(朝代記)와 고려시대의 서책인 《진역유기》(震域遺記, 23책)에 의거했다고 하면서, 단군조선의 47대에 걸친 왕의 세계(世系)를 기록하였다.[98] 최근에는 평

---

96) 崔南善, 〈檀君及其硏究〉, 《別乾坤》 1928년 5월호 설명.
97) ① 《後漢書》 卷85, 東夷列傳 韓傳.
　　② 《三國志》 卷30, 烏丸鮮卑東夷傳, 韓傳.
　　③ 《晉書》 卷97, 東夷列傳, 馬韓傳 참조.
98) 《揆園史話》 檀君記 참조. 이 문헌의 역대 단군 세계 일람표를 모으면 이와 같다.

〈표 4-2〉 《규원사화》에 기록된 단군조선 왕계

	제왕 이름	재위 연수	세습여부	《성천읍지》, 《신증동국여지승람》 등 지명 유무
1	단군(檀君)		개국시조	
2	부루(夫婁)	34	세습	《성천지》 부루골
3	가륵(嘉勒)	51	세습	
4	오사(烏斯)	49	세습	
5	구을(丘乙)	35	세습	
6	달문(達門)	32	세습	
7	한율(翰栗)	25	세습	
8	우서한(于西翰)	57	세습	일명 오사함(烏斯含)
9	아술(阿述)	28	세습	
10	노을(魯乙)	23	세습	
11	도해(道奚)	36	세습	
12	아한(阿漢)	27	세습	
13	흘달(屹達)	43	세습	《여지승람》 흘골산성, 흘골산
14	고불(古弗)	29	세습	《성천지》 고불

안도 성천읍의 읍지인 《성천지》(成川誌)와 《신증동국여지승람》 성천도
호부조에 기록된 지명(地名)에, 《규원사화》가 《조대기》와 《진역유기》에
서 인용했다고 기록한 고조선 역대 단군의 명칭 8개가 발견되고 있는
사실에 주목하여, 《규원사화》의 고조선 단군 세계를 불충분하지만 인
정하는 견해들이 증가하고 있다.[99]

15	벌음(伐音)	33	세습	
16	위나(尉那)	18	세습	
17	여을(余乙)	63	세습	
18	동엄(冬奄)	20	세습	
19	구모소(緱牟蘇)	25	세습	
20	고홀(固忽)	11	세습	《여지승람》 골령
21	소태(蘇台)	33	세습	
22	색불루(索弗婁)	17	세습	
23	아물(阿勿)	19	세습	
24	연나(延那)	13	세습	《성천지》 연나리 · 연나재
25	솔나(率那)	16	비세습(연나의 아우)	《성천지》 솔나마을
26	추로(鄒盧)	9	세습	
27	두밀(豆密)	45	세습	
28	해모(奚牟)	22	세습	
29	마휴(摩休)	9	세습	
30	나휴(奈休)	53	비세습(마휴의 아우)	
31	등올(登屼)	6	세습	
32	추밀(鄒密)	8	세습	
33	감물(甘勿)	9	세습	
34	오루문(奧婁門)	20	세습	
35	사벌(沙伐)	11	세습	
36	매륵(買勒)	18	세습	
37	마물(麻勿)	8	세습	
38	다물(多勿)	19	비세습(마물의 아우)	《성천지》 다물샘
39	두홀(豆忽)	28	세습	
40	달음(達音)	14	세습	
41	음차(音次)	19	세습	
42	을우지(乙于支)	9	세습	
43	물리(勿里)	15	세습	
44	구홀(丘忽)	7	세습	
45	여루(余婁)	5	세습	
46	보을(普乙)	11	세습	
47	고열가(古列加)	30	세습	

《규원사화》에 의하면 고조선 군주제는 '세습군주제'였다. 47대 단군 가운데서 아들에게의 세습이 44건, 아우에게의 세습이 3건이었다.

고조선 군주제의 세습제도가 '장자 세습'이었는지, 다른 제도였는지 는 분명치 않다.

《삼국유사》의 《고기》에 의하면, 환웅이 환인(하느님)으로부터 통치 권을 받을 때 증빙물로 '천부인'(天符印) 3개를 받았다고 기록되어 있 다.[100] 이것은 고조선 군주제의 세습제도와 관련되어, 단군의 고조선 개국 이후에도 후대 단군들의 통치권 증명의 증빙물(신표)로 사용된 것으로 보인다.

한반도와 만주지역 및 일본 규슈지역 옛 무덤에서 ① 청동 거울 ② 청동 단검 ③ 옥(곡옥 또는 환옥)이 동시에 한 벌로 출토되는 경 우가 가끔 있는데, 필자는 이것이 '천부인' 3개라고 생각한다.[101]

(1) '청동거울'은 해(태양)의 둥근 형태와 뒷면의 '햇빛무늬' 또는 '번 개무늬' 도안이 알려주듯이 그가(단군후손 또는 피장자) '천손'(天 孫)임을 상징한 것으로 해석된다.

(2) 청동단검은 단군 후손(또는 피장자)의 부계(父系)가 한족임을 상 징화한 유물로 해석된다.

(3) 옥(곡옥 또는 환옥)은 단군 후손(또는 피장자)의 모계(母系)가 맥 족임을 상징화한 유물로 해석된다.

즉 고조선의 단군계 후손의 통치자는 그가 천명을 받아 간직한 '천 손'(天孫)으로서, 부계는 한족이고, 모계는 맥족이며, 고조선의 정통 왕 손임을 증빙하는 증빙물이라고 상징화해서 신성시했던 것으로 해석되 는 것이다.

고조선의 개국 시조 단군은 서거 후에는 영혼이 산으로 들어가 산 신(山神)이 되었다가 해(태양)가 있는 '하늘'(한울)로 승천했다고 고조

---

99) 손영종, 〈단군 및 고조선 관계 비사들에 대한 이해-《규원사화》를 중심으 로〉, 《단군과 고조선연구》, 지식산업사, 2005, pp.489~496 참조.
100) 《三國遺事》卷1, 〈紀異〉, 古朝鮮(王儉朝鮮)條, 古記云 참조
101) 신용하, 《고조선 국가형성의 사회사》, pp.191~195 참조.

선 사람들은 생각하고 전승하였다.

고조선에서는 개국시조 단군 영혼의 '승천'이 신앙을 형성하게 되어, 하늘에는 조상신인 '단군신'(檀君神)이 계셔서 지상을 내려다 보면서 후손들인 고조선 사람들을 돌보아 주신다는 믿음을 형성하게 되었다.

이 신앙화된 개국시조 '단군신'은 발음이 '단굴'(Dangur)로도 전화되었다. '단'은 '단군'이면서 동시에 '하느님'의 뜻이다. '굴'(gur)은 맥족 용어로서 '집'(堂) '신성한 집'을 뜻하는 것이었다. 따라서 '단굴'은 조상신 '단군'이면서 동시에 '단군하느님' '단군님천당'의 뜻이 내포된 말이었다.

한족의 고대어 '한울'도 동일한 내용을 가진 말이었다. '한'은 고조선의 제왕의 호칭이기도 하며, '울'은 '집'의 뜻이었다. '한울'은 현대한국어에서는 '하늘'로 발음과 표기가 변천하게 된 것이다.

고조선의 '단군(굴)'신앙은 고조선이 한반도·만주의 요동·요서·동내몽고 지역, 연해주 일대로 진출하고, 고조선문명권이 형성됨에 따라, 고조선문명권에 속한 모든 민족과 부족들의 공통의 신앙이 되었다.

2) 고조선의 중앙정부와 지방제도의 조직

(1) 중앙정부의 조직

고조선의 초기 중앙정부의 조직은 '8가'(八加)제도가 기본제도였다. 이것은 정치행정을 8개부서로 나누어서, 제왕의 바로 아래에서 행정을 총괄하는 1개 수석 장관직(총리대신직)과, 다시 그와 함께 정사를 나누어 전문적으로 관장하는 7개 부서를 둔 제도였다. 이것은 단군8가제도(檀君八加制度)라는 통칭으로 오랫동안 전승되었다.[102]

단군의 고조선 8가제도는 선행했던 환웅 군장국가의 '3상5부제'를

---

102) 신용하, 〈고조선의 통치체제〉, 《고조선연구》 제1집(고조선학회), 지식산업사, 2008 참조.

개혁한 것이었다.[103]

《규원사화》가 설명한 단군8가제도를 간단히 요약하면 다음과 같다.[104]

① 호가(虎加) - 모든 가(加)들을 총괄 〔큰 아들 부루(夫婁)를 임명〕

② 마가(馬加) - 주명(主命) 담당 　　　〔옛 신지(神誌)씨를 임명〕

③ 우가(牛加) - 주곡(主穀) 담당 　　　〔고시(高矢)씨를 임명〕

④ 웅가(熊加) - 주병(主兵) 담당 　　　〔치우(蚩尤)씨를 임명〕

⑤ 응가(鷹加) - 주형(主刑) 담당 　〔둘째 아들 부소(夫蘇)를 임명〕

⑥ 로가(鷺加) - 주병(主病) 담당 　〔셋째 아들 부우(夫虞)를 임명〕

⑦ 학가(鶴加) - 주선악(主善惡) 담당 　　〔주인(朱因)씨를 임명〕

⑧ 구가(狗加) - 분관제주(分管諸州) 　　〔여수기(余守己)를 임명〕

위의 설명을 다음과 같은 그림으로 그려볼 수 있을 것이다.

단군의 8가제도는 환웅의 3상5부제보다 전문성이 더 분화되고, 고대국가의 행정체계·관료제도를 확립한 것이었다. 환웅의 3상5부제에는 군사와 국방 담당부서가 없었거나 독립되지 않았는데, 단군의 8가제도

---

103) 《三國遺事》卷1, 〈紀異〉, 古朝鮮(王儉朝鮮)조의 《古記》에서 인용된 부분에서는 〈古記云. 昔有桓因 庶子桓雄 數意天下 貪求人世 父知子意 下視三危太伯 可以弘益人間 乃授天符印三箇 遣往理之. 雄率徒三千 降於太伯山頂 神壇樹下 謂之神市. 是謂桓雄天王也. 將風伯雨師雲師 而主穀主命主病主刑主善惡凡主人間三百六十餘事 在世理化.〉라 하여, ① 풍백(風伯) ② 우사(雨師) ③ 운사(雲師)를 거느리고, 주곡, 주명, 주병, 주형, 주선악 등 무릇 인간 360여 가지 일을 주관하여 사람들을 다스렸다고 해서 3상오부제도의 막료(관료)제도를 가졌었음을 기록하였다. '풍백'의 伯자에서 이것이 제1재상이고, 나머지 둘은 師자를 써서 구분했으므로 우사, 운사는 보좌하는 재상임을 알 수 있다. 그들의 명칭이 모두 '기후'와 관련되어 있음은 그들의 사회경제가 농경의 기초 위에 있었음을 시사해 준다. 穀, 命, 病, 刑, 善惡 앞에는 매번 '主'자를 넣어 칸막이 친 것은 이들이 분립된 5개 부서였음을 나타내는 것이라고 볼 수 있다. 환웅의 직계 후(아들)인 고조선의 단군은 이 제도를 개선하여 '8가제도'를 만들었다고 볼 수 있을 것이다.

104) 《揆園史話》, 檀君記 참조. 이 자료의 8가제도의 존재는 다른 자료에서도 확인된다. 그러나 이 직무 '가'에 임명된 초대 '가'의 성명은 장소와 시대가 다른 곳에서 나타나기 때문에, 이 글에서는 '8가제도'만 취하고, 그 임명된 초대 '가'의 성명은 더 검토하기로 보류해 둔다.

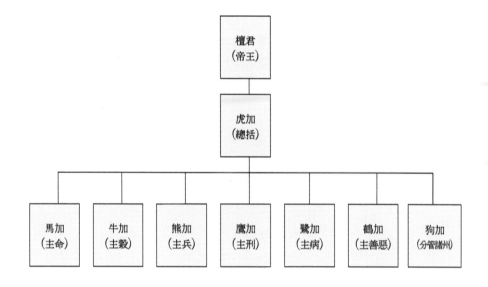

〈그림 4-5〉 단군의 8가제도의 구성

는 '웅가'(熊加)라는 군사·국방 담당 부서를 신설하여 독립시켰다. 또한 환웅의 중앙정부 조직에는 지방행정을 관리하는 부서가 없었는데, 단군은 '구가'(狗加)라는 지방행정 전담 부서를 신설하였다. 군사·국방 담당 전문부서의 독립설치는 고조선이 '고대국가'임을 보여주는 증거의 하나가 된다. 또한 지방행정 전담부서의 독립 설치도 역시 고조선의 고대국가의 성격을 증명해 주는 것이다.

단군의 8가제도는 환웅의 3상5부제에서 '풍백'(風伯, 총괄 수석대신)을 보좌하던 '우사'(雨師)와 '운사'(雲師)를 폐지하고, 총괄 수석대신인 '호가'(虎加)의 권력을 한층 더 강화하였다. 비유하면 하나의 총리대신제를 둔 것이었다.

그 결과 단군의 8가제도는 환웅의 3상5부제에 비하여, 제왕의 단일 총리대신을 경유한 제왕권력이 강화되고, 한편 중앙정부 행정의 역할 분화는 실무 5개부서가 7개 부서로 분화되어 더욱 발전한 것이 되었다. 이것은 고조선의 고대국가로서의 발전을 반영한 것이었다고 볼 수 있다.

또한 환웅의 3상5부제에서 3상의 호칭은 '기후'와 관련된 바람·비·구름 등의 풍백(風伯) 우사(雨師) 운사(雲師)로서 한족의 선진적 농경의 상징과 직결된 것이었는데 비하여, 단군의 8가제도에서는 8가의 호칭을 가축과 동물의 이름을 빌려 사용하였다. 이것은 고조선의 건국 과정에서 한족이 제왕을 내었지만, 동물 토템을 애호 숭상하는 맥족 및 예족과 연맹해서 국가를 건국한 사실과 관련된 것이며, 또한 농경과 함께 가축사육의 시작과도 관련된 것으로 해석된다. 또한 한족은 해(태양)숭배 부족이었지만 동물 토템으로서는 새(鳥)를 애호했기 때문에 '매'(鷹加)와 '학'(鶴)도 부서 호칭에 관련시키게 되었다고 해석된다.

고조선의 단군8가제도는 시간의 경과에 따라 약간의 수정이 가해졌겠지만, 기본 골격은 그대로 지속되어 온 것으로 보인다. 이 제도의 영향이 고조선문명권 지역에서 후대까지 보이기 때문이다.

예컨대 일본의《고사기》(古事記)의 개국설화에는 일본의 개국 시조왕 신무(神武)가 동정(東征)할 때에, 신무는 천손이므로 천제(天帝)가 '야다가라쓰'(八咫鳥)를 보내어 길안내를 시켰다는 전설이 기록되어 있다.105)

일본의 첫 왕족은 '변한'(弁韓)의 '변진미오야마나'(弁辰彌烏耶馬那)의 왕족 계통이 일본열도에 건너간 것이므로, 이 때 '야다가라쓰'는 '8가'(八加)를 상징적으로 표현한 것이라고 필자는 해석하고 있다.106)

또한 고조선 후국이었던 읍루(挹婁)의 후예인 여진(女眞, 만주족)은 통치조직과 군사조직을 '8기제'(八旗制)로 만들어 관리하였다. 고조선의 8가제도의 영향의 흔적이라고 해석된다.

---

105)《古事記》神武紀 참조. 여기서 '8가제도'의 존재는 다른 곳에서도 확인된다. 그러나 그 초대 담당 '가'의 성명은 다른 곳에서 확인되지 않은 성명이 많으므로 필자는 이 부분을 보류해 두고 있다.

106)《古事記》神武紀의 '야다'(八咫)가 '八'(고대 한국어 야듧, 여덟)에 해당하고, '가라쓰'(鳥)가 '가'(加)에 해당한다고 본다. 고조선·부여·고구려의 왕의 측근 신하들의 한자 인명으로 자주 나오는 '鳥'의 '가마귀'도 '가'(加)와 관련된 표현으로 해석된다. 수사인 고대 한국어 '야듧'과 고대 일본어 '야다'가 동일 계통이고, '가마귀'와 '가라쓰'가 모두 '가'로 시작됨을 주목할 필요가 있다.

위만조선 시기에 중국과의 교류의 영향으로 '상'(相)의 명칭이 도입되기 시작하는데, 이때 고조선의 중앙 대신제도가 처음 시작되는 것은 전혀 아니다. 고조선 언어의 '가'(加, 伽, 可)가 바로 고중국 언어의 '상'(相)으로서, 민족의 언어가 상이함에 따른 호칭 언어의 상이가 있었을 뿐이었다. 고조선이 동아시아 최초의 고대국가였으므로, 오히려 고조선의 '8가제도'(8개 부서제도)가 중국의 고대 상(相)제도보다 훨씬 앞서 이른 시기에 정립된 것이었다.[107)

고조선의 중앙정부 조직의 8가제도·관료제도는 고조선이 고대국가라는 명료한 증거가 된다.

(2) 직령지의 지방제도

고조선의 지방제도는 직령지의 지방제도와 후국제도로 나누어 볼 수 있다.

고조선 직령지의 지방제도는 크게 '읍'(邑)과 '락'(落)으로 구성되어 있었는데, 이를 합하여 '읍락'(邑落)으로 통칭하여 기록되었다. '읍'은 사람들이 집중적으로 매우 많이 모여 거주하는 지역(도시)의 호칭이고, '락'은 대개 30호 정도 단위의 촌락을 가리키는 호칭이라고 해석

---

107) 《史記》卷〈朝鮮列傳〉과 《三國志》魏書, 烏桓鮮卑東夷列傳 韓傳 등에 인용된 《魏略》등을 자료로 사용하면서 많은 연구자들이 고조선이 BC 4세기 후반인 準임금 때에 이르러서야 侯로부터 처음으로 王을 칭하고, 처음으로 '大夫'博士'相'(朝鮮相, 尼谿相… 등) '裨王'大臣'將軍' 등의 관직제도를 실시하기 시작한 것으로 오해하고 있다. 《史記》《三國志》《後漢書》《魏略》 등이 이러한 류의 설명을 붙인 것은 관직에 중국식 호칭을 채용하기 시작한 것을 마치 관직 자체가 이 때 시작한 것처럼 중국 중심 위주의 관점에서 방자하게 왜곡한 것에 지나지 않는 것이다. 고중국에서 '王' 호칭을 말하기 전에 고조선은 개국 때부터 이미 '검'(임검, 王) '한'(王) '커서한'(大王) '단굴'(天帝, 天王)의 고조선 제왕 호칭이 있었고, '가'(相), 두만(將軍)의 관직 호칭이 있었다. 서양 학자들이 조선왕조시대에 조선에 대해 글을 쓰면서 조선에서는 'King'이라는 말, 'minister'라는 용어가 없으니 '왕'도 없고 '대신'이란 관직도 없다고 쓰면 무지한 망발이 되는 것과 마찬가지로, 중국식 관직 호칭이 BC 4세기~BC 2세기에 채용되기 시작하니 고조선과 그 관직제도가 이때 성립되었다고 설명하는 것도 유사한 망언이 되는 것이다.

된다. 여러 가지 자료에서 고조선의(일부 후국 포함) '읍'과 '락'은 다음과 같이 구분되었다고 볼 수 있다.

① 도읍(都邑): 아사달. 고조선의 처음 수도. 제왕(帝王) 단군(檀君)이 이 수도에서 통치하였다. 고조선은 도읍을 몇 차례 천도하고, 영역이 확대됨에 따라 부수도를 두었다.

② 국읍(國邑): 직령지에서는 대읍(大邑)으로서 신지(臣智)가 있어 통치하고,[108] 후국에서는 후국의 도읍지로서 그 후국(侯國)의 후(侯, 小王)가 이곳에서 통치하였다.

③ 별읍(別邑): 국읍의 부근에 별도로 소도(蘇塗)라는 신앙·종교의 별도의 읍을 두고, 천군(天君)이라고 호칭한 신앙담당자를 우두머리로 두어, 시조신 단군(檀君; 天神)의 신앙과 의식·의례를 담당하게 하였다. '소도별읍'은 신성시되었다.[109]

④ 소읍(小邑): 국읍 이외의 작은 읍으로서 중소 규모의 집단거주지(소도시)였다. 소읍의 지위와 세력에 따라 우두머리를 검측(儉側, 또는 險側) 그 다음은 번지(樊秖), 더 작은 읍의 우두머리는 살해(殺奚)라고 호칭하였다.

⑤ 촌락(村落): 읍에 행정적으로 부속된 '마을'로서 우두머리는 읍차(邑借, 촌장에 해당)라고 불린 것으로 해석된다.

---

108) 《後漢書》 卷85, 東夷列傳, 韓조, "여러 작은 별읍에는 각각 거수(渠帥)가 있으니, 강대한 자를 신지(臣智)라 하고, 그 다음은 儉側(검측), 그 다음은 樊秖(번지), 그 다음은 殺奚(살해), 그 다음은 邑借(읍차)가 있다.";《三國志》 卷30, 魏書, 烏丸鮮卑東夷傳, 韓條, "(馬韓에는 나라마다) 각각 장수(長帥)가 있어서 세력이 강대한 자는 스스로 臣智(신지)라 하고, 그 다음은 邑借(읍차)라고 하였다. …… 그리고 여러 韓國의 臣智(신지)에게는 읍군(邑君)의 印綬(인완)를 더해주고, 그 다음 사람에게는 읍장(邑長)의 (벼슬을) 주었다.";《三國志》 卷30, 魏書, 烏丸鮮卑東夷傳, 弁辰條, "弁辰도 12國으로 되어 있다. 또 여러 작은 별읍(別邑)이 있어서 각각 渠帥(거수)가 있다. (그 중에서) 세력이 큰 자는 臣智(신지)라 하고, 그 다음에는 儉側(검측)이 있고, 그 다음에는 樊濊(번예)가 있고, 다음에는 殺奚(살해)가 있고, 다음에는 邑借(읍차)가 있다."

109) 《三國志》 卷30, 魏書, 東夷傳, 韓조 및 《後漢書》 卷85, 東夷列傳, 韓조 참조.

고조선의 직령지에서는 각 지방의 각층 '읍락'의 '우두머리'를 '거수'(渠帥)라고 통칭하였다. 이 호칭은 '제후'(諸侯)와는 다른 것이다. '제후'는 고조선의 제왕이 간접통치를 하는 '후국'의 우두머리에 한정된 호칭인데 비하여, '거수'는 고조선의 제왕와 후국의 제후가 통치하는 국읍부터 촌락에 이르기까지 각급의 지방행정 단위의 장(長)인 '신지' '검측' '번지' '읍차'를 모두 포함하여 통칭하는 고조선 말 '우두머리'의 한자번역이었다고 볼 수 있다.110) 그러므로 촌락의 촌장은 '거수'의 하나이기는 하나 절대로 '제후'는 아닌 것이다.

고조선 국가·제왕과 중앙정부의 입장에서는 직령지 이외에 후국들도 간접통치의 지방제도로 간주될 수 있었다. 후국제도는 고조선국가를 일종의 '고대연방국가'체제로 만든 제도였다고도 볼 수 있다. 고조선 후국제도는 고조선문명의 공간적 구성의 중심 부분의 하나이므로 독립된 장을 설정하여 고찰하기로 한다.

---

110) 《三國志》 卷30, 魏書, 烏丸鮮卑東夷傳, 弁辰조의 "여러 작은 별읍에 각각 거수가 있는데, 세력이 큰 자는 신지, 그 다음에는 검측, 그 다음에는 번예, 그 다음에는 살해, 그 다음에는 읍차가 있다"는 요지의 기록은 거수는 모든 지방 읍장과 촌장을 가리키는 통칭임을 알려주고 있다. '거수'는 '크다' '커서'와 동일 계통의 한국 고대의 한자 표기라고 보며, 한자로 의역하면 '대인' '장수'의 의미라고 볼 수 있다.

제5장 고조선의 '고대연방제국'으로의 발전

1. 고조선의 후국제도에 의한 '고대연방제국'으로의 발전

고조선은 BC 30세기~BC 24세기에 동아시아 최초의 고대국가로 형성될 때 처음부터 '후국'제도를 채택하였다. 여기서 후국(侯國)은 고조선 제왕이 제후(諸侯) 또는 후왕(侯王)을 통하여 간접적으로 통치하는 복속 국가 또는 지역을 가리키는 것이다.

고조선은 앞서 여러 차례 쓴 바와 같이 ① 한 ② 맥 ③ 예 3부족의 연맹 결합에 의하여 성립될 때, 한족과 맥족의 혼인동맹에 의해 하나로 융합한 데 비해서, 예부족은 고조선 제왕의 통치 아래 결합하면서도 예부족군장이 자율적 자치권을 갖고 일종의 '후왕' '후군'(侯君)의 지위와 대우를 받으면서 건국에 참여하였다.

그러므로 고조선의 단군은 처음부터 왕이면서 동시에 '제왕'이 되었으며, 예족은 고조선 제왕의 간접통치를 받음과 동시에 직접적으로 예의 후왕의 지배 아래 있었다. 예족의 후국의 지위는 고조선이 BC 108년 멸망할 때까지 지속되었다.[1]

고조선은 동아시아 최초의 고대국가였기 때문에 한반도에서 건국된 후 만주의 요동·요서·연해주 일대로 진출해 나감에 따라 '후국'제도가 더욱 필요하게 되었다. 그 이유는 이 지역의 다수의 부족장들이

---

[1] 예(濊)의 군장 남여(南閭)가 고조선 국가 해체기에 28만 구(口)를 거느리고 있으면서도 '위만'세력의 고조선 통치에 불복종하다가 한 무제의 침략을 받았을 때 '위만조선'을 위해 싸우지 않고 투항해 버리는 사실에서도 그 증거의 하나를 확인할 수 있다.

새로운 형태의 고대국가에 ① 자발적 복속 ② 투항 ③ 점령 ④ 군장 교체 등의 과정을 겪게 되면서, 간접통치 방식의 제후의 임명과 후국 제도의 실시가 자연히 더욱 요청되어 확대되고 일반화했기 때문이다.

고조선은 이에 후국제도를 활용하면서 '고대연방제국'으로 비교적 짧은 기간에 크게 발전하였다. 그러나 고조선 고대연방제국은 '현대연 방제국'처럼 치밀하게 잘 조직된 것이 아니라, 당시 미발달했던 교통· 통신수단과 낮은 수준의 사회정치 조직기술에 관련되어 느슨하게 묶인 '연맹적' 성격의 연합체였다.

고조선의 후국 '후왕'의 임명 방식에는 ① 기존 부족장의 후왕 임 명 ② 고조선 제왕의 왕족의 파견 ③ 기존 부족장에게 제왕의 왕족여 자를 출가시켜 '고추가'(사위 후왕)를 삼는 방법 ④ 점령지에서 점령 에 공훈이 큰 그 지역 '대인'을 임명하는 방법 등이 있었다.

고조선의 후국제도의 실시는 아래 요소도 더하여 고조선의 영역이 비교적 단기간에 확대되는 데에 큰 작용을 하였다.

① 각 지역 부족장의 지위와 지배의 변동 없이 고조선 국가에 편입되 므로, 그 부족의 지역이 비교적 용이하게 고조선 후국으로 들어와서 고조선 영역에 포함되었다.

② 각 지역 부족들이 선행시기에 이미 각종 '소통'이 가능한 동일 계 통의 '古한반도 초기 신석기인 유형(밝족 유형)'의 사람들이었으므 로 고조선 후국으로의 통합이 더 용이하였다.[2]

---

2) '古한반도 초기 신석기인 유형'의 용어와 개념은 동아시아 지역의 고대문명 사의 과학적 연구를 위해 필자가 만든 것이다. 이 용어는 지구의 빙기-간빙 기-빙기의 연속된 반복(약 5만 년 전~약 1만 년 전) 과정에서 북위 약 40 도선 이남의 古한반도 '동굴지대'를 중심으로 생존하여 말기 구석기시대~초 기 신석기시대에 상호 교류하면서 형성된 古한반도 초기 신석기인들의 공동 의 문화유형을 가리킨다. 古한반도 초기 신석기인 유형은 소련 고고학자들과 사회인류학자들이 만든 '古아시아족'(Paleo-Asiatics) 개념과는 다른 것이다. 古아시아족은 시베리아 일대에 거주한 선사시대의 아시아계 부족·민족들에게 붙인 명칭으로서, 동아시아 고대민족들의 '시베리아 기원설'과 결합되어 있는 개념이다. 그러나 시베리아는 빙기가 끝난 1만 2,000년 이전에는 사람이 거 주할 수 없는 동토였고, 선사시대의 시베리아 거주인들은 신석기시대 중·후

③ 고조선이 동아시아 '최초의' 고대국가로서 선진적 정치조직이었기 때문에 아직 국가형성 단계 이전에 있던 부족들의 후국으로의 편입이 더 용이하였다.

④ 후국제도로 말미암아 당시의 낮은 수준의 교통수단으로서도 지리적으로 원거리에 있는 부족들을 고조선이 안심하고 간접통치할 수 있었다.

⑤ 고조선의 후국제도는 각 부족과 지역의 기존 통치 질서의 대부분을 인정하면서 '간접통치'를 실시하는 것이었으므로 당시 미발달한 교통·통신과 낮은 수준의 통치 기술의 조건에서도 고조선 통치질서에 대한 '저항'을 최소화할 수 있었다.

고조선 국가 조직이 후국제도를 채택했다 할지라도, 고조선의 중앙 정부와 후국의 관계는 그것이 간접통치일 뿐이지 본질적으로 '지배·종속'의 관계였으며, '중앙과 주변'의 관계였다. 오직 그 통치유형이 직접지배가 아니라 간접지배라는 것뿐이었다.

고조선 후국들의 고조선 중앙 본국에 대한 의무는 ① 전쟁 시의 군사 동원 ② 군사장비의 공납 ③ 군량 제공 ④ 특산물의 공납 ⑤ 전국 대회 참가 ⑥ 신앙·종교의식 참가 등과 같은 것이었다.

한편 고조선 후국들이 고조선 중앙 본국으로부터 받는 혜택은 ① 군사적 보호 ② 후국 제후의 지배질서와 권위 보장 ③ 선진적 경제와 기술의 전수 ④ 선진적 문화의 전수와 지원 ⑤ 각종 명분의 제공 등과 같은 것이었다.

고조선 중앙 본국과 후국의 관계를 그림으로 그리면, 입체적으로는 피라미드형 삼각형으로서 고조선 제왕(단군)이 항상 정상에 있고, 그 아래 각급 후국들이 수직적으로 종속되어 있는 형태였다.

─────────

기와 고대에 남쪽으로부터 북으로 이주해 들어간 사람들이다. 古한반도 초기 신석기인들이 흥안령 이동과 시베리아 등 동아시아 주민들의 신석기시대·청동기시대 주민들의 기원이라고 필자는 보고 있다.

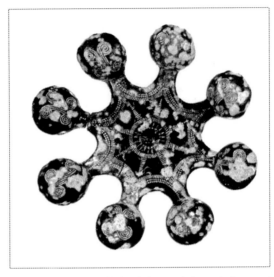

〈그림 5-1〉 고조선문명의 천군(天君)의 의기 8주령에 도안된 고조선과 8방 후국
들의 관계 상징

　이것을 평면으로 그리면, 고조선 본국이 정중앙에 있고, 다수의 후
국들이 그의 지배와 영향을 받으면서 주변에 연결되어 있는 것이었다.
　고조선의 후국 진국 지역의 '천군'(天君)이 사용했던 의기에 고조
선과 후국들의 이러한 관계를 평면으로 도안한 것이 있다. '천군'의 8
주령에서 '중앙'의 '해'(태양)는 고조선 본국과 단군을 상징하는 것이
고, 중앙의 '햇빛'을 받은 주변의 연결된 8방의 작은 '해'(태양)들은
고조선의 지배를 받는 8방 후국들을 상징한 것으로 해석된다(〈그림
5-1〉 참조). 한국에서는 고조선이 1개 중앙 본국과 8방의 주변 소국
들의 9개국 체제로 되어 있었다는 전통적 의식이 존재해 왔다. 또한
고중국에서는 동이(東夷)가 9개족으로 구성되어 있어서 구이(九夷)라
는 별명이 있는 것으로 의식해 왔다.
　그러므로 고조선의 국가 조직은 일종의 느슨한 연맹국가적 '고대연
방제국'이라고 할 수 있다.

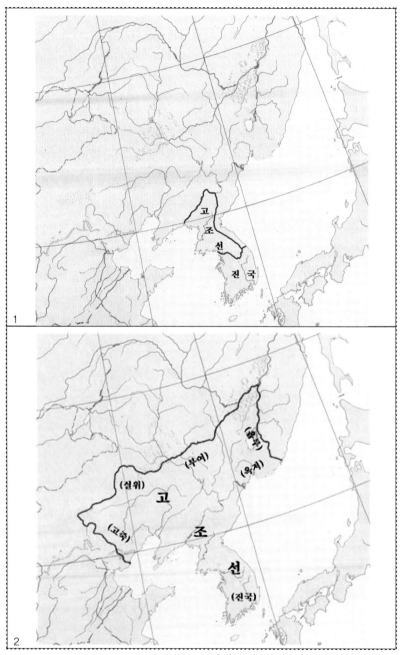

〈그림 5-2〉 고조선의 초기 영역
1. 고조선 개국 제1단계 2. 제2단계

이러한 느슨한 연맹국가적 고대연방제국의 강점은 고대제국의 중앙 본국이 비교적 안전하고 안정화된다는 것이다. 한편 약점은 고조선 중앙 본국이 강력하고 후국들을 통제할 수 있는 시기에는 문제가 없지만, 중앙 본국이 쇠약해지고 지방 후국이 강성할 때에는 후국의 분리독립이 용이하게 된다는 것이다.3)

그러므로 고조선의 제왕들은 쇠약해질 때에도 제국의 보전을 위해 왕족의 혈연을 강조하고, 제후와 후왕들을 혈연적 유대로 결속하려 했으며, 딸과 손녀들을 후왕에게 출가시켜 '고추가' 제후들을 만들려고 시도하였다.

고조선의 '후국'제도는 '봉건'제도와 유사하지만,4) 봉건제도와 성격이 약간 다른 측면이 있었다. 봉건제도의 핵심은, 제왕이 군사적 점령지 또는 복속지의 토지를 영주에게 봉해주는 '봉토'(封土) 하사이다. 한편 후국제도에서는 봉토는 거의 없고, 이미 기존의 지역 지배 통치권을 승인 하사하는 정치·군사적 성격이 강한 것이 특징이라고 할 수 있다.

고조선의 대표적 후국으로서는 남으로 진국(辰國), 북으로 부여(夫餘), 동으로 옥저(沃沮), 서로 고죽(孤竹)을 4대 후국으로 들 수 있으며, 이 밖에도 수십 개 다수의 후국들이 있었다.

---

3) 고조선의 고대 연방제국 유형은 근대국가의 '연방제'와 유사한 고대형태라고 볼 수 있다. 소로킨(Pitirim A. Sorokin)은 다닐레프스키(Nikolai Danilevsky)가 문명을 '역사적·문화적 유형들'(historico-cultural types)로 보았으며, 문명의 형성과 발전의 5대 법칙 가운데 제4법칙에서 "특정 역사적-문화적 유형의 문명은 그 민족구성원들이 다양한데 다양한 민족적 요소들이 하나의 단일 정치체에 삼켜져버리는 것이 아니라 독립성을 누리고, 연방제나 국가연합체제를 형성할 때 충실하고(fullness) 다양하며(variety) 풍요로운(richness) 전성기에 도달한다"고 서술했다고 해설하였다. 후국제도의 장점을 지적한 것이라고 볼 수 있다. ① Pitirim A. Sorokin, *Social Philosophies of an Age of Crisis*, The Beacon Press, 1951, p.60. ② 최근 러시아어판 번역으로는 니콜라이 다닐렙스키·이혜승 역, 《러시아와 유럽》, 지식을 만드는 지식, 2009, p.19 참조.

4) 《揆園史話》檀君紀는 고조선을 봉건제도로 설명하였다. 이와는 관계없이 사회사에서 봉건제도는 일반적으로 중세의 봉건제도로 해석되어 혼란이 일기 때문에, 여기서는 세계사의 보편적 개념으로 '후국제도'의 용어를 채택하였다.

고조선이 古한반도에서 건국되어 고조선 고대연방제국의 최전성기에 이를 때까지의 과정을 3단계로 나누어 볼 때, 제1, 2단계의 영역을 〈그림 5-2〉와 같이 대강 그려 볼 수 있다. 손진태 교수의 '고조선 지도'5)는 필자가 그린 제1·2단계와 유사하다. 진국과의 접경이 남한강과 금강으로 되어 있는 것이 특징의 하나이다.

2. 고조선 후국제도의 2유형

고조선의 크고 작은 수십 개의 후국들은 이를 '제1형 후국'과 '제2형 후국'으로 나누어 볼 수 있다.

유형 분류의 기준은 ① 고조선 통치권 편입시기의 선후관계 ② 고조선 중앙정부와의 정치적 거리의 상대적 멀고 가까움 ③ 고조선어(古朝鮮語)에 대한 통합의 정도 등이다.

제1형 후국은 고조선에 매우 일찍 후국으로 편입되어 고조선 본국(직령지, 밝달조선, 發朝鮮)의 중앙정부와 정치적 거리가 상대적으로 가깝고, 고조선어를 많이 사용하는 후국들이다.

제1형 후국으로는 우선 ① 부여(夫餘) ② 진국(辰國) ③ 고죽(孤竹) ④ 옥저(沃沮) ⑤ 청구(靑丘) ⑥ 불령지(弗令支) ⑦ 불도하(不屠何) ⑧ 개국 때 참가하지 않았던 나머지 맥(貊)과 예(濊) ⑨ 동호(東胡) ⑩ 오환(烏桓) ⑪ 선비(鮮卑) ⑫ 고막해(庫莫奚) ⑬ 양맥(良貊) ⑭ 구려(句麗) ⑮ 비류(沸流) ⑯ 개마(蓋馬) ⑰ 구다(句茶) ⑱ 행인(荇人) ⑲진반(眞潘) ⑳ 임둔(臨屯) 등을 들 수 있다.

제2형 후국은 고조선 후국으로 편입된 시기가 상대적으로 늦고, 고조선 본국 중앙정부와 정치적 거리도 상대적으로 멀며, 고조선어와 구

5) 孫晉泰,《우리나라 역사와 민속》(남창손진태선생 유고집, 최광식 엮음), 지식산업사, 2012, p.160.

조 및 체계는 동일하면서 어휘는 부족어휘를 많이 사용하는 후국들이
다. 제2형 후국으로는 우선 ㉑ 읍루(挹婁) ㉒ 산융(山戎) ㉓ 유연(柔
然) ㉔ 정령(丁零·鐵勒·원突厥) ㉕ 오손(烏孫) ㉖ 실위(室韋) 등을 들
수 있다.

그러나 고조선 후국의 제1형 후국과 제2형 후국의 분류는 엄격하
고 명료한 것은 아니므로, 해석 여하에 따라서는 제1형을 제2형으로
볼 수도 있고, 그 반대로도 볼 수 있다.[6]

고조선의 주요 후국들은 '고조선 본국'을 중심에 놓고 방위별로 다
시 분류해보면 대체로 다음과 같이 정리해 볼 수 있다.[7]

① 고조선의 중앙본국: 조선(직령지, 밝달조선, 發朝鮮, 고조선)
② 고조선의 남부 후국: 진(辰·震)국
③ 고조선의 동부 후국: 옥저(沃沮)·읍루(挹婁)
④ 고조선의 북부 후국: 부여(夫餘)
⑤ 요동지역 후국: 양맥(良貊)·구려(句麗)·비류(沸流)·개마(蓋馬)·구다
(句茶)·행인(荇人)·임둔(臨屯)
⑥ 요서지역 후국: 고죽(孤竹)·불영지(弗令支)·불도하(不屠何)·청구(青
丘)·진반(眞潘)·동호(東胡)·원오환(原烏桓)·선비(鮮卑)·고막해(庫莫奚)·
원정령(原丁零)·오손(烏孫)
⑦ 동내몽고지역 후국: 산융(山戎)·원유연(原柔然)·실위(室韋)

고조선의 통치영역에 반드시 후국들을 포함해야 한다고 본 선학은
신채호 선생이었다.[8]

이를 지도 위에 그려서 후국들의 위치를 재정립해 보면 다음 지도
그림(황색)과 같이 비정하면서 고조선 연방국가 국경의 개략적·기본적

---

6) 신용하, 《고조선 국가형성의 사회사》, pp.282~304 참조. 필자는 위의 저서에
서 제기한 유형분류를 더 명료히 하고, 동시에 후국들의 두 유형에서 분류도
순서와 귀족에 약간의 수정을 하였다.
7) 신용하, 《고조선 국가형성의 사회사》, pp.264~304 참조.
8) 申采浩, 《朝鮮上古文化史》, 《改訂丹齋申采浩全集》 상권, p.401.

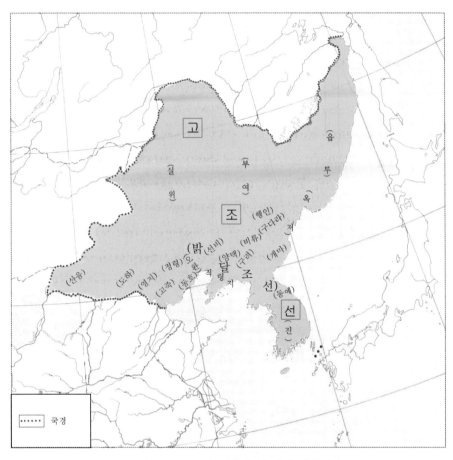

〈그림 5-3〉 고조선 영역의 제3단계 최전성기

공간 범위를 표시할 수 있을 것이다.[9]

　　고조선의 후국들은 먼저 고조선 국경의 공간적 범위를 결정하고, 동시에 고조선 문명권의 범위를 결정하는 가장 큰 구성 요소가 되었다고 볼 수 있다.

---

9) 신용하, 〈고조선문명권의 공간적 구성〉, 《고조선문명의 학제적 연구 1차년도 연차보고서》(2013년 선정 한국학특정분야 기획연구), 2014. 7. p.27의 〈그림 17〉 참조.

3. 고조선의 제1형 후국

고조선 후국들의 각각을 설명하려면 방대한 책이 필요할 것이므로, 여기서는 몇 개 후국을 뽑아서 고조선 본국과 고조선문명에 관계된 고리만을 간단히 설명하기로 한다.

1) 부여(夫餘)

부여(夫餘)는 고조선(단군조선) 개국 후, 고조선 개국에 참여했던 '예'족과 '맥'족의 일부가 매우 이른 시기에 세운 고조선 후국이었다.

'부여'에 관심이 많아 연구했던 박은식은 일찍이 부여의 역사가 약 2,000년이라고 하였다.[10] 박은식의 시대에 일제 어용사가들은 중국 고문헌 《삼국지》《후한서》의 저자들이 인식하여 기록한 말기의 부여를 부여 개국연대로 취하여 BC 3세기~BC 2세기에 부여가 형성되었다고 설명하였다. 한국 학계가 아직도 부여의 형성 시기를 매우 늦게 BC 3세기경으로 보는 것은 사실과 일치하지 않은 것이다.

부여는 중국 고문헌에서는 불여(不與), 불이(不而), 비여(肥如), 불이(不二), 부역(鳧繹, 중국 발음 '부이'), 부여(扶黎) 등으로 기록되어 나오다가 점차 '夫餘'로 표기되었다. 부여의 한자표기가 통일되어 있지 않은 것은 夫餘(부여)의 나라 이름이 순수한 고조선어·부여어의 음차(音借) 한자 표기임을 나타내는 것이라고 볼 수 있다.

《후한서》부여전은 "(부여국은) 본래 濊(예)의 땅이다"[11]라고 하였다. 또한 《삼국지》위서 부여전은 지금 부여의 창고에 옥으로 만든 보물들이 여러 대를 거쳐 전해져 내려오고 있는데 선대 왕이 내려준 것이라고 하면서, "그 도장에 '예왕지인'(濊王之印)이란 글귀가 있다. 나

---

10) 朴殷植, 《韓國痛史》, 《白巖朴殷植全集》(백암박은식전집 편찬위원회) 제1권, p.118 및 p.740 참조.
11) 《後漢書》 卷85, 東夷列傳, 夫餘傳,〈夫餘國 …… 本濊地也.〉참조.

라 가운데 '예성'(濊城) 이름의 성(城)이 있으니, 아마도 본래 예맥(濊貊)의 땅이었는데, 부여가 그 가운데서 왕이 되었으므로 자기들 스스로 '망명해 온 사람'[亡人]이라고 말하는 이유가 여기에 있는 듯하다"[12]고 기록하였다.

또한 《진서》(晉書) 부여국조에서는 "그 나라는 매우 부강하여 선대로부터 다른 나라와의 전쟁에서 패한 일이 없다. 그 왕(王)의 인장에는 '예왕지인'(濊王之印)이라는 글이 새겨져 있다. 나라 가운데에 '옛 예성'[古濊城]이 있으니, 그것은 본래 예맥(濊貊)의 성(城)이다."[13]라고 기록하였다.

후대의 간단한 기록이지만 들은 대로 적은 위의 기록은 부여국의 기원에 대해서 중요한 사실을 시사하고 있다.

즉 부여국은 원래 예(濊)족이 처음 건국한 나라였다는 사실이다. 《삼국지》와 《후한서》를 집필한 당시까지 부여국 안에 옛 예족왕의 부여 시기의 수도인 옛 예성[古濊城]이 남아 있었다. 예왕지인(濊王之印)의 예족왕의 인장도 남아 있었다. 창고에는 예족왕이 만들어 사용했던 각종 옥 보물들이 남아 있었다.

그 훨씬 후 어느 때인가 외부(서북방)로부터 망명해 들어온 맥(貊)족 장수의 정변에 의해 예족왕은 왕위를 찬탈당한 것으로 추정된다. 즉 '맥족왕의 부여'가 시작된 것이다. 그러나 맥족왕은 예족왕으로부터 계승의 정당성을 예족들에게 보이기 위해 인장은 여전히 예왕지인(濊王之印)의 인장을 사용했던 것으로 해석된다. 이때부터 부여의 주민은 예족과 맥족이 섞여 사는 나라가 되고 점차 맥족 주도의 후국이 된 것으로 추정된다.

그러므로 우리는 예족왕계 시대의 부여를 전부여(前夫餘)라 볼 수 있고, 맥족왕계 시대의 부여를 후부여(後夫餘)라고 볼 수 있다.

---

12) 《三國志》卷30, 烏丸鮮卑東夷傳, 夫餘傳,〈其印文言 '濊王之印'. 國有故城名濊城 蓋本濊貊之地 而夫餘王其中 自謂亡人 抑有似也.〉참조.
13) 《晉書》卷79, 列傳 第67 四夷, 夫餘國,〈其王印文稱 '濊王之印'. 國中有古濊城 本濊貊之城也.〉참조.

예족왕계 시대의 전부여는 아직 밝혀진 것이 없으므로 앞으로의 연구과제가 될 것이다. 고고유적과 유물들은 일부 남아 있고 앞으로 계속 발굴될 것이므로 결국은 구명될 것이다. 현재 중국 고문헌에 보이는 부여의 내용은 대부분 맥족왕계의 후기 부여의 사실들에 대한 단편적 기록들이다.

후기 부여는 맥족의 한 갈래인 '탁리'(橐離)족이 남하하여 북류 송화강 유역의 예족의 성인 예성(濊城)에 도읍을 정하고 세운 '북부여'이다. 이 북부여를 보통 부여라고 통칭하며, 중국 고문헌도 '夫餘'로서 대체로 통일하여 표기하였다. 박은식은 이 북부여의 역사를 약 2,000년(BC 15세기~AD 5세기)으로 본 것이다.

《논형》(論衡) 길험편은 부여(북부여)의 개국 설화를 다음과 같이 수록하였다.

> 옛날 북쪽에 탁리(橐離)라는 나라가 있었다. 탁리국 왕의 시녀가 임신을 했는데, 왕이 (부정한) 그녀를 죽이려 하자, 그녀는 "달걀만한 크기의 (햇빛) 기운이 나에게 떨어졌기 때문에 임신을 하였습니다"라고 변명하였다. 그 뒤에 (그녀는) 아들을 낳았다. 왕이 그 아이를 돼지우리에 버리자 돼지가 입김을 불어주어 죽지 않았다. 아이를 마굿간에 옮겨놓았으나 말도 입김을 불어주고 죽지 않았다. 왕은 (그 아이가) 천제(天帝)의 아들일 것이라고 생각하여 그 어미에게 거두어 기르게 하며, 이름을 동명(東明)이라 하고, (자라자) 말을 사육하도록 하였다. 동명은 (자라면서) 활을 잘 쏘았으므로, 왕은 (동명이) 자기 나라를 빼앗을까 두려워하여 (동명을) 죽이려고 하였다.
> 이에 동명은 달아나서 남쪽의 엄표수(掩淲水)에 당도하여 활로 물을 치니 물고기와 자라가 떠올라서 다리를 만들어 주었다. 동명이 물을 건너간 후, 물고기와 자라가 흩어져 버려 추격하던 군사는 건너지 못하였다. 동명은 부여 지역에 도읍하여 왕이 되었다. 그러므로 북이(北夷)에 부여(夫餘)국이 있게 되었다.[14]

---

14) 《論衡》, 吉驗篇.

《후한서》는 주로 BC 5세기경의 부여를 다음과 같이 서술하였다.

부여는 동이 중에서 가장 평탄하고 넓은 곳으로 토질은 5곡이 자라기에 알맞다. 名馬(명마)와 赤玉(적옥)과 담비·살쾡이가 생산되며, 큰 구슬의 크기는 마치 대추와 같다.

木柵(목책)을 둥글게 쌓아 城(성)을 만들고, 宮室(궁실)과 창고와 감옥이 있다. 그 나라 사람들은 체격이 크고, 굳세고 용감하며, 근엄·후덕하여 (다른 나라를) 쳐들어 가거나 노략질하지 않는다. 활·화살·칼·창으로 병기를 삼으며, 六畜(육축)의 이름으로 官名(관명)을 지어 馬加(마가)·牛加(우가)·狗加(저가) 등이 있으며, 그 나라 읍락은 모두 諸加(제가)에 소속되었다.

음식을 먹고 마시는 데는 俎豆(조두)를 사용하며, 회합 때에는 拜爵(배작)·洗爵(세작)의 禮(예)가 있고, 출입 시에는 揖讓(읍양)의 禮(예)가 있다. 臘月(납월, 12월)에 지내는 제천행사에는 연일 크게 모여서 마시고 먹으며 노래하고 춤추는데, 그 이름을 迎鼓(영고)라고 한다. 이때에는 刑獄(형옥)을 중단하고 죄수를 풀어준다. 전쟁을 하게 되면 그때에도 하늘에 제사를 지내고, 소를 잡아서 그 발굽을 가지고 길흉을 점친다. 밤낮없이 길에 사람이 다니며, 노래하기를 좋아하여 노랫소리가 끊이지 않는다.[15]

또한 《삼국지》 위서는 부여에 대해 다음과 같이 서술하였다.

그 나라 사람들은 가축을 잘 기르며, 名馬(명마)와 赤玉(적옥), 담비와 가죽[狄] 및 아름다운 구슬이 산출되는데 크기는 대추만 하다. 활·화살·칼·창을 병기로 사용하며, 집집마다 자체적으로 갑옷과 무기를 보유하였다.

그 나라의 노인들은 자기네들이 옛날에 (다른 곳에서) 망명한 사람들이라고 말한다. 城柵(성책)은 모두 둥글게 만들어서 마치 감옥과 같다. 길에 다닐 때는 낮에나 밤에나, 늙은이 젊은이 할 것 없이 모두 노래를 부르기 때문에 하루 종일 노랫소리가 그치지 않는다.

전쟁을 하게 되면 그때도 하늘에 제사를 지내고, 소를 잡아서 그 발굽을 보아 길흉을 점치는데, 발굽이 갈라지면 흉하고 발굽이 붙으면 길하다

---

15) 《後漢書》 卷85, 東夷列傳 第75, 夫餘國條 참조.

고 생각한다. 적군(의 침입)이 있으면 諸加(제가)들이 몸소 전투를 하고,
下戶(하호)는 양식을 져다가 음식을 만들어 준다.[16]

위의 기록은 서기전 5세기경의 것이나 그 이전의 관행과 풍속도
설명하고 있는 것으로 볼 수 있다.

박은식은 "檀君(단군) 뒤에 解扶婁(해부루)가 북부여에 나라를 세
웠으니 즉 지금의 봉천 開原(개원)현이다. 그 후 나뉘어 동부여와 졸
본부여로 갈라졌으며, 북부여는 나라를 누린 것이 매우 오래되었으니
2,000년에 이른다."[17]고 하였다.

박은식은 북부여족은 곧 단군조선의 후예의 하나인데, 북부여는 다
섯 지류로 나누어졌다고 하였다. 즉 한 지류부여는 부여족에 전해졌
고, 한 지류부여는 규봉족(圭封族)과 합해졌으며, 한 지류부여는 고구
려족에 전해졌고, 한 지류부여는 백제족에 전해졌으며, 한 지류부여는
선비족(鮮卑族)에 전해졌다.[18] 선비족도 크게 부여족의 한 지류라고
본 것은 박은식 견해의 특징이라 할 수 있다.

신채호는 부여를 매우 중시하여 고조선(단군조선)의 적통(嫡統)으
로 전차(傳次)한 것이 부여왕조이고 부여라고 강조하였다.[19]

2) 진국(辰震國)

진국(辰國)은 古한반도 한강문화에서 기원한 '한'족이 한반도 북서
부에서 '고조선'을 건국한 지 바로 얼마 후에 한반도 중남부 지역에
세운 고대국가였다. 즉 진국은 한족의 고대국가였다.

辰(진)국의 국명 '辰'은 '큰' '크다'의 뜻이라고 해석된다. 고조선어
에서 '큰' '크다'에는 '한' '커' '신'의 세 표현이 있었는데, '신'을 한자

16) 《三國志》卷30, 魏書, 烏丸·鮮卑·東夷傳 30, 夫餘傳 참조.
17) 朴殷植, 《韓國痛史》, 《白巖朴殷植全集》제1권, 118쪽 및 740쪽 참조.
18) 朴殷植, 《檀祖事攷》, 《白巖朴殷植全集》제4권, 548쪽 및 608쪽 참조.
19) 申采浩, 《讀史新論》, 《改訂版丹齋申采浩全集》상권, pp.481~486 참조.

로 고대 중국인들이 '辰'으로 표기한 것으로 해석된다. '辰'의 중국 상고음도 '신'이었다. 그러므로 정약용이 "열수(한강) 이남을 韓(한)국이라고 일컫고 또한 진(辰)국이라고도 일컫는다. 즉 동방의 삼한(三韓)의 땅이다"[20]라고 서술한 것은 '한'과 '辰'이 모두 '큰'의 같은 뜻이며, 辰국도 한족이 세운 국가였음을 시사한 정확한 설명이었다고 볼 수 있다. 즉 진국은 곧 한국이었다.

진국의 건국 시기는 늦어도 BC 2,000년기라도 해석된다. 한족이 북상한 '환웅' 일족이 '맥' 및 '예'족과 결합하여 늦어도 BC 24세기경에 朝鮮(고조선)을 개국했는데, 당시 다른 유적·유물에서 남북 사이에 활발한 문화교류가 있었음이 증명되는 상태에서, 바로 얼마 후 시기에 古한반도 중남부 지역에서 유사한 고대국가를 건국했으리라고 보는 것은 당연한 것이다.

그러나 종래 한국·중국 학계는 그러나 중국 고문헌의 기록에 영향을 받아 진국의 건국을 겨우 BC 2세기경으로 보는 근시적 해석에 빠져 있다. 진국을 언급한 중국의 대표적 고문헌은 《사기》(史記), 《후한서》(後漢書), 《삼국지》(三國志) 등이다. 고중국은 한(漢)나라 무제가 고조선을 침략한 무렵에야 그 이남의 진국에 대한 지식이 생겼기 때문에, 이 시대부터 진국이 문헌 기록에 들어간 것뿐이다. 진국의 건국 시기는 훨씬 이전인 고조선 건국 직후 무렵이라고 보아야 할 것이다. 그러므로 진국의 건국 시기는 고고학·사회인류학·사회학·민속학·언어학적 관점에서 유적·유물의 발굴과 연구에 의거해 새로 해석되어야할 것이다.

《사기》(송나라본)에는 위만조선의 마지막 왕 우거왕이 '진번'(辰番) 옆의 '辰國'(진국)이 천자를 알현하겠다는 편지를 가로막아 통하지 못하게 했다고 기록하면서 처음으로 진국의 실재 국명만 언급하였다.[21]

---

20) 丁若鏞, 《與猶堂全書》, 我邦疆域考3, 三韓總考, 〈洌水以南謂之韓國 亦謂之辰國 即東方三韓之地也.〉 참조.

21) 《史記》 卷115, 朝鮮列傳,〈傳子至孫右渠 所誘漢亡人滋多 又未嘗入見 辰番旁辰國欲上書見天子 又擁閼不通.〉 참조.

《후한서》는 '한'을 서술하여, "한(韓)은 3종이 있으니, 첫째 마한(馬韓), 둘째 진한(辰韓), 셋째 변진(弁辰)이다. 마한은 서쪽에 있는데 54국이 있으며, 그 북쪽은 낙랑(樂浪), 남쪽은 왜(倭)와 접해 있다. 진한은 동쪽에 있는데 12국이 있고, 그 북쪽은 예맥(濊貊)과 접해 있다. 변진은 진한의 남쪽에 있고, 역시 12국이 있으며, 그 남쪽은 왜와 접해 있다. 모두 78개국으로 된 나라로서 백제(伯濟)는 그 가운데 하나이다. 큰 것은 만여 호, 작은 것은 수천 가(家)인데, 각기 산과 바다 사이에 있어서 전체 국토의 넓이가 사방 4천여 리나 된다. 동쪽과 서쪽은 바다를 경계로 하니 모두 옛 '辰國'이다〔皆古之辰國也〕. 마한이 가장 커서 그 종족들이 진왕(辰王)으로 공립(共立)하고 목지국(目支國)에 도읍하여 전체 삼한(三韓) 땅의 왕을 다하였다. (삼한의) 여러 나라 왕의 선대는 모두 마한 종족의 사람이다."[22]라고 기록하였다.

《후한서》의 위 기록은 비록 AD 2-3세기의 것이지만, 진국(辰國) 시대의 전래된 사실도 많은 것을 알려주고 있다.

(1) 삼한은 모두 옛날의 진국〔皆古之辰國〕에서 분화되어 나왔다. 즉 처음 세워진 나라는 진국(辰國)이고, 그 후 진국에서 마한·진한·변한이 분화되어 나왔다. 이 가운데 마한이 가장 큰 나라이다.

(2) 진국의 도읍은 목지국(目支國)이었다. 삼한으로 분화된 후에는 목지국은 마한의 도읍이 되었다. 인구는 약 1만여 호(평균 1호 5인의 전제이면, 인구 약 5만여 명)의 가장 큰 도시였다.

(3) 진국은 고대 군주제국가로서 진왕(辰王)이 전체 진국(그후의 3한 지역)을 다스렸으며, 진국의 왕이었다. 진왕은 처음에는 한족이 함께 추대하여 세운 왕이었다. 그 후 세습제로 되어 진왕족(辰王族)이 삼한으로 분화된 후에도 진한과 변진의 왕으로 되었다.

---

22) 《後漢書》卷85, 東夷列傳, 韓傳,〈韓有三種: 一曰馬韓, 二曰辰韓, 三曰弁辰. 馬韓在西, 有五十四國 其北與樂浪 南與倭接. 辰韓在東 十有二國 其北與濊貊接. 弁辰在辰韓之南 亦十有二國 其南亦與倭接. 凡七十八國 伯濟是其一國焉. 大者萬餘戸 小者數千家 各在山海間 地合方四千餘里 東西以海爲限 皆古之辰國也. 馬韓最大 共立其種爲辰王 都目支國 盡王三韓之地. 其諸國王先皆是馬韓種人焉.〉참조.

(4) 진국의 크기는 사방 약 4천리이다. 북으로는 고조선 및 예맥과 접
하고 남으로는 바다 건너 왜와 접하였다. 그 안에서 78개 소국으로
구성되어 있었다.

(5) 진국은 후에 분화하여 마한·진한·변한의 3한으로 나누어졌는데,
서쪽의 마한이 가장 커서 54개국이었고, 동쪽의 진한과 남쪽의 변진
은 각각 12개국이었다.

여기서 '목지국'(目支國)은 진국의 수도였고, 후에는 마한의 수도였
으므로, 지금의 충청도·전라도 일대의 어느 고도(古都)였다.[23] '目支'는
중국상고음으로 '무치'(muchi)인데 도읍(都邑)의 뜻으로 해석된다. 고
조선계열 투르크족의 일부가 고조선 해체 후 서방으로 이동하여 지금
의 위구르지역(신강성)에 정착하여 수도를 '우루무치'에 정했는데, '우
르'가 '왕'이고 '무치'가 '도읍'에 해당하여, '우루무치'는 '왕도'(王都)를
의미한다고 필자는 해석하고 있다.[24] 진국의 무치국도 진국의 왕도라
는 뜻이라고 본다. 목지(무치)국이 충청도·전라도의 어느 곳인가가 앞
으로의 연구과제이다.

《삼국지》에는 진국의 마한(지역)에 속한 54개국을 기록하였다.[25]

---

23) 《三國志》卷30, 魏書 烏丸鮮卑東夷傳, 韓條에서는 '月支國'이라고 기록되어 있다.
이 글에서는 《後漢書》의 '目支國'을 택하였고, '月支國'의 '月'은 '目'의 필사 때
의 오자라고 보았다.
24) 고조선 고어 '무치'는 일본어에서는 '마치'(町)로 남아 있는데, 원래는
'town'의 뜻이었다. 목지국(目支國)을 《三國志》에 따라 '월지국(月支國)'으로 읽
어도 큰 뜻은 '우르무치'를 벗어나지 못하며, '도읍'의 뜻이라고 해석된다.
25) 《三國志》卷30, 魏書, 烏丸鮮卑東夷傳, 韓傳 참조. ① 원양국(爰襄國) ② 모수국
(牟水國) ③ 상외국(桑外國) ④소석색국(小石索國) ⑤ 대석색국(大石索國) ⑥
우휴모탁국(優休牟涿國) ⑦ 신분고국(臣濆沽國) ⑧백제국(伯濟國) ⑨ 속로불사
국(速盧不斯國) ⑩ 일화국(日華國) ⑪ 고탄자국(古誕者國) ⑫ 고리국(古離國)
⑬ 노람국(怒藍國) ⑭ 월(목)지국(月支國 또는 目支國) ⑮ 자리모로국(咨離牟
盧國) ⑯ 소위건국(素謂乾國) ⑰ 고원국(古爰國) ⑱ 막(모)로국(莫盧國) ⑲
비리국(卑離國) ⑳ 점리비국(占離卑國) ㉑ 신흔국(臣釁國) ㉒ 지침국(支侵國)
㉓ 구로국(狗盧國) ㉔ 비미국(卑彌國) ㉕ 감해비리국(監奚卑離國) ㉖ 고포국
(古蒲國) ㉗ 치리국국(致利鞠國) ㉘ 담로국(冉路國) ㉙ 아림국(兒林國) ㉚ 사
로국(駟盧國) ㉛ 내비리국(內卑離國) ㉜ 감해국(感奚國) ㉝ 만로국(萬盧國) ㉞

여기서 '국'(國)은 오늘날의 '국가'(state)가 아니라 '군'(郡)과 유사한 행정 단위의 당시 용어로 간주해도 무방한 것이었다.

또한 진한(지역)에 속한 12개국과[26] 변진(지역)에 속한 12개국 명칭을 기록해 놓았다.[27] 이러한 소국들은 큰 나라는 1만여 호나 되고, 작은 나라는 수천 가가 되었다.

이러한 소국(小國)들은 지방고을[郡]과 같은 것으로서, 비단 3한시대의 지방고을 소국일 뿐 아니라, 일찍이 진국시대의 78여 개 고을소국을 삼한별로 분류하여 기록한 것으로 해석된다. 원래 지방 고을은 자연발생적으로 신석기시대부터 오랜 기간에 걸쳐 형성되어, 진국 고대국가 시대에 지방행정제도에 편입되었을 것이기 때문이다.

《삼국지》는 진국(辰國)을 '진한(辰韓)'만의 옛 나라로 해석하기 쉽게 기록되어 있고,[28] 후의 《책부원구》(册府元龜)는 "마한은 옛날의 진국이다"[29]라고 하여 '마한'만이 옛날의 진국인 것처럼 해석하기 쉽게

비리국(辟卑離國) ㉟ 사오단국(臼斯烏旦國) ㊱ 일리국(一離國) ㊲ 불미국(不彌國) ㊳ 지반국(支半國) ㊴ 구소국(狗素國) ㊵ 첩로국(捷盧國) ㊶ 모로비리국(牟盧卑離國) ㊷ 신소도국(臣蘇塗國) ㊸ 막(모)로국(莫盧國) ㊹ 점랍국(占臘國) ㊺ 임소반국(臨素半國) ㊻ 신운신국(臣雲新國) ㊼ 여래비리국(如來卑離國) ㊽ 초산도비리국(楚山塗卑離國) ㊾ 일란국(一難國) ㊿ 구해국(狗奚國) (51) 불운국(不雲國) (52) 불사분사국(不斯濆邪國) (53) 원지국(爰支國) (54) 건마국(乾馬國) (55) 초리국(楚離國)

26) 《三國志》 卷30, 魏書, 烏丸鮮卑東夷傳, 弁辰傳 참조. 《三國志》에서는 辰韓 12개국과 弁辰 12개국의 24개국을 통합하여 기록한 것을 여기서는 12개국씩 나누어 수록하였다. ① 이저국(已柢國) ② 불사국(不斯國) ③ 근기국(勤耆國) ④ 난미리미동국(難彌離彌凍國) ⑤ 담해국(冉奚國) ⑥ 군미국(軍彌國) ⑦ 여담국(如湛國) ⑧ 호로국(戶路國) ⑨ 주선국(州鮮國) ⑩ 사로국(斯盧國) ⑪ 우유국(優由國) ⑫ 마연국(馬延國)

27) 《三國志》 卷30, 魏書, 烏丸鮮卑東夷傳, 弁辰傳 참조. ① 변진미리미동국(弁辰彌離彌凍國) ② 변진접도국(弁辰接塗國) ③ 변진고자미동국(弁辰古資彌凍國) ④ 변진고순시국(弁辰古淳是國) ⑤ 변진반로국(弁辰半路國) ⑥ 변진낙노국(弁辰樂奴國) ⑦ 변진미오야마국(弁辰彌烏邪馬國) ⑧ 변진감로국(弁辰甘路國) ⑨ 변진구야국(弁辰狗邪國) ⑩ 변진주조마국(弁辰走漕馬國) ⑪ 변진안야국(弁辰安邪國) ⑫ 변진독로국(弁辰瀆盧國)

28) 《三國志》 卷30, 魏書, 烏丸鮮卑東夷傳, 韓傳,〈(韓)有三種 一日馬韓 二日辰韓 三日弁韓. 辰韓者 古之辰國也.〉 참조.

29) 《册府元龜》 外臣部, 卷957,〈馬韓古之辰國也.〉 참조.

기록했으나, 삼한 모두가 옛날의 진국으로 전체를 보아 해석하는 것이 정확한 것이다.

정약용은 "옛날 처음 한강 이남의 땅을 통칭하여 진국(辰國)이라 했고, 나누어 말한즉 삼한(三韓)이라 했다고 본다"[30]고 설명하였다.

정약용의 설명에 선후의 시간개념을 도입하면, 한강 이남의 최초의 고대국가로서 처음에 진국(辰國)이 형성되었고, 이것이 후에 마한·진한·변한의 삼한으로 나누어진 것으로 해석되는 것이다.

진(辰)국의 지역인 후의 3한의 상태에 대하여 중국 고문헌은 다음과 같이 기록하였다.

(1) "(한에는) 여러 작은 별읍(別邑)에 각각 거수(渠帥)가 있으니, 강대한 자를 신지(臣智)라 하고, 그 다음은 검측(儉側), 그 다음은 번지(樊秖), 그 다음은 살해(殺奚), 그 다음은 읍차(邑借)가 있다."[31]

(2) "(마한에는 나라마다) 각각 장수(長帥)가 있어서 세력이 강대한 자는 스스로 신지(臣智)라 하고, 그 다음은 읍차(邑借)라고 하였다. …… 그리고 여러 한국(韓國)의 신지(臣智)에게는 읍군(邑君)의 인완(印綬)를 더해주고, 그 다음 사람에게는 읍장(邑長)의 (벼슬을) 주었다. …… 그 풍속은 기강이 흐려서 국(國)에 비록 주수(主帥)가 있을지라도 읍락(邑落)에 뒤섞여 살기 때문에 제대로 다스리지 못하였다."[32]

(3) "변진(弁辰)도 12개국(國)으로 되어 있다. 또 여러 작은 별읍(別邑)이 있어서 각가 거수(渠帥)가 있다. (그 중에서) 세력이 큰 자는 신지(臣智)라 하고, 그 다음에는 검측(儉側)이 있으며, 그 다음에는 번예(樊濊)가 있고, 다음에는 살해(殺奚)가 있고, 다음에는 읍차(邑借)가 있다."[33]

---

30) 丁若鏞,《與猶堂全書》1集 23卷, 雜纂集, 文獻備考刊誤,〈案古初漢南之地 統云辰國 分而言之則三韓.〉참조

31)《後漢書》卷85, 東夷列傳, 韓傳 참조.

32)《三國志》卷30, 魏書, 烏丸鮮卑東夷傳, 韓傳 참조.

진국의 주거집단은 크기와 조직에 따라 읍(邑)과 락(落)으로 대체로 다음과 같이 구성되어 있었다. 이것을 통칭 '읍락'(邑落)이라고 하였다.

(1) 국읍(國邑): 직령지에서는 대읍(大邑)으로서 신지(臣智)가 있어 통치하고, 후국에서는 후국의 도읍지로서 그 소국(小國)의 후(侯, 小王)가 이곳에서 통치하였다.

(2) 소도별읍(蘇塗別邑): 큰 나무 위에 새〔鳥〕모형을 올려놓고, 방울과 북을 매달아 천신(天神)을 섬기는 성스러운 특별 고을이었다. 천신 제사를 주재하는 담당자를 천군(天君)이라 하였다.

(3) 소읍(小邑): 국읍 이외의 별읍(別邑)으로서 중소 규모의 집단거주지였다. 소읍의 지위와 세력에 따라 우두머리를 검측(儉側, 또는 險側) 그 다음은 번지(樊秖)라고 불렀다.

(4) 읍(邑): 더 작은 읍으로서 우두머리를 살해(殺奚)라고 호칭하였다.

(5) 촌락(村落, 또는 邑落): 읍에 행정적으로 부속된 마을로서 우두머리를 읍차(邑借, 촌장에 해당)로 불린 것으로 해석된다.

국읍(國邑)·소읍(小邑)·읍(邑)·읍락(邑落)의 우두머리를 고조선말의 한자소리 표기로 '거수'(渠帥)라고 불렀다. 거수에 해당하는 다른 한자 표기로는 '신지'(臣智) '장수'(長帥) '주수'(主帥) '대인'(大人) 등이 나온다. '거수'는 현대 한국어의 '큰' '커다란'과 동일 계통의 고대어로서, 신라왕 호칭의 '거서간'(居西干)의 '거서'(居西)와 동일 계통의 고대어이다. '거서한'은 '대왕'(大王)의 고대어라고 볼 수 있다. 이러한 관점에서 거수의 가장 근접한 한자 번역 표기는 '신지'(臣智) '대인'(大人)이며, 한자 혼용 표기는 '장수'(長帥)라고 해석된다.

소도별읍의 제사 담당자는 천군(天君)이라고 불렀다. 소도별읍은 천신(天神)을 제사하는 일종의 성역(聖域)이어서, 도망자가 들어가도 지방관원이 들어가 체포해 나올 수 없는 별읍이었으므로[34] 천군의 권

---

33) 《三國志》 卷30, 魏書, 烏丸鮮卑東夷傳, 弁辰傳 참조.

력도 상당히 컸다고 추정된다.

소도별읍의 표시는 입구에 세운 '솟대'였다. 蘇塗(소도) 자체가 진국어 '솟대'의 한자 표기라고 해석된다.[35] 솟대는 높은 나무 장대 위에 반드시 새〔鳥〕를 앉힌 형상이었다. 새의 숫자는 셋이 표준이었으나, 그 후의 민속을 보면 크기에 따라 1~5개 자유롭게 사용되었다.

고중국에서 해가 처음 떠서 아침을 맞는 나라를 '부상국(扶桑國)'이라 했는데, 필자는 이때의 '桑'이 '솟대'를 형상화한 글자이고 '扶'는 '붉음' '밝음'의 음차 표기라고 보며, 부상국은 진국(辰國)을 가리키는 상징적 별명이었다고 본다.

진국과 고조선을 산업에서 비교하면, 진국은 온난한 기후와 비교적 비옥한 토지의 자연환경 위에 가장 이른 시기에 신석기시대 농업혁명을 계승한 지역이어서 벼·밀·보리·콩·조·수수·들깨 등 오곡의 농경 및 양잠과 가축사양이 매우 발전한 반면에, 고조선은 청동기 금속 수공업과 목축이 진국보다 훨씬 더 발전하였다. 뿐만 아니라 고조선은 한족이 주도하면서 맥족 및 예족과 결합하고, 서쪽과 북쪽의 다른 부족(종족)과 경쟁·갈등 속에서 성장했기 때문에 정치조직과 군사력·통치기술 면에서 진국보다 더 능숙하고 강대하였다. 반면에 진국은 한족으로만 구성된 농업사회였으므로 경쟁과 도전 및 긴장이 고조선보다 덜했다고 볼 수 있다.

진국사회에 큰 폭풍과 같은 변동이 온 것은 BC 2세기 초 후조선 멸망시기의 영향이었다. 고조선의 후조선왕 준(準)은 변방의 귀화인 장수 위만의 군사정변으로 정권을 찬탈당하자, "(준왕은) 그의 근신(近臣)과 궁인(宮人)들을 거느리고 도망하여 바다를 경유하여 한(韓)의 지역에 거주하면서 스스로 한왕(韓王)이라 칭하였다"[36]고 《삼국지》는 기록하였다. 또한 《위략》(魏略)은 "준(準)의 아들과 친척으로서 (조

---

34) 《三國志》卷30, 魏書, 烏丸鮮卑東夷傳, 韓傳 참조

35) 孫晉泰, 〈蘇塗考〉, 《朝鮮民族文化의 硏究》, 을유문화사, 1947, pp.182~233 참조.

36) 《三國志》卷30, 魏書, 烏丸鮮卑東夷傳, 韓傳, 〈(準)將其左右宮人走入海 居韓地 自號韓王.〉참조.

선)나라에 남아 있던 사람들도 그대로 한씨(韓氏)라는 성을 사칭하였다. 준(準)은 해외(의 나라)에서 왕이 되었으나 조선과는 서로 왕래하지 않았다"[37]고 기록하였다.

이 기록은 고조선의 후조선 마지막 왕 준이 위만에게 정권을 찬탈당하고 패하자 무리를 거느리고 바다를 경유하여 진국으로 들어와서 목지국의 진왕(辰王 마한왕)을 밀어내고 스스로 한왕(韓王)이라 자처한 것으로 해석되고 있다. 이것은 진국이 고조선의 후국이었다면 충분히 있을 수 있는 일이었다. 그 결과 한때 종래의 진왕(마한왕)은 밀려 쇠락하고, 종래의 진한왕과 변한왕의 분리독립은, 비록 남하한 준왕의 마한 지배 아래서도, 강화되어 마한·진한·변한의 삼한의 분립은 더욱 명료하게 강화된 것으로 해석된다.

그 뒤 준이 사망하자, 그의 후손은 절멸되었다.[38] 이미 후조선이 붕괴되고 고조선은 '위만조선'의 상태에 있었으므로, 종래의 진왕세력이 다시 마한왕으로 복구되었다. 이때에는 3한은 서로 완전히 분리독립되어 독립국가가 되고 서로 국방력을 강화하여 경쟁하게 되었다.

《위략》의 기록에 의거하면, 위만조선 우거왕(右渠王) 시기에 조선상(朝鮮相) 역계경(歷谿卿)이 우거왕에게 간하였으나 (그의 간언이) 받아들여지지 않자, 동쪽의 진국으로 망명해 갔다. 그때 백성으로서 역계경을 따라 진국으로 망명해서 그곳에 산 사람이 2천여 호나 되었다. 그들은 위만조선과 위만에게 조공하는 번국(藩國)과는 서로 왕래하지 않았다고 기록되어 있다.[39] 이것은 위만조선 시기에는 진국이 무장하여 위만조선으로부터 완전히 독립했으며, 위만조선 우거왕의 군사력으로는 조선상 역계경과 2,000호의 수많은 백성이 일시에 진국으로 망명해 가버려도 손을 쓸 수 없는 상태로 진국의 국력이 강대하게 되었음

---

37)《三國志》卷30, 魏書, 烏丸鮮卑東夷傳, 韓傳,〈魏略日 其子及親留在國者 因冒性韓氏. 準王海中 不與朝鮮相往來.〉참조.

38)《三國志》卷30, 魏書, 烏丸鮮卑東夷傳, 韓傳,〈其後絕滅 今韓人有奉 其祭祀者.〉참조.

39)《三國志》卷30, 전게서,〈魏略日 初 右渠未破時 朝鮮相歷谿卿以諫 右渠不用 東之 辰國 時民隨出居者二千餘戶 亦與朝鮮貢蕃不相往來.〉참조.

을 알려주는 것이다.

진국은 전조선(단군조선)과 후조선 시기에는 고조선의 후국의 지위에 있었다. 고조선이 막강하였고, 고조선의 선진적 문물이 꾸준히 유입되고 교류되었으며, 같은 한족의 일부가 고조선에서 (맥족과 함께) 고조선의 제왕이 되어 있으므로, 막강한 선진국 조선에 대한 진국의 복속이 자연스럽게 이루어진 것으로 보인다.

일찍이 이종휘가 그의 《수산집》(修山集)에서 진국이 고조선의 후국임을 강조하여, "이 다섯 종족 중에 한(韓)이 가장 크고 …… 지역이 한강 이남에 있는데 사방 천리이며 모두 조선(朝鮮)에 신하로 소속되고, 공부(貢賦)를 내기를 군현처럼 한다"고 썼다고 박은식은 설명하였다.[40]

3) 고죽(孤竹)

고죽국(孤竹國)은 고조선이 동아시아 최초의 고대국가로서 BC 30세기~BC 24세기에 건국된 후 고조선의 이주민들이 만주 요서지방에도 진출하여 난하(灤河)를 건너서 고중국 관내 지역으로 진출하던 시기에 난하 양안에 설치되었던 고조선의 최서변 후국의 하나였다.[41]

고죽국은 고조선 이주민들이 난하를 건너 중국 관내지역으로 이주해 가던 BC 21세기~BC 17세기경의 매우 이른 시기에 성립되었다고 추정된다.[42]

---

40) 朴殷植, 《檀祖事攷》내편, 《白巖朴殷植全集》 제4권, 510쪽 및 577쪽 참조.
41) 신용하, 〈孤竹國의 성립과 古朝鮮 후국의 지위〉, 《고조선단군학》 제28호, 2013 참조.
42) 中國社會科學院歷史硏究所 中國共産黨昌黎縣委員會編, 《昌黎縣史》, 河北人民出版社, 1985, p.280은〈公元約前十七世紀(商)本地出現孤竹國〉이라 하여 고죽국이 상 건국과 동시대인 BC 17세기경에 창여(昌黎)현 지방에서 출현했다고 기록하였다. 중국 하상주단대공정은 상의 건국을 BC 1600년이라고 보았는바, 이 견해는 고죽국의 건국 시기를 상 건국 직전이라고 해석한 것이다. 그러나 고조선 건국 후 고조선 이주민들이 발해만 위 창여현 지방에 고조선 후국 고죽국을 건국한 다음 더 내륙으로 들어갔다가 선주민 군사영수 헌원(軒轅)과 고조선 이주민(동이족) 군사영수 치우(蚩尤)가 군사적 대결관계에 들어갔으므로, 고

중국의 고문헌들은 고중국 하(夏)나라를 건국한 선주민 장수 헌원
(軒轅)이 동이족 장수 치우(蚩尤)와 대결하여 탁록(涿鹿)에서 대결전
을 감행해서 치우를 전사시키고 하의 국왕이 되었는데, 후에 중국인들
이 헌원을 황제(黃帝)로 추존하여 중국 고대국가 건국 시조로 삼는다
고 한결같이 설명해 왔다.

'탁록'은 난하를 건너 지금의 북경의 서북쪽 120킬로미터 지점에
있는 벌판이다. 지금의 하북성(河北省) 탁록현에 속한다. 치우시대에
이미 고조선 사람들이 난하를 건너 하북성 방향으로 이주하여 탁록
지방에까지 진출했던 것이다. 이때 고조선 이주민들은 먼저 난하 유역
에 고조선 이주민의 나라로서 고죽국을 세웠으리라고 보는 것이 합당
할 것이다.

최근 중국의 고대사학자들은 헌원(軒轅)과 치우(蚩尤)가 실재 인물
이며, '탁록벌 전투'도 사실이었음을 인정하고 있다.[43]

또한 중국의 소위 '동북공정'은 하의 성립 시기를 BC 2070년(BC
21세기)으로 추정했고, 하왕조의 존속기간을 BC 2070년~BC 1600년
으로 추정하였다.[44]

하의 건국연대 BC 2070년대설을 받아들인다면, 헌원과 치우의 연
대도 BC 2070년경을 수용할 수밖에 없다. 치우는 고조선 초기 이주민
들인 동이족의 군사영수이고, 고조선 이주민들은 고을국가로 고죽국을
성립시킨 후에 하북성 탁록현 지역으로 이주해 들어갔을 것이므로, 夏
의 건국연대를 BC 2070년으로 보는 한, 고죽국 건국 시기를 BC 21세
기경으로 보거나, 또는 BC 21세기~BC 17세기경으로 보는 것은 합리

죽국 형성을 하의 건국과 연관시켜 볼 수 있다. 중국의 하상주단대공정은 하
의 건국연대를 BC 21세기(BC 2070년)경이라고 추정하고 있다.

43) 張富祥, 《東夷文化通考》, 上海古籍出版社, 2008, pp.196~201 참조.

44) 岳南(웨난) 지음, 심규호·유소영 옮김, 《夏商周斷代工程》2, 일빛, pp.349~351
참조. 중국의 고대사가들은 헌원 등의 하(夏)의 건국이 동이족 군사영수 치
우와 탁록전투를 치러 승리한 후인지 그 이전인지는 밝히지 않았다. 오직 고
고학적 고찰(예를 들면 이리두 유적 문화의 연대추정 등)에 의거하여 하의
성립연대를 고찰하였다.

적 견해라고 볼 수 있다. 물론 앞으로 이에 대한 고고학적 검증이 필요할 것이다.

중국의 고대사학자들도 일찍부터 고죽국이 이미 상(은)의 건국시대에 실재했던 동이족 국가로 보아왔다. 고죽국과 상 사이의 빈번한 교류가 보였기 때문이다.[45)]

당 시대의 《통전》(通典) 북평군 평주조에서 "평주는 지금의 노룡현(盧龍縣)이다. 은(殷) 시대에는 고죽국(孤竹國)이었다"[46)]고 기록한 것은 고대 중국학자도 상·은(商·殷) 시대에 이미 '고죽국'이 성립되어 노룡현 지역에 실재했었음을 기록한 것이었다.

또한 《통전》 영주(營州) 조에서 "영주는 지금의 유성현이다. 은(殷) 시대에는 고죽국지(孤竹國地)였다"[47)]고 기록한 것은 상·은(商·殷)시대에 고죽국이 매우 강성하여 지금의 대릉하 유역 조양(朝陽) 지구도 영유했음을 알려주는 것이다.

《일주서》(逸周書) 왕회편에서는 고죽(孤竹)을 불령지, 불도하, 산융 등과 함께 들었는데, 공영달은 앞서 쓴 바와 같이 이들은 모두 동북이(東北夷)라고 범주화하였다.[48)]

중국 사회과학원이 편찬한 《중국역사지도집》에서도 고죽국을 상시대의 지도에 표시하여 상과 고죽이 동시대의 나라임을 인정하였다.

신채호 선생은 고죽국의 성립에 대해 ① 고조선의 서쪽 후국[西藩]

45) 傅斯年, 〈夷夷東西說〉, 《慶祝蔡元培先生六十五歲論文集》, 1935 참조. 전통시대의 중국사가들은 물론이오 현대사가들도 하가 건국된 후 존속한 시기에 상이 건국되어 상당한 기간을 병립해 지낸 후 상이 하를 멸망시켜 계승한 것으로 해석해서 하와 상의 장기간의 동시대의 존속을 논증했었다. 그러나 동북공정은 연대추정에서는 하의 멸망과 상의 건국을 동시대로 설정하여 상의 건국은 BC 1600년경(BC 1600~BC 1300)으로 내려 잡고 있다. 그러나 상의 처음 이름인 '박'(亳: 동이족의 '박달'의 '박'과 동일계통)의 성립기부터 고찰하면, 상의 건국연대는 더 소급될 것이며, 지역이동으로 보아서 이 '亳'의 건국 이전에 고죽국은 성립되었으리라고 추정된다.
46) 《通典》, 卷178, 州郡8, 北平郡平州條 참조.
47) 《通典》, 卷178, 州郡8, 柳城郡條 참조.
48) 《逸周書》, 卷7, 王會篇 孔穎達注疏 참조.

이고 ② 단군5부의 후손이며 ③ 건국의 문헌기록은 남아 있지 않으나 백이(伯夷)와 숙제(叔齊) 형제의 고사로서 그 시대 상황을 추론할 수 있다고 설명하였다.[49]

고죽국의 지리적 위치는 처음 지금의 중국 '난하' 양안에 걸쳐 있었다. 중국 노나라 주공(周公)이 지었다고 전하는 고문헌 《이아》(爾雅)는 "고죽(觚竹)과 북호(北戸)와 서왕모(西王母)와 일하(日下)를 4황(四荒)이라 한다"[50]고 하고, 잔주에 "고죽은 북에 있다"〔觚竹在北〕이라 하였다.[51] 여기서 4황(四荒)이란 고중국의 동서남북 4방에 접경한 외국을 가리킨 고중국식 표현이었다.

중국 당나라 시대 두우(杜佑)가 편찬한 《통전》(通典) 북평군 평주조에는 "평주는 지금의 노룡현(盧龍縣)이다. 은(殷)시대에는 고죽국이었다. 춘추시대에는 산융(山戎)과 비자(肥子)의 두 나라 땅이었다. 지금의 노룡현에는 옛 고죽성〔故孤竹城〕이 있는데, 백이(白夷)·숙제(叔弟)의 나라였다."[52]고 기록되어 있다.

즉 당시대 평주가 상·은(商·殷) 시대 고죽국이었고, 노룡현에 옛 고죽국의 도읍지 옛 고죽성이 있었던 것이다.

또한 《통전》 유성군조를 보면, "유성군은 동으로 480리에 요하에 이르고, 남으로 260리에 바다에 이르며, 서로 700리에 북평군에 이른다. 북으로는 50리에 거란(契丹)과의 경계에 이른다."[53]고 하였다.

또한 《통전》 영주(營州)조에서〈영주는 지금의 유성현이다. 은(殷)시대에는 고죽국지(孤竹國地)였다. 한(漢)나라의 도하현(徒河縣)의 청산(靑山)이 군(郡)성(城)의 동쪽 190리에 있었다. 극성(棘城)은 곧 전욱(顓頊)의 옛터〔墟〕인데 군의성의 동쪽 170리에 있다. … (수의) 양

49) 申采浩,《朝鮮上古文化史》,《改訂版丹齋申采浩全集》, 상권, pp.412~414 참조
50) 《史記索隱》, 齊世家,〈觚竹 北戸 西王母 日下 謂之四荒〉 참조.
51) 《太平寰宇記》 卷72, 四夷1, 中華書局版 卷8, p.3293 참조.
52) 《通典》 卷 178, 州郡 8, 北平郡 平州條〈平州 今理盧龍縣. 殷時孤竹國. 春秋山戎肥子二國地也. 今盧龍縣 有古孤竹城 伯夷叔弟之國也.〉 참조.
53) 《通典》, 卷 178, 州郡 8, 柳城郡조.〈柳城郡 東至遼河四百八十里. 南至海二百六十里. 西至北平郡七百里. 北至契丹界五十里〉

제 초기에 주(州)를 폐지하고 요서군(遼西郡)을 설치했다. 대당(大唐)
이 다시 영주(營州)로 복구했는데 혹은 유성군(柳城郡)이라고 한다. 속
한 현은 1개뿐이다. 유성(柳城)(현)에는 용산(龍山), 선비산(鮮卑山)이
현의 동남쪽 200리에 있다. 극성(棘城)의 동쪽 새(塞)밖에도 선비산이
있는데 요서(遼西)의 북쪽 100리에 있다. 어느 것이 옳은지 알 수 없
다. 청산(靑山), 석문산(石門山), 백랑산(白浪山), 백랑수(白浪水)가 있
다. 또한 한(漢)나라 시대 교여현(交黎縣) 옛성(故城)이 동남쪽에 있
다.〉54)고 기록하였다.

  위의 기록에서 특히 다음을 주목할 필요가 있다.

(1) 평주(平州)는 당나라 시대의 노룡현(盧龍縣)이고 은(殷) 시대에는
  고죽국(孤竹國)이었다. 여기에 고죽국의 수도인 고죽성(孤竹城)이 있
  었다.

    이에 비해 영주(營州)는 당나라 시대의 유성현(柳城縣)인데, 이곳
  은 '고죽국지(孤竹國地)'였다. 즉 고죽국에 속한 고죽국의 영지였다.

(2) 그러므로 고죽국은 영역이 당시대의 영·평 2주(營·平 二州)로 구
  성되어 있었다. 평주가 서쪽이고 영주가 동쪽이었다.

    여기서 주목할 것은 고죽국의 서변은 고조선의 서변이 된다는 사
  실이다.

    고죽국의 도읍은 난하의 동쪽 강변 노룡(盧龍)이었지만, 고죽국의
  서변은 난하를 건너 서쪽으로 지금의 당산(唐山)까지였다. 고죽국은
  난하를 가운데 두고 그 동쪽과 서쪽에 걸친 고조선의 후국이었다.

(3) 백랑수(지금의 대릉하) 유역과 지금의 조양(朝陽) 지역은 영주(營
  州)지역이므로 고죽국의 통치를 받던 고죽국의 영지였다.

    그러므로 고조선의 서변은 지금의 난하를 건너서 서쪽으로 지금의

---

54) 《通典》, 卷 178, 州郡 8, 營州條. 〈營州 今理柳城縣. 殷時爲孤竹國地. 漢徒河縣之靑
   山 在郡城東百九十里. 棘城卽顓頊之墟 在郡城東南一百七十里. … 煬帝初州廢 置遼西
   郡. 大唐復爲營州 或柳城郡. 領縣一. 柳城 有龍山·鮮卑山 在縣東南二百里 棘城之東塞
   外亦有鮮卑山 在遼西之北一百里 未詳孰是. 靑山·石門山·白浪山·白浪水. 又有漢交黎縣
   故城 在東南.〉

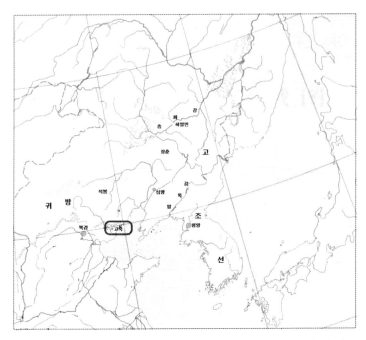

〈그림 5-4〉 중국 상 시대의 고죽국의 위치(중국 사회과학원 지도)

당산(唐山)까지가 해당된다고 볼 수 있다.

또한 《대명일통지(大明一統志)》영평부, 고적조에는 "조선성(朝鮮城) 이 (영평부의) 경내에 있는데 기자가 봉함을 받은 땅으로 전해온 다"[55]고 기록되어 있다. 즉 중국인들이 기자가 조선으로 망명해 가자 주의 무왕이 기자를 조선후로 봉했다고 전해지는 곳이 명나라 시대의 영평부 경내 '조선성'이라는 것이다. 그렇다면 명나라 시대의 영평부 조선성이 옛 고조선 영지였다는 말과 같은 것이 된다.

뒤에 고염무(顧炎武)가 《영평2주지명기(營平二州地名記)》에서 "난하 (灤河)의 좌측 동산(洞山) 기슭에 강을 끼고 고죽국 군주의 세 무덤이 있다"[56]고 기록한 것은 위의 설명을 더욱 보강해 논증해 준다고 할

---

55) 《大明一統志》永平府, 古蹟條, 〈朝鮮城 在永平府內 相傳箕子受封之也.〉참조.
56) 顧炎武, 《營平二州地名記》, 〈今孤竹城已無遺跡 而祠在府城之西北三十里 灤河之左 洞 山之陰 夾河有孤竹君三塚〉, 《顧炎武全集》第4集, 上海古籍出版社, 2011, p.647 참조.

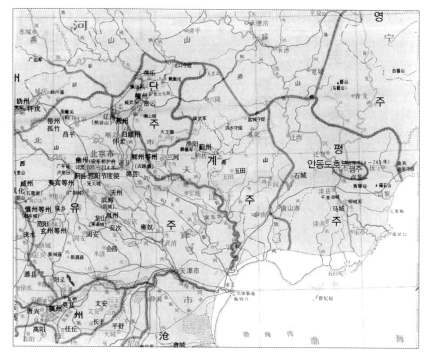

〈그림 5-5〉 고죽성이 있던 당 시대의 평주 노룡현(중국 사회과학원 지도)

것이다.

조선 후기 실학자 성호 이익(李瀷)은 이에 대해 "고죽국(孤竹國)은
영평부(永平府)에 있었다. 고죽국 세 임금의 무덤과 백이(伯夷) 숙제
(叔齊)의 묘(廟)도 그곳에 있다."[57]고 하였다.

조선 후기 실학자 오주(五洲) 이규경(李圭景)도 중국 고문헌과 조선
학자들의 여러 가지 설을 검토한 후에, 명 시대의 영평부에 고죽국과
고죽국 왕자 백이·숙제가 아사한 수양산이 실재했다고 결론지었다.[58]

---

57) 李瀷, 《星湖僿說》, 卷2, 天地門, 孤竹安市, 〈孤竹國在永平府. 孤竹三君之墓及夷齊廟
    亦在焉.〉 참조.
58) 李圭景, 〈孤竹國首陽山辨證說〉, 《五洲衍文長箋散稿》, 卷6, (古典刊行會·東國文化史
    版) 上卷, pp.207~210 참조. 중국 사회과학원이 그린 역사지도를 보면 명 시
    대의 '영평부'는 당시대의 '평주'(의 노룡)와 동일함을 바로 알 수 있다. 당
    시대의 평주는 은(상)시대의 고죽국이었으니, 곧 명대의 영평부(조선성)는
    바로 고죽국의 자리였던 것이다. 중국의 사회과학원이 고죽국의 지리적 위치

한편 《통전》 영주(營州)조는 "영주는 지금의 유성현(柳城縣)인데, 은(殷) 때에는 고죽국의 땅[孤竹國地]이었다"[59]고 기록했고, 유성현에 대해 《신당서》에서 "유성군은 동쪽에 갈석산(碣石山)이 있다"[60]고 하였다. 갈석산은 현재 만리장성이 시작하는 난하 하구에 있으므로 고죽국은 난하의 중하류에 걸친 고조선의 후국이었음을 알 수 있다. 즉, 고죽국은 도읍을 난하 하류의 고죽성(孤竹城, 명나라 시대 호칭은 朝鮮城)에 두고, 당나라 시대의 평주(平州)와 영주(營州)를 통치했던 나라임을 알 수 있다.

고죽국의 영역 지도를 당나라 시대 '평주'와 '영주'에서 유추해 보면 〈그림 5-6〉과 같다.

즉 당나라 시대 영주(營州)에는 오늘날의 조양(朝陽) 지구가 포함되어 있었다. 고죽국은 오늘의 조양(朝陽) 지구를 통치한 것이었다. 조양 지역의 향토사와 지방지들은 상·은(商·殷)시대에 조양은 고죽국의 통치 아래 있었다고 기록하고 있다.[61]

孤竹(고죽)국의 한자 명칭은 고조선의 왕족 지방통치자에게 붙이는 '고추가'에서 나온 것으로서, '고추가가 다스리는 나라'의 의미로 성립된 것이라고 본다.[62]

고조선은 중요한 후국에 대해서는 '가' 가운데서도 '고추가'를 파견하거나, 또는 후국의 제후를 왕실 혼인을 통해 '고추가'의 최고 '가' 칭호를 주었다. 古鄒(고추)의 고중국어 방언 발음도 'Kutseu'이고,[63] '孤竹'의 고중국어 방언 발음도 'Kutsu'로서 거의 완전히 동일하다.[64]

를 상(은)시대의 '평주'와 명대의 '영평부'에 그린 것은 정확한 것이었다고 볼 수 있다.

59) 《通典》 卷178, 營州條 참조.
60) 《新唐書》 卷39, 地理志, 營州·柳城郡條 참조.
61) 趙宇 外編, 《今古朝陽》, 遼寧大學出版社, 1986, p.37 참조.
62) 愼鏞廈, 〈孤竹國의 성립과 고조선후국의 지위〉, 《고조선단군학》 제28호, 2013
63) ① Bernard Karlgren, *Analytic Dictionary of Chinese and Japanese*, Dover Publication, 1991, p.145
    ② 李珍華·周長楫 編, 《漢字古今音表》, 中華書局, 1993, p.406 참조.
64) Bernard Karlgren, *Analytic Dictionary of Chinese and Japanese*, 1991, p.147

또한 고중국에서는 '고죽국'을 '孤廚'(고주)라고도 발음표기했는데,[65] '孤廚'의 고중국 방언〔客話〕발음도 'Kutshu'로서 거의 완전히 동일하다.[66] '고추가'의 '고추'를 고중국에서 '孤竹' 또는 '孤廚' 등으로 달리 표기한 것은, 원래의 후국 이름은 다른 나라(고조선)의 언어로 된 명칭이었고, 그의 소리 표기가 유사한 발음의 다른 한자를 선택해서 표기되었던 것이라고 해석된다.

고조선의 후국들과 후국민족들의 고유명칭은 원래 고조선어로 작명되어 있어서, 고대 중국인들은 후국 고유이름과 후국 족장 지위호칭을 잘 구분하지 못하고 족장의 지위호칭을 국명으로 사용해서 기록한 경우가 가끔 있다.《일주서》왕해편에는 고죽(孤竹) 외에도 거수(渠叟)가 국명 또는 족명으로 나온다.[67] '거수'는 족장이나 지방행정의 장을 가리키는 고조선 언어인데 고대 중국인들은 이 직위호칭을 국명으로 기록하였다. 고죽국도 거수국과 유사한 경우라고 해석된다. 필자는 그러므로 고죽국은 Kutsu국으로서 고조선의 고추(Kutsu)가 통치하는 나라의 의미에서 유래한 명칭이라고 본다.

BC 7세기경의 고죽국의 후왕은 '답리가'(答里呵, 고대음 Tariga, Dariga, 다리가)였다.[68] 이것은 '답리+가'로서, 이 때의 가는 고추가인 것이다.

여기서 고죽국(Kutsu국) 명칭 그 자체가, 고추국은 고조선의 고추가가 통치하는 '후국'임을 나타낸다는 사실에 주목할 필요가 있다.

중국이 소위 동북공정을 시작한 전후부터 고죽국을 고중국의 상(商) 또는 연(燕)의 후국이라고 주장하는 견해가 나오는데, 전혀 사실이 아닌 억설이다. 고죽국은 발해만 연안 난하 중류 유역에 설치된 고

및 p.354; 李珍華·周長楫 編,《漢字古今音表》, 1993.
65) ① 常征,《古燕國史探微》, 聊城地區新聞出版局, 1992, pp.189~197
    ② 이성규, 〈중국 사학계에서 본 고조선〉,《한국사시민강좌》제49권, 2011 참조.
66)《漢字古今音表》, p.95 및 p.88 참조.
67)《逸周書》卷7, 王會解 第59,〈渠叟以鼰犬〉云云 참조.
68) 黃鳳岐 主編,《朝陽史話》, 遼寧人民出版社, 1986, 18쪽 참조.

조선의 후국으로서 대릉하 유역의 조양(朝陽) 지방과 함께 고조선에서 파견된 고추가(古鄒加)가 통치하였다. 그 역사적 증거는 B.C. 7세기 중엽에 산동반도의 제(齊) 환공(桓公)이 북으로 불리지(弗離支, 令支)·산융(山戎)·도하(屠何)·고죽(孤竹)을 고중국(周, 齊, 燕…등)에 대항하는 적대국 구이(九夷·고조선) 세력이라 하여 공격했다는 사실이다. 이 때 고죽국은 九夷(고조선)의 하나임이 제의 환공 등에 의해 확인되고 증명된 것이었다.

BC 664년에 제의 환공이 북으로 출병했을 때의 고조선(후조선) 연합군과 고중국(東周) 후국 연합군의 구성을 보면 다음과 같다.[69]

> **고조선(후조선)** = **고죽(孤竹), 불도하(不屠何, 또는 屠何), 산융(山戎: 원흉노 또는 无終), 불령지(不令支: 또는 令支)**
>
> **고중국(東周)** = **제(齊), 조(曹), 허(許), 노(魯), 연(燕), 진(晉: 그 후 韓, 魏, 趙 3국으로 분화)**

제의 환공 등 고중국 연합군이 고죽국을 고조선의 일부로서 적대적 동이족으로 보아 공격한 사실은 고죽국이 고조선 후국이었음을 역사적 사실로써 명백히 증명하는 것이다.

다음으로 주목할 것은 이때 제의 환공에 대항해 싸운 고죽국 장군이 황화(黃花)였고, 고죽국 군주는 앞서 쓴 바와 같이 답리가(答里呵, 고대발음 다리가, Tariga, Dariga)였다.[70]

고죽국 군주 '답리가'의 '답리'는 군주의 족명 또는 군주 이름이고 '가(呵, 加, Ga, Ka)'는 고조선 지방 제후의 관명 호칭으로서, 왕족의 '가'는 고조선·부여·고구려에서 '고추가'로 격상하여 호칭되었었다. 이 것은 또한 난하 중하류 유역에 있던 고죽국이 고조선 왕족의 고추가가 파견되어 통치한 고조선 후국이었고, 고죽국은 고추가가 통치하는 나라의 한자 번역 소리 표기였음을 알려주는 것이라고 본다.

---

69) 《管子》卷8, 小匡 第20 참조.
70) 黃鳳岐 主編, 《朝陽史話》, 遼寧人民出版社, 1986, 18쪽 참조.

또한 주목할 것은 고중국계열 나라들은 본국이든 봉(封, 侯)국이든 명칭을 단음절로 작명·호칭하는 것이 관행이었는데 비하여, 고조선계열 나라들은 본국이든지 후국이든지 다음절로 작명·호칭한 관행이 있었다는 사실이다. 예컨대 서로 국경을 접해 있던 고조선 후국들의 국명은 고죽·영지·산융·도하 등 다음절이었는데 비하여, 고중국(周) 후국들은 燕·晉(후에 韓·魏·趙로 분화)의 단음절 명칭이었다.

BC 3세기에 편찬되었다는 《산해경(山海經)》 해내경에는 조선(朝鮮)이 나라로 나오는데, "동해의 안 북해의 모퉁이에 나라가 있는데, 조선과 천독이라고 한다"[71]고 기록하였다. 또 《산해경》 해내북경에서도 "조선은 열양(列陽)의 동쪽에 있는데, 바다의 북쪽이고 산의 남쪽이다. 열양은 연(燕)에 속한다"[72]고 서술하였다.

여기서 중국의 동해를 황해로, 북해를 발해로 해석하면, 그리고 '연'나라와 접속하여 그 동쪽에 있는 나라라면, 《산해경》의 조선은 《통전》의 고죽국과 또한 《대명일통지》의 조선성과 일치함을 알 수 있다.

《수서(隋書)》의 배구열전에서는 "고(구)려의 땅은 본래 고죽국이었고, 주 시대에 기자에게 봉한 바 있었다"[73]는 배구(裵矩)의 말을 기록하였다. 수당 시대의 배구도 고죽국이 고조선의 일부였다가 수당 시대에 고구려에 속한 땅이 되었다고 본 것이다.

즉 고조선 시기에 발해만으로 흘러 들어가는 난하 강안에 고조선 후국 고죽국이 있었으며 고죽국에 속한 큰 도시로서 고죽국의 수도 고죽성을 중국인들은 조선이라고 인식했었고, 명나라 시대에는 영평부 소속 조선성(朝鮮城)으로 편제했음을 알 수 있다.

당의 학자 공영달(孔穎達)은 앞서 쓴 바와 같이 《일주서(逸周書)》를 해석하여 주소(注疏)를 붙일 때 고죽을 불령지·불도하·산융과 함께 들면서 '동북이'(東北夷)라고 규정하였다.[74]

---

71) 《山海經》 卷18 海內經, 〈朝鮮 東海之內 北海之隅 有國名曰朝鮮天毒 其人水居 畏人 愛人.〉 참조.
72) 《山海經》 卷12 海內北經, 〈朝鮮在列陽東 海北 山南 列陽居燕.〉 참조.
73) 《隋書》 卷67, 裵矩列傳, 〈矩因奏曰, 高麗之地 本孤竹國也. 周代以之封于箕子〉 참조.

중세 중국학자들도 고죽국이 고조선 후국임을 잘 알고 있었다. 《황명수문비사(皇明修文備史)》의 〈구변고(九邊考)〉는 "고죽국은 조선과 함께 동이족"이라고 공식적으로 명백히 밝혔다.[75] 신채호 선생이 중국 고문헌 《수문비고(修文備考)》에는 "고죽국은 조선종(朝鮮種)이라"[76] 하였고, "고죽은 9족(九族, 조선족의 별칭)의 하나[77]라 했으며, 고죽국의 "백이·숙제는 조선족(朝鮮族)이라"했다고 기록한 것은 이를 가리켜 서술한 것이라고 해석된다.[78]

성호 이익(李瀷)은 《성호사설》에서 고죽국이 고조선 후국임을 정확히 잘 인지하여, "고죽(孤竹)의 옛터가 오늘의 요심(遼瀋)에 있으면서 북해(北海, 발해)의 바닷가로 일컬어지는 것이다. … 단군(檀君)·기자의 시대에 이 고장은 조선(朝鮮)에 통합되었었다."[79]고 기술하였다.

신채호 선생은 고죽국의 멸망을 애석히 여기는 글에서 고조선에서 고죽국의 역할에 대하여 다음과 같이 지적하였다.

> 그러나 고죽(孤竹)은 수천 년의 명국(名國)이라, 단군 때부터 조선의 서번(西藩)이 되어 지나(支那)를 막으며, 중간에 백이·숙제 같은 성인의 청풍직절(淸風直節)이 만고에 들리며, 말엽에는 진왕(辰王)을 높이어 지나 열국을 치며, 제(齊) 환공(桓公)을 막아서 본족(本族)의 장성(長城)이 되어 모든 공덕을 가진 나라가 일조에 무너졌도다. 고죽 같은 큰 제후가 망함은 단군 이후의 처음 일이라.[80]

74) 《逸周書》 卷7, 王會篇, 孔穎達注疏 참조.
75) 《皇明修文備史》 155卷, 〈九邊考〉 北京圖書館古籍珍本叢刊 8, 書目文獻出版社, pp.430~431, 〈東夷卽九夷之地所謂獻夷·方夷·于夷·黃夷·白夷·赤夷·玄夷·風夷是也. 後爲朝鮮·高句麗·女直·挹婁·新羅·百濟·伏餘·東胡·烏桓·鮮卑·渤海·沃沮·三韓·濊貊·日雪·安定·樂浪·玄菟·眞番·臨屯·帶方·肅愼·靺鞨·勿吉·高麗·北狄·契丹·孤竹等國. 歷代兼幷不常 今所存者 惟東有朝鮮 東北有女直諸部落 西有兀良哈三衛.〉 참조.
76) 申采浩, 《朝鮮上古史》, 《改訂版丹齋申采浩全集》, 상권, p.87 참조
77) 申采浩, 《朝鮮上古文化史》, 상계전집, 상권, p.412 참조
78) 申采浩, 상계서, pp.412~413 참조.
79) 李瀷, 《星湖僿說》 卷17, 人事門, 傳說築北海조, 〈孤竹舊墟 在遼瀋 謂之北海之濱 … 檀箕之世 其地統於朝鮮〉 참조.
80) 申采浩, 《朝鮮上古文化史》, 《改訂版丹齋申采浩全集》, 상권, p.433 참조

고죽국의 구성 주민은 주로 고조선에 병합된 맥(貊)족이었다. 맥족 가운데서도 그 한 갈래인 탁리(槖里, 고대음 Tari, Dari)족이 주류였다. BC 7세기경의 고죽국의 후왕을 Tari-ga(笞理呵)라고 한 것도 타리족의 고추가의 뜻을 표현한 것으로 해석된다. 탁리족의 한 갈래는 부여를 건국한 고조선의 후국민족이기도 한 것으로 기록되어 있다.

고죽국 후왕의 성씨는 고죽국어로 '미'였고, 한자로는 '墨'(묵, Mi, Mu) 또는 '墨胎'(Moi, Motai)씨라고 기록되어 있다. 고죽국 군주의 성씨는 고조선 건국에 참가한 맥족의 한 갈래인 타리족의 고추가 '미'(墨, 墨胎)씨라고 해석되는데, 앞으로의 연구과제라고 할 것이다.

고죽국은 지금의 난하(灤河) 유역 중하류 양안에 성립되었고, 그 후 북으로 세력을 뻗치어 지금의 대릉하유역 조양(朝陽) 지구도 속령으로 통치하였다. 당나라 행정구역으로 비정해 보면 평주(平州) 지역이 고죽국의 본지역이었고, 영주(營州) 지역이 고죽국의 속령이었다고 해석된다. 고죽국의 수도를 고중국인들은 고죽성(孤竹城)이라고 호칭했는데, 명나라 시대에는 영평부(永平府)에 속한 조선성(朝鮮城)이라고 호칭하였다.

고죽국의 사회신분제도는 ① 고추가를 정점으로 한 '가' 등 귀족 ② 평민 ③ 노비의 3신분제였다고 해석된다. 귀족의 정점에는 고추가인 후왕이 있었고, 그 아래 각종 무장과 귀족들이 있었다. 그 아래는 평민들이 농·공·상의 직업에 종사하였다. 가장 낮은 신분인 노비는 생산 보다는 가사노동에 사역된 것으로 해석된다.

고죽국은 매우 이른 시기에 '율령(律令)'을 제정하여 통치한 율령국가였다. 《서경》에 고죽국 왕자 백이의 업적으로 "법령을 제정하여 백성들을 형벌로부터 막았음"을 든 것은 고죽국에서는 매우 일찍 율령에 의한 통치 행정이 시행되었음을 기록한 것이었다. 백이(伯夷)가 고죽국 왕자 시절인 고중국의 상(商·殷)시대에 고죽국에서 이미 율령을 실시한 큰 업적을 내었는데, 그 후 상나라가 멸망한 후 《상서대전》에서 소위 기자(箕子)가 조선에 망명하여 '범금(犯禁)8조'를 처음 실시했다고 한 것은, 몽현으로 망명한 기자를 마치 고죽국으로 망명한 것으로 꾸미고, 백이의 범금8조를 마치 기자의 범금8조처럼 도용하여 꾸며낸 것이라고 해석된다. 백이의 범금8조 등 율령은 고조선의 율령으로서, 기자 이전에 백이가 고죽국에서 시행한 율령이었음이 고증된다.

고죽국에서는 청동기문화가 크게 발전하였다. 1973년에 고죽국 영토였던 요녕성 객좌현 북동촌(北洞村)의 두 매장지에서 출토된 12개 청동기 가운데 한 예기(禮器)에는 "고죽국(孤竹國)의 아미(亞微)"라는 명문이 새겨져 있어서 고죽국의 청동기임을 알려주는데, 당시로서는 최고수준의 청동기였다. 또한 객좌현 산만자(山湾子)에서 출토된 22점의 매우 발전된 정교한 청동기 가운데는 특유의 고조선식 '번개무늬'가 새겨진 예기가 2점이나 나와서 이 청동기들이 고죽국의 것들임을 알려 주었다.[81]

고죽국의 청동예기들은 고죽국 유형 청동예기를 창조한 독자적 청동예기들이었으며, 청동무기들은 고조선식 청동무기들이어서, 고죽국이 고조선의 청동기문화를 분유하여 청동기문화를 크게 발전시키면서 고중국 상(商)·주(周)와 밀접하게 상호 교류했음을 알려주고 있다.

---

81) 또한 고죽국 영토였던 의현 화이루(花爾樓)의 의무려산 기슭에서도 5점의 고죽국 청동예기가 출토되었으며, 영성현 소흑석구에서도 고조선식 다뉴조문경과 고죽국 청동기들이 출토되었다. 이 밖에도 고죽국 영지였던 수중(綏中) 현 후반석촌(後礧石村), 건창현 동대장자(東大杖子), 능원현 삼관전(三官甸), 하탕구(河湯溝) 7401호 무덤, 삼도하자(三道河子) 유적 등에서 출토된 청동예기들과 비파형 동검 등은 고죽국의 청동기이다. 또한 객좌현 남구구(南洞溝) 석곽묘, 화상구(和尙溝) 무덤떼, 과목수영자(果木樹營子) 통광묘에서 출토된 비파형 동검 등도 고죽국 청동기였다. 또한 건평현 포수영자(炮手營子) 881호 석곽묘, 난가영자(欒家營子) 901호 목곽묘, 노와보(老窩堡) 유적, 객좌심(喀喇心) 유적, 개채구(芥菜溝) 유적에서 출토된 비파형 동검 등도 고죽국 청동기였다. 또한 조양시 십이대영자(十二大營子) 1·2·3호 무덤, 조양지구 소파적(小波赤) 석관묘, 목두구(木頭溝) 석곽묘, 동령강(東嶺崗) 무덤떼, 조양진(朝陽鎭) 유적, 서구(西溝) 유적, 소도파(召都巴) 유적, 북광부영자(北廣富營子) 유적, 당장자(唐杖子) 유적, 맹극(孟克) 유적, 동대도(東大道) 유적, 장보영자(張寶營子) 유적, 낭낭묘(娘娘廟) 유적, 대파라적(大波羅赤) 유적 등에서 출토되는 비파형 동검, 다뉴조문경, 부채꼴 청동도끼 등도 모두 고조선식 고죽국 청동기들인 것이다.

고죽국의 산업은 농경, 목축과 양잠, 직조(마직), 목축, 수공업, 상업이었다.《한서》지리지에서 고죽국(고조선)에 온 적이 없고 산서성 몽현으로 들어간 '기자'를 가탁하여 기자의 가르침으로 고조선에서 농경과 양잠과 직조가 실행되었다고 쓴 것은, 가공의 기자 동방행과 관계없이, 고죽국에서는 그보다 훨씬 일찍 농경, 양잠, 직조가 기본 산업으로 성행 발전되고 있었음을 알려주는 것이다.

또한 고죽국에서는 말을 비롯하여 소, 돼지, 양, 개, 닭 등 6축의 사육이 활발했음은 단편적 기록과 함께 출토되는 청동제 동물 장식품에서 잘 확인할 수 있다.

고죽국에서는 수공업, 특히 청동기수공업이 발전했고, 고조선지역과 고중국지역을 소통 교류하는 상업과 무역도 발전하였다. 상거래에는 주조화폐로 '고죽명도전'(孤竹明刀錢)이 사용된 것으로 해석된다.

고죽국은 기본적으로 농경국가이면서도 목축을 병행하여 발전시켰으며, 말을 대대적으로 사육하여 '기마문화'를 발전시켰다. 고죽국 영지였던 요녕성 객좌현 남동구 석곽묘, 조양 십이대영자 1·2·3호 무덤, 능원현 삼관정 무덤떼 등에서 비파형동검과 함께 출토되는 매우 많은 말재갈 멈치 등 우수한 청동제 마구들은 고죽국에서 기마문화가 매우 발전했음을 증명해주고 있다.

고죽국은 발전된 기마문화에 기반하여 기병부대를 창설해서 고조선 후국이 된 다른 기마유목민족들과 함께 때때로 연합군을 편성하여 작전하였다. 고죽국은 고조선이 고중국의 어느 후국을 공격하려 할 때에는 고조선 공격세력의 중심이 되어 활동하였다. 고죽국은 고중국의 어느 한 후국이 고조선을 침노하게 할 때에는 이를 사전에 막아 방어해 주는 서번(西藩)의 지위와 역할을 잘 수행하였다.

예컨대 BC 664년 고중국 주(周)의 후국 제(齊)의 환공(桓公)이 고중국 제후 소국들(춘추시대 제후국들)의 연합군을 편성하여 고조선을 공격했을 때, 고죽국은 고조선 후국들인 산융(山戎)·도하(屠何)·영지(令支) 등과 연합군을 편성하여 이를 물리치고 고조선을 방어하였다.

고죽국은 이미 고대에 도덕과 예의가 확립된 선진적 문화국가였다. 일찍이 공자(孔子)는 고죽국을 '군자국'이라고 보았으며, 노(魯)나라에서 도덕이 바로 서지 못하면 구이(九夷)의 나라에 가서 살고 싶다고 말하였다. 여기서 '구이'는 '고조선' 전체를 가리키는 용어이기는 하지만, 구체적으로는 노나라에서 가장 가까운 고죽국을 가리킨 것이었다. 고죽국에서 성인에 버금가는 백이와 숙제가 나와 역사에 영구히 기록된 것은 우연한 돌출이 아니라 고죽국에서 확립 발전된 예의와 도덕에 바탕을 둔 것이었다. 사마천도 《사기》에서 〈백이열전〉을 쓰면서 고죽국이 효(孝)와 인(仁) 등 도덕과 예의가 확립된 나라임을 확인하였다.

고죽국에서는 또한 음악이 크게 발전하였다. 《주례》의 대사악(大司樂)에 '고죽국 피리'가 들어간 것은, 고죽국 음악이 이웃나라 고중국에서도 높이 평가되어 대행사에 도입되었음을 증명하는 것이다. 노래와 춤〔歌舞〕은 결합된 것으로서, 고죽국에서 음악이 발전했음은 무용도 동시에 발전했음을 시사하는 것이기도 하다. 또한 백이·숙제가 주나라의 녹봉을 거절하고 수양산에 들어가서 고사리를 캐어먹으며 불렀다는 노래의 가사가 전승되면서 사마천의 《사기》에까지 수록되었다는 것은 고죽국에서 음악예술이 발전했음을 시사해 주는 것이라고 해석할 수도 있다.

고죽국은 BC 3세기 초 연(燕)의 장수 진개(秦開)가 고조선을 침공하여 1,000여 리의 땅을 빼앗았을 때, 진개의 침공을 받고 멸망하였다. 그 바로 뒤에 고조선 후국 동호(東胡)가 반격을 가하여 지금의 조양(朝陽) 지구 등(당시대의 營州지역)은 회복했으나, 고죽국의 본래 영지(당시대의 平州지역)는 회복하지 못했다. BC 206년경에는 산융이 동호를 공격하여 멸망시키고 고죽국의 영주지역은 산융의 영지가 되었다.

연에 뒤이어 진(秦)의 시황(始皇)이 고죽국의 옛 영지 가운데 난하하류 유역(당시대의 평주 지역 일부)을 진나라 안으로 포함해 넣어 갈석산(碣石山) 부근에 이른바 '만리장성'을 수축했기 때문에, 산융의 기병부대도 고죽국의 평주지역을 회복하지 못하였다. 위만조선이 산융

을 몰아내고 한때 다시 고죽국의 조양지구(당시대의 영주지역)를 회복
했다가, BC 108년 한(漢)의 무제가 위만조선을 침략하여 위만조선이
해체됨으로써 고죽국 영지는 한의 속령지가 되었다.

고죽국은 BC 21세기~BC 17세기에 고조선의 서쪽 변두리의 후국
으로 형성되어 한때 요서지역과 동내몽고 지역에서 크게 융성했으며
1,800년 동안 존속하면서 고조선과 고중국 사이에 활발한 교류를 담당
하였다.

4) 옥저(沃沮)

옥저(沃沮)는 '예'(濊)족이 후조선시기에 지금의 함경남도 일대와
연해주 중·남부일대에 세운 고조선의 후국이었다.

원래 예족은 범토템부족으로서 '한'족이 왕을 내고 '맥'족이 왕비를
내면서 세운 '고조선' 건국에 자치권을 가진 후국족으로 참여했었다.
그러나 고조선의 중심지역이 한반도의 대동강유역과 요동반도의 개주
(蓋州) 지역에 집중된 시기에 요동반도와 한반도 서북부에 들어간 예
족은 맥족과 섞여 '예맥'족처럼 되어 버리고, 중심지역에서 멀리 떨어
진 두만강 하류 양안의 예족들이 이미 단군조선(전조선)시기에도 자율
적 후국들을 세워 고조선의 간접통치 아래서 자치적으로 생활하며 발
전했었는데, 후에 BC 5세기~BC 3세기경 그 명칭이 부조(夫租) 또는
옥저(沃沮)로 포착되어 기록되기 시작하였다. 옥저는 부족명이라기보
다 예족의 일부가 후조선시기에 세운 후국들 가운데 가장 큰 후국의
이름이라고 볼 수 있다.

중국 고문헌 《후한서》와 《삼국지》 동이전에서 옥저를 인식했을 무
렵에는 옥저는 두만강 하류를 자연적 경계로 남옥저(또는 동옥저)와
북옥저로 구분되어 포착된 것으로 보인다. 지리적으로 비정하면 대체
로 지금의 함경북도 일대가 남옥저(동옥저)에 해당하고, 연해주 중남
부 일대가 북옥저의 위치라고 볼 수 있다.

《후한서》는 (AD 1세기경의) 동옥저(님옥저)에 대하여 "동옥저는 고구려 개마대산(蓋馬大山)의 동쪽에 있다. 동쪽은 큰 바다에 연접했으며, 북쪽은 읍루(挹婁)·부여(夫餘)에 접해 있고, 남쪽은 예맥(濊貊)과 접해 있다. 그 지형이 동서는 좁고 남북은 긴데, 사방 천리의 절반 (500리 - 인용자) 가량 된다. 토질은 비옥하며, 산을 등지고 바다를 향해 있어서, 오곡이 잘 자라고 농사에 적합하다. 읍락(邑落)에는 장수 (長帥)가 있다. 사람들의 성질은 질박하고 정직하며 굳세고 용감하다. 창을 잘 다루며 보전(步戰)을 잘 한다. 언어·음식·거주·의복은 구려 (句麗)와 비슷하다."[82]고 기록하였다.

또한 《후한서》는 북옥저에 대해서도, "또 북옥저가 있으니 치구루 (置溝婁)라고도 하는데, 남옥저와는 8백여 리 떨어져 있다. 그 풍속은 모두 남옥저와 같으며, 읍루(挹婁)의 남쪽 경계와 접해 있다. 읍루 사람들이 배를 타고서 노략질하기를 좋아하므로, 북옥저는 그들을 두려워하여 해마다 여름철에는 바위굴 속에 숨어 살다가 겨울에 (얼음이 얼어서) 뱃길이 통하지 않을 때가 되어야 산을 내려와 읍락에 산다 ."[83]고 기록하였다.

《삼국지》 위서 동이전 동옥저조에도 《후한서》와 거의 유사하게, "동옥저는 고구려 개마대산의 동쪽에 있는데, 큰 바닷가에 접해 산다. 그 지형은 동북은 좁고 서남은 길어서 1,000여 리 가량 된다. 북쪽은 읍루(挹婁)·부여(夫餘)와 접해 있고, 남쪽은 예맥(濊貊)과 접해 있다. 호수(戶數)는 5천인데 대군왕(大君王)은 없으며, 읍락에는 각각 대를 잇는 장수(長帥)가 있다. 그들의 언어는 구려(句麗)와 대체로 같지만 경우에 따라 좀 다른 부분도 있다. 한(漢)나라 초에 연(燕)의 망명객

---

82) 《後漢書》 卷85, 東夷列傳, 東沃沮條,〈東沃沮在高句麗蓋馬大山之東 東濱大海 北與挹婁·夫餘 南與濊貊接. 其地東西夾 南北長 可折方千里. 土肥美 背山向海 宜五穀 善田種 有邑落長帥. 人性質直彊勇 便持矛步戰. 言語·食飮·居處·衣服有似句驪.〉 참조.

83) 《後漢書》 卷85, 東夷列傳, 東沃沮條,〈又有北沃沮 一名置溝婁 去南沃沮八百餘里. 其俗皆與南同 界南接挹婁. 挹婁人喜乘船寇抄 北沃沮畏之 每夏輒臧於岩穴 至冬船道不通 乃下居邑.〉 참조.

위만(衛滿)이 조선의 왕이 되면서 옥저는 모두 복속하게 되었다. 한 무제(武帝) 원봉(元封) 2년(BC 109년 ― 인용자)에 조선을 정벌하여 만(滿)의 손자 우거(右渠)를 죽이고 그 지역을 분할하여 4군을 설치했는데, 옥저성(沃沮城)으로 현토군(玄菟郡)을 삼았다. 뒤에 이맥(夷貊)의 침략을 받아 (현토)군을 구려의 서북쪽으로 옮기니 지금의 이른바 현토의 고부(故府)라는 곳이 바로 그곳이다."[84]라고 서술하였다.《삼국지》옥저조의 북옥저에 대한 기록은《후한서》와 완전히 동일하다.

《삼국지》의 동옥저 기록이《후한서》의 동옥저 설명과 차이를 보이는 부분은 ① 지형설명에서 '동서'가 아니라 '동북'은 좁고, '남북'이 아니라 '서남'은 길다고 표현해서 약간의 지형 변동이 보이며, ② '남북'의 길이가 500리에서 서남의 길이가 1,000리로 2배 더 길어졌고, ③ 동옥저는 5천 호라고 하여 호수가 기록되었으며, ④ 위만조선의 정변에는 처음 불복했다가 위만이 왕이 된 후 위만조선에 복속했고, ⑤ 한의 무제가 위만조선을 멸망시키고 한4군을 설치할 때 동옥저는 현토군을 설치했으나 이맥(고구려)의 공격으로 쫓기어 구려의 서쪽으로 현토군을 옮기게 되었다는 고조선 해체기의 사정이 설명되어 있는 점이다.

한나라는 현토군을 옮긴 후(사실상 폐지한 후) 동옥저에 영동7현(領東七縣)을 설치해서 낙랑군에 속하게 했고, 후한은 각 현의 거수(渠帥, 대인, 우두머리) 등 현후(縣侯)에게 '예군'(濊君)의 인장을 주었다. 이 7현후 가운데 부조현(夫租縣)의 현후의 무덤이 마침 평양 정백동에서 발굴되었고, 부장품으로 '부조예군'(夫租濊君)의 글자가 새겨진 인장이 다른 부장품과 함께 출토되어 '부조예군묘'라는 호칭이 생기게 되었다.

---

84)《三國志》卷30, 魏書 烏丸鮮卑東夷傳, 東沃沮傳,〈東沃沮在高句麗蓋馬大山之東 濱大海而居. 其地形東北狹 西南長 可千里 北與挹婁·夫餘 南與濊貊接. 戶五千 無大君王 世世邑落 各有長帥. 其言語與句麗大同 時時小異. 漢初 燕亡人衛滿王朝鮮 時沃沮皆屬焉. 漢武帝元封二年 伐朝鮮 殺滿孫右渠 分其地四郡 以沃沮城爲玄菟郡. 後爲夷貊所侵 徙郡句麗西北 今所謂玄菟故府是也.〉참조.

〈그림 5-6〉 부조예군묘 출토 혁대고리(예족의 토템인 '범'이 도안되어 있다)

부조예군묘의 부장품은 인장을 제외하고는 모두 고조선 제품인데, 주목할 것은 고조선 통치신분층이 상징적으로 매우 중시한 혁대의 화려한 고리의 문양이 커다란 범으로 조각되어 있어서, 옥저족이 범토템 부족인 예(濊)족의 한 지파이며, 한(후한)나라가 그들에게 예군(濊君)의 칭호를 주어 포섭하려 한 것이 부족적 계보와 연결되어 있음을 알 수 있다.

옥저는 동옥저(남옥저)와 북옥저를 포함하여 모두 예족의 한 갈래가 세운 고조선 후국이었음이 확인되는 것이다.

《후한서》에서 "예(濊)와 옥저(沃沮)와 구려(句麗)는 본래 조선(朝鮮) 땅이었다"[85]고 기록한 것이나, 이승휴(李承休)가 《제왕운기》(帝王韻紀)에서 지금은 유실된 《단군본기》(檀君本紀)라는 책을 인용하면서 "시라(尸羅)·고례(高禮)·남북옥저(南北沃沮)·동북부여(東北夫餘)·예(濊)·맥(貊)이 모두 단군의 후손이다"[86]라고 하여 남북옥저를 조선의 부속으로 거론한 것은 옥저가 고조선의 후국이었음을 정확하게 인지한

---

85) 《後漢書》 卷85, 東夷列傳, 第75, 濊條,〈濊及沃沮·句驪, 本朝鮮之地也〉 참조.
86) 《帝王韻紀》 하권, 東國君王開國年代并序,〈名檀君 據朝鮮之域爲王 故尸羅. 高禮·南北沃沮·東北扶餘·穢與貊 皆檀君之壽也〉 참조.

기록이었다고 할 수 있다.

옥저에 대해서는 고문헌자료가 매우 부족하지만, 옥저가 고조선 후국이었음을 증명하는 고고유물·유적 등이 발굴되고 있다. 러시아 고고학자들은 연해주 이스베스토프에서 1959년 1기의 고조선식 석관묘를 발굴했는데, 무덤방에서 직경 12.5cm의 고조선식 다뉴조문경 1개, 고조선식 세형동검 2개, 비파형 청동창끝 1개, 청동끌 1개, 돌도끼, 관옥(管玉) 등이 출토되었다.[87] 전조선시기의 다뉴조문경 및 비파형 창끝, 후조선시기의 세형동검이 동시에 출토되는 것으로 보아 후조선 초기의 무덤으로 추정된다.

또한 연해주 크로우노프카강 유역 크로우노프카 마을에서는 탁자식 고인돌과 개석식 고인돌 무덤들이 발견되었다.[88] 이 지역에서 출토된 지름 18cm의 고조선식 다뉴조문경 1개가 블라디보스토크 박물관에 진열되어 있다. 또한 중국의 고고학자들은 흥개호(興凱湖) 유역과 수분하(綏芬河) 상류 유역(길림성 東寧縣)의 단결(團結) 유적을 '단결문화'라고 일컬으면서 옥저의 문화라고 설명하고 있다.[89] 옥저가 (읍루와 함께) 고조선의 동변후국의 하나였음이 명백한 것이다.

이 밖에 고조선의 제1형 후국으로서는 5) 청구(靑丘)국,[90] 6) 불리

---

87) ① 平井尙志,〈沿海州 新出土の多鈕粗紋鏡とその一括遺物いづて〉,《考古學雜誌》, 才46卷 才3号, 1960
  ② 강인욱·천선행,〈러시아 연해주 세형동검관계 유적의 고찰〉,《한국상고사학보》제42집, 2003
88) ① 최몽룡·이헌종·강인욱,《시베리아 고고학》, 주류성, 2003, p.453
  ② 강인욱,〈동아시아 고고학·고대사·연구 속에서 옥저문화의 위치〉,《고고학으로 본 옥저문화》(동북아역사재단 연구총서37), 2008 참조.
89) ① 林沄,〈論團結文化〉,《北方文物》1985年 1期, 1985
  ② 문안식,〈옥저의 기원과 대외관계의 변화〉,《역사학연구》제32집, 2008
  ③ 이현혜,〈沃沮의 기원과 문화 성격에 대한 고찰〉,《한국상고사학보》제70호, 2010 참조.
90) 대릉하 유역 지금의 조양(朝陽) 지역이 고죽국(孤竹國)의 후왕(가)에 의해 통치받던 시기의 조양 지구 고조선 후국의 별명이 '청구'국인 것으로 추정된다.《사기정의》(史記正義)에는 "服虔(복건)은 말하기를 靑丘國(청구국)은 바다(발해- 인용자) 동쪽으로 3백 리에 있다고 하였다. 郭璞(곽박)은 말하기를 靑丘는 산 이름이다. 위에 밭이 있고 역시 國(국)이 있다. 九尾狐(구미호)가

지(弗離支)·불령지(弗令支)·영지(令支),91)   7)   불도하(不屠何)·도하(屠何),92) 8) 고조선 개국 때에 개국에 참가하지 않았다가 개국 후에 후

난다. 바다(발해) 밖에 있다"(《史記》 卷117, 司馬相如列傳, 《正義》, 〈服虔云 靑丘國在海東三百里. 郭璞云 靑丘 山名. 上有田 亦有國 出九尾狐 在海外.〉)고 하였다. 당시 발해로부터 동북쪽으로 3백 리 지점에 있는 것은 대릉하 유역인데, 대청산(大靑山, 靑丘)의 바로 동쪽에 조양(朝陽)이 있고, 조양이 능하(凌河) 서쪽과 대청산(大靑山) 동쪽 사이에 있기 때문에 조양(朝陽)이라는 명칭이 나오게 되었다고 하였다(孟昭凱·陳瑞周 主編, 《古今朝陽千題》朝陽市文化局, 1993, 3쪽). 《산해경》에는 "청구국(靑邱國)은 조양곡(朝陽谷)의 북쪽에 있다"(《山海經》 卷9, 海外東經, 靑邱國條)고 하였다. 고조선이 조양에 한때 천도를 했거나 부수도를 두었기 때문에 중국인들은 조양지구의 고조선을 靑丘(청구)국이라고 별명으로 호칭했을 가능성이 높다고 본다.

91) 불리지(弗離支), 불령지(弗令支), 영지(令支)는 원래 맥족이 세운 전기 부여의 일부였다가, 주류가 눈강유역으로 이동할 때 따라가지 않고 난하 중류에 남아서 고조선의 후국으로서 활동한 매우 용감한 부여 계통 고조선 후국이었다고 해석된다. 《일주서》의 《왕회해》에서는 불령지를 고죽, 불도하, 산융 등과 함께 들었는데, 공영달의 주에는 "불령지는 모두 동북이(東北夷)이다"(《逸周書》, 〈王會解〉 孔穎達 注疏)라고 하였다. 《관자》 소광편에서도 영지를 고죽과 산융과 나란히 들어서 지금의 북경 영평부 부근의 나라임을 시사하였다(《管子》 小匡篇).   한편 신채호는 불령지의 활동에 대해 다음과 같이 기술하였다.

> 기원전 5·6세기경에 弗離支(불리지)란 자가 朝鮮(조선)의 兵(병)을 率(솔)하고 지금의 直隸(직예)·山西(산서)·山東(산동) 등 省(성)을 정복하고 代縣(대현) 부근에 1國(국)을 建(건)하여 자기의 名(명)으로 國名(국명)을 삼아 '弗離支'(불리지)라 하니, 《古書》(고서)에 '不令支'(불령지)와 《史記》(사기)의 '離支'(리지)가 다 '弗離支國'(불리지국)을 가리킨 것이며, 弗離支(불리지)가 그 정복하는 지방을 그 성 '불' 곧 '弗'의 음으로 지명을 지었나니, 요서의 '肥如'(비여)나 산동의 '鳧繹'(부역)이나 산서의 '卑耳'(비이, 《管子》에 보임)가 다 '불'의 譯(역)이며, 상고에 요동반도와 산동반도가 다 聯陸(연륙)하고 1개의 大湖(대호)가 있었는데, '渤海'(발해)의 '渤'도 음이 '불'이요 또한 弗離支(불리지)가 준 이름이니, 弗離支(불리지)가 山東(산동)을 정복한 뒤에 朝鮮(조선)의 狖(유)·貂(초)·狐(호)·狸(리) 등 毛裘(모구)와 錦罽(금계) 등 직물을 수출하여 발해를 중심으로 하여 상업이 진흥하였더니라(申采浩, 《朝鮮上古文化史》, 《改訂版 丹齋申采浩全集》上, pp. 87~88).

신채호는 불리지를 산동·산서·직예성에 걸쳐 있던 상당히 강대했던 고조선 후국으로 본 것이었다.

92) 《관자》 소광편에는 환공이 B.C. 7세기에 고중국계 소국 진(晉)의 구원 요청을 받고 고조선계 북방 소국들을 침공한 나라 이름에 북적·호맥과 함께 도하(屠何)가 기록되어 있다(《管子》, 小匡篇). 또한 《일주서》의 《왕회해》에서는 이를 불도하(不屠何)로 표기했고(《逸周書》 卷7, 王會篇), 《영평부지》(永平府志)

국으로 참가한 잔여 맥(貊)과 예(濊),[93] 9) 동호(東胡, Tungus),[94] 10)

[93] 에서는 석명(釋名)을 인용하면서 "불령지(不令支)는 영지(令支)이고, 불도휴(不屠休)는 도휴(屠休)인데 모두 동북이(東北夷)이다"라고 기록하였다(《永平府志》 제5권 物産條, "釋名云 不令支 令支也 不屠休 屠休也"). 여기서 불(不)은 고조선계를 나타낸 것으로서 발(發)과 본질적으로는 동일하다. 단지 불(不)의 경우에는 고조선의 경우와 부여(전기 부여)의 경우의 접두어로 사용되었다. 《관자》의 윤씨 주에는 "도하(屠何)는 동호(東胡)의 선조이다"(黎翔鳳 撰,《管子校注》上 卷8, 小匡篇, 中華書局, 2004, p.433, "尹桐陽云 屠何東胡之先 漢爲徒河縣 屬遼西郡. 故城在錦縣西北")라고 하였다. 도하는 지금의 난하 서쪽, 간하(干河) 동쪽의 산융과 불령지 사이에 위치해 있던 고조선 후국이었다. 필자는 추(加, 상고음 투·두)는 '도하'를 가리킨 것이었다고 본다.

맥족은 여군장(부족장)의 지배 아래서 큰 부족이었고, 그 주류는 동남방으로 이동하여 대동강 유역에서 한족을 만나자 고조선 건국에 참여하였다. 그러나 맥부족의 일부 씨족들은 형성지인 대릉하와 시라무렌강 유역에도 잔존하였고, 동남방으로 이동하는 도중에도 씨족장에 따라 일부 잔류하였다. 그러므로 시라무렌강 유역으로부터 대동강까지의 이동 경로에는 정착하기에 적합하다고 판단되는 곳곳에 맥족이 퍼지게 되었다. 《산해경》에는 "貊(맥)국은 漢水(한수)의 동북쪽에 있고, 땅이 燕(연)나라에 가깝다"(《山海經》 卷11, 海内西經,〈貊國在漢水東國 地近干燕〉)고 전한다. 여기서 한수는 지금의 난하의 한 지류이다(《水經注》 卷14, 濡水조). 《시경》 한혁편에서 나온 '한'(韓)의 지배를 받았다는 貊國(맥국)도 이러한 맥이다. 요서·요동에 점점이 분산되어 있었으나 실제로 중요한 활동을 한 맥족에 대해서는 중국 학자들도 진나라 이전의 맥족이 일정한 역사적 활동을 한 중요한 부족임을 논증하였다(林沄,〈說"貊"〉,《林沄學術文集》(2), 北京: 科學出版社, 2008, 239~248쪽). 고조선의 영역이 요동을 거쳐 요서 지방으로 확대됨에 따라 그 영역에 포함된 모든 잔존 맥족들은 후국족들로서 고조선의 지배를 받으며 그에 복속하였다. 맥족은 구체적 이름들이 뒤에 나오기 때문에 더 이상의 설명은 생략하기로 한다. 예족은 활동 거주범위가 넓었기 때문에 요동반도와 압록강 유역에 거주했던 예족과 두만강 유역과 함경도·강원도 동해안에 진출해 거주했던 예족[東濊]으로 나누어 고찰하는 것이 적합할 것이다. 《수경주》의 청장수(淸漳水) 주에는 "청장수가 흘러가는 故城(고성) 서쪽이 故濊邑[옛 예읍]이고, 지류가 흘러나오는데 濊水(예수)라고 일컫는다"(《水經注》 卷10, 濁漳水注)고 하여 예족의 일부가 지금의 하북성에도 일부 거주한 흔적을 알려주고 있다. 《후한서》에서 "濊(예)와 沃沮(옥저)와 句麗(구려)는 본래 朝鮮(조선)의 땅이었다"(《後漢書》 卷85, 東夷列傳, 濊傳)고 기록한 것이나, 《제왕운기》가 지금은 일실된 《단군본기》(檀君本紀)라는 옛 책을 인용하면서 "尸羅(시라) 高禮(고례), 南北沃沮(남북옥저), 東北夫餘(동북부여), 濊(예), 貊(맥)이 모두 단군의 후손이다"(《帝王韻紀》 卷下,〈東國君王開國年代 并序〉)라고 한 것은 여기서 말한 제1형 후국 계열을 가리킨 것이라고 볼 수 있다.

[94] 고조선시기의 동호(東胡)는 지금의 난하 유역 동쪽부터 지금의 요하 이서 지방(요서 지방)에 거주하면서 고조선의 서방을 구성했던 맥(貊)족에 대한 중국인들의 총칭이다. 《사기》(史記)는 "燕(연)의 북쪽에 東胡(동호)와 山戎(산

오환(烏桓),[95) 11)] 선비(鮮卑),[96) 12)] 고마해(庫莫奚)·해(奚),[97) 13)]

융)이 있다"(《史記》 凶奴列傳 卷110)고 썼으며, "趙襄子(조양자, 전국시대 晉나라 장수)가 代(대)나라(趙나라 속국)를 공격하여 병합하매 胡貊(호맥)에 다다랐다"(《史記》 卷110, 列傳, 匈奴傳)고 하였다. 《한서》(漢書)도 "호맥"(胡貊)을 기록하였다(《漢書》 卷49, 爰盎鼂錯傳). 《동사강목》(東史綱目) 주(注)에서는 "貊(맥)은 胡(호)를 말한 이름이니 동북방에 있다"고 하였다. 《관자》(管子)에서는 "환공이 晉公(진공)을 구하면서 狄王(적왕)을 생포하고 胡貊(호맥)을 패퇴시켰으며, 屠何(도하)를 부셔 騎馬(기마) 오랑캐를 복종시켰다"(《管子》 小匡篇)고 기록하였다. 《산해경》(山海經)도 東胡(동호)의 위치를 지금의 난하 이동으로 기록하였다(《山海經》 海內西經). 즉 난하 동쪽부터 요하 이서 지방에 거주하던 貊族(맥족)을 중국인들은 비칭을 넣어 '호맥'(胡貊)이라고 하고, 위치를 넣었을 때는 '동호맥'(東胡貊)인 것을 줄여서 '동호'(東胡)라고 호칭한 것을 알 수 있다. 《사기》(史記)에는 동호(東胡)가 고조선의 일부였음을 알려주는 것으로 "그 후 燕(연)나라 현장 秦開(진개)가 胡(호)에 인질로 잡혀가 있었는데, 胡(호)는 그를 매우 신임했다. 진개가 연으로 돌아온 다음 東胡(동호)를 습격 격파해서, 東胡(동호)는 1천여 리를 퇴각했다"(《史記》 卷110, 匈奴列傳)는 주목할 기록이 있다. 그런데 어환(魚豢)의 《위략》(魏略)은 동일한 사실에 대해, 연나라가 장군 진개를 보내 朝鮮(조선)의 西方(서방) 2천여 리를 빼앗고 만반한(滿潘汗)으로 경계를 삼았다고 썼다(《魏略》 "朝鮮侯亦自稱爲王 欲興兵逆擊燕 …… 後子孫稍驕虐 燕乃遣將秦開攻其西方 取地二千餘里 至滿潘汗爲界"). 즉 두 기록을 합해 보면, 동호(東胡)는 고조선의 서방(西方) 후국임을 알게 되는 것이다. 《진서》(晉書)에는 동호의 도읍지를 자몽(紫蒙)이라고 하였다 (《晉書》慕容庶 載記). 자몽은 광녕현(廣寧縣) 창여(昌黎) 부근이라고 비정되었다. 신채호는 아예 호맥(胡貊, 東胡)을 단군조선의 삼조선(三朝鮮) 시기에 가장 서방에 있던 '신조선(朝鮮)'이라고 하였다(申采浩,《朝鮮上古史》,《改訂版丹齋申采浩全集》 상권, 97~98쪽). 서양학자들은 동호(東胡)를 중국 발음으로 Tunghus라고 읽고 Tungus라고 표기하여 만주 일대의 고유 부족들이라고 생각하였다. 그러나 이때 Tungus(東胡)는 맥족을 가리킨 것이었다. 맥족은 고조선 형성의 3대 부족의 하나였음은 이미 설명한 바와 같다. 동호(東胡)는 B.C. 206년 흉노의 공격을 받고 해체되었는데, 그때 부각된 오환(烏桓(丸)), 선비(鮮卑), 해(奚) 부족을 통해서도 동호가 고조선 후국이었음을 확인할 수 있다.

95) 고조선 시기의 오환(烏桓(丸))은 고조선 후국 동호(東胡)를 구성한 맥족의 하나였다. 《후한서》(後漢書)는 오환의 구심점을 '적산'(赤山)이라고 기록하였다(《後漢書》 卷85, 東夷列傳, 烏丸鮮卑列傳). 적산(赤山)은 홍산(紅山) 및 적봉(赤峰)과 같은 것이다. 적산(赤山)·홍산(紅山)·적봉(赤峰)은 모두 '붉달'의 한자표기이며, '붉달'은 '밝달'과 호환되는 같은 것이다. '밝달'은 '백산'(白山)으로 한자표기되었다. 《후한서》(後漢書)는 "오환 중에서도 上谷(상곡)의 새(塞) 밖의 白山(백산)에 있던 것이 가장 부강하였다"(《後漢書》 卷85, 東夷列傳, 烏丸鮮卑列傳)고 기록하고 있다. 흉노가 동호를 공격해 멸망시킨 B.C. 206년 무렵에 끝까지 항복하지 않고 오환산(烏桓(丸)山)을 지킨 동호의 부족을 오환(烏桓)이라 호칭하게 되었다고 《후한서》는 기록하였다. 오환(烏桓)의 명칭도 고조선과 직결되어 있다. 오(烏)는 단군조선의 지방장관·대신급 호칭에 주로

양맥(良貊),[98] 14) 구려(句麗),[99] 15) 비류(沸流),[100] 16) 개마(蓋馬)

사용되었으며, 환(桓, 丸)은 단군조선 제왕족의 호칭이었다. 부족명칭도 오환족이 고조선의 후국족이었음을 알려주고 있다. 오환족은 4부(部)로 구성되어 있었는데, 그들의 근거지 중심에 있는 산에 '백산'(白山)의 명칭을 붙이고, 해(태양)를 숭배하였다. 오환족은 당시대에는 '해'(奚) 또는 '고마해'(庫莫奚: 곰＋해)라고 호칭되었다(《新唐書》 卷219, 列傳 北狄, 奚傳).

96) 고조선시기에 선비(鮮卑)는 오환과 마찬가지로 고조선 후국 동호(東胡)를 구성했던 맥(貊)족의 일파였다. 박은식은 선비족을 북부여의 한 지류라고 보았다(朴殷植, 《檀祖事攷》, 《白巖朴殷植全集》, 백암박은식선생전집편찬위원회, 2002, 제4권, 493쪽의 〈倍達族源流〉 그림). 흉노가 B.C. 206년 동호를 공격하여 해체시켰을 때 항복하지 않고 선비산(鮮卑山)을 지키다가 동쪽으로 이동했기 때문에 선비족의 명칭을 얻은 것이라고 하였다(《後漢書》 卷85, 東夷列傳, 烏丸·鮮卑列傳, 鮮卑條). 선비산(鮮卑山)은 영주(營州) 동남방에 있는 도하(徒河)현 청산(靑山)이라는 기록이 있다(《讀史方輿紀要》 卷18, 直隸 9, 靑山條). 또한 《통전》에는 "선비산이 현의 동남 2백 리 棘城(극성)의 동쪽에 있다"(《通典》 卷178, 州郡 8, 柳城條)고 하였다. 선비족의 언어와 습속은 오환족과 동일하였다(《三國志》 卷30, 魏書, 烏丸·鮮卑·東夷傳, 鮮卑條). 매년 5월에 대회(大會)를 여는 것도 예·맥족과 동일하였다. 선비족의 세습 군장의 성은 '단(檀)'씨였다. 이것은 단군조선 제왕족의 성씨로서, 선비족이 단군조선의 후국족임을 나타내는 증거의 하나라고 볼 수 있다. 그 후 A.D. 2세기 무렵에 단석괴(檀石槐)라는 대왕(大王)이 나타나서 모든 선비족들을 통일하여 대제국으로서 선비국(鮮卑國)을 세웠다. 《후한서》는 단석괴(檀石槐)가 이끄는 선비국의 강성함을 다음과 같이 기록하였다.

> 後漢(후한)의 조정에서는 오랫동안 鮮卑(선비)에게 괴롭힘을 당하면서도 아직 이것을 제압하지 못했기 때문에, 마침내 使臣(사신)을 파견하여 印綬(인수)를 갖고 檀石槐(단석괴)를 王(왕)에 봉해서 동시에 화친을 맺고자 하였다.
> 檀石槐(단석괴)는 印綬(인수)를 받는 것을 승낙하지 않고 더욱 더 격렬하게 침략을 실행하였다. 그리하여 스스로 領地(영지)를 3부로 나누어서, 右北平(우북평)으로부터 동쪽으로 遼東(요동)에 이르러 扶餘(부여)·濊貊(예맥)에 접하는 20여 읍을 東部(동부)로 하고, 右北平(우북평)으로부터 서쪽으로 上谷(상곡)에 이르는 10여 읍을 中部(중부)로 하며, 上谷(상곡)으로부터 서쪽으로 敦煌(돈황)·烏孫(오손)에 이르는 20여 邑(읍)을 西部(서부)로 해서, 각각에 大人(대인)을 두고 이를 지배하였다. 이들은 모두 檀石槐(단석괴)에 속하였다(《後漢書》 卷85, 東夷列傳, 烏丸·鮮卑傳, 鮮卑條).

선비국은 이와 같이 강성했기 때문에 북방에서 중국을 압박하여 중국 역사에서 오호십육국(五胡十六國) 시대를 여는 주역이 되었다.

97) 고조선시기의 고마해(庫莫奚)는 원래 고조선 후국 동호(東胡)를 구성했던 맥(貊)족의 하나였다(《隋書》 卷84, 列傳 北狄, 奚傳). 여기서 고막(庫莫)은 고마, 곰의 한자소리〔漢字音〕 표기이고, 해(奚)는 해(태양)의 한자소리 표기라고 필

국,101) 17) 구다(句茶)국,102) 18) 행인(荇人)국,103) 19) 진번(眞番)

자는 생각한다. 맥족의 토템이 원래 곰이었으므로 庫莫이 고마(곰)임을 알 수 있고, 고마해가 오환족과 함께 오환산을 지키면서 해(태양)를 숭배했으므로, 奚가 해의 한자소리 표기임을 알 수 있다. 해족은 5부(部) 제도의 군사조직을 만들고, 각 부에는 '일근(俟斤)'이라는 지휘관을 두었으며, 군사의 단위는 500명의 무장병으로 한 진(陣)을 만들었다. 중국 수(隋)나라 때 고마(庫莫)를 떼어버리고 스스로 해(奚)족이라 불렀다(《新唐書》卷219, 列傳 北狄, 奚傳).

98) '양맥'은 전조선 시기에 지금의 요하의 한 지류인 대양하(大洋河; 옛 호칭 大良水)를 중심으로 소자하(哨子河)·아하(雅河)·망우하(牤牛河) 일대에 거주하며 고조선의 후국을 세워 후국족이 되었던 맥부족의 한 갈래이다. 맥족은 일반적으로 목축과 육로에는 강성했으나 수로(水路)와 바다에는 상대적으로 약했는데, 양맥은 수로와 항해에도 익숙하고 강력한 맥족이었다.《일주서》(逸周書)의 B.C. 11세기 일을 기록한 왕회(王會)편에 대한 공주(孔晁)의 주에 "양이(良夷)는 낙랑의 이(夷)이다"(《逸周書》卷7, 王會 編, 孔晁의 주석 "良夷 樂浪 夷也"; 윤내현,《고조선 연구》, 456쪽)라고 한 것으로 보아, 양맥(良貊)이 세운 고조선 후국의 명칭이 낙랑(樂浪)이었을 가능성이 높다(한무제가 위만조선 해체 후 B.C. 2세기 말에 설치한 한사군 가운데 하나인 낙랑군의 '낙랑'은 良貊의 '樂浪'의 호칭을 빌려왔을 가능성이 높다. 한사군의 모든 명칭이 고조선 후국의 명칭을 빌려온 것이었다).

99) 구려(句麗)는 여기서는 주몽의 고구려 이전에 실재했던 "부여의 별종"(《後漢書》卷85, 東夷列傳, 高句麗條 및 句麗條)으로서 고구려에 선행한 맥족의 고조선 후국이었다. 구려의 정확한 형성 연대는 아직 연구되어 있지 않고 있으나, 부여의 한 지파로서 일찍 압록강 중류와 혼강 유역에 거주하고 있다가 '우구려(上高麗, 우구루, 우구리)의 기병대는 고조선 서변 방어에서도 활동했으며, 주류는 주몽이 망명해 들어와서 왕이 된 이후부터 '고구려'라는 국호를 사용한 것으로 해석된다.

100) 맥족의 한 지류가 비류수(沸流水) 상류에 세웠던 부여 계열 고조선(전조선과 후조선) 후국이었다. 비류수는 지금 중국 길림성 환인현 일대 혼강(渾江)으로 비정된다. 위만조선에 복속하지 않고 있다가 B.C. 1세기경에 주몽에 의해 고구려에 병합되었다(《三國史記》卷13, 高句麗本紀, 始祖東明聖王條).

101) 맥족의 한 갈래가 지금의 함경도 개마고원 일대에 세운 고조선의 후국족 소국이었다. '개마'소국이 있었기 때문에 개마고원의 호칭이 남아 있다고 볼 수 있다. '개마'는 '곰'의 계통어이고 변음으로 추정된다. 개마국은 고구려 대무신왕에 의해 A.D. 26년 고구려에 병합되었다(《三國史記》卷14, 高句麗本紀, 大武神王條).

102) 맥족의 한 갈래가 지금의 압록강 상류 양안에 세웠던 고조선 후국족 소국이었다. 당시의 소국 이름은 '구다라'였는데, '구다'가 무슨 뜻인지는 아직 밝혀져 있지 않다. 개마국이 고구려 대무신왕에게 멸망당했다는 소식을 듣고 구다국 왕이 고구려에 항복하여 고구려의 한 군으로 병합되었다(《三國史記》卷14, 高句麗本紀, 大武神王條).

103) 맥족의 한 갈래가 지금의 백두산 동남쪽에 세운 고조선 후국족의 소국이었다. 고구려 건국 직후 주몽에 의해 고구려에 병합되었다.《삼국사기》에는

국,[104) 20) 임둔(臨屯)국[105) 등이 각종 고문헌에 기록되어 있다.

4. 고조선의 제2형 후국

5) 읍루(挹婁)

읍루(挹婁)는 연해주 북부지방에 거주했던 고조선의 후국족이었으며, 뒤에 "夫餘(부여)에 臣屬(신속)"[106)하였다.

《삼국지》(三國志)에 읍루는 "대군장(大君長)은 없고 읍락(邑落)마다 대인(大人)이 있다"[107)고 기록되어 있는데, 왕(王)은 없고 읍락의 대인 (大人)이 고조선과 뒤에 부여의 지배를 받은 것으로 해석된다.

'숙신'(肅愼)은 청나라 사가들이 만주족의 역사적 기원을 찾으면서 그들의 조상 挹婁(읍루)의 기원을 숙신으로 했기 때문에 마치 숙신이 만주족의 직계 조상으로 알려지게 되었으나, 사실은 그 내용이 크게 다르다. 숙신은 중국 고문헌에 발식신(發息愼), 발직신(發稷愼) 또는

"시조 동명성왕이 烏伊(오이)와 扶芬奴(부분노)에게 명하여 태백산 동남방에 있는 荇人國(행인국)을 정벌하게 하고 그 땅을 취하여 都邑(도읍)을 삼았다" (《三國史記》卷13, 高句麗本紀, 始祖東明聖王條)고 기록하였다.

104) 예족의 한 갈래가 세운 고조선 소후국이었다. 사마천이 《사기》 조선열전에서 "(위만이) 부근의 소읍 진번·임둔을 침략하여 항복시켰다"(《史記》 朝鮮列傳)고 한 기록을 놓고, 위치 비정이 논란되고 있다. 신채호는 진번을 지금의 요서 지방의 고조선 행정구역으로 비정했으나, 정확한 위치는 현재 밝혀져 있지 않다. 한무제가 위만조선을 항복시킨 후 한4군을 설치할 때, '진번'군의 명칭을 차용하였다.

105) 예족의 한 갈래가 세운 고조선의 소후국이었다. 신채호는 임둔군을 요동 지방에 비정했으나, 현재 정확한 위치는 밝혀져 있지 않다. 강원도의 강릉의 옛 이름이 임영(臨營)이었으므로 '임둔'(臨屯)과 연결하여 강원도 동해안 지방으로 비정하는 견해가 있을 수 있지만, 현재 정확한 것은 연구 과제이다. 한무제의 한4군 설치 때에 '임둔군'의 명칭이 차용되었다.

106) 《三國志》卷30, 魏書, 東夷傳, 挹婁條 참조.

107) 《三國志》卷30, 魏書, 東夷傳, 挹婁條 참조.

발숙신(發肅愼)으로 나오는 '고조선 연방국가 소속'의 별칭이었다. 여기서 發(발)은 앞서 쓴 바와 같이, '밝' '밝달'의 한자표기로서 '발숙신', '발직신', '발식신'은 '밝달숙신'의 표기이며, '발(發)', '밝'은 바로 '고조선족'을 가리킨 것이고, '숙신'은 '소속' '연방'을 가리킨 것이다.

《사기》 오제본기에는 순(舜)임금 때의 일로 "북쪽으로 산융(山戎)과 발식신(發息愼)을 회유(접촉을 의미)했다"[108]고 했는데, 순임금 때에 하(夏)나라와 접촉한 것은 '산융'과 '고조선'이었다. 또한 《사기》 오제본기에 나오는 '발식신'(發息愼)도[109] '밝달식신'으로서 '고조선'을 가리키는 것이다. 이때의 '발식신'[110](발직신, 숙신)은 지금의 북경 바로 위에 있던 고조선족을 가리킨 것으로서, '밝달족'의 중국식 별칭이었고, 지금의 연해주 지방의 읍루(挹婁)와는 관계가 없는 것이었다. 부사년도 이때의 '숙신'은 '읍루'의 선조가 아니며 관계는 없는 것이라고 하였다.[111] 즉 고조선 전기에 중국과 밀접하게 교류하면서 나오는 식신, 직신, 숙신은 중국인들이 '고조선'을 말할 때 사용한 '고조선의 별칭'이었다.

발족은 모두 고조선족으로서, 그 뒤에 오는 나라 이름의 나라도 고조선족임을 나타낸 것이라고 보아도 틀림이 없을 것이다.

또한 《춘추좌씨전》 소공(昭公) 9년조에는 "숙신(肅愼)·연(燕)·박(亳)은 우리의 북쪽 토지이다"[112]라고 기록했는데, 춘추시대 노(魯)나라의 북쪽에 연나라와 함께 (또는 더 가까이) 인접한 나라는 고조선의 서변이었다. 당시 고조선의 서변은 지금의 난하에 이르렀다가 그를 넘어 우북평(右北平) 지역까지 와 있었다. 당시 읍루(挹婁)는 지금의 연해주에 있었으므로, 하(夏)·상(商)·주(周)·춘추(春秋)시대의 중국과 밀접하게 교류한 중국 고문헌의 숙신은 읍루와는 관계가 없고, 이때의

108) 《史記》 卷1, 五帝本紀, 〈北山戎發息愼〉 참조.
109) 《史記》 卷1, 五帝本紀.
110) 《春秋左氏傳》 卷17, 昭公5年條.
111) 傅斯年, 〈夷夏東西說〉 참조.
112) 《春秋左氏傳》 卷17, 昭公9年條, 〈肅愼燕亳 五北地〉 참조.

숙신은 발숙신으로서 고조선의 별칭이었다.

《죽서기년》에 숙신이 방문하여 순임금에게 활과 화살을 선물했다거나,[113] 주나라 무왕과 성왕을 경축했다는 기사[114]의 숙신도 발숙신으로서 고조선을 별칭한 것이었다.

중국 고문헌에서 고조선의 국호 아사달(밝달 아사달)을 조선(朝鮮)으로 번역해서 처음 기재한 것은 B.C. 7세기의 일을 적은 《관자》(管子)에서부터이다.

다산 정약용은 "朝鮮(조선)의 칭호가 멀리 檀君肅慎(단군숙신)의 이름으로 주나라 역사 기록에 실려 있다"[115]고 하였다.

신채호 선생은 《만주원류고》(滿洲原流考)에 의거하여 숙신은 만주어로 주신(珠申)이고, 주신은 管境(관경)을 의미하는데 주신과 조선은 발음이 통하므로 조선은 주신에서 나온 이름이고 숙신은 조선=숙신을 가리킨 것이라고 설명하였다.[116]

필자는 《만주원류고》에서 청나라 편찬자들이 "肅慎(숙신)=珠申(주신)=管境(관경)"이라고 설명하면서 만주(滿洲)의 원류를 숙신(肅慎)의 후예로 연결시킨 사실에서 '管境'을 주목한다. 管境은 '동일한 돗자리의 경계'를 가리킨 용어로서 동일한 돗자리에 여러 사람이 앉은 상태의 경계를 나타내는 말이다. 현대 정치학 용어로는 聯邦(연방)에 해당한다고 본다. 그러므로 發肅慎(발숙신), 發稷慎(발직신), 發珠申(발주신)은 '밝달연방'을 가리킨 것이다. 즉 고조선 연방국가를 일컫는 것이었다고 해석된다.

최근 중국의 하·상시대의 역사지도를 보면 만주지역에 肅慎(숙신)이라고 표기하여 고조선 표기를 피하는데, 이것은 고조선(發肅慎)이라고 표기해야 할 것이다. 하·상시기에 挹婁(읍루, 만주족의 선조)는 고조선 연방국가(발숙신)에 속하기는 했으나 지금의 연해주 일대에 거주

---

113)《竹書紀年》卷1, 五帝本紀, 帝舜 25年條 참조.
114)《竹書紀年》卷4, 周武王15年條 및 周成王9年條 참조.
115)《與猶堂全書》詩文集 地理策,〈朝鮮之號 遠自檀君肅慎之名 載在周乘〉참조.
116) 申采浩,《改訂版丹齊申采浩全集》상권, 366~369쪽 참조.

하는 고조선 연방의 극동쪽 일부에 지나지 않았다. 현대의 중국 역사
지도에서 만주에 肅愼(숙신)으로 표기된 곳이 바로 고조선 연방국으로
표기해야 할 위치이다.

부사년은 숙신과 조선의 관계에 대하여 "'朝鮮'(조선)이라는 말은
六經(육경)에는 보이지 않는다. 司馬相如(사마상여)의《상림부(上林賦)》
에 '齊(제)는…숙신과 斜界(사계)를 이루고 있다[斜與肅愼爲界]'고 했는
데, 서한(西漢) 때의 제의 사계는 朝鮮인즉, 혹은 戰國(전국) 이래의
소위 朝鮮(조선)이 古肅愼(고숙신)이 아니었을까."117)라고 하여 고숙신
은 조선을 가리키고 읍루와는 관계없는 별개의 것이라고 하였다.

리지린은 지리적 고증을 해보면 중국 고문헌의 춘추시대 이전의
숙신은 난하 중류의 고죽국과 지리적으로 일치하므로, 숙신은 읍루와
는 관계없고 고조선을 가리킨 것이라고 하였다.118)

숙신을 읍루의 조상으로 연결하여, 숙신→읍루→물길→말갈→여진
→금→후금→만주족으로 연결시켜 계보화한 것은 후대에 와서 일부
중국과 청나라 역사가들이 서술한 것이었다.

읍루는 고조선(발숙신)의 후국 가운데 하나였다가, 고조선 해체 뒤에
는 독립하여 독립민족으로 발전하면서 만주 일대에서 크게 활약하였다.

6) 산융(山戎, Hun)

고조선시기의 산융(山戎, 원 흉노)은 중국 고문헌에 융(戎), 험윤
(獫狁), 훈육(葷粥), 흉노(匈奴) 등으로 기록되어 있는 유목부족으로
동호(東胡)와 이웃하여 서쪽에 연접해서, 고조선 후국족이 되어 거주
하고 있었다. 그 이전의 호칭은 '견이'(畎夷)라고도 기록되어 있다.

원 흉노족의 위치와 상태를 알려주는 기록으로《사기》(史記)에는
"燕(연)의 북쪽에 東胡(동호)와 山戎(산융)이 각각 계곡으로 분산해

---

117) 傅斯年,〈夷夏東西說〉참조.
118) 리지린,《고조선연구》, 201~213쪽 참조.《朝鮮上古文化史》

살고 있었는데, 그들에는 저마다 君長(군장)이 있었고 가끔 백여 개의 戎(융)이 모이는 수는 있으나 한 종족처럼 단결시켜 다스릴 수는 없었다"[119]고 기록하였다.

고조선(古朝鮮)의 서방 변경 세력으로서 중국사가들이 호맥(胡貊)이라고 불렀던 고조선 일파가 B.C. 703년(東周 桓王 13)에 연(燕)을 부수고 가로질러 산동반도에 있는 제(齊)를 공격한 일이 있었으며, B.C. 653년(東周 惠王 24년)에도 연(燕)을 공격하였다. 연(燕)이 긴급하게 제(齊)에게 구원을 청하니 제(齊)의 환공(桓公)이 이를 막아 싸워서 구해 준 기사로 《관자》(管子)에 북으로 영지(令支)를 정벌하고 고죽(孤竹)을 정복하여 산융(山戎)과 맞닿았다고 한 유명한 기록이 남아 있다.[120] 영지(令支)와 고죽(孤竹)은 영평부(永平府) 부근에 있던 고조선(古朝鮮) 후국들이었는데, 제(齊)가 이를 정복한 후에 산융(山戎)과 맞닿았다고 한 것은 산융(山戎)이 고조선(古朝鮮) 지배영토 안에 살고 있던 유목민이었음을 알려주는 것이다.

필자는 원흉노(산융)가 단군조선의 후국족이었다고 본다.

《위략》(魏略)은 흉노의 대인(大人)이 '단자'(檀柘)였다고 기록하였다.[121] 흉노의 통치자가 단(檀)씨였다는 것은 원 흉노의 지배자가 단군조선에서 파견된 고조선 왕족이었거나 왕족으로 봉함을 받은 것이었음을 시사한다. 이것은 원 흉노가 고조선 후국의 하나였음을 나타내는 증거의 하나이다. 《한서》(漢書)는 흉노의 대인(大人)을 '두만(頭曼)'이라고 표현했는데, 두만은 병사 1만 명을 지휘하는 군사령관을 가리키는 고조선식 용어였다. 즉 원 흉노는 고조선이 파견한 단군조선 왕족 사령관을 통치자로 한 고조선 후국의 하나였다고 해석되는 것이다.

흉노족의 지배자들은 해(태양)를 숭배하고 동시에 달[月]도 버금가게 숭상하였다. 흉노족의 백성과 민담에는 '늑대'를 토템으로 한 흔적

---

119)《史記》卷110, 凶奴列傳 참조.
120)《管子》卷6, 小匡 中 20 참조.
121)《三國志》卷30, 魏書, 烏丸·鮮卑·東夷傳 참조.

도 남아 있었다. 원흉노의 족장은 매일 아침 해가 뜰 때 해를 향해 절을 하고, 저녁에는 달에게도 절을 하는 신앙 관습을 갖고 있었다.

흉노족 두만의 아들 모돈(冒頓, 목특, 목돌)이 B.C. 3세기에 부족들을 연합하여 흉노제국을 건국하고, 제위에 올라 '탱리고도선우'(撑犁孤塗單于, Tengrikodo Danwu)라고 호칭하였다.[122] 여기서 흉노국왕의 호칭 단우(單于)를 중국식으로 '선우'라고 읽는 것이 보통인데, 이것은 고조선·흉노식으로 '단우'라고 읽는 것이 옳다고 본다. 단(單)은 흉노국 두만의 성씨 단(檀)과 같은 것으로서 單=檀이다. 흉노족 두만이 단(檀)씨임도 주목할 필요가 있다. '우'는 왕, 제왕을 가리키는 고조선식 용어이다. 단(檀)은 밝달족(고조선족) 후예임과 천(天)의 뜻을 담고 있다고 본다. 탱그리(撑犁)는 천(天), 고도(孤塗)는 아들[子]의 뜻으로 천자(天子)를 의미한다. 이 명칭들이 고조선 조어(祖語)와 일치하고, 현대 몽골어와 일본어에도 흔적이 남아 있다.

일찍이 신채호 선생은 흉노가 고조선족(古朝鮮族) 후예와 동일한 문화를 가진 사실에 대하여 ① 3성(姓)의 귀족(貴族)이 있음이 신라(新羅)와 같고 ② 좌우현왕(左右賢王)이 있음이 고려(高(句)麗)·백제(百濟)와 같으며 ③ 5월의 제천(祭天)이 마한(馬韓)과 같고 ④ 무(戊)·기일(己日)을 숭상함이 고려(高麗)와 같고 ⑤ 왕공(王公)을 한(汗)이라고 함이 삼국(三國)의 간(干)과 같으며 ⑥ 관명(官名)의 끝 자에 치(鞮)라는 음(音)이 있음이 고조선(古朝鮮)과 같고 ⑦ 왕후(王后)를 '알씨'(閼氏)라고 하는 것이 '아씨'의 번역일 것이며 ⑧ 사람과 가축을 회계하는 곳을 '담림'(儋林) '도림'(屠林)이라 하는 것이 '살림'의 뜻이고 ⑨ '휴도'(休屠)와 그 내용이 삼한(三韓)의 '소도'(蘇塗)와 같다고 하였다.[123]

흉노족은 매년 봄 5월과 가을에 각 1회씩 특정 장소에서 전 부족들이 모여 큰 축제를 열고 동시에 부족의 일들을 의논하였다. 이 축제

---

122) 《漢書》 卷94, 匈奴傳 참조.
123) 申采浩, 《朝鮮上古史》 《改訂版申采浩全集》 上卷, p.59 참조.

행사도 한(韓)·예(濊)·맥(貊)의 관습과 동일한 것이었다. 신채호는 고조선(古朝鮮)의 '소도'(蘇塗) 문화가 흉노(匈奴)에 들어간 것이 틀림없다고 강조하였다.[124]

흉노에서는 왕의 후비(后妃)를 알씨(閼氏, 아씨)라고 부르고 특권씨족이었는데, 신라에도 김알씨(金閼氏)가 후에 특권씨족으로 등장했다가 왕족(王族)이 된 사실을 참고해 볼 필요가 있다.

흉노는 한(漢) 고조(高祖) 유방이 한(漢)을 개창할 무렵에는 매우 강성하여 한 고조는 흉노 제왕에게 칭신(稱臣)까지 하며 외교하였다. 흉노는 그 후 서쪽으로 이동하여 훈(Hun)족이란 호칭으로 유럽의 대민족 이동을 일으키는 활동을 하였다.

7) 유연(柔然, Avar)

고조선시기의 유연(柔然)은 원래 BC 10세기경의 《일주서》 왕회해에는 '유인'(俞人)으로서 동북이(東北夷)의 하나로 기록되어 주의 성왕에게 말을 선물한 것으로 기록되어 있다.[125] 필자는 이 유인이 후에 고중국인들에 의해 '연연'(蠕蠕)으로 비하된 글자로 기록된 '유연'(柔然)이라고 판단하고 있다. 유연은 뒤에 고조선 후국 동호(東胡)에 속한 고조선 후국 부족이었다가, B.C. 206년경 흉노의 공격으로 동호가 해체되자, 잔존세력이 힘을 길러 부흥한 고조선 후국족이었다.

중국인들은 연연(蠕蠕), 예예(芮芮) 등의 비칭 한자를 붙여 불렀지만, 유연족 자신은 '대단'(大檀), '단단'(檀檀)이라고 불렀다. 고조선어로 '아발'(아=大, 발=밝=檀)을 한자로 '大檀'이라고 번역한 것이라고 필자는 생각한다.

《송서》(宋書)는 그 후 강성한 유연족을 묘사해 "芮芮(예예)는 또한 大檀(대단) 또는 檀檀(단단)이라고도 일컬었다. 아마 匈奴(흉노)의 별

124) 申采浩, 《朝鮮上古史》《改訂版申采浩全集》上卷, p.83 참조.
125) 《逸周書》, 卷7, 王會解, 〈俞人雖馬(註俞東北夷云云)〉 참조.

종일 것이다. 서방의 통로를 이용하여 京都(경도)와 교통했으며, 그 사이는 3만여 리가 된다. 당당히 大號(황제, 可汗)를 칭했으며, 部民(부민)은 수가 많고 강력하였다."[126]고 기록하였다.

유연의 대단(大檀)이라는 왕족은 흘승개 가한(紇升蓋可汗)이라는 칭호로 제위에 오르고 유연제국을 크게 확대하였다. 여기서 대단(大檀)은 '큰밝달'족의 뜻이며, 당시의 유연말 발음으로는 '아(大)발(檀)'로 읽혀졌고, 이것이 고조선말임을 거듭 주목할 필요가 있다.

또한 '단단(檀檀)'은 Tartar[(밝)달(밝)달, 달달]라고도 발음된 것으로 흔적이 남아 있다. 후에 유연족을 白韃靼(밝달단)이라고도 하고, 이를 다시 韃靼(달단)이라고도 불렀고, 또 Tartar(塔塔爾, 달달, 다탈)라는 이름으로도 기록하였다. 이것은 모두 檀檀의 한자소리 표기로 해석된다.

또한 유연 황제 '흘승개 가한'의 흘승개는 '흘승골'의 작은 강 이름으로서 그들의 기원을 부여의 흘승골·흘승개에 연결시킨 것으로 해석된다. 유연 황제 아나양(阿那瓖)의 '阿那(아나)'도 '아사나'의 준말 한자 표기임을 알 수 있다. 즉 유연의 왕족은 단(檀)족, 아사나족 등 고조선 왕족 계통이었음을 시사해 주는 것이다.

유연이 북방의 강대한 제국이 되자, 유연의 아나양(阿那瓖)이 칙련두구두벌 가한(勅連豆丘豆伐可汗, Tengridu Küteleburi Khahan)의 칭호로 제위에 올랐을 때 중국의 동위(東魏)와 서위(西魏)는 통혼 정책으로 친선을 추구하였다.

유연은 그 후 서방으로 멀리 이동해서 아발족(Avars)이라는 명칭으로 다뉴브강·라인강 유역으로 진출하여 약 2백 년 동안 이 지역을 통치하며 활동하였다.

8) 정령(丁零·鐵勒, 원 돌궐, Turk)

고조선시기의 원 돌궐인 정령(丁零)은 철륵(鐵勒) 또는 고차정령

---

126) 《宋書》 卷95, 列傳, 芮芮傳 참조.

(高車丁零)이라고 불렸고, 원래는 발해 연안과 산동 지방 및 감숙성에 거주하던 단군조선의 후국족이었다. 원 돌궐족의 통치자는 두만(거수, 군사령관)인 '아사나'(阿史那)씨로서 고조선에서 파견한 지방장관 가(加·可)였다고 해석된다.

《수서》(隋書)는 "돌궐의 선조는 平凉(평량)의 雜胡(잡호)이다. 성은 阿史那(아사나) 씨이다"[127]라고 기록하였다. 아사나는 고조선으로서 돌궐의 선조가 고조선족이었음을 알려주는 중요한 증거의 하나이다. 아사나씨(원 돌궐족)가 살았다는 평량(平凉)은 지금의 중국 감숙성 평량시(平凉市) 부근 또는 산서성 임분시(臨汾市) 서남, 또는 산동시 신태시(新泰市) 부근 등으로 비정되는데, 고구려＝수나라 시대의 평양(平壤)과 평량(平凉)과 평양(平陽)은 발음과 뜻이 서로 유사한 점도 주목된다.

돌궐족의 개국설화에는 돌궐족이 이민족인 적의 침략으로 절멸의 위기에 빠졌을 때, 적에게 다리가 잘리워 버려진 유아를 늑대가 구해주어 성년이 되자 늑대족 여자와 혼인해서 '위투캔'(Ütukan)산 기슭에서 마을을 일구어 부흥한 것으로 기록되어 있다. 돌궐족의 성지(聖地)인 위투캔산은 현재 몽골국 항가이산맥에 있는 4,021미터의 우뚝 솟은 산이며, 위투캔(Ütukan)의 이름은 고조선어(및 현대 한국어) '우뚝한'과 같은 용어이다. 중국인들이 돌궐(突厥)이라고 기록한 호칭의 '돌'(突)도 '우뚝한'의 한자 뜻 번역이라고 볼 수 있다.[128]

원 돌궐족은 산동반도와 발해만 북쪽에 거주하다가 고조선이 연(燕)·진(秦)·한(漢)의 침략을 받은 B.C. 3세기~B.C. 2세기에 흉노족의 도움을 받아 위투캔산 기슭에 이주해서 부흥했던 것으로 해석된다.

《주서》(周書)는 "돌궐은 곧 흉노의 별종인데, 阿史那(아사나)씨이다.

---

127) 《隋書》 卷84, 列傳 北狄, 突厥傳 참조.

128) 《東亞日報》 2007년 5월 26일자, 신용하 〈다시보는 한국문화〉⑧ 〈고조선 아사달 문명〉 참조. 위트캔산은 현재 몽골인들은 공식적으로는 '오또콘 탱그리산'이라고 호칭하고, 이 지방 사람들은 '박다'(달)산이라고 호칭하고 있다. 위트캔산 기슭은 작은 강이 흐르는 목축에 적합한 평원이다.

별도로 부락을 이루고 있다."[129]고 하였다.

《북사》(北史)는 "돌궐은 그 선조가 서해의 서쪽에 살던 하나의 독립 부락이었다. 본래 흉노의 별종이며, 성은 阿史那(아사나)씨였다."[130]고 기록하였다.

《신당서》(新唐書)는 "돌궐의 阿史那(아사나)씨는 시초에 옛날 흉노의 북방 일부였으며, (후에) 金山(금산, 알타이산) 남쪽에 거주하여 연연(蠕蠕, 柔然·大檀)의 지배를 받았으나 자손은 번영하였다. 토문(吐門, 두만, Tuman)의 때에 이르러 매우 강대하게 되자 그는 可汗(gahan, Khan) 제왕의 칭호를 취했는데, (흉노의) 單于(단우)와 같은 것이었다."[131]고 하였다.

원래 고조선 후국족이었던 돌궐족은 고조선족인 아사나(阿史那, Asana)족을 왕족으로 하고, 역시 고조선족인 아사달(阿史德, Asadar)족을 최고 귀족(성골)으로 하였다. A.D. 552년 아사나 두만(거수)은 돌궐왕국을 세우고 이리가한(伊利可汗, Il Khan)이라는 호칭으로 제위에 올랐다. 그는 재위 30년 동안 영토를 동쪽은 흥안령으로부터 서쪽으로는 카스피해에 이르는 거대 제국으로 확대하였다.

돌궐은 A.D. 580년에 동돌궐과 서돌궐로 나누어지고, 동돌궐은 A.D. 630년 당(唐)의 공격을 받고 굴복했다가 약 50년 후인 A.D. 682년 왕족 아사나 쿨투르크(Asana Kulturk, 阿史那骨咄祿)의 지휘 아래 다시 독립하여 옛 강토를 회복하였다. 돌궐(동돌궐)족은 서쪽으로 중앙아시아, 서남쪽으로는 티베트의 일부인 탕크트까지 정복하여 대제국을 확대하고 당의 국경을 수시로 침입하면서 당과 겨루었다.[132]

돌궐족은 천천히 서진하여 투르크(Turks) 민족이란 이름으로 중앙아시아와 동유럽의 역사를 흔들어 놓았다.

---

129) 《周書》 卷50, 列傳, 突厥傳 참조.
130) 《北史》 卷97, 列傳, 突厥傳 참조.
131) 《新唐書》 卷215, 列傳, 突厥 上 참조.
132) 《新唐書》 卷215, 列傳, 突厥 上 참조.

9) 오손(烏孫, Asana, Asadana)

고조선시기의 오손(烏孫)은 원래 대릉하(大凌河) 유역의 조양(朝陽) 부근에서 살다가 서방으로 민족이동을 시작하여 하서(河西) 지방에 정착해서 한때 매우 강성했던 원래 고조선(古朝鮮) 후국족이었다. 오손(烏孫)은 '아사나'의 한자소리 표기임과 동시에, 뜻으로는 고조선 지방 후국 장수[加·烏]로 해석된다.

오손(烏孫)은 그 후 흉노의 노상왕(老上王, 재위 B.C. 174년~B.C. 161년)의 후원을 받고 당시 이리(伊利) 지방에 거주하고 있던 월씨(月氏)족을 서쪽으로 몰아내어 그 자리를 차지하였다. 《한서》(漢書)는 다음과 같이 기록하였다.

> 烏孫國(오손국)은 大昆(대곤)이 다스리는데 赤谷城(직곡성)에 있다. 長安(장안)에서 8,900리 거리이다. 戶(호)는 12만, 인구는 73만, 勝兵(승병)은 18만8,800인이다. 相(상)과 큰 벼슬아치는 좌·우대장 2인, 侯(후) 3인, 대장·都尉(도위) 각 1인, 大領(대령) 2인, 大吏(대사) 1인, 舍中大吏(사중대리) 2인, 騎君(기군) 1인이다. 동으로는 都護治所(도호치소)가 1천 721리이고, 서로는 康居蕃內(강거번내)의 땅이 5천 리이다. …… 나라에는 말[馬]이 많으며 부자는 4~5천 필까지도 갖고 있다. 백성들은 매우 강하고 탐욕스러우며 믿음이 없고 약탈을 잘한다. (서역의) 최강국이다. 처음에는 凶奴(흉노)에 복종했으나 후에 성대하게 되어 굴레를 벗어버리고 朝會(조회)에 가지 않는다. 동쪽으로는 凶奴(흉노), 서북쪽으로는 康居(강거), 서쪽으로는 大宛(대완), 남쪽으로는 城郭諸國(성곽제국)과 서로 접하고 있다. 본래 塞(색) 땅이었는데, 大月氏(대월씨)가 서쪽에서 새왕(塞王)을 격파하자 새왕(塞王)이 남쪽 縣度(현도)로 넘어갔고 大月氏(대월씨)가 그 땅에 거주했다. 후에 烏孫(오손)의 昆莫(고마)가 大月氏(대월씨)를 격파했으므로 大月氏(대월씨)는 서쪽으로 이동하여 大夏(대하)를 복속시키게 되었고, 烏孫(오손)의 昆莫(고마)가 여기에 거주하게 되었으므로 烏孫(오손)의 백성들 중에는 寒(한)의 종족이 있고 大月氏(대월씨)의 종족도 있다고 한다.[133]

한(漢) 무제(武帝)는 하서(河西)로부터 흉노를 격퇴한 후 오손(烏孫)을 하서(河西)에 불러들여 흉노를 막고 또 서역(西域)과의 무역로를 확보하려고 B.C. 106년 장건(張騫)을 오손에 대사로 파견하였다. 오손왕 고마(昆莫)는 한(漢)과 흉노 사이에 중립을 취하려고 하였다. 오손왕(烏孫王)은 한(漢)이 옹주를 왕비로 시집보내자 이를 우(右)부인으로 삼았다. 이를 본 흉노(凶奴)가 공주를 시집보내자 오손왕은 이를 좌(左)부인으로 삼았다.134)

《위서》(魏書) 열전에는 오손(烏孫)이 적곡성(赤谷城)에 살다가 연연(蠕蠕, 유연)의 침략을 받고 서쪽으로 이동하여 총령(葱嶺)의 산속에서 유목생활을 하고 있다고 기록하였다.135)

그 후 오손(烏孫)이 어떻게 되었는가는 중국 문헌에서 사라졌는데, 유연(柔然)과 함께 중앙아시아와 유럽 역사에 다른 유럽식 이름 표기로 등장하게 된 것으로 추정된다. 앞으로의 학계 연구 과제이다.

10) 실위(室韋, 원몽골, proto-Mongols)

고조선시기의 실위(室韋, 원 몽골)는 부여와 이웃하여 오랫동안 생활해 오는 동안 고조선(古朝鮮)의 언어와 문화를 함께 갖게 된 고조선의 북방 후국민족이었다. 몽골족은 13세기에 이르러서야 테무친(Temüjin, 鐵木眞)에 의하여 통일국가를 수립했고, 그 이전까지는 흥안령 동쪽 눈(嫩)강 유역에서 거주하다가 서방으로 이동하여 몽골고원각 곳에 분산하여 살던 부족들이었다. 각 부족들은 모두 각각 추장들을 갖고 유목생활을 하고 있었다. 이 가운데서 몇 개 부족이 고조선시대에 고조선 후국 부족들이 되어 문화와 언어의 심대한 영향을 받았다. 칭기스칸을 낳은 부족도 그 가운데 하나였다.

---

133) 《漢書》 卷96, 西域傳 烏孫國條 참조. 여기서 '大昆'(대곤)은 '대간'(大汗, Great Ghan), '寒'은 '한'(Han)의 다른 한자 차음 표기로 해석된다.
134) 《史記》 卷123, 大宛列傳 참조.
135) 《魏書》 卷102, 列傳, 西域 烏孫條 참조.

칭기스칸의 가계를 밝히면서 시작되는 《몽골비사》는 그들의 시조와 기원을 신화적으로 설명하였다. 즉, 몽골의 조상은 푸른 이리(부르테 치노)와 흰 암사슴(코아이 마랄) 내외가 큰 물(탱기스)을 건너 몽골 땅으로 이주해서 오논강의 발원인 불칸(Burqan)산에 터를 잡고 하늘이 점지하여 태어난 바타치칸이라는 아들을 낳으면서 시작되었다는 것이다.[136)

이 전설은 이리(푸른빛 이리)를 토템으로 하는 부족의 남자와 사슴(흰빛 사슴)을 토템으로 하는 부족의 여자가 혼인한 후 큰 강을 건너 이동하여 오논강의 발원인 불칸산(山) 부근에 터를 잡은 부족이 몽골족의 기원임을 알리는 구전역사이다. 사슴은 부여족의 토템이었다. 사슴 앞에 특히 '흰빛' 사슴을 강조한 것은 고조선 계열 부여족을 특칭한 것으로 해석된다.

원 몽골족이 시작된 불칸산은 밝산(밝은 산)이며, 한자로 표시하면 백산(白山)을 가리킨 것이라고 볼 수 있다.

원 몽골족은 흉노와 깊은 친족관계를 가진 부족의 하나와 고조선계 부여족의 하나가 혼인동맹에 의해 결합하여 오논강의 발원인 불칸산[白山] 기슭에 정착함으로써 기원했다고 해석할 수 있다.

중국 사서에서 실위(室韋)에 대한 가장 오래된 문헌인 《위서》(魏書) 실위전(室韋傳)은 다음과 같이 기록하였다.

> 실위국(室韋國)은 물길(勿吉)의 북쪽으로 1천 리, 위(魏)의 수도 낙양(洛陽)으로부터 6천 리 떨어진 곳에 있다. 이 나라에 이르는 길은 화룡(和龍, 지금의 遼寧省 朝陽)에서 출발하여 북쪽으로 10일 동안을 가면 철수(啜水, 살수, 시라무렌강, Sira Muren River, 作樂水, 饒樂水)에 다다른다. 다시 북쪽으로 3일을 가면 개수(蓋水)가 있다. 다시 북쪽으로 3일을 가면 독료산(犢了山)이 있다. 이 산은 높고 커서 주위가 3백여 리나 된다. 또 북쪽으로 3일을 가면 큰 냇물이 있는데 굴리(屈利)라고 이름한다. 또 북으로 3일을 가면 인수(刃水)에 이른다. 여기서 또 북쪽으로 5일을 가면

---

136) 유원수 역, 《몽골秘史》, 혜안, 1994, 제1권 참조.

실위국(室韋國)에 도달한다.

　이 나라에는 대수(大水)가 있으며 북쪽으로 흘러가는데 그 넓이는 4리가 넘는다. 그 이름을 㯟水(나수, 㯟水, 那河, 현재의 嫩江, 눈강)라고 한다. 국토는 저지대여서 습하며, 언어는 고마해(庫莫奚)·거란(契丹)·두막루(豆莫婁) 등의 나라들과 동일하다. 조·보리·기장[穄]이 많았으나 사람들은 다만 멧돼지나 물고기를 먹고 소·말을 기른다. 일반적으로 양은 치지 않는다. 일반적으로 성(城)에서 살고 겨울에는 수초(水草)를 딴다. 또한 초피(貂皮)가 많다. 남자는 삭발(索髮)하고, 무기는 각궁(角弓)을 사용하는데, 그 화살은 매우 길다. 부녀는 머리를 묶어서 둘로 나누어 계(髻, 상투)를 만든다. 이 나라에는 도적이 거의 없는데, 만일 도둑질을 하면 그 3배를 벌로 징수한다. 사람을 죽인 자는 말 300필로써 배상하지 않으면 안 된다. 남녀 모두 흰 사슴 가죽의 윗옷과 바지를 입는다.[137]

　이 고문헌은 실위족(室韋族)에 대해 많은 것을 알려준다. 즉 실위국(室韋國)의 원래의 위치는 오늘날의 몽골고원이 아니라 그 훨씬 동쪽 대흥안령을 넘어서 대흥안령 동북쪽 기슭의 눈강(嫩江, 송화강의 북쪽 지류) 유역 저지대였다는 사실이다. 이곳은 고조선의 북변 영토였으며, 부여가 건국했을 때에는 부여의 북방 영토였고, 부여가 둘로 나뉘었을 때에는 북부여의 영토였음을 주목할 필요가 있다.

　또한 실위(室韋)로 가는 통로는 화룡(和龍, 지금의 요녕성 朝陽)에서 출발하는 것이 정규적인 대로였다는 사실이다. 조양(朝陽)은 고조선의 부수도여서 요서 지방의 이 시대 중심지였다. 조양(朝陽)과 실위(室韋)의 통로 설명에 주목할 필요가 있다.

　그리고 실위(室韋)의 언어가 고마해(庫莫奚), 거란(契丹), 두막루(豆莫婁)와 동일하다고 한 사실은 몽골어[室韋語]가 '고마해' '해'족의 언어와 같고, 고조선조어(古朝鮮祖語)의 한 갈래였음을 알려주는 것임을 주목할 필요가 있다.

　그리고 사람을 죽인 자의 배상이 무려 300필의 말이었다는 사실은 말과 기마술·기마문화가 실위족(室韋族)의 문화 산물임을 시사해 준다.

---

137) 《魏書》 卷100, 列傳, 失韋傳 참조.

다음 《북사》(北史) 실위전(室韋傳)에서는 A.D. 549년경(東魏 武定 말년)의 실위가 남실위(南室韋)·북실위(北室韋)·발실위(鉢室韋)·심말저실위(深末怛室韋)·대실위(大室韋)의 5부로 나뉘어져 군장(君長)이 없이 돌궐(突厥)이 파견한 관인에 의해 지배당하고 있는 실태가 기록되어 있다. 또한 이때의 실위의 위치는 대흥안령 서쪽과 남쪽에 분산되어 있었다는 사실도 시사되고 있다.[138] 《수서》(隋書) 실위전(室韋傳)도 거의 동일한 상황을 설명하였다.[139]

그러나 《구당서》(舊唐書) 실위전(室韋傳)에 오면 "실위(室韋)는 거란(契丹)의 별종이다. 요월하(猺越河)의 북쪽에 산다. 그 나라는 장안(長安)의 동북쪽 7천 리에 있고, 동쪽으로는 흑수말갈(黑水靺鞨)에 이르고, 서쪽으로는 돌궐(突厥)에 이르며, 남쪽으로는 거란(契丹)에 접하고, 북쪽으로는 바다에 이른다. 그 나라는 군장이 없고 대수령(大首領)이 17인 있는데 모두 막하불(莫賀弗)이라고 부르며, 세습하여 돌궐(突厥)에 부속되어 있다."[140]고 기록하였다.

또한 실위 17부 중에서 당(唐)나라와 교류가 있는 것도 9부가 되는데, 이른바 영서실위(嶺西室韋)·산북실위(山北室韋)·황두실위(黃頭室韋)·대여자실위(大如者室韋)·소여자실위(小如者室韋)·파와실위(婆萵室韋)·눌북실위(訥北室韋)·낙타실위(駱駝室韋) 등을 들었다. 실위족들이 동쪽으로는 흑룡강 이남 송화강 지류인 눈강(嫩江) 유역에서 살 뿐 아니라 대흥안령 서쪽에도 거주하여 서쪽으로는 돌궐(突厥)에 이르고 남쪽으로는 거란(契丹)에 접하게 되었음을 기록하고 있다. 몽골고원에 실위족이 이동하여 들어서기 시작한 사실이 영서실위(嶺西室韋) 낙타실위(駱駝室韋) 등의 명칭에도 반영되어 기록되고 있다.

《신당서》(新唐書) 실위전(室韋傳)에 이르면 실위는 모두 20여 부에 달한다고 하면서, 영서부(嶺西部)·산북부(山北部)·황두부(黃頭部)·대여

---

138) 《北史》 卷94, 列傳, 室韋傳 참조.
139) 《隨書》 卷84, 列傳 北狄, 室韋傳 참조.
140) 《舊唐書》 卷199, 列傳 北狄, 室韋傳 참조.

자부(大如者部)·소여자부(小如者部)·파와부(婆萵部)·눌북부(訥北部)·낙단부(駱丹部)·오소고부(烏素固部)·이색몰부(移塞沒部)·색갈지부(塞曷支部)·화해부(和解部)·오나호부(烏羅護部)·나례부(那禮部)·영서부(嶺西部)·납지지부(納地支部)·대실위(大室韋)·몽와부(蒙瓦部)·낙단부(落坦部)·동실위(東室韋) 등을 들었다. 여기서 처음으로 후에 실위족 전체의 통합명칭으로 된 몽골부족의 이름이 몽와부(蒙瓦部, 蒙兀室韋)의 명칭으로 나타나고 있다.

또한 《신당서》(新唐書)에서는 "그 나라에는 군장(君長)은 없고, 오직 대수장(大首長)은 모두 막하돌(莫賀咄, 마하돌, 모돌)이라고 부르며 부족을 관할하여 돌궐(突厥)에 부예(附隷)한다. 소부(小部)는 1천 호(千戶), 대부(大部)는 수천 호인데 산골짜기에 흩어져 살며 물과 풀을 쫓아서 생활한다. 징세는 없다. 수렵은 다수가 모여서 행하고 끝나면 모두 흩어져 산다. 상호간에 신속(臣屬)하는 일이 없다. 그러므로 부족 사람들은 매우 용맹하여 전투를 즐기지만 결국 강국(强國)이 되지 못하였다. …… 토지는 금(金)과 철(鐵)이 많이 나는데 많이 고구려(高句麗)에 자재(資材)를 바친다. 무기는 각궁(角弓)·고시(楛矢)가 있으며, 사람들은 궁사(弓射)를 잘한다."[141]고 기록되어 있다.

위와 같은 20여 개 분산된 몽골부족들이 처음으로 하나의 국가를 형성하여 주변 국가들에 막강한 영향을 끼친 것은 13세기에 들어와서 테무진(칭기스칸)에 의해 대통일을 이루고 세계정복에 나선 이후의 일이었다.

원 몽골 실위는 고조선 후국족으로서 부여와 깊은 관계가 있었다. 고조선 해체 후 부여 멸망 후에는 실위 부족들은 흉노·유연·돌궐·고구려의 지배를 받기도 하다가 칭기스칸의 통일 후에는 최고로 강성하게 되었다.

원 몽골 '실위'에 덧붙여서 부리야트(Buryat)족에 대해 간단히 설명할 필요가 있다.

---

141) 《新唐書》 卷219, 列傳 北狄, 室韋傳 참조.

　고조선의 후국 부여가 멸망한 후 부여족의 일부는 몽골실위 일부
를 이끌고 시베리아 지방에 들어가 정착하기도 하였다. 이 가운데 하
나가 '부리야트'족이라고 필자는 보고 있다. 'Bur·yat'(부리야트)는 '불
+이야트'의 합성어로서 '불'은 부여족의 명칭이고, '야트'는 몽골어 어
미이다.[142] 부리야트족의 개국설화는 북부여의 개국설화와 거의 동일
하다.

　지금까지의 고조선 후국에 대한 고찰은 주로 제1형 후국에 집중되
어 왔고, 제2형 후국에 대해서는 등한시해 왔다. 그 이유는 지금의 요
서 지방이 고조선의 영역이었음을 주목하지 않았던 사실에도 관계가
있다고 생각한다. 그러나 제2형 후국에 대한 고찰과 연구가 수행되어
야 고조선의 진실이 밝혀지며, 고조선과 세계사와의 관련이 선명하게
밝혀질 것임은 두말할 필요도 없다.

---

142) 그러므로 'Buryat'라는 족명 자체가 분석적으로는 '부여인' '부여족'의 의미
　　이다.

제6장 고조선문명권(古朝鮮文明圈)의 형성과 공간적 구성

1. 고조선문명권의 형성

고조선이 동북아시아에서 매우 이른 시기에 최초의 고대국가를 세워 '후국제도'를 채택하면서 크게 발전했다. 고조선 국가의 직접·간접의 지배를 받는 (1) 제1형 후국과 (2) 제2형 후국들 및 후국 민족들 그리고 (3) 고조선인들이 진출해 거주한 지역은 고조선문화를 공유하고 분유하여 '고조선문명권'(古朝鮮文明圈)을 형성하게 되었다.[1] 여기서 고조선문명권이란 제1형 후국들과 제2형 후국들의 각 하위(下位) 민족문화들의 최상위에 있는 공통의 상징적 문화 유형의 총화이며 사회문화의 초거대체계를 가리키는 것이다. 앞에서도 보았지만 고조선의 최성기(BC 20세기~BC 7세기)의 다음의 고조선 후국들의 영역범위까지 모두 고조선문명권을 구성한다고 볼 수 있다.

① 고조선의 중앙본국: 조선(밝달조선, 發朝鮮, 고조선)
② 고조선의 남부 후국: 진(辰·震)국
③ 고조선의 동부 후국: 옥저(沃沮)·읍루(挹婁)
④ 고조선의 북부 후국: 부여(夫餘)
⑤ 요동지역 후국: 양맥(良貊)·구려(句麗)·비류(沸流)·개마(蓋馬)·구다(句茶)·행인(荇人)·임둔(臨屯)
⑥ 요서지역 후국: 고죽(孤竹)·불영지(弗令支)·불도하(不屠何)·청구(靑

---

[1] 신용하, 〈古朝鮮文明圈의 기본구조〉,《단군학연구》제23호, 2010 참조.

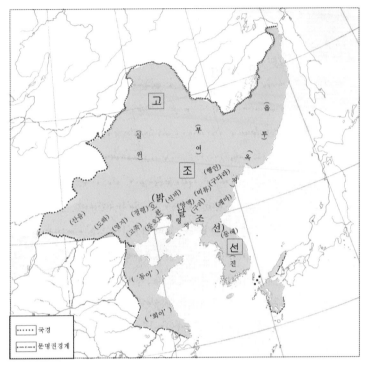

〈그림 6-1〉 최전성기 고조선 국경과 고조선문명권 지도

丘)·진반(眞潘)·동호(東胡)·원오환(原烏桓)·선비(鮮卑)·고마해(庫莫奚)·
원정령(原丁零)·오손(烏孫)

⑦ 동내몽고지역 후국: 산융(山戎)·원유연(原柔然)·실위(室韋)

주의할 것은 고조선문명권은 고조선본국과 후국들로서만 구성되는
것이 아니라 다른 지역, 다른 나라에 이주해 간 고조선 이주민들의 자
치공동체 또는 분국(分國)의 민족문화권·생활문화권도 포함한다는 사
실이다.

그러한 대표적 두 사례가 ① 중국 산동반도와 그 이남부터 양자강
하류까지의 중국 동해안 지역에 이주해서 자치생활을 하던 고조선 이
주민(고중국인들의 통칭 동이족)과 ② 일본 열도의 규슈(九州)지방에

이주한 고조선 이주민과 그 후예들을 들 수 있다.

즉 고조선문명권=고조선 본국+고조선 제1형 후국+고조선 제2형 후국+고중국 산동반도와 중국 동해안 고조선이주민 자치공동체 지역 + 일본열도 규슈지방 고조선이주민 자치공동체 지역 등으로 구성되어 있었다고 볼 수 있다.

이러한 관점에서 고조선 국가가 해체되기 이전의 '고조선문명권'을 지도 위에 〈그림 6-1〉과 같이 그릴 수 있을 것이다.

여기서 주의할 것은 고조선문명권은 고조선의 국경이 아니라는 사실이다. 고조선문명권은 문명사적으로 고조선의 문화가 고조선 사람들의 이주 활동과 함께 전파되어 고조선문명의 권역 안에 연속되어 포함되었던 지역을 설정한 것이다. 이것은 다음 논의 전개에 반드시 필요한 작업이다.

고조선 본국과 후국들의 고조선문명의 형성 전파와 보급은 누구나 이해할 수 있다. 그러나 중국 산동반도·회수유역·중국동해안과 일본열도 규슈지방에 이주한 고조선 이주민들의 고조선문명 전파에는 의문을 갖는 경우가 있을 수 있으므로, 이 지역에 보급된 고조선문명의 형성·전파와 그 유적·유물 등 흔적에 대해서 간단히 고찰하기로 한다.

2. 산동반도와 황하 및 회수 유역 등 중국 동해안의 고조선 문명권

1) 산동반도와 중국 동해안의 새 간척지대로의 고조선인의 이주

중국 산동반도와 황하 및 회수 하류 유역 등 중국 동해안에는 BC 4300년경부터 BC 200년경까지 고조선 이주민들과 그 후예들이 들어가 세운 다수의 자치적 소분국(小分國)들이 형성되어 고조선문명권의

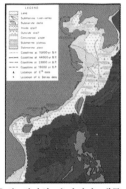

1. 최후의 빙기의 유라시아 대륙 동해안의 변동

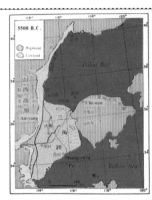

2. BC 5500년경 산동반도가 2개의 섬으로 되어 있던 시기

3. BC 2300년경 산동 2섬의 연륙과정과 새 간척지 형성

4. BC 1300년경 연륙이 끝난 산동반도와 새 간척지

〈그림 6-2〉 산동반도와 중국 동해안의 지형 변화(BP 70000~BC 1300)
자료: Kwang-chih Chang, The Archaeology of Ancient China, Fourth Edition

서남부 일대를 이루면서 발전하고 있었다.

고조선 사람들의 이 시기 이주를 이해하기 위해서는 반드시 이 지의 환경변화를 먼저 알아둘 필요가 있다.

중국의 장광직 교수는 1986년경부터 아날학파의 방법론을 적용하여 산동반도와 중국 동해안의 지형적 환경 변화를 먼저 검토한 후 중국 고대 고고유적·유물을 고찰하였다.[2] 필자는 이 지형적 환경 변화의

---

2) Kwang-chih Chang, *The Archaeology of Ancient China*, Fourth Edition, New Haven, Yale University Press, 1986, p.28 및 p.75 참조.

고찰에 고조선 사람들의 산동반도와 중국 동해안에의 연속적 대폭 이주에 대한 이해의 열쇠가 있다고 본다. 장교수의 지형 변화 환경지도를 빌려서 우리의 문제에 필요한 부분만 간단히 설명하기로 한다.

(ㄱ) 〈그림 6-2-1〉의 '---'선에서 볼 수 있는 바와 같이, '최후의 빙기'의 절정인 약 1만 3000년 전에는 황해는 바다가 아니라 육지로 한반도와 연륙되어 있었고, 해남도·대만·제주도·대마도는 유라시아 대륙에 연륙되어 있어서, 유라시아 대륙의 유일한 동해안은 古한반도 동해안이었다. 인류 무리가 유라시아대륙 해안선을 따라 남방으로부터 해 돋는 동방을 향하여 이동하는 경우에 극동 종착지가 바로 古한반도였으며, 고한반도의 동쪽은 태평양에 속한 동해(東海)와 오츠크해의 깊은 바다였다.

(ㄴ) 기후변화로 최후의 빙기가 끝나고 지구온난화가 진행되어, 약 1만 2000년 전의 지구 기후는 대략 오늘날처럼 되었다. 온난화가 최고로 진전되어 요서지역 대릉하 중류 '조양'(朝陽)이 현재의 한반도 서울보다 기온이 약간 더 높았던 약 7500년 전(BC 5500년경)에는 해수면이 올라가서, 〈그림 6-2-2〉에서 볼 수 있는 바와 같이 산동반도는 유라시아 대륙에서 분리된 '2개의 섬'으로 되어 있었다. 후에 고조선 이주민이 이주해 들어가 거주한 박(亳)·상구(商邱)·개봉(開封) 지역은 모두 바닷물에 잠겨 있는 해수면 아래의 대륙붕이었으며, 그 위로 황하의 토사가 밀려들어와 해수면 아래에서 삼각주(三角洲)를 이루고 있었다.

(ㄷ) 〈그림 6-2-3〉에서 볼 수 있는 바와 같이, 약 4300년 전(BC 2300)에는 해수면이 다시 내려가서 산동의 2개 섬은 대륙과 연륙되어 산동반도가 되었다. 그 결과 이전에 바닷물에 잠겼던 지대는 새로운 저지대 간척지(干拓地)가 되었다. 과거 산동섬과 황하 하류를 연결한 해수면 아래의 삼각주 지역은 육지가 되었으나, 그 연륙지 일부는 아직도 습윤의 늪지대로 남아 있었다.

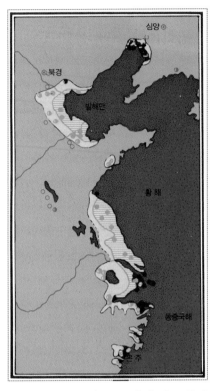

〈그림 6-3〉 完新世(Holocene)의 중국 동해안 지형변화(황색은 후에 간척지로 유지된 부분, 채색-필자)
자료: Kwang-chih, Chang, *The Archaeology of Ancient China*, Fourth Edition.

(ㄹ) 약 3300년 전(BC 1300)에 이르면 대륙과 산동은 완전히 연류되었을 뿐 아니라, 산동과 황하 하류 늪지대도 완전히 없어져서 평원이 되어 오늘날과 같은 지형이 되었다. 중국 동해안에도 해수면이 내려가서 긴 줄의 간척지가 자연적으로 조성되었다.

여기서 주목할 것은, 산동반도와 황하 하류에서 회수유역 및 양자강 하류유역에 이르는 중국 동해안의 새로 조성된 직선 띠는 새로운 해안 '간척지'로서 소금기가 저층에 남아 있었겠지만 토착인의 연고 점유권과 소유권이 없는 주인 없는 개척가능한 새땅이었다는 사실이다(〈그림 6-3〉 참조).

필자는 상대적 과잉인구에 시달리던 古한반도 초기 신석기인인 '밝'족과 '한'족, 그리고 한발을 만나 남하하던 '맥'족의 일부와 고조선 건국 후 고조선 이주민들은 이 주인 없는 산동반도 새 간척지와 중국 동해안의 주인 없는 새 간척지를 농토로 개척하면서 고조선 이주민의 자치적 '마을공동체들'을 형성했고, 이들이 결합하여 고조선 이주민의 자치적 소분국(分國)들을 형성했다고 본다.

산동반도 및 중국 동해안의 간척지 분포와 고조선 이주민의 정착지 및 분국의 분포는 거의 완전히 일치한다고 필자는 관찰하고 있다. 그들은 이주할 때 자기방어를 위하여 '큰 활'을 갖고 들어왔으며, 낯선 땅에서 간척지를 개척하며 농경을 시작했으므로 자연히 선주민에게 알려지게 되었는데, 토착인들은 이 특징을 보고 후에 '동이'(東夷)족이라고 표현하게 된 것이라고 해석된다.

2) 산동반도와 중국 동해안에 설립된 고조선 이주민의 분국(分國)들

고조선 계통 이주민 중에서 가장 먼저 이 지역에 이주해 들어온 씨족은 '태호'(太暤)족이었다. 이들은 '古한반도 초기 신석기인 유형'인 古한반도의 '밝'족의 한 씨족이었다.

《태평어람》(太平御覽)과 《예기정의》(禮記正義)에 인용된 〈제왕세기〉(帝王世紀)에서는 '태호'는 동방(東方)의 '진'(震)에서 나왔고 밝은 태양을 상징으로 삼기 때문에 태호(太暤)라 한다고 기록하였다.[3] 호(暤)자는 좌변과 상단에 '白'('밝'의 뜻)자를 2개나 쓰고 하단에 '本'자를 붙여 조합해서 그들이 본래 밝족임을 표시하였다. 太(태)자는 맨 처음의 뜻을 표시하고 있다. 중국 고문헌은 태호족을 '복희'(伏羲)씨 또는 '포희'(庖犧)씨라고도 기록했는데, '伏' '庖'는 모두 '밝'의 한자 차음표기라고 필자는 해석한다. 또한 여기서 震(진)은 방향과 지역을 모두 가리키는데, 중국 고문헌이 쓰여진 시기의 관용대로 古한반도 중남부 진국(震國, 辰國) 지역을 가리킨 것으로 해석한다.

중국학자들은 태호족이 동이족의 선두로서 중국에 들어온 시기를 5800년 전~5000년 전으로 보고 있다.[4] 그렇다면 고조선 건국 직전(환웅시대)에 古한반도에서 밝족(古한반도 초기 신석기인 유형)의 한 씨족이 선진 농경문화를 갖고 산동반도 지역에 이주해 들어간 것으로 볼 수 있다. 태호족은 농경에 적합한 진(陳, 지금의 하남성 淮陽縣) 지역에 정착하여 농경생활에 들어갔다.

태호족에 뒤이어 약 5000년 전~4000년 전에 산동반도의 간척지에

---

3) 《太平御覽》 第78 및 《禮記正義》, 〈樂令〉에 인용된 〈帝王世紀〉 참조.
4) 張富祥, 《東夷文化通考》, p.112 참조.

이주해 들어간 고조선 이주민은 '소호'(少皡)족이었다. 그들도 선진 농업경작과 태양숭배와 새토템을 갖고 들어가서 산동반도의 곡부(曲阜) 지방에 정착하였다.

산동반도 지방의 가장 이른 시기 고조선 이주민 집단으로서 고고유적·유물로도 증명되는 대표적 부족도 태호(太皡), 소호(少皡), 전욱(顓頊)족이었다. 중국 학계에서는 이들을 대표적으로 초기 동이족(東夷族)이라고 보고 있으며,5) 최근 발굴된 대문구문화(大汶口文化)의 창조자라고 해석하고 있다. 예컨대 양동신(楊東晨)은 대문구문화(大汶口文化)를 세 시기로 구분하여 초기 대문구문화는 태호(太皡)족, 중기 대문구문화는 소호(少皡)족, 후기 대문구문화는 전욱(顓頊)족의 문화라고 보았다.6) 당란(唐蘭)은 대문구문화를 소호(少皡)족이 창조한 문화이며, 태호(太皡)의 도읍은 진(陳, 현재의 河南省 淮陽)이고 소호(少皡)의 도읍은 산동성 곡부(曲阜)로서, 태호(太皡)와 소호(少皡)가 모두 동이(東夷)지만 소호(少昊)가 대문구문화(大汶口文化)를 만들었다고 보았다.7)

여기서 중국학자들이 대문구문화를 창조했다고 본 태호(太皡), 소호(少皡) 및 전욱(顓頊)은 번역하면, '큰 밝족' '작은 밝족', '고조선'족이다. 위에서 쓴 바와 같이 '皡'는 '白'자를 두 개나 합성하여 본래 '백족'(白族) '밝달족'임을 강조하여 밝힌 문자이다. '태백'(太白)족 '소백'(少白)족은 모두 '밝달족'이고 '고조선족'이다. 즉 대문구문화를 창조한 동이는 바로 산동반도 지방에 이주한 이주민 밝달족 고조선(朝鮮)족인 것이다. 대문구문화유적에서 나온 아사달 문양이 새겨진 11점의 뾰족밑 팽이형 토기들은 대문구문화의 창조자가 이 지방에 이주해 온 고조선 사람들임을 명백히 증명하고 있다.8)

5) 傅斯年, 〈夷夏東西說〉, 《慶祝蔡元培先生六十五歲論文集》, 1935 참조.
6) 楊東晨, 〈東夷的發展與秦國在西方的復位〉, 《中南民族學院報》, 哲學社會科學版, 1989, (第5期), (總第38期), 19쪽, 21; 金仁喜, 〈上古史에 있어 韓 中의 문화교류 — 중국 大汶口文化와의 관계를 중심으로〉, 《동아시아 고대학》 제2집, 2000 참조.
7) 唐蘭, 〈從大汶口文化的陶器文字看我國最早文化的年代〉, 《大汶口文化討論文集》, 1979; 金仁喜, 〈上古史에 있어 韓·中의 文化交流: 중국 大汶口文化와의 관계를 중심으로〉, 《東아시아 古代學》 제2집, 2000.

태호족과 소호족의 이주 이후 연달아 고조선 이주민들이 발해만 해
안을 돌거나, 호수와 같은 발해와 서해를 건너 산동 반도와 중국 동해
안의 간척지대에 정착하여 간척지를 새 농토로 개척하면서 고조선에서
간직해 온 농경생활을 시작하였다. 그들은 정착지에 자치적 마을공동
체를 만들었다가, 마을공동체들이 연합하여 자치적 소분국(小分國)들을
형성하고, 고조선어를 사용하면서 고조선문화를 갖고 생활하였다.

그 결과 산동반도와 중국 동해안의 이전 간척지대는 양자강 하류
남안까지 이주해 들어온 고조선 사람들과 그 후예들의 크고 작은 '분
국들'의 생활 터전이 되었고 고조선문명권의 일부가 되었다. 중국인들
이 후에 관내의 동이(東夷)라고 부른 진(秦)나라 이전의 선진동이(先
秦東夷)는 고조선 이주민들이었다.

중국 고문헌들은 하(夏)왕조를 중국계, 상(商·殷)왕조를 동이(東夷)
계, 주(周)왕조를 중국계 왕조로 설명하면서, 산동(山東), 산서(山西),
하북(河北)성 발해안(渤海岸), 하남(河南)성 동부, 강소(江蘇)성 북부,
안휘(安徽)성 동북부 각 지방에 동이(東夷) 계열의 소국들과 주민이
매우 많았음을 기록으로 남겼다.

주(周)의 무왕(武王)이 상(商)을 멸하고 새 왕조를 세운 BC 1,046
년 이전까지는 산동(山東)·산서(山西)·하북(河北) 지방에 먼저 이동해
들어간 고조선 계열 주민들과 황하 중상류에서 하류로 점차 내려오는
원 중국계〔夏〕 주민들 사이에는 오랫동안 평화·친선·교류관계가 형성
되었다.

중국 고문헌에 나오는 선진(先秦)시기의 이른바 동이(東夷)족의 이름
을 나열해 보면, 태호(太皞)족, 소호(少皞)족, 치우(蚩尤)족, 전욱(顓頊)
족, 축융(祝融)족, 제곡(帝嚳)족, 고요(皐陶)족, 백익(白益)족, 박(亳),
수(遂), 우(嵎), 래(萊), 한(寒·韓), 담(郯), 거(莒), 엄(奄), 서(徐), 강
(江), 황(黃), 조(趙), 진(秦), 양(梁), 갈(葛), 토구(菟裘), 비(費), 군서

---

8) 愼鏞廈, 《古朝鮮 "아사달" 문양이 새겨진 山東 大汶口文化 유물》, 《韓國學報》 제
   102집, 2001; 《韓國原民族형성과 역사적 전통》, 나남출판, 2005, 63~87쪽 참조.

(舒舒), 육(六), 료(蓼), 영씨(英氏), 회족(淮族), 추(追·퇴·예), 맥(貊), 조(鳥), 도(島), 介(개), 근모(根牟) 기타 등을 들 수 있다.

부사년은 동이족 가운데 '소호족'이 가장 번창했다고 지적하면서, 소호족의 후예들이 산동반도와 중국 동해안에 세운 소국들과 그 지리적 위치를 〈표 6-1〉과 같이 만들어 설명하였다.

〈표 6-1〉 소호(少皞)족의 여러 성국(姓國)들의 위치 비정

국(國)	성(姓)	시대	위치 비정	부기(附記)
담 (郯)	嬴(영)《사기》(史記),《한서》(漢書) 지리지,《잠부론》(潛夫論)에 보임 己(기)(두씨(杜氏)의 학설임)	처음 건국 시작이 언제인지 모르나, 고대부락으로 춘추시대 후 비로소 망함.	지금의 산동성 담성(郯城)현	《한서》(漢書) 지리지에 "담(郯)은 영성국(嬴姓國)"이라 함.《춘추》(春秋) 문(文)4에 보임. 두(杜)씨는 담성(郯姓)은 밝혀지지 않는다고 설명했으나, 좌전(左傳) 소공(昭公)17에 전하기를, "담씨(郯氏)가 찾아오니, 소자(昭子)가 묻기를 '소호(少皞)씨가 새 이름[鳥名]으로 관직 이름을 지은 것은 무슨 까닭인가'하니, 담자(郯子)가 말하기를 '나의 조상[祖]이다'라고 하였다"고 기록하였다. 두(杜)씨가 말하기를 "소호(少皞)는 금천씨(金天氏)이고 기성(己姓)의 조상이다"라고 함. 이를 보아 두(杜)씨는 담(郯)을 기성(己姓)으로 생각한 것임.
거 (莒)	嬴(영) 己(기)(2성이 혹 동일)(하나의 근원에서 나온 것은 이미 설명)	처음 건국 시작이 언제인지 모르나, 고대부락으로 춘추시대 후초(楚)에게 멸망당함.	두주(杜注)에 "지금의 성양(城陽)군 거현(莒縣)이라"한다.	
엄 (奄)	嬴(영)(좌전(左傳), 사기(史記) 등에 보임)	상(商)시대의 동방 대국으로, 주 초에 멸망함.	노(魯)나라 지경에 있었음.	《좌전》(左傳) 정(定)4에 "상엄(商奄)의 백성을 백금(伯禽)을 소호(少皞)의 허(虛)에 봉(封)했다."고 하였음. 생각건대, 상(商) 정복은 무

			왕(武王)이 한 일이고, 엄(奄)을 짓밟은 것은 주공(周公)이 한 일이므로, 엄(奄)은 성왕(成王) 때 주공(周公)에게 망했음.
서 (徐)	영(嬴)(《좌전》(左傳), 《사기》(史記) 등에 보임)	은(殷) 때의 구국(舊國)으로 서주(西周) 때에도 한 번 강대해져 왕을 칭함. 서쪽으로 제(濟)·하(河)를 정벌한 것이 《예기》(禮記) 〈단궁〉(檀弓)에 보임. 제(濟)나라 환공(桓公) 때 제하(諸夏)에 복종했다가 후에 초(楚)에게 멸망당함.	그 본토는 노(魯)에 있었으나, 후에 주공(周公) 및 노공(魯公)에게 쫓겨남. 회수에서 保함.《좌전》 희(僖)3 두주(杜注)에 "徐國은 하비(下邳)군 동(僮)현 동남에 있다"고 했음.	《서경》 비서(費誓), 《시경》 대아(大雅)·소아(小雅)·노송(魯頌), 《일주서》(逸周書) 작락해(作雒解) 등에 서(徐)의 일에 관한 기록이 많음. 금문(金文)에는 '서왕'(徐王)이라고 자칭함.
강 (江)	영(嬴)(진기세가(陳杞世家와 색은(索隱)에서 세본(世本)을 인용함)	언제 건국되었는지 모르나, 노(魯)의 문공(文公) 4년에 초(楚)에게 멸망당함.	《좌전》 두주에는 "강국(江國)은 여남(汝南)군 안양(安陽)현에 있다"고 함.	《사기색은》(史記索隱) 진기세가(陳杞世家)에 인용된 세본(世本)에 "강(江)·황(黃)은 모두 영성(嬴姓)이다"라고 하였다.
황 (黃)	영(嬴)(위와 같음)	언제 건국되었는지 모르나, 노(魯)의 희공(喜公) 12년에 초(楚)에게 멸망당함.	《좌전》 두주 에 "황국(黃國)은 지금의 과양(戈陽)현"이라고 함.	
조 (趙)	영(嬴)(《좌전》《사기》 등에 보임)	《사기》 진본기(秦本紀)에 주무왕(周繆王)이 조성(趙城)에 조부(造父)를 봉(封)했다고 함. 진헌공(晉獻公) 때부터 조	《사기집해》(史記集解)에서 인용된 서광(徐廣)의 설명에 "조성(趙城)은 하동(河東)군 영안(永安)현에 있다"고 함.	

		(趙)씨가 대대로 진(晉)의 대부(大夫)가 되어 강대해짐.	《사기정의》(史記正義)에 인용된 괄지지(括地志)에 "지금 진주(晉州) 조성(趙城)현은 뒤에 체(彘)현의 땅으로, 뒤에 영안(永安)으로 고치니, 곧 조부(造父)의 읍(邑)이다"라고 하였다.	
진(秦)	嬴(영)(위와 같음)	《사기》 진본기(秦本紀)에 주효왕(周孝王)이 비자(非子)를 봉하여 진(秦)에 읍(邑)했다고 함.	《사기집해》에 인용된 서광의 설명에 "지금의 천수(天水)군 농서(隴西)현 진정(秦亭)이다"라고 하였다.	
양(梁)	嬴(영) 《좌전》, 잠부론(潛夫論)에 보임	언제 건국되었는지 모르나, 노희공 19년에 진(秦)에게 멸망당함.	《좌전》 두주에 "양국(梁國)은 풍익(馮翊)군 하양(夏陽)현에 있다"고 함.	
갈(葛)	嬴(영) (《좌전》, 《잠부론》(潛夫論)에 보임)	춘추(春秋) 환(桓) 15에 "갈인(葛人)이 내조(來朝)했다"고 하였다.	《좌전》 두주에 "양국(梁國)은 영릉(寧陵)현 동북(東北)이다"라고 함.	《좌전》 희공(僖公) 17에 "갈영(葛嬴)이 있다. 제환공(齊桓公)이 중부인(衆夫人)의 하나로 삼다"고 함. 《맹자》에 갈(葛)이 탕(湯)의 이웃이라고 했는데,《춘추》 영성(嬴姓)의 갈(葛)과 고갈(古葛)이 어떠한 관계가 있는지 지금은 고찰할 수 없음.
토구(菟裘)	嬴(영) (《좌전》 《잠부론》에 보임)	《좌전》 은(隱) 11에 "공(公)이 가로되⋯⋯토구(菟裘)를 다스리도록 하라" 했으나, 대	《환자기》(實字記)에 "토구(菟裘)의 고성(故城)이 사수(泗水)현 북쪽 50리에 있다"고 하	

		개 춘추시대 전에 이미 망하여 노(魯)의 읍이 되었음.	였다.	
비(費)	嬴(영)(《사기》진본기)	《서경》(書經)에 비서(費誓)가 있으니, 대개 주초(周初)에 멸망했을 것임.	춘추시대 노(魯)의 읍. 뒤에 이(季)씨의 사읍(私邑)이 되었으며, 지금 오히려 비(費)현의 이름이 남아 있음.	《서경》(書經)의 비서(費誓)는 대개 서방(徐方)의 영성족(嬴姓族)에 대한 용구(用兵)의 서(誓)일 것임.
군서(羣舒)	偃(언)(《좌전》문(文) 12 소(疏)에 인용된 세본(世本)의 두주에 보인다.	군서부락(羣舒部落)은 회수(淮水) 남방에 위치함. 춘추시대 서(徐)에게 초멸(初滅)되었다가 나중 끝에는 초(楚)에게 멸망당함.	《좌전》희(僖) 5에 두주(杜注)에서 "서국(舒國)은 지금 여강(廬江)군 서(舒)현이다"라고 하였다.	《좌전》문(文)12 두주에 "군서(羣舒)가 초(楚)에 반란을 일으켰다"고 함. 두주에 "군서(羣舒)는 언성(偃姓)이니, 서용(舒庸), 서구(舒鳩)의 속(屬)이다. 지금의 여강(廬江)군에 서성(舒城)이 있고, 서성(舒城) 서남쪽에 용서(龍舒)가 있다"고 하였음. 《사기정의》세본(世本)에 언성(偃姓)이라 하였다. 서용(舒庸)·서공(舒蓼)·서구(舒鳩)·서용(舒龍)·서포(舒鮑)·서료(舒龔) 등 그 하나가 아니므로 그들을 모두 포함하여 말한 것이다"고 함.
육(六)	偃(언)(진기세가(陳杞世家)와 색은(索隱)에서 세본(世本)을 인용하였다)	《춘추(春秋)》 문(文) 5에 "초인(楚人)이 육(六)을 멸했다"고 함.	《좌전》(左傳) 두주에 "지금의 여강(廬江)군 육(六)현이다"라고 하였다.	
료(蓼)	偃(언)(위와 같음)	《좌전》문(文) 5에 "초(楚)가 료(蓼)를 멸했다"고 하였다.	《좌전》두주에 "지금의 안풍(安豐)군 료(蓼)현이다"라고 하였다.	《좌전》문(文) 5에 "초(楚)가 료(蓼)를 멸망시켰다"고 했음. 육(六)과 료(蓼)가 망한 것을 들은 장문

				중(藏文仲)이 "고요정견(皐陶庭堅)을 불사했기 때문이다. 덕을 세우시 않았으니 백성들의 원조가 없었다. 슬프다."고 함.
영씨 (英氏)	偃(언)(위와 같음)	《춘추》 희(僖) 17에 "제(齊)와 서(舒)가 영씨(英氏)를 정벌했다"고 했음.《좌전》 두주에 영씨(英氏)는 초(楚)의 여국(與國)이라 함. 또《사기》 진기세가(陳杞世家)에 "고요(皐陶)의 후(後)가 혹은 영(英)·육(六)이 되었으나 초목왕에게 멸망당했다"고 하였다.		

　부사년(傅斯年)은 중국상고사의 구성이 동(東, 夷, 殷商)과 서(西, 夏, 周)의 대결의 역사임을 강조하면서, 서하계(西夏系, 夏, 周)는 서방에서 동으로 이동해 왔고 동이(東夷)와 은상(殷商)은 원래 동방 또는 동북에서 이동해 온 다른 계통임을 지적했으며, 역사를 서방의 서하(西夏)계 일통(一統)으로 서술해 온 것은 사실과 다르다고 비판했었다. 그는 은상(殷商)의 기원이 동북에서 온 것이며 동이(東夷)와 깊이 결합되어 있었다고 지적하였다.

　단재 신채호 선생은 산동(山東), 산서(山西), 하북(河北) 발해안, 하남(河南)성 동부, 강소(江蘇)성 북부, 안휘(安徽)성 동북각 지방의 이동이족이 조선족(朝鮮族)이라고 보았으며, BC 1000년~BC 600년경까지 고조선족이 이 지역에서 매우 강성했음을 다음과 같이 지적하였다.

> 이때 지나(支那) 안에 부여족이 가장 번성한 곳은 ① 산동(山東) ② 산서(山西) ③ 연계(燕薊, 河北 방면)니, 이제 순서를 따라 산동(山東)을 말하리라.
>
> 산동(山東)에 있는 식민의 건설한 나라들이 많지만, 그 가운데 가장 큰 왕국을 들면 래(萊)·엄(奄)·우(嵎) 3국이니 '우국'(嵎國, 嵎夷)은 단군(檀君) 때에 설립하여 요(堯)의 신하 의중(義仲)의 측후(測候)하던 곳과 접근하니 지금의 태주부(兗州府) 등지요, '래국(萊國, 萊夷)'도 단군(檀君) 때 설립되어 일찍 하(夏)와 문자로 통상하였나니, 지금의 래주부(萊州府) 등지요, '엄국'(奄國, 奄)은 그 기원이 사책(史冊)에 보이지 아니하였으나 대개 래(萊)와 우(嵎)의 동시니, 지금의 제남부(濟南府) 등지라. ……9)

BC 1000년경까지 중국 산동(山東), 산서(山西), 하북(河北) 발해 연안 지방, 하남성 동부, 강소성 북부, 안휘성 동북각, 회수 유역에 이주한 고조선 민족의 각 부족·씨족과 그들이 세운 분국(分國)들 가운데 중요한 분국들에 대해서는 이미 간단히 밝힌 바 있다.10)

또한 고중국의 고문헌 기록들은 회수(淮水) 중하류 유역 일대로부터 양자강(揚子江, 長江) 하류 양안의 외래족을 '회이'(淮夷)라고 부르면서 동이의 한 분파로 보아왔다.

《춘추》와 《좌전》에 나오는 회이 가운데 비교적 큰 나라는 서(徐)·엄(奄)·웅(熊)·영(盈)·담(郯) 등이 있었고, 이 밖에도 다수의 고조선족 계열 소분국들이 있었다.

회수 유역의 고조선 분국들 가운데서 가장 강성했던 서국(徐國)에 대하여 예컨대 《후한서》는 다음과 같이 기록하였다.

---

9) 申采浩, 《朝鮮上古文化史》, 《改訂版丹齋申采浩全集》 上, 416~418쪽 참조.
10) ① 신용하, 《고조선 국가형성의 사회사》, 2010, pp.309~353
　　② 김연주, 《先秦시기 산동성 지역 동이에 관한 연구》, 이화여대 박사논문, 2011.
　　③ 김연주, 〈商代 東夷열국과 문화〉, 《고조선단군학》 제26호, 2012 참조.

(周의) 강왕(康王) 때 …… 뒤에 서이(徐夷)가 왕호를 참칭하고, 마침내 구이(九夷)를 인솔하고 종주국 주(周)를 정벌하려고 서쪽으로 황하 위에까지 도달하였다. (周의) 목왕(穆王)은 바야흐로 그 치성함을 두려워하여 동방(東方)의 제후(諸侯)들을 나누어 주어서 서국(徐國)의 언왕(偃王)에게 다스리게 하였다. 황지(潢池)의 동쪽에 자리 잡아 지방 500리를 다스리며 인의(仁義)를 행하니, 육지에서 조공하는 나라가 36국(國)이었다.[11]

즉 서국의 언왕(偃王)이 주왕(周王)과 동급의 서왕(徐王)을 스스로 칭하고 주(周)나라를 정벌하려고 황하 위 유역에 이르러 주나라 수도를 침공하려 하므로, 주의 목왕(穆王)이 서국의 치성함이 두려워서 서국의 언왕에게 동방의 제후들을 나누어 주어 다스리도록 했고, 서국의 언왕은 황지(潢池)의 동쪽에 도읍을 정하여 지방 500리를 다스리면서 인의의 정치를 행하니, 서국 언왕에게 조공하는 나라가 36개국에 달했다는 것이다.

신채호 선생은 《조선상고문화사》에서 독립된 장을 설정하여, 서국을 고조선 이주민의 식민부락 가운데 하나인 소국으로 출발하여 한 시기 주(周)와 어깨를 나란히 겨루면서 주나라에 매우 관대했던 고조선 식민지 국가였다가, 주의 선왕(宣王)의 공격을 받고 패망했다고 설명하였다.[12]

3) 고조선 이주민의 증거 유적·유물

산동반도와 중국 동해안 지역 동이족의 기원이 한반도 이주민인가에 대한 끊임없는 질문에 대해, 이 글에서는 고조선 이주민들의 무덤인 '고인돌' 무덤과 '비파형 청동단검' 등으로 증명해 보일 필요가 있

---

11) 《後漢書》卷85, 東夷列傳, "康王之時 肅愼復至. 後徐夷僭號 乃率九夷 以伐宗周 西至 河上. 穆王畏其方熾 乃分東方諸侯 命徐偃王主之. 偃王處潢池東 地方五百里 行仁義 陸 地而朝者 三十有六國." 참조.
12) 申采浩, 《朝鮮上古文化史》, 《改訂版丹齋申采浩全集》 상권, pp.420~424 참조.

을 것이다.

먼저 고인돌 무덤을 보면, 산동성 등주(登州)의 치박(淄博)에 1930년대까지 대형 개석식 고인돌과 탁자식 고인돌이 남아 있었다.[13] 특히 이 개석식 고인돌이 얼마나 대형 고인돌이었는가는 그림의 덮개돌과 사람의 크기 비교에서도 바로 알 수 있다.

산동반도와 회수 유역의 '동이' 지역에는 이 밖에도 다수의 고인돌 무덤이 있었는데, 위의 대형 고인돌마저도 모두 없어진 상태이므로, 지금은 유적으로 보존되어 있는 것이 별로 없다.

그러나 고조선식 고인돌〔石棚〕 이름을 가진 지명은 아직도 다수 남아 있어서 고인돌 무덤이 존재했던 사실을 증명해 주고 있다.

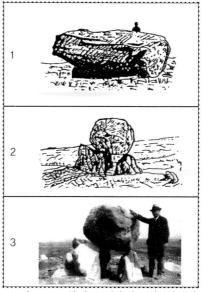

〈그림 6-4〉동이족 우(嵎)족이 산동반도에 남긴 고조선식 고인돌
1. 우국(嵎國) 수도였던 치박(淄博)에 남아 있는 개석식 고인돌
2. 우국(嵎國) 수도였던 치박(淄博)에 남아 있는 탁자식 고인돌
3. 치박(淄博)에 남아 있는 탁자식 고인돌 사진(캐나다 고고학자 하가 쉬메이즈, 1936년 촬영)

산동성 래양시(萊陽市) 전점향(前店鄉) 동석붕촌(東石棚村), 영성시(榮成市) 마도향(馬道鄉) 행석붕촌(杏石棚村), 하장진(夏庄鎮) 석붕염가촌(石棚閻家村), 유산시(乳山市) 대고진(大孤鎮) 석붕양가촌(石棚陽家村), 유산시(乳山市) 마석장향(馬石庄鄉) 하석붕촌(下石棚村) 등은 그

13) ① 鳥居龍藏, 〈中國石棚之硏究〉, 《燕京學報》31, 1946.
    ② 王獻唐, 〈山東的歷史和文物〉, 《文物參考資料》2, 1957.
    ③ 金仁喜, 〈上古史에 있어 韓·中의 文化交流: 중국 大汶口文化와의 관계를 중심으로〉, 《東아시아 古代學》, 제2집, 2000.
    ④ 李慧竹·王靑, 〈後期靑銅器~鐵器時 中國 山東지역과 한국 간의 교류〉, 《白山學報》64, 2002.
    ⑤ 박준형, 〈고조선의 해상교역로와 萊夷〉, 《북방사논총》10, 2006.

예의 일부이다.[14] 이러한 지역 일대는 고조선 사람들의 거주 지역이었음은 물론이다.

또한 산동반도의 영성시(榮成市) 애두집(崖頭集) 동북 6킬로미터 지점에서도 높이 1.3~1.4미터의 큰 탁자식 고인돌의 실재가 보고되었다.[15]

고조선 사람들만이 고조선식 고인돌무덤을 썼고, 무덤양식은 쉽게 변하는 것이 아니기 때문에, 산동 반도에서 쓴 고인돌무덤의 주인공 축조자가 고조선사람인 것은 더 논란의 여지가 없을 것이다. 특히 〈그림 6-4-3〉의 고인돌이 남아 있는 치박시(淄博市)는 옛 고조선 이주민의 분국인 동이족 국가 우국(嵎國)의 수도였으므로 더욱 주목할 필요가 있다고 할 것이다.

중국 고문헌 《한서》에도 산동성의 고조선 이주민들의 고인돌무덤에 대한 기록이 있다. 《한서》 오행지는 다음과 같이 기록하였다.

> 孝昭(漢나라 昭帝) 원봉 3년(BC 78년) 5월에 태산의 래무산 남쪽 기슭에 수천 명 사람들의 큰 소리가 있어서 사람이 가 보니, 큰 돌이 서 있는데 높이가 5척, 크기 둘레가 48아름, 땅 속에 들어간 깊이가 8척, 3석이 받침돌로 되어 있었다. 돌이 서 있는 곳에는 수천의 흰가마귀〔白烏〕들이 근방에 모여 있었다.[16]

이 기록은 BC 1세기경에 대형 '탁자식 고인돌'이 산동성 태산·래무

---

14) ① 李慧竹·王靑, 〈後期靑銅器~鐵器時 中國 山東 지역과 한국 간의 교류〉, 《白山學報》 64, 2002.
   ② 박준형, 〈고조선의 해상교역로와 萊夷〉, 《북방사논총》10, 2006 참조.
15) ① 王獻唐, 〈山東의 歷史和文物〉, 《文獻參考資料》 2.
   ② 遼寧省文物考古研究所編, 《遼東半島石棚》, 遼寧科學技術出版社, 1994.
   ③ 박준형, 앞의 글 참조.
16) 《漢書》 卷27 中之上 五行志 第7中之上에 〈孝昭元鳳三年五月 泰山萊蕪山南匈匈有數千人聲 民視之 有大石自立 高丈五尺 大四十八圍 入地深八尺 三石爲足. 石立處 有白烏數千集基旁.〉라고 기록되어 있다. 이것은 한나라 소제(昭帝)의 원봉(元鳳) 3년(BC 78년)때까지도 태산의 래무산(萊蕪山) 남쪽에 높이 5척, 크기가 둘레 48아름, 땅속에 들어간 깊이가 9척의 3면 받침 돌박이의 매우 거대한 탁자식 고인돌이 남아 있어서, 정월에는 흰옷을 입은 고조선계 이주민 후예들의 큰 행사가 있었음을 전하고 있다.

산 부근에 있었고, 고조선 민속의 제천 행사달인 5월에는 흰옷 입은 수천 명의 고조선 이주민들이 집합하여 행사를 거행했음을 알려주는 것이라고 볼 수 있다.

산동반도와 회수 유역의 동이족 청동기문화에 대해서는, 필사가 동이족의 하나인 우족(嵎族)이 고조선으로부터 청동기를 처음으로 고중국 지역에 가져와 전파했음을 밝힌 바 있다.17)

최근 중국 고고학계의 발굴보고와 그 소개를 보면, 산동성 서하현(栖霞縣) 점탄향(占疃鄉) 행가장촌(杏家庄村)의 2호묘(목곽토광묘) 발굴에서 날끝 부분이 삭아버린 고조선식 비파형동검 1개가 나왔다.18)

또한 최근에 고조선 이주민의 분국인 동이족의 래국(萊國)의 서울이었던 용구시(龍口市) 귀성(歸城) 유적에서 고조선식 부채꼴 청동도끼〔銅斧〕가 수습되었다(〈그림 6-6〉 참조). 또한 요동반도 끝에서 산동

---

17) 신용하, 〈고조선국가의 형성과 고조선 금속문화〉, 《단군학연구》, 제21호, 2009 참조.

18) ① 烟台市文物管理委員會·栖霞縣文物事業管理處, 〈山東栖霞縣占疃鄉杏家庄戰國墓淸理簡報〉, 《古考》1, 1992.

　② 吳江原, 〈春秋末東夷系萊族木槨墓 출토 비파형동검〉, 《韓國古代史硏究》 제23집, 2001.

　③ 박준형, 〈고조선의 해상교역로와 萊夷〉, 《북방사논총》 10, 2006 참조.

　이 무덤에서 비파형동검과 함께 동과(銅戈), 동모(銅矛), 동화살촉, 청동환수도(環首刀), 청동 대구(帶鉤), 청동차축두(車軸頭), 청동 말 재갈 등이 인골 및 토기들과 함께 출토되었다(〈그림 6-5〉 참조). 이 가운데 동모도 고조선식 '비파형동모(銅矛)'로 판독된다.

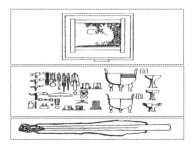

〈그림 6-5〉 산동반도 행가촌 묵곽토 출토 비파형동검과 기타유물

〈그림 6-6〉 산동반도 귀성유적에서 수습된 부채꼴 청동도끼

반도로 이어지는 묘도열도 최남단 섬인 장도현(長島縣) 옥구촌(王溝村) 유적에서 기원전 8세기~기원전 6세기 것으로 편년된 전형적인 고조선식 부채꼴 청동도끼와 부채꼴 청동도끼 거푸집 3개가 수습되었다. (〈그림 6-7〉 참조).[19]

일부의 중국과 한국 고고학자들은 이것을 춘추전국시대 제(齊)나라가 요동반도에서 수입해 온 것이라고 보는 견해, 또는 래국(萊國) 멸망 후 고조선과 제의 교역과정 속에서 요동지역의 비파형 동검이 제에 흘러들어왔고, 제가 다시 래이(萊夷)의 망국인 수장에게 회유책으로 증여한 것이 행가장 2호묘에 부장되었다고 보는 견해도 발표했는데, 이것은 매우 부당한 해석이다. 이것은 고조선 사람 자신들이 산동반도에 매우 일찍 이주하면서 가져간 것이라고 본다.

그 증거는 첫째, 청동기 유물이 발견된 지역이 산동 반도에 있었던 고조선의 소분국 우국(嵎國, 嵎夷=鍨)과 래국(萊國, 萊夷)의 지역이었고, 제의 구역이 아니기 때문이다.

재미 중국인 학자 장광직(張光直)이 상(商)시대의 '동이'지역이라고

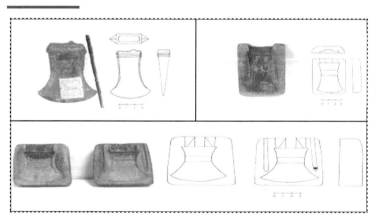

〈그림 6-7〉 산동반도 묘도열도에서 수습된 부채꼴 청동도끼와 거푸집

19) ① 吳江原,〈동북아지역 扇形銅斧의 형식과 시공간적 양상〉,《강원고고학보》2, 2003.
　② 박준형,〈고조선의 대외교역과 의미-춘추 齊와의 교역을 중심으로-〉,고조선사연구회·동북아역사재단,《고조선의 역사를 찾아서》, 학연문화사, 2007 참조.

고증한 산동성과 회수일
대의 지역은 고조선 이주
민들이 자치적 소분국을
세워 고조선식 문화생활
을 영위한 '고조선문명권'
지역이었음이 명백한 것
이라고 본다.

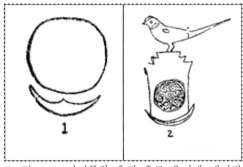

〈그림 6-8〉 양저문화 유적 출토 옥기에 새겨진
'아사달'문양
1. 양저문화 창조가 동이족임을 알려주는 아
   사달 문양
2. 아사달 문양 위에 소호족 상징인 '새'를 조
   각한 양저문화 옥기

양자강 하류의 북안에
는 중국 고고학자들이 양
저문화(良渚文化) 유적이라
고 호칭하는 고대 유적이
있는데, 그 상층유적(BC
2,300년경)은 '동이문화' 유적이라고 해석되고 있다. 주목할 것은 이
양저문화 상층유적에서 출토되는 옥기들 가운데 고조선의 상징인 '아
사달' 문양과[20] 그 문양 위에 대표적 동이족 '소호'(少皥, 少昊)족의
상징인 '새'를 새긴 다음과 같은 옥기가 출토되었다는 사실이다.[21]

또한 양자강 하류 유역 절강성 일대에는 고조선 이주민의 무덤이
었다고 판단되는 고조선식 고인돌이 지금도 약 50여 기가 남아 있다.
이들 고인돌의 축성 연대는 청동기시대인 BC 11세기경~BC 400년경
(중국 편년 상말 주초~춘추 말기)으로 편년되고 있다.[22] 이것은 한

20) 愼鏞廈, 〈고조선 '아사달'문양이 새겨진 山東 大汶口文化유물〉, 《한국학보》 제
   102집, 2001; 《한국 원민족 형성과 역사적 전통》, 나남출판, 2005 참조.
21) 安作璋·王志民 主編, 《齊魯文化通史》 I (远古至西周卷), 王志民·張富祥著), 中華書
   局, 2004, pp.162~163 참조.
22) 李榮文, 〈중국 절강성지역의 지석묘〉, 《한국 지석묘사회 연구》, 학연문화사,
   2002, pp.371~408 참조. 현재 중국 절강성에서 고조선식 고인돌이 발견되고
   있는 지역은 주로 서안(瑞安)의 대석산(垈石山) 및 기반산(棋盤山)과 양매산
   (楊梅山) 일대, 태주(台州) 삼문현(三門縣)의 만산도(滿山鳥), 평양(平陽) 전창
   진(錢倉鎭)의 용산두(龍山頭) 일대, 동양(東陽) 육석진(六石鎭) 일대 등이다.
   2007년까지 약 50여 기가 발굴되었으며, 앞으로 조사연구가 진전됨에 따라
   새로운 발굴이 있을 수 있을 것이라고 한다.

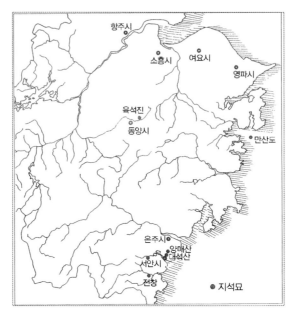

〈그림 6-9〉 중국 절강성 지석묘 분포도(이영문 교수 작성)

국의 고조선시대에 해당한다.

주목할 것은 중국 양자강 하류 남안의 고인돌들의 형태 및 축성 구조가 고조선·진국 지역(전라남도 지역) 고인돌들의 형태 및 축성 구조와 거의 동일하다는 사실이다.

이러한 유적·유물들은 고조선의 이주민들이 BC 1,100년경~BC 400년경 양자강 하류 이남 동중국해 해안에까지 이주해서 고조선문명을 이식하여 고조선의 생활양식을 유지하며 활동했다는 사실을 알려주는 것이라고 볼 수 있다.

산동반도 등에 이주한 고조선 사람들은 회수 유역부터 산동반도 이북 해안 지역에 걸쳐서 자치적 소분국(小分國)을 세워 활동하였다. 그들은 고조선 중앙정부의 통치를 받지 않았고, 또한 물론 고중국 계열 어느 소왕국의 통치도 받지 않았다. 그들은 이주할 때 가지고 간 고조선문화 양식을 변용 발전시키면서 자치생활을 하였다.

〈그림 6-10〉 양자강 하류 절강성 일대 지석묘의 사례(사진: 하문식교수 제공)
1. 양자강 하류 절강성 서안(瑞安) 대석산(坌石山) 지석묘 2. 서안 대석산 M24호 지석묘
3. 서안 기반산(棋盤山) 동1호 지석묘   4. 서안 기반산 서1호 지석묘
5. 서안 양매산(楊梅山) 지석묘   6. 평양(平陽) 용산두(龍山頭) 지석묘
7. 창남(蒼南) 동교(棟橋) 지석묘 ①   8. 창남 동교 지석묘 ②

중국인 학자 장광직(張光直) 교수가 상(商)시대 중국에 대한 세밀한

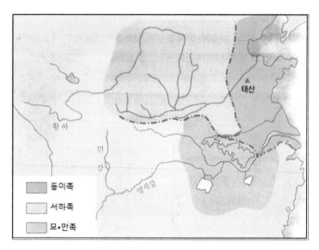

〈그림 6-11〉 장광직 교수가 그린 동이족과 화하족, 묘·만족
의 분포도

연구 끝에 동이족의 분포 지역을 지도로 그린 것이 있는데,23) 동이족
의 영역을 객관적으로 알아볼 수 있다.

3. 일본열도 구주지역 등 고조선 이주민의 고조선문명 전파

1) 고조선 이주민의 일본열도 이동

또한 고조선 사람들은 일본열도에도 건너가서 거주했는데, 특히 후
조선 말기에는 고조선 사람들의 집단적 이주와 그에 수반하는 고조선
문명의 전파가 급속히 진행되었다.

고문헌으로서는 《양서(梁書)》 제이(諸夷) 동이전 왜조에 "왜 사람
들은 태백(太伯)의 후예라고 스스로 말한다"24)고 전한다. '태백'은 고

---

23) ① Kwang-chic Chang, *The Archaeology of Ancient China*, Fourth Edition
　　Revised and Enlarged, Yale University Press, 1986, p.304
　　② 우실하, 《동북공정 넘어 요하문명론》, 소나무, 2007, pp.275~276 참조.

〈그림 6-12〉 일본 규슈지역의 고인돌(지석묘) 무덤떼
(사진자료: 문화재청 국립나주 문화재연구소)
   1. 사가현 마루야마(丸山) 고인돌 무덤떼
   2. 사가현 후시나이(船石) 고인돌 무덤떼
   3. 후쿠오카현 시토(志登) 고인돌 무덤떼

조선의 별명이므로, 고대 일부 왜인들이 고대 중국인들에게 스스로 자기들이 고조선 사람들의 후예라고 말한 것을 중국의 사신단 등 지식인들이 기록으로 남긴 것으로 보인다.

일본의 고대 국가형성기에 고조선 지역으로부터 수많은 도래인(渡

---

24)《梁書》卷 54, 列傳 才48, 諸夷, 東夷, 倭條,〈倭者 自云太伯之後.〉참조.

來人)들이 바다를 건너와서 일본 고대문화와 고대국가 형성에 매우 큰 역할을 했음은 이미 많은 연구들이 나왔으므로 여기서 더 이상 논급하지 않고, 우리들의 논점으로 바로 들어가기로 한다.

2) 고조선 이주민의 고인돌

고조선 사람들의 이주의 명확한 증거가 되는 유적·유물은 '고인돌' 무덤의 분포이다.

1986년 사가현 마루야마(丸山)에서 일본 고고학연대로 조몬시대 후기부터 야요이시대 전기에 걸친 125기의 무덤이 발견되었는데, 그 가운데서 무려 118기가 개석식 고인돌 무덤이었고, 옹관묘가 4기, 석관묘가 3기였다. 부장품으로서는 각종 토기들이 나왔다. 이 고인돌 무덤떼는 고조선 또는 고조선의 후국 진국 사람들이 이주하여 집단촌을 이루어 생활했음을 알려주었다.

또한 후쿠오카현 마에바루시(前原市) 시토(志登)에서도 개석식 고인돌 무덤 10기와 옹관묘 8기가 발굴조사되었는데, 타제 돌화살 6개, 마제 유경(有莖) 돌화살 4개가 나왔다. 마제 유경(有莖) 돌화살은 한반도의 전기 청동기문화의 형식과 일치하였다.

또한 나가사키현 남고래군(南高來郡) 북유마촌(北有馬村) 하라야마(原山)에서는 3개의 고인돌 무덤떼가 발견 조사되었는데, 놀랍게도 개석식 고인돌 100개가 넘는 것이었다. 부장품으로 나온 토기들 가운데는 볍씨 자국이 있어서 한반도로부터 건너온 이주민이 도작농경을 했다는 것을 알게 주었다.

일본에 전파된 고인돌 무덤의 분포는 규슈의 북부를 중심으로 하여 지금의 후쿠오카현, 사가현, 나가사키현, 구마모토현, 오이타현 등에 집중되어 있고, 가고시마현과 미야자키현에서도 발굴 조사되고 있다.

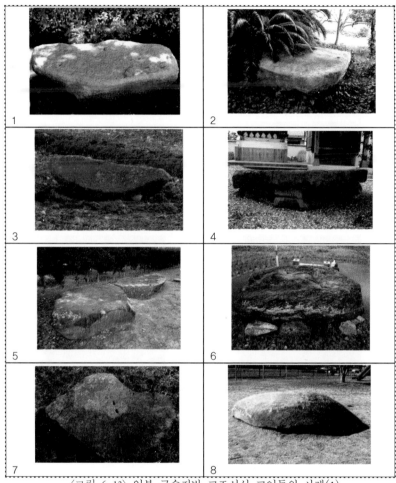

〈그림 6-13〉 일본 규슈지방 고조선식 고인돌의 사례(1)
(사진자료: 문화재청 국립 나주문화재연구소)
 1. 후쿠오카현 시토(志登) 고인돌   2. 후쿠오카현 이타오고모리 고인돌
 3. 후쿠오카현 시카후나이시(四箇船石) 고인돌 4. 후쿠오카현 지조(地藏) 고인돌
 5. 후쿠오카현 기요무네(淸宗) 신사 경내 고인돌 6. 후쿠오카현 히라레이시
 (平靈石) 고인돌
 7. 사가현 오우기노우치(扇ノ內) 고인돌   8. 사가현 세노오(瀨ノ尾) 고인돌

현재까지 발견된 고조선식 고인돌[支石墓]은 약 600여 기이다.[25]

───────────

25) 中村大介, 〈日本列島 彌生時代開始期前後의 墓制〉, 제2회 아시아권 문화유산(고
  인돌) 국제심포지엄(東北亞支石墓硏究所) 발표논문, 2007. 12

〈그림 6-14〉 일본 규슈지방 고조선식 고인돌의 사례(2)

(사진자료: 문화재청 국립 나주문화재연구소)

9. 나가사키현 사토다바루(里田原) 고인돌 ① 10. 나가사키현 사토다바루 고인돌 ②

11. 나가사키현 하라야마(原山) 고인돌 12. 구마모토현 우소노마에(啌ノ前) 고인돌

13. 구마모토현 도시노카미(年ノ神) 고인돌 14. 구마모토현 히라라이시(平良量石) 고인돌

15. 오이타현 후지와라(藤原) 고인돌 16. 오이타현 산묘(三女) 신사 경내 고인돌

일본에서 고인돌 연구가 진전되면 고조선문명의 전파 사실이 더욱 분명하게 증명될 것이라고 본다. 혼슈에서는 야마구치현에서 고인돌무덤 2기의 발견이 보고되었다.26)

일본 규슈 고고학계에서 규슈지방의 고조선 이주민 무덤인 현존 고
인돌(支石墓) 유적의 조사결과 일람표를 각 현별로 옮겨 들어보면 각
주의 〈표 6-2〉과 같이 모두 71개 처에 250개를 넘고 있다.[27]

26) ① 文化財守護委員會,《志登支石墓郡》, 埋藏文化財發掘調査報告 4, 1956.
　　② 森貞次郞·岡崎敬,〈島原半島·原山遺跡〉,《九州考古學》第10號, 1960.
　　③ 王建新,〈日本列島における東北アジア系靑銅器文化の伝播と發展,《東北アジア
　　　の靑銅器文化》, 同成社, 1999, pp.132~150.
　　④ 蔡鳳書,〈古代山東半島と交流〉; 千田稔等編,《東アジアと半島空間》, 思文閣出
　　　版, 2003, pp.45~58 참조.
27) 西谷正,《東アジアにあける支石墓の總合的研究》, 九州大學文學部考古學硏究室, 1997
　　참조.

〈표 6-2〉 일본 규슈(九州)지방 고인돌 지명표

후쿠오카(福岡)현 고인돌(支石墓) 지명표 (太田新씨 작성)			
번호	유적명	소재지	수(基)
1	曲り田 유적	糸島郡二丈町大字石崎宇曲り田	1
2	石崎矢風 유적	糸島郡二丈町大字石崎字矢風	3
3	石崎九反ケ坪 유적	糸島郡二丈町大字石崎字九反ケ坪	1?
4	木舟三本松 유적	糸島郡二丈町大字深江字木舟	4
5	新町 유적	糸島郡志摩町大字新町字ギ丁原	57
6	長野宮ノ前 유적	前原市大字長野	2
7	志登 고인돌群	前原市大字志登字坂本	10
8	石ケ崎 유적	前原市大字曽根字石ケ崎	1
9	三雲加賀 고인돌	前原市大字三雲加賀石 I-1 地区	1
10	井田用会 고인돌	前原市大字井田	1
11	井田御子守 고인돌	前原市大字井田字御子守	1?
12	小田 고인돌	福岡市西区北崎小田	2
13	千里 고인돌	福岡市西区周舟寺千里	1?
14	志登岩鏡(岩神) 고인돌	前原市大字志登字坂本	1?
15	4개 船石 (고인돌?)	福岡市早良区四箇字船石	
16	須玖 유적(王墓)	春日市岡本7丁目	1
17	畑田 유적	朝倉郡杷木町大字池田字畑田	5
18	朝田 고인돌	浮羽郡浮羽頂大字朝田字浦田	1
19	羽山台 유적 (C지점)	大牟田市草木字羽山	1
20	石丸 유적	久留米市東櫛原町20	1
21	南薫 유적	久留米市南薫町	1
22	鹿部 고인돌	粕屋郡古賀町鹿部字庵ノ園	1?

23	大板井 유적	小郡市大字大板井字蓮町	
24	酒見貝塚（磯良石）	大川市大字酒見大川公園內	1?
25	淡島神社浦大石	大川市大字小保八幡神社內	2?
26	能保理의 大石	三潴郡城島町能保理（下林·安永）	3?
27	浦田 유적	柳川市大字西蒲池字浦田	1?
28	三島神社 유적	柳川市大字西蒲池字宮ノ浦	1?
29	扇ノ內 유적	柳川市大字西蒲池字扇ノ內	1?
30	鷹ノ尾 神社의大石	山門郡大和町大字鷹ノ尾	1?
31	岩畑(고인돌?)	三池郡高田町竹飯字岩畑	1?
32	粉칠한 地藏尊前의 돌멘	北九州市小倉南区長行東2丁目	3?

<table>
<tr><th colspan="4" align="center">사가(佐賀)현 고인돌 지명표</th></tr>
</table>

33	香田 유적	三養基郡中原町簑原	1
34	戰場ケ谷 유적	神崎郡東背振村三津	1
35	船石 유적	三養基郡上峰町提	2
36	四本黑木 유적	神埼郡神崎町城原	1
37	伏部大石 유적	神埼郡神埼町竹	1
38	西石動 유적	神埼郡東脊振村石動	1
39	瀨ノ尾 유적	神埼郡東脊振村大曲	1
40	南小路 고인돌	佐賀郡大和町尼寺	1
41	久保泉丸山 유적	佐賀市久保泉町川久保	118
42	黑土原 유적	佐賀市金立町黑土原	8
43	友貞 유적	佐賀市金立町千布	1
44	礫石 A·B 유적	佐賀市大和町久地井	13
45	佐織 유적	小城郡三日月町長神田	1
46	初通 유적	三養基郡上峰町初通	1
47	天滿宮 유적	三養基郡北茂安町東尾	1
48	三津永田 유적	神埼郡東脊振村三津	1
49	枝町 유적	神埼郡神埼町鶴	1
50	熊谷 유적	神埼郡神埼町志波屋	1
51	吉野ケ里 유적	神埼郡神埼町志波屋	1
52	村德永 유적	佐賀市久保泉町上和泉	2
53	惣座 유적	佐賀県大和町久地井	1
54	寺浦瓦窯 유적	小城郡小城町寺浦	1
55	山田 유적	鳥栖市立石町山田	1
56	德須恵 유적	東松浦郡北波多村德須恵	10

일본 규슈지방에는 이 밖에 나가사키현, 구마모토현, 카고시마현에
도 다수의 고조선식 고인돌이 남아 있음이 조사되었다.[28]

57	葉山尻 유적	唐津市宇木	5
58	五反田 유적	東松浦郡浜玉町五反田	5
59	瀨戸口 고인돌	唐津市宇木	14
60	森田 고인돌	唐津市宇木	16
61	迫頭 고인돌	唐津市宇木	3
62	岸高 고인돌	唐津市半田	6
63	割石 유적	唐津市柏崎	6
64	大友 유적	東松浦郡呼子町大友	3
65	宇木汲田 유적	唐津市宇木	2
66	黑須田 고인돌	唐津市宇木	
67	久里德武 고인돌	唐津市久里	
68	久里大牟田 고인돌	唐津市久里	
69	久里城 고인돌	唐津市久里	
70	山本峯 고인돌	唐津市山本	
71	矢作 고인돌	唐津市半田	

자료출처: 西谷正, 《東アジアにおける支石墓の總合的 研究》, 九州大學文學部考古
學研究室, 1997
28) 西谷正, 《東アジアにあける支石墓の總合的研究》(1997)의 위의 일람표를 계속
   간소화해서 옮기면 다음과 같다.

나가사키(長崎)현 고인돌 지명표(太田新氏 작성)			
72	宇久松原 유적	北松浦郡宇久町平郷	10
73	神ノ崎 유적	北松浦郡小値賀町黑島郷宇庭の畑	1(5?)
74	田助 유적	平戸市大久保町	3?
75	里田原 유적	北松浦郡田平町里免	7(現存)
76	大野台 유적(國指定史跡)	A·D地点北松浦郡鹿町深江免字北平 B·C地点 字南ノ股	A20 B4 C8 D32
77	小川内 고인돌	北松浦郡江迎町小川内免字落搭	10
78	獨山 고인돌(縣指定史跡)	北松浦郡佐々町松瀨免字松瀨	7
79	四反田 유적	佐世保市下本山字四反田	1
80	天久保 유적	西彼杵郡西海町	3
81	風観岳 고인돌군	諫早市破籠井町, 大村市中里郷千部, 同今井郷高野	A地点 33 B地点 2

82	井崎 고인돌군	北高来郡小長井町	2
83	景華圓 유적	島原市三会町	3(현존 1)
84	西鬼塚 유적		1(2?)
85	原山 고인돌군(國指定史跡)	A地点： 南高来郡北有馬町 C地点： 同郡大字坂上下名字新田 D地点： 同字原ノ尻川	10數基 27 54
86	栢ノ木 유적	松浦市志佐町小久保免	?

쿠마모토(熊本)현 고인돌 지명표(太田新氏 작성)

87	唖의 前 유적	玉名郡三加和町平野字噓의 前	4?
88	年의 神 유적	玉名岳明町(旧大野村) 野口字早馬	1?
89	正福寺鏡内(고인돌?)	玉名郡岱明町山下	1?
90	伊倉両八幡宮鏡内(고인돌?)	玉名市伊倉	1?
91	城ケ崎(고인돌?)	玉名市伊倉	
92	塔의 本 유적	鹿本郡植木町大字轟字塔ノ本	2
93	轟(고인돌?)	鹿本郡鹿本町庄大字轟	3?
94	平畠	鹿本郡植木町田底平畠	1
95	庄(고인돌?)	鹿本郡鹿本町庄大郎丸	1?
96	長沖(고인돌?)	山鹿市字長沖	?
97	藤尾 고인돌군	菊池郡旭志町大字弁理藤尾	9
98	古閑山(고인돌?)	菊池郡旭志町大字弁利字古閑山	立石 伏石
99	히메사카(고인돌?)	菊池郡旭志町大字弁利字ヒメサカ	5, 6?
100	히라라石(고인돌?)	菊池郡旭志町大字川辺字柏木	1?
101	比良良石(고인돌?)	菊池市原字比良良石	1?
102	立石(고인돌?)	菊池市森北字立石	3?
103	神来(고인돌?)	菊池市野間口字神来屋敷	
104	流川(고인돌?)	菊池郡七城町流川	1?
105	石ノ本	菊池郡泗水町大字永出字石ノ本	?
106	中原(고인돌?)	菊池郡西合志町野々島字中原	
107	永田(고인돌?)	菊池郡西合志町野々島字永田	
108	二子山(고인돌?)	菊池郡西合志町野々島字天神字	1?
109	立石原 고인돌?	菊池郡大津町字立石原	3(6?)
110	水野山(고인돌?)	菊池郡大津町字立石原	立石(碑)1, 伏石2
111	御領原(고인돌?)	菊池郡大津町矢護川字御領原	1?

3) 고조선 이주민의 청동기 유물

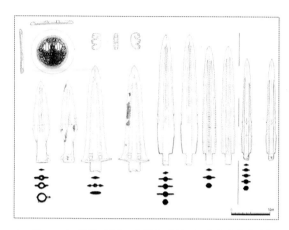

〈그림 6-15〉 일본 규슈 후쿠오카현 요시타케타카기(吉武高木) 목곽 무덤 출토 고조선식 청동기(자료: 문화재청 국립나주문화재연구소)

고조선의 청동기문화로서는 후쿠오카현 종상즉(宗像即)의 이마가와(今川) 강가의 언덕에서 주거지 유적이 1979년부터 발굴 조사되었는데, 비파형동검의 자루를 재가공하여 제조한 청동끌 및 청동화살촉과

112	矢鉾 유적	菊池郡大津町杉水上の原·鉾矢	1?
113	八割 돌멘群	上益城郡甲佐町船津字八ツ割	12?
114	麻生平 돌멘?	下益城郡中央町馬場字麻生平	2?
115	西蔵(고인돌)	下益城郡富合町大字木原字西蔵	1?
116	市房隠(1号棺)	球磨郡兎田町吉井字馬立原	1
117	天神山(고인돌?)	天草郡新和町大多尾	
카고시마(鹿児)현 고인돌 지명표(太田新氏 작성)			
118	明神下岡 유적	出水郡長島町蔵之元明神下岡	6
119	下小路 유적	日置郡金峰町高橋下小路	1?
120	入来 유적	日置郡吹上町入来	1?
121	石塚子産石	日置郡吹上町入来字石塚	
122	白寿 유적	日置郡吹上町下中ノ里白寿	
123	玉手神社立石	日置郡金峰町高橋	
計			653개 이상

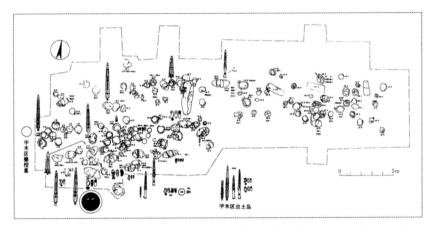

〈그림 6-16〉 일본 규슈 사가현 가라쓰(唐津)시 우키군덴(宇木汲田)유적 고조선 이
주민 옹관묘 유적·유물 분포 그림

함께 한반도 부여 송국리 유적의 출토품과 거의 동일한 토기들이 다
수 출토되었다.

후쿠오카현(福岡縣) 후쿠오카시 요시타케카기(吉武高木) 유적에서는
고조선 이주민들의 무덤에서 고조선 세형동검, 다뉴세문경, 고조선식
청동창, 청동꺾창 등 청동기들이 비취제 곡옥, 벽옥, 응회암제 관옥,
소형호 등과 함께 대량 발굴되었다.[29]

또한 사가현 가라쓰시(唐津市) 우키군덴(宇木汲田) 우키나와(宇木川)
에 연한 구릉에서 조문시대 후기부터 야요이 시대 전기에 걸친 각종
무덤들이 발굴 조사되었는데, 1957년 조사 때 45기의 옹관묘에서 고조
선식 세형동검, 다뉴세문경, 세형청동창끝, 청동끌, 곡옥, 관옥(管玉)
등이 출토되었다.[30]

29) 문화재청 국립나주문화재연구소, 《일본지석묘》(동아시아 지석묘⑥), 2011,
    pp.70~74 참조.
30) ① 王建新, 《東北アジアの靑銅器文化》, 同成社, 1999.
    ② 森貞次郞, 〈靑銅器の渡來 - 銅鏡·細形銅劍·銅矛·銅戈〉, 《世界考古學大系》 제2卷,
       日本 Ⅱ, 平凡社, 1960.
    ③ 鄭漢德 編著, 《日本의 考古學》, 學硏文化社, 2002.
    ④ 宮井善郞, 〈朝鮮半島と日本列島の靑銅器の比較〉, 德藤直, 茂木雅博 編, 《東アジ
       アと日本の考古學 Ⅲ - 交流と交易》, 同成社, 2003.
    ⑤ 甲元眞之, 《東北アジアの靑銅器文化と社會》, 同成社, 2006 참조.

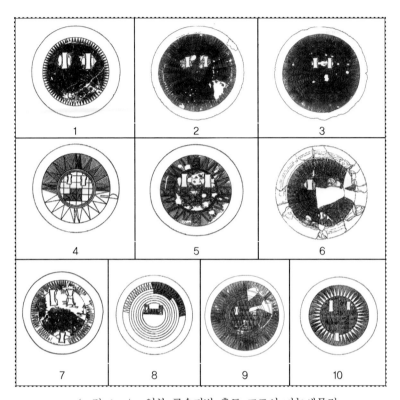

〈그림 6-17〉 일본 규슈지방 출토 고조선 다뉴세문경

1. 후쿠오카 요사타케 다카기 3호 목관묘   6. 사가현 증전정(增田町) 6242
2. 오고리시(小郡市) 와카야마(若山) 1호 7. 나가사키현 북송포군리전원 3호
   옹관
3. 오고리시(小郡市) 와카야마(若山) 2호   8. 나라현 고세시(御所市) 명병(名柄)
4. 사가현 가라쓰시 우키군덴 18호 옹관 9. 오사카시 가시와라시(栢原市) 대현(大縣)
5. 사가현 목촌룡(木村龍) 58호 옹관   10. 야마구치현 시모노세키시 미율 빈
   석관묘

일본열도 규수지방과 혼슈의 나라현, 야마구치현, 오사카시 부근에
는 고조선의 다뉴세문경이 출토되었는데, 무덤 등에서 고조선식 고고
유물들과 함께 출토되어서 단순한 교역품이 아니라 고조선 사람들의
이주와 관련된 것임을 알려주고 있다.

불충분하지만, 일본에서 보고되고 있는 고조선제 청동기 유물의 발
굴사례를 표로 만들어 보면 다음과 같다.

〈표 6-3〉 일본열도 내 고조선 청동기 유적유물 분포지역

번호	유적명	청동기 유물
1	후쿠오카현 이마가와(今川) 유적	고조선식 비파형동검 자루를 재가공한 청동 화살촉
2	후쿠오카현 요시타케 타카기(志武高木) 3호 목관묘	고조선식 세형동검·청동창끝·청동꺾창·고조선 식 다뉴세문경
3	후쿠오카현 요시타케	고조선식 세형동검·세형청동창끝
4	후쿠오카현 요시타케	고조선식 세형동검·세형청동꺾창·청동기조각
5	후쿠오카현 시카노시마	고조선식 세형동검 거푸집
6	후쿠오카현 春畤 오타니(大谷) 유적	고조선식 세형동검 거푸집
7	후쿠오카현 스구오카모토(須玖岡本) D 지점 옹관묘	고조선식 세형동검 3·多木通式 동검 1·세형 청동창끝·세형청동꺾창 1
8	후쿠오카현 미네(峰)유적 봉관묘	고조선식 세형동검
9	후쿠오카현 타테이와(立岩) 10호 옹관묘	고조선식 청 동창끝
10	후쿠오카현 후쿠오카시 博多의 板付 유적	고조선식 세형동검·청동창끝·벼재배 농경유적
11	후쿠오카현 飯倉丸尾 옹관묘	고조선식 세형동검
12	후쿠오카현 小郡市 若山 1호경	고조선식 다뉴세문경
13	후쿠오카현 小郡市 若山 2호경	고조선식 다뉴세문경
14	사가현 唐津市 우키군덴(宇木汲田) 18호 옹관묘	고조선식 세형동검·고조선식 다뉴조문경
15	사가현 소우자(惣座)유적	고조선식 세형동검 거푸집·청동창끝 거푸집
16	사가현 요시노가리(吉野ケ里)유적	청동창끝 거푸집
17	사가현 나베시마 모토무라미나미(本林 南) 유적	고조선식 청동꺾창 거푸집
18	사가현 아네(姉)유적	고조선식 세형동검 거푸집
19	사가현 唐津市 莱畑 유적	한반도의 영향을 받은 초기 청동기대 농경 유적
20	사가현 사가군 木村龍 58호 옹관묘	고조선식 다뉴세문경
21	사가현 사가군 增田町 6242	고조선식 다뉴세문경
22	나가사키현 壹岐市 原の辻 大原지구	고조선식 다뉴세문경
23	나가사키현 北松浦郡 里田原 3호옹관	고조선식 다뉴세문경
24	야마구치현 下関市 梶栗浜 석관묘	고조선식 세형동검 4점·고조선식 다뉴세문 경·관옥
25	효고현 타노우(田能)유적	세형동검 거푸집
26	요사카부 柏原市 大県	고조선식 다뉴세문경
27	나라현 御所市 名柄	고조선식 다뉴세문경·동탁

또한 일본열도에 이주한 고조선 사람들은, 일본에 아직 고대국가가 성립하기 이전 상태에서, 일본 원주민의 통치를 받지 않았음은 물론이 오, 고조선 중앙정부의 통치도 받지 않았다. 그들도 자치적 마을공동

체를 형성하여 자치생활을 하였다고 보아야 할 것이다.

　고조선 사람들이 이주한 일본열도의 구슈 등 고조선 사람들이 이주
정착한 지역을 고조선 영역에 포함시킬 수는 없다. 그러나 고조선 사
람들이 이주하여 정착해서 고조선문화를 변용 발전시키면서 자치적 생
활을 영위한 지역을 '고조선문명권'에는 포함시킬 수 있다고 본다.

제7장 고조선문명의 사회신분

1. 고조선의 4대 사회신분

고조선 국가가 동아시아 최초의 고대국가로 건립되고 고대연방제 국으로 발전하기 시작함에 따라 고조선사회에서는 세습적 사회신분제 도가 형성되었다.

고조선의 사회신분제도는 그 이전 신석기시대 원시사회의 말기에 각 부족 내의 정치적 지위, 사회경제적 위치, 고조선 건국과정에서의 역할, 부족 내의 위신과 명성 등에 의해 형성되기 시작한 것이 고조선 건국과 병행하여 세습적 사회신분제도로 성립되었다고 해석된다.

고조선 사회는 한국역사에서 최초의 신분제사회였다. 고조선문명권 에는 다수의 초기 원민족들이 포함되어 각각 사회구조적 특징을 갖고 있었기 때문에, 여기서 일률적으로 고조선문명권에 포함되는 모든 민 족들의 신분제도를 통일적으로 설명할 수는 없다.

그러므로 가장 중심이 된 고조선의 본국(직령지, 박달조선)의 사회 신분제를 중심으로 그 기본구조를 고찰하려고 한다. 그러나 고조선 본 국의 자료가 매우 드물기 때문에, 가장 유사한 구조를 가졌던 '부여'와 '진'국의 신분제도를 더불어 고찰함으로써 자료의 부족문제를 조금이 라도 해결해 보기로 한다.

고조선의 사회신분제도는 기본적으로 4개의 큰 신분으로 구성되어 있었다. ① 왕족(제왕 및 후국 소왕의 왕족) ② 귀족 ③ 평민 ④ 노 비가 그것이다.

2. 고조선의 왕족

고조선문명권의 왕족은 두 가지로 구분하여 볼 수 있다.

1) 단군왕검의 직계왕족

고조선은 군주제 국가였을 뿐 아니라, 다수의 후국 군주를 둔 일종의 연맹제국이어서 왕족이 큰 계층집단이었으므로 '왕족'을 독립된 신분으로 설정할 필요가 있다.

고조선의 중심적 왕족은 제1대 제왕인 단군의 직계 후손 및 그들과 혼인하여 왕족에 편입된 신분이다.[31) 단군조선은 47대 단군으로 이어져 구성되었다는 기록이 있는데, 그들 역대 단군의 직계 가족과 후손들은 왕족이었다고 볼 수 있다. 고조선 왕족들은 경우에 따라 '단(檀)', '한(韓·汗·寒)', '환(桓)',[32) '해(解·奚)', '아사나(阿斯那)' 등의 성씨를 사용하기도 하였다.[33) 단=한=환=해=아사나는 호칭만 다를 뿐, 원래 뜻은 거의 동일한 것이었다고 볼 수 있다.

고조선 제왕은 국가 최고통치자의 지위를 갖고, 통치에 필요한 모든 자원을 사용·처분할 특권을 가지면서, 국가와 국민을 외부의 적으로부터 보호하고 국민의 생존을 유지하는 역할을 수행하였다.

고조선 왕족은 혈연적 씨족공동체를 형성하여 여러 가지 신분적 특권을 누리면서 제왕의 통치를 엄호하는 역할을 수행하였다.

《삼국유사》에 인용되는 고기에는 환웅이 환인(하느님)으로부터 지상으로 내려가 통치를 하라는 천명의 증거로서 '천부인'(天符印, 하느

---

31) 《三國遺事》 卷1, 古朝鮮(王儉朝鮮)조 참조
32) 《應制詩注》 增注에서는 〈桓或檀山〉이라 하여 '桓'과 '檀'이 서로 바꿔쓰기도 되는 동일한 것임을 시사하였다. 또 '桓因'은 '上帝(하느님)桓因'이라 하여 '하느님'의 뜻임도 시사하였다.
33) 신용하, 《古朝鮮 國家形成의 社會史》, 지식산업사, 2010 참조.

님이 만들어 주신 증명) 3개를 주어 세상
을 다스리게 했다는 통치권 허여의 증거
물과 관련된 기록이 있다.[34]

또한 일본의 개국 전설을 기록한《고
사기》(古事記)에도 하늘의 신으로부터 손
자가 거울·칼·곡옥(勾玉)의 삼신기(三神器)
를 받고 내려왔다는 기록이 있다.[35] 고조
선 후국인 한반도 진국(辰國)의 왕계인
일본 천황가에서는 지금도 거울·칼·곡옥
을 삼신기라고 하여 보물로서 간직하고
있다.

〈그림 7-1〉 천부인 3개(부여 연화리 유적 출토)

고조선의 왕족 표징의 하나인 '청동거
울'은 왕족 자신들이 하느님(桓因, 天神)의 아들과 자손이라는 증거의
하나로 사용되었다. 고조선의 청동거울(다뉴조문경과 다뉴세문경)이
언제나 둥근 형태인 것은 하늘(天圓)과 해(태양)를 상징한 것이었다고
해석된다. 둥근 청동거울의 뒷면에는 '햇빛살'무늬를 도안하고, 무장(武
將)인 경우에는 '번개'무늬를 도안하였다. 고조선 왕족 표징의 하나인
'청동검'은 부계인 '한'족과 적대세력을 제압하는 힘을 상징한 것으로
해석된다. 고조선 왕족 표징의 하나인 '옥'은 모계인 '맥'족과 부드러운
(곡선적) 선정(善政)의 문화를 상징한 것으로 해석된다.

고조선의 왕족은 하느님과 하늘의 해(태양)와 죽은 뒤 승천하여
태양신이 된 환인·환웅·단군을 조상신으로 숭배하고 신앙하였다. 이를
본받아 고조선 사람들은 조상신이며 동시에 하느님으로 된 환인·환
웅·단군을 숭배하는 '삼신(三神)신앙'을 갖게 되었으며, '삼족오'(三足
烏)를 태양신의 상징으로 생각하고, 하늘을 나는 영매조(靈媒鳥)로서의
새토템을 갖기도 하였다.[36]

---

34)《三國遺事》卷1, 古朝鮮(王儉朝鮮)조 참조.
35)《古事記》, 序 및 邇邇藝命〈天孫降臨〉조 참조.

말을 사육하게 된 후에는 '날개 달린 천마(天馬)'를 토템의 상징으로 사용하기도 하였다.

고조선문명권의 청동기시대 고고유적·무덤들 가운데 부장품으로 ① 거울 ② 칼 ③ 곡옥(또는 환옥)이 한 벌(세트)로 출토되는 무덤들이 가끔 있다. 이것은 일단 고조선의 단군계 왕족의 무덤이라고 볼 수 있다. 그 몇 가지 사례를 들면 다음과 같다.[37]

   ① 충청남도 부여 연화리 유적 석관무덤

   ② 충청남도 아산 남성리 유적 석관무덤

   ③ 대전광역시 괴정동 유적 석관무덤

   ④ 전라남도 함평 초포리 유적 석관무덤

   ⑤ 중국 요녕성 심양 정가와자 6512호 목곽무덤

   ⑥ 중국 요녕성 조양 십이대영자 석곽무덤

   ⑦ 일본 규슈 후쿠오카 요시타케타카기 목곽무덤

고조선 왕족의 무덤들에서 부장품이 거의 모두 도굴되어 버린 경우에도, 수도권 지역의 특대형 탁자식 고인돌 무덤, 특대형 석곽묘, 특수 석관묘, 특대형 적석총 등은 왕릉 또는 왕릉급 왕족무덤이라고 볼수 있다.

고대국가의 왕족은 교통·통신이 덜 발달되어 있던 조건에서 제왕에 대한 충성의 담보로 변방에 왕족 무장을 파견하여 주둔시킨 경우

---

36) 愼鏞廈, 〈古朝鮮文明圈의 三足烏太陽 상징과 朝陽 袁台子壁畵墓의 三足烏太陽〉, 《한국학보》 제105집, 2001 참조.

37) ① 尹武炳, 《韓國靑銅器文化硏究》, 예경산업사, 1996.
   ② 林炳泰, 《한국 청동기문화의 연구》, 학연출판사, 1996.
   ③ 權兌遠, 《古代韓民族文化史硏究》, 일조각, 2000.
   ④ 김정배, 〈고조선과 비파형 동검의 문제〉, 《단군과 고조선 연구》, 지식산업사, 2005.
   ⑤ 송순탁, 〈대동강 유역 청동기시대 문화 성격에 대하여〉, 위의 책과 동일.
   ⑥ 이건무, 《청동기문화》, 대원사, 2006.

가 많았다. 이때 변방에서 죽은 왕족무장의 무덤의 부장품을 통하여 고조선 왕족생활의 한 단면을 관찰할 수 있다. 예컨대 중국 요녕성 심양 정가와자 6512호 목곽무덤은 이 지역에 파견되어 주둔했던 왕족무장의 무덤으로 추정된다. 정가와자 6512호 무덤에는 부장품이 42종 797점에 달했는데, 그 가운데서도 각종 청동기가 압도적 비중을 점하고 있다(〈표 7-1〉 참조).

〈표 7-1〉 정가와자 6512호 무덤에서 나온 유물일람표

무기				공구						장식품										마구						질그릇		
비파형단검	활촉	활주머니	활꽂이	칼	칼집	송곳	도끼	도끼주머니	끌	거울모양장식	단추모양장식	돌구슬줄	번개무늬거울	비녀	뼈바늘	머리꽂이	단추	대롱구슬	구슬	자갈멈추개	자갈입물리개	마디고리	나팔형기	둥근장식	고리	목이긴단지	기타	계
3	169	1	2	1	1	1	1	1	1	6	180	2	1	4	1	2	7	33	22	16	4	16	4	8	2	3	105	797

자료: 박진욱, 《조선고고학전서: 고대편》, p.46

이 무덤에서는 부장품들 가운데서 ① 청동거울(다뉴세문경) 1개 ② 비파형청동단검 3개 ③ 옥 목걸이 1개가 한 벌로 나와서, 이 무덤의 주인공이 고조선 단군계 왕족 출신 무장임을 알려주고 있다.

이 무덤의 주인공은 예식 때에는 4필의 말이 끄는 수레를 탔으며, 수레를 화려하게 치장하였다. 이것은 말머리에 새의 깃털을 화려하게 꽂아붙이는 나팔형 청동기가 4개이고, 모든 마구들이 4벌씩인 데서 알 수 있다. 화려한 수레와 그 치장은 일종의 신분재(身分財)였다고 볼 수 있다.

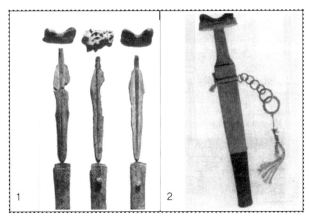

〈그림 7-2〉 정가와자 6512호 무덤 출토 비파형동검
① 비파형동검 3개 ② 복원한 비파형 단검

〈그림 7-3〉 정가와자 6512호 무덤 출토 다뉴세문경과 옥 목걸이
① 다뉴세문경 앞면 ② 다뉴세문경 뒷면 ③ 옥목걸이

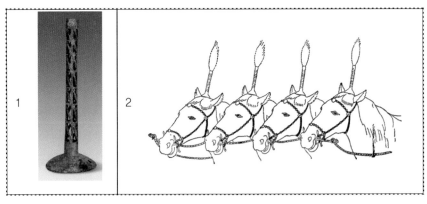

〈그림 7-4〉 정가와자 6512호 무덤 출토 청동 마두장식
(자료: 경기도박물관, 《요령고대문물전》, 2010)
① 청동마두장식대 ② 마두장식 장착 상태 복원도

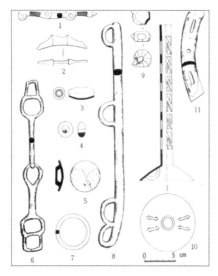

〈그림 7-5〉 정가와자 6512호의 출토마구들

고조선 왕족의 사치스러운 생활은, 정가와자 6512호무덤 주인공이 복장에 장식용 청동단추를 무려 180여 개나 달아서 위엄과 방패(단추가 갑옷의 기능)와 부귀를 과시한 데서도 볼 수 있다. 무덤 주인공은 청동단추를 수십 개 달아 붙인 가죽장화도 신었는데, 가죽은 모두 썩어져 버리고 청동단추만 발과 다리뼈 주위에 모여 묻혀 있었다(〈그림 7-6〉 참조).

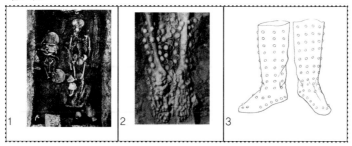

〈그림 7-6〉 정가와자 6512호 무덤 주인공의 청동단추 장화
① 정가와자 6512호 무덤 전경 ② 발다리 부분 확대 ③ 가죽장화 복원도

고조선 왕족들이 모두 정가와자 6512호 무덤 주인공처럼 큰 권력을 갖고 사치스러운 생활을 한 것은 아니었다. 이들 가운데는 영락하여 일반귀족과 다름없이 성씨와 신분뿐인 왕족들이 더 많이 있었을 것으로 추정된다.

그러나 고조선의 왕족은 생산노동에 관여하지 않는 신분이었으므로, 가사와 노동에 다수의 노비, 노예를 소유하여 사역했음은 물론이다.

2) 후국 군주와 그의 직계 후손

고조선은 후국제도를 채택하여 실시했으므로 고조선에 속한 후국들에도 후국 왕족이 존재하였다. 이것은 다시 두 가지로 구분될 수 있다.

그 하나는 고조선의 제왕이 후국들에 자기의 직계 자손이나 '고추가'를 후국 군주로 임명하여 파견한 유형이다. 이 경우 후국 군주와 그 가족 및 후손은 고조선의 왕족이라고 볼 수 있다. 예컨대, 고조선 후국 부여의 왕족 해(解)씨는 부여의 왕족임과 동시에 고조선의 왕족이라고 볼 수 있다.

다른 하나는 군장사회(chiefdom)의 군장(chief)이 고조선 건국 후 자발적으로 또는 항복하여, 고조선에 편입된 후 후국 군주(소왕)의 지위를 유지한 유형이다. '예'(濊)족과 같이 고조선 건국에 처음부터 참가하여 후국의 자치권을 갖게 된 경우에는 예족 족장은 자동적으로 예족 군주가 되고 일종의 왕족이 되었다.

한편 건국 후에 고조선에 편입되거나 복속된 후국의 족장들은 고조선 제왕의 딸 또는 손녀와 혼인을 통해 고추가가 되거나, 또는 고조선 제왕으로부터 단군왕족의 성씨를 하사받아 왕족에 편입된 경우도 있었다.

고조선 후국의 군장·족장들 가운데 단군왕검의 직계혈통 후손이 아닐지라도 고조선 왕족의 성씨를 하사받은 '단'(檀), '한'(韓), '한·간'(汗), '해'(解), '아사나'(阿史那) 등의 성씨를 가진 이들은 일단 고조선문명권의 일종의 왕족이라고 볼 수 있다.

　고조선 후국 군주들 가운데서 고조선 왕족의 성씨를 가진 몇 가지 경우를 들면 다음과 같다.[38]

① 부여의 왕족 － 해(解)씨(예: 解夫婁, 解慕漱)

② 선비의 왕족 － 단(檀)씨(예: 檀石槐)

③ 유연의 왕족 － 대단(大檀)씨(예: Avar족)

④ 산융(원 흉노) 왕족 － 단(檀)씨(예: 檀柘)

⑤ 철륵(정령, 원돌궐) 왕족 － 아사나(阿史那)씨(예: 阿史那骨咄祿)

　고조선 후국들의 군주와 왕조의 지배력은 후국의 상태와 시대에 따라 크게 달랐다. 예컨대 후국 부여 성립 초기의 부여왕의 지위는 취약하였다. 《삼국지》 위서 부여전에서는 "옛 부여의 풍속에는 가뭄이나 장마로 (날씨가) 고르지 않아 오곡이 영글지 않으면 그 허물을 왕에게 돌려, '왕을 바꾸어야 한다'고 하거나 '죽여야 한다'고 하였다"[39]고 기록되어 있다. 그러나 부여의 중기에 이르고, 후조선시기 후국 부여가 독립한 후에는 부여왕은 강력한 전제적 지배력을 갖게 되었다.

　고조선의 고위귀족 지방장관(加)으로서 왕녀를 취한 경우는 고추가(古雛加)라고 호칭되었는데, 고추가도 일종의 신분상승된 제후급 왕족으로 간주되었다고 볼 수 있다.

또한 고조선 개국 때 처음부터 일정의 자치권을 가진 후국으로서 개국에 참가한 예(濊)족 군장은 고조선 후국 왕족으로 범주화될 수 있다. 예족은 고조선 존속기간 내내 확고한 후국 지위에 있었으며, '위만'이 정변을 일으켜서 후조선을 멸망시키고 '조선' 명칭을 사용하면서

---

38) 신용하, ① 〈한국민족의 기원과 형성〉, 《韓國學報》 제100집, 2000; 《한국민0
　　족의 형성과 민족사회학》, 지식산업사, 2001 재수록.
　신용하, ② 〈고조선문명권 형성의 기본구조〉, 《단군학연구》 제23호, 2010 참조.
39) 《三國志》 卷30, 魏書, 烏丸鮮卑東夷傳, 夫餘條, 〈舊夫餘俗 水旱不調 五穀不熟 輒歸
　　咎於王 或言當易 或言當殺.〉 참조.

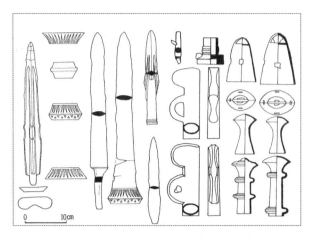

〈그림 7-7〉 부조예군묘 출토 일괄유물의 일부

'위만조선'을 세웠을 때에는 이에 반대하여 승복하지 않았다. BC 128년 예족 군장 남려(南閭)와 그 일당은 한의 무제에 투항하여 창해군(滄海郡) 설치를 받아들였으며, 이에 반대하여 고조선에 충성을 끝까지 견지한 예족은 동쪽으로 이동하여 '동예'(東濊)가 되었다.

대동강 유역에는 고조선 왕족의 무덤들이 다수 있는데, 문헌이 남아 있지 않아서 어느 왕족의 것인지 판별할 수 없다. 이 가운데 1958년 건축공사 중 우연히 발견된 훼손당한 무덤의 출토 유물 가운데 '부조예군(夫租薉君)'이라는 인장이 포함되어 있으므로 '부조예군묘'라고 통칭하는 무덤이 있어서, 이 무덤의 출토품을 통하여 고조선 말기(BC 2세기~BC 1세기경) 고조선 후국의 말단 왕족의 생활 실상의 극히 일부를 들여다 볼 수 있게 되었다. 부조예군묘의 주인공은 고조선 멸망 직후 BC 1세기 중엽 한(漢)에 회유당해 '부조'(夫租)라는 '예'족의 한 고을의 군장을 맡은 고조선의 후국 예족의 몰락한 왕족의 하나라고 추정되지만, 출토유물은 인장을 제외하면 모두 이전 고조선식 유물이다.

부조예군묘의 부장품으로는 먼저 무기류로 ① 고조선식 세형동검 1개(조립식 세형동검으로 손잡이를 제외한 검 몸체의 길이 39.6cm)를 비롯하여 ② 세형동검 손잡이 끝장식[劍把頭飾] ③ 검집의 나무는 썩

어 없어지고 남은 검집의 금속 테두리 4
개 ④ 고조선식 세형 청동창끝 1개 ⑤
각종 형식의 청동활촉 15개 ⑥ 백동제
자루고달이 1개 ⑦ 쇠뇌 2개 ⑧ 철제 장
검 3개 ⑨ 철제 단검 2개 ⑩ 철창 1개
⑪ 철제 가지창 1개 ⑫ 철갑옷 찰갑쪽
수십 개 ⑬ 철제 비수 3개 ⑭ 철도끼 1
개 등이 출토되었다.

마구류로서는 ⑮ 청동판 말관자 4개
⑯ 철제 말자갈 4개 ⑰ 철제 말자갈 멈
추개 1조 ⑱ 청동 종방울〔銅鐸〕 12개 ⑲
청동제 말굴레 장식못 2개 등이 출토되
었다.

〈그림 7-8〉 부조예군묘 출토
세형동검과 동일한 고조선 세
형동검

수레 부속품으로는 ⑳ 청동제 굴대 끝(1쌍) ㉑ 멍에끝장식(권총형
청동기) 4개 ㉒ 삿갓모양 청동기 7개 ㉓ 일산 살꼭지 18개 등이 출
토되었다.

질그릇으로는 ㉔ 화분형 단지 1개 ㉕ 배부른 단지 1개 등이 출토되
었다.

도장은 은으로 만든 ㉖ '부조예군(夫租薉君)'이란 글자를 새긴 도장
이었다.

기타 부장품으로는 ㉗ 청동고리 2개 ㉘ 강철제 고리 1개 ㉙ 고달
이 모양의 청동장식 1개 ㉚ 무기류를 싸서 넣은 천(작잠) ㉛ 남색 유
리로 만든 장식 조각 ㉜ 옥으로 만든 장식 1개 등이 출토되었다.[40]

동검 등 무기류가 고조선식 세형 동검 등 고조선식 무기들이고, 수
레 부속품도 고중국에는 없던 권총형 청동기(수레끝 장식)·삿갓모양

---

[40] ① 이순진, 〈부조예군 무덤에 대하여〉,《문화유산》1964년 4호, 1964.
　② 이순진, 〈부조예군무덤 발굴보고〉,《고고학자료집》4, 1974.
　③ 김기흥, 〈부조예군에 대한 고찰〉,《한국사론》제12집, 1985.
　④ 尹武炳,《韓國靑銅器文化硏究》, 예경산업사, 1996 참조.

청동기 등이 사용되었다는 면에서도, 시대는 비록 고조선 멸망 직후
BC 2세기~BC 1세기이지만 출토 유물은 도장을 제외하고 모두 고조
선의 것임이 확인되었다.

〈표 7-2〉 부조예군묘 출토 유물 일람표

No.	분류	청동	철
1	무기류	세형동검 1, 세형동검집장식 1조, 세형청동창끝 1, 쇠단검집장식 1조, 활촉 15(두나래촉 6, 세모촉 9), 쇠뇌 2, 세형동검의 검코(백동) 1, 자루고달이 1, 쇠단검의 검코(백동) 1	쇠단검 2, 쇠끌 2, 긴쇠칼 3, 쇠찰갑쪽 다수, 쇠창 1, 쇠가지창 1, 쇠비수 3, 쇠도끼 1
2	마구류	말관자 4, 놋방울 12, 말굴레장식못 2	말자갈 4, 말자갈멈추개 1조, 놋방울혀 14
3	수레부속	수레굴대끝 2, 멍에끝장식 4, 삿갓모양의 동기 7, 일산살꼬지 18개	
4	질그릇	화분형단지 1개, 배부른단지 1개	
5	기타	은도장(짐승 모양의 손잡이가 있는 도장) 1개, 청동고리 2, 고달이 모양의 청동장식 1, 천(작잠직), 철강제고리 1, 남색유리장식품 1, 검자루끝(베개 모양의 돌), 옥으로 만든 장식 1	

자료: 이순진, 〈부조예군무덤 발굴보고〉

고조선 후국 몰락 왕족의 무덤 부장품이 이 정도였다면, 고조선문
명 융성기의 제왕과 왕족들이 화려한 무장을 하고, 기마 생활을 했을
뿐 아니라, 수레도 애용하였고, 사치스러운 생활을 했었다고 추정할
수 있다.

고조선 후기와 말기·민족이동기에는 후국민족의 족장 또는 군장들
이 '가'(加, Ka, Ga)의 명칭에 머물지 않고 '한'(Han, 제왕·왕)을 칭하
여 '가한'(가+한) '칸' '간'(Kahan, Gahan, Khan, Gan)이라 호칭된 경
우도 있었다. 이러한 후국민족 '칸' '간'들도 신분이 왕족으로 상승된
경우라고 해석해야 할 것이다. 세계사에서 왕 또는 제왕을 '칸'(Khan),
'간'(Gan), '한'(Han), '가한'(Gahan)이라고 호칭한 왕족의 부계는 모
두 고조선 후예 계통이라고 볼 수 있다. 오직 고조선문명에서만 왕을
'한' 또는 '칸'으로 호칭했기 때문이다.

왕족은 고조선 사회의 제1지배 신분이라고 볼 수 있다.

3. 고조선의 귀족

고조선의 사회신분제도에는 왕족의 바로 아래 '귀족' 신분이 형성되어 있었다. 신석기시대 말기 신분계급 분화시기에 크고 작은 읍락의 군장들은 고조선 국가 형성기에 왕족이 되지 못한 경우에 그 아래의 귀족 신분을 획득하였고, 거의 대부분이 거수(渠帥)들인 군소군장·군사령관·읍장·촌장 등도 귀족신분이 되었다.

고조선 귀족신분의 사회적 지위와 역할은 제왕의 아래에서 국가의 행정사무와 평민 지배를 관리하는 특권적 행정관료가 되어 위로는 제왕의 통치를 보좌하면서 아래로는 평민지배를 담당하고, 전쟁이 일어나면 군사의 장교 또는 지휘관의 일부가 되어 국방을 담당하는 것이었다.

고조선 사회의 귀족신분은 ① 귀족관료(관료귀족) ② 일반귀족 ③ 천군(天君, 神官)의 세 집단으로 나누어 볼 수 있다.

1) 귀족관료(관료귀족)

고조선 귀족 신분의 최상층을 구성한 것이 귀족관료(관료귀족)였다. 고조선 국가의 전근대 관료기구에서는 관직수가 많지 않았기 때문에 관직을 갖게 된 귀족은 여러 가지 특권을 갖고 제왕에게 충성을 바치면서 평민을 지배하였다.

고조선에서는 최고위 관료귀족을 '가'라고 불렀다. 한자 발음표기에는 加, 伽, 可, 柯 등의 여러 가지 한문글자로 '가' 발음이 표기되었다.

또한 무장(武將)귀족(군사령관)은 '두만'(頭滿·豆滿·Tuman) 등으로 불리기도 하였다.

후국 부여에서는 관직명에 '가'를 붙여서 '마가'(馬加)·'우가'(牛加)·'저가'(豬加)·'구가'(狗加) 등과 같이 '가'(加)가 장관직 명칭으로 사용되기도 하였다.[41] 이것은 관료귀족의 직위와 함께 신분도 포함한 전제한 관직명이었다고 볼 수 있다.

동일 자료에서 "여러 가(諸加)들이 별도로 사출도(四出道)를 주관하는데, 큰 곳은 수천 가(家)를 주관하고, 작은 곳은 수백 가를 주관하였다"[42]고 기록하였다. 또한 동일 자료에서 "적군(의 침입)이 있으면, 여러 가(諸加)들이 몸소 전투를 했다"거나, "대가(大加)를 보내어 교외에서 그를 맞았다"고 기록되어 있는데, 서술에서 알 수 있는 바와 같이 이 경우의 가(加)는 귀족관료의 범칭이었다.

부여의 각급 귀족들의 직역은 행정과 전투였다. 부여의 고위 관료귀족은 문무를 겸하면서 반드시 무술에 능숙한 훈련을 갖추었으며, 적의 침입이 있을 때에는 반드시 스스로 지휘관 또는 장군·장교가 되어 전쟁에 직접 참가해서 작전하고 지휘하고 전투하였다. 부여의 경우는 기록이 있어서 실상을 알게 된 것뿐이고, 그 밖의 고조선 본국과 후국도 부여와 동일하거나 유사한 제도와 관습을 가졌었다고 볼 수 있다.

중국의 고문헌에는 고조선 후국들의 관직 명칭이 나오는데, 이 직책을 담당한 신분도 고조선 후국의 귀족관료 신분들이었다.

예컨대 예(濊)족의 거수(渠帥; 長帥·大人의 뜻과 호칭)인 후(侯)와 읍군(邑君)은 고조선의 후국 고위관료귀족이었다.[43] 동옥저(東沃沮)의 장수(長帥)와 구려(句麗)의 대인(大人)은 후국 동옥저와 구려의 고위관료귀족이었다.[44] 삼한(三韓, 辰國의 후신) 거수인 신지(臣智)·검측(儉

---

41) 《三國志》 卷30, 魏書 烏丸鮮卑東夷傳 夫餘條, 〈國有國王, 皆以六畜名官 有馬加·牛加·豬加·狗加〉 참조.

42) 《三國志》 卷30, 魏書 烏丸鮮卑東夷傳 夫餘條, 〈諸家別主四出道 大者主數千家 小者數百家〉 참조.

43) 《三國志》 卷30, 魏書 烏丸鮮卑東夷傳 濊條 및 《後漢書》 卷 85, 東夷列傳, 濊條 참조.

44) 《後漢書》 卷85, 東夷列傳, 東沃沮條 및 《三國志》 卷30, 魏書 烏桓鮮卑東夷傳, 東沃沮條 참조.

側), 번지(樊祗) 또는 번예(樊濊)·살해(殺奚)·읍차(邑借)도 고조선 후국 진국·한의 크고 작은 관료귀족들이었다.[45] 읍루(挹婁)의 대인(大人)도 고조선 후국 읍루의 고위관료귀족이었다.[46]

2) 일반귀족

고조선과 후국들의 관직수는 한정되어 있었기 때문에, 고조선의 귀족 신분들 가운데는 관직에 임명되지 않은 다수의 귀족들이 있었다. 이러한 귀족들은 적당한 명칭이 없기 때문에 일단 '일반귀족'이라는 호칭으로 분류할 수 있다.

일반귀족은 관료귀족에 비하여 수적으로는 훨씬 우세했지만, 권력과 부에서는 열세일 수밖에 없었다. 일반귀족은 고대 사유재산제 아래에서 선조로부터 상속받은 재산·토지·가축·노비 등을 소유하고 신분적 특권은 누렸으나, 권력은 극히 제한되었다. 따라서 사유재산을 충분히 갖지 못한 일반귀족은 영락하여 가난한 생활을 영위한 것으로 추정된다. 고조선의 귀족무덤들 가운데 부장품이 초라한 무덤은 이러한 영락한 일반귀족들의 무덤이라고 볼 수 있다.

3) 천군(天君, 神官)

고조선의 도읍 아사달 주변과 후국들의 수도 국읍들의 주변에는 '소도'(蘇塗)라는 별읍(別邑)을 설치하고, 여기에 '단군신'(檀君神, 天神, 단굴, Dangun, Dangur)의 제사를 담당하는 제사장인 '천군'(天君)이라는 호칭의 '신관'(神官)을 두었다. 이 소도별읍의 천군은 특수한 귀족 신분의 하나였다. 중국의 고문헌은 고조선 말기 진국(辰國) 지역의 소

---

45) 《三國志》 卷30, 魏書 烏丸鮮卑東夷傳, 韓條·弁辰條 및《後漢書》 卷 85, 東夷列傳, 韓條 참조.
46) 《三國志》 卷30, 魏書 烏丸鮮卑東夷傳, 挹婁條 참조.

도별읍과 천군에 대하여 다음과 같은 기록을 남겼다.

> 여러 국읍(國邑)에는 각각 한 사람이 천신(天神)의 제사를 주재하는데,
> (그 사람을) 천군(天君)이라 부른다. 또 소도(蘇塗)를 만들어 거기다가
> 큰 나무를 세우고서 방울과 북을 매달아 놓고 귀신을 섬긴다.[47]

> 귀신을 믿기 때문에 국읍(國邑)에 각각 한 사람씩을 세워서 천신(天神)
> 의 제사(祭祀)를 주관하게 하는데 이를 천군(天君)이라 부른다. 또 여러
> 나라에는 각각 별읍(別邑)이 있으니 그것을 소도(蘇塗)라 한다. (그곳에)
> 큰 나무를 세우고 방울과 북을 매달아 놓고 귀신을 섬긴다. (다른 지역에
> 서) 그 지역으로 도망 온 사람은 누구든 돌려보내지 아니하므로 도둑질
> 하는 것을 좋게 여겼다. 그들이 소도(蘇塗)를 세운 뜻은 부도(浮屠)와 같
> 으나, 행하는 바의 좋고 나쁜 점은 다르다.[48]

여기서 천신(天神)은 '단신'(檀神, 단군신, 단굴, Dangun, Dangur)
의 한자 번역 표기이다. 소도(蘇塗)는 나무를 세운 '솟대'의 한자 번역
으로 추정된다.[49] 천군이라는 호칭의 신관은 이 솟대 위에 나무로 조
각한 '새'를 앉혀 붙이고, 조상신이며 하느님인 단군(단굴)에게 제사를
드리고 자손들의 가호와 안녕을 기원하며 조상신·하느님과 영적으로
소통하였다.[50]

---

47) 《後漢書》 卷85, 東夷列傳, 韓條, 〈諸國邑各以一人主祭天神 號爲天君. 又立蘇塗 建大
　　木以縣鈴鼓 事鬼神.〉 참조.
48) 《三國志》 卷30, 魏書, 烏丸鮮卑東夷傳, 韓條, 〈信鬼神 國邑各立一人主祭天神 名之天
　　君. 又諸國各有別邑 名之爲蘇塗. 立大木 縣鈴鼓 事鬼神.〉 참조.
49) ① 孫晉泰, 〈蘇塗考〉, 《朝鮮民族文化의 研究》, 을유문화사, 1947, pp.182~223.
　　② 金貞培, 〈蘇塗의 정치사적 의미〉, 《歷史學報》 제79집, 1978.
　　③ 金杜珍, 〈三韓 別邑社會의 蘇塗 신앙〉, 《한국 고대의 국가와 사회》, 1985
　　참조.
　　손진태 교수는 솟대 풍습이 일제강점기까지도 만주 일대에 널리 남아 있었
　　다고 설명하였다.
50) 고조선 사람들이 솟대에 새들을 부착한 이유는 새를 하늘의 단군신(한울님)
　　과 자손인 인간 사이의 의사전달을 담당한 영매조(靈媒鳥)로 생각했기 때문
　　인 것으로 해석된다. 이 때문에 고조선 사람들은 새를 신성시했으며, 일종의
　　새토템을 가진 부족들도 있었다.

소도별읍은 신성(神聖)한 곳으로 고조선 사람들에게 공인되었다. 그러므로 만일 도망자가 소도별읍에 도망쳐 들어간 경우에도 소읍의 관리들은 도망자를 추적하여 그곳에 들어가서 도망자를 체포해 내오지 못하였다.[51] 여기서도 소도별읍의 신성성(神聖性)과 천군의 귀족 신분의 특징이 나타난다고 볼 수 있다.

천군이 사용한 제천 용구는 솟대 외에도 청동거울〔銅鏡〕·북·청동종방울〔銅鐸〕과 간두령(竿頭鈴)·쌍두령(雙頭鈴)·팔주령(八珠鈴) 등이 있었다. 만일 고조선 무덤들 가운데 청동거울과 함께 청동종방울이나 간두령·쌍두령·팔주령 중의 하나는 출토되는데 청동검(비파형동검 또는 세형동검)과 옥(玉)은 공반하지 않는 무덤 또는 청동검도 공반되는데 옥(玉)만은 공반되지 않는 무덤은 바로 천군의 무덤이었다고 추정할 수 있다. 이때 북이 출토되지 않는 것은 이미 썩어 없어져 버렸기 때문이다.[52]

고조선사회에서는 사유재산제도가 성립되었다. 이것은 귀족 신분에서 먼저 성립되어 모든 신분에 확산되었다고 추정된다. 귀족에도 축적된 부와 직급에 따라 세력과 부에 상당히 큰 차이가 있었다. 일부의 대귀족〔大加〕은 대단히 부유하였다. 부유한 귀족들은 광대한 경작지, 다수의 노비, 많은 가축, 경작도구와 가재용구, 풍부한 비축식량을 소유했으며, 큰 규모의 기와저택에 살면서 교통수단으로 다수의 말과 신분재로서 수레도 소유하였다. 다음의 고조선유적에서는 귀족의 수레 소유를 증명하는 수레 부속품들이 다수 출토되었다.

① 한반도 평안북도 염주군 주의리 이탄층 출토 나무수레바퀴[53]

51) 《三國志》 卷30 魏書 烏丸鮮卑東夷傳, 韓條 참조.
52) 崔南善, 〈檀君及其硏究〉, 《別乾坤》 1928년 5월호에서 최남선이 지적한 일제강점기의 '당골' '당골네'는 군왕·군주 단군과는 관계가 없고, 소도의 천관의 잔영과 관계된 것이라고 본다. 또한 최남선은 천부인(天符印) 3개로는 거울·칼에 방울·북·관(官) 가운데 하나가 가해진다고 설명했는데, 이것도 단군과 대관(大官)의 엄격한 구별을 하지 않은 데서 나온 견해라고 본다.
53) ① 황기덕, 《조선 원시 및 고대사회의 기술발전》, 과학·백과사전출판사,

② 한반도 평양 정백동 유적 출토 청동제 마구류 및 수레 부속품54)

③ 한반도 평양 정백동 부조예군묘 출토 청동제 마구류 및 수레 부속품55)

④ 한반도 평안남도 강서군 태성리 6호, 10호, 11호, 15호 및 16호 무덤 출토 금속제 수레부품56)

⑤ 한반도 평안남도 대동군 상리(上里) 출토 청동제 마구 및 수레 부속품57)

⑥ 한반도 평양 석암(石岩)리 출토 마구 및 수레 청동제 부속품58)

⑦ 한반도 평양 동대원(東大院)리 허산(許山) 출토 수레 부속품59)

⑧ 한반도 황해도 황주군 청룡(靑龍)리 정촌(鄭村) 출토 수레 부속품60)

⑨ 한반도 황해도 재령군 부덕리 수역동 출토 청동제 수레 부속품61)

⑩ 한반도 황해도 황주 흑교 출토 청동제 수레 부속품62)

⑪ 한반도 경상북도 대구 평리동 청동제 수레 부속품63)

⑫ 한반도 경상북도 경주 안계리 청동제 수레 부속품64)

⑬ 요동반도 요녕성 대련시 루상무덤 일산대꼭지와 청동제 수레 부속품65)

1984, pp.175~188.

② 손영종·조희승, 《조선수공업사》Ⅰ, 백산자료원, 1990, pp.33~34 참조.

54) ① 사회과학원 고고학연구소, 〈낙랑구역 일대의 고분발굴보고〉, 《고고학자료집》6, 1983

② 尹武炳, 《韓國靑銅器文化硏究》, 예경산업사, 1996, pp.187~191 참조.

55) 이순진, 〈부조예군무덤 발굴보고〉, 《고고학자료집》4, 1974 참조.

56) ① 《태성리 고분군 발굴보고》, 유적발굴보고 제5집, 1968.

② 尹武炳, 전게서, pp.123~124 참조.

57) ① 榧本龜次郎, 〈平安南道大同郡龍岳面上里遺蹟調查報告〉, 《博物館報》 제6집, 1934.

② 尹武炳, 전게서, pp.192~195 참조.

58) 尹武炳, 전게서, p.240 참조.

59) 尹武炳, 전게서, p.138 참조.

60) 황기덕, 〈1958년 춘하기 어지돈 관개공사구역 유적정리 간략보고(Ⅱ)〉, 《문화유산》1959년 2호 참조.

61) 이순진, 〈재령군 부덕리 수역동의 토광묘〉, 《문화유산》1961년 6호 참조.

62) ① 《大正十一年(1922)古蹟調査報告》, 1924, 제4장.

② 尹武炳, 전게서, pp.199~201 참조.

63) 尹容鎭, 〈한국청동기문화연구-대구평리동출토일괄유물검토〉, 《한국고고학보》제10·11집, 1981 참조.

64) ① 국립경주박물관, 《菊隱李養璿수집문화재》, 1987.

② 尹武炳, 전게서, pp.237~241 참조.

⑭ 요동지역 요녕성 심양 정가와자 6512호 무덤출토의 청동제 마구와 수레 부속품[66]

⑮ 요동반도 금주 와룡천 5호무덤의 청동제 마구와 수레 부속품[67]

⑯ 요서지역 조양 십이대영자 1호석관묘 출토 청동제 마구와 수레부 속품[68]

⑰ 요서지역 객좌현 남동구 석곽묘 출토 청동제 마구와 수레 부속품[69]

　고조선의 요서지역 영성현 남산근 102호 무덤에서 출토된 뼈에 두 마리의 말이 끄는 수레 그림이 새겨져 있어서 고조선식 수레를 부속 품들을 가지고 복원할 수 있게 되었다. 전문가들은 고조선 수레를 말 1필이 끄는 '외채수레'와 말 2필이 끄는 '쌍채수레'로 나누어 복원했는 데, 그 외채수레의 복원도는 〈그림 7-10〉과 같다.[70]

　물론 수레는 권세 있고 부유한 귀족〔大加〕만의 소유였겠지만, 거의 모든 귀족들이 말을 기마용으로 소유하였다고 추정된다.

　고조선사회에 지주제도 성립의 증거가 현재 나오지 않았지만, 만일 지주제도가 성립되어 있었다면 귀족은 동시에 지주계급이었으리라고 추정된다.

---

65) 조중공동고고학발굴대, 《중국동북지방유적발굴보고》, 1966 참조.

66) ① 瀋陽古宮博物館, 〈沈陽鄭家窪子的兩座靑銅時代墓葬〉, 《考古學報》 1, 1975.
　　② 金元龍, 〈沈陽鄭家窪子 靑銅器時代墓와 부장품〉, 《동양학》 6, 1976.
　　③ 中國社會科學院考古硏究所東北工作隊, 〈沈陽肇工街和鄭家窪子遺址的發掘〉, 《考古》 10, 1989 참조.

67) 조중공동고고학발굴대, 《중국동북지방의 유적발굴보고》, 1966 참조.

68) ① 朱貴, 〈遼寧十二臺營子靑銅短劍墓〉, 《考古學報》 1, 1960.
　　② 遼寧省文物調査訓練班, 〈一九七九年朝陽地區文物普査發掘的主要收穫〉, 《遼寧文物》 1, 1980.
　　③ 靳楓毅, 〈論中國東北地區含曲刃靑銅短劍的文化遺存〉(上), 《考古學報》 4, 1982; (下), 《考古學報》 1, 1983.
　　④ 靳楓毅, 〈大凌河流域出土的靑銅時代遺物〉, 《文物》 11, 1988 참조.

69) 遼寧省博物館, 〈遼寧客座南洞溝石槨墓〉, 《考古》 1977年 6期 참조.

70) 황기덕, 《조선 원시 및 고대사회의 기술발전》, p.177 및 p.185 참조.

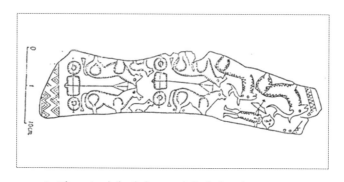

〈그림 7-9〉 뼈에 새긴 고조선의 수레그림

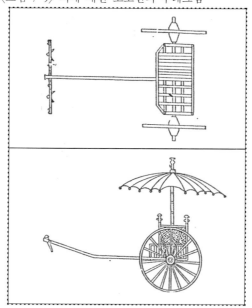

〈그림 7-10〉 고조선 귀족의 위신재인 외채수레의 복원도

　　귀족 신분의 특징은 생산노동에는 종사하지 않고 정치·행정·군사 (장교)에만 참가하여 활동하는 데 있었다. 귀족의 가사노동과 소유지 의 생산노동은 노비, 노예가 담당하였다. 부여의 경우와 같이 전쟁이 일어나면 고조선의 귀족 남자는 모두 군인으로서 전쟁에 참가하였다. 귀족은 고조선사회의 제2지배 신분이었다고 볼 수 있다.

4. 고조선의 평민

고조선사회의 인구의 절대다수를 점했던 평민 신분의 지위와 역할은 제왕과 귀족의 지배 아래에서도 일종의 '자유민'으로서 고조선사회를 지탱하는 모든 생산활동을 담당한 것이다.

평민 신분의 생산활동에서 가장 큰 비중을 차지한 것은 농경과 목축이었고, 다음 보조적인 것이 수공업과 상업이었다. 뿐만 아니라 평민 신분은 조세, 군역, 부역의 의무도 담당하였다. 마을에 남아 있는 공유지 경작, 수로시설, 고인돌 축조, 대건축·제단·성곽 등의 토목공사들도 두레를 편성하여 주로 평민 신분이 담당하였다.

고조선사회의 평민은 3개 층으로 구성되어 있었다. 《삼국지》 위서 부여전에 "읍락에는 호민(豪民)이 있고 하호(下戶)라고 이름하는 것은 모두 노복(奴僕)이 되었다"고 하면서, 잔주에 '하호'를 '하민'(下民)으로 이름한 판본도 있다고 기록하였다.[71] 이 관찰 기록은 평민을 '호민(豪民)'·'민(民, 小民)'·'하호(下戶, 下民)'로 구분한 것으로 볼 수 있다.[72] 고조선 본국과 진국 지역에서도 이와 유사한 단편적 기록 흔적이 있으므로, 부여의 평민 구성은 고조선 전역에 적용시킬 수 있을 것이다. 고조선과 부여에서 평민을 ① 호민 ② 소민 ③하호로 구분할 수 있었다는 것은 고조선과 부여사회에서 신분과 계급의 분화가 상당히 진전되었음을 나타낸 것이었다고 볼 수 있다.

---

71) 《三國志》 卷30, 魏書 烏桓鮮卑東夷傳, 夫餘條, 〈邑落有豪民 名下戶皆爲奴僕(宋本·元本·馮本·官本 下民家作名)〉 참조.

72) ① 이지린, 《고조선연구》, 과학원출판사·백산자료원, 1963, pp.369-387.
　　② Chang Kwang-chih, *Shang Civilization*, Yale University Press, 1980, pp.230-231.
　　③ 윤내현, 《고조선연구》, 일지사, 1994, pp.623-650 참조.

1) 호민(豪民)

고조선사회에서는 이미 고대사회의 사유재산이 형성되어 있었으므로, '호민'은 부유한 평민을 가리킨 것이라고 볼 수 있다. 경작농지, 가축, 농기구, 가재도구, 병장기, 의복류, 노비 등을 많이 소유한 평민이 호민이었을 것임은 용이하게 추론할 수 있다.

한 성읍이나 마을에 호민은 그다지 많지는 않았을 것이나, 그들의 세력은 부(富)의 정도에 비례하여 상당히 컸다고 볼 수 있다. 그러나 그들의 신분은 귀족이 아니라 평민 상층이었다고 해석된다.

2) 민(民, 小民)

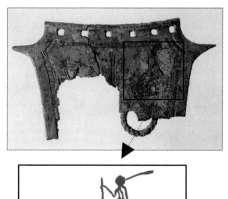

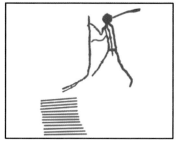

'민'(民, 小民)은 평민의 절대다수를 차지하는 자유민이었으며, 농사에 종사하는 경우 자영농민인 '소민(小民)'·'전민(佃民)'을 가리키는 것으로 볼 수 있다.

평민은 '소가족제도'의 독립가족 생활을 하였다. 고조선 시대의 집자리 발굴 결과를 보면, 한 집자리는 평균 약 5명이 거주할 수 있는 공간이어서 고조선의 가족제도는 평민의 경우 소가족제도였다고 볼 수 있다.[73]

〈그림 7-11〉 대전 괴정동 출토 진국시기 농경문청동기에 도안된 밭가는 농민

---

73) 김용남·김용간·황기덕, 《우리나라 원시 집자리에 관한 연구》. 사회과학출판사·백산자료원, 1975 참조.

　고조선시대에는 인구에 비해 개간 가능한 미간지가 많았으므로 민 (民) 또는 소민(小民)은 가족노동력을 활용하여 미간지를 개간해서 경작하여 농민적 토지소유를 정립하고 얼마든지 자영농민이 될 수 있었으리라고 추정된다.

　고조선사회의 민 또는 소민의 직업 분야는 ① 농업 ② 상업 ③ 수공업 등이었다. 이 가운데서 가장 큰 비중을 차지한 것은 농업이었으며, 민의 절대다수는 농민이었다고 볼 수 있다.

　고조선의 범금8조에 "사람에게 상해를 입힌 자는 곡식으로 배상한다"(相傷以穀償)는 조항과, 도둑질한 자가 재물로 죄를 면하여 "속량하고자 할 때는 1인당 50만을 배상하도록 한다"(相盜者…欲自贖者人五十萬)[74)는 조항이 있는 것은 그러한 배상을 할 곡식과 재력을 가진 '독립자영민'을 전제로 한 것이었다.

　고조선 사회의 '민'(소민)은 인구 구성에서 절대 다수를 점했으며, 신분은 자유민이었으나, ① 조세 납부와 ② 병역 의무와 때로는 ③ 부역의 의무가 있었다.

　조세는 생산물의 20분의 1인 이십취일세(二十取一稅)가 기준이었다. 고중국에서는 이 세율이 가볍다 하여 '맥도'(貊道)라고 통칭하였다.[75) 《삼국지》 위서 부여전에서 "활·화살·칼·창을 병기로 사용하며, 집집마다 자체적으로 갑옷과 무기를 보유하였다"[76)고 서술한 것은 이 민 (소민)의 상태를 가리킨 것으로 볼 수 있다. 따라서 이들은 전쟁시기에는 모두 스스로 무장한 병사가 되는 '전민개병'(佃民皆兵)의 신분이 되었음을 알 수 있다.

　또한 고조선 사회에서는 마을공동체에 아직 마을 공유지가 남아 있

---

74) 《漢書》 卷28下, 地理志 下 참조.
75) 《孟子》 告子章句(下) 〈白圭曰 吾欲二十而取一 何如. 孟子曰 子知道貊道也.… 不可器不足用也.〉 참조. 백규가 맹자에게 20분의 1세에 대한 견해를 묻자, 맹자는 이 세법은 맥(貊)족의 방법이고 세율이 낮아서 재정이 부족하게 되므로 고중국에는 적합하지 않다고 반대하였다.
76) 《三國志》 卷30, 魏書 烏丸鮮卑東夷傳, 夫餘條, 〈以弓矢刀矛爲兵 家豪自有鎧仗〉 참조.

었다. 공유지의 경작은 '두레'의 공동노동으로 경작했으며, 민(소민)은 공유지 경작의 두레에 참가할 의무가 있었다.[77] 또한 나라에 축성(築城)이나 큰 토목공사가 있을 때에는 '하호'들과 함께 이 부역노동에도 동원되었다.

민(소민)은 스스로 무장할 수 있었다는 면에서 명백히 자유민이었음을 알 수 있다.

3) 하호(下戶)

'하호'는 평민 신분층 가운데서 최하위층에 있던 가난한 평민을 가리킨다. 그들의 사회신분은 평민이고 자유민이었으나, 경제적으로 영락하여 노비 신분으로 전락할 위험이 있는 빈곤한 평민이었다.

《삼국지》위서 부여전에 "적군(의 침입)이 있으면, 제가(諸加)들이 몸소 전투를 하고 하호(下戶)는 양식을 져다가 음식을 만들어 준다"[78]고 서술한 것은, 하호가 군역에서 노비처럼 제외된 것이 아니라, 가난하여 전투병이 사용할 예리한 병장기를 스스로 마련하여 갖고 있지 못하므로 군량의 운송 등 군역으로 전쟁에 참가했음을 뜻한 것이었다고 해석된다. 하호의 이러한 참전의 병역 의무는 아예 병역의 의무와 권리 및 무기 소지를 인정하지 않으면서 가내 사역만 시키는 노비와는 직역상 전혀 다른 것이었다.

현재까지 고조선사회에서 지주제도가 형성되었다는 증거가 나오지는 않았지만, 만일 앞으로 증명된다면 하호는 소작농[佃戶]에 해당하는 사회경제적 지위층으로 이해될 수 있을 것이다.

하호는 평시에는 마을 공유지의 공동경작에 두레꾼으로 참가하여

---

77) 신용하, 〈두레공동체와 농악의 사회사〉, 《한국사회연구》 제2호, 1984; 《한국사회사 연구》, 일지사, 1987 재수록 참조.

78) 《三國志》卷30, 魏書 烏丸鮮卑東夷傳, 夫餘條, 〈有敵 諸加自戰 下戶俱擔糧飮食之.〉참조.

공동생산노동을 수행해야할 의무가 있었으며, 군역을 담당했고, 축성과 각종 토역공사에도 부역노동을 제공해야 할 의무가 있었다.

하호는 비록 빈민이었지만, 신분은 노비가 아니라 평민이었다. 《삼국지》 위서 한전에 "그 풍속이 의적(衣幘)을 좋아하여, 하호들도 군(郡)에 가서 조알(朝謁)할 때에는 모두 의적을 빌려 입는다"[79]고 기록한 것은, 하호가 노비가 아닌 평민 신분이라는 증거자료의 하나가 된다.

이상과 같이 평민 신분의 가장 큰 특징은 농경 등 직접 생산노동에 참가한다는 사실이었다. 또한 전쟁이 일어나면 평민들은 필요에 따라 병사로서 전쟁에 동원되었다. 평민 신분은 고조선의 생산과 국방을 담당하는 가장 중요하고 기본적인 신분이었고, 또한 가장 인구가 많은 신분이었다.

고조선 사회의 평민은 제1피지배 신분이었다고 볼 수 있다.

5. 고조선의 노비(奴婢)

고조선사회에서는 천민 신분으로서 '노비'가 존재했다.

이 신분의 사회적 지위는 주인(노비주)의 재산으로 규정되어 예속된 자유와 권리가 전혀 없는 천민으로서, 소나 말처럼 사역당하고 매매되는 고조선사회의 최하층 신분이었다. 노비 신분의 역할은 주인의 지시에 따라서 ① 가사노동을 주로 하고 ② 생산노동 ③ 기타 온갖 잡역노동을 수행하는 것이었다.[80]

고조선의 범금8조에 "도둑질한 남자는 가노(家奴)로 삼고, 여자는

---

79) 《三國志》 卷30, 魏書 烏丸鮮卑東夷傳, 韓傳, 〈其俗好衣幘 下戶詣郡朝謁 皆假衣幘.〉 참조.
80) 李相佰, 〈賤者隨母考〉, 《震檀學報》 제26·27합병호, 1964;《李相佰著作集》 제3권, 을유문화사, 1978, pp.229~286 참조.

비(婢)로 삼는다. 단 재물로 죄를 면하여 속량하고자 할 때에는 1인당 50만을 배상하도록 한다.”[81]는 조항은 고조선사회에 노비제도가 실재했었고, 노비는 소나 말처럼 매매되었으며, 속량가격은 약 50만이었음을 잘 알려주고 있다.

고조선의 노비제도는 서양 그리스·로마의 이른바 고전적 노예제도와는 사회적 성격이 약간 다른 특수성이 있었다. 고조선의 노비는 주류가 주로 주인의 가사노동에 종사하고, 농경 등 생산노동에는 부차적으로 종사하는 ‘가내노비’였다. 고조선의 가내노비는 주인 가족(family)의 구성원은 전혀 아니었지만, 주인 가구(household)의 구성원으로는 간주되었다. 노비가 농경 등 생산노동에 투입되는 경우에도 가족노동력의 소농민 경영 가운데 한 구성부분으로서의 가내노비로서 투입되었다고 추정된다. 따라서 고조선의 노비 신분은 주인의 가구에 예속된 솔거노비가 대부분이었다. 이 면에서 주류가 대농장의 생산노동에 투입되고 소수만이 가사노동에 종사하며, 주인의 가구에서 분리되어 집단적 노예생활을 하는 그리스·로마 노예와는 형태가 상당히 달랐다.

그러나 고조선 노비신분의 열악한 사회적 지위는 그리스·로마의 노예와 별로 다를 것이 없었다. 특히 고조선에는 순장(殉葬)제도가 상층 왕족과 귀족 일부에 실재했는바, 고조선 노비의 바로 이러한 가내노비적 특성 때문에, 때때로 고조선에서는 상층 귀족주인이 사망했을 때 다수의 노비가 ‘순장’되어 함께 부근에 묻히기도 하였다.

고조선 중심지였던 평남 성천군의 BC 30~24세기 단군조선 성립기의 용산리 순장무덤에서는 중앙의 무덤구덩이에 2개체의 인골이 가지런히 놓여 있고 주변의 더 낮게 판 10개 구덩이에 도굴당하고 남은 3~4개체의 인골들이 출토되었는데, 초기 순장무덤으로 해석되었다.[82]

고조선 영역이었던 요동반도 여대시의 BC 8세기경 강상(崗上)무덤

---

81)《漢書》卷28下, 地理志 下, 〈相盜者男沒入爲其家奴 女子爲婢 欲自贖者 人五十萬.〉 참조.

82) 허종호, 〈고조선사회의 성격〉, 단군학회 엮음,《남북학자들이 함께 쓴 단군과 고조선연구》, 지식산업사, 2005, pp.209~248 참조.

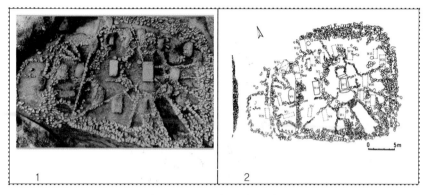

〈그림 7-12〉 고조선 시기 강상무덤
① 강상무덤의 전경   ② 강상무덤의 평면도

에서는 주인의 유골 주변의 수 개의 구덩이에서 각종 직업을 가진 무려 140여 명의 노비들이 부장품과 함께 순장되었다고 해석되었다. BC 7~5세기 루상(樓上)무덤에서도 주인의 무덤 구덩이 주위의 몇 개 구덩이들에서 약 60여 명분의 인골이 출토되었는데, 순장된 노비의 뼈들로 해석되었다.83)

노비가 순장된 무덤들 가운데서 지금까지 발굴된 가장 큰 규모의 무덤인 강상(崗上)무덤은 동서 길이 약 100m의 둔덕 위에, 동서 길이 약 28m, 남북 약 20m의 사각형 돌담(또는 돌줄)의 둘레 안에 23개의 묘광(무덤 구덩이)을 만든 무덤떼이다.84)

강상무덤의 배치의 특징은 중앙에 주인(노예주)의 무덤을 두고, 마

83) 조·중공동고고학발굴대, 《중국 동북지방의 유적발굴보고》, 사회과학원 출판사, 1966, pp.63~106 참조.
84) ① 고고학연구소, 《고고민속논문집》 I, 1969, pp.75~86.
   ② 박진욱, 《조선고고학전서: 고대편》, 1988, pp.17~22.
   ③ 허종호, 〈고조선사회의 성격〉, 단군학회 편, 《남북학자들이 함께 쓴 단군과 고조선 연구》, 지식산업사, 2005, pp.209~248 참조. 이 강상무덤은 돌담 또는 돌줄에 의해 3개 구역으로 나누어져 있었다. 제1구역은 동서 길이 약 20m, 남북 길이 약 20m의 정방형으로 만들어져 있고 강상무덤 전체의 약 4분의 3을 차지한 구역으로서 원래 만들어진 구역으로 추정된다. 제2구역은 서쪽에 추가된 무덤구역(3·5·6·9호 묘광)이고, 제3구역은 다시 서쪽에 연달아 추가된 구역(22호 묘광)이다.

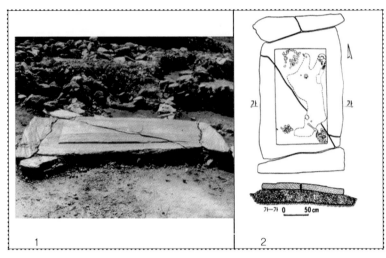

〈그림 7-13〉 고조선 시기 강상무덤 중앙(⑦번)의 노예주의 무덤
① 중앙 노예주의 무덤 자리   ② 중앙 노예주 무덤 자리 평면도

차 바퀴살 모양으로 돌담 또는 돌줄을 치면서 생전의 지배·종속관계
를 반영하도록 만든 것이다. 그러므로 이 무덤떼에서는 당시의 신분관
계를 추정할 수 있다.

강상무덤 중앙의 주인공(노예주, 7호 묘광)의 묘광은 〈그림 7-12〉,
〈그림 7-13〉와 같이, 정방형의 제1무덤구역 중앙에 설치되어 있고,
주변에 15개의 묘광으로 이중으로 둘러싸여 있다. 중앙 주인공 무덤(7
호 묘광)을 중심으로 바퀴살 모양의 직선으로 뻗어나간 돌담 또는 돌
줄이 쳐져 있어서 주변의 15개 모든 무덤들이 중앙의 주인공 노예주
의 지배 아래 종속했던 신분이었음을 나타내었다.

중앙의 주인공의 묘광은 길이 3.1m, 너비 1.7m의 묘광에 바닥을 일
부러 약간 높여 정성스럽게 손질한 판돌을 깔았으며, 그 위에 1cm 높
이로 도드라지게 한 장방형 관대를 설치했고, 네 벽도 판돌을 세워서
쌓았으며, 그 위에도 판돌 뚜껑을 덮은 화려한 것이었다(〈그림 7-13〉
참조). 이 주인공의 묘광에는 3인분의 인골이 나왔는데, 주인공과 그
부인들로 추정되었다.

그 밖의 주변 묘광들은
대부분 구덩이를 파고 바닥
에 자갈을 깐 것이었으며,
네 벽도 자갈로 쌓아서 만
든 자갈 묘광이었다. 또한
강상무덤의 특징은 묘광마다
2인 이상의 여러 사람이 묻
힌 것이 특징인데, 보잘것없
는 자갈 묘광인 8호·9호 묘

〈그림 7-14〉 고조선 시기 강상무덤의 노예
들의 무덤자리(11호 묘광)

광에는 각각 11명분의 인골이 나왔고, 19호 묘광에서는 18명분의 인골
이 나왔다. 그 인골과 부장 유물들도 같은 방향으로 놓여 있지 않았
고, 7개의 무덤들에서는 아이 인골도 포함되어 있었으며, 7호 묘광을
제외하고는 아무렇게나 묻어 화장
을 한 탓인지 인골들이 서로 엉켜붙어 있었다.[85]

고고학자들은 이 무덤들을 모두 순장된 노비의 무덤이라고 보고
있다. 필자는 여기서 고조선 비파형동검이 부장품으로 출토된 4호, 6
호, 9호, 13호, 18호, 19호의 묘광은 순장된 노비무덤이 아니라 주인공
(노예주)의 호위무사(武士)의 묘광일 수 있다고 본다. 고조선과 부여
에서 노예를 무장시켰다고 보기 어렵기 때문이다.[86] 부장품에서 비파

---

85) 박진욱, 《조선고고학전서: 고대편》, p.20 참조.
86)《三國志》卷30, 魏書 烏丸鮮卑東夷傳, 夫餘條에 의하면, 평민인 하호도 무장시키
   지 않고 전시에는 군량 수송에 복무시켰다는 기록이 있다. 하물며 노비 순장
   제도가 있는 경우에는 노비 반란의 위험 때문에 노예를 무장시켜 호위무사
   로 채용하기는 어려웠을 것이다. 검투사를 두었으나 순장제도가 없었던 로마
   노예제는 노예주의 위험 부담 면에서 고조선 노비제도와 크게 다른 것이었
   다. 따라서 고조선 강상무덤의 비파형 청동단검이 출토된 묘광은 평민 호위
   무사의 묘광일 가능성이 크며, 따라서 강상무덤 전체를 노비순장무덤으로 해
   석하는 것은 무리가 있다. 강상무덤은 주인공이 사망하자 일거에 조성된 노
   비순장무덤이라기 보다, 주인공 사망 때 약간 명의 순장된 노비와 그 후 단
   계적으로 주인공이 사역하던 평민호위무사 및 가구원들과 사망한 노비들을
   합하여 생전의 지배 종속의 관계처럼 조성한 가구묘역이라고 보는 것이 더
   합리적 해석일 수 있을 것이다.

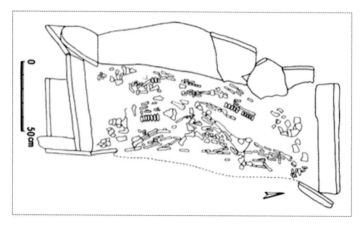

〈그림 7-15〉 강상무덤의 노예들의 무덤(17호 묘광) 평면도

형동검과 창끝 등 무기가 출토된 묘광을 제외하면, 나머지는 대체로 노비의 무덤으로 추정된다.

비교적 잘 보존된 11호 묘광을 보면(〈그림 7-14〉 참조), 자갈 묘광에서 6인 개체의 인골이 출토되었고, 부장품으로서는 직조에 쓰이는 가락바퀴 2개, 구슬 3개, 달아매는 돌장식 1개 모두 6점이 출토되었다.[87] 이것은 이 무덤이 주인을 위하여 직조수공업에 종사하던 노비의 무덤임을 시사하는 것이라고 볼 수 있다.

요동반도의 강상무덤을 비롯하여 요동반도의 루상무덤, 성천군 용산리 순장무덤 등에서 출토되는 부장품들로 보아, 고조선의 노비들은 비단 가사노동뿐만 아니라 주인을 위하여 직조 수공업, 청동기 수공업, 그 밖에 각종 수공업에도 사역당했음이 입증되어 있다.

대노예주들의 지배 아래에 있던 고조선의 노비들은 주인이 사망한 후에는 순장당하여 죽은 후에도 노비주인에게 사역당하도록 무덤을 만들 정도의 참혹한 처지에 있었다고 볼 수 있다.

물론 이 노비들은 노비주인의 죽음과 동시에 한꺼번에 순장된 것

---

87) ① 고고학연구소, 《고고민속논문집》, pp.80~81.
　　 ② 박진욱, 《조선고고학전서: 고대편》, pp.20~21.

같지는 않다. 예컨대 강상무덤의 경우를 보면, 순장된 노비무덤들에도
① 강상무덤의 기본구획에 덧붙여 정연한 돌담을 쌓은 구덩이에 넣은
노비들과 ② 돌담을 허물고 약간 높은 수평면에 뒤에 만든 구덩이에
남은 뼈와 ③ 다른 구덩이와는 달리 화장을 하지 않은 뼈들이 출토되
었다. 이것은 ① 주인의 무덤을 만들 때 순장된 노비와 ② 그 후 제
사 때 순장된 노비라고 추정되어 왔다.[88]

　　그러나 화장하지 않은 구덩이들이 다수이고 그것도 수평면이 조금
씩 다른 것을 고려하면, 고조선의 노비순장제도의 특징은 동시 순장은
소수이고, 그 후 노비가 죽었을 때 주인의 묘역에 사후 순장무덤을 만
들어 저승에서도 주인의 노비가 되도록 생각한 것이었다고 추정된다.

　　고조선의 또 다른 노비 순장무덤인 요동반도의 루상무덤과 평안남
도 성천군 용산리 순장무덤의 구조도 기본적으로는 강상무덤과 유사한
구조였다고 볼 수 있다.

　　《후한서》의 부여전에서는 "사람들 죽여서 순장을 하는데, 많을 때에
는 100명 가량이나 된다"[89]고 하였다. 이것은 부여에도 노비 순장제도
가 있었음을 알려주는 것이다.

　　그러나 지금까지 수만 기의 고조선 고인돌무덤·돌곽무덤·돌관무덤·
목곽무덤들 발굴에서 순장무덤이 10여 기로 그다지 많지 않은 것은,
순장이 거대한 권력과 부를 장악한 극히 소수의 제왕급 최고위 귀족
에게서만 시행된 일부의 제도였고, 보편적 제도는 아니었음을 시사하
는 것이라고 해석할 수 있다.

　　노비공급의 원천으로는 ① 전쟁포로 ② 형벌 등에 의한 죄인의 노
비화인 형벌노비 ③채무에 의한 노비화인 채무노비 ④ 인신매매 ⑤
노비신분 세습제에 의한 노비의 재생산 등을 들 수 있다.[90]

---

88)　① 《고고민속논문집》 제1권, 사회과학출판사, 1969, pp.77~79.
　　　② 김유철, 〈고조선시기 경제발전과 노예제도의 변천〉, 이형구 엮음, 《단군
　　　　과 고조선》, 살림터, 1999, pp.391~401 참조.
89)　《後漢書》 東夷列傳, 夫餘國條, 〈殺 殉葬 多者以百數.〉 참조.
90)　李相佰, 〈賤者隨母考〉, 《震檀學報》 제26·27·28 합병호, 1964; 《李相佰著作集》

《삼국지》위서 한(韓)전에《위략》을 인용하면서, 진국의 염사(廉斯)의 우거수 치(鑡)가 옛 마을을 지나가다가 밭에서 참새를 쫓는 남자가 한인(韓人)의 말이 아닌 다른 말을 하여 물으니, 그 남자가 대답하기를 "우리들은 한(漢)나라 사람으로 이름은 호래(戶來)인데, 우리들 1천 5백 명은 재목을 벌채하다가 한(韓)의 습격을 받아 포로가 되어 모두 머리를 깎이고 노(奴)가 된 지 벌써 3년이나 되었다"[91]고 응답했음이 기록되어 있다. 이것은 전쟁포로에 의거한 노비 공급의 사례라 할 수 있다.

또한 고조선의 범금8조에 "도둑질한 자는 남자는 그 가노(家奴)로 삼고 여자는 비(婢)로 삼는다"[92]는 조항과《삼국지》위서 부여전에 "사람을 죽인 사람은 사형에 처하고 그 집안사람은 적몰하여 노비로 삼는다[93]고 한 것은 형벌노비의 사례이다.

노비 신분은 제2피지배 신분이었다고 볼 수 있다.

그러나 고조선사회 전체의 신분 구성에서 수적으로 대부분을 점유하면서 생산을 담당한 것은 평민이었고, 노비는 수량에서는 아직 평민의 큰 규모에는 접근하지 못했다고 추정된다. 고조선사회의 기본 신분은 역시 평민 신분이었다고 볼 수 있다.

6. 고조선사회 4신분의 구성 그림

위의 고조선사회의 신분구성을 이해를 돕기 위해 그림으로 그려보

제3권, 1978, pp.230~232 참조.
91)《三國志》卷30, 魏書 烏丸鮮卑東夷傳, 韓條,〈廉斯鑡爲辰韓右渠帥 (…) 出其邑落 見田中驅雀男子一人 其語非韓人. 問之 男子曰 '我等漢人 名戶來 我等輩千五百人伐材木 爲韓所擊得 皆斷髮爲奴 積三年矣.〉참조.
92)《漢書》卷28下, 地理志 下,〈相盜者 男沒入爲其家奴女子爲婢〉참조.
93)《三國志》卷30, 魏書 烏丸鮮卑東夷傳, 夫餘條,〈用刑嚴急 殺人者死 沒其家人爲奴婢.〉참조.

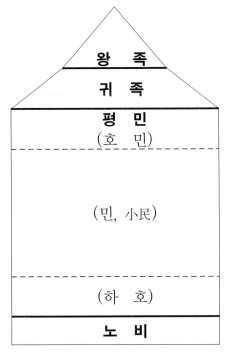

〈그림 7-16〉 고조선사회의 신분 구성

면 다음과 같다. 즉 고조선사회는 왕족과 귀족을 지배신분으로 하고, 평민과 노비를 피지배신분으로 한 최초의 고대 신분제사회였다. 제1지배 신분인 왕족과 제2지배 신분인 귀족은 엄격히 구분되었다. 고조선 본국의 왕족은 단군왕검의 직계후손으로 형성되었으므로 비교적 단순한 구성이었다. 그러나 후국의 왕족은 고조선 왕족의 일부가 고추가로 파견되거나 후국 족장이 왕녀와 혼인하여 고추가로 되기도 하고, 후국 족장이 왕족의 성씨를 하사받아서 왕족이 되기도 했으므로 형성과정이 비교적 복잡했다고 볼 수 있다. 귀족은 귀족관료(관료귀족), 일반귀족, 천군(天君, 神官) 등으로 구성되어 노비를 소유하고 평시에는 특권 신분이었으나, 전쟁 시에는 장교 또는 각종 형태의 직급으로 전쟁에 의무적으로 참가하였다.

　　제1피지배 신분인 평민은 인구의 절대다수를 점하는 중요한 기본신분이었으며, 호민·소민·하호로 3분화되어 농업·수공업·상업 등 생산을 담당하였다. 특히 당시 절대적 중요성을 가진 농경·가축사육·양잠을 담당하여 고조선 사회의 가장 중요한 신분이 되었다. 전쟁 시에는 호민과 소민은 스스로 무장하여 병사로 전투에 참가했고, 하호는 보급 사역을 담당하였다.

제2피지배 신분인 노비는 평민처럼 인구가 많지는 않았으며, 다수가 가내노비였고, 일부만 생산에 참여했으며, 전쟁 시에도 원칙적으로 참전시키지 않았다. 고조선의 신분제도는 노비에게는 무장시키지 않았다. 노비순장제도가 있었으나 발굴된 수만 개의 고조선 무덤들 가운데 노비 순장무덤은 몇 개 밖에 나타나지 않는 것으로 보아 극히 일부 왕족과 왕급 특권 귀족에서만 시행된 제도로 보인다.

고조선의 사회신분제도의 실재는 고조선이 신분제에 기초한 고대국가임을 증명해 줌과 동시에, 그것은 고조선사회의 정치와 행정, 사회생활과 경제생활, 문화와 예술, 과학과 기술의 발전 유형에 큰 영향을 끼쳤음을 보여준다. 또한 고조선의 신분제도는 고조선문명의 창조과정과 문명의 성격에도 매우 큰 영향을 끼쳤다.

제8장 고조선문명의 농경과 목축의 복합

1. 농경과 목축의 복합 체계

고조선문명은 BC 30세기~BC 24세기경 고조선 고대국가 형성에 동반하여 최초에는 농경사회로서 출발하였다. 신석기시대에 시작된 농업 경작을 더욱 발전시키고, 또한 신석기시대에 시작된 가축사육을 농업에 부수하여 결합한 목축으로 발전시킨 사회경제체제였다.

그러나 고조선이 만주의 요동·요서·동내몽고지역과 연해주지역으로 발전함과 동시에 이 지역의 여러 원민족·부족들이 후국족으로 고조선 통치권 안으로 복속하여 고조선이 고대연방제국으로 더욱 발전함에 따라, 농경과 목축이 민족·부족별로 분화되는 경향이 나타났다.

물론 고조선의 후국들이 된 원민족·부족들도 처음에는 농업경작을 선호하여 농경을 추구하다가 반농반목(半農半牧)의 혼합된 생산양식을 가진 것이 일반적이었다. 그러나 BC 15세기~BC 11세기경에 이르면 기후 변화와 자연환경의 특성에 적응하여 고조선 영역의 한반도와 만주 요동·요서의 동북부 습윤지대에 거주하는 민족과 후국들은 주로 농경을 주생산양식으로 더욱 특화시켜 나갔고, 요서의 서북부와 동내몽고 건조지대의 민족과 후국들은 유목을 주생산양식으로 특화시켜 나가게 되었다. 그리하여 BC 11세기~BC 3세기 고조선문명의 구성은 생산방식·생활양식에서 농경민족과 유목민족의 복합 체계의 특징을 갖게 되었다.[1]

---

[1] 신용하, 〈고조선의 기마문화와 농경·유목의 복합구성〉, 《고조선단군학》 제26호, 2012 참조.

BC 11세기~BC 3세기경의 고조선문명의 후국민족·부족들을 농경민족과 유목민족으로 구별해 보면, 잠정적으로 다음과 같이 나누어 볼 수 있을 것이다.

(a) 농경민족·부족(목축부업 포함): 밝달조선(고조선본국)·진국·부여·고죽·동호·오환·선비·해·예·맥·구려·옥저·읍루

(b) 유목민족·부족(소부분 농경 포함): 산융(원흉노)·불도하·불령지·정령(원돌궐)·실위(원몽골)·유연·오손

물론 이 구분은 잠정적인 것이고 다른 견해도 얼마든지 있을 수 있다. 특히 반농반목(半農半牧)은 비율에 차이가 있었을 뿐이었지 실제로 광범위한 형태였을 것이다. 농경민족도 목축을 매우 중시하여 유목하는 경우도 있었고, 반면에 유목민족도 약간 오래 한 지역에 정착한 경우에는 반드시 농경을 실행했기 때문이다.

그러나 거시적으로 환경조건의 구속으로 말미암아 고조선문명의 생산방식과 생활양식이 후기에 올수록 농경과 목축의 복합체계로 전개된 특징을 관찰할 수 있다.

2. 고조선문명의 농경의 특징

고조선문명의 농업생산 작물은 단립벼(쌀)·콩·팥·밀·보리·조·수수·기장·피·들깨·삼 등이었다. 이 가운데에서 다른 문명에서 볼 수 없는 특징적인 것은 ① 단립벼(쌀) ② 콩·팥 ③ 조 ④ 들깨 ⑤ 삼 등이었다. 밀·보리는 메소포타미아 문명에서 초기 신석기시대에 경작된 주식이었고, 수수·기장·피는 대부분의 유라시아 대륙 신석기사회에서 공유

한 작물이었다고 볼 수 있다.

1) 단립벼(쌀)

단립벼(쌀) 재배 경작은 전세계에서 古한반도의 한강문화에서 기원하여 이웃나라와 전세계에 전파되었음은 이미 밝혔으므로 여기서는 재론하지 않기로 한다.

고조선문명에서는 단립벼가 재배될 수 있는 기온이 갖추어진 습윤 저지대 강변 등에서는 모두 단립벼를 재배하였다. 일부는 논을 개간하여 재배했지만, 마른 밭에서도 '멧벼'〔山稻〕 종자를 개발하여 단립벼를 재배하였다. 고조선시대의 단립벼 재배는 멧벼의 비중이 매우 높았다고 볼 수 있다.

고조선문명의 농경에서는 단립벼(쌀)를 가장 고급품질의 작물로 생각하고 이를 제일 선호했으나, 남만주 이북의 한랭한 지역에서는 재배할 수 없는 한계가 있었다. 기후조건으로 단립벼(쌀) 재배가 불가능한 고조선문명권 내의 일부지역에서는 단립벼(쌀)를 단립벼 생산지역으로부터 교역해 들어와서 소비했다. 이로써 쌀은 귀족층의 식량이 되어, 평민층은 축제·제사 때에만 식용하는 귀중식료가 되었다.

2) 콩과 팥 등 두류(豆類)

콩과 팥은 고조선문명에서 신석기시대부터 경작 재배되어 이웃나라들과 전 세계에 전파된 매우 특징적인 작물이었다.

古한반도에서는 강원도 양양 오산리유적에서 초기신석기시대인 bp 7,175년~bp 7,160년의 빗살무늬토기에 박힌 콩·팥의 압흔이 검출되어서, 古한반도에서는 적어도 약 7,000~8,000년 전에도 콩·팥이 재배 경작되었음이 확인되었다.[2]

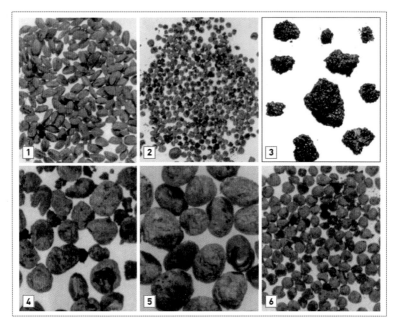

〈그림 8-1〉 대동강 유역 남경 유적에서 출토된 탄화된 5곡(벼·조·수수·콩·기장, 크기 부동)
1. 탄화된 벼(BC 2,000년기) 2.탄화된 조(BC 2,000년기) 3.탄화된 조(BC 3,000년기)
4. 탄화된 수수(BC 2,000년기) 5.탄화된 콩(BC 2,000년기) 6.탄화된 기장(BC 2,000년기)

콩·팥·녹두·동부[豇豆] 등 두류의 야생종 원산지는 한반도·만주(중국 동북지방)·중국 관내·일본·네팔·자바·인도 등이라고 식물학자들은 지적해 왔다. 이 가운데서도 야생종의 두과(豆科) 종류가 압도적으로 가장 풍부한 한반도와 만주를 두류 재배의 기원지로 주목해 왔다.

콩의 재배 기원지는 고조선문명권인 한반도와 만주이다. 고조선문명권 내에서는 남부의 진(辰)국 지역, 박달조선 지역, 부여지역이 모두 콩 재배 기원지로 부각되어 있다.

중국의 두류 연구의 한 농학자는 북위 35° 전후에서 야생콩이 가장

---

2) 국립문화재연구소, 《한국 신석기시대 고고식물 압흔 분석보고서》, 2015, pp.256~261 참조.

많이 진화되었으며, 재배콩의 주요 기원지도 북위 35°~40° 범위 안에 있을 것이라는 견해를 발표하였다.3)

　김종윤(金鍾允)은, 바빌로프(N. I. Vavilov)가 '식물집단의 유전적 변이성은 종의 중심지역인 발상지에서 한층 높다는 이론을 정립하고 변종수가 가장 많은 지역을 그 작물의 발상지'라고 조사 결론한 것을 응용해서 1965년경 콩의 품종수를 정밀 조사하여, 만주에는 200여 품종에 비해 한반도에는 900여 품종이 있음을 지적하였다. 또한 세계 재배콩의 대두를 에켄(Ehken)의 분류법에 따라 4개 아종(亞種)으로 분류하면서 이 가운데 '조선아종'(朝鮮亞種)이 가장 진화에 앞섰다는 견해를 처음으로 제시하여, "한반도가 콩 재배 기원지"라는 결론을 내렸다. 그 이래 한반도가 콩의 재배 기원지임을 논증하는 연구가 계속되고 있다.4)

---

3) 莊炳昌 主編, 《中國野生大豆生物學研究》, 科學出版社, 1999, pp.2~3 참조.
4) ① 金鍾允, 〈우리나라 콩 재배 역사〉, 《생물학》4-1, 1965.
　② 李盛雨, 〈大豆文化는 東方에서〉, 《한국콩연구회지》 제1호, 1984.
　③ 權臣漢, 〈大豆의 起源〉, 《한국의 콩연구》 제2권 제1호, 1985.
　④ 李盛雨, 〈大豆재배의 기원에 관한 고찰〉, 《한국 食文化學會誌》 제3권 제1호, 1988.
　⑤ 張權烈, 〈古農書를 통해 본 한민족과 콩〉, 《한국콩연구회지》 제6권 제2호, 1989.
　⑥ 張智鉉, 《韓國傳來豆類栽培史研究》, 聖心女大出版部, 1993, pp.11~23.
　⑦ 崔德卿, 〈'齊民要術'의 高麗豆 보급과 한반도의 농작법에 대한 일고찰〉, 《東洋史研究》 제78집, 2002.
　⑧ 崔德卿, 〈大豆재배의 기원론과 韓半島〉, 《中國史研究》 제31집, 2004.
　⑨ 이영호·박태식, 〈출토유물과 유전적 다양성으로 본 한반도의 두류재배 기원〉, 《농업사연구》 제5권 제1호, 2006 참조.
　김종윤은 바빌로프의 조사 결과와 이론을 응용하여, 콩의 재배 기원지가 '한반도'(조선)라는 견해와 조사결과를 맨 처음 제시하였다. 이성우는 재배콩의 기원지를 만주(중국 동북지방)와 한반도로 넓혀서 구'동이권'(東夷圈)이라고 보았다. 장권렬은 콩의 원산지가 한반도와 만주지역이라고 판단하고 옛 농서에서 콩과 두류 품종의 풍부한 다양성을 추적하였다. 권신한은 바빌로프의 유전자 중심설에 따라 한반도의 재배콩이 직접 야생종에서 재배종으로 변화될 가능성이 크며, 한반도가 재배콩의 원산지거나 원산지의 일부일 가능성이 크다는 견해를 발표하였다. 장지현은 콩의 재배 기원을 신석기시대까지 소급할 수 있으며, 콩의 원산지는 만주(중국 동북지역)이고, 그에 인접한 한반도 북부도 콩(菽)의 자생지로 볼 수 있다는 견해를 발표하였다. 최덕경도 중국학자로서는 곽문도(郭文韜)가 콩 재배의 적합지는 화북(華北)과 동북(東北)지방이고 재배콩의 출현시기는 3,000~4,000년 전이며, 중국에 도입된 절대다수의 콩은 '춘대두'(春大豆)로서 국외의 동북지방에서 가져온 것이고, 황하·회수·양자강의 '하대두'(夏大豆)보다 1,000년~2,000년 앞선 것이라고 하여, 화남중심설(華南中心說)을 반대하고 동북기원설(東北起源說)을 주장하였다.5)

최근 한반도 강원도 양양 오산리에서 빗살무늬 토기에 박힌 bp 7,175년~bp7,160년(교정치 이전) 측정치의 콩·팥 두과 작물이 나와서 古한반도가 콩·팥 등 두과식물 재배의 기원지임이 더욱 분명하게 밝혀졌다.

3) 진국(辰國) 지역에서의 '콩' 출토

그동안의 고고학적 발굴 성과를 검토해 보면, 가장 먼저 주목할 것이 고조선문명 진국(辰國) 지역의 각종 곡물 발굴이다.

강원도 양양 오산리 유적 토기에서는 앞서 쓴 바와 같이, BC 53세기 (bp7175~bp7160)의 콩·팥 압흔이 검출되어 나왔다.

충북 옥천군 대천리 신석기시대 집자리에서 BC 3,500년~BC 3,000년(bp5,550+406,-342) 사이에 속하는 탄화된 쌀·밀·보리·콩·조·기장·삼씨·도토리 등이 출토되었다.6) 즉 BC 3,500년~BC 3,000년의 콩

재배콩 대두 재배의 가장 적합한 지역이 한반도(특히 중남부)와 만주(중국 동북지역)임을 확인하고, 재배콩은 이 지역에서 기원하여 중국 관내로 들어갔다는 견해를 발표하였다. 이영호와 박태식은 콩의 야생형인 돌콩과 팥의 야생형인 새팥 및 근연종인 애기새팥이 한반도에 널리 자생하고 있으며, 두류의 유전적 다양성도 높은 편이므로 DNA 분석에 의한 분자시계(molecular clock)를 구명하게 되면 한반도가 콩과 팥의 재배기원지로 널리 인정될 수 있을 것으로 판단하였다.

5) ① 郭文韜 編著, 《中國大豆栽培史》, 河海大學出版社, 1993 및 〈略論中國栽培大豆的 起源〉, 《第8屆中國飮食文化學術硏討會論文集》, 2004. 7, p.570.
　② 崔德卿, 〈大豆재배의 기원론과 韓半島〉 참조.
6) ① 한창균 외, 〈옥천 대천리유적의 신석기시대 집자리 발굴 성과〉, 《한국신석기연구》(한국신석기연구회) 제2호, 2002.

(大豆)이 쌀·밀·보리·조·기장과 함께 출토된 것이다.

그런데 고고학자들이 외형상 '콩'으로 판단한 열매를, 한 농학자는 벼껍질·쌀·보리·밀·조·삼씨·도토리는 탄화되었지만 조직이 남아 있어 곡물종류와 연대가 확인되는데, 콩은 형태 뿐이지 조직이 너무 탄화가 심해 콩인지 아닌지 확인되지 않는다고 하여 '알 수 없는 열매껍질'로 분류하였다.[7] 이에 따라 연구자들 사이에 의견합일이 이루어지지 않아서 발굴 본보고서에서도 '알 수 없는 열매껍질'로 보고되었다.[8] 주목할 것은 그것이 '콩이 아님'이 아니라, 조직이 파괴되어 콩인지 아닌지 확인되지 않아서 '알 수 없는 열매껍질'이지, '콩'일 가능성을 배제한 것은 아니었다는 사실이다. 뿐만 아니라 옥천군 대천리 유적은 북위 36°17분, 동경 127°34분의 위치의 고도 108m의 자리에 있어서,[9] 야생콩이 재배콩으로 재배(domestication)되기에 가장 적합한 북위 35°~40° 범위 안에 있는 지역이다.

문헌으로서는 《삼국지》 위서 변진전에 "토지는 비옥하여 오곡(五穀) 및 벼(稻) 심기에 적합하다"[10]고 했는데, 오곡 안에 '콩'이 포함되었음은 자명하다. 《진서》(晉書) 진한조에서도 "토지는 오곡을 심기에 적합하다"[11]고 하였다.

진국(辰國) 지역에서 오곡이 재배되고 있음을 간략한 고중국문헌의 기록들에서도 이 지역에서 농경의 발달이 현저하여 특기된 것인데,

---

② 안승모, 〈두류 재배기원에 대한 고고학적 고찰〉, 《한국콩연구회지》제19권 제2호, 2002.
　그러나 허문회 교수의 '알 수 없는 열매껍질' 발표후 견해를 바꾸어 안승모는 허문회의 견해를 따랐다.
③ 안승모, 〈콩과 팥의 고고학〉, 《제15회 인제식품과학 FORUM》, 2008 참조.
7) 허문회, 〈신석기시대 집자리 출토 곡물분석〉, 한남대학교중앙박물관·한국고속 철도건설공단, 《옥천대천리 신석기유적》, 2003, pp.125~128.
8) 한창균·김근완·구자진, 〈대천리유적 신석기시대 집자리에 대한 고찰〉, 《옥천 대천리 신석기유적》, 2003, pp.157~171 참조.
9) 《옥천 대천리 신석기유적》, 2003, p.12 참조.
10) 《三國志》 卷30, 烏丸鮮卑東夷列傳, 弁辰傳, 〈土地肥美宜種五穀及稻〉 참조.
11) 《晉書》 卷79, 列傳, 辰韓條, 〈地宜五穀〉 참조.

BC 3,500년~BC 3,000년경의 5곡 발굴 지역에서 5곡의 하나인 콩이
재배되지 않았을 리가 없다.

왜냐하면 콩 재배에 약간 더 기후가 추운 북한지역에서 〈표 8-3〉에
서 볼 수 있는 바와 같이, ① 회령군 오동유적에서 BC 2,000년기 후
반기의 콩이 팥·기장과 함께 나왔고 ② 평양 남경유적 36호 집자리에
서 BC 2,000년기 초의 콩이 벼·조·수수·기장과 함께 출토되었기 때문
이다.

남한 지역에서 7,175년 전~1,160년 전의 오산리 콩팥과 5,550년전
의 대천리 콩을 별도로 하고 현재까지 고조선·진국 시대의 두류 발굴
성과와 그 탄소연대 측정결과는 다음 〈표 8-1〉과 같다.

〈표 8-1〉 남한지역 청동기시대 출토 콩과 팥의 AMS 연대

유 적	시 료	방사성탄소연대	보정중심연대
가평 달전리 1호 주거지	콩	2,750±40bp	BC 9세기
가평 달전리 35호 주거지	콩	2,520±40bp	BC 7세기
가평 달전리 35호 주거지	콩	2,590±40bp	BC 8세기
진주 옥방1지구 658호 주거지	콩	2,790±60bp	BC 10세기
울산 다운동 나-7호주거지	팥	2,510±70bp	BC 7세기

자료: 안승모, 〈콩과 팥의 고고학〉, 2008

또한 경상남도 합천군 봉계리 출토 BC 10세기~BC 8세기의 무문토
기 밑면에 콩의 무늬가 찍혀 있었고,[12] 한강유역 경기도 양평군 양근
리 팔당 수몰지구의 무문토기 밑면에도 (BC 5세기~BC 4세기의 것으
로 추정된?) 콩 무늬가 찍혀 있었다.[13]

중국 동북지방에서는 고조선의 부여영역이었던 ① 흑룡강성 영안현

---

12) 《陝川鳳溪里유적》 동아대학교 박물관, 1989.
13) 문화재관리국, 《八堂 昭陽댐 수몰지구유적 발굴 종합조사보고》, 1974, p.140
    참조. 여기서는 이 무문토기를 BC 5세기~BC 4세기의 것으로 추정했으나,
    그 후 무문토기의 편년이 계속 올라가고 있어서 탄소절대연대측정이 아닌
    것은 1974년 당시의 연대를 내려 취하는 관행 때문에 편년의 재검토가 필요
    하다고 본다.

(寧安縣) 대장단둔(大壯丹屯)과 우장(牛場) 유적에서 지금부터 약 3,000
년 전의 콩이 출토되었고, ② 길림성 영길현(永吉縣) 오랍가(烏拉街)에
서 bp 2,590±70년(교정연대 bp 2,655±120년)의 콩이 농구들과 동반하
여 출토되었다.[14]

《후한서》(後漢書) 부여전에서 "(부여는) 동이(東夷)지역 가운데에서
가장 평탄하고 넓은 곳으로, 토지는 오곡(五穀)이 자라기에 알맞다"[15]
고 했는데 부여에서 콩(大豆)을 포함한 오곡이 재배되고 있었음을 시사
한 것이다. 또한 《삼국지》(三國志) 위서 부여전에서는 "토지는 오곡이
자라기에는 적당하지만, 오과(五果)는 생산되지 않는다"[16]고 한 것은,
5종의 과실은 나지 않지만 오곡은 재배되고 있었음을 시사한 것이다.

고고학적 유물 흔적으로 볼 때에는 고조선문명의 콩재배는 이미 신
석기시대 초기부터 시작되었고 청동기시대에는 널리 보급된 것으로 볼
수 있다.[17]

4) 콩 재배의 중국과 세계 전파

한편 중국의 고문헌은 콩이 산융(山戎)에서 고중국으로 들어온 것으
로 기록되어 있다.

BC 7세기경 공자가 수집 편찬했다는 《시경》(詩經) 대아(大雅)편
생민(生民)에는 주(周)의 선조 후직(后稷)을 기리는 시로 "(후직이)
콩(荏菽)을 심으니, 콩이 쑥쑥 자라도다"[18]라는 구절이 있다. 이에 대

---

14) ① 衣保中, 《中國東北農業史》, 吉林文化出版社, 1995, pp.34~35.
   ② 劉世民 外 2人, 〈吉林永吉出土大豆炭火種子的初步鑑定〉, 《考古》 1987年 4期,
     1987.
   ③ 崔德卿, 〈大豆재배의 기원론과 韓半島〉, 《中國史研究》, 제31집, 2004 참조.
15) 《後漢書》 卷85, 東夷列傳, 夫餘傳, 〈於東夷地域 最為平敞 土宜五穀〉 참조.
16) 《三國志》 卷30, 烏丸鮮卑東夷傳, 夫餘傳, 〈土宜五穀 不生五果〉 참조.
17) 이영호·박태식, 〈출토유물과 유전적 다양성으로 본 한반도의 두류재배 기
   원〉, 《농업사연구》 제5권 제1호, 2006 참조.
18) 《詩經》大雅篇 生民之什, 〈藝之荏菽 荏菽旆旆〉 참조.

해 《모시정의》(毛詩正義)는 "'임숙'(荏菽, 콩)은 '융야'(戎也, 戎의 것)라"고 하고, 또한 "융숙(戎菽)을 임숙(荏菽)이라 일컫는데 대두(大豆, 콩)이다"라고 해설했으며, 이순(李巡)과 곽박(郭璞)은 "(荏菽과 戎菽을)이제는 모두 호두(胡豆)라"고 해설하였다.19) 공영달(孔穎達)은 "곽박 등이 융(戎)과 호(胡)가 모두 오랑캐(夷)의 이름이므로 '융숙'을 '호숙'이라 했다고 설명하였다.20)

즉 고중국에서는 《시경》에서부터 콩(荏菽)은 융(戎)·호(胡)라고 부르는 이(夷, 오랑캐))족으로부터 도입된 곡물로 기록하고 있는 것이다. 《이아》(爾雅) 석기소(釋器疏)에서도 '戎菽'이라고 기록하였다. 《태평어람》(太平御覽) 백곡부(百穀部)에서도 《관자》를 인용하면서 '戎菽'이라고 표현하였다. 《일주서》(逸周書)의 왕회해(王會解)에서는 산융(山戎)의 선물을 융숙(戎菽)이라 기록하고, 융숙을 거두(巨豆)라고 해설하였다.21) 여기서 거두는 대두(大豆, 콩)로 해석되고 있다.

한편 《관자》(管子) 계(戒)편에서는 제(齊)의 환공(桓公)이 북으로 산융(山戎)을 정벌하여 '동총'(冬蔥, 겨울파)과 '융숙'(戎菽, 산융콩)을 갖고 와서 보급시켰다고 기술하였다.22)

환공이 고중국 연합군을 편성하여 고조선 후국들인 고죽·영지·산융·도하 등을 공격한 것은 BC 662년이므로, 고중국에는 고조선 후국인 산융으로부터 콩이 BC 662년경에 도입되어 널리 재배되기 시작한 것이다.

산융의 콩 재배는 어디서 기원했을까? 부여·고죽·불령지에서 전수된 것은 아닐까? 《제민요술》(齊民要術) 대두편에서는, 콩의 종류를 들면서 '검은 콩'과 '노랑 콩'의 호칭에 '흑고려두'(黑高麗豆)와 '황고려

---

19) 《毛詩正義》 卷17의 1, 大雅, 生民, 〈荏菽戎也〉〈正義曰 釋草云 戎菽謂之荏菽. 孫炎曰大豆也. 此箋亦以爲大豆. 樊光舍人李巡郭璞皆云   今以爲胡豆.〉 참조.

20) 《毛詩正義》 卷17의 1, 大雅, 生民, 〈案郭璞等以戎胡俱是夷名   故以戎菽爲胡豆也.〉 참조.

21) 《逸周書》 卷7, 王會解, 〈山戎戎菽 (注)山戎亦東北夷. 戎菽巨豆也.〉 참조.

22) 《管子》 卷10, 戒, 〈北伐山戎 出冬蔥與戎 布之天下.〉 참조.

2. 고조선문명의 농경의 특징   345

두'(黃高麗豆)의 '고려'(高麗)를 넣어서 그 원산지가 부여·고구려임을 밝혔다.23) 여기서 '고려'는 '고구려'의 준말이고, 고구려의 콩 재배는 직접 '부여'의 콩 재배를 계승한 것으로 볼 수 있다.

지금까지의 고찰에서 우리는, 진국(辰國)·밝달조선(發朝鮮)·부여(夫餘)·산융(山戎)이 모두 '고조선문명'에 속한 나라들이므로, 콩의 재배는 고조선문명에서 기원하여 중국과 세계에 보급되었다고 확실하게 말할 수 있다.

유럽에서는 콩이 고대에 재배되지 않았으며, 18세기 전반기에 동아시아에서 도입된 것으로 해석되고 있다. 일본에는 콩은 BC 3세기~AD 70년경에 '한반도'로부터 도입되어 전파되었다고 한다.24) 인류문명사에서 고조선문명이 콩의 야생종을 순화시켜 재배를 시작해서 전 세계에 보급한 큰 공헌을 했음은 명확한 사실이다.

또한 주목할 것은, 고조선문명에서 콩〔大豆〕은 그 자체가 직접 식용되었을 뿐 아니라, 콩으로 만든 메주를 소금물에 절여 발효〔釀〕시켜서, '간장'(醬, 장)과 '된장'(豉, 시)을 만들어 풍부한 콩양분과 함께 필수적 염분을 섭취하는 독특한 음식문화를 창조하고 발전시켰다는 사실이다.25) 간장과 된장은 고조선문명의 콩 재배가 산출한 독특하고 매우

---

23) 《齊民要術》 卷2, 大豆篇, 〈今世大豆 有白黑二種 及長稍牛踐之名…黃高麗豆·黑高麗豆·鷰豆·豍豆 大豆類也.〉 참조.

24) ① Kitamura S., *Applied Botany*, Asakura Book Co., 1962, p.261
   ② 崔德卿, 〈大豆 재배의 기원론과 한반도〉, 《中國史研究》 제31집, 2004 참조.

25) 《北堂書鈔》에 인용된 《博物志》에서는 "외국에는 메주로 된장을 담그는 방법이 있다"〔外國有豉法〕고 하여, 콩으로 간장·된장 등 장 담그는 방법이 원래 중국의 방법이 아니고 '외국'의 방법임을 기록하였다. 《太平御覽》은 "이 된장 담그는 방법을 중국에서는 '강백이'(康伯以)라고 말하는데, 이 방법을 전해준 胡人(호인, 東胡 사람)의 성명이라고 말해져 온다"〔中國謂之康伯以 是胡人姓名. 傳此法者云.〕라고 하여 그 외국이 '胡'(東胡)임을 기록하였다. 이것은 콩장이 고조선문명(동호 포함)의 창조물로서, 중국에 도입되었음을 알려주는 것이다. 또한 《梁書》에서는 고구려 사람들은 "(식품; 술·간장·된장 등)을 저장하여 발효시키는 것을 잘한다〔善藏釀〕고 했으며, 《新唐書》는 발해 동경성(柵城)의 특산물로 콩된장〔豉〕을 기록하였다. 고구려는 고조선을 직접 계승한 고대국가이고 고구려의 발효 콩장이 고중국에까지 널리 유명하게 된 것은, 고구려 당대에서 이루어진 것이 아니라 고조선시대부터 전수된 기술과 숙련이 온축된

지혜로운 음식문화였다.

고조신문명은 콩의 재배 기원임과 동시에 다양한 식문화도 창조했다. 간장·된장뿐만 아니라 콩(팥)밥·콩죽·콩국·두부·콩나물·콩과자(콩강정 등)·콩고물·콩엿·콩기름·콩다식·콩떡·콩자반 등 낱낱이 이름을 다 들 수 없을 정도이다.

팥은 남한지역에서는 양양 오산리의 두과(콩·팥, BC 53세기) 이외에도 경남 진주 옥방리 유적에서 BC 10세기경의 팥, 당양 수양개 Ⅱ지구에서 삼한시대의 팥, 울산 다운동 주거지에서 BC 7세기의 팥이 출토되었다(〈표 8-1〉 및 〈표 8-2〉 참조). 또한 북한 지역에서는 회령군 오동 유적에서 BC 2,000년기 후반기의 팥과 송림시 석탄리 유적 39호 집자리에서 BC 8세기~BC 7세기의 팥이 출토되었다(〈표 8-3〉 참조).

발굴사례는 덜 풍부하나 팥은 대체로 콩의 재배와 동행했던 것으로 해석할 수 있을 것이다.

3. 밀·보리 등 맥류의 제2재배·보급 센터

한반도의 중부 지역은 일찍이 신석기시대에 밀·보리 등을 경작 재배하여 동아시아 전역에 전파 보급함으로써 밀·보리 등 맥류의 제2재배·보급의 센터가 되었다.

밀·보리 등 맥류(밀·보리·호밀·귀리 등)에 대해서는 충북 충주 조동리유적에서 BC 4,250년경의 탄화밀과 탄화보리가 탄화미·벼껍질·탄

결과라고 볼 수 있다. 이러한 고조선·고구려의 콩된장이 발해 수도의 특산물로 고중국에서 유명하게 된 것은 당연한 일이었다. 신라와 백제에서도 간장〔醬〕과 된장〔豉〕이 국민의 필수 식품이 되었음은 물론이다.

① 崔德卿, 〈大豆재배의 기원론과 한반도〉, 《中國史硏究》제31집, 2004.
② 張華 撰·林東錫 譯註, 《博物志》, 동서문화사, 2011 참조.

화수수·탄화기장(및 탄화콩 또는 알 수 없는 열매껍질) 등과 함께 대량 출토되었다.[26]

한반도에서 밀·보리 출토의 특징은 BC 4,250년경의 조동리 유적 출토 이후 밀(및 보리)의 출토가 쌀(벼)의 출토와 함께 공반되어 나온다는 사실이다. 조동리 유적의 〈쌀(벼)+밀·보리〉(및 수수·기장); 옥천 대천리 유적의 〈쌀+밀·보리〉(및 조); 여주 흔암리 유적의 〈쌀+보리〉(및 수수·조); 안면도 고남리 패총의 〈쌀+보리〉(및 조); 제주 삼양동 집터의 〈쌀+밀·보리〉(및 콩 등 두류); 고성 동외동 야철지의 〈쌀+밀〉; 김해 부원동 늑도 움터의 〈쌀+밀·보리〉가 전형적 사례이다 (〈표 8-2〉 참조).

이것은 고조선문명에서는 벼 재배와 밀·보리 재배가 동시에 실행되었음을 시사하는 것이라고 볼 수 있다.[27]

벼 재배는 저습지가 필요하고 재배도 더 까다로우므로, 일반 밭에서는 밀·보리만을 재배하기도 했지만, '쌀'을 더 맛있다고 선호했기 때문에 가능한 한 벼를 재배하면서 동시에 밀·보리를 함께 재배한 것으로 해석된다. 물론 고조선 문명의 시기에는 벼 재배는 수도작(水稻作)뿐만 아니라 육도(陸稻, 山稻) 재배 비중이 더 높았다는 점도 유념할 필요가 있을 것이다.

고조선문명에서 부유층만 쌀을 상식하고, 평민층은 밀·보리를 주식으로 하면서 일반적으로 쌀 상식을 소망했다고 보는 견해도 있다. 전체적으로 고조선문명은 쌀을 주식으로 하면서 밀·보리를 보조식으로 하는 식문화의 유형을 발전시킨 것으로 해석된다.

대표적인 고대 밀·보리 출토유적인 옥천 대천리 유적에서는 BC 3,500년경의 탄화밀과 탄화보리가 출토되었다.[28] 그 후 한반도 여러

---

26) ① 《충북대학교 박물관연보》 제6집, 1997, pp.159~163.
   ② 이융조·우종윤 편저, 《선자유적 발굴도록》, 충북대박물관, 1998, p.282.
   ③ 충주시, 《조동리선자유적박물관》, 2005, pp.57~61.
   ④ 이융조, 《충북의 선사문화》, 2006, p.156 참조.
27) 신용하, 《고조선 국가형성의 사회사》, pp.86~93 참조.

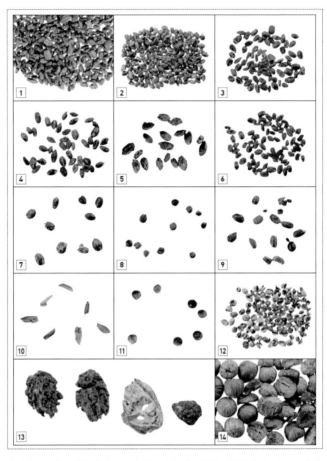

〈그림 8-2〉 남한강유역 충주 조동리 출토 곡물(BC 4,200년경, 크기 부동)
1. 탄화밀ⓐ 2. 탄화밀ⓑ 3. 탄화밀ⓒ 4. 탄화밀ⓓ 5. 탄화보리ⓐ 6. 탄화미ⓐ 7. 탄화미ⓐ 8. 탄화미ⓑ 9. 벼껍질 10. 탄화수수 11. 탄화기장 12. 종류 미상 열매껍질 13. 탄화복숭아씨 14. 탄화도토리

지역에서 〈표 8-2〉와 같이, 고조선 시대 밀과 보리가 출토되었다.[29]

---

28) 한창균·김근환·구자진, 〈대천리유적 신석기시대 집자리에 대한 고찰〉, 《옥천 대천리 신석기유적》, 2003 참조.
29) 안승모, 〈대천리유적의 麥類로 본 동아시아 맥작의 초보적 검토〉, 《옥천 대천리 신석기유적》, 2003 참조.

고조선문명에서 재배된 하나의 곡물만을 구태여 들라고 한다면
〈쌀〉(단립벼)의 농경과 식문화의 유형이 형성되었다고 말할 수 있지
만, 쌀(단립벼)은 생산 공급부족 상태였기 때문에, 보조 곡물로 밀·보
리가 보충되어 실제로는 〈쌀+밀·보리〉의 농경문화 유형이 형성되었다

〈표 8-2〉 남한 지역 맥류 출토 유적 지명표

유적	시대	맥류(수치 mm)	공반식물	참고문헌
옥천 대천리 1호 집터	신석기	밀(3): 5.1×3.2, 4.7×2.6, 4.6×3.0 보리(3): 5.2×2.1	쌀, 조	보고서
여주 흔암리 12호 집터	청동기	보리(2) L.7.8, W.3.0, T.2.2 L.7.0, W.3.5, T.2.2	쌀(78), 수수(1), 조(1)	흔암리주거지 4(서울대 1978)
충주 조동리 1지구 집터(1,2,3,7,8,9호), 움(8,9,10,11호), 노지(1,4,7,8, 10-12호)	청동기	밀(73)L.3.8~7.5, W2.0~4.1 보리(91)L.4.8~7.7, W2.8~4.3	쌀(27), 벼(10), 조(46), 삼씨(4), 도토리(57), 박씨(14), 복숭아(2) 외	충북대학교박물관연보 6(1997, 159~163쪽), 충주 조동리 선사 유적 (충북대 2001)
보령 평라리 IV지구 집터	청동기	밀(3) L(5.1) W(2.8) T(2.3) 보리(16) L(5.3) W(3.1) T(2.4) 귀리(3) L(7.1) W(2.8) T(2.0)	팥(? 1), 동부(2)	평라리 선사유적 (충북대박물관, 1996)
안면도 고남리패총 A-1호 2층	청동기	보리	쌀, 조, 복숭아(패총 전체)	안덕임 박사학위논문 (1991)
진주 산촌리 유적	신석기~ 청동기	밀 보리	조, 기장, 콩과, 도토리, 머루	진주상촌리 유적(동아대 2001)
진주 대평리 어은 1지구	청동기	밀(4) 보리(4)	쌀(28), 조(1009), 기장(65), 들깨, 콩과, 도토리 등	새천년특별전 도작문화 3000년(국립중앙박물관, 2000, 26)
제주도 삼양동 집터 I-1, 12, III-4호	초기 철기	밀, 보리	쌀, 콩, 복숭아	제주삼양동 유적 (제주대 2001)
광주 신창동 저습지	기원전 1세기	밀, 보리	쌀, 두류, 외, 박, 복숭아, 도토리	광주 신창동 저습지 유적 1(국립광주박물관, 1997, 119쪽)
단양 수양개 II지구 집터(1,2,3,4,22,24,26)	원삼국	밀 보리	조, 팥, 콩, 녹두	충북대박물관연보 5(1996)
충주 하천리 지동 집터(F1)	원삼국	맥류		충주댐수몰지구 발굴보고서 (충북대 1984)

보성 금평 패총	원삼국	밀(4) 3층1립 L.4.5 W.3.2 T.2.2 보리(1) L.6.7 W.3.4 T.2.8	쌀(2)	보성금평 유적(전 남대박물관, 1998)
해남 군곡리 패총 3차 8,7,5,4층	원삼국	밀(8) 4-4층 L(3.8) W(2.5) T(2.0)	쌀(23)	한국 원삼국문화의 연구 (최성락, 학연 문화사, 226-227쪽)
소라 조산 집터	원삼국	맥류		돌산구세지 유적 (국립광주박물관, 994)
고성 동외동 야철지	원삼국	밀	쌀	상노대도(동아대, 1984)
김해 부원동 A지구 패총	원삼국	밀(곡류60%) L(3.56) W(2.86) T(2.35), 보리(겉보리, 쌀보 리?)	쌀, 콩, 조, 복 숭아	김해 부원동유적 (동아대, 1981)
사천 늑도 움터(부산대)	원삼국	밀(180)L.3.57±0.36 W.2.45±0.28 보리(4)L.6.0-7.4, W.2.4-3.0	쌀(6)	고문화 57(2001, 29)
늑도 C 지구(동아대)	원삼국	맥류	쌀	영남고고학 23

자료: 안승모, 〈대천리유적의 맥류로 본 동아시아 맥작의 초보적 검토〉, 2003

고 말해도 틀리지 않을 것이다.

최근의 연구에 의하면 식용 빵밀(Triticum monococcum)은 서남아시아(중동)에서 BC 약 9,500~BC 8,500년에 재배가 시작되어, 메소포타미아문명과 이집트문명의 농경과 식문화 유형을 형성하면서 유라시아 대륙에 전파했다고 한다.[30] 그러므로 조동리 유적(BC 4,250년)과 대천리 유적(BC 3,500년)의 〈밀·보리〉는 재배 기원은 될 수 없다.

그러나 조동리 유적과 대천리 유적에서 출토된 〈밀·보리〉는 동아시아 지역에서는 가장 이른 시기의 경작 〈밀·보리〉이다. 그러므로 인류문명사에서 최초로 벼의 재배 기원을 만든 古한반도 남한강·금강 상류유역에 서남아시아에서 최초의 재배 기원을 이룬 〈밀·보리〉가 특정 경로로 전파되어, 古한반도가 동북아시아지역 재배·전파의 제2의 중심을 형성했다고 볼 수 있다.

---

30) Peter, Bellwood, *Fist Farmers, The Origins of Agrarian Societies*, pp, 44~66 참조.

고중국에서는 고조선 이주민(소위 동이족)의 하나인 래(萊)족이 산동 반도에 들어와서 밀〔小麥〕의 도입 재배를 시작해 주었고, 고조선 이주민의 하나인 근모(根牟 또는 牟)족이 보리〔大麥〕의 도입 재배를 시작해 주어, 조·수수·기장을 중심으로 하던 고중국 농업에 일대 혁신이 일어났다는 최근의 연구 결과가 나와 있다.[31] 고조선문명이 맥류(밀·보리)의 동아시아지역 재배·전파의 '제2중심'이 형성되었음을 알 수 있다.

4. 잡곡의 재배 생산

조·기장·수수 등 몇 종류의 잡곡은 유라시아 대륙의 식물생육 북방 한계선까지 모든 지역에 야생종이 분포되어 있었으므로, 신석기인들에 의해 모든 지역에서 가장 먼저 잡곡의 채집과 재배가 시도되었다. 최후의 빙기가 끝난 후 동굴에서 나온 신석기인이 처음 채집하여 먹은 식료도 잡곡이었다. 그러므로 잡곡의 재배기원은 '다기원설'이 자동적으로 적용되어야 할 부문이라고 할 것이다.

고조선문명에서 재배된 잡곡은 〈표 8-1〉과 〈표8-2〉에서 볼 수 있는 바와 같이, 〈기장·수수·조·들깨〉 등이다.

잡곡(조·기장·수수 등)은 한반도의 조동리 유적, 대천리 유적뿐만 아니라, 북한지역에서도 다음 〈표8-3〉과 같이 널리 출토되어 있다.

고조선문명에서 벼·밀·보리·콩의 재배가 선호되고 확대됨에 따라 초기의 잡곡의 재배는 이에 교체되어 갔다. 그러나 〈조·기장·수수·깨 (들깨와 참깨)〉 등은 중세에 이를 때까지도 보조 식량과 기호식물로서 재배되었음이 출토 유물과 기록으로 확인된다.

---

31) 張富祥, 《東夷文化通考》, 上海古籍出版社, 2008, pp.477~499 참조.

〈표 8-3〉 북한지역 청동기시대 집자리에 나온 낟알

발견된 유적 및 집자리	연 대	낟알 종류	발표된 책
무산군 범의 구석 유적 15호 집자리	청동기시대 기원전 2,000년기 후반기	기장, 수수	《조선민족론 문집》6
무산군 범의 구석 유적 31호 집자리	청동기시대 기원전 2,000년기 말~1,000년기 초	기장	
회령군 오동 유적	청동기시대 기원전 2,000년기 후반기	콩, 팥, 기장	《회령오동원시 유적 발굴보고》
송림시 석탄리 유적	청동기시대 기원전 8~7세기	조, 팥	《석탄리 유적 발굴보고》
평양시 삼석구역 호남리 남경 유적 36호 집자리	청동기시대 기원전 2,000년기 말~1,000년기 초	벼, 조, 콩, 수수, 기장	*
평양시 삼석구역 호남리 남경 유적 11호 집자리	청동기시대 기원전 1,000년기 초	기장	*

자료: 김용간·석광준, 《남경유적에 관한 연구》, 1984.

5. 고조선문명의 농경문화의 유형

지금까지 고찰에서 알 수 있는 바와 같이, 고조선문명은 야생벼 가운데에서 인류문명사상 처음으로 단립벼(短粒稻, japonica)를 순화재배(domestication)하여 식용작물로 발전시켰다. 또한 콩도 세계 처음으로 순화 재배하여 식용작물로 경작 보급하였다. 밀과 보리도 세계에서는 서남아시아 다음으로, 동아시아에서는 처음으로 재배해서 재배·보급·전파의 제2중심이 되었다. 단립벼·콩·밀·보리 등은 고조선문명이 동아시아에서는 처음으로 재배식물화하여 이웃 문명과 나라들에 전파시켜 준 것이다.

고조선문명의 주요 식량은 기본적으로 5곡이었으며, 그 가운데서도 단립벼 쌀이었다. 고조선문명의 식문화의 특징은 단립벼의 멥쌀과 찹쌀로 밥·떡·과자·엿·술·식초 등 온갖 종류의 음식을 창안한 것이다.

그 종류는 다른 문명에서는 상상을 초월한 것이었다. 예컨대 전통시대의 '떡'을 들어보면 104개의 자료로 무려 200여 종의 '떡'을 창안하여 만들었다.[32]

32) 이종미, 〈한국의 떡문화. 형성 기원과 발달과정에 관한 소고〉, 《한국식문화학회지》 제7권 제2호, 1992 참조. 이 논문에 의하면 전통시대의 한국의 '떡'은 200여 종류에 달한다.

〈표 8-4〉 떡의 종류

찐떡	메떡	석이병(떡), 백설기(고), 꿀설기, 승검초편(설기), 잡과병(식과병), 무떡, 녹두편, 팥떡, 거피팥떡(편), 석탄병, 쑥떡(애고), 밤떡(율고병), 호박떡(물호박떡), 느티떡(유엽병), 복령병, 백편, 콩떡(두고), 깨떡(임자메시루떡), 녹두떡, 시루떡, 흰물이, 개떡(낙개떡), 귤병떡, 도행병(행병도병법), 신감채설기, 석이꿀설기, 석이설기, 막우설기, 각색메시루떡, 거피팥·녹두메시루떡, 녹말메시루떡, 백미병, 삭병, 환병, 설병, 복떡, 귀이리떡, 백합떡, 서속떡, 토련병, 생치떡, 약고, 유고, 모해병, 송기떡, 외랑병, 봉고방, 상자병, 원석이편, 기단가오, 메꿀떡, 잡과꿀설기, 당귀병, 옥수수떡
	찰떡	감자병법, 감떡, 혼돈병, 거피팥차시루떡, 꿀차시루떡, 찰떡, 녹두차시루떡, 임자차시루떡, 신감채차시루떡, 볶은팥시루떡, 볶은팥·석이차시루떡, 석이차시루떡, 거피팥·녹두차시루떡, 거피팥·녹두·볶은팥차시루떡, 흑태차시루떡, 각색차시루떡, 점미병, 호박찰떡, 시율나병, 상실편, 쇠머리떡, 고려율고, 노찰병, 속증방, 점과점병, 도고방, 함밀방, 깨편, 밀개떡, 옥수수떡, 신선부귀병
	송편	송편, 재증병, 쑥송편, 송피병(법), 송기송편, 각색송편, 이맥송병, 꿀송편
	증편	증병(법)증편, 방울증편, 상화(병)
	후병	후병(두텁떡), 합병
친떡	절편	절편, 골무편, 수리취저편, 쑥절편, 송피절편, 어름소편
	절병	각색절병, 임자절병, 대절병, 세절병, 은절병, 양색절병
	흰떡	흰떡(설병)
	가피떡	산병(곱장떡), 가피떡(갑피병), 송기떡, 각색산병, 수란떡
	인절미	동부인절미, 쑥인절미, 깨인절미, 대추인절미, 조인절미, 인절미(인병)
	단자	석이단자, 밤단자, 향애단자(애단자 쑥단자), 신감초단자, 유자단자, 생강단자, 잡과병(잡과편), 각색단자, 율무단자, 도행단자, 귤병단자, 국엽단자, 토련단자, 잣단자, 대추단자, 송이단자, 팥단자, 수단, 단자병, 마단자, 건시단자, 은행편
지진떡	조악	대추조악, 조악(조각병), 밤조악, 각색조악, 황조악(치자조악), 감태조악, 양색조악, 삼색조악, 건시조악병, 흰조악
	유전병	두견화전(유전병), 토란병(우병), 차전병(전병), 소병, 밀전병, 국화

고조선문명의 단립벼 쌀 식문화의 특징은 메소포타미아문명, 이집트문명, 그리스·로마문명의 밀 식문화에 대비되는 것이다. 또한 이것은 장립벼 쌀 식문화인 인도문명과도 비교된다. 또한 이것은 고중국의 밀·잡곡 혼합 식문화에도 대비된다. 이것은 멕시코 마야문명의 옥수수 식문화 및 페루 잉카문명의 감자 식문화에도 대비되는 것이다.

고조선문명은 또한 콩(및 팥)을 인류문명사에서 최초로 재배하여 세계에 전파하였다. 또한 콩을 발효시켜서 염분과 배합한 콩장(간장과 된장)을 세계 최초로 발명하여, 인간생활에 필수적인 염분을 콩(식물성 단백질)양분과 동시에 섭취하도록 하는 독특한 식문화를 창조·발전시킨 것이다. 이것은 소금을 직접 음식에 뿌려서 염분을 섭취하는 방식보다 훨씬 지혜롭고 문명화된 방식이라고 볼 수 있다.

고조선문명의 농경문화 유형은 한마디로 도식화한다면 〈단립벼 쌀(및 밀·보리)+콩〉의 유형이다. 이와 관련되어 형성된 식문화는 〈쌀밥(및 밀·보리 음식)+콩장〉의 식문화 유형이라고 말할 수 있을 것이다.

고조선문명의 농경문화는 매우 이른 시기에 성립되어 발전한 선진적 농경문화였기 때문에 중국과 일본 등 주변 지역에 전파되어 많은 혜택을 주었다.

고중국인들이 농경을 가르쳐준 위인으로 추앙하는 '신농씨'(神農氏)는 사실은 고조선 이주민이었으며, 그가 고중국인들에게 가르쳐준 농경은 바로 선진적 고조선 농경이었다.[33] 고조선문명의 단립벼 재배는 고조선 이주민인 동이족 백익(伯益)을 선두로 한 동이족에 의하여 산

		전, 수수전병, 산승, 장미화전, 산삼(산삼병), 돈전병, 석류병, 산약병, 소고병, 삼병, 유병, 사삼병, 목맥병, 감태산삼, 연산삼, 조악전, 겸전병, 접과여전, 각색사중병, 권접병(송풍병), 서영향병, 총떡, 부꾸미, 일총, 대추전병, 송기떡
삶은떡	삶은떡	쑥경단, 콩경단, 수수 경단, 팥경단, 경단(경단병), 찰경단, 밤경단, 쇄백자, 잡과병, 청매경단, 감자경단, 깨경단, 율무경단, 대추경단

자료: 이종미, 〈한국의 떡문화. 형성기원과 발달과정에 관한 소고〉

33) 申采浩, 《朝鮮上古文化史》, 《改訂版丹齋申采浩全集》 상, p.415 참조.

동반도·화북지방·회수유역과 양자강 하구까지 전파된 것이었다. 중국
에는 동이족의 하나인 래(萊)족이 고조선에서부터 산동반도에 밀[小麥]
을 도입하여 재배·보급하였다. 또한 동이족의 하나인 근모(根牟)족은
고조선에서 보리[大麥]를 산동반도에 도입하여 재배·보급하였다.

또한 고조선문명의 단립벼 재배는 BC 7~5세기경부터 일본열도 규
슈지방에 고조선 이주민[渡來人]들에 의하여 전파되었다. 일본에는 밀
이 약 BC 5세기경에 한반도에서 일본에 도입되어 재배·보급되기 시
작했다고 일본 전문학자는 설명하고 있다.

6. 농경의 부업으로서 가축 사육

고조선문명의 여러 지역에서는 밝달조선은 물론이오 부여에서 진국
에 이르기까지 농경민족·부족들은 모두 돼지·개·말·소·닭 등을 사육
하였다. 즉 목축이 분리되지 않고 농경의 부업으로서 농경에 통합된
'가축'으로 사육된 것이었다.

'범의 구석 유적'을 비롯해서 각지 유적에서 위 가축들의 뼈가 출토
되기 때문에 이를 확인할 수 있다.

고조선문명의 농경민족이 사육한 주요 가축을 들면 다음과 같다.

① 소·말: 농경생활의 동력[畜力]으로서 주로 사용되었다. 밭갈이와 운
   송 동력으로서 처음에는 말이 더 중시되다가 다음에는 소가 더 중
   시되는 변화가 있었다. 그러나 운송수단으로는 말이 더 선호되어 사
   육되었음이 유물 그림에 남아 있다.
② 돼지·닭·오리: 모든 농경생활에서 식용으로 사육되었다. 돼지는 맥
   족이 특히 가장 애호해서 사육하기 시작해서 고조선문명권 전체에
   보급·전파된 '식용' 가축이었다. 닭과 오리는 식용뿐 아니라 달걀 수

확 때문에 널리 사육되었다.

③ 염소·양: 식용과 함께 젖[乳類]을 획득하기 위하여 사육되었다. 농경민족들은 양보다 염소를 선호했음이 유물에서 나타나고 있다.

④ 개: 개는 초기 신석기시대에 예족이 매우 일찍 가축화하여 보급했기 때문에 고조선문명권의 모든 민족들이 애호하여 가축으로 사육하였다. 원래는 수렵용이었으나, 농경이 발전된 이후에는 경비용과 애완용으로 사육되었다. 개는 농경민족뿐만 아니라 유목민족들도 매우 애호하여 사육한 가축이었다.

가축 사육은 이미 신석기시대부터 실행되었으므로 고대 고조선문명에서 이것이 더욱 발전해서 실행되었을 것은 당연하므로, 여기서는 설명을 줄이기로 한다. 다만 주의할 것은 고조선문명의 가축 사육은 전업화되어 '목축업'이 성립된 것은 아니라는 사실이다. 가축 사육은 농업에 부속된 농민의 부업으로서 실행된 것이었다. 오직 말은 군사용으로 사육되는 경우가 있었으므로, 농민의 부업으로서도 사육되면서 동시에 고대국가 정책에 의한 전문적 사육도 후국별로 진전되었다.

7. 고조선문명의 유목민족 포용

고조선국가가 후국제도를 채택하여 고대연방제국으로서 북방으로 더욱 진출함에 따라 북방의 유목(遊牧)민족들이 후국으로 포용되어 유목민족 생활양식도 고조선문명의 한 부문을 구성하게 되었다.

동북아시아의 유목민족이 어떻게 발생했는지는 유목민족별로 구체적 차이가 있어 별도의 실증적 연구가 필요한 주제이다. 그러나 과거 혹한의 동토지역에서 약 1만 2,000년 전 지구가 온난화된 후에 처음 농경을 목적으로 약 9,000년 전~약 6,000년 전의 북방으로 부족 대이동이 있었다. 그 후 약 5,000년 전에 강우량 급감으로 인한 건조기가 도래하여 북방으로 이동했던 농경부족이 남방으로 다시 이동했었으므로, 유목민의 출현은 이 시기 이후라고 추정된다.

따라서 동북아시아의 유목민은 농경과 목축이 먼저 성립한 후, 농경이 불가능하게 되었음에도 남방으로 이동하지 못한 부족들이 식료문제를 목축만으로라도 해결하려고 건조한 초원지대에서 식량 생산방식의 한 형태로서 '전업적 목축'을 추구하여 시작되었다고 볼 수 있다. 동북아시아 유목민족의 유목초원지에 바로 연접해서 거대한 사막들이 존재한 사실이 거시적으로 이러한 해석을 뒷받침해 준다고 할 것이다.

초원에서 목축은 광대한 면적의 초지가 필요하고, 가축이 풀을 뜯어먹어버리면 다시 자랄 때까지 다른 지역으로 이동해야 했기 때문에, '이동목축'이 유목민족과 유목사회문화를 출현시켰다고 해석되는 것이다.

고조선문명에 포용된 유목민족들이 사육한 가축은 말, 양, 소, 염소, 개, 낙타 등이 주종을 이루었다. 이에 따라 유목민족들의 식문화도 목축생산물인 육류(肉類)와 유류(乳類)와 발효유제품이 주류를 이루었다. 필자는 고조선문명에 포섭된 유목민족이 발효유제품을 발명해서 전 세계에 전파했다고 관찰하고 있다. 물론 곡물(穀物)도 정주 기간의 재배나 또는 농경민족과의 교환을 통하여 반드시 조달 섭취하였다. 유목민족들의 주거양식도 이동목축에 방해가 되지 않도록 몽골민족의 '겔'(ger)과 같이 이동조립식 구조물을 발명하여 사용하였다.

유목민족들의 가축 중에서도 가장 중요한 것은 말이었다고 볼 수 있다. 말은 운송용·기승용·식용 등에 모두 절실히 필요한 다목적 수요충족 가축이었다.

말이 농경민족에게 사육될 때와 유목민족에게 사육될 때 그 효용가치는 완전히 달랐다.

농경민족들은 한곳에 정착하여 농경생활을 하므로 이동수단으로서의 말은 절실하지 않았다. 그러므로 축력의 농경 이용과 식용에는 가축화된 소가 더 선호되었다.

한편 산이 많은 지형에서는 기마(騎馬)방법이 개발되어 교통과 통신 전달에 말이 더욱 활용되었으며, 무거운 짐의 운반수단으로 활용되었다. 또한 평야가 많은 지형에서는 수레가 발명되어 말은 수레의 견인에도 활용되었다. 말은 농경민족의 생산수단은 아니었고, 교통·운반·통신 수단이었다. 그러나 유목민족에게는 말이 '유목'하는 주요 생산수단이었고, 동시에 교통·운수 수단이었다.

한편 군사 면에서는 농경민족에게도 질풍노도같은 신속한 공격과 이동 및 후퇴의 '속도'가 절실히 필요하므로, 보병부대와 병행해서 특수부대로서 기마부대(기병부대)가 창설되어 발전하게 되었다. 고조선문명의 농경민족들은 따라서 '기마민족'은 아니었지만, '선진적 기마문화'를 가진 농경민족으로서 생활하였다. 군사에서도 농경민족들은 보병부대가 주력부대였고, 기병부대는 특수부대였다.

이에 비하여 유목민족들은 가축을 방목하면서 좋은 목초지와 물을 따라 항상 이동하는 '이동유목' 생활을 하였기 때문에, 이동이 신속하고 편리한 말이 소보다 훨씬 더 선호되었다. 유목민들이 방목하는 양과 염소 등은 사람의 통제와 관리가 없으면 바로 뿔뿔이 흩어져 버리기 때문에 항상 목동이 지키면서 통제·관리해야 했다. 또한 넓은 평원 목초지의 풀은 양·염소들이 한번 뜯고 나면 바로 고갈되어 다른 목초지로 이동하지 않으면 가축이 아사하게 되므로, 신속한 가축의 집단이동이 필수적이었다.

고조선 기마문화가 유목민에 보급되자, 기마는 목동의 기술로 응용·발전되어 '기마목동' 문화가 출현하였다. 기마목동은 훨씬 많은 다수의 말·소·양·염소 등 가축의 방목을 효율적으로 통제 관리할 수 있게 되었고, 결국 기마유목 문화와 생활양식을 낳게 되었다. 기마유목은 목동의 통제와 관리의 범위를 넓혀주어서 방목의 1회 목초지 면적을 방대하게 보장해 주었다. 또한 빠른 속도로 방목가축의 이동도 보장해 주어, 결과적으로 유목민들의 경제생활을 크게 향상시켜 주었다. 모든 유목민들에게 이제 기마술은 유소년부터 남녀를 가릴 것 없이 모든 가족성원이 배우는 필수의 생활양식이 되었다. 말은 교통수단·운반수단·이동수단일 뿐만 아니라 바로 생산수단의 하나가 된 것이었다.

유목민족에게는 군사에도 별도의 보병부대는 없게 되고, 모든 유목민족성원들이 무기만 들고 훈련하면 전원이 기병부대가 되었다. 이 유목민의 기병부대는 말의 '장거리 신속성' 때문에 소수일지라도 질풍노도 같은 공격력을 가진 막강한 부대가 되었다. 유목사회에 고조선 부여족의 기마문화가 보급되자 유목민 전체가 '기마유목민족'이 된 것이었다.

그러므로 필자는 기마민족은 기마문화를 가진 농경민족을 지칭해서는 정확하지 않고, 기마유목민족만을 기마민족이라고 지칭해야 정확한 개념이 될 수 있다고 본다.[34]

농경민족문화에서는 일찍이 형성·보급된 기마문화도 어디까지나 농경생활에 보조적인 것으로 발전하였다. 그러나 유목민족에게 기마문화는 유목생활과 완전히 하나로 융합되어 유목민족 자체가 '기마유목민족' '기마민족'으로 발전하게 된 것이었다.

고조선문명의 농경민족은 기마문화, 기병부대가 있었음에도 불구하고 농경이 정착과 평화를 필수적 요건으로 하는 생활양식이므로 평화 추구의 성향이 매우 강하였고, 대외적으로도 주로 평화화친정책을 추구하는 성향이 강하였다.[35]

---

34) 江上波夫,《騎馬民族國家》, 平凡社, 1986에서 '기마민족'이라는 세계사에서 유용한 개념을 정립하였다. 그러나, p.316에서 볼 수 있는 바와 같이, 그는 유목 기마민족만이 아니라 부여계 농경민족들도 기마민족국가로 범주화하고 있는데, 이것은 개념이 정확하지 않은 데서 기인한 혼란이라고 생각한다. 필자는 부여계 농경민족국가는 기마민족국가가 아니라 선진적 기마문화를 가진 농경민족국가로 범주화해야 한다고 본다.

35) 고조선 농경민족의 '기마문화'는 신속한 정치군사적 교통과 통신을 가능케 하여 고조선 국가의 영토를 확대하는 데 큰 역할을 하였다. 고조선 국가가 한반도에서 건국된 후 요동·요서지역으로 영역이 크게 확대되고 동북으로는 흑룡강까지, 서북으로는 (그 후의) 만리장성 너머까지 거대한 고대국가로 발전된 사실에 대하여, 일부 연구자들은 당시 교통·통신기술의 미발달로 말미암아 불가능한 일이었다고 부정하는 견해를 발표하기도 한다. 그러나 이러한 견해는 고조선의 기마문화의 역할과 기능을 제대로 알지 못했기 때문에 나온 견해라고 볼 수 있다. 고조선의 선진적 기마문화의 발달은 고대국가 고조선이 광대한 영역을 영유하여 얼마든지 통치할 수 있는 수단을 제공해 주었

그러나 고조선문명의 유목민족은 전체민족 성원이 '기마민족'으로 되었을 뿐 아니라, 혹한과 자연재해로 말미암아 가축이 동사하고 가족 성원이 아사에 직면하게 되면 생존을 위해 식량이 비축된 곳을 향해 공격과 식량 약탈을 자행하는 일이 종종 발생하게 되었다.

특히 고조선문명의 우수한 단궁(檀弓)과 금속무기가 공급되어 기마문화에 통합되자, 기마민족, 기마유목민족의 군사력·공격력·전투력은 막강하게 되었다. 고조선 서변후국 산융(山戎; 원 흉노)이 부족인구는 많지 않았음에도 불구하고 막강한 공격력을 갖게 되어 고중국의 춘추·전국시대의 소국들을 때때로 공격하여 방비에 전전긍긍하게 만들었던 것이 그 좋은 예의 하나이다.

BC 8세기부터 고조선의 서변지역 후국인 기마유목민족 산융(山戎; 원 흉노) 등이 혹한과 자연재해 후에 북방으로부터 황하유역의 농경지역 식량을 향해 남하하려는 추세가 나타나자, 고중국〔東周〕의 소제후국들은 산융 등 기마유목민족의 기마부대의 공격을 방어하기 위하여 '성벽'을 쌓아서 국경선을 설치하려고 애썼다. '만리장성'은 고조선의 서변 후국들의 기마부대의 위협에 대비하기 위하여 고중국이 설치한 일종의 국경선이었다고 보는 것이 필자의 견해이다.

고조선문명의 일부를 구성한 유목민족 문화는 농경민족 문화에 비해 낙후한 것이라는 관점은 편견에 불과하다. 그것은 환경에 적응하여 식량을 생산하는 생산방식의 차이에 지나지 않는 것이다. 예컨대 원 투르크족인 정령(丁零)족은 이동수단으로 천천히 이동할 때에는 마차를 사용했는데, 매우 크고 우수한 '바퀴'를 발명·개발해서 사용했기 때문에 농경민족인 한(漢)족들이 감탄하여 '고차정령'(高車丁零)이라고 불렀다.

_____

다. 특히 고조선의 농경민족이 기병부대를 창설하고, 고조선에 포함된 유목민족이 기마민족으로 된 이후에는 고조선은 동아시아에서 최강·최대의 막강한 고대국가가 되었다. 고조선의 질풍노도같은 기마부대의 전진을 가로막는 조건은 흑룡강이나 황하같은 거대한 자연조건이거나, 또는 인위적 건조물로는 그 후의 만리장성 같은 거대한 성벽 같은 것뿐이었다고 볼 수 있다.

고조선문명권은 농경민족들만이 아니라 생산방식이 다른 유목민족을 포용하여 복합구조를 갖게 됨으로써 양자의 상호의존 관계가 성립되었다. 고조선문명의 농경민족은 외부 문명권에 대한 방어와 국방을 주로 유목민족의 막강한 기병부대에 의존하여 맡기게 되었다. 반면에 유목민족은 필요한 쌀·밀·보리·채소 등의 농산물 공급을 농경민족에게 의존하게 된 것이다. 고조선문명권과 고조선국가의 서변에서 국방을 담당한 고조선 후국은 기마유목민족인 산융(山戎)과 그 주변의 유목민들이었다.

제9장 고조선문명의 청동기문화

1. 고조선문명의 청동기문화의 시작

인류는 신석기시대 후기·말기에 자연동·자연금·운철(隕鐵: 운석 속에 들어 있는 타고 남은 철) 등 자연광석을 채집하여 단조해서 금속을 도구로 사용하기 시작하였다. 이 과정에서 자연광석들을 녹이어 '합금'을 만들면 더 견고한 도구를 제작할 수 있음을 알게 되었다.

인류가 최초의 합금을 제조한 부문은 동(순동, 자연동)과 석과 아연 등을 녹여 합금해서 제조한 '청동기'의 생산이었다. 청동기의 생산과 청동기시대의 시작은 인류사회가 과학적 문명의 변혁시대에 들어선 것을 알리는 것이었다. 청동기에 이어 금과 철의 생산이 시작되어 철기시대가 이어졌다.

이 때문에 고대국가의 형성과 고대사회의 연구는 어느 나라에서나 청동기시대가 언제 어떻게 시작되었는가를 매우 중요한 과제로 삼고 있다.

사회사와 사회학에서는 씨족사회에서 부족군장사회를 거쳐 부족연맹(또는 한 부족의 대발전)에 의해 고대국가가 수립되고 원민족이 형성되면서 문명사회의 단계가 시작된다고 해석하고 있다.

또한 사회사에서는 고대사회를 청동기·철기 등 금속의 도구를 가진 사회와 갖지 못한 고대사회로 나누어 보기도 한다. 금속을 갖지 못한 고대사회는 한때 고대문명을 창조했다가도 지속하지 못하고 외부 침략 때문에 문명이 몰락된 것이 거의 전부였다. 한편 금속도구를 갖고 발전시킨 고대사회는 고대문명을 창조하여 발전시키면서 중세문명과 근대문명으로의 변혁·발전에 동력을 공급하였다.

한국민족의 고대사회는 후자의 유형이었다. 한국민족은 '고조선'이라는 동아시아 최초의 고대국가를 수립하고 청동기·금동··철기 등 금속문화의 도구를 사용한 고대문명을 창조하여 발전시켰다.

해방 후 최근까지 남북 고고학계의 발굴성과를 살펴보면, 고조선은 동아시아에서 가장 먼저 청동기문화와 철기문화를 창조하여 발전·파급시킨 고대국가였다.

최근까지의 고고 유적·유물 가운데 고조선문명권에서 농경유물이 최초로 나오는 것은 한강문화였지만, 최초의 청동유물은 BC 31세기경 청동합금 조각이 대동강 유역 대동강문화에서 나왔다.

앞에서 '한'족의 청동기문화를 쓰면서 밝힌 바와 같이, 대동강 중상류인 평안남도 성천군 용산 무덤에서 BC 3,074년(1995년 기준 5,069년 bp)의 것으로 측정된 청동(靑銅) 조각들이 팽이형 토기, 돌도끼, 돌도끼 조각과 함께 출토되었다.[1] 이것은 청동무기나 도구를 제조하기 직전의 청동 조각이지만, 이미 (자연)동(銅)과 석(錫)과 연(鉛)의 세 광석을 합금시켜 제조한 합금조각이기 때문에, 청동기시대가 한반도 서북지방에서는 31세기에 시작되고 있었음을 강력히 시사하는 것이다.

이어서 고조선(단군조선) 성립기인 서기전 26세기의 것으로 측정된 비파형 청동창끝이 강동군 용곡리 5호 고인돌 무덤에서 나왔다.[2] 서기전 26세기(4,593±167년 bp)의 것으로 측정된 청동단추(4㎝, 〈그림 9-2〉)도 평남 상원군 용곡 4호 고인돌 무덤에서 발굴되었다. 또한 같은 시기(BC 26세기)의 것으로 남양 16호 집자리에서도 비파형 청동창끝이 발굴되었다.[3] 함남 영흥읍에서는 비파형 청동창끝의 거푸집

---

1) 김교경, 〈평양일대의 단군 및 고조선 유적유물에 대한 년대 측정〉, 《조선고고연구》, 1995년 1호: 조선기술발전사편찬위원회, 《조선기술발전사》I, 과학백과사전종합출판사, 1996, p.38 참조.
2) 강승남, 〈고조선시기의 청동 및 철가공기술〉, 《조선고고연구》, 1995년 2호 참조.
3) 《조선기술발전사》I, pp.31~38 및 김교경, 〈평양일대의 단군 및 고조선 유적

〈그림 9-1〉 청동조각(BC 31
세기: 평남 성천군 용산무덤)

〈그림 9-2〉 청동단추(BC 26
세기: 평남 상원군 용곡리 4
호무덤)

〔鎔范〕이 발굴되었다.4)

대동강 유역의 비파형 청동단검도 일제강점기에 3개가 출토 발견 수집되었으나, 연대측정을 하지 않은 채 기록되어 있다.5)

고조선 초기의 것으로 연대추정된 비파형 청동단검 1개가 황해도 배천군 배천읍 대아리 석관무덤에서 출토되었는데 길이 27cm, 뿌리 길이 4cm, 등대의 굵기 0.9~1.0cm의 비파형동검이다.6) 황해도 신평군 선암리 제1호 석관무덤에서도 비파형동검(길이 22.5cm, 뿌리 길이 3.9cm)이 사람 뼈, 돌 활촉 5개, 돌 구슬 2개와 함께 출토되었다.7) 대아리와 선암리의 비파형동검 2개는 초기 비파형단검의 선행단계의 것으로, 일부 고고학자와 자연과학자에 의해 용곡 4호 고인돌무덤의 BC 26세기보다 더 이른 시기의 비파형 청동단검으로 추정되었다.8)

유물에 대한 년대측정〉,《조선고고연구》, 1995년 1호 참조.
4) 서국태, 〈영흥읍 유적에 관한 보고〉,《고고민속》, 1965년, 제2호 참조.
5) 尹武炳,《韓國靑銅器文化硏究》, 예경출판사, 1996, pp.89~91 참조.
6) 리규태, 〈배천군 대아리 돌상자 무덤〉,《고고학자료집》6, 1983, pp.175~177 참조.
7) 정용길, 〈신평군 선암리 돌상자 무덤〉,《고고학자료집》6, 1983, pp.170~172 참조.
8) 박진욱, 〈고조선의 비파형단검문화에 대한 재검토〉,《조선고고연구》, 1995년 2호 및《조선기술발전사》I, pp.44~45 참조. 북한고고학계는 대아리와 선암리 의 비파형 청동단검에 대해 돌기부의 약함 때문에 발굴 직후 이들이 비파형 동검 형성기의 것인가 쇠퇴기의 것인가에 대한 토론이 있었던 듯하다. 1980년 대는 다수가 후자의 것으로 분류했다가, 1990년대부터는 다수가 전자의 것으

상원 장리에서 BC 3,000년기 전반기의 큰 규모 고인돌(오덕형)무덤(뚜껑돌 깊이 630cm, 너비 405cm, 두께 72cm)의 무덤 칸에서 청동교예장식품 1개, 청동방울종 2개, 청동 끌 1개를 비롯한 청동제품과 돌 활촉 44개, 질그릇 조각 수십 점, 사람 뼈 등이 나왔다. BC 26세기의 유적·유물로 측정되었다.9)

이 가운데서 청동 2인 교예장식품은 서로 어깨를 끼고 발목을 합친 2인 교예사(키 3.7cm)가 각각 1개씩의 둥근 고리〔環〕를 들고(환 사이의 너비 5.1cm) 또 2개의 둥근 고리 위에 올라서(환까지 합친 높이 4.8cm) 재주를 부리는 형상을 제작한 것이다. 옷의 몸통과 팔 소매, 바지에 굵은 기하학적 번개무늬가 돋쳐져 있고, 얼굴에는 입·코·눈·귀가 잘 묘사되어 있는, 작지만 매우 숙련된 기술의 청동공예품이다(그림 〈9-3〉 참조).

또한 청동방울종은 원추형의 종처럼 아구리가 넓고 꼭대기가 좁은 형으로서 울림통·고리·추로 이어졌는데, 높이는 3.6cm, 직경 1.7cm, 추의 길이 2cm의 작은 방울종이다. 울림통을 세로로 크게 네 등분하여 구멍을 길게 내고 몸통 위에 굵은 기하학적 삼각형 번개무늬를 돋친 것으로서 숙련된 기술로 어려운 구조를 만든, 작지만 뛰어난 청동공예품이다(〈그림 9-4〉 참조).

이 두 점은 곡예와 음악·무용의 청동도구를 부장품으로 제조한 것으로서 청동기가 상류지배층의 오락도구를 상징화하는 데까지 이르렀음을 알려준다.

이어서 평안남도 강동군 순창리 2호 무덤에서는 서기전 24세기의 것으로 측정된 금동귀걸이가 발굴되었다.

로 분류하였다. 고고학자 박진욱과 자연과학자들은 전자의 견해를 취하였다. 고고학자들의 합의된 결론이 아직 없으므로 이 2점을 빼는 경우에도 12점의 BC 24세기 이전의 청동기유물이 발굴되어 있으므로 이 논문의 전체 논지에는 영향이 없다. 그러나 한국(서울)학계에서는 이 대아리 비파형 청동단검의 연대추정에 대해서는 이의가 제기되어 있다.

9) 최응선, 〈상원군 장리 고인돌무덤을 통하여 본 고조선 초기의 사회문화상에 대하여〉; 이형구 편, 《단군과 고조선》, 살림터, 1999, pp.479~488 참조.

〈그림 9-3〉 교예를 형상한 청동 장식
(BC 26세기: 상원군 장리 고인돌 무덤)

〈그림 9-4〉 청동 방울종(BC 26세기:
상원군 장리 고인돌 무덤)

남한에서 초기 발굴된 비파형동검 등 청동기에는 탄소 측정에 의한 정확한 연대측정 발표가 없었으나, 청동기시대 유적의 간접적인 증거는 있다.

그 간접적 증거로서, 청동기시대 무덤으로 판정된 경기도 양평군 양수리에 5기의 고인돌이 발굴된 유적에서 채취한 숯에 대한 방사성 탄소측정 결과는 BC 1950±200년으로 나왔는데, 교정연대는 BC 2325년이었다.10)

또한 전라남도 영암군 장천리 청동기시대 2개 주거지 유적에서 수집된 숯에 대한 방사성 탄소측정 결과 그 연대는 BC 2190±120년 (4140±120년 bp)과 1980±120년(3930±120년 bp)으로 나왔는데, 교정연대는 BC 2630년과 BC 2365년으로 나왔다.11)

이러한 청동기시대 유적의 연대 측정 결과는 남한지역의 연대측정 발표가 없는 초기 비파형동검의 연대추정에 큰 참고가 되는 것이다.

지금까지 설명한 고조선 개국기(BC 30세기~BC 24세기)의 청동기 발굴물을 표로 정리하면 다음과 같다.

10) Chan Kirl Park and Kyung Rin Yang, "KAER I Radiocarbon Measurements III"《Radiocarbon》Vol.16, No.2, 1974, p.197; 윤내현, 《고조선연구》, 일지사, 1994, p.315 참조.
11) 崔盛洛, 〈영암 장천리 주거지〉2, 목포대학 박물관, 1986, p.46; 윤내현, 《고조선연구》, p.315 참조.

<표 9-1> BC 31세기~BC 24세기 청동기 유물

번호	유적이름	유적종류	출토청동기	측정연대
1	평남 성천군 용산무덤	고인돌무덤	청동조각	B.C. 31세기
2	상원군 용곡4호	고인돌무덤	비파형청동창끝	B.C. 26세기
3	평남 상원군 용곡 4호	고인돌무덤	청동단추	B.C. 26세기
4	덕천시 남양유적	16호 집자리	비파형창끝	B.C. 26세기
5	덕천시 남양유적	16호 집자리	청동단추	B.C. 26세기
6	덕천시 남양유적	16호 집자리	청동방울종 거푸집	B.C. 26세기
7	상원군 장리	고인돌무덤	청동교예장식품	B.C. 26세기
8	상원군 장리	고인돌무덤	청동방울종 2개	B.C. 26세기
9	상원군 장리	고인돌무덤	청동끌 1개	B.C. 26세기
10	평남 강동군 순창리	글바위 5호무덤	금동귀걸이	B.C. 25세기
11	강동군 강동읍	문성당 8호무덤	금동귀걸이	B.C. 25세기
12	강동군 순창리	글바위 2호무덤	금동귀걸이	B.C. 24세기
13	경기도 양평군 양수리	고인돌무덤	청동기시대 공반유물	B.C. 24세기
14	전남 영암군 장천리	집자리①	청동기시대 유적	B.C. 27세기
15	전남 영암군 장천리	집자리②	청동기시대 유적	B.C. 24세기

비고: 고고학자들 사이에 논쟁이 이어지고 있는 황해도 배천군 대아리와 신평군 선암리의 비파형 동검 2개 및 청동활촉은 제외하였음.

그 후 청동기 생산과 유물의 발굴은 대량으로 이루어지는데, 우선 여기까지만 보아도 다음 사실을 알 수 있다.

첫째, 대동강 유역 일대에서는 이미 신석기시대 말기(BC 31세기)에 청동기시대의 여명이 시작되었다는 사실이다. 현재 발굴된 것은 BC 31세기의 청동 합금 조각들이지만, 이미 자연동이 아닌 합금으로서의 청동(자연동과 석의 합금) 조각들이어서 청동 합금기술과 청동 생산의 증거물이 여러 덩어리 나왔다는 사실을 주목할 필요가 있다.

또한 이 청동 조각들은 어떠한 도구를 제작하기 위한 중간재로서 발굴된 것이다.[12]

둘째, BC 31세기의 청동 조각이 아직 청동기는 아니라고 불안해 하는 경우에는 BC 26세기의 비파형 청동창끝 2점, 비파형 청동단검 2점, 청동단추, 청동교예장식품, 청동방울종 2점, 청동 끝, BC 25세기~24세기의 금동귀걸이 3점 등 청동기 유물이 발굴되었으므로 이때에 청동기시대가 시작되었다는 설명에는 이의가 없을 것이다.

그러나 청동 합금조각도 기술적으로 청동기이므로, 이의가 없도록 포괄적으로 설정하여, 고조선의 청동기는 BC 31세기~BC 24세기에 초기 청동기시대로 진입했다고 설명해도 좋을 것이다.

셋째, BC 31세기~BC 24세기의 청동기시대의 개막은 동아시아에서 가장 이른 시기 청동기시대의 시작이라는 사실이다.

고중국의 청동기는 용산문화 유적에서 BC 18세기의 작은 청동 추가 나왔다. 하남성 이리두문화 유적에서 나온 작은 청동 칼·추·끝·낚시·화살촉은 BC 1245년±90년의 것으로 측정되었다. 중국 고고학계는 일찍 잡아도 중국에서는 BC 2000년경에 초기 청동기시대가 시작되었다고 설명하였다.[13] 고조선 아사달지역의 BC 31세기~BC 24세기보다 뒤의 일이다. 일본 청동기시대의 개막은 야요이시대(BC 4세기 중엽~AD 3세기 후반)이므로 다시 이보다 훨씬 후의 일이다.[14]

넷째, BC 30세기~BC 24세기의 고조선의 건국은 청동기시대의 개

---

12) 또한 현재까지 발굴된 청동기 유물들이 당시 제작된 청동기들 모두가 아님을 주의할 필요가 있다. 극히 일부만이 발굴된 것이고, 앞으로 얼마든지 청동기 유물들이 발굴·발견될 수가 있도록 열려 있기 때문에, 단 한 조각이라도 청동기가 발굴되면, 특히 도구를 만들기 위한 중간재로서의 청동조각 덩어리가 발굴되면, 이것은 청동기시대의 개막을 강력히 시사하는 증거물이 된다고 볼 수 있는 것이다.

13) 馬承源 主編, 《中國靑銅器》, 上海古籍出版社, 1990, pp.2~3 참조. 그러나 최근 중국학계는 과거의 청동기연대 추정과 측정을 대폭 수정하여 더 올려보기 시작하고 있다.

14) 국사편찬위원회 편, 《한국사 3》, 〈청동기문화와 철기문화〉, 1997, pp.313~321 참조.

막과 연관되어 시기를 같이한다는 사실이다. BC31세기의 성천군 용산 무덤의 청동 조각들뿐만 아니라, BC 26세기의 상원군 용곡리 4호 무덤의 비파형 청동 창끝과 BC 26세기의 청동단추, 남양유적에서 나온 B.C. 26세기경의 비파형 창끝, 상원군 장리 고인돌무덤의 BC 26세기 청동교예장식품, 청동방울종 2개, 청동끌, 강동군 순창리와 강동읍의 BC 25세기의 금동귀걸이, BC 24세기의 강동군 순창리 2호 무덤의 금동귀걸이 등은 고조선 건국이 청동기시대의 시작과 확고한 연관 위에 전개되었음을 충분히 증명해 주는 것이라고 볼 수 있다.

다섯째, BC 26세기의 것으로 측정된 상원군 용곡리 4호 무덤의 비파형 청동창끝은 비파형 청동단검의 디자인과 흡사하여, 비파형 청동단검의 발상지가 고조선의 첫 수도 '아사달' 지역 및 황해도 일대의 대동강문화와 관련되어 있음을 알려주고 있다.

아직 BC 26세기의 이른 시기 비파형 청동단검은 대동강 유역에서는 발굴되지 않았다. 그러나 BC 26세기의 비파형 청동창끝은 대동강 유역에서 출토되었다. 비파형 동검과 비파형 창끝은 대체로 여러 곳에서 같이 제조되고 동반 출토되었다. 그러므로 BC 26세기의 비파형 청동창끝이 발굴되었으면, '비파형'의 도안은 여기서 발생했다고 볼 수 있는 것이다. 또한 고고학계의 논쟁이 끝나지 않았지만, 황해도 배천군 대아리 석관무덤과 신평군 선암리 석관무덤에서 나온 비파형 청동단검은 기원전 26세기 이전에 제조된 것이라는 일부 고고학자 및 자연과학자들의 설명도 참고할 필요가 있을 것이다.[15] 비파형 도안(특히 돌기부와 마디)의 청동창끝이 이미 서기전 26세기경에 나온 것은 비파형 청동창끝과 비파형 청동단검이 고조선의 동일한 '비파형' 도안 무기 금속문화에서 기원한 동일한 유형임을 알 수 있게 한다. 또한 앞으로 같은 시기의 비파형 청동단검의 발굴 가능성을 시사해 주는 것이라고 볼 수 있다.

---

15) 박진욱, 〈고조선의 비파형단검문화에 대한 재검토〉, 《조선고고연구》, 1995년 2호 및 《조선기술발전사》I, pp.44~45 참조.

고조선의 BC 30세기~BC 24세기의 건국은 이 시기 이전부터의 청동기시대 시작에 기반을 둔 것이었으며, 고조선에서는 BC 31세기~BC 24세기 동아시아에서 가장 이른 시기에 초기 청동기시대에 진입한 것이었다.

고대 중국인들은 동·금·은·철과 활·화살과 말은 동이(東夷 : 고조선 지칭)가 하·상·주(夏·商·周)보다 시기적으로 앞선 것을 도입했음을 시사하고 있는 흔적을 다수 남기고 있다.

동아시아에서는 고조선문명에서 최초의 청동기가 나왔다는 사실이 상·서주시대 한자(漢字) 만들기에도 반영되어 있다. '鐵'(철)의 옛 글자(상·서주 시대)는 '銕'(철, 쇠, 금속)이었다. 銕(철)은 '동이의 금속'이라는 뜻이다. 즉 고대 중국 지식인들은 철은 동이(실제로는 고조선)에서 중국으로 들어온 것이라고 생각한 것이었다.

이때 銕자를 구성한 좌변 金은 '금속'의 뜻이고, 비단 철에만 한정된 것은 아니라고 볼 수 있다. 왜냐하면 철기는 청동기의 훨씬 후에 나오기 때문이다. 우변 夷는 선진(先秦)시대의 동이(북이 포함 : 실제로는 고조선)를 가리킨 것이었다. 즉 역사실제에서는 고조선 후국들을 가리킨 것이었다(제16장에서 상론).

2. 고조선문명의 다뉴조문경과 다뉴세문경

1) 고조선문명 다뉴조문경의 특징과 분포

고조선은 BC 30세기~BC 24세기에 건국된 매우 오래된 동아시아 최초의 고대국가이므로 평민들의 큰 무덤은 거의 대부분 없어졌지만, 왕이나 장군들의 큰 무덤들은 아직도 남아 있는 경우가 있다. 또한 고조선 초기는 청동기시대이므로 그 무덤의 부장품들에는 부식되어 없어져 버리지 않는 청동기가 포함되어 있을 수 있다.

고조선의 유적·유물 가운데 고조선시대 무덤에서 출토되어 발굴보고서가 있는 청동기들은 고조선문화와 영역의 판별에 큰 도움을 준다. 예컨대 '도안'이 고중국식 도안이나 북방 오르도스식 도안과 판이한 고조선의 독특한 '비파형' 동검은 다른 고조선문화의 일괄유물과 함께 출토되는 경우에는 고조선 통치층 또는 무장 군대가 이 지역에서 활동했거나 주둔한 증거가 아닌가 검토할 근거가 되고, 영역 문제 해명과도 관련시켜 볼 수 있다.16)

물론 무수하게 많이 사용되었던 목제와 피혁제의 고조선 문화용구가 대량 발굴되면 문제는 용이하게 풀리고 해답을 명확하게 증명해줄 수도 있겠지만, 목제와 피혁제 용구는 모두 삭아〔腐植〕없어지고 금속 용구만 썩지 않고 남아 있으므로, 청동기를 택하여 문제를 풀어가는 것은 불가피한 일이기도 한 것이다.

고조선 청동기문화의 선진적 발전과 고조선 영역을 나타내 주는 청동기 지표유물로서 우선 '청동거울'이 있다.

고조선의 '비파형동검'의 분포를 통한 고조선 영역의 추적은 일단 필자의 다른 논문에서도 시도한 바 있다.17) 여기서는 먼저 고조선의 특유한 도안의 청동기인 고조선식 '다뉴조문경(多鈕粗紋鏡)'의 분포와 '부채꼴 청동도끼'〔扇形銅斧〕의 분포를 통하여 고조선 청동기문화의 특징과 고조선의 영역을 일단 기존 연구의 결론 부분을 활용하여 비교 검토하기로 한다.

16) ① 박진욱·황기덕·강인숙, 《비파형단검문화에 관한 연구》, 백산자료원, 1987
    ② 김정배, 〈동북아의 비파형동검문화에 관한 종합적 연구〉, 《국사관논총》, 제88집, 2000.
    ③ 오강원, 《비파형동검문화와 요령지역의 청동기문화》, 청계, 2006.
    ④ 이청규, 〈비파형동검문화〉, 《한국고대사연구의 새 동향》, 한국고대사학회, 2007.
    ⑤ 신용하, 〈고조선 국가의 형성과 고조선 금속문화〉, 《단군학연구》 제21호, 2010 참조.
17) 신용하, 〈고조선 국가의 요동·요서지역으로의 발전〉, 《고조선 단군학》 제25호, 2011 참조.

고조선의 다뉴조문경과 다뉴세문경의 뒷면에는 고조선의 일부 비파형동검의 자루 및 검집 그리고 부채꼴 청동도끼와 마찬가지로 고조선의 독특한 '태양무늬'와 '번개무늬'가 도안되어 있다. 이 도안은 다뉴조문경·다뉴세문경·비파형동검·부채꼴 청동도끼가 고조선유물임을 거듭 증명함과 동시에 고조선 문화와 사상의 일단을 표현한 것이기도 하다.

고조선식 청동거울은 모두가 둥근 태양모양에, 뒷면에 붙은 꼭지가 2~3개의 '다뉴'(多鈕, 여러 꼭지)이고 중심부의 약간 위에 꼭지를 붙여 제조되어 있다.[18] 무늬는 ① 햇빛(태양광선)무늬와 ② 번개무늬가 대종을 이루고 있다.

이에 비하여 고중국식 청동거울은 둥글거나 사각형 모양에 뒷면에 붙인 꼭지가 중심부에 한 개뿐인 단뉴(單鈕, 한 개 꼭지)로 제조되어 있으며, 무늬는 각종 동식물 등 구상물이 대종을 이루고 있다. 따라서 고조선식 동경과 고중국식 동경은 뚜렷하게 달라서 구별이 비교적 용이하다.

고조선 다뉴조문경과 다뉴세문경의 형태와 도안의 특징을 사회사적으로 해석하면, 완전하게 둥근 형태는 해(태양)를 상징한다고 본다. 고조선 왕실과 고조선 사람들은 자기들이 천손(天孫)이라는 천손의식을 갖고 하늘과 그 중심에 있는 해(태양)를 숭배했으므로, 청동거울을 항상 해와 같이 둥근 모양으로 만들고, 뒷면의 무늬는 햇빛(태양광선)을 기하학적으로 형상화했다고 해석된다.

해(태양)숭배사상은 매우 일찍이 신석기시대 한반도 한강문화(남한강·금강 상류)에서 동아시아 최초로 농업경작이 시작되었을 때 밝(밝한)족이 농경과 관련하여 형성한 사상이었는데, 한 부족이 맥족 및 예족과 결합하여 고조선을 건국하면서 한족에서 제왕을 내게 됨에 따라 고조선 전체가 해(태양)숭배사상을 더욱 확고히 갖게 되고, 천손

---

18) 全榮來, 〈금강유역 청동기문화권 신자료〉, 《馬韓百濟文化》(원광대) 제10집, 1987 참조.

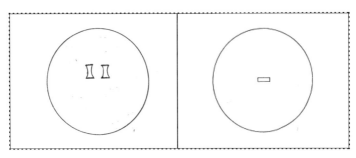

〈그림 9-5〉 고조선식 청동거울과 고중국식 청동거울의 기본 구조 비교
1. 고조선식 청동거울   2. 고중국식 청동거울

(天孫)의식을 강화하여 갖게 된 것으로 해석된다.

고조선에서는 왕족의 징표[天符印] 3개 가운데 첫째가 '청동거울'이었고, 다음이 '청동검'과 '옥'이었다. 고조선 청동거울은 이러한 특징이 있었기 때문에 언제나 전체 도안이 해(태양)처럼 동그란 원 모양이었고, 뒷면에는 햇살을 나타내는 기하학적 문양을 고안하여 넣게 되었다고 본다.

고조선의 다뉴조문경과 다뉴세문경의 뒷면에 동심원을 1~3개 그리고 햇빛을 삼각형 또는 별무늬 모양으로 나누어 그린 것도 사실은 모두 햇빛(태양광선)의 기하학적 무늬의 변형이다. 종래 이것을 별무늬 또는 삼각무늬, 톱니무늬로 이름 붙여 설명해 온 것은 해(태양)숭배사상과의 관련을 간과한 정확하지 않은 설명이라고 본다.[19]

고조선의 청동거울의 햇빛무늬와 다른 또 하나의 무늬는 번개무늬인데, 이것도 태양무늬와 함께 고조선 청동거울에만 보이는 것이다.[20] 햇빛무늬와 번개무늬는 전혀 달라 보이지만 천손사상의 하늘을 매개로 연결되어 있다. 번개무늬는 고조선의 왕족들(또는 귀족들) 가운데서

19) 신용하, 〈고조선 국가영역의 확대와 고조선 청동기의 분포〉, 《사회와 역사》 제101집, 2014 참조.

20) ① 金元龍, 〈沈陽鄭家窪子 靑銅時代墓와 副葬品〉, 《東洋學》 제6집, 1976.
  ② 황기덕, 〈요서지방의 비파형 단검문화와 그 주민〉, 《비파형단검문화에 관한 연구》, 백산자료원, 1987.
  ③ 이청규, 〈청동기를 통해 본 고조선〉, 《국사관논총》 제42집, 1993 참조.

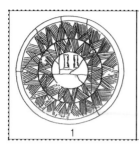  

〈그림 9-6〉 고조선 청동거울 뒷면의 무늬 유형
1. 고조선식 다뉴조문경의 태양무늬(충남 아사군 남성리)
2. 고조선식 다뉴세문경의 태양무늬(함남 함흥시 이화동)
3. 고조선식 다뉴조문경의 번개무늬(요서지역 조양 십이대영자 3호무덤)

지역사령관급 대장군 무장(武將)에게 수여된 상징물로 추정된다.

번개무늬는 ① 매우 빠른 행동의 민첩성 ② 어둠 속 전광석화(電光石火) 같은 순간적인 밝은 섬광 ③ 압도적인 위엄 ④ 번개가 수반하는 공포와 벼락의 징벌성 ⑤ 대상에 대한 민첩한 타격과 승전의 상징성을 갖고 있기 때문이다.

고조선의 청동거울은 보통 뒷면의 무늬그림의 줄의 섬세 정도에 따라 다뉴조문경(多鈕粗紋鏡)과 다뉴세문경(多鈕細紋鏡)으로 구분한다.[21] 이것은 제조기술의 발전에 수반된 무늬줄의 굵기를 기준으로 구분한 것이다. 그래서 다뉴조문경은 전조선(단군조선) 시기의 유물이고 다뉴세문경은 후조선 시기의 유물이라고 해석하기도 한다. 그러나 반드시 전조선시기의 청동거울이 모두 조문경이고 후조선시기의 것이 모두 세문경인 것은 아니다. 전조선시기 후반에도 세문경이 있었기 때문이다. 그러나 고조선의 청동거울이 제작기술상 다뉴조문경에서 다뉴세문경으로 발전했음은 명확한 것이다.

고조선 동경의 이러한 특징 때문에 고조선의 다뉴조문경과 다뉴세문경의 분포는 비파형동검과 함께 고조선의 영역과 고조선 문명의 범

---

21) ① 이청규, 〈동북아지역의 다뉴경과 그 부장묘〉, 《한국상고사학보》 28, 1999.
　　② 甲元眞之, 《東北アジアの青銅器文化と社会》, 同成社, 2006.

위를 밝히는 데 중요한 지표유물이 될 수 있다.22) 앞으로도 수많은 발굴과 보고가 계속될 것임은 물론이지만, 우선 지금까지 여러 나라 고고학자들이 발굴해 보고한 다뉴조문경의 발굴지역별 분포를 정리해 볼 수 있다.23)

〈표 9-2〉고조선 다뉴조문경(여러꼭지 굵은줄무늬 청동거울) 발굴 분포

지역	번호	유적	직경 (cm)	몸체둘레 (cm)	무늬
한 반 도	1	평남 성천군	11.4	·	태양·별무늬
	2	평양	9.4	·	번개무늬
	3	평양 신성동	10.0	·	번개무늬
	4	평남 맹산군(a)	12.8	·	태양·삼각무늬
	5	평남 맹산군(b)	17.1	·	태양·별무늬
	6	평남 중화군	13.0	·	태양·별무늬
	7	황해도 연안군 소아리	9.8	·	태양·기하학무늬
	8	황해도 은산군 남양리(a)	17.2	·	태양·삼각무늬
	9	황해도 은산군 남양리(b)	12.8	·	태양·삼각무늬
	10	경기도 연천군	11.3	·	태양·삼각무늬
	11	(傳)충청남도	11.2	·	번개무늬
	12	충남 부여군 연화리	12.8	·	태양·삼각무늬
	13	부여 구봉리 석곽무덤(a)	13.0	·	태양·삼각무늬
	14	부여 구봉리(b)	10.8	·	태양·삼각무늬
	15	아산 남성리 석곽무덤(a)	18.1	·	태양·삼각무늬
	16	아산 남성리(b)	19.6	·	태양·삼각무늬
	17	예산 동서리 석곽무덤(a)	8.1	·	태양·삼각무늬
	18	예산 동서리(b)	9.4	·	태양·삼각무늬

22) 신용하, 〈고조선 국가의 영역확대와 고조선 청동기의 분포〉, 《사회와 역사》 제101집, 2014 참조.

23) ① 박진욱·황기덕·강인숙, 《비파형단검문화에 관한 연구》 과학·백과사전출판사, 1987.
② 국사편찬위원회 편, 《한국사》3(청동기문화와 철기문화), 1997.
③ 복기대, 《요서지역의 청동기 시대 문화연구》, 백산자료원, 2002.
④ 신용하, 〈고조선국가의 형성과 고조선금속문화〉, 《단군학연구》, 제21집, 2010.
⑤ 미야지마 오사무, 《한반도 청동기의 기원과 전개》, 사회평론, 2010 참조.

	19	예산 동서리 석곽무덤(c)	7.0	·	태양삼각무늬
	20	예산 동서리 석곽무덤(d)	9.5	·	태양삼각무늬
	21	예산 동서리 석곽무덤(e)	13.6	·	태양삼각무늬
	22	대전 괴정동 석곽무덤(a)	11.3	0.2	태양별무늬
	23	대전 괴정동(b)	8.0	0.2	태양삼각무늬
	24	전북 익산군 오금산	9.0	·	태양삼각무늬
	25	전북 익산 다송리 석실묘	10.7	·	태양삼각무늬
	26	완주군 여의리(a)	15.3	·	태양삼각무늬
	27	완주군 여의리(b)	13.2	·	태양삼각무늬
	28	(傳)전라북도	11.3	·	태양별무늬
	29	전남 영암군(거푸집)	8.3	·	
	30	전남 소록도	14.4	·	태양삼각무늬
	31	전남 함평군 나산면 초포리 적석석관묘(a)	9.7	·	
	32	함평군 나산면 초포리(b)	15.6	·	
	33	함평군 나산면 초포리(c)	17.8	·	
	34	경북 경주시 조양동 5호 목관묘	5.3	·	
요동	35	요녕성 本溪 梁家村 석관무덤	12.8	0.5	번개무늬
	36	본계시 유가초 대석개묘			새무늬
	37	심양 鄭家窪子 M6512	8.8	1.0	번개무늬
	38	(傳)瀋陽	12.0	·	
	39	관전현 丹東 趙家堡 석관무덤 1호	12.3	0.4	태양기하학무늬
	40	관전현 조가보 2호	14.5		태양무늬
	41	관전현 조가보 3호	12.0		태양무늬
	42	동료현 남산강	10.0		
	43	동풍현 대가산	10.3		태양삼각무늬
	44	길림성 집안현 五道嶺溝門	13.9	0.2	태양기하학무늬
	45	화전현 西荒山屯 석관무덤 1	10.0	0.3	태양별무늬
	46	화전현 서황산둔 2	11.0		태양삼각무늬
	47	화전현 서황산둔 3			
	48	통회현 小道嶺 (a)	10.0	·	태양별무늬
	49	통회현 소동령 (b)	9.2		태양별무늬
요서	50	요녕성 朝陽 十二臺營子 3호	22.5	0.8	번개무늬
	51	조양 십이대영자 1호			태양기하학무늬
	52	조양 소파적석곽묘			번개무늬
	53	大拉罕溝 M851	14.1	0.3	번개무늬
	54	炮手營子 M881	12.5	0.3	번개무늬
	55	寧城 小黑石溝 98AⅢ. M5	17.2	1.3	태양삼각무늬
연해주	56	연해주 슈코토프카	18.0	·	태양동심원무늬
	57	이즈베스토프카	12.5	·	태양삼각무늬

이 고조선 다뉴조문경의 지역적 발굴 분포를 큰 강을 경계로 가정하여 지도에 옮겨보면 〈그림 9-7〉과 같다.

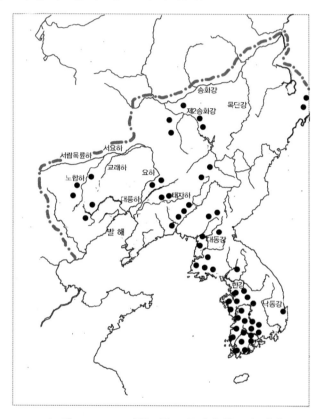

송화강

목단강

제2송화강

서요하

서랍목륜하

교래하   요하

노합하

대릉하   태자하

발 해

대동강

한강   낙동강

〈그림 9-7〉 고조선식 다뉴조문경의 분포와 영역

〈표 2〉와 지도 〈그림 9-7〉에서도 알 수 있는 바와 같이, 고조선 다뉴조문경은 한반도 전역과 만주의 요동·요서 및 연해주지역에도 분포되어 있다.

특히 주목할 것은 만주 요동지역뿐만 아니라 요서지방 대릉하 유역 조양(朝陽) 지구와[24] 영성(寧城)현 일대에서 다른 고조선 청동기들

---

24) ① 朱貴, 〈遼寧十二臺營子靑銅短劍墓〉,《考古學報》1, 1960.
    ② 靳楓毅, 〈大陵河流域出土的靑時代遺物〉,《文物》11, 1988 참조.

과 함께 고조선 다뉴조문경이 6점이나 발굴된 점이다.[25] 이 사실은
만주 요서지역과 동내몽고 적봉지역이 고조선(단군조선)의 영역이었음
을 증명하는 것이라고 해석할 수 있다.

2) 고조선 다뉴조문경의 동북 연해주지역 분포

고조선국가의 동쪽 영역이 지금의 연해주를 포함했는가에 대해 종
래 의문이 있어 왔다. 그러나 연해주 마이혜강유역 이스베스토프에서
발굴된 고조선 옛 무덤에서 다뉴조문경 등 고조선 청동기들이 출토되
어 지금의 연해주 일대가 고조선의 영역이었음을 증명하는 증거의 하
나가 되었다.

소련 고고학자들은 1959년 이스베스토프에서 1기의 고조선식 석관
묘를 발굴했는데, 무덤방에서 직경 12.5㎝의 고조선식 다뉴조문경 1개,
고조선식 세형동검 2개, 비파형 청동창끝 1개, 청동끌 1개, 돌도끼, 관
옥(管玉) 등이 출토되었다.[26]

연해주 이스베스토프에서 출토된 고조선 다뉴조문경은 고조선 세
형동검 및 관옥과 함께 출토됨으로써 이 석관묘가 고조선 왕족계열
지방통치자의 무덤임을 시사해 주고 있으며, 연해주 일대가 고조선의
통치 영역이었음을 알려주고 있는 것이다.[27]

연해주의 이 지역은 고문헌의 북옥저 지역으로 비정될 수 있는데,
이 청동유물은 《후한서》에서 "예 및 옥저와 구려는 본래 모두 고
조선 땅"[28]이었다고 서술한 것과 또 《제왕운기》에 "남북옥저 등이 모
두 단군의 후예"라고 쓴 기록과 일치하는 것이다.[29]

---

25) 寧城縣文化館, 〈寧城縣新發現的夏家店上層文化及其相關遺物的研究〉, 《文物資料叢刊》
    9, 1985 참조.
26) 平井尚志, 〈沿海州 新出土の多鈕粗紋鏡とその一括遺物いづて〉, 《考古學雜誌》, オ
    46卷 オ3号, 1960 참조.
27) 신용하, 〈고조선 국가영역의 확대와 고조선 청동기의 분포〉, 《사회와 역사》
    제101집, 2014 참조.
28) 《後漢書》 卷85, 東夷列傳, 第75, 濊條 , 〈濊及沃沮·句驪, 本朝鮮之地也〉 참조.

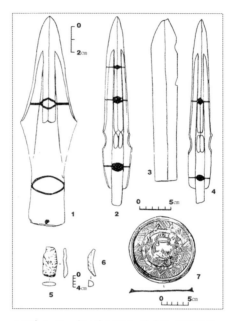

〈그림 9-8〉 이즈베스토프 석관묘 출토유물
1: 비파형 청동창끝, 2: 세형 동검,
3: 청동 끌, 4: 형 동검, 5: 돌도끼,
6: 관옥, 7: 다뉴조문경

이 밖에도 블라디보스토크 부근에서 출토된 지름 18cm의 고조선식 다뉴조문경이 연해주 블라디보스토크 박물관에 진열되어 있다.

또한 크로우노프카강 근처의 크로우노프카 마을에는 탁자식 고인돌과 개석식 고인돌군이 발견되었다고 보고되었다.[30] 이 사실 역시 연해주 일대가 고조선의 통치 영역이었음을 알려주고 있다.

3) 고조선 다뉴조문경의 태양무늬의 유형

고조선의 다뉴조문경은 고조선 사람들의 해(태양)숭배 사상을 표

---

29) 《帝王韻紀》 하권, 東國君王開國年代并序, 〈名檀君 據朝鮮之域爲王 故尸羅. 高禮·南北沃沮·東北扶餘·穢與貊 皆檀君之壽也〉 참조.

30) 최몽룡·이헌종·강인욱, 《시베리아의 고고학》, 주류성, 2003, p.453 참조.

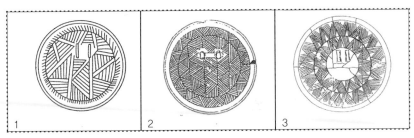

〈그림 9-9〉 고조선 다뉴조문경 뒷면 도안의 세 유형
1. 제1형((전)성천) 2. 제2형(완주 여의동 석개토광묘 1호묘-A) 3. 제3형(아산 남성리 석곽)

현한 뒷면의 햇빛(태양광선)무늬 도안이 큰 특징인데, 그 햇빛을 표현한 도안의 형식을 다음과 같이 구별할 수 있을 것이다.

제1형: 두 꼭지 부근 중앙에 원을 그리지 않고 전체에 햇빛을 그리면서, 바깥 둘레에만 원을 그린 형[31]

제2형: 두 꼭지 부근 중앙에 원(또는 변형 6각형)을 그리되, 공백 없이 전체에 햇빛(태양광선)을 그린 형[32]

제3형: 두 꼭지 부근 중앙에 원을 그려서 무늬 없는 공백을 두고, 그 원에서 둘레 원 사이에, 또는 1/2~1/3 지점에 동심원을 그리어 햇빛무늬를 넣은 형[33]

---

31) 위의 (전)성천 다뉴조문경 외에 ㉠ 전남 고흥군 소록도 ㉡ 집안현 오도령 구문 적성총 ㉢ (전)맹산 다뉴조문경 거푸집 ㉣ (전)연천 다뉴조문경 ㉤ 예산 동서리 ㉥ 완주 여의동 석개토광묘 ㉦ 길림성 화전현 석관묘 고조선 다뉴조문경도 제1형에 속한다고 할 수 있다.
32) 위의 완주 여의동 석개토광묘 1호묘-A 다뉴조문경 외에 ㉠ (전)중화 ㉡ 대전괴정동 2호 ㉢ (전) 맹산 다뉴조문경 거푸집② ㉣ 대전 괴정동 1호 다뉴조문경 ㉤ 익산 오금산 유적 ㉥ 익산 다종리 석실묘 다뉴조문경도 제2형에 속한다고 할 수 있다.
33) 위의 아산 남성리 석곽묘 다뉴조문경 외에 ㉠ 통화현 소도령(거푸집) ㉡ 연해주 이즈베스토프 석관묘 ㉢ 아산 남성리 석곽묘② ㉣ 부여 연화리 출토 ㉤ 부여 구봉리 ㉥ 길림 영액포 다뉴조문경 거푸집 ㉦ 관전현 조가보자 다뉴조문경 등은 제3형에 속한 것이라고 할 수 있다.

4) 고조선 다뉴세문경 태양무늬의 유형

고조선의 전조선(단군조선) 후기에 오면, 동경 제작기술이 발전할 뿐 아니라 도안도 발전하여, 다뉴조문경은 다뉴세문경으로 발전하게 되었다.

다뉴세문경은 뒷면의 도안도 더욱 발전하여, 동경 뒷면의 햇빛(태양광선)무늬도 기하학적으로 더욱 정밀하게 되었다. 예컨대 거울 뒷면의 두 꼭지에 접변하여 첫 원을 그린 다음 모두 2~3개의 동심원을 그리고, 햇빛을 더욱 찬란하고 날카롭게 표현하기 위하여, 마지막 원 안에는 가늘고 날카로운 톱니날 같은 날카로운 햇살을 그려서, 기하학적 도형이 햇빛(태양광선)임을 선명하고 힘차게 그려 표현하였다.

또한 첫째 동심원이나 둘째 동심원에는 다수의 삼각형이 모자이크된 각종 도안을 만들어 '햇빛'을 삼각형의 각종 조합으로 아름답게 기하학적으로 형상화하였다.

다뉴세문경은 다뉴조문경에서 발전한 뒷면 도안의 특징에 주목하여 다음의 세 유형으로 분류할 수 있을 것이다.

제1형: 두 꼭지에 접변하여 동심원을 2~3개 그리고 햇빛(태양광선)을
　　　　직삼각형 톱니처럼 선을 넣거나 선 없이 선명하게 그린 형[34]
제2형: 뒷면에 동심원을 그리고 햇빛을 직삼각형 톱니처럼 도안한 후
　　　　전체에 선을 넣어 햇빛을 은근하게 표현한 형[35]

---

34) 위의 함흥 이화동 다뉴세문경 외에 ㉠ 아산군 궁평리 ㉡ 장수 남양리 1호 묘 ㉢ 대동군 반천리 2호묘 ㉣ 함남 금야 용산리 ㉤ 봉산 송산리 석곽묘 ㉥ 신천 용산리 ㉦ 부여 합송리 ㉧ 논산 원북리 나-1호묘 ㉨ 장수 남양리 4호묘 ㉩ 함평 초포리 ㉪ 화순 백암리 다뉴세문경 등은 제1형 고조선 다뉴세문경이라고 할 수 있다.
35) 위의 평남 대동군 반천리 1호 다뉴세문경 외에 ㉠ 횡성 강림리 ㉡ 부여 구봉리 ㉢ 대동군 반천리 ㉣ (전)평양 ㉤ 양양 정암리 ㉥ (전)강원도 원주① ㉦ (전)강원도 원주② ㉧ 달성군 입실리 ㉨ (전)경상남도 ㉩ 예산 동서리 4호묘 ㉪ 전남 영암군 ㉫ 함평군 초포리 1호석곽묘 ㉬ 초포리 2호 석곽묘 ㉭ 화순군 대곡리 1호 석곽묘 다뉴세문경 등은 제2형 고조선 다뉴세문경이라고

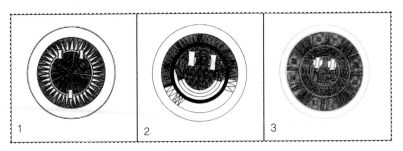

〈그림 9-10〉 고조선 다뉴세문경의 뒷면 도안의 세 유형
제1형(함흥 이화동)   제2형(평남 대동군 반천리)   제3형(화순 대곡리)

제3형: 뒷면에 동심원을 다수 그리고 햇빛을 직삼각형 톱니처럼 도안
한 후 가장 변두리 동심원란에 다시 2쌍씩 4벌 모두 8개의 작은
동심원들을 그린 형36)

5) 고조선 다뉴조문경의 번개무늬

고조선식 다뉴조문경의 출토 분포에서 주목할 것은 요동지역의 북
부와 요서지역 서북부에서 고조선식 번개무늬 다뉴조문경이 다수라는
사실이다. 번개무늬 다뉴조문경이 출토된 이 지역 무덤들에서는 청동
거울뿐만 아니라 비파형동검의 검자루와 검집과 고조선식 부채꼴 청동
도끼에도 번개무늬가 새겨져 있는 것이 많았다. 이 사실은 고조선 영
역의 변경지대에 접근할수록 군사령관급 무장들의 주둔지가 많았음을
알려주는 것이라고 볼 수 있다.
또한 번개무늬 다뉴조문경 및 비파형동검과 함께 옥이 출토된 무
덤은 고조선 왕족 출신 군사령관급 무장의 무덤임을 시사하는 것이라
고 볼 수 있다. 고조선 왕실은 변경지대 군사령관에 확실하게 신뢰할
수 있는 왕족 출신 무장을 임명 주둔시킨 경우가 많았음을 알려주고

___

할 수 있다.
36) 위의 화순 대곡리 다뉴세문경 외에 ㉠ (전)논산 ㉡ 영암 2호 ㉢ 당진 소소
리 2호 무덤 ㉣ (전)영남 1호의 다뉴세문경 등은 제3형 다뉴세문경이라고
할 수 있다.

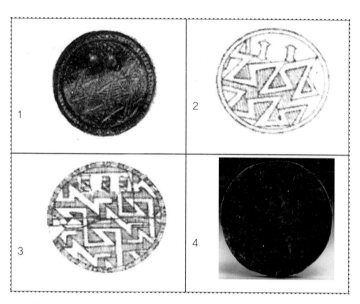

〈그림 9-11〉 고조선 다뉴조문경의 번개무늬(한반도·요동·요서지역)
  1. 평양 신성동, 2. 요동 심양 정가와자 M6512 출토
  3. 요서 조양 십이대영자 제3호 무덤 출토
  4. 동내몽고 적봉시 영성현 소흑석구 98A111 M5 출토

있다고 해석된다.

일찍이 고조선에서 고조선 건국초기인 BC 26세기의 교예장식품과 청동기와 청동방울종(상원군 장리 고인돌 무덤 출토)에 새겨진 무늬가 바로 번개무늬였다.[37] 이 두 개의 청동기는 최고통치층의 사용품이었다고 해석된다. 이어서 고조선 청동기유물들에서 우선 최고위 신분층의 위신재 겸 의기로 사용된 다뉴조문경에서 번개무늬가 애용되었다. 청동거울의 뒷면에 번개무늬를 사용한 것은 오직 고조선 청동거울에만 있던 일이고, 고중국 청동거울에는 없는 무늬이다.

한반도 대동강유역 평양지방에서 일찍이 출토된 '번개무늬' 다뉴조문경은 선명하게 굵은 줄의 번개무늬를 나타내고 있었다(〈그림 9-11-1〉 참조). 또한 일제강점기 충청남도에서 채집되었다는 다뉴조

---

37) 최응선, 〈상원군 장리 고인돌무덤을 통하여 본 고조선 초기의 사회문화 화상에 대하여〉, 이형구 편, 《단군과 고조선》, 살림터, 1999, pp. 479~488 참조.

문경도 번개무늬이다. 요동지역 요녕성 본계(本溪)시 양가촌(梁家村) 석관무덤에서 출토된 다뉴조문경도 번개무늬이다.[38] 요녕성 심양시 정가와자(鄭家窪子)에서 출토된 다뉴조문경도 번개무늬이다(〈그림 9-11-2〉 참조).[39] 또한 요서지역 요녕성 조양(朝陽) 십이대영자(十二臺營子) 3호 무덤에서 출토된 다뉴조문경도 번개무늬이다(〈그림 9-11-3〉 참조).[40] 요서 조양 소파적 석관무덤에 출토된 다뉴조문경도 번개무늬이다.[41] 또한 적봉 부근의 요서 건평 포수영자 제881호 무덤에서 출토된 다뉴조문경도 번개무늬이다.[42] 동내몽고 적봉시 영성구 소흑석구 무덤에서 출토된 다뉴조문경에도 '번개무늬'가 조각되어 있다(〈그림 9-11-4〉).[43]

고조선에서 다뉴조문경은 비파형동검보다도 더 귀중한 최고위 신분재였다. 또한 거듭 지적하지만 다뉴조문경과 비파형동검 및 옥(관옥·하옥·곡옥)이 한 벌로 나오면, 그 소유자가 고조선 왕족 계열임을 나타내는 것이었다. 이때 비파형동검 및 옥과 함께 다뉴조문경의 뒷면에 태양무늬 대신 번개무늬가 조각되어 있으면, 그 소유자는 왕족계열의 군사령관급 무장임을 나타내는 것이라고 해석할 수 있다.

고조선의 번개무늬를 조각한 다뉴조문경이 한반도의 대동강유역·금강유역·요동 본계지구와 심양지구, 요서의 조양지구와 건평지구, 그리고 내몽고의 적봉지구에서 비파형동검 등 다수의 고조선식 청동기들,

---

38) ① 魏海波, 〈遼寧本溪發現青銅短劍墓〉, 《考古》 2, 1987.
　　② 齊俊, 〈本溪地區發現青銅短劍墓〉, 《遼海文物學刊》 2, 1994 참조.
39) ① 沈陽古宮博物館, 〈沈陽鄭家窪子的兩座青銅時代墓〉, 《考古學報》 1, 1975.
　　② 金元龍, 〈沈陽鄭家窪子青銅時代墓와 부장품〉, 《동양학》 6, 1976 참조.
40) ① 遼寧省文物調査班, 〈一九七九年朝陽地區文物普査發掘的主要收穫〉, 《遼寧文物》 1, 1980.
　　② 靳楓毅, 〈論中國東北地區含曲刃青銅短劍的文化遺存〉(上), 《考古學報》 4, 1982; (下) 《考古學報》 1, 1983 참조.
41) ① 張靜·田子義·李道升, 〈朝陽小波的青銅短劍墓〉, 《遼海文物學刊》, 1993年 第2期.
　　② 오강원, 《비파형동검문화와 요령지역의 청동기》, 청계, 2006 참조.
42) 李殿福, 〈建平孤山子·榆樹林子青銅時代墓葬〉, 《遼海文物學刊》, 1991年 第2記 참조.
43) 한국 동북아역사재단·중국 내몽고문물고고연구소, 《하가점 상층문화의 청동기》, 2007, pp. 332~333 참조.

그리고 때로는 옥들과 함께 출토되는 것은, 고조선의 한반도·요동·요서·동내몽고지역의 정치적 지배가 왕족계열 군사령관급 무장과 강력한 무력에 의해 받쳐지고 있었다는 것을 시사한다고 볼 수 있을 것이다.

고조선의 다뉴조문경은 비파형동검보다 더 희소한 상위 고위 신분재이며, 무장들은 국경지대의 훨씬 안쪽에 정착 또는 주둔했을 것이므로, 고조선의 국경은 다뉴조문경의 출토지를 훨씬 넘어서 그 외연에 설정되어 있었으리라고 볼 수 있을 것이다.

3. 고조선문명의 비파형동검

1) 고조선 비파형동검의 특징과 분포

고조선문명의 청동기문화 유적·유물들 가운데 이웃 나라들의 청동기 유물들과 형태와 도안과 구조가 확연히 상이하여 영역을 판별하는 데 기준이 될 수 있는 청동기로 '비파형동검'이 있다. 이 청동단검은 그 모양새가 고대 악기 비파(琵琶)의 모양새와 비슷한 곡선으로 도안되어 있으므로 붙여진 명칭이다.

고조선문명의 비파형동검은 고중국의 직선으로 도안된 동검이나 또는 북방 오르도스식 구부러진 도안의 동검과는 확연히 모양새가 달라서 누구나 쉽게 구별할 수 있다[44](〈그림〉 9-12~14 참조).

고조선 비파형동검의 세 가지 큰 특징은 다음과 같다.

첫째, 비파형 청동단검은 중간부분의 양날에 돌기를 만들어 검 끝과 검 아래 부분을 돌기를 중심으로 부드러운 곡선의 모양새를 만들

---

44) 박진욱, 〈비파형단검문화의 발원지와 창조자에 대하여〉, 《비파형단검문화에 관한 연구》, 과학백과사전출판사, 1987, p.62 및 국사편찬위원회, 《한국사》3, 1997, pp.32~33 참조.

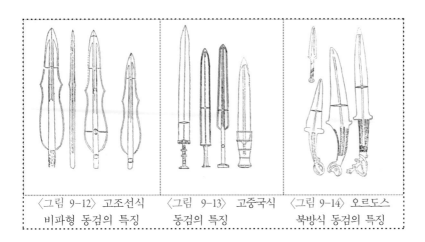

| 〈그림 9-12〉 고조선식 비파형 동검의 특징 | 〈그림 9-13〉 고중국식 동검의 특징 | 〈그림 9-14〉 오르도스 북방식 동검의 특징 |

어서 마치 고대 악기 비파 모양으로 도안되었다. 전 세계 청동검 양식에서 비파형 도안은 오직 고조선 비파형 청동단검과 비파형 청동창끝만 가진 매우 독특한 도안이었으며, 그림에서 알 수 있는 것과 같이, 이웃 고중국 청동단검이나 북방 오르도스식 청동단검과는 확연하게 구별되는 것이다.

둘째, 비파형 청동단검은 검몸과 검자루를 별도로 주조하여 조립하는 '조립식' 청동단검이다. 이에 비해 이웃 고중국과 북방 오르도스식 청동단검은 검몸과 검자루를 처음부터 함께 붙여 주조하였다. 고조선의 조립식 단검은 2개 부품을 별도로 주조하여 조립하는 것이므로 청동기 주조기술이 상당히 높은 수준에 도달해야 제작할 수 있는 방식이라고 할 수 있다.

셋째, 비파형 청동단검은 검몸의 한 가운데 '등대'가 검의 거의 끝에서부터 검자루 이음새까지 세로로 곧게 만들어져 있다. 이것은 동검을 견고하게 하면서 조립을 정확히 하기 위한 것이다. 이에 비해 고중국과 북방 오르도스식에는 이러한 등대가 없다.

고조선의 비파형청동단검은 이와 같이 이웃 지역의 청동단검과는 뚜렷하게 다른 양식이므로, 이 단검의 분포는 고조선(주로 단군조선)의 영역과 고조선문명권의 범위를 판정하는 지표유물로 사용할 수 있다.

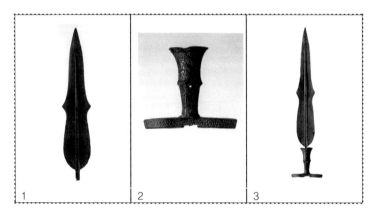

〈그림 9-15〉 고조선의 전형적 조립식 비파형 동검
1. 검몸체 2. 검자루 3. 조립된 비파형 동검

　주목할 것은 고조선 비파형동검이 한반도와 만주의 요동·요서·동
내몽고 지방 옛 무덤들에 널리 분포되어 발굴되고 있다는 사실이다.
이에 대해서는 고대사학계에서 발굴 상태의 일람표를 작성하고, 출토
지 분포도를 그려 제시하였다.[45]

2) 한반도·요동·요서지역 비파형동검의 동질성

　더욱 주목할 것은 ① 한반도 ② 요동 ③ 요서지역에서 출토되는
비파형동검의 형태와 구조가 본질적으로 '동일'하다는 사실이다.
　전형적인 전기 비파형동검을 몇 가지 들어보면, ① 한반도의 부여
송국리 출토 비파형동검[46] ② 요동 여대시 강상무덤 출토 비파형동검[47]

45) 김정배, 〈동북아의 비파형동검문화에 대한 종합적 연구〉, 《國史館論叢》 제88
　　호, 2000, p.82 및 pp.83~94 부록 일람표 참조. 이 논문의 「동북아 출토 비
　　파형동검 일람」에는 ㉠ 내몽고지역 출토 19개 ㉡ 요서지역 출토 91개 ㉢ 요
　　동지역 출토 128개 ㉣ 길림·흑룡강 지역 18개 ㉤ 한반도 북한지역 24개 ㉥
　　한반도 남한지역 42개 ㉦ 기타 9개 등 총 331개의 비파형동검의 출토지를
　　정리하여 제시하고 있다.
46) ① 한국고고학회, 〈부여 송국리 출토 一括遺物〉, 《고고학》3, 1974.
　　② 姜仁求 외, 《松菊里》I, (국립박물관 고적조사보고11), 1979.
47) 《중국동북지방 유적발굴보고》, 사회과학원 출판사, 1966.

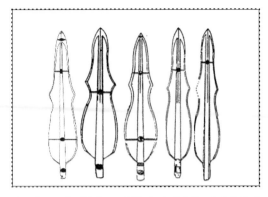

〈그림 9-16〉 한반도 ·요동·요서지역의 비파형동검
(왼쪽부터)
1. 한반도 부여 송국리 석관무덤 2. 요동 여대시
강상무덤 3. 요동 요양현 이도하자 4. 요서 조양현
십이대영자 5. 요서 영성현 남상근 101호무덤 출토

③ 요동 요양현 이도하자 석관무덤 출토 비파형동검[48] ④ 요서 조양현 십이대영자 석곽묘 출토 비파형동검[49] ⑤ 내몽고 영성현 남상근 101호 무덤 출토 비파형동검[50]은 우선 모양새부터 동질적이다(〈그림 9-16〉 참조).[51] 최근(2017년) 요동 신민시 북외(北崴)에서 출토되어 BC 18세기까지의 것으로 추정된 비파형동검도 모양새가 위의 지역 것들과 동일하다[52](〈그림 9-17〉 참조).

초기 비파형동검의 검자루는 재료가 나무여서 이미 썩어 없어져버렸기 때문에 동검과 공반 출토되지 않는다. 전형적 중후기 비파형동검에 오면 검자루는 T자형의 청동기로 제작되어 조립해서 사용하였다. 검자루가 나무가 아니고 청동기이므로 썩지 않아서 검몸과 함께 출토되고 있다. 청동제 검자루의 제작과 조립은 비파형동검 문화의 커다란 발전을 나타내는 것이다.

---

48) 遼陽市文物管理所, 〈遼陽二道河子石槨墓〉, 《考古》 1977年 5期, 1977.
49) 朱貴, 〈遼寧十二臺營子靑銅短劍墓〉, 《考古學報》 1960年 1期, 1960.
50) 遼寧省昭烏達盟文物工作站, 〈遼寧城縣南山根的石槨墓〉, 《考古學報》 1973年 2期, 1973.
51) 이 비파형 동검들은 다시 그 내부 모양새의 세밀한 차이에 따라 고고학자들은 세분해 보고 있으나, 이 논문은 사회사 논문이므로 다루지 않기로 한다.
52) 《中國新聞》 2018년 2월 10일자 〈遼寧北崴遺址出土東北地區年代最早靑銅劍〉 참조.

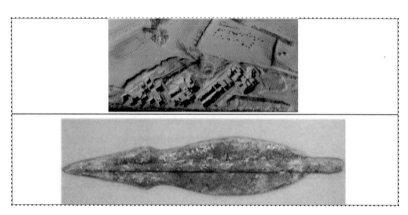

〈그림 9-17〉 최근(2017년) 요동 신민시(新民市) 북외(北崴) 유적에서 출토된 BC 18세기까지의 것으로 추정된 비파형동검. 현재 요동지역 출토의 가장 이른 시기의 것이다.

대체로 비파형동검의 T자형 검자루는 ①손잡이 ②손잡이판 ③가중기(加重器)의 세부분으로 구성되었다. 손잡이는 검몸체를 꽂도록 통을 만들어서 둘레가 손잡이가 되는 부분이고, 손잡이판은 손잡이의 맨 끝 一자형 받침판이며, 가중기는 검 무게가 기울어지면 사용이 불편하므로 무게 평형을 잡아주기 위해 손잡이판 끝 부분에 부착하는 금속 또는 연마한 돌 부분이다.[53]

필자가 김정배 교수의 비파형동검 출토 분포도에 영역 표시의 경계선을 추가해 보면 다음 〈그림 9-18〉과 같이 고조선(박달조선) 국가와 고조선문명권 주요부의 영역을 그릴 수 있다.

여기서 주목할 것은 고조선 국가 전기의 영역 최소한의 표시선을 넘어선 2개의 비파형동검 출토 지역이다. 그 하나는 고조선의 서변국경으로 표시한 난하(灤河) 계선을 넘어서서 영정하(永定河) 남쪽 하북성이고, 다른 하나는 동내몽고 만주리(滿洲里, 만저우리) 부근 호륜패이맹(呼倫貝爾盟) 이민하(伊敏河)유역이다. 이 영역선 밖에 있는 고조선 비파형동검은 고조선 사람들의 진출활동의 강력한 방향을 시사하고

---

53) 복기대,《요서지역의 청동기시대 문화 연구》, 백산자료원, 2002, pp.237~241 참조.

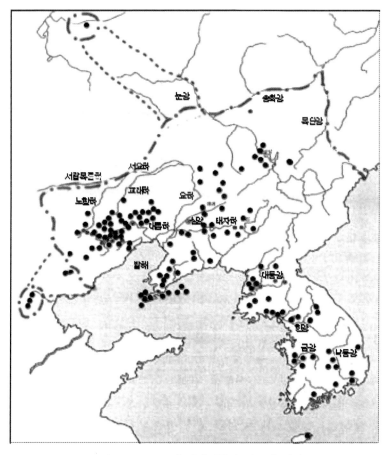

〈그림 9-18〉 고조선 비파형동검 분포와 영역

있다고 할 것이다.[54] 따라서 다른 요인과 기준을 도입하면 고조선 국가의 영역은 여기서 그린 비파형동검 출토 분포도보다 더 큰 영역임을 알 수 있을 것이다.

54) 신용하, 〈고조선 국가의 영역확대와 고조선 청동기의 분포〉, 《사회와 역사》 제101집, 2014 참조.

4. 비파형동검에서 세형동검으로의 계승

세형동검은 철기시대의 동검이다. 고조선에서 BC 12세기경에 철기시대가 시작되어 철제무기, 특히 철 장검과 철 단검이 점차 비파형 청동단검을 대체하기 시작하자, 이와 관련하여 비파형 청동단검에도 변화가 일어나서 세형동검(좁은 놋 단검)이 출현 발전하였다.

한국고고학계에는 세형동검이 비파형동검의 계승이라는 견해[55]와 세형동검은 비파형동검과 전혀 다른 내용의 것으로 비파형동검에서 직결 계승된 것이 아니라는 견해[56]가 나누어져 있다.

사회학적으로는 논란의 여지없이 세형동검은 비파형동검에서 계승 발전된 것이다.

첫째, 비파형동검과 세형동검을 제조한 사람들이 동일한 지역의 고조선 장인(匠人)들이다. 특히 동검은 고대국가 또는 지배권력의 보호 아래 오직 폐쇄적으로 기술을 전수받은 전문적 장인들이 특정한 고도의 기술을 갖고 제조한 것이다. 비파형동검 제조 장인의 후예가 동검제조 기술을 전수받아, 세형동검을 제조한 것이어서 세형동검은 비파형동검을 계승·발전시킨 것이라고 볼 수 있다.

둘째, 세형동검은 비파형동검을 계승하여 모두 고조선 동검의 특징인 조립식(組立式) 동검이다. 즉 검몸과 검자루를 각각 별도로 제조하

---

55) ① 韓炳三, 〈价川 용흥리 출토 청동검과 반출유물-세형동검의 기원과 관련된 일고찰-〉, 《考古學》I, 1968.
   ② 박진욱, 〈비파형단검문화의 발원지와 창조자에 대하여〉, 《비파형 단검문화에 대한 연구》, 과학백과사전출판사, 1987.
   ③ 이영문, 〈한반도 출토 비파형동검 형식분류 시론〉, 《博物館紀要》7, 단국대 박물관, 1991.
   ④ 李淸圭, 〈청동기를 통해 본 고조선〉, 《국사관논총》42, 국사편찬위원회, 1993.
56) ① 李鍾宣, 〈세형동검문화의 지역적 특성〉, 《韓國上古史學報》3, 한국상고사학회, 1990.
   ② 李健茂, 〈한국식 동검문화의 성격-성립배경에 대하여-〉, 第3回 文化財研究 國際學術大會論3集 《東아시아의 青銅器文化》, 문화재연구소, 1994.
   ③ 趙鎭先, 《細形銅劍文化의 연구》, 학연문화사, 2005.

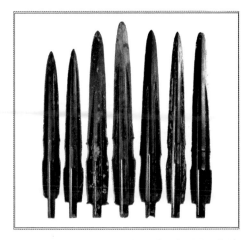

〈그림 9-19〉 고조선 세형동검(크기 같지 않음)

여 조립하는 방식이다. 고중국식 동검이나 북방 오르도스식 동검은 검
몸과 검자루를 처음부터 붙여서 하나로 제작하였다. 오직 고조선 비파
형동검과 세형동검만이 검몸과 검자루를 별도로 제조한 후에 조립하여
맞추면 척 들어 맞추어지는 고난도 기술로 제조되었다. 이 두 동검의
조립식 특징은 비파형동검에서 세형동검이 직접 계승·발전되었음을 증
명하는 증거의 하나라고 볼 수 있다.[57]

　셋째, 비파형동검과 세형동검의 검몸 중심에 세로로 등대가 있는
것도 두 동검이 동일하다. 이것은 비파형동검에서 세형동검이 직결 계
승·발전했음을 증명해주는 또 하나의 증거라고 볼 수 있다. 고중국식

---

57) 세형동검도 〈그림 9-20〉과 같이
　　비파형동검과 동일하게 조립식 동
　　검이었다. 청동이 더 많이 생산되
　　어 검집마저 청동검집을 제조하고
　　청동검 제조기술이 발전된 후조선
　　시기에도 세형동검을 조립식으로
　　제작한 것으로 보아 비파형동검의
　　조립식을 계승한 것이 명백하다고
　　하겠다.

〈그림 9-20〉 초기 세형동검의 1. 검몸
과 2. 검자루

동검이나 오르도스 북방식 동검에는 이러한 등대가 없다.

넷째, 초기 세형동검에 남아 있는 돌기부(비파형동검의 특징)와 아랫 부분의 비파형 곡선이 그 계승성을 증명해 준다. 예컨대 충청남도 예산 동서리유적 출토의 일부 세형동검, 경기도 용인 초부리 출토 세형동검의 거푸집(용범) 등의 돌기부(〈그림 9-21〉)는 비파형동검으로 부터 세형동검으로의 계승성을 증명해 준다고 볼 수 있다.[58]

다섯째, 세형동검이 요동지방이나 한반도에서 출토되는 경우 그 공반출토품이 모두 고조선식 유물들이다. 예컨대 만주 집안현 태평공사 오도령구문 오도구문 무덤에서 세형동검과 함께 검집 보호구 1개, 세형청동 창끝 3개, 청동도끼 1개, 버선코 모양 도끼 4개, 잔줄무늬 청동거울(다뉴세문경) 1개, 화살촉 2개가 공반 유물로 나왔는데, 모두 고조선식이었다. 잔줄무늬 청동거울을 예로 들면 거울 뒷면의 중심부에서 위로 벗어난 곳에 꼭지가 2개 있는 고조선식이었다.[59]

일부 연구자들이 세형동검을 '한국형동검'이라고 이름을 붙이고 그 분포지역을 한반도 또는 청천강 이남만 그리는 것은 사실과 다르다. 이미 중국 고고학자들이 요동지방에서도 고조선식 세형동검을 다수 발굴하여 보고하였다.

또한 눈강 하류지역과 동류 송화강 중상류지역에서도 중국 고고학자들이 고조선식 세형동검을 발굴하여 보고하였다.[60] 즉 세형동검의

---

58) 《한국사》(국사편찬위원회) 제3권의 세형동검 거푸집의 그림은 〈그림 9-21〉과 같이 세형동검에 남아 있는 비파형돌기 부분을 확인시켜 준다. 경기도 용인 초부리 출토(《한국사》 3).

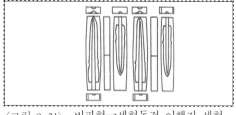

〈그림 9-21〉 비파형→세형동검 이행기 세형동검 거푸집

59) 《考古》 1981年 5期; 《비파형단검문화에 관한 연구》, p.79 참조.
60) 박진욱, 〈비파형단검문화의 발원지와 창조자에 대하여〉, 《비파형단검문화에 관한 연구》, pp.79~81 참조.

분포는 현재까지의 발굴 성과만으로도 북쪽으로는 눈강 하류지역과 동류 송화강 중상류지역까지, 동쪽으로는 연해주 남부와 한반도 동해안까지, 서로는 요동지역 전부, 남으로는 한반도 전역과 남해안까지(그리고 일본의 규슈 일부까지) 분포되어 있다.

이것은 요서지방을 제외하고는 비파형동검 분포와 세형동검 분포가 대체로 정확히 일치하는 것이다. 즉 한반도와 요동·요서 일대 전부에 걸친 고조선의 비파형동검이 일정한 시기 이후 고조선이 요서지역을 상실했거나 요서지역이 철검으로 완전 대체한 이후의 시기에 세형동검이 비파형동검을 계승·발전시켰음을 나타낸다고 볼 수 있다.

세형동검은 철검의 영향을 받은 듯이 매우 가늘고 날카롭게 변형되어 요동지역 및 연해주와 한반도 전역에서 크게 발전하였다. 그 대표적 예가 경북 경주시 서면 사라리의 사라리 유적 사라리 130호 무덤에서 나온 세형동검과 철검이다.

이 글의 목적에 비추어 더 이상의 세형동검의 고찰은 고고학 전문가들의 영역이므로 여기에서 그치기로 한다.

5. 고조선식 비파형 청동창끝의 특징과 분포

비파형 청동단검과 병행하여 성립·발전하면서 사용된 청동무기로 고조선 문명의 지표유물로 사용할 수 있는 것으로서 '비파형 청동창끝'이 있다. 비파형 청동창끝은 손잡이에 긴 나무막대를 끼워 긴 창으로서 사용한 것인데, 나무막대는 삭아 없어지고 청동창끝(銅矛)만 출토되는 것으로서, 그 디자인이 비파형 청동단검과 동일하게 고대 악기 비파를 닮아서 비파형 이름을 사용하는 것이다. 모든 금속문명권에서 청동창끝을 사용했으나 이러한 비파형 청동창끝은 고조선문명에만 있었고, 이웃 고중국 계열에는 없었던, 고조선의 독특한 청동무기이다.

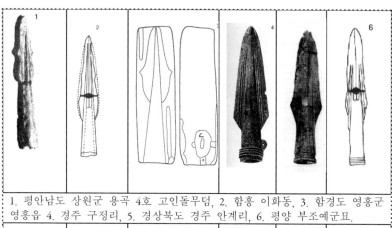

1. 평안남도 상원군 용곡 4호 고인돌무덤, 2. 함흥 이화동, 3. 함경도 영흥군 영흥읍 4. 경주 구정리, 5. 경상북도 경주 안계리, 6. 평양 부조예군묘.

7. 요동 본계 유가초 대석개묘, 8. 요동 청원현 이가보 무덤 9. 요동 길림시 장사산 무덤, 10. 요동 영길현 성성초 무덤, 11. 요동 서풍 성신촌 석관무덤, 12. 요동 관전 사평가 출토

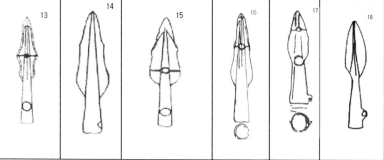

13. 요동 영길현 대강자, 14. 요동 길림 후석산 19호 무덤, 15. 요동 길림 장지산, 16. 요서 건평현 포수영자 881호 무덤, 17. 요서 능원현 하탕구, 18. 요서 영성현 남산근 101호 무덤 출토

〈그림 9-22〉 고조선지역의 비파형 청동창끝

비파형 청동창끝의 가장 오래된 유물은, 앞에서 쓴 바와 같이, 평안남도 상원군 용곡 4호고인돌 무덤에서 나온 BC 26세기의 것이다 (〈그림 9-20-1〉 참조). 또한 함경남도 영흥읍에서도 비파형 청동창끝의 거푸집이 출토되었다. 이 밖에 함흥 이화동, 경주 구정리, 경주 안계리, 평양 부조예군묘 등에서 출토되었다.

요동지역에서는 청원현 이가보 무덤에서 비파형 청동창끝 1개가 나왔다. 길림시 장사산 유적에서는 청동창끝이 2개가 출토되었는데, 그 가운데 하나는 비파형 청동창끝이었고, 다른 하나는 세형 청동창끝이었다. 또한 영길현 성성초 무덤에서도 비파형 청동창끝이 2개 출토되었다. 이 밖에 길림시 교외 장사산 유적에서 부식된 것이 1개 출토되었다.[61]

이 밖에도 본계시 유가초 대석개묘, 서풍현 성신촌 석관묘, 관전현 사평가, 영길현 대강자, 길림 후석산 19호 무덤 등에서도 비파형 청동창끝이 출토되었다.[62]

요서지역에서는 건평현 포수영자 881호 무덤에서 비파형 청동창끝이 1개, 능원현 하탕구에서도 1개가 출토되었다. 또한 영성현 남산군 101호 무덤에서도 너비가 넓고 돌기가 무디어진 비파형 청동창끝이 1개 출토되었다.[63]

비파형 청동창끝은 고조선 발생지인 아사달 지역에서 BC 26세기로 측정된 것이 출토되었으므로, 청동무기에서 비파형 도안이 창끝에서 먼저인지, 단검에서 먼저인지 앞으로 연구과제가 될 것이다.

어느 경우에나 비파형 청동창끝은 비파형 청동단검과 공반되어 나오는 경향이 있다. 또 비파형동검이 세형동검으로 계승·발전된 시기에는 비파형 청동창끝도 세형 청동창끝으로 동시에 계승·발전되는 것으

---

61) 박진욱, 〈비파형단검문화의 발원지와 창조자에 대하여〉, 《비파형단검 문화에 관한 연구》, pp.34~35 참조.
62) 오강원, 《비파형동검문화와 요령지역의 청동기문화》, p.199 및 pp.531~559 참조.
63) 복기대, 《요서지역의 청동기시대 문화연구》, pp122~123 및 pp.239~243 참조.

로 보아 고조선의 비파형 청동창끝과 비파형 청동단검은 형제 같은 청동무기체계의 하나라고 볼 수 있다.

고조선의 독특한 비파형 청동창끝의 분포는 고조선의 활동 영역 범위를 강력히 시사하는 지표유물이 된다고 할 것이다. 고조선 비파형 청동창끝의 한반도·만주 요동·요서·연해주지역의 분포는 비파형동검과 함께 고조선의 영역이 한반도·만주 요동·요서·연해주에 걸쳐 있었음을 나타내고 증명해 주는 것이라고 볼 수 있다.

6. 고조선식 청동 꺾창〔銅戈〕

고조선문명권에서는 기마문화가 발전하고 기병부대가 창설·발전함에 따라 한 가지의 큰 창에 양날을 가진 기병용 꺾창〔銅戈〕을 제조해 사용하였다(〈그림 9-23〉 참조).

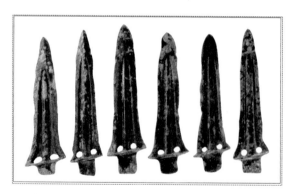

〈그림 9-23〉 고조선의 청동꺾창(크기 부동, 이건무 박사 제공)

고조선식 청동꺾창은 양날을 가진 한 가지의 큰 창에 긴 나무자루를 ㄱ자로 고정시켜 비끄러매고 기병 전투에서 말 위의 적을 찌르거나 걸어채어 끌어내리거나 밀어 떨어뜨리거나 찍어 넘어뜨리는 다기능

무기였다.

고조선식 청동꺾창은 〈그림 9-23〉에서 보는
바와 같이, 꺾창 몸체의 중앙에 날과 평평하게 굵
은 등대가 있고, 그 양쪽에 피홈을 깊게 파놓았다.
꺾창의 몸체 자루쪽에는 긴 나무자루를 직각으로
비끌어 맬 수 있게 받침턱과 두 개의 구멍을 뚫어
놓았다. 꺾창의 양날의 한쪽 날은 길고 다른쪽 날
은 짧게 해서 한 개 꺾창이 2가닥 칼날의 기능을
갖도록 고안하였다.

고조선문명에서 발해만 연안 고죽국의 경우에
고조선식 꺾창을 이미 하가점하층문화 시대부터
실전에 사용하였다(〈그림 9-24〉 참조).

고조선식 청동꺾창은 기병전투에서 찌르기와
걸어채기를 모두 할 수 있는 다기능 꺾창이었는
데 비하여, 고중국식 꺾창은 작게 두 가닥을 ㄱ자
형으로 만들어 주로 걸어채기만 하는 단기능 꺾창
이었다는 차이가 있었다.

〈그림 9-24〉 고조선 조
립식 청동꺾창(하가
점 하층문화, 영금현
수수영자촌 출토)
자료:《東北文化》(中
國地域文化大系)

7. 고조선식 부채꼴 청동도끼의 특징과 분포

고조선문명의 다뉴조문경·다뉴세문경·비파형동검과 함께 독특한
청동기의 하나가 고조선식 '부채꼴 청동도끼'[扇形銅斧]이다[64](〈그림
9-25〉 참조). 이에 비해 고중국의 청동도끼는 '책꼴 청동도끼'[冊形銅
斧]이다(〈그림 9-26〉 참조). 그러므로 부채꼴 청동도끼의 지역적 분포

64) 오강원, 〈동북아지역 선형동부의 형식과 시공간적 양상〉, 《강원고고학보》 제
2집, 2003 참조.

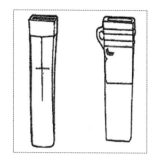

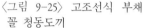

〈그림 9-25〉 고조선식 부채
꼴 청동도끼

〈그림 9-26〉 고중국식 책
꼴 청동도끼

를 갖고서도 고조선의 영역을 밝히는 데 도움을 얻을 수 있다.

물론 고조선지역에서 예외적으로 책꼴 청동도끼도 나오고, 고중국지역에서 부채꼴 청동도끼도 나오지만, 모두 소수의 예외적인 것이다.[65]

'부채꼴 청동도끼'는 한반도·요동·요서의 옛 고조선 전 지역에서 비교적 고르게 출토·분포되었다.[66]

그러하면서도 고조선식 부채꼴 청동도끼의 분포는 비파형동검의 분포 범위보다 약간 더 넓다. 부채꼴 청동도끼가 더 보편적이고 운반하기 쉬운 청동도구였기 때문인 것으로 생각된다.

고조선식의 부채꼴 청동도끼는 〈그림 9-27〉에서 볼 수 있는 바와 같이, 내몽고 자치구 동부 영성현 유적들에서도 다수 출토되고 있다.[67]

---

65) 于建華, 〈扇面形銅斧初論〉, 《北方文物》 1993年 第2期 참조.
66) ① 이강승, 〈요령지방의 청동기문화〉, 《한국고고학보》6, 1979.
　　② 박진욱·황기덕·강인숙, 《비파형 단검 문화에 관한 연구》, 과학백과사전출판사, 1987.
　　③ 복기대, 《요서 지역의 청동기시대 문화연구》, 백산자료원, 2002.
　　④ 오강원, 《비파형 동검문화와 요령지역의 청동기문화》, 청계, 2006.
　　⑤ 한국동북아역사재단·중국 내몽고 문물고고연구소, 《하가점 상층문화의 청동기》, 2007 참조. 고조선 지역에서 출토된 부채꼴 청동도끼의 주요 출토지 분포를 한반도·요동·요서 및 동내몽고 지역으로 구분하여 정리하면 〈표 9-3〉과 같다.
67) 한국 동북아역사재단·중국 내몽고문물고고연구소, 《하가점 상층문화의 청동기》, 2007, pp. 204~208 참조.

〈표 9-3〉 고조선문명권 부채꼴 청동도끼 발굴지역

지역	번호	유적	길이	날비	모양새
한반도	1	평북 의주군 미송리 동굴유적	4.5	5.0	부채꼴 청동도끼
	2	함북 영흥읍 유적(a)	6.0	5.5	부채꼴 청동도끼거푸집
	3	함북 영흥읍 유적(b)	12.0	10.5	부채꼴 청동도끼거푸집
	4	함남 금야군 금야읍 집자리유적	.	.	부채꼴 청동도끼거푸집
	5	황해도 봉산군 송산리유적(a)	.	.	긴네모부채꼴 청동도끼
	6	황해도 봉산군 송산리유적(b)	.	.	부채꼴 청동도끼
	7	황해도 신계군 정봉리 석곽무덤	.	.	부채꼴 청동도끼
	8	충남 부여군 구봉리 석곽무덤(a)	11.9	.	긴네모부채꼴 청동도끼
	9	충남 부여군 구봉리 석곽무덤(b)	11.0	.	긴네모부채꼴 청동도끼
	10	충남 아산군 남성리 석곽무덤	4.3	.	부채꼴 청동도끼
	11	전북 전주시 여의동 유적(a)	5.8	.	부채꼴 청동도끼
	12	전북 전주시 여의동 유적(b)	5.8	.	부채꼴 청동도끼
	13	전남 화순군 도곡면 대곡리	7.8	.	부채꼴 청동도끼
	14	전남 함평군 초포리적석석곽무덤	9.7	.	부채꼴 청동도끼
	15	전남 영암군 학산면 독천리(a)	16.7	.	긴네모부채꼴청동도끼 거푸집
	16	전남 영암군 학산면 독천리(b)	11.6	.	부채꼴청동도끼거푸집
	17	영암군 학산면 독천리(c)	11.3	.	부채꼴청동도끼거푸집
	18	영암군 학산면 독천리(d)	14.6	7.0	부채꼴청동도끼거푸집
	19	강원도 속초군 조양동 1호 고인돌	.	.	부채꼴 청동도끼
요동	20	대련시 와룡천(a)	3.5	3.2	부채꼴 청동도끼
	21	대련시 와룡천(b)	.	.	부채꼴 청동도끼거푸집
	22	대련시 강상무덤(a)	.	.	부채꼴 청동도끼거푸집
	23	대련시 강상무덤(b)	.	.	부채꼴 청동도끼거푸집
	24	대련시 강상무덤(c)	.	.	부채꼴 청동도끼거푸집
	25	대련시 劉家疃A	4.5	.	부채꼴 청동도끼
	26	대련시 관둔자	.	.	부채꼴 청동도끼
	27	대련시 聖周墓	4.9	.	부채꼴 청동도끼
	28	대련시 윤가촌 하층2기	.	.	부채꼴 청동도끼
	29	심양 정가와자 M6512	7.2	4.2	긴네모부채꼴 청동도끼
	30	심양 정가와자 1지점	6.5	4.7	부채꼴 청동도끼
	31	무순 大伙房	6.0	5.0	부채꼴 청동도끼
	32	무순 祝家溝 M1	6.2	.	부채꼴 청동도끼
	33	요양 이도하자(a)	7.0	4.3	부채꼴 청동도끼
	34	요양 이도하자(b)	8.0	6.3	부채꼴 청동도끼
	35	요양 이도하자(c)	6.7	6.4	부채꼴청동도끼 거푸집
	36	청원현 門臉	5.7	4.5	부채꼴 청동도끼
	37	서풍현 성신촌	7.2	5.8	부채꼴 청동도끼
	38	서풍현 충후둔	9.2	6.0	긴네모부채꼴 청동도끼
	39	서풍현 阜豊屯	5.4	4.8	부채꼴 청동도끼
	40	개원현 尖山子	7.0	6.0	부채꼴 청동도끼
	41	보란현 쌍방	12.6	7.5	긴네모부채꼴 청동도끼
	42	보란현 벽류하 M21	.	.	부채꼴 청동도끼
	43	장하현 四塊石鎭	3.4	3.9	부채꼴 청동도끼
	44	길림 猴石山M88(a)	8.4	8.0	부채꼴 청동도끼
	45	길림 후석산M88(b)	.	.	부채꼴 청동도끼
	46	길림 장사산	8.2	8.8	부채꼴 청동도끼
	47	영길현 猴石山M19(a)	7.6	6.6	부채꼴 청동도끼

48	영길현 석산 M19(b)	.	.	부채꼴 청동도끼
49	영길현 山頂大棺	4.8	5.7	부채꼴 청동도끼
50	영길현 東梁崗	4.9	5.1	부채꼴 청동도끼거푸집
51	통화현 小道嶺(a)-1	5.8	6.1	부채꼴 청동도끼거푸집
52	통화현 소도령(b)	6.2	6.0	부채꼴 청동도끼거푸집
53	통화현 소도령(c)	10.9	9.5	부채꼴 청동도끼거푸집
54	통화현 소도령(d)	8.2	8.7	부채꼴 청동도끼거푸집
55	통화현 소도령(e)	8.6	.	부채꼴 청동도끼거푸집
56	집안현 五道嶺溝門(a)	7.1	6.4	부채꼴 청동도끼거푸집
57	집안현 오도령구문(b)	6.0	6.0	부채꼴 청동도끼
58	집안현 오도령구문(c)	6.4	5.8	부채꼴 청동도끼
59	집안현 오도령구문(d)	5.8	5.6	부채꼴 청동도끼
60	반석현 小西山 乙 M4	6.5	5.3	부채꼴 청동도끼
61	동풍 山里七隊 M2	5.0	4.5	부채꼴 청동도끼
62	동풍 十大望	8.4	.	부채꼴 청동도끼
63	혼강 三岔子	8.2	8.8	부채꼴 청동도끼
64	혼강 葦沙河	7.7	7.7	부채꼴 청동도끼
65	조양 十二臺營子 M1	9.3	5.8	부채꼴 청동도끼
66	조양 십이대영자 M2	7.7	5.2	부채꼴 청동도끼
67	금서 烏金塘(a)	6.5	3.8	긴네모 부채꼴청동도끼
68	금서 오금당(b)	6.0	5.5	부채꼴 청동도끼
69	금서 오금당(c)	8.5	4.5	부채꼴 청동도끼
70	건평 大拉罕溝 M751	7.1	4.3	긴네모 부채꼴청동도끼
71	건평 대랍한구 M851	4.8	4.0	부채꼴 청동도끼
72	건평 炮于營子 M881	6.9	4.0	부채꼴 청동도끼
73	건평 欒家營子 M901	6.1	4.1	부채꼴 청동도끼
74	건평 채집 4호			부채꼴 청동도끼
75	克什克騰旗 용두산 M1	4.3	3.5	부채꼴 청동도끼
76	극십극등기 용두산 채집	4.3	3.1	부채꼴 청동도끼
77	寧城 소흑석구 M8501(a)	7.9	4.5	긴네모부채꼴 청동도끼
78	영성 소흑석구 M8501(b)	12.0	5.3	긴네모부채꼴 청동도끼
79	영성 소흑석구 M8501(c)	7.5	5.8	걸이날 부채꼴청동도끼
80	영성 소흑석구 M8501(d)	18.0	5.5	옆머리 투겁청동도끼
81	영성 소흑석구 출토	7.7	5.5	사다리 부채꼴청동도끼
82	영성 南山根 M101(a)	11.6	5.5	긴네모 부채꼴청동도끼
83	영성 남산근 M101(b)	7.3	6.3	걸이날 부채꼴청동도끼
84	영성 남산근 M101(c)	15.5	6.6	자귀와 부채꼴도끼 한몸청동도끼
85	영성 남산근 M101(d)	9.2	4.8	긴네모부채꼴 청동도끼

(요서 및 동내몽고)

또한 동내몽고의 극십극등기(克什克騰旗)에서도 고조선식 부채꼴 청동도끼가 출토되었다. 이것은 고조선 사람들이 난하를 넘어서 활동하고 있었음을 알려주는 것이라고 볼 수 있다.

이것은 고조선식 부채꼴 청동도끼가 요동반도에서 묘도열도를 거쳐 중국 산동반도로 고조선족이 이주하거나 또는 문명이 확산되면서 함께 전파되어간 것으로 추정된다.

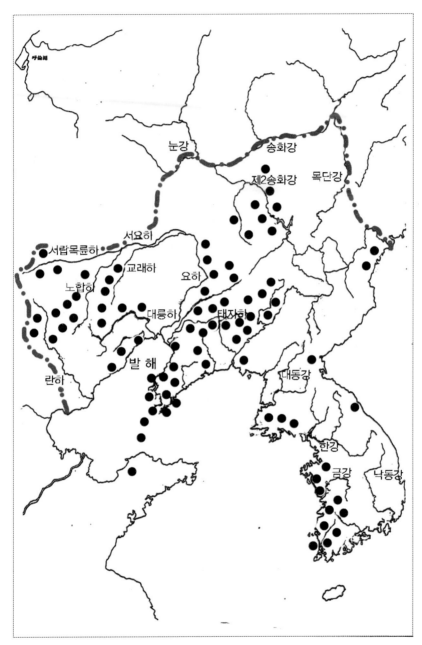

〈그림 9-27〉 고조선식 부채꼴 청동도끼의 분포영역

위의 출토조사 결과를 지도 위에 옮겨 그린 것이 〈그림 9-27〉이다.

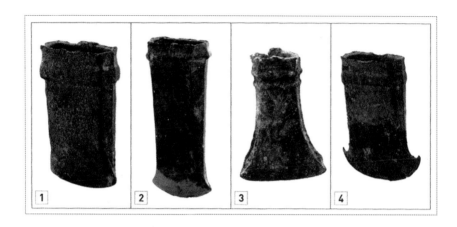

〈그림 9-28〉 동내몽고 영성현 소흑석구 출토 부채꼴 청동도끼
　　1. 요서 영성현 소흑석구 8501호 무덤
　　2. 영성현 소흑석구 8501호 무덤
　　3. 영성현 소흑석구
　　4. 영성현 소흑석구 8501호

　　고조선식 부채꼴 청동도끼의 거푸집 3개가 요동반도에서 산동반도로
연결되는 발해의 묘도열도 최남단 섬인 장도현(長島縣) 옥구촌(玉溝村)
유적에서 최근 발견 수습되었다.[68]
　　또한 산동반도의 옛 래국(萊國)의 수도 용구시(龍口市) 귀성(歸城)
유적에서도 고조선식 부채꼴 청동도끼가 발굴되어 수습되었다.

─────────────
68) ① 오강원, 〈동북아지역 扇形銅斧의 형식과 시공간적 양상〉, 《강원고고학보》
　　　제2집, 2003.
　　② 박준형, 〈고조선의 대외교역과 의미 ─ 춘추 齊와의 교역을 중심으로〉,
　　　고조선사연구회·동북아역사재단, 《고조선의 역사를 찾아서》, 학연문화사,
　　　2007 참조.

8. 고조선 제의(祭儀) 청동기의 특징과 예술성

1) 동령(銅鈴; 작은 청동 방울종)

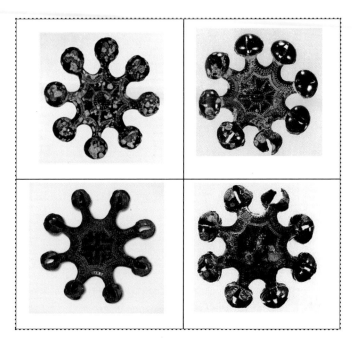

〈그림 9-29〉 고조선문명의 의기, 팔주령

　고조선에서는 청동기시대가 시작되자, 각종 의례·의식에서 각종 도구를 청동기로 제조하여 사용하였다.

　고조선에서 중시해 시행했던 의례·의식의 대표적인 것으로는 ① 고조선국가와 문명의 조상신인 단군(통칭 당굴, Dangur, Tangur)과 그가 신이 되어 살고 있다고 신앙하는 하늘〔天〕, 태양(해)에 대한 제천(祭天)의식, ② 씨족들의 직계조상에 대한 씨족제사 의식 ③ 마을공동체를 위한 동제〔洞祭〕 ④ 풍년과 강우를 비는 풍년제와 기우제 ⑤ 두레 등 각종 축제 등을 들 수 있다.

　고조선에서는 특히 제천의식을 담당하기 위해 국읍(國邑)에는 천군

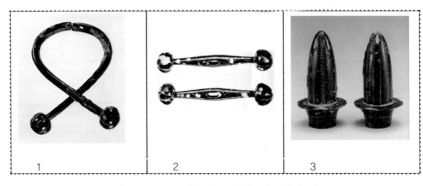

〈그림 9-30〉 고조선문명의 의기, 쌍두령과 간두령
1·2. 쌍두령　　　3. 간두령

(天君)이라는 담당자를 두고 그의 거주지를 소도(蘇塗)라고 하여 신성
시하였다. 《삼국지》 위서 동이전 한전에서 고조선 후국이었던 진국의
풍속에 대해 "국읍에 각각 한 사람씩을 세워서 천신(天神)의 제사를
주관케 하는데 이를 천군(天君)이라고 부른다. 또한 여러 나라에는 각
각 별읍(別邑)이 있으니 그것을 소도(蘇塗)라고 한다. (그곳에) 큰 나
무를 세우고 방울과 북을 매달아 놓고 귀신을 섬긴다.[69]"고 하였다.
《후한서》[70]와 《진서(晋書)》[71]에도 동일한 기록이 있다. 소도는 단군신
앙을 담당한 성스러운 곳이었으므로, 여기서 고조선시대에 사용한 제
의용 청동기들은 단군신(檀君神) 숭배와 관련이 있다고 해석된다.

　여기서 솟대나무에 걸어 놓은 방울종과 북 가운데, 북은 썩어서 없
어졌겠지만, 청동기시대라면 '청동방울종'은 묻혀 있다가 발굴될 수 있
었다.

　청동방울종에는 동령(銅鈴; 청동 작은 방울종)과 동탁(銅鐸; 청동
큰 방울종)이 발굴되고 있다. 동령에는 손에 들고 의식을 행하는 8주
령(八珠鈴)과 쌍두령(雙頭鈴)이 있었고, 막대머리에 끼워 들고 의식을
행하는 간두령(竿頭鈴)이 있다.

---

69) 《三國志》 券30, 魏書, 東夷傳, 韓傳.
70) 《後漢書》 券85, 東夷列伝, 韓條 참조.
71) 《晋書》 券97, 馬韓條 참조.

이 가운데 팔주령은 〈그림 9-29〉에서 볼 수 있는 바와 같이, 8각형 구도의 중앙 몸체의 중심에 1개 태양(해)과 태양광선(햇빛살)을 도안하고 8각의 끝에는 동그란 종방울을 달아 두 개 타래머리무늬(雙頭渦紋)를 조각한 청동기이다. 뒷면에는 반달형의 꼭지가 있어서 이를 손에 묶거나 끼어 흔들면 소리가 나게 되어 있다.[72]

팔주령은 단군신앙의 소도 제의기이므로, 중앙의 태양은 단군, 그 둘레의 원(圓)은 단군의 밝달조선의 상징이고, 8각 끝의 8방의 작은 종방울들은 단군의 8방의 후국을 상징하는 8개의 작은 태양으로 해석된다.

쌍두령은 〈그림 9-30-1·2〉에서 보는 바와 같이 청동막대 양 끝에 각각 종방울을 단 청동의기이다. 쌍두령에는 직선 막대에 종방울을 단 것과 곡선 막대에 종방울을 단 2개 양식이 있었다.

간두령(竿頭鈴)은 〈그림 9-30-3〉에서 보는 바와 같이, 대나무나 나무 막대의 끝에 종방울 청동기를 끼워서 사용하는 청동종방울이다.

쌍두령이나 간두령 청동기의 빗금은 모두 햇빛살(태양광선)을 기하학적으로 도안하여 표현한 것이었다.

팔주령 등의 제조와 도안에는 당시 세계적인 높은 수준의 고조선 청동기 제작 기술과 기하학적 도안의 예술성이 나타나 있다.

2) 방패형 의기

고조선문명의 독특한 제의기 청동기로서 '방패형' 의기가 있다.

대전에서 출토된 농경문(農耕紋) 청동기는 〈그림 9-31〉에서 보는 바와 같이, 앞면의 한 편에는 따비로 밭가는 농부(위)와 괭이로 농사 짓는 농부를 새기고, 다른 한 편에는 토기를 옆에 두고 수확을 하고 있는 농부를 새겼다. 뒷면의 한 편에는 한 마리 새, 다른 한 면에는

---

72) 尹武炳,《韓國靑銅器文化硏究》, p.203 및 p.267 참조.

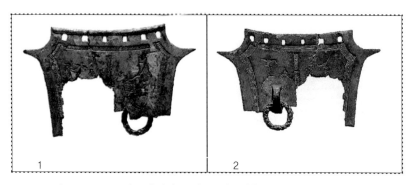

〈그림 9-31〉 고조선문명권의 농경문 청동기(국립중앙박물관 소장)
　　1. 앞면　　　　　　　　2. 뒷면

마주 보고 있는 두 마리(한 쌍) 새를 새겼다. 새는 새토템과 관련되어 있고, 사람들은 3명이 모두 농업경작(2명)과 수확(1명)에 관련되어 있다. 이로 보아 고조선문명권에서 두레의 호미씻이 축제, 5월과 10월의 축제, 기우제 등에서 사용된 청동 의기로 추정된다.

또 하나의 다른 독특한 방패형 청동 의기로는 충남 아산 남성리에서 출토된 2개의 서로 다른 방패형 청동기가 있다(〈그림 9-32〉 참조).

이 방패형 청동의기 ①은 떡 벌어진 어깨의 양단에 종방울을 달아 제의기임을 알려주고 있다. 앞면의 정 중심에 1개 고리매듭[鈕]을 달고 양면을 정확하게 대칭 설계했으며, 다리는 각각 두 가닥을 정확히 안정감을 주도록 배치하였다. 뒷면에는 2개 고리매듭을 중심의 윗부분에 붙여 걸기 편리하게 만들고, 앞뒤의 모든 고리매듭에는 정교한 새끼[繩] 고리를 새겨붙였다. 기하학적 도형과 방울, 고리매듭의 주형 기술에서 매우 우수한 방패형 제의기이다.

방패형 청동의기 ②는 실용적 방패에 더 유사하게 도안되어 있으나, 용도는 제의용으로 해석된다. 이 방패형 청동기는 상단은 농경문 청동기와 유사한 형태이고, 하부는 청동 민무늬 용기를 연상케 하는 우수한 청동 제의기이다.

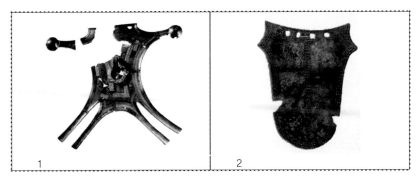

〈그림 9-32〉 고조선문명권 아산 남성리 출토 방패형 청동기

3) 견갑형 청동기

〈그림 9-33〉 고조선문명의 견갑형 청동기(국립중앙박물관)

고조선문명의 청동기에 견갑형(肩甲形) 청동기가 출토되어 있다. 어깨를 보호하는 청동 어깨갑옷 부분으로 되어 있으나, 새겨진 도안에서 볼 때 실제 사용한 군사장비로서의 어깨 갑옷이라기보다는 상징적 의기(儀器)로 추정된다.

도안은 공간을 두 개로 나누어 주변과 공간구획 부분은 햇빛살(태양광선)무늬와 번개무늬로 3겹 줄을 두르고, 왼편 공간에는 범과 두 타래머리무늬(雙頭渦紋), 오른쪽 공간에는 뿔달린 두 마리 사슴(그 중

1마리는 화살 맞은 사슴)과 두 타래머리무늬를 음각으로 새겨 놓은
것이다. 도안 무늬는 8주령·쌍두령·간두령·방패형 청동의기 등에서 사
용된 양식과 동일한 것이어서 이 견갑형 청동기도 의기(儀器)의 하나
임을 시사해 주고 있다.

앞의 팔주령이나 방패형 청동기, 견갑형 청동기는 같은 시대 이웃
고중국문명이나 다른 세계 고대문명 어디에서도 볼 수 없는 고조선문
명의 독특한 청동 의기들이다.

4) 검자루형 청동의기

〈그림 9-34〉 검손자루형 청동 의기

고조선문명권의 청동 의기로 또 하나 독특한 것으로 '검자루형'〔劍
把形〕 청동기를 들 수 있다. 이 청동 의기는 〈그림 9-34〉에서 보는
바와 같이, 비파형동검 또는 세형동검의 검자루형 의기를 주조한 것이
다. 검자루의 비교적 중앙 부분에 대나무마디 같은 약간의 돌기를 만

들고 그 위아래에 각각 새끼무늬 고리를 단 고리매듭을 붙여 주조한
것이다. 중앙과 둘레에 검자루의 형태에 따른 두 개의 큰 띠줄을 두르
고 띠줄 안에는 다시 중앙선을 두어 양면에 사선으로 햇빛살(태양광
선) 무늬를 새겼다. 검자루형 청동의기의 중앙 상단에는 때때로 그림
(사슴, 또는 손 등)을 새겨 넣은 것도 출토되어 있다. 이러한 도안과
조형을 처음부터 모두 주조로 만들어 내었으니, 그 청동기술의 수준이
매우 높았음을 알 수 있다.

9. 고조선 서변후국 고죽국의 청동기

지금까지는 한반도와 요동·요서지역 출토 청동기 중심으로 설명했
는데, 고조선 후국으로서 난하 양안에 있었던 고죽국(孤竹國)의 청동
기의 특징을 간단히 논급하기로 한다.

종래 고죽국의 소속이 밝혀져 있지 않았었기 때문에 중국학자들이
고죽국 청동기를 중국 청동기에 넣었는데, 이제는 고죽국이 고조선 후
국이었음이 밝혀졌으므로 고죽국 청동기는 고조선문명 청동기에 넣는
것이 정확한 것이다.

고조선 서변 후국 고죽국에서는 고조선 중심지 아사달 지역의 청
동기문화를 이어받아 이른 시기에 청동기문화가 형성되어 크게 발전되
었다.[73]

고죽국 영역인 지금의 하북성 당산(唐山)시 대성산(大城山) 유적에
서는 자연동[紅銅]으로 주조한 구멍 뚫린 홍동 장식물 2점이 발굴되었
다.[74] 중국학자들은 대성산 유적을 용산문화(龍山文化)와 하가점하층

---

73) 신용하, 《孤竹國의 성립과 古朝鮮후국의 지위〉, 《고조선 단군학》 제28호,
2013 참조.
74) ① 河北省文物管理委員會, 〈河北唐山市大城山遺址發掘報告〉, 《考古學報》, 1959년
第3期.

문화(夏家店下層文化)의 혼합유형이라고 해석하고 있다. 용산문화는 동이족문화이며, 하가점하층문화는 고조선 형성에 참가한 맥족문화이므로, 이 유적이 고죽국의 초기 유적과 관계되어 있음을 추론할 수 있다. 대성산 유적의 정확한 연대측정은 나오지 않았지만 중국학계는 용산문화에서 추정하여 BC 2400~BC 1800년의 것으로 추산하였다.75)

고죽국의 청동기문화는 청동예기(禮器)와 무기가 함께 병행하여 발전한 특징이 있었다.

고죽국의 영토였던 요령성 객좌현 고산(孤山) 북동촌(北洞村) 산기슭 교장갱(窖藏坑: 물건을 저장해두는 움)에서 1973년에 6점의 청동기가 일괄 발굴되었다(제1호 매장지). 여기서 겨우 3.5m 떨어진 지점 산기슭의 절벽 아래서 다시 매장된 6점의 청동기가 발굴되었다(제2호 매장지).

제1호 매장지에서 청동술단지 제기인 동뢰(銅罍) 6점의 청동예기가 출토되었다. 그 가운데서 청동술단지제기[銅罍] 1개의 안쪽에 '父丁孤竹亞微'(부정고죽아미)라는 명문이 있어서 이 청동기들이 고죽국의 청동기라는 사실이 증명되었다. 이 명문은 대체로 孤竹國(고죽국)의 亞微(아미) 씨족의 소유물이었거나 제작물이었음을 새긴 것으로 해석되고 있다.

제2호 매장지에서 출토된 직사각형 제기솥[方鼎] 1개, 둥근형 제기 솥[圓鼎] 2개, 큰 제기[罍] 1개, 곡식을 담는 큰 제기[簋] 1개 등 6점의 청동기가 출토되었다. 그 가운데 방정 1개에는 '亞其侯矣'(아기후의)라는 명문(銘文)이 새겨져 있어서 고죽국 귀족들 중에 기(其)씨족이 포

② 李亨求, 〈靑銅器文化의 비교 II (중국과의 비교) - 銅鏡을 중심으로 본 우리나라 靑銅器의 기원-〉, 《韓國史論》(국사편찬위원회) 13, 1983, pp.403~447 참조.
75) ① 河北省文物管理處, 《文物考古工作三十年》, 文物出版社, 1979.
② 李亨求, 전게논문, 1983에서 위 ①에 수록된 鄭紹宗의 논문 〈河北省三十年來的考古工作〉의 구절 〈大城山遺址的銅牌 是研究我國銅器起源的新資料〉(p.37)에 주목하여 중국 청동기의 기원을 시사해 줄 뿐 아니라, 고조선 청동기의 기원도 발해연안의 청동기문화에서 구하고 있다. 이는 아사달 중심지의 발굴이 아직 없던 시기의 견해이다. 필자는 이에 찬동하지 않으며, 이를 고죽국(孤竹國)의 초기 청동기라고 보고 있다.

〈그림 9-35〉 '孤竹亞微' 명문의 객좌현 북동 1호 출토 고죽국 청동기

〈그림 9-36〉 '亞貝侯矣' 명문의 객좌현 북동 2호 출토 고죽국 청동기

〈그림 9-37〉 고죽국 영지 객좌현 소파태구 출토 고죽국 청동예기

〈그림 9-38〉 고죽국 영지 영성현 소흑석구 출토 번개무늬 있는 고조선 다뉴조문경

함되어 있었음을 시사하고 있다.[76]

북동촌(北洞村) 제1호 매장지(청동기 6점)와 제2호 매장지(청동기 6점)의 청동기들은 동류로 판단되었으므로, 고죽국의 청동기 12점이 이곳에 인위적으로 숨겨 매장된 것이 발굴된 것이었다.

또한 고죽국 영토였던 객좌현 산만자(山灣子, 대릉하 상류 지역의

76) ① 喀左縣文化館·朝陽地區博物館·遼寧省博物館, 〈遼寧喀左縣北洞村殷周靑銅器〉, 《考古》, 1973年 第6期.

② 北洞文物發掘小組·喀左縣文化館·朝陽地區博物館·遼寧省博物館, 〈遼寧喀左縣北洞村出土的靑銅器〉, 《考古》, 1974年 第6期.

③ 李亨求, 〈大凌河 유역의 殷末周初 靑銅器文化와 箕子 및 箕子朝鮮〉, 《한국상고사학보》 제5집, 1991.

④ 甲元眞之, 《東北アジアの靑銅器文化と社會》, 同成社, 2006, pp.79~116 참조.

작은 동산) 매장지에서도 22점의 청동기가 1974년에 발굴되었다.[77]

1978년에는 소파태구(小波太溝) 유적에서도 9점의 고죽국 청동예기들이 출토되었다.[78] 이 대량의 청동예기들도 북동촌(北洞村) 청동예기와 유사한 청동기들이어서 고죽국의 청동기로 추정된다. 더구나 산만자 유적 22점의 청동예기 가운데는 고조선에서 애용하는 번개무늬가 새겨져 있어서, 이 청동예기들이 고조선 후국 고죽국의 청동기들임을 증명해 주고 있다.

고죽국 영지였던 요녕성 의현 화이루(花爾樓)의 의무려산 기슭에서도 1979년 5점의 고죽국 청동예기가 출토되었다.[79]

또한 고죽국 영지였던 영성현 소흑석구 98A Ⅲ 5호무덤에서 고조선식 다뉴조문경(多鈕粗紋鏡)이 기타 청동소품들과 함께 출토되었다.[80]

고죽국은 이러한 고조선식 예기들과 함께 고조선 비파형동검문화의 서변지역 청동기문화를 형성하여 갖고 있었다. 옛 고죽국 영지였던 지금의 요녕성 수중(綏中)현 후반석촌(後礬石村)에서 고조선식 비파형동검 2개와 검손잡이 2개가 1992년 출토되었다. 또한 수중현 초가촌(肖家村)에서도 1984년에 비파형동검 1개, 청동끌 1개, 낚시 바늘의 양면 거푸집 1개가 출토되었다.[81]

고죽국 청동기는 고조선문명 청동기의 특징을 간직하면서도 독자적 청동기유형을 형성하기 시작했고, 중국 상(商)나라 청동기에도 큰 영향을 끼치며 교류했으므로, 앞으로 주요한 연구과제의 하나이다.

---

77) 喀左縣文化館·朝陽地區博物館·遼寧省博物館, 〈遼寧省喀左縣山灣子出土商周靑銅器〉, 《考古》, 1977年 第12期 참조.
78) 遼寧博物館文物工作隊, 〈槪述遼寧省考古新收穫〉, 《文物考古工作三十年, 1949~1979》, 文物出版社, 1979 참조.
79) 遼寧省文物保管所, 〈遼寧義縣發現商周靑銅器窖藏〉, 《文物》 1982年 2期 참조.
80) 한국동북아역사재단·중국내몽고문물고고연구소, 《하가점상층문화의 청동기》, 동북아역사재단, 2007, pp.332~333 참조.
81) ① 王雲剛, 〈遼寧綏中縣近年發現的靑銅器〉, 《北方文化》 2002년 4期.
    ② 오강원, 《비파형동검문화와 요령지역 청동기문화》, 청계, 2006, pp.77~79 참조.

10. 고조선문명의 청동기 일상용구

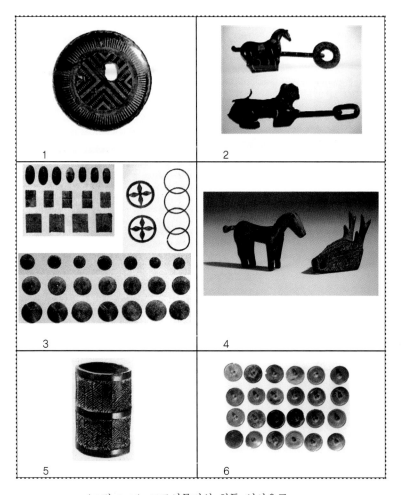

〈그림 9-39〉 고조선문명의 청동 일상용구

1. 청동 원형제기(전북익산 출토) 2. 말모양 혁대고리와 범모양 혁대고리
(영주 어은동 출토) 3. 청동장식 패물(영주 어은동 출토) 4. 말과 사슴 머
리(영주 어은동 출토) 5. 동대(銅鐓, 경주 죽동리 출토) 6. 혁패(革鈹, 경주
죽동리 출토)

고조선문명에서는 매우 일찍부터 청동기가 발전되었으므로 왕실과 귀족신분의 일상생활 용구에도 청동기가 사용되었다. 다른 문명과 구별되는 고조선문명의 일상생활의 청동용구 몇 가지를 들면, 독특한 형태와 도안의 접시, 접시 뚜껑, 청동단추, 청동 혁대고리, 청동 장식품, 청동 조각 등을 들 수 있다(〈그림 9-39〉 참조).

고조선문명권 청동기 일상용구에서 보이는 특징은 도안의 대부분이 태양 및 태양광선(햇빛살)의 기하학적 각종 도형으로 되어 있다는 점과 매우 가는 빛선과 원선을 정교하게 제작해 내는 높은 청동 제조기술을 들 수 있다.

제10장 고조선문명의 금문화와 금동문화

1. 고조선의 BC 25세기 금문화의 시작

1) 금동문화와 금동귀걸이

고조선문명은 동아시아에서 최초로 금문화를 창조하여 발전시킨 문명이었다.

고조선 수도 근기지역인 평안남도 성천군 용산리의 순장무덤에서 bp 5,069년의 것으로 측정된 인골과 함께 다수의 청동 조각들이 발굴되자, 자연과학자들은 고조선 지역에서 금이 발견되어 사용되기 시작한 것은 BC 31세기경이라고 추정하였다. 왜냐하면 인류가 최초로 발견한 금속이 금으로서 청동 사용보다 앞서는데, BC 31세기의 청동조각들이 발굴되었으니 금도 이 시기 이전에 이미 발견 사용되기 시작했으리라고 추정했기 때문이었다.

그러나 실제로 금과 관련된 가장 오래된 귀금속이 발굴된 것은 평안남도 강동군 순창리 글바위 5호무덤에서 출토된 bp 4,425년(BC 25세기)의 금동귀걸이, 강동군 송석리 문성당 8호무덤에서 출토된 bp 4,384년(BC 24세기)의 금동귀걸이, 강동군 순창리 글바위 2호무덤에서 출토된 bp 4,376년(BC 24세기)의 금동귀걸이 등이었다.[1]

순창리 글바위 5호 무덤에서 나온 BC 25세기의 금동귀걸이의 크기 귀걸이 직경이 2.4cm, 중간장식 너비가 0.7cm, 귀걸이와 드림장식을

---

1) 조선기술발전사편찬위원회, 《조선기술발전사》Ⅰ, 과학백과사전종합출판사, 1996.

〈그림 10-1〉 금동귀걸이(BC 25세기: 평남 강동군 순창리 2호무덤)

을 연결하는 고리의 직경은 1.1cm, 드림장식의 길이는 1.0cm이었다(〈그림 10-1〉 참조).

고조선의 수도 지역에서는 적어도 BC 25세기~BC 24세기에는 왕족과 귀족들에 의해 금동귀걸이가 제조되어 사용되었음을 확인할 수 있다.

자연과학자들이 주목한 것은 글바위 5호 무덤에서 나온 금동귀걸이는 과학기술상 아말감법으로 순동에 금을 도금한 것이었고, 글바위 2호 무덤에서 나온 금동귀걸이는 판금법으로 순동에 순금박판을 씌운 것으로서, 이러한 금속공예기술이 이미 BC 25세기~BC 24세기에 사용되었다는 사실이다.[2]

고조선문명에서 금은 매우 일찍 발견되어 사용되었으나, 순금은 매우 귀중하고 소량이어서, BC 25세기에 이르러 도금기술이 발명되자 청동기에 금을 도금한 '금동'(金銅) 장식품의 형태로 금문화가 시작된 것을 알 수 있다.

---

2) 조선기술발전사편찬위원회, 《조선기술발전사》Ⅰ, 과학백과사전종합출판사, 1996, pp.55~56 참조.

고조선문명에서 매우 이른 시기에 형성된 금문화는 강변에서 사금
(砂金)을 채취함으로써 시작된 것으로 추정된다. 대동강 유역에서는
구한말에도 사금 채취가 관행이었던 사실에서 추정할 수 있는 바와
같이, 최초의 아사달이 있던 강동(江東) 부근에서는 강변 모래밭에 반
짝이는 금 채취에 아사달 사람들이 착안했을 것이다. 부근에 유명한
운산(雲山) 금광이 있었던 사실도 참고가 된다.

이 밖에 고조선 전기의 금동귀걸이 및 금동반지와 순금 유물 출토
상황을 표로 만들어 보면 다음 〈표 10-1〉와 같다.3)

〈표 10-1〉 고조선 초기의 금 및 금동유물

유적지	유적이름	유물	측정연대
강동군 순창리	글바위 5호무덤	금동귀걸이	B.C. 25세기
강동군 송석리	문성당 8호무덤	금동귀걸이	B.C. 25세기
강동군 순창리	글바위 2호무덤	금동귀걸이	B.C. 24세기
강동군 송석리	문성당 2호무덤	금동귀걸이	B.C. 24세기
강동군 송석리	문성당 3호무덤	금동귀걸이	B.C. 24세기
강동군 강동읍	탑등 1호무덤	금동귀걸이	
강동군 강동읍	구단 2호무덤	금동귀걸이	
평성시 경신리	경신리 2호무덤	금동귀걸이	
성천군 금평리	금평리 1호무덤	금동귀걸이	
강동군 태잠리	태잠리 2호무덤	순금귀걸이	B.C. 12세기
강동군 송석리	검은개 5호무덤	순금귀걸이	B.C. 12세기
평성시 경신리	경신리 2호무덤	순금귀걸이	
강동군 송석리	검은개 4호무덤	순금목걸이	
강동군 송석리	검은개 5호무덤	순금목걸이	B.C. 12세기
강동군 송석리	검은개 5호무덤	은가락지	B.C. 12세기

고조선문명에서는 금문화가 도금으로 시작된 전통과 관련하여, 고조
선 국가 해체기까지 금동문화가 찬란하게 발전하게 하였다. 심지어 왕

---

3) 국사편찬위원회, 《한국사》 3; 한인호, 〈조선 초기의 금제품에 대한 고찰〉,
《조선고고연구》, 1995년 제1호; 《조선기술발전사》; 〈고조선의 귀금속 유물에
대하여〉; 《조선광업사》, 《조선수공업사》에서 정리.

족들은 나무 용기에도 도금을 하여 금빛 광채가 나는 용구를 사용하였다.

2) 금문화와 순금 장식품

고조선 전기에는 〈표 10-1〉에서도 볼 수 있는 바와 같이, 고조선 수도지역에서 '순금'으로 제조한 장식패물들로 순금귀걸이와 순금목걸이도 출토되었다.

① 순금귀걸이가 강동군 태잠리 2호무덤, 송석리 검은개 5호무덤, 경신리 2호무덤에서 출토되었다.
② 순금목걸이는 검은개 4호와 5호무덤에서 발굴되었다.
③ 은반지와 청동반지도 검은개 5호무덤에서 (위의 순금귀걸이와 함께) 공반하여 발굴되었다.
　검은개 5호무덤의 순금귀걸이와 순금목걸이, 태잠리 출토의 순금귀걸이는 BC 12세기의 것으로 측정되어 나왔다.[4)

순금귀걸이와 순금목걸이의 연대가 BC 12세기로 판정된 것은 현재 발굴된 몇 개만을 측정한 것이지, 순금장식품이 이때 처음 제조된 것을 의미하지는 않는다. 기술적으로 순금장식물 제조가 금동장식물 제조보다 쉬운 것이기 때문에 금동귀걸이를 제조한 BC 25세기~BC 24세기에 순금귀걸이, 순금목걸이도 동시에 제조할 수 있었으나, 아직 발굴되지 않았거나 또는 순금은 매우 값비싼 것이어서 재료를 절약하기 위해 순금장식물을 제작했다가도 녹이어 금동장식물에 재활용되었을 수 있다.

　순금 패물이 BC 12세기경부터 다수 나오는 배경은 이 시기부터

---

4) 한인호, 〈고조선의 귀금속 유물에 대하여〉, 《조선고고연구》 1996년 3호 참조.

금광채굴에 의한 금의 대량생산과 관련된 것으로 추정된다.

검은개에서 출토된 순금목걸이는 목에 거는 구슬띠와 가슴에 드리우는 가슴드림장식으로 구성되어 있다. 강동군과 성천군은 고조선의 첫 번째 수도 아사달지역이므로, 출토된 금동귀걸이와 순금유물들은 고조선 왕족들의 장식품이었다고 추정할 수 있다. 강동군 강동읍에는 한말·일제강점 초기까지 '생금동'(生金銅, 금이 나는 고을)이라는 이름을 가진 큰 마을이 남아 있었다.[5]

여기서 명백히 알 수 있는 것은 고조선에서는 개국과 동일 시기에 순동에 판금을 씌우거나 청동에 금을 도금하여 금동제품을 생산했다는 사실이다. 이 사실은 사금을 채취하여 판금을 제조하는 고조선의 금제품 생산은 이미 청동기문화 초기(BC 25세기~BC 24세기)에 왕족과 귀족 등을 위해 시작되었음을 나타내는 것이라고 볼 수 있다.

여기서 주목할 것은 고조선문명에서 금장식문화는 고조선 건국시기부터 시작된 매우 오래된 문화전통이라는 사실이다.

부여·고구려·백제·신라·가야의 찬란한 금문화와 금동문화는 멀리 스키타이 금문화와의 교류 훨씬 이전에 먼저 이미 고조선에서 계승·발전된 것임을 주의할 필요가 있다.[6]

한반도의 강들과 특히 고조선 수도 아사달이 위치한 대동강유역은 사금이 매우 많았으며, 운산금광 부존에서 볼 수 있는 바와 같이, 금광이 풍부한 지역이었다. 고조선이 건국된 한반도 자체가 금이 많이 나는 지역으로 고대 중국인에게까지도 알려졌었다. 이러한 금광 부존 조건에서 이미 신석기시대 사람들에게까지도 강가 모래알에서 반짝이는 황금색은 눈에 띄어 사금 채집과 판금 제작이 시작되었을 것임을 추정하는 것은 어려운 일이 아닐 것이다.

고조선에서는 건국 초기 BC 25세기~BC 24세기에 금문화와 금동

---

5) 《新舊對照朝鮮全道府郡面里洞名稱一覽》, pp.785~787 참조.
6) 이 계승 발전 도중에 스키타이문화와의 상호교류가 있었을지는 몰라도, 처음부터 그 교류를 통하여 금문화가 고대 한국에 도입된 것은 아니었다는 증거 유물이 많이 출토되고 있는 것이다.

문화가 독자적으로 시작되었다고 볼 수 있다. 고조선의 금동문화와 금문화 유물 유적이 BC 25세기~BC 24세기의 강동군과 성천군 일대에 집중된 사실은 고조선의 수도 아사달 지역이 강동군·성천군 지역이었으며, 이 지역이 고조선국가 최초 수도였고, 고조선 국가 형성은 청동기 문화와 함께 금동문화의 발전과도 연관되어 있음을 나타내는 것이다.

고조선문명에서는 금문화 시작 이래 고조선 국가 해체시기까지 왕족 등을 위해 금제품을 만들었을 뿐 아니라, 청동에 금을 도금하는 금동제품 생산과 도금문화가 상당히 크게 발전하였다.

후조선 시기의 예로서 평양시 낙랑구역 정백동 고인돌무덤들에서는 마구(馬具)류와 수레 부속품들이 다수 발굴되었는데, 그 가운데 금동제품들과 금도금 유물들이 다수 출토되었다. 그 가운데서 정백동 2호무덤에서 나온 말관자는 금도금을 한 매우 우수한 공예적 성격을 띤 수공업 제품이었다. 정백동 2호무덤에서 나온 그밖의 자갈멈추개, 가죽띠고리, 둥근 청동고리, 말굴레장식 등은 거의 모두가 금도금을 한 청동제품들이었다.[7] 정백동 37호무덤에서 나온 여러 청동제품들과 정백동 53호무덤에서 나온 청동 말관자와 원형고리도 금도금이 되어 있었다.[8] 고조선 후기의 것이지만 황해도 황주군 금석리 목곽무덤에서 나온 양산대끝도 금도금이 되어 있었다.[9] 이러한 금도금은 수은과 금을 합금한 '아말감합금'(수은과 다른 금속과의 합금)을 한 것으로 해석되었다.[10]

고조선 초기부터 이러한 발전된 기술로 제조된 금도금 제품들은 금도금이 일종의 방부제 역할을 하여 수천 년이 지나도 갓 만들어진 것처럼 번쩍이게 하였다.

고조선에서 금생산과 금동문화 및 금문화의 발전은 그 후 삼국시대의 찬란한 금관문화, 금장식문화, 금동문화의 역사적 연원이 된 것

---

7) 《고고학자료집》 제5집, 과학·백과사전출판사, 1978, pp.22~23 참조.
8) 《고고학자료집》 제5집, 과학·백과사전출판사, p.31 참조.
9) 《고고학자료집》 제6집, 과학·백과사전출판사, 1983, p.187 참조.
10) 한인호, 〈고조선의 귀금속유물에 대하여〉, 《조선고고연구》, 1996년 3호 참조.

이었다.

2. 고조선 후국 부여의 금문화

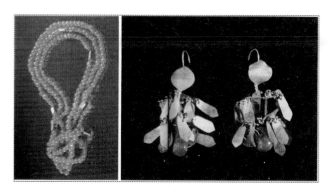

〈그림 10-2〉 노하심유적 출토 마노구슬과 금으로 만들어진 목걸이와 귀걸이

고조선의 후국 부여의 풍속에 대하여 《삼국지》 위서 부여전은 부여에서는 아름다운 구슬이 산출되는데 크기가 대추만하다 했고, "나라 밖에 나갈 때에는 비단옷·수놓은 옷·모직옷을 즐겨 입고, 대인(大人)은 그 위에다 여우·살쾡이·원숭이·희거나 검은 담비 가죽으로 만든 갓옷을 입으며, 또 금(金)·은으로 모자를 장식하였다"[11]고 해서, 모자의 금·은 장식이 관습이었음을 기술하였다.

이 기록을 증명하는 유적·유물이 1985년에 발굴되었다.[12] 부여족의 유적인 길림성 유수노하심(榆樹老河深) 묘지 유적에서 화려한 마노구슬 목걸이와 금귀걸이 장식이 출토된 것이다. 목걸이는 마노구슬

---

11)《三國志》卷30, 魏書 烏丸鮮卑東夷傳, 夫餘傳, 〈出國則尚繪繡錦罽 大人加狐狸白·黑 貂之裘 以金銀飾帽.〉참조.

12) 吉林省文物工作隊·長春市文管會·榆樹縣博物館, 〈吉林榆樹縣老河深鮮卑墓群部分墓葬 發掘簡報〉, 《文物》 1985年 第2期, 1985 참조.

〈그림 10-3〉 부여인의 금동가
면(길림시 동단산 유적 출토)
자료:《中國考古資料集成》, 東北卷

266개를 줄에 꿰고, 6돈의 금으로 만든 네모 모양의 장식을 달아 길이가 98cm나 되는 화려한 것이었다.[13] 금귀걸이도 〈그림 10-2〉에서처럼 장식 금잎을 많이 붙인 매우 화려한 것이었다.

부여에서는 금문화와 함께 금동문화도 발전되었다. 널리 알려진 길림 동단산(東團山) 출토의 부여인의 청동 가면도 금도금을 한 금동가면이었다.

고조선이 한·맥·예 3부족의 결합으로 건국된 후, '예' 후국의 용맹한 장수들은 고조선의 요서 지역에서 장군들로 활동하면서 그들의 범토템을 금으로 제작한 금제 범장식을 애용하기도 하였다. 요서지역에서 고조선 지배층이 애용한 각종 동물의 금장식 패물들이 출토되고 있다.

3. 고조선문명의 금문화 계승

고조선의 이러한 금문화·금동문화를 직접 계승하여 고구려·백제·신라·가야에서는 금관(金冠)문화가 초기부터 발전하였다.

고구려에서는 초대왕 동명왕(재위 BC 37년~BC 19년) 때부터 금관을 사용하였다.

지금의 평양에 있는 고구려 동명왕릉은 일제강점기 1940년 일본인들

---

13) ① 王永强·史衛民·謝建猷,《中國少數民族文化史》, 東北卷1, 廣西教育出版社, 1999.
　　② 朴仙姬,《고조선 복식문화의 발견》, 지식산업사, 2011, pp.401~402 참조.

이 도굴하여 부장품들을 반출해
갔다. 광복 후 북한 고고학자들
이 발굴조사를 한 결과 '금제관
식(金製冠飾)들'이 109점이나 출
토되었다. 그 다수가 금관에 매
다는 금 및 금동제 날개장식들

이어서, 동명왕이 금관을 의례용
으로 사용했음을 추론하게 되었
던 것이다.14)

〈그림 10-4〉 동명왕릉 출토의 금제장식 종류

　동명왕릉은 원래 졸본(卒本, 현재의 桓因)에 BC 19년경 건조되었
다가, 375년~427년에 평양으로 이장되었다.15) 만일 평양 동명왕릉의
금관이 동명왕의 생전에 의례용으로 사용했던 금관을 부장한 것이라면
고구려 금관의 기원은 BC 1세기의 것으로 된다. 만일 동명왕릉의 금
관이 이장 때 제조하여 부장한 것이라면 이 금관은 AD 4세기 말
기~AD 5세기 초기의 것으로 될 것이다.

　백제 금관은 일제 강점기에 일본인들이 조직적으로 도굴해 실어갔
기 때문에 현재 일본 국내에 있다는 것이 확실하나 그 세부 내용은
밝혀 쓸 수가 없다. 그 후 출토된 것은 나주 신촌리 9호분의 금동관이
완전한 것이고, 공주 무령왕능 출토의 금제 관식이 백제에도 금동관과
함께 금관이 있었음을 알려주고 있다. 그 밖에 금동관과 금관들은 많
이 훼손되어 있다.

　신라 금관은 도굴 속에서도 다수가 광복 후에 발굴되어 현재 그
전모를 대강 파악할 수 있다.

　가라 금관은 역시 다수 도굴되어 버렸으나 일부의 출토 금관으로
윤곽을 파악할 수 있다.

　고구려·백제·신라·가라 금관의 모습을 모아 보면 다음 그림과 같다.

---

14) 박선희,《고구려금관의 정치사》, 경인문화사, 2013, pp.58~86 참조.
15)《三國史記》卷18, 高句麗本紀, 廣開土王2年條 참조.

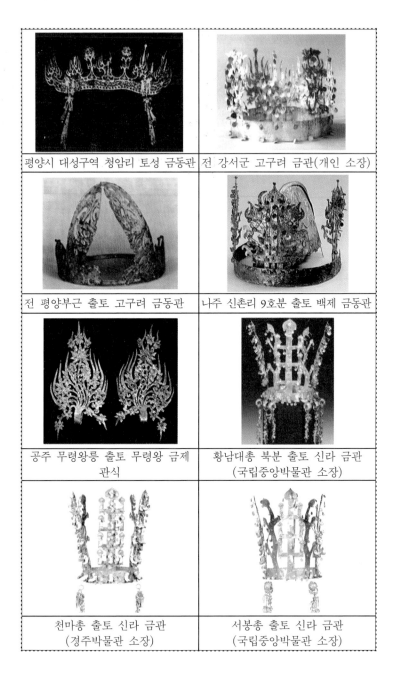

평양시 대성구역 청암리 토성 금동관	전 강서군 고구려 금관(개인 소장)
전 평양부근 출토 고구려 금동관	나주 신촌리 9호분 출토 백제 금동관
공주 무령왕릉 출토 무령왕 금제 관식	황남대총 북분 출토 신라 금관 (국립중앙박물관 소장)
천마총 출토 신라 금관 (경주박물관 소장)	서봉총 출토 신라 금관 (국립중앙박물관 소장)

금령총 출토 신라 금관 (국립중앙박물관 소장)	금관총 출토 신라 금관 (국립중앙박물관 소장)
호림박물관 소장 신라 금관	교동 출토 신라 금관 (경주박물관 소장)
가라 금관(오쿠라컬렉션 소장)	전고령 출토 가라 금관 (삼성 리움미술관 소장)

〈그림 10-5〉 고구려·백제·신라·가라의 금관

　고구려·백제·신라·가야의 금관들이 공통적으로 고조선문명의 금관을 직접 계승한 자생적인 것임을 증명하는 요소는 다수 있다.

　첫째, 금관의 양 옆면에는 고조선의 도안 모형인 새깃털을 불꽃 등과 함께 다양하게 조합·변형하면서 표시했다는 점.

　둘째, 금관의 앞면 꼭지 또는 중앙 정면 어디에다가 태양을 상징하는

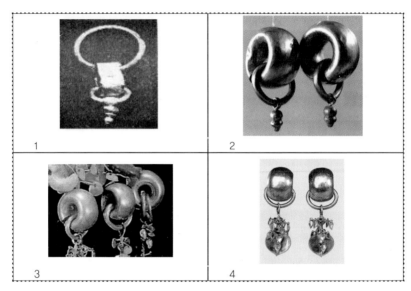

〈그림 10-6〉 금귀걸이의 계승 비교

1. 강동군 순창리 2호무덤(고조선 BC 25세기)
2. 전 강서군 고구려금관 동반 출토 금귀걸이(BC 1세기~AD 4 세기)
3. 황남대총 북분 출토 신라금관 금귀걸이(AD 5세기)
4. 서봉총 출토 신라금관 금귀걸이(AD 5세기)

도안을 넣었다는 점.

셋째, 금관의 관테 둘레에 몇 줄의 점선을 찍어 제작했다는 점.

넷째, 세움 장식이 고조선의 새 깃털과 불꽃문양을 직접 계승하고 있
다는 점.

다섯째, 금관의 동반 금귀걸이가 고조선의 금동귀걸이를 직접 계승하
고 있다는 점.

여섯째, 금관의 곡옥 달개가 고조선의 곡옥을 직접 계승하고 있다는
점. 이 사실은 특히 곡옥을 애용한 신라금관에서 명료하게 증명된다
는 점.

필자는 고조선문명 후예들의 이러한 금관들의 자생성과 특징은 정면
중앙 또는 상단에 도안한 ① 각종 원형 도안의 해(태양) 상징과, ② 옆
면(귀 위)의 각종 새〔鳥〕 깃털 도안에 명백하게 표현되고 있다고 생

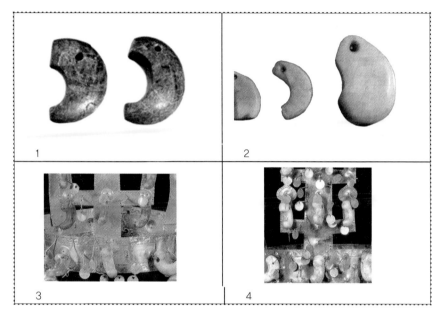

〈그림 10-7〉 금관 곡옥의 계승 비교
1. 송국리 유적 출토 곡옥(고조선·진국 시대)
2. 서북한 지역 출토 곡옥(고조선시대)
3. 황남대총 북분 출토 신라금관 곡옥(삼국시대)
4. 천마총 출토 신라금관 곡옥(삼국시대)

각한다. 이것은 고조선문명의 태양숭배와 새토템의 발전된 사상적 표현이라고 본다. 학계 일부에서 앞면·옆면의 도안을 나무와 나뭇가지에서 구하고 시베리아 기원설을 주장하는 것은 '국왕이 사용하는 귀중한 금관'의 사상성과 전통 계승성을 파악하지 못한 빗나간 견해가 아닌가 한다.

고조선문명 후예들의 이러한 찬란한 금관은 고조선문명권의 독자적 금문화 유형이었다. 그것은 고조선문명에서 자생적으로 창조된 문화였다. 막강한 권력을 가졌던 중국의 역대 왕과 황제들도 이러한 금관을 쓰지 못하였다. 일본의 어떠한 역대 왕들도 이러한 금관을 쓰지 못하였다.

고조선의 금문화와 금관문화는 고조선문명의 독특한 문화항목으로

서 창조되어 발전하다가 고조선 문명의 후예국가 고구려·백제·신라·
가야에 직접 계승되어 금관을 비롯한 열국의 금문화·금동문화를 발전
시키면서 AD 5세기경에 육로로 스키타이문명과 접촉하여 상호교류하
게 되었다.[16] 또한 해로로는 아랍상인들에 의하여 AD 5세기경에 신
라가 황금의 나라로 서양세계에 소개되기 시작하였다.

---

16) 필자가 여기서 구태여 고구려·백제·신라·가야의 금관까지 거론한 것은 이
   금관들의 원류가 고조선문명의 금문화임을 알지 못하고, 학계 일부에서 스키
   타이 기원설 또는 시베리아 기원설을 주장하고 있기 때문이다. 금관은 왕의
   권력의 상징이기 때문에 반드시 '사상'이 상징화되어 있다. 고조선문명에서는
   태양과 단군(하느님)을 숭배하였고, 하늘을 나는 새를 토템으로 상징화했다.
   그러므로 고조선 사람들은 평민까지도 모자에 새 깃털을 꽂았었다(농경문 청
   동기 참조). 고구려·백제·신라·가야의 왕관들도 모두 두 귀 위에는 새 깃털
   도안의 금장식을 붙였고, 앞면에는 여러 가지 도안의 태양(해)과 불을 금장
   식으로 붙였다. 이것은 고조선 전통이지 스키타이나 시베리아와는 상관이 없
   다. 금은 고조선 초기부터 생산되었다. 고구려·백제·신라·가야의 금관은 고
   조선문명 금문화의 직접적 계승인 것이다.

제11장 고조선문명의 철기문화

1. BC 12세기부터의 철기문화 시작

고조선문명권은 두만강유역 함경북도 무산(茂山)지역과 만주 무순(撫順)지역에 세계 최대 철광산의 하나가 부존되어 있을 뿐 아니라, 한반도 만주지역 도처에 철광석이 부존되어 있는 혜택 받은 지역이라고 볼 수 있다. 특히 무순지역은 노천철광(露天鐵鑛)도 부존해 있어서, 이미 bp 7245±165~bp 6800±145년 전의 신석기시대 신락(新樂)문화 유적에서는 족장의 집자리에서 석탄 정제품(石炭精製品)과 함께 모아 놓은 적철광석(赤鐵鑛石)들이 출토되기도 하였다.[1]

그러므로 앞으로 고고유물의 발굴이 발전함에 따라 이 지역에서는 청동기 출현과 거의 동시기에 철기 출현의 가능성이 높은 지역이라고 볼 수 있다.

현재 철기 발굴의 초기단계에서 우선 ① 고조선 수도지역 ② 무순 철광 부근 지역 ③ 무산철광 부근 지역과 기타 뚜렷한 철기 출토 유적을 중심으로 고조선문명 철기문화의 한 단면을 보기로 한다.

고조선 수도권 지역에서 주목되는 철기 출토품으로서는 평안남도 강동군 송석리 1호 석관무덤에서 철거울(鐵鏡)이 인골과 함께 출토되었는데, 인골의 연대가 3104±179 bp(BC 12세기)의 것으로 측정되어 나왔다. 또한 강동군 향목리 1호 고인돌에서 철창과 쇠줄, 철촉이 출

---

1) ① 審陽新樂遺址博物館·審陽市文物管理辨公室, 《遼寧審陽新樂遺址搶救淸理發掘簡報》, 《考古》1990年 11期.
② 審陽新樂遺址博物館, 《新樂遺址博物館藏文物集粹》, 2008, pp.56~59 참조.

토되었는데 2604 bp(BC 7세기)로 측정되어 나왔다. 이 지역에서는 연속되는 그 후 편년의 철검(鐵劍), 철칼, 쇠뇌들이 출토되었다.

여기서 주목할 것은 송석리 BC 12세기의 철거울이 순도(C 0.06%, Si 0.18%, S 0.01%)가 높고 단조하여 제작한 쇠거울이라는 사실이다. 이것은 철기생산이 이미 시작되었음을 시사하는 것이다. 철기 유물 발굴작업이 진전되면 유사한 단조 철기가 나올 수 있음을 알려주는 것이다.

향목리의 BC 7세기의 철창·쇠줄·철촉은 '선철' 단계를 넘어 이미 '강철' 단계로 들어서기 시작한 순도(C 1.00, Si 0.15, S 0.007)의 것이어서 제철기술이 제강기술 단계에 이르렀음을 알려준다.[2] BC 7세기에 강철이 생산되었다는 사실은, 해면철과 선철 생산은 훨씬 전에 이루어졌으며, 늦어도 BC 7세기에는 철제 무기와 농구 생산이 가능하게 되었음을 나타내는 것이라고 볼 수 있다.

한편 만주 무순 부근지역에서는 유수노하심(榆樹老河深) 중층유적의 고분 129좌에서 무려 540여 점의 철기가 출토되었는데 BC 331년 경(BC 4세기경)의 것으로 측정되었다.[3] 한편 태래평양(泰來平洋) 묘지의 철기는 BC 412년경(BC 5세기경), 조동동팔리(肇東東八裏) 묘지의 철기는 교정치가 BC 481년(BC 5세기경)의 것으로 보고되었다.[4] 또한 무산 철광산을 배경으로 한 함경북도 무산군 범의 구석에서 출토된 쇠도끼 2개 가운데 한 개는 BC 7~BC 5세기의 것이었고, 다른 한 개는 BC 4~BC 3세기의 것이었다.[5] 평안북도 영변군 세죽리 출토 쇠도끼·쇠과·쇠끌·쇠칼·쇠낫 등의 측정연대는 BC 4~BC 3세기였다.[6] 평양 토성동 목곽부덤에서도 장검·쇠칼·극·활촉 등 철기가 세형동검·세형동

2) 조선기술발전사편찬위원회, 《조선기술발전사》Ⅰ, 1996, pp.42~43 참조.
3) 黑龍江省文物考古研究所·吉林大學考古學系, 《黑龍江肇源縣小拉哈遺址發掘報告》, 《考古學報》, 1998年 1期
4) 朱永剛, 〈중국동북지역내 燕·秦·漢 長城과 初期鐵器시대 문화〉, 단국대 동양학연구원, 《동아시아의 철기문화와 고조선》, 학연문화사, 2013 참조.
5) 《조선기술발전사》Ⅰ, p.47.
6) 《조선기술발전사》Ⅰ, p.47.

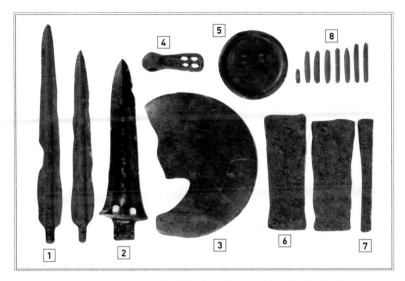

〈그림 11-1〉 부여 합송리 유적 출토 유물(크기 부동)
1. 고조선식 세형 동검 2. 고조선식 청동꺾창 3. 원개형 동기
4. 이형 동기 5. 청동거울 6. 철도끼 7. 철끌 8. 유리관옥

과 등과 함께 출토되었는데, BC 3세기경의 것으로 측정되었다.[7]

　이상의 철기 출토품과 고조선문명권 각지에 산재한 철기 출토품을
종합해 볼 때, 고조선의 철기시대는 약 BC 12세기부터 세형동검 출현
직후에 동반하여 시작된다고 말할 수 있다. 또한 강철제 농구와 무기
생산은 약 7세기부터 시작된 것으로 관찰된다.

　그러므로 고조선문명의 철기문화는 청동기문화의 세형동검 시기에
중첩되어 나타난다고 볼 수 있다. 예컨대 〈그림 10-1〉에서 볼 수 있
는 바와 같이, 충남 부여 합송리 출토유물을 보면, 철제 도끼(쇠도끼)
와 철제 끌(쇠끌)이 고조선 다뉴세문명, 세형동검 등과 공반되어 나오
는 것을 확인할 수 있다.

---

7) 손영종·조희승,《조선수공업사》, 백산자료원, 1990, pp.27~32 참조.

2. 철제 공구(工具)

철기문화의 성립과 발전, 특히 강철 주물기술의 성립은 공구(工具)를 만들 수 있게 하여 ① 도끼 ② 끌 ③ 자귀 ④ 손칼 ⑤ 송곳 ⑥ 쇠대패 날들이 나오게 되었다. 이러한 철제 공구들의 예리한 날은 청동제보다 훨씬 강하여 다른 재료의 도구를 제작하는 데 매우 능률적으로 활용되었다.

고조선시대 한반도와 요동반도 지역 철제 공구의 출토 상황은 다음 〈표 11-1〉과 같다.[8]

〈표 11-1〉 철제 공구

	유적 소재지	유적종류	출토 철제유물
1	영변 세죽리유적	집자리	도끼, 끌, 손칼, 자귀, 비수
2	위원 용연리유적	집자리	도끼, 비수
3	강계 시중 노남리유적	집자리	도끼, 송곳, 꺾쇠
4	회령 오동유적	집자리	도끼, 철편
5	무산 호곡동(범의 구석)	집자리	도끼, 손칼
6	영흥 소라리유적	집자리	송곳, 손칼, 통형철기
7	함흥 이화동유적	토광묘	도끼, 철제검자루끝장식
8	강서군 태성리고분군	토광묘	도끼, 손칼, 끌
9	평양 장진동유적	분묘	도끼
10	평양 정백동 부조예군묘	토광목곽묘	도끼, 끌, 비수
11	봉산 송산리솔뫼골	위석묘	도끼
12	은파 갈현리유적	토광묘	도끼, 손칼
13	배천 석산리유적	토광묘	도끼
14	은율 운성리 고분군	묵곽묘	도끼, 손칼, 끌
15	수원 서둔동유적	집자리	도끼, 손칼, 철거
16	춘천 중도유적	집자리	끌, 철편, 손칼
17	명주 안인리 유적	집자리	손칼, 철편
18	중원 하천리 지동유적	집자리	도끼, 손칼
19	양평 문호리유적	적석총	손칼, 꺾쇠
20	제천 양평리유적	적석총	손칼
21	제천 도화리유적	적석총	손칼
22	천안 청당동유적	목관묘	도끼

---

8) 국사편찬위원회, 《한국사》3, 1997, pp.343~479 및 리태영, 《조선광업사》, 백산자료원, 1998, pp.56~89에서 작성. 이하 철기의 〈표〉는 모두 동일함.

23	당진 소소리유적	분묘	도끼, 철착 2점
24	부여 합송리유적	석관묘	도끼, 송곳(철착)
25	승주 대곡리유적	집자리	손칼,
26	해남 군곡리유적	패각층	도끼, 손칼
27	보성 척령리금평	패총	도끼, 철촉
28	제주 곽지	패총	손칼
29	경주 황성동유적	집자리	도끼, 손칼, 끌
30	김해 봉황대유적	집자리	손칼, 鐵鐸
31	김해 부원동유적	집자리	도끼, 손칼
32	김해 웅천	패총	손칼
33	삼천포 늑도유적	집자리	도끼, 손칼
34	장수 남양리유적	석관묘	도끼, 끌
35	제주 용담동유적	석곽묘	도끼, 철촉
36	경주 입실리유적	토광묘	도끼, 철검편
37	경주 정래동유적	토광묘	도끼
38	경주 조양동유적	토광묘	도끼, 손칼
39	부산 노포동유적	분묘	도끼, 손칼
40	부산 괴정동유적	분묘	손칼
41	김해 대성동유적	토광목곽묘	도끼
42	김해 퇴래리유적	분묘	도끼, 손칼, 철제교구
43	밀양 내이동	토광목관묘	도끼
44	요녕성 무순시	연화보유적	자귀
45	요녕성 안산시 양초장	집자리	자귀, 손칼
46	요녕성 금주시	대니와유적	자귀
47	요녕성 금현	고려채유적	도끼, 자귀, 끌
48	요녕성 여대시목양성	토성	도끼, 자귀, 손칼
49	요녕성 금현 대령둔	토성	도끼, 자귀, 손칼
50	요녕성 여대시	조가둔유적	도끼(혹은 자귀)

위에서 든 철제 공구들은 반드시 다른 도구의 제작을 위해서만 사용된 것이 아니라, 여러 가지 다목적 용도에 사용되었다.

예컨대 '도끼'는 다른 도구 제작의 기본 공구이기도 했지만, 동시에 벌목과 황무지 개간 등의 농구로 사용되었으며, 동시에 주요한 무기로도 사용되었다. 손칼은 목재·골재 등의 다른 용구의 제조에도 사용되었지만 동시에 농구와 각종 생활용구로도 사용되었다.

철제 용구의 제조와 사용으로 특히 단단한 목재 등 다른 자료를 사용하여 다른 용도의 도구를 자유자재로 대량 제작할 수 있게 되었다.

〈그림 11-2〉 위원 용연리 유적 출토 철기

3. 철제 농구

고조선문명에서 철기문화의 대두는 철제 '농구'를 출현시켰다. 고조선 문명권에서는 bp 3,000년기 후기에는 한반도·요동·요서 지역에 광범위하게 ① 철제의 괭이 ② 호미 ③ 낫 ④ 삽 ⑤ 반달칼 ⑥ 철제 도끼 ⑦ 철낚시〔鐵釣〕 ⑧ 쇠못〔鐵釘〕 등이 사용되었다.

철제 도끼는 공구이기도 하지만 동시에 농구도 되어 개간을 위한 산림벌채에 널리 사용되었다. 그 결과 경작지를 확대하는 데 크게 작용하였다. 철제 괭이는 돌이 많고 굳은 땅을 더 쉽게 빨리 파헤칠 수 있게 하여 토지 개간과 경작에서 능률을 크게 향상시켰다. 철제 삽은 굳은 땅을 더 쉽게 빨리 파헤쳐 뜰 수 있게 하여 농업생산을 크게 향상시킬 수 있었다.

철제 호미는 김매기와 흙긁기·흙고르기를 더 쉽고 능률적으로 향상시켰다. 철제 낫은 농작물 수확을 능률적으로 향상시켰고, 개간과 제초를 위한 풀베기에도 큰 능률 향상을 가져왔다.

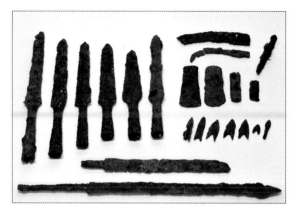

〈그림 11-3〉 아산 용두리·명암리 유적 출토 철기

철제 반달칼은 익은 알곡을 신속하고 능률적으로 수확하도록 만들어 주었다.

뿐만 아니라 철제용구의 보급으로 밭갈이용 목제 후치와 목제 쟁기를 아주 단단한 나무로 만들 수 있게 되었다. 부식되다 남은 나무 후치가 출토되어 있다. 철제 쟁기보습도 제조된 것으로 추정되지만 아직 출토된 것은 없다.

고조선시대 후기 한반도에서 철제 농구들의 주요 출토 지역은 다음 〈표 11-2〉과 같다.

〈표 11-2〉 철제 농구

번호	유적 소재지	유적 종류	철제 농구·용구
1	회령 오동유적	집자리	낫, 낚시
2	무산 화곡동(법의구석)	집자리	낫, 반달칼, 도끼, 낚시
3	영흥 소라리유적	집자리	낫, 송곳, 손칼
4	위원 용연리	집자리	괭이, 호미, 낫, 반달칼, 도끼, 비수
5	영변 세죽리	집자리	괭이, 호미, 낫, 도끼, 끌, 손칼, 비수
6	시중 노남리	집자리	낚시, 송곳, 꺾쇠, 쇠도끼
7	강서 태성리	고분군	낫, 손칼, 도끼, 끌
8	은율 운성리	고분군	쇠보습, 낫, 손칼
9	수원 서둔동유적	집자리	손칼, 도끼, 철거
10	춘천 중도유적	집자리	낫, 손칼, 끌, 철편
11	횡성 둔내유적	집자리	낫, 쇠못

12	명주 안인리유적	집자리	낫, 손칼, 철편
13	중원 하천리유적	집자리	가래, 괭이, 낫, 도끼, 손칼, 못
14	양평 문호리유적	적석총	손칼, 꺾쇠
15	청주 송절동유적	토광목관묘	낫
16	천안 청당동유적	목관묘	낫, 도끼
17	당진 소소리유적	분묘	도끼, 철착 2점
18	부여 합송리유적	분묘	도끼, 철착
19	해남 군곡리유적	집자리	손칼, 도끼
20	경주 횡성동유적	집자리	낫, 손칼, 도끼, 끌
21	경주 황성동유적	집자리	낫, 도끼, 손칼, 끌
22	김해 부원동유적	집자리	손칼, 도끼, 낚시
23	김해 웅천	패총	낫, 손칼, 낚시
24	삼천포 늑도유적	집자리	도끼, 손칼, 낚시
25	장수 남양리유적	석관묘	도끼, 끌
26	제주 용담동유적	석곽묘	도끼
27	부산 괴정동유적	석곽묘	손칼
28	김해 대성동유적	토광목곽묘	낫, 도끼
29	김해 퇴래리유적	토광목곽묘	도끼, 손칼, 못

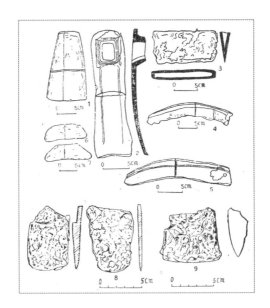

〈그림 11-4〉 고조선문명의 철제 농기구(자료: 《조선수공업사》)

1. 호미(연화보 유적) 2. 괭이(용연구 유적) 3. 삽(목양성터) 4. 낫(연화보 유적)
5. 낫(용연구 유적) 6·7. 반달칼(연화보 유적) 8. 주철도끼 9. 주강도끼

4. 철제 무기

고조선문명의 철기문화는 고조선문명의 종래의 청동무기를 철제 무기로 바꾸기 시작하였다. 철제 장검과 단검, 비수, 철창, 철제 화살촉과 철제 기계활인 쇠뇌(鐵弩), 철제 갑옷이 출현하여 발전하기 시작하였다.

1) 철검

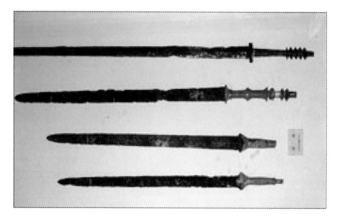

〈그림 11-5〉 고조선문명의 부여 철검(유수노하심 유적 출토)

고조선문명의 철기문화에서 철검(鐵劍, 쇠장검)이 출현하여 세형동검과 함께 사용되었다.

고조선문명의 부여 철검이 길림성 유수노하심(榆樹老河深) 유적에서 다수 발굴되었는데, 〈그림 11-5〉에서 보는 바와 같이, 우수한 '장검'이었다. 부여식 장검은 충북 청주시 오송읍 정방리 토광묘에서도 1개 출토되었는데, 칼은 철이고 자루는 동으로 제작해 조립한 '동병철검'(銅柄鐵劍)이었다.[9] 제주 용담리 유적에서도 85cm의 부여식 장검 2자루가 출토되었다.[10] 탐라국 건국 무렵 북방에서 이동해 들어온 부여·고구려·양맥족의 을나(족장)가 휴대했던 장검으로 추정된다.[11]

9) 《한겨레》 2016년 8월 30일자, 〈북방 부여인의 칼〉 참조.
10) 李淸圭, 《제주도고고학 연구》, 학연문화사, 1995, pp.184~188 참조.

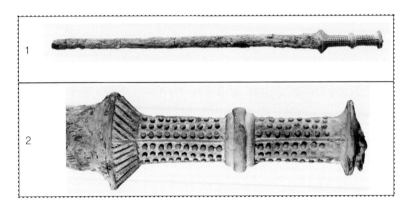

〈그림 11-6〉 청주 오송 정방리 출토 부여식 장검
　　1. 발굴 직후의 정방리 출토 부여식 장검(전체)
　　2. 위의 손잡이(부분)
　　출처: 〈한겨레〉 2016년 8월 30일자.

　부여식 철제 장검은 부여족 무사집단의 이동에 따라 가라·탐라지역
에 전파되었으며, 말과 함께 일본열도에도 전파된 것으로 해석된다. 필
자는 부여의 장검이 일본에 건너가 초기에는 왕과 장수의 신분재와 '츠
루기'라는 제사용 철검으로 사용되다가, 무사의 '일본도'로 발전하게 된
것이라고 본다. 즉 일본도의 기원은 부여 장검이라고 보는 것이다.
　부여 장검은 열국시대에는 왕족들의 신분재로서 '환두대도'(環頭大刀)
로 발전하였다.

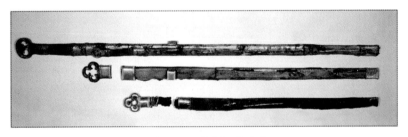

〈그림 11-7〉 천마총 환두대도
출처: 경상북도문화재(http://www.chis.go.kr)

---

11) 신용하, 〈탐라국의 형성과 초기 민족이동〉, 《한국학보》 제90집, 1988; 《한국
　　민족의 형성과 민족사회학》, 지식산업사, 2001에 재수록, 참조.

고조선 후기 한반도에서 철검의 주요 출토 상황은 다음 표와 같다.

〈표 11-3〉 고조선시기 한반도에서 출토된 철검

번 호	유적소재지	유적종류	철검
1	강서군 태성리 유적	고분군	철검, 철창, 말자갈
2	평양 토성동 유적	4호 토광묘	철장검, 철촉
3	영흥 소라리 유적	집자리	철검편, 철창
4	천안 청당동 유적	목관묘	환두대도, 철창, 철촉
5	평양 정백동 유적	토광목곽묘	철장검, 철단검, 검코, 검자루끝, 말자갈
6	평양 정백동 유적	부조예군묘	철장검, 철단검, 철창, 쇠뇌, 비수
7	경주 입실리 유적	토광묘	철검편, 철도끼
8	경주 정래동 유적	토광묘	환두대도, 철추, 철도끼, 철촉
9	경주 조양동 유적	토광묘	철검, 철과, 철도끼
10	부산 노포동 유적	목관묘	환두대도, 철창, 철촉, 철도끼
11	창원 다호리 유적	목관묘	칠초(漆鞘) 철검, 환두대도, 철과
12	고성 송천리 솔섬 유적	석관묘	세형철검
13	제주 용담동 유적	석관묘	철장검, 철단검

2) 쇠뇌〔鐵弩〕

고조선문명의 철기문화가 성립되자 강철로 활과 노리쇠를 제작하여 '쇠뇌'〔鐵弩, 鐵弓〕라고 호칭한 기계활이 개발되었다. 쇠뇌는 종래의 목재·죽제 활보다 일시에 여러 개의 화살을 쏠 수 있고, 사정거리가 훨씬 길며, 관통력이 훨씬 강한 사격무기가 되었다.

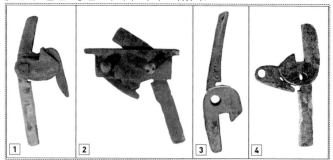

〈그림 11-8〉 고조선의 쇠뇌(크기 같지 않음)
1. 평양 정백동 205호 무덤 출토 2. 평양 정백동 37호 무덤 출토
3. 황해도 은파군 갈현리 하석동 목관 무덤 출토 4. 황해도 황주 금석리 목관 무덤 출토

3) 철촉(鐵鏃)

또한 화살의 화살촉은 철기문화의 발전과 동시에 거의 대부분 철제 화살촉인 '철촉'(鐵鏃)으로 교체되었다.

철촉은 〈표 11-4〉에서 볼 수 있는 바와 같이 한반도의 거의 전 지역에서 종래의 석촉·동촉·골각촉을 교체하였다.

〈표 11-4〉 철제 무기류

번호	유적소재지	유적종류	철제 무기 종류
1	무산 호곡동	집자리	활촉, 도끼, 손칼
2	영흥 소라리 유적	집자리	쇠뇌, 검파, 투구, 단검편, 창
3	위원 용연리 유적	집자리	창, 비수, 도끼, 철촉
4	강계 시중 노남리 유적	집자리	활촉, 도끼
5	중강 토성리 유적	집자리	활촉
6	함흥 이화동 유적	토광묘	창, 검자루장식, 도끼
7	강서 태성리 고분군	토광묘	철검, 창, 도끼
8	평양 토성동	4호 토광묘	철검, 창, 도끼
9	평양 석암동 유적	분묘	창, 갈구리창(鐵戟)
10	평양 정백동 유적	고분	철장검, 철단검, 검코, 검자루끝장식
11	평양 정백동 부조예군묘	토광목곽묘	철장검, 철단검, 쇠뇌, 창, 갈구리창, 비수
12	은파 갈현리 유적	토광묘	검, 창, 도끼
13	은율 운성리 고분군	토성	철촉, 손칼
14	수원 서둔동 유적	집자리	철촉, 도끼, 손칼, 철거
15	춘천 중도 유적	집자리	철촉, 손칼
16	횡성 둔대 유적	집자리	철촉
17	중원 하천리 유적	집자리	양익창, 철촉
18	천안 청당동 유적	목관묘	환두대도, 창, 철촉, 도끼
19	승주 대곡리 유적	집자리	철촉, 손칼
20	보성 척령리 금평	패총	철촉, 도끼
21	경주 황성동 유적	집자리	철촉, 도끼, 손칼
22	제주 용담동 유적	석곽묘	장검, 단검, 철촉, 도끼
23	경주 입실리 유적	토광묘	철검편, 도끼
24	경주 장래동 유적	토광묘	환두대도, 철촉, 추형철기, 도끼
25	경주 조양동 유적	고분	철검, 철과, 도끼
26	부산 노포동 유적	목관묘	환두대도, 철창, 철촉, 도끼
27	부산 괴정동 유적	목곽묘	철촉, 손칼

28	김해 대성동 유적	토광목곽묘	철창, 철촉, 도끼
29	김해 퇴래리 유적	토광목곽묘	환두대도, 칠초철검, 철창, 철촉, 도끼
30	고성 송천리 솔섬 유적	석관묘	세형철검

4) 철창(鐵槍)

고조선문명의 철기문화의 대두는 종래의 비파형 청동창을 철창으로 교체시켰다. 철창은 단극창뿐만 아니라, 양익창(兩翼鎗), 삼지창(三枝鎗) 등 여러 가지 형태의 철창으로 발전되었다.

고조선시대 철창이 한반도에서 출토된 상황은 〈표 11-4〉에 포함되어 있다.

5) 고조선식 철제 갑옷

고조선은 동아시아에서 매우 이른 시기에 뼈갑옷[骨甲]과 함께 철 갑옷[鐵甲]을 생산해 사용한 고대국가였다.[12]

함경북도 무산 범의 구석 유적 제40호 집자리에서 서기전 2000년 기의 뼈갑옷편 2개가 출토되었는데 동물뼈를 얇게 갈아 만든 장방형 의 것이었다.[13] 이것은 고조선의 뼈갑옷이 장방형의 뼈갑편을 엮어서 제작했음을 알려주었다. 이러한 고조선식 뼈갑편은 중국 요녕성 접경 내몽고 자치구의 하가점 상층문화 유적에서도 2개가 출토되어, 이곳이 고조선식 뼈갑편의 영역임을 확인하였다.

고조선문명에서는 철제갑옷의 대용으로 청동단추를 붙인 청동갑옷도 발명하여 사용하였다. 최근 복식사 연구의 큰 성과의 하나는 청동단추 소수를 옷에 달았을 경우에는 장식용이지만, 가죽갑옷에 "ㅗ"형

12) ① 林仙姬,〈복식비교를 통한 고조선 영역연구, 단군학회 엮음,《단군과 고조 선 연구》, 지식산업사, 2005, 113~126쪽 참조.
② 林仙姬,〈고대한국 갑옷의 원류와 동아시아에 미친 영향〉, 임재해 외, 《고대에도 한류가 있었다》, 지식산업사, 2007, 233~296쪽 참조.
13) 황기덕,〈무산 범의 구석유적 발굴보고〉,《고고민속논문집》 6, 사회과학원출 판사, 1975, 165쪽.

〈그림 11-9〉 고조선 갑옷편
1. 함경북도 무산군 범의 구석 유적 출토 뼈갑편(청동기시대)
2. 평양 정백동 1호 무덤 출토 철갑편

(3~8cm)의 청동단추를 수십·수백 개 달아서 청동갑옷의 기능을 하도록 제작했다는 사실을 실험을 해가며 발견한 사실이다. 고조선 유적인 누상 1호묘의 청동단추 41점과 정가와자 6512호의 수십 개의 청동단추가 그것이다. 그러므로 고조선의 청동갑옷은 두 형태가 있었다. 하나는 가죽갑옷에 3~8센티미터의 청동 장식단추를 수십·수백 개 붙여 달아서 위엄을 보임과 동시에 갑옷의 기능을 하도록 고안한 청동갑옷이다. 고조선 유적 가운데 누상묘 출토와 정가와자 6512호묘 출토의 청동 장식단추들이 그러한 예이다. 이러한 고조선의 청동단추는 서기전 25세기부터 나타나기 시작하여 그 후 점차 보편화되었다. 다른 한 형태는 장방형의 작은 청동갑편을 꿰어 연결한 것이었다.[14)]

고조선의 철갑옷은 평양 정백동 1호묘에서 서기전 3세기의 것으로 추정된 철갑편이 출토되어 그 형태를 알 수 있게 되었다.

고조선문명에서 이러한 철제 무기의 발전은 고조선의 군사력을 막강하게 하여 고조선문명을 외적으로부터 방어하는 데 능률적 역할을 수행하였다.

---

14) 박선희, 〈고대한국 갑옷의 원류와 동아시아에 미친 영향〉, 《고대에도 한류가 있었다》, pp.245~256 참조.

5. 철제 거마구(車馬具)

고조선문명의 철기문화가 성립 발전하기 시작하자 제왕과 후왕들은
종래의 청동제 마구를 철제 마구로 교체하기 시작하였다. 특히 제왕과
후왕들은 종래의 목제 수레 굴대와 각종 수레 부속품들을 목재와 청동
제로부터 철제로 교체하였다. 고조선 수도권 지역에서 발굴되는 철제 거
마구(車馬具)의 일단이 이를 잘 증명해 준다(표 〈11-5〉 참조).

〈표 11-5〉 철제 거마구(車馬具)

번호	유적소재지	유적종류	출토 철제 마구
1	강서 태성리 고분군	토광묘	철제 말자갈
2	평양 석암동 유적	수습	철제 말자갈
3	평양 정백동 유적	고분	철제 말자갈, (청동고리), 수레굴대, 일산 꼬대기
4	평양 정백동	부조예군묘	말관자, 말자갈, 말자갈멈추게, 놋방울, 말굴레 장식못, 수레굴대끝, 멍에끝장식, 삿갓모양동기, 일산살꼬지

고조선문명의 철기문화는 후조선시기에 세형동검문화와 함께 BC 12
세기에 성립되어 계승·발전해 오다가 BC 108년에 한무제의 침략에 직
면하게 되었다.

학계 일부에서는 BC 3세기 초엽 연의 진개(秦開)가 고조선을 침공하
여 1천여 리의 고조선 영토를 빼앗은 후 철이 고조선에 도입된 것으로
해석해 왔다. 연(燕)의 철기문화에 고조선이 패전한 것으로 추측한 것이
었다. 그러나 BC 12세기~BC 3세기의 고조선문명권 안에서 각종 우수
한 철기들이 다수 출토되었으므로, 연(燕)의 철기문화에서 고조선의 철
이 전파되어 들어왔다는 가설은 허구에 불과했음이 증명되었다.

일찍이 단재 신채호는 반대로 연의 진개가 고조선 후국 동호(신조
선)에 인질로 오자 동호왕이 진개를 과신하여 군사기밀까지 모두 알게
해주었기 때문에, 진개가 고조선의 선진문물을 배우고 군사상태를 잘 알
게 되어 귀국한 다음 고조선(동호 지역)을 기습해서 패전시킨 것으로
설명하였다.[15)

이때 고조선의 선진문물에는 고조선의 선진적 청동기문화뿐만 아니라 고조선의 철기문화가 포함되었을 수 있다. 그러므로 먼저 고조선 철기문화가 진개에 의해 연에 도입되어 무기에 응용되었을 개연성을 검증해 볼 필요가 있을 것이다. 고대 중국인들은 동북지역(만주) 철물이 관내지역보다 더 발전해서 관내에 들어왔다는 인식을 갖고 있었다.

---

15) 《史記》 卷110, 列傳 匈奴傳에는 〈그 후 연의 현장 진개가 호(胡)에 인질로 잡혀가 있었는데 호(胡)는 그를 매우 신임했다. 진개가 연으로 돌아온 다음 동호(東胡)를 습격 격파해서, 동호는 1천여 리를 퇴각했다〉고 기록하였다. 진개는 연의 소왕(김王, BC 3세기) 때 장군인데, 그가 동호(예맥조선)에 인질로 잡혀 있었다는 것은, 신채호 선생이 지적한 바와 같이, BC 3세기경에 연은 조선보다 국력과 군사력(철제 무기 포함)이 약했음을 의미한다. 동호왕이 그를 신임하고 연과의 친선우호정책을 실행하자 진개는 그 사이에 동호(어환의 《魏略》에서 朝鮮)의 군사 상태와 군사기밀, 선진철제무기 제작술을 습득하고, 연에 돌아간 후 군사와 철제무기를 준비하여 동호를 기습공격해서 패전시킨 것이다. 단재는 이와 같이 해석했다. 그러므로 BC 4세기~3세기경에 철기문화·철제무기 제조에서 연이 고조선보다 선진해서 연의 철기문화가 조선에 전파되었다는 전제는 사실과 일치하지 않는다. 오히려 반대로 선진한 조선의 철기문화와 철제무기 제조 기술이 연에 전파되었을 가능성이 더 높다. 신중한 실증적 연구가 필요한 부분이다(《改訂版丹齋申采浩全集》 상권, 《朝鮮上古文化史》, pp. 433~439 참조).

제12장 고조선문명의 기마문화

1. 부여와 실위의 동북아시아종 말의 가축화

고조선문명의 가장 큰 특징의 하나는 세계사에서 매우 이른 시기에 기마문화를 형성 발전시켰다는 사실이다.[1]

유라시아 대륙의 역사에서 말이 가축화되어 탈것으로 나타나게 된 순화된 말(馬)은 크게 분류하면 '동북아시아종 말'(통칭 몽고말)과 '서남아시아종 말'(통칭 아랍말)의 두 종류이다.

고조선의 기마문화 형성에 사용된 말은 물론 '동북아시아종 말'(몽골말)이다.

고조선지역에서 말의 가축화에 적합한 자연환경 후보지역의 하나는 송화강 지류인 눈강(嫩江)과 제2 송화강(松花江)의 양안 지역 대평원이다. 눈강의 동쪽에서는 부여(夫餘)족이 농경생활을 시작했고, 눈강의 서쪽에서는 실위(室韋, 원몽골)족이 유목을 시작했었다. 동북아시아종 말의 가축화의 기원을 구태여 찾는다면, 필자는 반드시 이 지역을 후보지역의 하나로 주목할 필요가 있다고 본다. 부여에서는 야생동물의 가축화가 가장 선진적으로 진행되어 생활전반이 가축과 긴밀하게 연계되었으며, 심지어 최고위 관직명칭까지 마가(馬加; 加는 장관 또는 지방제후 호칭), 우(牛)가, 구(狗)가 등 가축이름을 사용하였다.[2] 현재 한국인의 민속놀이의 하나인 가축들 이름(모=마, 윷=소, 걸=양, 개=

---

1) 신용하, 〈고조선의 기마문화와 농경·유목의 복합구성〉, 《고조선단군학》 제26호, 2012 참조.
2) 《後漢書》 卷85, 東夷列傳 第75, 夫餘國條 참조.

개, 도=돼지)의 윷놀이도 부여의 민속이다. 한국어의 '물'도 부여언어 (몽골어와 함께)에서 기원한 것으로 추정된다.

한편 실위족(원몽골족)은 유목생활에서 가축관리와 몰이에 '말'이 필요했으므로 말의 가축화를 선도했거나 부여 농경민의 말의 가축화를 도입하여 더욱 빠른 속도로 말의 가축화를 진전시켰다고 볼 수 있다. 말의 가축화가 농경생활의 산물이었다면 부여가 이를 선도했을 것이고, 말의 가축화가 유목생활의 산물이었다면 실위(원몽골)가 이를 선도했으리라고 본다. 현재 관련학계에서는 안정적 정착 농경생활에서 먼저 말의 가축화가 이루어진 후에, 유목생활에 도입되어 더 활발히 유용하게 활용되었으리라고 추정하는 것이 주류이다. 그렇다면 '동북아시아종 말'의 순화는 부여에서 성취된 것이라고 볼 수 있다.

말의 어원인 '물'(말, 몰)은 부여어(고조선어)의 어원이라고 추정된다. 중국어 馬(마)는 부여어 '물'의 음역과 그림글자 표기이다.

동북아시아종 말은 현재는 몽골인들이 가장 많이 사육하는데, 고대의 동북아시아종 말은 오늘날의 몽골말과 비슷한 높이 약 130cm의 중형 말이었을 것으로 추정된다. 이러한 말을 고조선에서 가축화하여 어떠한 '기마문화'를 창조했을까? 고조선이 건국한 후 고조선의 활동지역이었던 한반도·만주·연해주 일대에서는 고조선 기마문화의 유적·유물이 출토되기 시작하고 있다.

2. 고조선 기마문화의 유적과 문헌기록

고조선의 첫 도읍지인 평안남도 강동군의 옛 아사달의 현존 읍지 가운데 가장 오래된 읍지인 《강동군읍지》(江東郡邑誌)에는 고조선 첫 수도 아사달 주위의 대박산(大朴山)과 묘운대(墓雲臺)의 산 위에 각각 '철마'(鐵馬)가 세워져 있었는데, 아래를 압도하는 것처럼 내려다보았다는 기록이 있다.[3] 또한 강동현청의 남쪽 50리 지점의 만달산(蔓達山) 산정에도 수철마(水鐵馬)가 세워져 있었다고 기록되어 있다.[4] 한반도의 수많은 고을 가운데서 고을을 에워싼 산마루에 말의 동상이나 말의 철상이 3개나 세워져 있던 곳은 고조선의 첫 도읍지인 강동 아사달이 유일한 곳이다. 이것은 이미 고조선 시대에 '말'의 중요성과 비중이 매우 높았음을 시사하는 것이다.

이 말 조각의 재료가 청동인지 철인지는 이것이 없어진 지금은 알 길이 없다. 오직 '수철마'라는 기록의 '수철'은 강물에서 채집한 자연동·자연철을 용해하여 합금한 것을 일컬어 온 용어이기 때문에, 이 철마, 수철마가 자연동·자연철 채집기의 매우 오래된 마상(馬像)이라는 것을 알 수 있을 뿐이다.

또한 주목할 것은 이 지역에 전해 내려오는 전설 가운데, 단군이 기마연습훈련을 했다고 전해지는 마산(馬山)이 실재하고 있다는 사실이다. 전설에는 단군이 기마연습과 훈련을 극심하게 해서 푸른 산이 흙이 파여 붉은 산으로 되었다는 전설이 있다. 물론 전설의 사료가치에는 큰 한계가 있다. 그러나 고조선에서는 가축화된 말의 사용이 지배자·지배층의 기마(騎馬)의 문화유형을 주로 하여 형성·발전되었음을 이 전설은 시사하고 있다.

또한 강동현의 옛 지명에는 '용'(龍)자도 많지만, 그 다음으로 '마'(馬)자가 많다는 점이다. 예컨대 마산방(馬山坊), 마학동(馬鶴洞), 마탄촌(馬灘村), 도마산(都馬山) 등과 같은 것이다.[5]

위의 사실들은 적어도 고조선 건국기인 강동 아사달 도읍시기에 고조선과 기마문화 형성이 깊은 관련을 가졌을 가능성의 하나를 제공해 준다고 할 것이다. 인류가 신석기시대에 가축화한 말을 고조선은 국가형성시기에 기마용으로 사용하기 시작했다는 설명은 주목할 필요

---

3) 《江東郡邑誌》山川條 참조.
4) 《江東郡邑誌》蔓達山 참조.
5) 신용하, 《고조선 국가형성의 사회사》, 지식산업사, 2010, p.172 참조.

가 있다고 할 것이다.

중국의 고문헌에도 고조선을 기마문화의 국가로 이해한 흔적이 있다. 《상서》(尙書)의 주서(周書)에 "(周의) 무왕이 이미 동이를 정벌하니 숙신의 사신이 와서 축하하였다[武王既伐東夷 肅愼來賀]"6)라는 기사가 있다. 《상서정의(尙書正義)》에서 공안국(孔安國)은 이를 "해동의 오랑캐들인 구려(句麗), 부여(夫餘), 한맥(馯貊) 등의 족속이 무왕이 상(商)을 이기자 모두 길을 통하게 되었는데, 성왕(成王)이 왕위에 오르자 회수 지방의 동이들이 반란을 일으켰으므로 성왕이 이를 정벌했고, 숙신이 와서 축하한 것이다."7)라고 해설하였다. 공안국은 이어서 공자가 '貊'(맥)은 '맥'(貉)이라고 말했다고 기록하였다. 이때 공안국은 BC 5세기경의 고조선을 '馯貊'(한맥)으로 기록한 것이었다.

당나라 학자 정현(鄭玄)은 위의 기록에 대해 "고구려·부여·韓(한)은 있으되, 이 馯(한)은 없으니, 馯은 곧 피한(彼韓, 저들의 韓)이며 음은 같고 글자는 다르다"8)고 해설하였다.

여기서 고조선을 가리킨 '馯貊'(한맥)의 馯(한)은 순수한 고조선어 한을 한자표기한 것인데, 馬(마)와 干(간, 한)을 합쳐서 고대 중국학자들이 고조선 한민족이 '기마문화의 민족'임을 표현한 한문자 '馯'(한)을 취해 쓴 것이라고 해석된다. 즉 '한'족과 '맥'족이 결합하여 세운 고조선[馯貊]은 당시 기마문화의 나라라고 그들은 이해한 것이었다.

중국의 고대한자는 대체로 좌변은 뜻을 표시하고 우변은 음을 표시하면서 전체가 특징을 취하여 표현하는 그림글자이기 때문에, 문자풀이[說文解字]가 해답을 시사해주는 경우가 많다. 고유한 한국어 '한'을 고대중국인들이 '馯'이라고 표시한 것은 한민족이 말[馬]을 잘 타는 기마문화의 특징을 가진 민족이고, 발음은 한이라고 함을 기록한 것이

---

6) 《尙書》 卷22, 周官 참조.
7) 《尙書注疏》 卷18, 周書, 孔安國傳, "海東諸夷 句麗·夫餘馯貊之屬 武王克商 皆通道焉, 成王卽政而叛 王伐而服之 故肅愼氏來賀" 참조.
8) 《尙書注疏》 卷18, 周書疏, "鄭玄云 北方曰貉 又云東北夷也. 漢書有高句麗·夫餘韓 無此馯 馯卽彼韓也 音同而字異" 참조.

었다고 볼 수 있다. 또한 '馯貊'이라고 하여 '馯'(한)과 '貊'(맥)을 결합
시킨 것은 그들이 당시 고조선을 한족과 맥족이 결합하여 형성된 나
라임을 인식하여 그 특징을 표현한 것이었다고 해석할 수 있다.

여기서 중국에서는 고대부터 고조선을 기마문화를 형성하여 가진
특징의 민족과 나라라고 인지하고 있었음을 알 수 있다. 특히 馯(한)
을 "저들의 한(彼韓)"이라고 하여 '춘추전국'시대의 고중국 韓(한)과 구
분하면서 馯(말을 가진 한)자를 취한 정현(鄭玄)의 해설을 주목할 필
요가 있다고 본다.

3. 고조선문명 기마문화의 유물 유적

1) 요동지역

고조선이 건국 후 요동 개주지역으로 도읍을 천도했던 제2시기에,
고조선의 영역이었던 요동지역에서 기마문화의 발전된 유물들이 출토
되어 고조선에 매우 선진적 기마문화가 실재했었음을 명료하게 증명해
주고 있다.

우선 BC 20세기의 것으로 연대측정된 요동반도 남단 대취자(大嘴
子) 1기 유적에서 청동꺾창 1개, 석제꺾창 1개, 고조선 계통 번개무늬
채색 도기 등이 출토되었는데, 연대측정 결과 bp 4025±95년으로 나왔
다.[9] 이 유적 유물은 고조선 계통 번개무늬토기에서 알 수 있는
바와 같이, 한반도 고조선 유물과 문화적으로 직결되어 있는데,[10] 원

---

9) ① 大連市文物考古硏究所, 《大嘴子: 靑銅時代遺址發掘報告》, 大連出版社, 2000.
   ② 고조선학회, 《2009년 고조선학회 중국답사자료집》, 2009 참조.
10) ① 리순진, 〈신암리 유적 발굴중간보고〉, 《고고민속》3, 1965.
   ② 김용간·리순진, 〈1965년도 신암리유적 발굴보고〉, 《고고민속》3, 1966.
   ③ 신의주력사박물관, 〈1966년도 신암리 유적발굴 간략보고〉, 《고고민속》2,

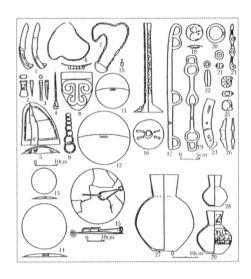

〈그림 12-1〉 요동지역 심양 정가와자 6512호 목곽묘 출토품과 마구 (1)

1. 청동칼 2. 부채꼴 청동도끼 3. 청동끌 4. 청동송곳 5. 청동칼집장식 6·7. 천하 (天河) 석제 목걸이 8. 청동도끼집 장식 9. 청동제 연환 10. 천하석옥(天河石玉). 11~15. 거울형 청동기 16. 나팔형 청동기 17. 청동제 마구 18. 청동단추 19. 청동 말재갈 20. 청동반지 21. 청동제 옥 22. 청동제 관옥 23. 뼈재갈멈치 24. 청동재갈 멈치 25. 청동절약(말띠 연결거리) 26. 청동묶기용구 27~29. 토기단지.

래 꺾창은 기마용·기마병의 무기라고 해석되고 있다.

대취자 1기 유적은 BC 20세기경에 기마 관습의 한 조각의 편린을 남겨두고 있는 셈이기도 하다. 이것은 고조선이 요동으로 천도한 무렵 의 기마문화의 존재와 간접적으로 관련되었는지 검토가 필요함을 시사 해주는 것이라고 볼 수도 있다.

요동지역 고조선 기마문화의 더 직접적 증거로는 심양시 정가와자 목곽토광묘 6512호 무덤에서 출토된 청동기시대 마구들을 들 수 있다.[11]

　1967.
　④ 황기덕, 〈요서지방의 비파형 단검문화와 그 주민〉, 《비파형 단검 문화에 관한 연구》, 1987, p.111 참조.
11)　① 瀋陽古宮博物館, 〈沈陽鄭家窪子的兩座靑銅時代墓葬〉, 《考古學報》1, 1975.
　② 金元龍, 〈沈陽鄭家窪子 靑銅器時代墓와 부장품〉, 《동양학》6, 1976.
　③ 中國社會科學院考古硏究所東北工作隊, 〈沈陽肇工街和鄭家窪子遺址的發掘〉, 《考古》 10, 1989 참조.

요동지역 심양시 정가와자(鄭家窪子) 목곽토광묘 6512호 무덤에서
는 청동기류가 무려 400여 점이나 출토되었다.[12]

여기서는 마구만을 들어보면, 청동제 마구(馬具, 〈그림 12-1〉의 17
번), 청동 말자갈 4개(〈그림 12-1〉의 19번), 뼈 말재갈멈치 1개(〈그
림 12-1〉의 23번), 청동 말재갈멈치 15개(〈그림 12-1〉의 24번), 청
동 절약(말띠 연결거리: 〈그림 12-1〉의 25번) 등이 출토되었다. 무덤
의 주인공이 기마인임을 잘 증명해 주는 것이다.

요동지역 심양 정가와자 6512호 목광묘 출토의 마구들은 고조선의
기마문화의 실재와 그 내용에 대하여 많은 것을 명확하게 알려주고
있다.

(1) 우선 이 출토 마구들은 고조선 전기(단군조선) 시기의 유물임을
    알려주고 있다. 고고학자들마다 연대추정이 크게 달라 늦게 추정하
    는 견해도 있지만, 이 유적 유물은 오래된 전기 조선시기의 것으로
    추정된다. 그 증거는 공반 출토된 청동기 유물 가운데 비파형동검 3
    자루와 칼집 3개가 있고, 다뉴조문경(多鈕粗紋鏡)이 1개 있었으며,
    칼집과 다뉴조문경 뒷면에는 고조선에서만 사용된 번개무늬가 새겨
    져 있다는 사실이 그 증거가 된다. 모두 아는 바와 같이 비파형동검
    은 전조선(단군조선) 시기의 동검이며, 이런 형태의 다뉴조문경도
    전조선(단군조선) 시기의 동경(銅鏡)이다. 따라서 동일 무덤에서 함
    께 출토된 마구들도 전조선(단군조선) 시기의 마구들임을 알 수 있
    게 된다. 거듭 강조하거니와, 요동지역 심양 정가와자 6512호 목곽
    묘에서 출토된 무려 50점에 달하는 마구들은 그들과 공반 출토된
    비파형동검, 다뉴조문경, 번개무늬 등이 전조선(단군조선) 시기의
    유물·유적이기 때문에 50여 점의 마구들도 전조선(단군조선) 시기
    의 마구들이라고 보아도 틀림이 없는 것이다.

(2) 무덤의 주인공은 고조선의 최고위층 무장으로서 적어도 4필의 말

---

12) 박진욱, 《조선고고학전서:고대편》, 도서출판 민족문화, 1988·1995, pp.44~46
   및 pp.54~56 참조.

을 사용했다고 볼 수 있다. 청동 말재갈 4개와 뼈 말재갈 1개 및 청동 말재갈멈치 16개가 공반 출토된 데서 이를 알 수 있다. 말머리 장식용이라고 해석되는 나팔형 청동기도 4개이다.

(3) 청동제 수레용 용구들이 공반 출토되고 있는 사실에서 이 무덤 주인공의 4필의 말은 기마용과 수레용의 2종이 모두 사역되었다고 볼 수 있다.

　　말재갈은 말을 가축화하여 기마용으로 사용할 때 필수의 용구로 발명된 것이고, 말재갈멈치는 말을 정지시키는 부수용구이다. 한 무덤에서 무려 16개의 이러한 50점의 다량의 마구가 출토된 것은, 고조선의 최고위 무장들은 기마용 말과 수레용 말을 동시에 모두 사역하고 있었다고 해석하는 것이 유물 내용과 합치하는 것이라고 볼 수 있다.

(4) 뼈말재갈 멈치가 청동제 말재갈 멈치와 함께 사용된 것은 이 기마문화 유적이 상당히 오래된 것임을 시사하고 있다. 뼈말재갈의 출토는 고조선에서 비파형동검 출현 이전시기에 이미 기마문화가 존재했다가 청동제 마구의 제작과 함께 청동말재갈의 제작이 진행된 것으로 보아야 하기 때문이다. 중국측은 정가와자 6512호 유적의 연대를 늦게 잡아 보고 있다. 그러나 말재갈 멈치의 발전순서는 ① 뼈말재갈 및 말재갈 멈치 ② 한 고리 청동말재갈 및 말재갈 멈치 ③ 두·세 고리 청동말재갈 및 말재갈 멈치의 순서로 발전하였다. 정가와자 6512호 한 무덤에서 이 1단계의 뼈말재갈 1개 및 청동말재갈 4개와 말재갈 멈치 16개가 동시에 출토된 것은 이 무덤주인공은 청년기부터 사망 때까지 기마와 말 수레를 모두 사용한 무장이었음을 시사해 준다고 볼 수 있다. 그에 따라 이 무덤도 더 오래된 전기 고조선 무장의 무덤이라고 보아야 할 것이다.

(5) 안장(鞍裝)과 등자(鐙子)는 발굴되지 않았으나, 이것으로 '안장'이 사용되지 않았다고 단정할 수는 없다. 안장은 대개 나무와 가죽으로 제작하고 털가죽을 대었기 때문에, 가죽으로 만든 말굴레 및 말고삐

와 함께 삭아버렸을 것이기 때문이다. '등자'는 있었다면 청동으로
만들었을 터인데 출토되지 않는 것으로 보아, 전조선(단군조선) 시
기에는 등자 없이 말에 타는 관행이 있었을 가능성이 높다. 당시 말
은 오늘날의 몽고말처럼 중형마였으므로 등자없이 승마하는 것이
어렵지 않았을 것이기 때문이다. 그러나 등자의 존재 여부는 아직
속단할 수는 없다. 말 장식물과 청동제 말묶기 용구들이 다수 출토
된 사실에서 등자의 사용은 아직 말할 수 없으나, 안장은 사용되었
을 가능성이 매우 높다고 할 수 있을 것이다.

(6) 고조선 전기(단군조선 시기) 최고위 무장은 정가와자 6512호 무
덤 출토품에서 적어도 3자루의 비파형 청동검, 169개의 청동화살촉
을 가진 활 2개, 몇 자루의 청동도끼(〈그림 12–1〉의 8 참조), 작은
칼, 기마로 무장되어 있었다고 볼 수 있다. 이것은 전조선시기의 군
사무기로는 중무장이었다고 할 수 있다.

(7) 정가와자 6512호 무덤의 4필의 말과 2개의 활꽂이, 1개의 활주머
니, 169개의 화살촉은 무덤의 주인공이 '기사법'(騎射法)을 사용한
무장이었음을 시사해준다. 활꽂이와 활주머니가 기마용이기 때문이
다. 기사법은 기마상태에서 말을 달리며 활을 쏘는 무술로서, 기마
병의 전투력을 비약적으로 강화시킨 기병부대의 우수한 병술로 해
석된다. 이 사실은 정가와자 6512호 무덤 주인공이 '기병장(騎兵將)'
이었으며, 보병부대나 기병부대를 기병장으로서 지휘한 무장이었다
고 추정할 수 있게 한다. 지휘장수가 이 정도의 중무장 기병장이었
으면, 규모는 어떻든 기병부대의 실재와 그 지휘를 추정할 수 있을
것이다.

이 밖에도 요동지역에서 고조선 전기(단군조선 시기)의 마구들이 출
토되었다. 예컨대 금주(金州) 와룡천(臥龍泉) 5호무덤에서 고조선식 비파
형동검 1개 및 고조선식 부채꼴 청동도끼 1점과 함께 청동제 마구가 1
개 출토되었는데, 말을 수레나 말안장에 묶는 도구였다.[13]

고조선 요동지역의 출토 청동제마구들은 모두 고조선식 동검인 비파형동검과 공반하여 출토되고 있으며, 고조선식 다뉴조문경이나 고조선식 부채꼴 청동도끼와 함께 출토되고 있다. 이 사실은 고조선에서는 이미 전조선(단군조선) 시기에 선진적 기마문화가 형성·발전되었음을 명백하게 증명해주고 있는 것이라고 말할 수 있다.

2) 요서지역

여기서 요서지역이라 함은 현재의 요하 이서(以西)부터 노노아호산 줄기까지 중국 요녕성 지역과 내몽고자치구의 동부 영성현 및 적봉시 지구를 포함한다. 중국 행정구역으로는 영성현지역과 적봉시 지구는 내몽고자치구에 속하지만, 이 책은 고조선에 관련된 것이고 원래는 현재의 중국 행정구역은 그 후 행정편의상의 구분이므로, 여기서는 영성현과 적봉시 등 구 남산근 지구, 또는 더 올라가면 하가점 상층문화지역을 모두 요서지역에 포함하여 다루기로 한다.

요서지방에서 고조선 기마문화의 유물이 가장 일찍 출토된 지역은 1960년대에 발굴되기 시작한 대릉하유역 조양 12대영자(朝陽十二臺營子) 석곽묘(돌곽무덤) 1호·2호·3호이다.[14]

조양 12대영자 1호 무덤에서는 고조선식 비파형동검 1개, 부채꼴 청동도끼 1개, 고조선 다뉴조문경 2개와 함께 기마문화의 유물로서 청동 말재갈 멈치 6개, 청동 절약(말띠 연결거리) 12개가 출토되었다.

13) 조중공동고고학발굴대, 《중국 동북지방의 유적발굴보고》, 1966 참조.
14) ① 朱貴, 〈遼寧十二臺營子靑銅短劍墓〉, 《考古學報》, 1960年 1期.
　　② 박진욱, 《조선고고학전서 : 고대편》, 1988, pp.93~94.
　　③ 박선희, 《한국고대복식》, 지식산업사, 2002, pp.576~579.
　　④ 복기대, 《요서지역의 청동기시대 문화연구》, 백산자료원, 2002, pp.219~255.
　　⑤ 오강원, 《비파형동검문화와 요령지역 청동기문화》, 청계, 2006, pp.27~42.

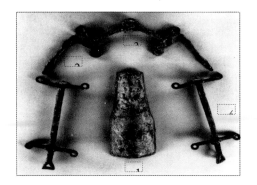

〈그림 12-2〉 마구 1조(組). 영성 소흑석구 92AⅡM11 출토
(자료: 동북아역사재단·내몽고문물고고연구소, 《하가점상층문화의 청동기》, 2007)
① 말 얼굴 가리개. 전체 높이 21.5, 너비 4.9~8.3, 고리 꼭지 길이 2.3, 높이 1.2㎝.
② 고리 달린 말띠 연결 거리. 길이 22, 가로대 말띠 여결 거리 길이 10㎝.
③ 바깥족에 세 개의 둥근 꼴 말띠 연결 거리 가로대가 결합되어 있는 두 쪽
   말재갈. 전체 길이 19.3, 바깥쪽 말띠 연결 거리 가로대 길이 8.3㎝.
④ 말재갈 멈치. 전체 길이 10.8, 구멍 지름 0.6~1.3㎝.

또한 조양12대영자 2호 무덤에서는 고조선식 비파형동검 2개, 부채
꼴 청동도끼 1개, 고조선 다뉴조문경 2개와 함께, 기마문화의 유물로
서 청동 말재갈 멈치 5개, 청동 절약(節約, 말띠 연결거리) 20개, 십자
형 청동용구(말묶기 용구) 12개가 출토되었다. 이 무덤들의 주인공이
고조선의 기마인이었음을 비파형동검과 함께 공반 출토된 다수의 기마
용구 부장품들이 명료하게 증명해주고 있다.

요서지역 고조선 기마문화의 또 하나의 직접적인 증거로 객좌현
남동구 석곽묘에서 출토된 마구들을 들 수 있다.[15] 여기서는 고조선
비파형동검과 함께 가오리형 청동말 얼굴장식, 청동 말재갈, 가오리형
청동 절약(말띠 연결거리), 청동꺾창, 청동제 말수레 굴대 끝 등이 출
토되어 주인공이 고조선 기마인이며, 고조선의 선진적 기마문화 발전
을 잘 증명해주고 있다.

요서지역과 동내몽고 지역을 아우르는 지금의 내몽고자치주 적봉
시 영성(이전 영성현)의 하가점 상층문화 유적에서도 청동 기마문화

---

15) 遼寧省博物館, 〈遼寧喀左南洞溝石槨墓〉, 《考古》6, 1977 참조.

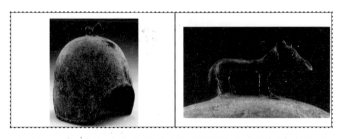

〈그림 12-3〉 영성 석불향 서삼가촌 출토 말 골 꼭지 달린 투구
(자료: 《하가점상층문화의 청동기》, 2007)

유물이 많이 출토되고 있다.[16] 한반도와 요동지역의 기마문화 무덤은
마구에 피혁제가 많아서 많이 부식되어 없어져버린 데 비하여, 시기는
늦었지만 마구의 청동화가 더 진전된 요서·동내몽고 지역에서는 청동
제 마구와 장식이 더 풍부하게 남아 있다.[17]

이 가운데서도 영성 석불향(石佛鄕) 서삼가촌(西三家村)에서 출토된
청동투구의 꼭지에 말을 붙인 투구는 이 지역 고조선 후국의 기마문
화와 기병부대의 특징을 잘 나타내주는 상징적 유물로서 주목된다. 기
마문화가 한반도·요동지역으로부터 요서지역으로 확산되면서 장식물에
도 말꼴 장식이 널리 사용되었는데, 이것은 기마문화가 낮은 신분까지

16) ① 項春松·李義, 〈寧城小黑石溝石槨墓調査淸理報告〉, 《文物》, 1995年. 5期, 1995.
   ② 寧城縣博物館·中國社會科學院硏究生院東北考古專業, 〈寧城縣新發現的夏家店上層文
      化墓葬及其相關遺物的硏究〉, 《文物資料刊叢刊》9, 1986.
   ③ 遼寧省昭烏達盟文物工作隊, 〈寧城南山根的石槨墓〉, 《考古學報》, 1973年   2期,
      1973.
   ④ 中國社會科學院考古硏究所內蒙古工作隊, 〈寧城南山根遺址發掘報告〉, 《考古學報》,
      1975年 1期, 1975.
   ⑤ 寧城縣文化館, 〈寧城縣新發現的夏家店上層文化及其相關遺物硏究〉, 《文物資料叢
      刊》9, 1985.
   ⑥ 劉國祥, 〈夏家店上層文化靑銅器硏究〉, 《考古學報》4, 2000.
   ⑦ 劉泳 主編, 《赤峰博物館文物·典藏》, 遠方出版社, 2007.
   ⑧ 赤峰博物館 編, 《赤峰博物館文物考古文集》, 遠方出版社, 2007.
   ⑨ 한국동북아역사재단·중국내몽고문물고고연구소, 《하가점상층문화의 청동
      기》, 2007 참조.
17) 중국 고고학계는 이 하가점 상층문화의 마구들을 BC 8세기~BC 7세기(서
   주 말기~춘추 초기)의 것으로 편년하고 있다.

확산·보급됨을 시사해 주는 것이라고 볼 수 있다.

이상과 같이 중국 고고학계의 편년을 빌려볼지라도, 고조선의 요서 지역에서 BC 9세기~BC 7세기에는 선진적 기마문화가 이미 발전되어 있었음이 명료하게 증명되는 것이다. 그리고 다음에서 보겠지만 고조선 요서지역의 기마문화만이 아니라 고조선 후국 유목민족 전체가 기마민족화하고 군대는 모두 기병부대가 되어 막강한 군사력을 형성하였다.

마구 등 기마문화 관계 청동기유물이 한반도·요동·요서 전 지역에서 광범위하게 출토되고 있으므로, 삭아 없어진 목제 및 피혁제 마구들까지 고려하면, 고조선문명에서는 최성기인 BC 20세기~BC 7세기에 이미 동아시아에서 가장 선진적인 기마문화가 형성되어 상당히 발전되고 있었다고 말할 수 있다.

4. 고조선문명에서 기마문화의 역할과 두 유형

고조선문명의 선진적 기마문화는 고조선문명권에 매우 중요한 역할을 하였다.

기마문화와 기병부대의 질풍노도 같은 신속성의 특징을 국가의 영역과 관련시켜 보면, 기마부대의 진출을 막는 자연적 장애물은 큰 강과 높은 산뿐이며, 인공적 장애물은 높은 성벽이나 기마군대를 저지할 수 있는 무기를 갖춘 다른 군대뿐이라고 할 수 있다. 또한 고조선문명의 기마문화가 고조선 고대연방국가의 확대된 영역의 교통과 통신 그리고 통치 수단의 확보에도 결정적 역할을 수행한 사실도 반드시 고려해야 할 것이다.

고조선문명은 일찍이 선진적 기마문화를 형성하여 발전시킨 결과, 고조선 기마병들이 당시 낙후한 지역이었던 지금의 북부 연해주와 흑룡강까지 도달하여 고조선 영역을 확보한 것은 당연한 과정이었다고 보아야 할 것이다.

또한 고조선문명의 선진적 기마문화와 기병부대, 발전된 궁사법이 기마술과 결합된 기사법(騎射法)의 전술이 고조신의 시변 영역에서 고 중국지역을 제압하면서 고조선 서변 후국들이 난하·조백하를 건너 영 정하(永定河)에 도달하고 지금의 산서성 깊숙이 들어갈 수 있게 하는 동인이 되었을 것임을 주목할 필요가 있을 것이다.

고조선 요동지역 출토 마구들의 절대연대에 대한 방사성동위원소 14번의 탄소측정 방법 같은 비교적 정확한 연대측정은 발표된 것이 아직 없다. 간접적으로 청동제 마구가 비파형동검과 동시대의 것이라 는 고고유물 출토 결과가 받아들여진다면, 요동지역의 비파형동검은 BC 18세기~BC 14세기의 것이 출토되었으므로 청동제 마구들도 이 무렵의 제품이라고 볼 수 있다.

고조선의 기마문화는 고조선 국가형성기에 공반하여 형성되기 시 작하다가 청동제 마구의 제작시기에 확립·발전되었다고 볼 수 있다. 기마에는 말에 재갈을 물리어야 말 등에 타서도 말을 자유자재로 조 종할 수 있는데, 처음 사용된 '뼈말재갈'은 부서지기 쉬워 불편하였고, 청동제 말재갈을 사용하게 되어 기마문화가 더욱 확립·발전되었다고 볼 수 있다. 여기서 유추하여 고조선 요동지역의 기마문화는 BC 18세 기~BC 14세기 이전에 이미 형성되어 있었다고 볼 수 있다.

고조선의 영역이었던 지금의 요서지방과 동내몽고 적봉지구에서 출토된 고조선의 기마문화의 유물 마구류의 정확한 연대측정은 발표되 지 않았지만, 중국 고고학계는 하가점 상층문화의 청동제 거마구류(車 馬具類)의 연대를 서주 말기(BC 8세기)~춘추 초기(BC 7세기)로 추 정하였다.[18] 고조선의 요서지역에서 적어도 BC 8세기 이전에 기마문 화가 크게 발전해 있었음을 알 수 있다.

고조선은 원래 선진적 농경부족인 '한'부족을 중심으로 '맥'과 '예'

---

18) 한국동북아역사재단·中國內蒙古文物考古硏究所, 《하가점상층문화의 청동기》, 2007, pp.291~309 참조.

등 3부족이 결합하여 농경민족의 최초의 작은 고대국가로 출발하였다. 그러나 고조선 국가가 한반도·요동·요서 지역의 큰 고대연방국가로 발전하면서 고조선의 통치권 안에 농경민족들만 후국족으로 들어온 것이 아니라 유목민족들도 후국족으로 들어오게 되었다.

BC 18세기~BC 3세기경 고조선 연방국가의 농경민족 후국으로서는 고조선 직령지 이외에 진·부여·예·맥·옥저·고죽·구려·옥저·읍루 등을 들 수 있다. 또한 고조선 연방국가 후국들 가운데 유목민족·부족들로서는 동호·산융(원흉노)·불도하·오환·해·정령(원돌궐)·실위(원몽골)·유연 등을 들 수 있다.

고조선문명의 모든 후국들에서 기마문화가 형성되어 발전하면서도, 후국 농경민족과 후국 유목민족 사이에는 기마문화의 유형이 매우 다르게 발전하였다.

고조선 문명의 농경민족들은 상대적으로 정착하여 농경을 위주로 했기 때문에, 기마는 주로 지배층에서 애용되고, 농경 생산자층에서는 말을 소와 함께 주로 밭갈이와 운송수단으로 사용하였다. 특히 농경민족의 국가는 말을 주로 교통·통신·수송 수단으로 사용하였다. 말을 군사적으로 활용하는 경우에도 보병부대와 함께 특수부대로서의 기병부대를 별도로 창설하여 활용하였다. 그러므로 고조선 후국 농경민족은 기마민족이라고 명명하기에는 농경의 비중이 너무 높고 오히려 '선진적 기마문화를 가진 농경민족'이라고 호칭하고 개념화하는 것이 더 적합할 것이다.

고조선 후국들 가운데서 오직 '부여'는 농경민족의 국가이면서도 기마문화가 매우 발전하여 '기마민족'이라고 호칭해도 별로 틀리지 않는 기마문화를 갖고 있었다. 이것은 부여에서 '말'의 순화·가축화가 매우 일찍 성취되어 생활화되었기 때문이었다고 해석된다.

한편 고조선 연방국가의 후국에 들어온 유목민족은 끊임없는 지역적 이동과 목축을 생활수단으로 한 특징 때문에, 기마는 청장년뿐만 아니라 남녀노소 불문하고 전 민족성원이 모두 일상적 관습으로 생활화하였다. 그러므로 고조선의 후국 유목민족들이야말로 명실상부한 기마민족(騎馬民族)이었다. 이러한 기마민족에서는 군대도 모두가 기병부대(騎兵部隊)뿐이었고, 보병부대는 원칙상 없었다. 이것은 후국 농경민족이 보병부대 중심이고 별도로 특수부대로서 기병부대를 특별히 편성해서 기동력과 공격력을 강화하는 군사체제인 것과 대비되는 것이었다. 그러므로 기마문화를 가진 유목민족인 기마민족은 수가 적더라도 질풍노도같은 공격력과 기동력으로 다수의 보병부대를 격파할 수 있는 막강한 군사력을 가질 수 있었다.

고조선국가의 형성기부터 성립되기 시작한 고조선문명의 선진적 기마문화는, 아직 과학기술과 교통·운수·통신 기술의 발전수준이 낮았던 고대에 고조선연방제국이 북방으로는 흑룡강 유역까지, 서방으로는 만리장성너머 영정하 일대까지, 동으로는 남북 연해주의 바다까지, 남으로는 한반도 남해안까지, 직접적이거나 간접적(후국을 통한)으로 광대한 영역을 가진 막강한 고대연방국가로 발전할 수 있었던 동인을 해명하는 열쇠의 하나가 된다고 할 수 있다.

또한 고조선문명이 당시의 낮은 생산력 및 기술수준과 적은 인구수에 비하여 훨씬 더 광대한 영역의 고조선연방국가와 고조선문명권을 지키며 난하 너머 영정하까지 진출할 수 있었던 동인의 하나에도 고조선문명에 '기마문화'가 있었음을 주목할 필요가 있다.

제13장 고조선문명의 태양숭배와 신앙

1. 태양숭배

고조선문명에서 고조선 국가의 형성을 주도한 '한'족은 동아시아 최초의 단립벼 재배와 농업경작을 시작했고, 농업경작은 처음부터 햇빛(태양광선)과 기후·기온에 크게 좌우되었기 때문에 자연히 태양숭배가 매우 일찍 형성되었다.

한족의 태양숭배는 고조선국가와 고조선문명 형성 후에는 전국과 전체 고조선문명권에 광범위하게 보급되고 수용되었다. 고조선문명의 태양숭배는 신석기시대에 조각된 것으로 추정되는 반구대 암각화의 태양 조각에서부터 시작하여 청동기의 태양무늬에 이르기까지 그 증거 유물·유적을 광범위하게 남기고 있다.

고조선문명의 태양숭배는 태양이 있는 하늘숭배에 연결되어 태양=하느님숭배의 사상과 양식을 형성하기에 이르렀다고 본다.

한족이 주도하고 한·맥·예 3부족이 결합해서 BC 30세기~BC 24세기 고조선국가를 건국한 후에는 개국시조 단군은 고조선 사람들의 숭배의 대상이 되었다. 건국시조 단군에 대한 숭배는 고대의 정치적 통합 방책으로 전국의 고조선 사람들에게 자연스럽게 형성 보급되었다고 볼 수 있다. 개국시조 단군이 서거하자 고조선인들은 단군이 사망하여 하늘로 승천했다거나 명산의 산신으로 되었다가 승천한 것으로 설명하고 또 믿었다. 이에 단군을 자기민족의 조상임과 동시에 개국시조로 신앙하는 단군숭배가 형성되었다.

여기서 기존의 태양=하느님숭배와 단군숭배는 구심점을 합쳐서 하

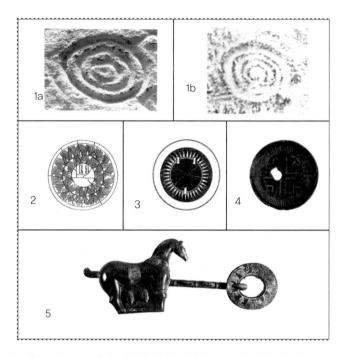

〈그림 13-1〉 고조선의 태양숭배를 나타내는 유적·유물의 예

　　1. 울산 반구대 천전리(a. 겹둥근 태양무늬 b. 겹와근)
　　2. 고조선식 다뉴조문경(충남 아산군 남성리)
　　3. 고조선식 다뉴세문경(함남 함흥시)
　　4. 고조선 시기 원개형(전북 익산 출토)
　　5. 고조선 시기 말꼴 허리띠 청동고래[馬形帶鉤]의 태양무늬(영천 어은동)

나로 통일되었다고 해석할 수 있다. 고조선에서는 본래 제왕을 '한'이라
고 호칭했고, 그 초대제왕이 단군이었으므로, 한족계열의 고조선문명권
남방에서는 조상신이 된 개국시조 '한'(단군)이 승천하여 계신 하늘을
'한울'('한'의 집·전당)이라고 사유하여 '한울=하늘=하느님'을 숭배하
는 신앙이 형성되었다. 북방에서는 단군이 승천하여 계신 하늘을 '단
(조상 시조신 단군)이 계신 전당·굴'=단굴이라고 생각하여 '단굴숭배'
신앙이 동일하게 형성되었다. '태양=하느님[天]=단군=단굴' 숭배가 하
나의 체계로 통합되어 고조선문명의 신앙의 특징이 된 것이다.

　　이에 고조선문명권에 속한 후국 부족들과 원민족들은 단군(단굴)

숭배와 ① 단군 ② 그의 조상 환웅 및 ③ 환인(하느님)의 3신을 숭배하는 고조선의 신앙인 삼신교(三神敎 또는 神敎)를 믿음으로써 종교와 신앙의 공동성을 형성하게 되었다.

2. 삼신교(三神敎)와 단군(檀君) 신앙

태양숭배를 기반으로 하여 고조선 건국 후 성립된 '삼신교'와 '단군신앙'은 '환인', '환웅', '단군'의 3신을 숭배하는 신앙이다.[1]

삼신교와 단군신앙에 의하면, 환인은 하느님[上帝]에 해당한다. 환웅은 하느님(환인)의 아들로 하늘궁전에서 태어나서 홍익인간(弘益人間)하고 재세이화(在世理化)하라는 소명을 갖고 지상으로 내려 왔기 때문에 신인(神人, 天王)이다. 단군은 지상에서 환웅의 아들로 태어나서 나라를 세워 홍익인간·재세이화의 원리로 백성을 교화시켜 준 지상의 인간 왕검(王儉, 天帝)이다.

고조선 사람들은 단군왕검 서거 후 단군의 신령이 산으로 들어갔다가 승천하여 하늘궁전에 올라가서 하늘에 계시다고 믿고 설명하고 생각하였다. 이에 고조선 사람들은 3신을 대표하여 하늘궁전에 승천하여 계신 '하느님 단군'을 조상신(祖上神)으로 숭배하는 종교와 신앙을 형성한 것으로 해석된다.

단군신앙에서는 하느님(환인)·환웅·단군은 3위 1체의 하나로 통합되어 단군이 곧 하느님이오 하느님이 곧 단군으로 신앙된 것이었다. 그러므로 고조선문명권에서는 아예 단(Tan, Dan)을 하느님, 한과 동일한 용어로 사용하였다.[2]

---

1) 朴殷植, 《韓國痛史》, p.179; 《朴殷植全書》(단국대 동양학연구소판) 상권, p.359 참조.
2) 고조선문명권에서 '한'족 계열은 '하느님'을 '한'으로 발음하고, '맥'족과 '예'

삼신교와 단군신앙에 의하면 하느님 단군은 푸른하늘〔靑天〕 가장 높은 곳 하늘궁전〔天宮〕에서 지상의 후손들(고조선·고조선문명권 사람들)과 모든 인간을 굽어 살피시면서 후손들과 모든 인간을 항상 보호하고 도와주며 치유해 주신다.

삼신뿐만 아니라 삼신의 부인이신 '삼신할머니'는 후손의 잉태·출산·양육(독립할 때까지)·건강을 점지하고 보살펴 주신다고 삼신교에서 믿었다.

삼신교와 단군신앙의 교화의 원리는 ① 홍익인간 ② 재세이화 ③ '단군8조'에 그 특징이 요약되어 있다.

1) 홍익인간(弘益人間)

'홍익인간'은 문자 그대로 '인간을 널리 이롭게 한다'는 원리원칙이다.

홍익인간의 내용을 분절해서 보면, 여기서 '인간'은 신분과 성별을 초월하고 종족을 초월한 '모든 인간'을 의미한다. 고조선 사회는 최초의 신분제사회였으므로 왕족·귀족·평민·천민의 신분 분화와 차별이 발생하였다. 또한 고조선국가와 고조선문명권은 여러 부족들과 원민족들로 구성되었다. 홍익인간의 '인간'은 신분차별·남녀차별·부족 차이를 초월한 '모든 인간'을 모두 한 가지 곧 하나로 보아 보편적으로 이롭게 한다는 뜻이었다.

한편 '홍익(弘益, 널리 이롭게 한다)'의 내용은 '생활의 모든 부문을 모두 이롭게 한다'는 의미이다. 고조선 당시에 가장 중요한 것은 자연재해(가뭄·홍수·폭설·기후변화 등)와 사회환경(가난·질병·전쟁·폭력·싸움 등)으로부터 모든 인간을 ① 보호 ② 부양 ③ 구제 ④ 치유 등 인간이 필요로 하는 모든 것을 마련해 주는 것이었다. 즉 '홍

족 계열은 '단' '탄'으로 발음하여 표기하는 경향이 보였다. 몽골과 고중국 계열에서도 '하늘'을 '탄' '단'으로 발음하였다. '商'족이 만든 한자 '天'도 상고음이 'ten' 'tien'이었다.

익'은 모든 인간에게 차별 없이 필요한 모든 것을 마련해 줌을 의미하였다.

2) 재세이화(在世理化)

'재세이화'는 문자 그대로 '세상(世上)에 있으면서 이치로 교화한다'는 원리원칙이다. 재세이화의 내용을 분절해 보면, '이화(理化)'는 폭력과 무력과 전쟁과 억압과 갈등과 강제로 교화하지 않고 '조화'와 '화합'과 '평화'와 '이치'와 '교육'과 '설득'으로 교화함을 뜻한다. 재세이화를 때로는 이화세계(理化世界)로 표현한 경우도 있었는데, 이 경우에도 주변환경인 세계에 조화롭게 적응하면서 이치로 교화한다는 동일한 의미였다.

한편 '재세(在世)'는 환웅에게는 '인간세계에 내려가 있으면서'의 뜻이 되지만, 이미 지상에서 출생한 단군에게는 '주위환경인 인간세계', 즉 '국가와 사회'를 의미한 것으로 해석된다.

홍익인간 재세이화를 합쳐보면, 이것은 단군의 정치이념일 경우에는 "모든 백성을 차별 없이 모든 부문에서 이익이 되는 필요한 것을 공급해주고, 폭력과 강제가 아니라 조화와 설득과 동의로 백성을 교화시킨다"는 원리원칙이라고 해석할 수 있다.

또한 이것을 삼신교·단군신앙의 종교이념으로 볼 경우에는 하느님·단군은 푸른하늘 가장 높은 곳에서 "모든 인간을 차별 없이 이익이 되는 데 필요한 것들을 모두 마련해 주시고, 세상을 평화롭게 조화와 이치로 교화시켜주시니" 그의 교화를 따르자는 원리원칙으로 해석할 수 있다.

3) 단군8조(檀君八條)

단군의 신앙적 교훈으로 8개 조목이 구전되어 오다가 17세기 이후

에 다음과 같은 요지로 채록된 것이 있다.[3)]

〈단군8조〉

제1조. 하느님을 유일신(唯一神)으로 섬겨야 한다. 하느님이 우리들의 조상신(祖上神)이시다.

(ㄱ) 하느님은 가장 높은 곳에 계시면서 천지를 창조하고 전 세계를 주재하며 모든 것을 만드시고 감싸시며 살피시고 밝게 비추신다.

(ㄴ) 하느님은 하늘궁전[天宮, 즉 神鄕]에 사시는데 모든 '선(善)'이 열리고 모든 '덕(德)'이 근원하는 곳으로서, 크게 길하고[大吉祥] 크게 밝은[大光明] 곳이다.

(ㄷ) 하늘의 천제(天帝)께서는 하늘궁전에서 3천 무리를 거느리고 내려와 우리 황조(皇祖)가 되셔서 공적을 모두 이루시자 하늘로 올라가서[朝天] 하늘궁전으로 돌아가셨다.

(ㄹ) 너희들도 하느님 규범[天範]을 본보기로 하여 모든 선(善)을 돕고 모든 악(惡)을 없애며 유일한 '하늘규범'을 본받아 마음을 다하여 힘써서 다른 사람을 교화시켜 공적을 완성하면 마침내 하늘로 갈 수 있다.

제2조. 나라에 충성(忠誠)해야 한다.

나라 공경함을 어버이 공경처럼 하는 것이 충성이다. 나라를 일어나게 하고 은성하게 하기 위해 서로 사랑하고 도우며, 서로 양보하고 도우면서, 나라일에는 공동작업으로 힘써야 한다.

제3조. 어버이에게 효도(孝道)해야 한다.

우리들이 태어난 것은 어버이로 말미암은 것이요, 어버이는 하늘에서 내려온 것이다. 그러므로 오로지 어버이를 공경하면 곧 하늘을 공경하는 것이다. 이로써 나라에 미치게 되면 이것이 곧 '충효(忠

---

3) ① 北崖老人,《揆園史話》(17세기)
   ② 金敎獻,《神壇民史》, 1904
   ③ 박은식,《檀祖事攷》, 1911;《白巖朴殷植全書》제4권 수록.
   ④ 金敎獻,《神壇實記》, 1914
   ⑤ 大倧敎總本司,《大倧敎重光六十年史》, 1971, 기타, 참조.

孝)'이며, 이것을 체득한 것이 바로 '도(道)'이니, 하늘이 무너지는 일이 있어도 반드시 이겨내 피할 수 있을 것이다.

제4조. 부부·남녀 사이에 화합(和合)해야 한다.

날아다니는 짐승도 쌍이 있으니, 부부·남녀 사이에는 화합해야 한다. 원망하지 말고, 투기하지 않으며, 음탕하지 말아야 한다.

제5조. 다른 사람들과 서로 사랑하고 서로 도와야〔相愛互佑〕한다.

너희들이 열 손가락을 깨물어 보면 아픔에는 큰 손가락·작은 손가락 차이가 없다. 서로 사랑할 뿐 헐뜯지 말아야 하고, 서로 도와야 할 뿐 서로 죽이지 않아야 한다. 그렇게 해야 집안과 나라가 일어날 것이다.

제6조. 서로 양보하고 서로 뺏지 말며〔互讓毋胥奪〕공동노력하고 서로 도둑질하지 않아야〔共作毋相盜〕한다. 너희들은 보아라, 소와 말도 먹이를 오히려 나누어 씹는다. 너희들은 서로 양보하고 서로 빼앗지 않으며, 공동노력하고 서로 도둑질하지 않으면 집안과 나라가 은성할 것이다.

제7조. 사납고 오만해져서 사물을 상하게 하지 말고〔毋桀驁以戕物〕, 다른 사람을 상하게 하지 말며〔毋傷人〕, 항상 하늘규범〔天範〕을 존중하고, 사물을 사랑〔遵天範, 克愛物〕해야 한다.

너희들은 사나운 짐승을 보아라. 강포하고 신령하지 않아서 마침내 재앙을 짓기에 이른다. 너희들은 사납고 오만해져서 사물을 상하게 하지 말고, 사람을 상하게 하지 말며, 항상 하늘모범을 존중하고 사물을 사랑하라.

제8조 위태로움에 빠진 자를 돕고 약자를 업신여기지 말며〔扶傾 毋淩弱〕, 어려움을 구제하고 신분이 낮은 자를 업신여기지 말아야〔濟恤毋侮卑〕한다.

(ㄱ) 만일 꽃밭에 불을 질러 꽃을 장차 모두 없애면, 신인이 노할 것이다. 너희들은 위태로움에 빠진 사람을 돕기만 할 뿐, 약자를 업신여기지 말고, 어려운 사람을 구제할 뿐, 신분이 천하다고 업신여기

지 말라.

(ㄴ) 너희들은 떳떳한 성품을 간직하고 간특하지 말며, 악을 감추지 말고, 재앙을 쌓아두지 말라. 진정한 마음으로 항상 하늘을 존경〔敬天〕하고 백성들과 친하면〔親民〕 마침내 복록이 무궁할 것이다.

삼신교와 단군신앙은 고조선 국가의 국교가 되었을 뿐 아니라 고조선문명권 전체에 전파 보급되었으며, 고조선 고대연방국가 해체 후에는 서변 후국들의 서방행렬의 민족이동에 따라 중앙아시아와 발칸반도 일부에도 이동 전파되었다.

3. 단군신앙의 성역 소도(蘇塗) 별읍 설치

고조선에서는 삼신교와 단군신앙의 종교 의식과 제사를 담당하는 직책으로 천군(天君)을 두고 별읍으로서 '소도(蘇塗)'를 설치하여 신성시하였다.

중국의 고문헌에는 진(辰)과 삼한(三韓) 지역에서는 국읍(國邑)에 각각 천신(天神)에 대해 제사를 주재하는 책임자를 두는데 이를 천군(天君)이라고 불렀다고 기록하였다. 또한 마한(54개국), 진한(12개국), 변한(12개국)의 각 소국에는 별읍(別邑)을 두어 소도(蘇塗)라고 불렀는데, 그 특징을 들면 큰 나무를 세우고 방울과 북을 매달아 놓고 천신(天神)을 섬겼다고 기록되어 있다.[4]

중국 고문헌 《삼국지》 위서 동이전, 한(韓)조, 《후한서》, 《진서》 등은 진국(辰國, 韓)의 소도(蘇塗)에 대해 다음과 같이 기록하였다.

① "귀신을 믿기 때문에 國邑(국읍)에 각각 한 사람씩을 세워서 天神(천신)

---

[4] 《三國志》卷30, 魏書, 東夷傳, 韓條; 後漢書》卷85, 東夷列傳, 韓條; 晋書》卷97, 東夷列傳, 馬韓條 참조.

의 祭祀(제사)를 주관하게 하는데 이를 天君(천군)이라 부른다. 또 여러 나라에는 각각 別邑(별읍)이 있으니 그것을 蘇塗(소도)라 한다. (그곳에) 큰 나무를 세우고 방울과 북을 매달아 놓고 귀신을 섬긴다. (다른 지역에서) 그 지역으로 도망 온 사람은 누구든 돌려보내지 아니하므로 도둑한 자도 (숨기) 좋게 하였다. 그들이 蘇塗(소도)를 세운 뜻은 浮屠(부도)와 같으나, 행하는 바의 좋고 나쁜 점은 다르다."5)

② "여러 國邑(국읍)에는 각각 한 사람이 天神(천신)의 제사를 주재하는데, (그 사람을) 天君(천군)이라 부른다. 또 蘇塗(소도)를 만들어 거기다가 큰 나무를 세우고서 방울과 북을 매달아 놓고 귀신을 섬긴다."6)

③ "國邑(국읍)에는 각각 한 사람을 세워 天神(천신)에 대한 제사를 주재하게 하는데, 그를 天君(천군)이라고 부른다. 또 別邑(별읍)을 설치하여 그 이름을 蘇塗(소도)라고 하는데, 큰 나무를 세우고 방울과 북을 매단다. 蘇塗(소도)의 뜻은 西域(서역)의 浮屠(부도)와 흡사하지만 행하는 바의 좋고 나쁜 점은 차이가 있다."7)

여기서 天神(천신)은 檀神(단신)과 동일하며, 단군=하느님을 한문자로 의역한 것이다. 이것은 고조선 후국들에서 단군숭배 신앙이 제도화되어 있었음을 알려주는 기록이라고 볼 수 있다.

소도(蘇塗)는 그 내용을 볼 때 '큰 나무를 세우고'라고 했으므로, 솟대의 한자음역으로 추정되었다.8) 《삼국지》 등에서 소도(蘇塗)를 별읍의 명칭으로 기록한 것은 蘇塗(솟대)가 있는 別邑(별읍), 즉 소도별읍(蘇塗別邑)의 약칭으로 보아야 할 것이다.

고조선 사람들은 개국시조 단군(檀君, 天王)이 별세하자, 승천(昇天)하여 천신(天神)이 되었다고 생각하고 단군신(檀君神)을 천신(天神)이요

---

5) 《三國志》 卷30, 魏書, 東夷傳, 韓條 참조.
6) 《後漢書》 卷85, 東夷列傳, 韓條 참조.
7) 《晉書》 卷97, 東夷列傳, 馬韓條 참조.
8) ① 孫晉泰,〈蘇塗考〉,《朝鮮民族文化의 硏究》, 을유문화사, 1947, 182~223쪽.
   ② 金貞培,〈蘇塗의 정치사적 의미〉,《歷史學報》 제79집, 1978.
   ③ 金杜珍,〈三韓 別邑社會의 蘇塗 신앙〉,《한국 고대의 국가와 사회》, 1985 참조.

〈그림 13-2〉 고조선문명의 솟대
1. 고조선 시기 진국 지역
농경문 청동기(뒷면)에 새
겨진 솟대(蘇塗)와 그 끝
의 새(대전 괴정동 출토)
2. 현대에 복원된 솟대

조상신(祖上神)으로 생각하여 숭배했으므로, 이때의 천신(天神)은 단군신(檀君神)이었고, 고조선 문명권에서 공동으로 숭배한 단군(Tangun, Dangun), 단굴(Tangur, Dangur)이었다고 해석된다. 그들의 종교는 신교(神教), 삼신교(三神教)였다.[9]

고조선 후국 진(辰), 한(韓)지역 국읍(國邑)에서는 후국 군주 아래에 천신(天神, 檀君神, Dangun)의 제사를 주재하는 천군(天君)이라는 제사장을 두었고, 여러 소국들에는 솟대를 세운 별읍(別邑)을 두어 천신(天神, 檀君神)을 제사함과 동시에, 천신의 가호를 기원하는 의식을 담당케 했음을 알 수 있다.

또 이 소도별읍(蘇塗別邑)은 신성시되어, 도망자가 이 별읍에 들어가면 다른 소읍(小邑)들에서 추적할 수 없도록 신성성(神聖性)이 존중되었던 것으로 기록되어 있다.

솟대에 매달은 '북'과 '방울'은 부여의 '영고'(迎鼓)에서 볼 수 있는 바와 같이 북은 강신(降神)을 기원하여 맞이하는 알림이며, 방울은 강신(降神)의 도착을 알리는 소리 도구이므로, 소도별읍은 지방 종교성역과 연관된 것이었다고 볼 수 있다.

소도별읍에서 솟대에 매단 북과 방울 가운데서, 가죽으로 만든 북은 모두 부식되어 없어지고, 각종 청동방울들은 청동으로 만들었기 때문에 지금도 출토되고 있다. 예컨대, 각종 청동방울종(銅鐸), 간두령(竿

---

9) 朴殷植, 《大東古代史論》, 《白巖朴殷植全集》제4권, p.369, 387; 《韓國痛史》 檀君之神
教, 《白巖朴殷植全集》 제1권, p. 423, 1062 참조.

頭鈴), 팔주령(八珠鈴), 쌍두령(雙頭鈴) 등은 지금도 출토되고 있다. 이 들은 특정의 청동거울과 함께 소도별읍에서 사용되었던 도구들로 판단된다.

솟대 끝에는 나무로 만든 새를 부착해 놓는 것이 보통이었다. 이 새는 토템으로 존중된 영매조(靈媒鳥)로서 천신(天神, 단군)과 인간(人間) 사이의 뜻을 전달하는 매개체로 생각했기 때문이었다.

이 관습은 삼남(三南) 지역에서는 일제강점기에도 잔영이 남아 있어서 마을 천군(天君)을 '당골'이라고 불렀었는데,[10] 최남선이 여기서 유추하여 단군(檀君)을 무군(巫君)이라고 해석한 것은 오류였다. 삼남 지역의 당골은 진(辰)·한(韓)지역 소도별읍의 단굴신 제사자의 잔영이 었을 뿐이라고 해석된다.

손진태 교수의 연구에 의하면, 솟대문화는 북한 지역은 물론이요, 만주 일대에도 보편적인 문화 유형이었다.[11] 이로써 보면 소도별읍(蘇塗別邑)은 고조선 개국시조 단군의 서거 후 고조선 국가와 후국들, 고조선 문명권 안에서 널리 실시된 제도이며 관행이었다고 추정된다. 또한 이것은 한반도와 만주일대에 존재했던 고조선문명권의 고조선 후국 민족들이 단군(단굴)신앙을 공유하고 있었음을 방증하는 것이라고 해석할 수 있다.

고조선·진국(辰國)의 소도(솟대)별읍의 성역 특징은 고조선 이주민의 후예인 (중국) 상(商, 殷)의 지식인들이 갑골문(甲骨文) 한자를 처음 고안할 때 '聖' 문자의 고안에 적용되었다. 허진웅에 의하면, 갑골문의 최초의 '聖'자는 〈그림 13-3-1〉과 같이 나무(솟대) 위에 새[鳥]가 앉은 그림이었다.[12]

필자는 고대 동양에서 '해가 떠오르는 나라'(land of the sunrise)의 의미로 사용한 '부상국'(扶桑國)의 '桑'(상)도 '솟대'를 상형문자(그림글

---

10) 崔南善,〈檀君及其硏究〉,《別乾坤》, 1928년 5월호 참조.
11) 孫晋泰,〈蘇塗考〉참조.
12) 許進雄(洪熹 옮김),《중국고대사회-文字와 人類學의 透視》, 東文選, 1998, p.50 참조.

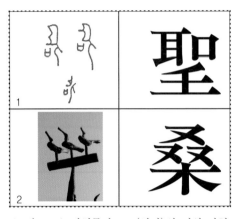

〈그림 13-3〉 상형문자 漢字(한자)의 기원 상형
1. 聖(허진웅)   2. 桑(신용하)

자)로 고안한 것이라고 본다. 이 글자는 나무 위에 세 마리의 새〔鳥〕를 올려 놓은 글자이다. 진국(辰國)의 '솟대'를 형상화한 것이다. '扶(부)는 '밝음' '불' '부여'의 의미이다. '檀'(단)자도 '밝달나무'를 표시한 것이 아니라 '밝달'족을 표시한 것이고, '桑'자도 뽕나무를 표시한 것이 아니라, 동쪽나라 '솟대나라'를 표시한

것이다. 《회남자(淮南子)》에서는 "扶桑이 아침햇살을 받고 해가 우주를 비추면 소소한 빛은 四海를 비추게 된다"13)고 하였다. 扶桑國을 아침햇살을 맨 먼저 받는 아침의 나라로 기록한 것이었다. 扶桑國(부상국)은 '고조선 진국'을 가리킨 것이었다.14)

---

13) 《淮南子》 道應訓, 〈扶桑受謝 日炤宇宙 炤炤之光 輝燭四海〉
14) 《山海經》 海外東經에서 "아래에는 '탕곡'이 있고 위에는 扶桑이 있다. 열 개의 해가 목욕하는 곳인데, 흑치 북쪽에 있다(下有湯谷(暘谷) 上有扶桑 十日所浴 在黑齒北)"이라고 하였다. 이에 대해 郭璞(곽박)이 "부상은 나무이다(扶桑木也)"라고 잘못 해석하였다. 그러나 이것은 동쪽 나라를 가리킨 것이었다. '桑'의 訓은 '뽕나무 상'도 있지만 '동쪽 상'도 있었다. 《南齊書》 東南夷傳에서는 "동이의 해외에는 갈석과 扶桑이 있다(東夷海外 碣石·扶桑)"이라고 나라이름으로 해석하였다. 《梁書》 諸夷傳 扶桑國조에서는 "부상은 漢나라 동쪽 2만여 리에 땅은 중국의 동쪽에 있다. 그 땅에 부상목이 많은 고로 이름하였다(扶桑在大漢國東二萬餘里 地在中國之東 其土多扶桑木 故以爲名)"고 기록하였다. 부상을 중국 동쪽에 있는 나라 이름으로 보았으나 명칭의 유래는 扶桑 나무에서 찾았다. 그러나 桑나무는 있어서 扶桑나무는 없다. '扶'와 '桑'은 합성어이고 '扶'는 발음을 빌린 것이며 '桑'은 형상을 빌린 것인데, '扶'의 발음은 '發·夫餘'와 같고 의미는 '暘谷'과 같다. '扶桑'은 暘谷(湯谷)과 항상 연결되어 기록되어 있다. 즉 '檀'(밝달조선)과 辰(진국)을 항상 연결하여 '辰檀'이라고 표현하는 것과 같은 것이다. '扶桑國'은 '辰檀國'의 의미이다.

4. 삼신과 단군신앙의 상징, 삼족오(三足烏) 태양신

고조선문명권의 공동의 '단군(단굴)'신앙을 상징적으로 표현한 것의 하나가 '일중삼족오(日中三足烏, 태양 속 세발 가마귀)'라고 통칭하는 '삼족오 태양신(三足烏 太陽神)'이라고 본다. 필자는 이것이 하늘의 태양숭배와 까마귀를 천사조(天使鳥)라고 생각하는 까마귀토템이 결합한 표현으로서, 태양 속의 삼신(三神)은 환인(桓因, 하느님)·환웅(桓雄)·단군(檀君)을 상징화한 것임을 밝힌 바 있다.[15]

고조선문명권 지역에서는 고조선 후국민족들의 공동의 신앙으로 단군신앙이 있었고, 고조선이 해체된 이후에도 후국민족들의 후예들은 오랫동안 그 신앙을 간직하여, 삼족오태양신을 그 상징으로 삼았다.

일중삼족오에 대해서는 발해만 연안의 동이족의 삼족오 연구,[16] 동북아시아 지역에 분포되어 있는 삼족오 문양 연구,[17] 또한 삼족오태양신 문양이 고려·조선시대까지 내려온 사실 연구가 있다.[18] 이러한 연구들은 고조선문명권의 공동의 신앙으로서 단군(단굴)신앙이 보급되어 있었다는 필자의 견해와 본질적으로 합치하는 것이라고 생각한다.

일중삼족오는 태양신숭배+3신(환인·환웅·단군)숭배의 고조선문명권의 신앙이 고조선문명권 지역과 그 후예들에 의해 형상화된 표현으로 해석된다.[19]

---

15) 愼鏞廈, 〈古朝鮮文明圈의 三足烏太陽 상징과 朝陽袁台子 벽화묘의 三足烏太陽〉, 《韓國學報》 제105집, 2001 참조.
16) 李亨求, 〈고구려의 三足烏 신앙에 대하여〉, 《東方學志》 제86집, 1994 참조.
17) 우실하, 〈흐름과 교류의 산물 三足烏〉, 《동북공정너머 요하문명론》, 소나무, 2007 참조.
18) 허흥식, 이형구, 손환일, 김주미, 《삼족오》, 학연문화사, 2007 참조
19) 중국 북부지방·만주·일본열도 기타 등지의 유적 유물에서 '태양 속 삼족오(三足烏)'의 도안 유물이 나오는 것은 그 출토지역이 ① 고조선문명권이었거나, ② 고조선 이주민 또는 그 후예의 거주지였거나 ③ 고조선의 삼족오 신앙이 전파되었을 경우라고 추정된다. 삼족오 태양신 신앙은 고조선문명의 신앙의 하나였다.

〈그림 13-4〉 고조선문명권 지역의 삼족오태양신 문양 사례
1. 고구려의 삼족오태양신 금동관장식(진파리 7호 고분)
2. 고구려 각저총 삼족오
3. 고구려 오회분 5호묘의 태양삼족오
4. 조양원태자 벽화묘의 태양삼족오(중국학자는 선비족 무덤 추정)
5. 상(商) 청동기에 새겨진 삼족오(殷墟候家莊大墓 출토)
6. 상(商) 청동기에 보이는 삼족오

고조선 국가 해체 후 서방이동을 감행한 흉노(Huns)족, 마자르 (Magyars)족, 아발(Avars, 柔然, 大檀)족, 불가르(Bulgar, 불령지)족, 투르크(丁零, 突厥) 민족은 기독교 또는 이슬람교로 개종하기 전까지 모두 단굴(단군)을 신앙했으며, 불가리아족도 발칸지역에 정착한 직후까지도 단굴(단군)을 신앙하였다.[20]

20) ① Stanley Lane Poole(ed.), *The People of Turkey*, 2vols, Murrary, London, 1878.
  ② D. Mishew, *Bulgarians in the Past*, Lausanne, 1919
  ③ Steve Runciman, *A History of the First Bulgarian Empire*, G Bell & Son, London, 1930.
  ④ Ibrahim Kafesoglu, *Origins of Bulgars*, Institute for the Study of Turkish Culture, Ankara, 1986
  ⑤ Christoph Baumer, *The History of Central Asia: The Age of the Steppe Warriors*, I. B. Tauris, London, 2016 참조.

제14장 고조선문명의 축제문화와 예술

1. 축제문화의 발전과 경기종목

고조선문명에서는 공동의 축제문화가 크게 발달하였다. 대축제가 해마다 고조선 고대연방제국의 본국인 밝달조선과 후국들에서 모두 전국대회의 형식으로 열리었다.

일찍이 단재 신채호 선생은 고조선에는 매해 10월, 3월, 5월에 대회(大會)가 열리고, 이것이 후국 민족들에게 풍속 관습의 통일을 수반했다고 설명하였다.[1] 그는 고조선의 10월 대회는 고조선의 건국일을 10월 3일(통칭 단군 탄신일)로 생각한 때문이고, 3월의 대회는 초대 단군의 서거한 달을 3월로 생각하여 제례(祭禮)를 올린 때문이라고 해석하였다. 5월 대회에 대한 설명은 없다. 필자의 견해로는 고조선 고대연방제국 가운데 농경민족들은 두레 등 공동노동을 발전시키고, 5월에는 공동노동의 대축제를 열었는데,[2] 5월 대회가 바로 후에 '호미씻이'라는 이름으로 전승된 축제로 추정된다.

또한 신채호 선생은 매 대회에서는 경기를 시행했다고 설명하고, 경기의 종목으로 8경기 종목을 들면서[3] 이 8가지 이외에도 다수의 경기가 있었을 것이라고 하였다. 여기에 필자가 '씨름'한 가지를 더하면, 고조선문명에서 축제문화의 경기는 적어도 9종 이상 시행되었다고

---

1) 申采浩, 《朝鮮上古文化史》, 《改訂版丹齋申采浩全集》 상권, pp.392~396 참조.
2) 신용하, 〈두레공동체와 농악의 사회사〉, 《한국사회연구》제2호, 1984(《한국사회사 연구》, 일지사, 1987 재수록).
3) 申采浩, 《朝鮮上古文化史》, 《改正丹齋申采浩全集》.

볼 수 있다.⁴⁾

① 한맹(寒盟) --- 얼음물 속에 들어가서 좌우 양편으로 나누어서 물과
   돌로 행하는 경기.
② 수박(手搏) --- 무기를 갖지 않고 맨손·맨몸으로 박격(搏擊)하는 경
   기. 이것이 일본에 전해진 것이 '유술(柔術)'이고, 지나에 전해진 것이
   '턱견'이라고 하였다.
③ 검술(劍術) --- 후에 부여의 무사, 고구려의 선인(先人)이나 신라의
   화랑이 가장 중시한 칼싸움 경기.
④ 궁시(弓矢) --- 상고시대 지나인들도 고조선의 특징이라고 주목한
   활쏘기 경기.
⑤ 격구(擊球) --- 대회에 구장을 시설하여 노소남녀가 국풍을 이룰만
   치 관습을 이룬 공차기 경기.
⑥ 금환(金丸) --- 금환으로 사람을 치는 경기 : 최치원의 금환시(金丸
   詩)가 이 경기를 두고 지은 것이라고 설명하였다.
⑦ 주마(走馬) --- 말달리기 경기
⑧ 회렵(會獵) --- 짐승 사냥 경기
⑨ 씨름(角抵) --- 두 사람이 서로 잡고 다리·손·허리 등의 힘과 기술
   을 겨루는 경기

신채호 선생은 위에 든 여러 경기는 모두 고조선(단군 왕조)에서
창시된 것이라고 설명하였다. 그는 고조선 시대에는 그에 속한 5부 9
족(후국들)의 대표들이 대축제의 경기에 참가하여 장엄한 예식을 했
고, 수십 일 동안 치러지는 경기에서 승리를 얻어 명예의 상을 받아
돌아가는 자는 그 후국족의 광영이 되었다고 기술하였다.

신채호 선생은 이러한 축제의 대회와 경기를 계승하여 공유한
나라로서 조선, 요(遼), 금(金), 흉노, 몽골을 들었다. 즉, 그는 조선

---

4) 축제문화의 경기 종목은 동영상 유물이 제작 불가능한 고조선시대의 경우는
   추적하기 지난한 것인데, 신채호 선생이 이를 추적하여 정리해둔 것은 놀라운
   일이다. 축제의 경기 종목은 오래 전승되는 것이므로, 필자는 고조선의 직계
   후예인 '고구려의 벽화'에 그려진 경기 그림은 고조선 축제문화의 경기 종목
   이라고 해석해도 별로 틀리지 않을 것이라고 본다.

〈그림 14-1〉 고구려 고분벽화의 고구려 수박

족, 만주족, 흉노족, 몽골족을 고조선문명의 축제문화·경기문화를 계승하여 공유한 민족으로 본 것이다.

중국 고문헌의 기록으로는 《후한서》 부여국전에서 "12월에 지내는 제천(祭天) 행사에는 연일 크게 모여서 마시고 먹으며 노래하고 춤추는데, 그 이름을 영고(迎鼓)라 한다"[5]고 하였다. 또한 《후한서》 예전에서 "해마다 10월이면 하늘에 제사를 지내는데, 주야로 술마시며 노래 부르며 춤추니 이를 무천(舞天)이라 한다"[6]고 기록하였다.

《삼국지》 위서 동이전 고구려전에서는 "10월에 지내는 제천행사는 국중대회(國中大會)로 이름하여 동맹(東盟)이라 한다"[7]고 기록하였다.

부여의 영고와 예의 무천은 고조선문명권 축제문화의 일부이고, 고구려의 동맹은 고조선문명권 축제문화의 계승의 하나라고 볼 수 있다.

---

5) 《後漢書》 卷85, 東夷列傳, 夫餘國傳, 〈以臘月祭天 大會連日 飮食歌舞 名曰迎鼓.〉
6) 《後漢書》 卷85, 東夷列傳, 濊傳, 〈常用十月節祭天 晝夜飮酒歌舞 名之爲舞天〉 참조.
7) 《三國志》 卷30, 魏書 烏丸鮮卑東夷傳, 高句麗傳, 〈以十月祭天 國中大會 名曰東盟〉.

2. 고조선문명권에서 씨름의 보편화

〈그림 14-2〉 고구려 사냥 경기(고구려 고분벽화)

　　신채호 선생의 고조선문명의 축제 경기 설명 항목에 필자가 추가
한 씨름은 고조선문명 계열 기록과 유물·유적들에 그 증거가 남아 있
다. 필자는 씨름이 매우 일찍 고조선에서 확립되어 고조선문명권 전체
에 전파되고 그 후예들에게 전승된 힘기술 겨루기 체육경기의 하나라
고 생각한다.

　　《동국세시기(東國歲時記)》에 5월 단오날 씨름을 하는데 중국인이
이를 본받아 경기하면서 '고려기'(高麗技) 또는 '요교'(撩跤)라 한다고
다음과 같이 기록하였다.

　　　젊은이들이 남산(南山)의 왜장(倭場)이나 북악산(北嶽山)의 신무문(神武
　　門 경복궁 후문) 뒤에 모여 각력(角力, 씨름)을 하여 승부를 겨룬다. 그
　　방법은 두 사람이 서로 상대하여 구부리고, 각자 오른손으로 상대방의 허
　　리를 잡고 왼손으로는 상대편의 오른발을 잡고 일시에 일어나며, 상대를

번쩍 들어 팽개친다. 그리하여 밑에 팔리는 자가 지는 것이다. 내구(內句,
안걸이), 외구(外句, 밭걸이), 윤기(輪起, 둘러메치기) 등 여러 자세가 있
고, 그 중 힘이 세고 손이 민첩하여 자주 내기하여 자주 이기는 사람을
도결국(都結局)이라 한다. 중국인이 이를 본받아 그것을 고려기(高麗技)라
고 하기도 하고, 또 요교(撩跤)라고도 한다.8)

《경도잡지(京都雜志)》에서도 이와 유사한 기록이 있다. 중국인이 씨름
을 본받아 경기하면서 '고려기'(高麗技) 또는 '요교'라 부른다는 것이다.9)
중국인들은 한국 기원의 것을 모두 고려의 것으로 이름하는 관행이
있으므로 중국인들이 고래로 씨름을 고려경기라고 이름한 것은 씨름을
한국에서 기원한 경기로 매우 일찍 인지해 온 것을 말해 준다.

씨름은 언제 중국에 전파되어 고려(한국 기원)의 경기로 인식하게
되었을까?

중국 육조시대 제(齊)나라에서 태학박사(太學博士)를 지낸 임방(任
昉)은10) 《술이기(述異記)》에서, 치우(蚩尤)씨는 머리에 뿔(달린 투구)
을 쓰고 헌원(軒轅)과 싸웠는데, 병사들이 씨름꾼〔角觝人〕장사들이어서
다른 사람들이 맞설 수 없었다고 전해오는 말을 기록하고, 지금 기주
(冀州)에는 '치우희'(蚩尤戲)라는 오락(음악 포함)이 있는데, 백성들이
2, 3인씩 머리에 소뿔을 쓰고 서로 씨름하는 놀이라고 썼다. 그는 또한
한(漢)나라의 씨름〔角觝戲〕은 대개 치후희의 유제라고 기록하였다.11)

---

8) 洪錫謨, 《東國歲時記》, 五月端午條, 〈丁壯年少者 會於南山之倭場 北山之神武門後 爲角
力之戱 以賭勝負 其法兩人對跪 各用右手挐對者之腰 又各用左手 挐對者之右股 一時起
立 互擧而抃之 倒臥者爲負 有內句外句輪起諸勢 就中力大手快 屢賭屢捷者 謂之都結
局. 中國人效之 號爲高麗技 又曰撩跤〉.
9) 柳得恭, 《京都雜志》 권2, 端午조, 〈都下少年會于南山之麓 與之角力 其法兩人對跪 各
用右手挐對者之腰 又各用左手挐對者之右股 一時起立互擧而抃之 有內句外句輪起諸勢
中國人效之 號爲高麗技 又曰撩跤〉.
10) 《梁書》 卷14, 列傳 第8 任昉조에 의하면, 임방은 자가 언승(彦昇)이고, 낙안(樂
安) 박창인(博昌人)으로 문장이 뛰어나고 글씨를 잘 썼으며, 재주가 탁월하였
다. 처음 제(齊)에서 태학박사(太學博士)로 벼슬을 시작하여, 한고조 때에 의흥
태수(義興太守)와 신안태수(新安太守)를 지냈고, 사무를 보다 49세에 관사에서
졸하였다. 《문장연기》(文章緣起) 1권, 《술이기》(述異記) 2권 등 잡전(雜傳) 247
권, 지기(地記) 252권, 문장(文章) 33권을 찬한 당시 큰 학자였다.

〈그림 14-3〉 고구려 '각저총'의 씨름 벽화

치우는 고조선 이주민(중국인의 속칭 '동이')의 군사영수로서 BC 21세기경 고중국의 헌원(軒轅)과 탁록벌에서 대전을 치룬 고조선 장수였다. 치우가 씨름을 매우 애호했으며, 헌원과 싸움에서도 씨름꾼[角觝人] 장사를 중용했다는 위의 임방의《술이기》기록은 씨름이 이미 고조선에서 나라의 경기로 애호되었고,12) 치우 등 고조선 이주민에 의해

---

11) 任昉,《述異記》上卷,〈(蚩尤氏)頭有角 與軒轅鬪 以角觝人 人不能向. 今冀州有樂名 蚩尤戲. 其民兩兩三三 頭載牛角而相觝. 漢朝角戲 蓋其遺制也.〉참조. 이 기록에서 치우의 고조선 이주민 군대에서는 씨름을 병사의 대표적 체육경기로 장려하여 군사가 강력했으며, 고조선 씨름에는 뿔 달린 소머리 등 동물모양 모자를 썼고, '치우희'는 '씨름'을 본으로 하고 그에 부속한 음악도 포함했음을 추정해 알 수 있다.

12) 씨름의 어원에 대하여 崔常壽,《한국의 씨름과 그네의 연구》, 성문각, 1988, p.53에서 영남지방 사투리에 서로 버티며 힘 겨루는 것을 '씨룬다'고 하는 말이 있는데, '씨름'은 '씨루다'의 동사에서 명사화한 명칭으로 보았다. 필자는 이 견해에 찬동한다. 여기에 하나 첨가하면 고조선말의 흔적이 지방 사투리에 남아 있는 경우가 종종 있는데, '씨룬다'는 말 자체가 고조선의 진국지

〈그림 14-4〉 흉노족의 씨름 조각. 고조선족(한국)의 씨름과 완전히 동일하다.
(자료: 山東大學東方考古硏究中心,《東方考古》제1집, 2004, p.286)

고중국에 도입되었으며, 치우의 고조선 이주민 군대에서는 씨름이 군
사들의 체육경기로 애용되고 있었음을 증명하는 것이다.

또한 임방이 《술이기》에서 한(漢)조 이후 모든 고중국 씨름〔角觝
戱〕은 대개 치우희의 유제라고 기록한 것은, 고조선의 씨름(중국측에
서 본 치우희)을 도입해서 본받아 고중국 씨름이 전승된 것임을 기록
으로 명료하게 증명하는 것이다.

고조선문명의 씨름의 대체적 모습은 고조선을 직접 계승한 고구려
의 벽화에 그려져 남아 있다. 각저총을 비롯한 고구려 벽화의 경기는
고조선 축제 대회의 경기종류를 직접 계승한 고구려의 동맹 축제 대
회의 경기 종류 일부를 그린 것이라고 생각된다. 고조선 후국들의 하
나에 '구려'가 있었고, '북부여'와 '구려'에서 발전한 나라가 '고구려'였
으므로 고구려는 고조선의 직계 후예 국가였다.

고구려 각저총의 씨름 벽화에서도 허리띠뿐만 아니라 한 씨름꾼
선수와 심판이 모두 끝에 뭉툭한 귀(뿔)달린 두건을 머리에 쓰고 있
는 것을 볼 수 있다(〈그림 14-3〉 참조).

___

역 언어가 아닌가 주의해 볼 필요가 있을 것이다.

고조선후국의 하나인 '산융'을 계승한 '흉노'의 유물에도 씨름의 조각유물이 나오는데 고조선·고구려의 씨름과 완전히 동일한 것이다(〈그림 14-4〉 참조).

필자의 견해로는 씨름은 古한반도 신석기시대 한강문화·대동강문화 등에서 이미 발생되어, 고조선에서는 국기(國技)로서 확립되고 고조선의 3월·10월 대축제에서 중요 경기의 하나로 채택 실행되어, 전체 고조선문명권에 모두 전파 보급되었다고 해석된다. 고조선문명권의 씨름은 매우 일찍 고조선 이주민에 의해 고중국에도 보급되었고, 고조선문명권 해체 이후에는 그 후예들이 서방·동북방·동남방 등으로 민족이동을 감행함에 따라 중앙아시아와 아나톨리아 반도와 발칸반도 등과 일본에도 전파되었다고 해석된다. 씨름은 몽골, 흉노, 투르크족 모두에서 가장 중요한 경기 종목의 하나였다.

오늘날에도 고조선문명권의 씨름은 약간 변형 발전된 형태로 한국뿐만 아니라 중앙아시아 각국, 터키, 불가리아, 헝가리, 일본 등지에서 민속놀이 경기로서 시행되고 있다.

3. 고조선문명권의 가무(歌舞, 노래와 춤)

고조선문명의 축제에서 빠뜨리면 안 되는 것이 가무(歌舞)이다. 고조선을 직접 계승한 고구려 '무용총'을 비롯한 고구려의 여러 벽화자료에서 볼 수 있는 바와 같이 축제에서 노래와 춤은 불가결한 필수적 예능이었다.

무용과 음악이 분리되지 않았음은 이 벽화의 5명의 여자 무용수의 공연 앞에 7명의 합창단이 노래하고 있는 곳에서도 확인된다.

고문헌 자료로서는 《삼국지》 위서 동이전 부여전에서 "은력(殷曆) 정월에 지내는 제천행사는 국중대회(國中大會)로 날마다 마시고 먹고

〈그림 14-5〉 고구려 무용도(고구려 고분벽화)

노래하고 춤추는데, 그 이름을 '영고(迎鼓)'라고 하였다. 이 때에는 형옥(刑獄)을 중단하고 죄수를 풀어주었다."[13]고 기록하였다.

《후한서》에서 '예'족은 10월 대축제를 '무천(舞天)'이라 이름했다고 기록한 것은 춤[舞]과 무용이 고조선문명에서 얼마나 중시되고 사랑받았는가를 알려주고 있다.

몽골과 투르크의 전국축제에서 볼 수 있는 바와 같이, 경기에서 승자가 결정되어 나올 때마다 이의 축하경연처럼 집단가무단이 나와서 집단무용을 하고, 합창 또는 독창의 노래를 하는 것은 고조선문명의 의전절차이면서 관행이었다고 볼 수 있다.

해마다 두 번 이상 열리는 전국대회 축제에서 전국에서 선발된 가수와 무용수가 집단 또는 개인으로 경연을 벌이니, 춤과 노래는 모든

---

13) 《三國志》 卷 30, 魏書, 烏丸鮮卑東夷傳, 夫餘傳, 〈以殷正月祭天 國中大會 連日飮食 歌舞 名日迎鼓 於是時斷刑獄 解囚徒〉 참조.

고조선문명권의 민족들이 중시하고 능숙하게 잘하는 예능이 될 수밖에 없었다고 볼 수 있다.

《삼국지》부여전에는 사람들이 노래를 좋아해서 "길에 다닐 때는 낮이나 밤이나, 늙은이 젊은이 할 것 없이 모두 노래를 부르기 때문에 하루 종일 노랫소리가 그치지 않는다"[14]고 기록하였다.

《삼국지》예전에서도 사람들이 특히 노래와 춤을 좋아하여 해마다 10월이 되면 하늘에 제사를 지내는데, 이 '무천'(舞天)이라는 제사 기간에는 밤낮으로 술 마시고 노래 부른다고 하였다.[15]

고조선문명권의 음악과 무용은, 고조선문명권이 해체된 뒤에 서방으로 이동한 마자르족 헝가리 민속음악에서 볼 수 있는 바와 같이, 3박자와 6박자 음악이 2박자·4박자 음악에 병행 발전하여 율동적이고 매우 부드러우면서도 미끄러질 듯 흥겨운 것이 특징이라고 한다.

여기서 반드시 기술해 두어야 할 것이 시가(詩歌) 낭송이다. 중세와 현재의 몽골 축제와 투크르 축제에서 볼 수 있는 바와 같이 가무와 함께 운율이 있는 시가(詩)가 사이사이에 낭송되었을 것임이 몽골축제와 투크르축제에서 간접적으로 증명된다. 단지 이 시가는 기록되어 있거나 암송되어 구전되어 있어야 하는데 그렇지 못하여, 존재했었다는 사실 이외의 더 자세한 설명을 할 수 없을 뿐이다. 현재 남아 있어서 전하는 고조선 시가는 다음과 같은 서정시가인 〈공무도하가〉(公無渡河歌, 箜篌引)뿐이다.[16]

> 님아 강을 건느지 마오(公無渡河)
> 님이 그예 건느시네(公竟渡河)
> 물에 빠져 죽사오니(墮河而死)
> 장차 님을 어이하리(將奈公何)

---

14) 《三國志》卷30, 魏書, 烏桓鮮卑傳, 夫餘傳, 〈行道晝夜無老幼皆歌 通日聲不絶.〉
15) 《三國志》卷30, 魏書 烏丸鮮卑東夷傳, 高句麗傳, 〈以十月祭天 國中大會 名曰東盟〉.
16) 梁在淵, 〈公無渡河歌小考〉, 《국어국문학》제5집, 1953 참조.

이 서정시가는 마치 오늘날의 〈아리랑〉처럼 당시 인기가 매우 높은 시가(詩歌)여서 애절한 곡조와 함께 당시 고중국에도 수출 유행되어 널리 애창되었던 것으로 추정된다. 이것을 진(晉)의 최표(崔豹)가 채록해서 《고금주(古今注)》에 한문자로 번역하여, 전해지는 창작 동기와 함께 수록해 놓았다. 이것을 조선시대 한치윤(韓致奫)의 《해동역사(海東繹史)》 및 박지원(朴趾源)의 《열하일기(熱河日記)》, 장지연(張志淵)의 《대동시선(大東詩選)》 등에서 옮겨 기록해 놓았으므로, 국제적으로 불려진 곡조는 잃어버리고 가사만을 알게 된 것이다.17)

노래와 춤을 좋아하던 고조선 사람들이 전국축제에서 운동경기를 경축하면서 가무(歌舞)도 경연했음은 당연한 일이었다고 볼 수 있다. 고조선에서는 전국적으로 가무가 성행했고, 고조선 사람들이 가무를 매우 좋아한 문화유형도 이러한 축제문화와 관련된 것이었다고 추정된다.

고조선문명의 축제문화는 그 내용이 독특한 것이어서 앞으로 깊은 연구가 필요할 것이다.

---

17) 公無渡河歌(공무도하가)의 창작 동기는 옛 어느날 새벽, 머리가 하얀 남자[白首狂夫]가 강에 뛰어들어 건너려 하는 것을 그의 아내가 힘껏 말리는데, 남자가 그를 뿌리치고 그예 강을 건너다가 강물에 빠져 죽으니, 그의 아내가 슬픔을 못이겨 땅을 치며 통곡하는 노래를 부르다가 남편을 따라 강물에 빠져 죽는 것을 마침 지나가던 곽리자고(霍里子高)라는 사람이 보았다. 곽리자고가 집에 돌아와 그의 아내 여옥(麗玉)에게 이 슬픈 정경을 말해주니, 여옥이 '공후'(箜篌)라는 악기를 타면서 그 노래를 옮겨 부른 것이 〈공무도하가〉(공후인)이라는 것이다.

제15장 고조선문명과 고조선 공통조어의 탄생

1. 古한반도 초기신석기인의 '원시 공통어'

인류는 이미 일찍이 구석기시대에 간단한 언어를 발명 사용하면서 의사소통을 했음은 의문의 여지가 없다. 그러나 한반도에 거주한 구석기인이 어떠한 언어를 사용했는가는 지금은 알 길이 없다.

우리가 추적할 수 있는 것은 신석기시대부터이다. 최후의 빙기가 찾아온 약 5만 3,000년 전부터 약 1만 3,000년 전까지 참혹한 최후의 빙기를 겪으면서 북위 40도선 이남의 古한반도 동굴지대에서 추위와 굶주림에 시달리며 약 4만 년의 긴 시간을 지내는 사이에 생활공간을 같이한 동굴지대 구석기인들 사이에서 공동의 원시언어가 형성된 것은 자연스러운 일이었을 것이다.

동아시아 전체의 북위 40도 이하 지역 가운데 동굴이 가장 많이 집중되어 있는 지역은 '古한반도'이다. 한반도의 자연동굴은 90퍼센트 이상이 석회암 동굴이다. ① 古한반도 중부 1,000여 개의 석회암 동굴이 집중되어 있는 제1동굴지대, ② 古한반도 서북부의 제2석회암 동굴지대, ③ 제주도 해안의 제3용암 동굴지대, ④ 古한반도 서남부의 제4석회암 동굴지대에는 혹독한 최후의 빙기에 혹한을 이겨내며 동아시아에서 가장 많은 구석기인들이 모여 살았다. 1만 2,000년 전 기후가 온난화되어 古한반도 동굴들에서 나온 구석기인들은 바로 농경을 시도하고 마제석기와 토기를 만들면서 신석기시대를 열었다. 따라서 古한반도는 초기 신석기시대에 전체 유라시아 대륙에서도 인구가 상대적으로 밀집된 지역의 하나였다.

약 53,000년 전~약 9,000년 전의 구석기 말기~古한반도 초기 신석기인들은 장기간에 걸친 공동조건 위의 교류생활 속에서 의사소통이 가능한 공동의 언어를 만들어 사용하기 시작했음은 의문의 여지가 없다.

古한반도 초기 신석기인들은 상대적 과잉인구의 인구압력으로 말미암은 화급한 식료문제 해결을 위해 바로 농경을 시작하면서, 농경과 직결된 태양(해)을 지극히 중시하고 밝음과 따뜻함을 주는 태양을 존숭하는 태양숭배 사상과 밝음[光明]애호사상을 형성하게 되었다. 古한반도 초기 신석기인들은 그 후의 자료에서 소급해 보면 자신들을 '밝'족이라고 생각하고 호칭한 흔적이 있다.

또한 古한반도 초기 신석기인들은 의사소통의 수단으로서 저급하지만 일종의 '원시 공통언어'를 형성했었다고 볼 수 있다. 이 원시공통어의 세부 내용은 지금은 밝힐 수 없지만 그 실재는 의심의 여지가 없다. 이 공동의 언어가 古한반도 초기 신석기인의 언어(밝족의 언어)의 기본형이 되었다고 추론된다.

필자는 언어학자가 아니고 역사사회학도이므로, 여기서는 언어학적 고찰이 아니라 오직 민족학적·사회학적 고찰로서 민족 형성과정에서 공반하여 관찰되는 언어 형성과정만을 간단히 고찰하기로 한다. 왜냐하면 민족은 언어공동체이기 때문에 언어 형성계보를 다루지 않을 수 없게 된다.

역사사회학의 관점에서는 인류문명의 언어형성과정은 민족형성 과정과 동반관계에 있다. 인류의 모든 언어 유형은 민족형성의 역사적 과정의 산물이다. 지구상의 가장 큰 대륙인 유라시아 대륙의 북방 한냉지대에 밀접되어 동쪽 한반도 및 일본열도로부터 북구 핀란드까지 연결된 긴 언어벨트를 형성하고 있는 옛 언어개념의 '우랄·알타이어족'은 고조선문명을 창조한 옛 고조선언어와 직결된 것이 관찰된다. 이에 대하여 사회학적·민족학적 측면의 큰 줄기만을 간단히 고찰하기로 한다.

2. '한'·'예'·'맥'족의 부족언어

최후의 빙기(약 5만 3,000년 전~약 1만 3,000년 전)에서 생존을 유지한 古한반도 구석기인들과 남방에서 끊임없이 古한반도에 유입되어 온 구석기인들은 지구가 온난화된 1만 2,000년 전에 동굴에서 나와 신석기시대를 열었을 때에 古한반도의 지역적 공동에 기초한 '원시언어의 공동'이 이미 형성되어 있었을 것이다. 이 위에 약 1만 2,000년 전 신석기시대가 시작된 후 부족대이동이 시작된 약 9,000년 전까지 약 3,000년의 긴 기간에 古한반도의 초기 신석기인들은 활발한 교류를 통하여 의사소통이 가능한 공동의 古한반도 초기신석기인 언어 유형의 기반을 형성했다고 볼 수 있다.

북위 40도선 이남의 古한반도 초기 신석기인들은 기후가 온난화되어 북위 40도 이북에서도 인간의 상주와 농경이 가능하게 되자, 약 9,000년 전부터 북위 40도선을 넘어서 이동하는 씨족들이 다수 나오게 되었다.

古한반도의 북위 40도선 이남에 그대로 남아서 농경 등을 영위한 초기 신석기인들은 '한'부족을 형성하고 동시에 언어도 '한'부족 언어를 형성하게 되었다.[1]

북위 40도선을 넘어서 북상하여 요동반도·대요하 동쪽 태자하·북류 제2송화강·눈강·목단강·수분하·흥개호·혼강 일대를 중심으로 이동하여 정착한 신석기인들은 '예'(濊)부족을 형성하여, 역시 농경을 시도하면서, 태양을 숭배하며, 범〔虎〕토템을 갖고, 언어도 '예'부족 언어를 형성하게 되었다.

또한 북위 40도선을 넘어서 북상하여 대요하 이서의 대릉하·소릉하·노합하·시라무렌강 유역에 이동하여 정착한 신석기인들은 '맥'(貊)부족을 형성하여, 역시 농경을 시도하면서, 태양을 숭배하며, 곰〔熊〕토

---

1) 신용하, 〈고조선문명의 형성의 기반과 한강문화의 세계최초 단립벼 및 콩의 재배경작〉, 《고조선단군학》 제31집, 2014.

템을 갖고, 언어도 '맥'부족 언어를 형성하게 되었다.[2]

한·예·맥부족이 각각 언어를 달리 형성했다고 할지라도 그들은 모두 '古한반도 초기 신석기인 유형(밝족)' 사람들이었기 때문에 그 근저에는 古한반도 초기 신석기인 시대의 '원시 공통어'('밝'족 언어)의 통합적 기초가 있었다고 볼 수 있다.

즉 한부족, 맥부족, 예부족, 기타 이 지역의 모든 부족들은 신석기 시대에 부족언어를 달리 형성했다고 할지라도, 구석기시대 말~신석기 시대 초기까지 북위 40도 이남의 古한반도 동굴지대와 그 주위 강변·해안에서 형성한 '원시공통어'('밝'족 언어)의 언어의 공동 또는 언어소통의 공통의 문화적·역사적 기반이 있었으므로 하나의 넓은 지역적 동일 문화유형과 언어유형이 형성될 수 있는 기초가 마련되어 있었다고 볼 수 있다.

3. 고조선 언어의 형성

'한'·'예'·'맥'의 3부족은 연맹하여 한반도의 그들 정착지의 접경 중첩지역에서 BC 30세기~BC 24세기에 동아시아 최초의 고대국가인 '고조선'을 건국하였기에, '고조선언어'는 우선 한족 언어와 맥족 언어와 예족 언어의 3부족 언어의 통합으로 형성되기 시작하였다. 고대국가 고조선의 성립에 의하여 3부족 언어의 통합으로 새로 형성된 '고조선 언어'가 일시에 비약적으로 풍부하게 된 것은 당연한 일이었다.

고대국가의 형성은 통치집단과 통치계급의 권력 증대를 수반하므로, 고조선어 형성에서도 제왕을 배출한 한족의 언어와 왕비를 낸 맥족의 언어의 비중과 영향력이 더욱더 컸을 것은 당연한 일이었다. 특

---

2) 신용하, 〈고조선문명 형성에 들어간 貊족의 紅山문화의 특징〉, 《고조선단군학》 제32집, 2015 참조.

히 정치적 지배용어의 어휘들은 그러했을 것이며, 언어구조(문법)도 한족과 맥족의 영향이 가장 컸으리라고 추정된다.

예컨대, 한족은 해(태양) 숭배사상의 부족이었으므로 족장을 '한'으로 호칭했는데, 맥족은 곰토템 부족이었으므로 족장을 님검(검, 곰)(임금)으로 호칭하였다. 고조선어에서는 제왕의 어휘에 '한'과 '님검, 검'이 병존하였다. 그러나 공식적으로는 대부분이 한(Han)이었다.[3] 역사자료에서 제왕을 한(Han) 또는 간(Ghan), 칸(Khan)으로 호칭한 민족이나 나라는 모두 고조선문명권에 속했던 민족과 그 후예였다고 보아도 전혀 틀리지 않는다.

고조선 건국후 고조선어는 한·맥·예의 모든 고조선 주민들의 공동의 언어로 형성 발전되었다. 고조선이 영역을 확대하고 다른 부족들을 편입하여 통치하게 되는 경우에는 고조선어의 사용범위도 확대되고 더욱 풍부하게 발전되었다. 고조선이 후국제도를 채택하여 고대연방제국으로서 여러 부족들과 원민족들이 고조선 연방국가에 포섭되고 고조선 문명권이 형성되자, 고조선어는 고조선문명권의 공동의 언어가 되었다.

고조선문명권에 속한 후국 부족들과 원민족들은 고조선어를 분유하여 자기 부족어 또는 원민족어를 통합시켰으므로 공동의 고조선 언어를 갖게 되고, 고조선 해체 후에 그 후예들도 고조선어와 매우 밀접한 친연성을 갖게 되었다. 즉 고조선문명권에 속했던 민족들의 언어와 그 후예들의 언어는 고조선어를 그들 언어들의 공통의 조어(祖語)로 공유하게 된 것이었다.

우선 먼저 한국어의 사례를 보면, 고조선 국가의 주민들은 언어의 구조와 어휘에 통합과 공동성이 형성되었다. 통치는 언어소통을 필수조건으로 하기 때문에, 고조선의 국가 형성은 한부족·맥부족·예부족의

---

3) 고조선에서 처음에는 '한'(Han)은 제왕이었고, 제후나 지방장관은 '가'(Ga)였다. 그러나 고조선의 발전과정에서 제후가 제왕이 되거나 자칭했을 때에는 '가한'(Ga+Han), '간'(Gahn), '칸'(Kahn)이라고 일컫기도 하였다. '한', '간', '칸'으로 제왕을 부른 국가와 민족은 모두 고조선문명권에 원래 포함된 국가나 민족이었다.

부족 언어가 하나로 통합되고 융합되어 더욱 풍부한 통합 민족언어로
서 고조선어(古朝鮮語)가 형성 발전하게 된 것이었다. 그 결과 고조선
사람들은 고조선어라는 언어의 공동을 실현해서 의사소통을 하며 생활
하게 되었다.

　　민족 형성에서 가장 중요한 구성요소인 언어의 공동으로서의 고조
선어의 형성에 대해서는 고조선 전기의 고문헌자료는 없으므로, 고조
선 후기·말기와 그 직후의 고문헌자료로서 이를 간접적으로 증명할 수
있다.

　　이미 한국 언어학계는 현대 한국어의 기원은 '부여'계 언어와 '한'
계 언어로 구성되었음을 예리하게 정확히 밝혀 놓았다.[4] 여기서의 과
제는 이 성과를 계승하여 부여·한계 언어의 통합이 삼국시대 이후에
이루어진 것이 아니라 삼국시대 이전 시기(즉 고조선시기)에 이루어진
것임을 증명하면 되는 것이다.

　　고조선은 한·맥·예 3부족의 연맹에 의해 건국되었으므로, 고조선어
는 한·맥·예 3부족 언어의 통합에 의한 하나의 언어공동체로 형성되어,
한·맥·예 계열이 수립한 모든 나라들과 지역들에 공동으로 통용되었음
은 고문헌으로도 논증할 수 있다.

　　《삼국지》위서동이전 고구려전에서는 동이의 옛말에 의하면 "(고구
려는) 부여의 별종이라 하는데, 언어와 풍속 등은 부여와 같은 점이
많다"[5]고 하였다. 《후한서》동이열전 고구려조에서도 "(고구려는) 부
여의 별종이라고 하는데 그러한 까닭으로 언어와 법칙이 많이 동일하

---

4)　① 李基文,〈韓國語形成史〉,《韓國文化史大系》제5권, 고려대 민족문화연구소,
　　　1976.
　　② 李基文,《國語音韻史硏究》, 탑출판사, 1977.
　　③ 金完鎭,《原始國語의 字音體系에 대한 연구》, 국어연구회, 1978.
　　④ 李基文,《國語語彙史硏究》, 동아출판사, 1991 참조.
　　⑤ 金完鎭,《향가와 고려가요》, 서울대 출판부, 2001 참조.
　　⑥ 宋基中,《역사비교언어학과 국어계통론》, 집문당, 2003 참조.
5)《三國志》卷30, 烏丸鮮卑東夷列傳 高句麗傳,, "東夷舊語의 爲夫餘別種 言語諸事 多與
　　夫餘同"참조.

다"[6]고 기록하였고, 이어서 구려조에서는 "구려는 일명 맥(貊)이라 부른다"[7]고 하였다. 즉 맥족인 부여·구려·고구려는 언어가 동일했음을 확인할 수 있다.

또한 《양서》 백제조에서는 "백제는〔 …… 〕 지금 그 언어와 복장이 대개 고구려와 동일하다"[8]고 하였다. 백제의 지배층은 부여계임은 여러 곳에 기록되어 있다. 백제와 고구려는 언어가 동일한 것이었다.

그러면 신라는 어떠한가? 신라는 '한'계이므로 이 점이 특히 주목된다. 《양서》 신라조에서는 "(신라) 언어는 백제를 기다린 이후에 통하였다"[9]고 기록하였다. 중국인들은 언어가 다른 신라인과는 언어소통을 못하고, 신라인과 언어가 동일한 백제인을 기다려서 통역을 시켜서야 소통할 수 있었다. 즉 신라와 백제는 언어가 동일하여 소통된 것이었다.

실제로 고구려·백제·신라의 국경은 끊임없이 크게 변동하여 접경지대에 거주했던 백성들은 통치지배국가가 끊임없이 바뀌는 것을 경험했다. 고구려가 충주 지방까지 내려가기도 했고, 백제가 황해도까지 올라가기도 했으며, 신라가 백제의 수도 지역인 오늘날의 경기도를 점유하기도 했고, 백제가 신라의 수도 지역에 접근하기도 하였다. 이때마다 백성들은 통치집단의 변동으로 말미암은 부담과 변동의 고통을 겪었지만, 언어소통의 불편을 겪었다는 기록이나 전설은 단 한 건도 없다. 고구려·백제·신라의 언어가 기본적으로 동일하여 의사소통에 불편이 없었기 때문이었다.

고구려·백제·신라가 이미 하나의 언어공동체를 형성하고 있었다면, 그 이전에 부여계 언어와 한족계 언어를 하나의 언어공동체로 실현시킨, 역사적으로 선행한 통합적 정치공동체와 문화공동체가 실재했어야 하는데, 한반도와 만주 지역에서는 그것이 고조선밖에 없었다. 고조선

---

6) 《後漢書》卷高85, 東夷列傳, 句麗條. "東夷相傳 以爲夫餘別種 故言語法則多同"참조.

7) 《後漢書》卷85. 東夷列傳, 句麗條 참조.

8) 《梁書》卷54, 諸夷列傳, 東夷百濟條 "今言語服章略高驪同"참조.

9) 《梁書 》卷54, 諸夷列傳, 新羅傳, "言語待百濟而後通言"참조.

이 2천여 년 동안 한족과 맥족(䝁貊)을 통합한 통일국가로서 주민을 국민으로 포함하여 통치하는 동안에 이미 고조선어(古朝鮮語)라는 하나의 민족어로서의 언어공동체가 선행하여 형성되었기 때문에, 고조선이 해체되어 열국시대에 들어가서도 부여족 열국과 한족 열국 주민 사이에 언어소통이 가능하게 된 것이었다.

그러면 예족 계열의 언어는 어떠한가?《삼국지》예전에서는 "언어와 법속은 대체로 구려(句麗)와 동일하고 의복은 다르다"10)고 하였다.

《삼국지》예전에, 고조선 해체 후 "단단대산령(單單大山嶺)부터 서쪽은 낙랑에 속했고, 단단대산령 이동 7현은 도위(都尉)가 다스렸는데 모두 예(濊)의 백성이었다"11)라고 했으니, 이 지역에서 전조선의 후국이었다가 후조선 시기에 독립했던 옥저(沃沮)가 바로 예족의 국가였음을 알 수 있다.12)《후한서》동옥저조에서는 "(동옥저는) 언어·음식·거처·의복은 구려(句麗)와 비슷하다"13)고 하였다.《삼국지》동옥저전에서 "그들의 언어는 구려(句麗)와 크게는 같지만(大同) 때때로 작게는 다른 부분도 있었다(小異)"14)고 하였다.

즉 예족의 언어는 맥족인 구려·고구려의 언어와 대동소이한 것이었다. 예족의 언어가 구려와 완전히 동일하다고 하지 않고 "대체로 동일하다", "대동소이하다"고 하면서 "의복은 다르다"고 한 것은 원래는 예족과 맥족이 언어가 약간 달랐다가, 고조선의 2천여 년의 장기 지속의 통치 기간에 고조선어에 통합되어 언어가 대동소이하게 되고, 맥족 언어와 예족 언어의 차이는 때때로 지방사투리(方言)가 되어 남은 것이었다고 해석된다.

즉 한족·맥족·예족의 언어는 이미 고조선시기에 고조선어로 통합

---

10)《三國志》卷30, 烏丸鮮卑東夷傳, 濊傳, "言語法俗大抵與句麗同 衣服有異."참조.
11)《三國志》卷30, 烏丸鮮卑東夷傳, 濊傳, "單單大山嶺以西 屬樂浪 自領以東七縣 都尉主之 皆以濊爲" 참조.
12) 리지린,《고조선연구》pp.217~315 참조.
13)《後漢書》卷85, 東夷列傳, 東沃沮조, "言語·食飮·居處·衣服有似句麗" 참조.
14)《三國志》卷30, 烏丸鮮卑東夷傳,東沃沮傳, "其言語句麗大同 時時小異" 참조.

되어 하나의 민족언어로서 고조선어가 형성되었으며, 잔존한 부족언어들은 지방방언(사투리) 정도로 남은 것이었다.

그러므로 고조선 해체 후 삼한·삼국시대에 들어가서도 이미 동일한 고조선어를 분유했기 때문에 삼한·삼국 등은 나라는 나누어졌지만 언어는 하나의 민족어를 사용하면서 의사소통에 불편이 없었던 것이다.

고조선시기에 형성된 고조선어가 부여계 언어와 한계 언어의 선행 공통조어(祖語)이며, 현대 한국어의 조어(祖語)라는 것이 필자의 견해이다. 주시경 선생은 고조선(단군조선)시기에 자연스럽게 조선어가 형성되었다는 견해를 일찍이 갖고 있었다.[15]

4. 고조선 공통조어(祖語)의 형성과 고조선문명권

그러면 고조선문명권을 구성한 고조선 후국들(특히 제2형 후국들)의 언어는 어떠했을까?

《위서》 실위전에서는 "실위어(室韋語)는 고막해(庫莫奚) 거란 두막루(豆莫婁) 나라와 동일하다"[16]고 하였다. 또한 《위서》 두막루전에서는 "두막루(豆莫婁)는 옛 북부여(北夫餘)이다"[17]라고 하였다.

위의 두 자료를 합해 보면, 북부여어(北夫餘語, 즉 부여어)와 원몽골어(실위어)와 고막해어(그리고 거란어)가 동일했음을 알 수 있다.

---

15) ① 周時經,〈必尙自國文言〉,《周時經全集》, (아세아문화사판 상권), p.29;《〈國語文法〉序》,《周時經全集》하권, 221쪽 및〈國文研究〉,《周時經全集》하권, pp.254~255 참조.

② 愼鏞廈,〈周時經의 애국계몽사상〉,《韓國社會學研究》제1집, 1977 ;《韓國近代社會思想史》, 일지사, 1987, pp.402~402.

③ 愼鏞廈,〈구한말 서구 사회학의 수용과 한국사회사상〉,《學術院論文集》인문·사회과학편, 제52권 제1호, 2013 참조.

16)《魏書》卷100, 列傳 第88, 室韋傳,〈(室韋語)與庫莫奚契丹豆莫婁國同〉참조.

17)《魏書》卷100, 列傳 第88, 豆莫婁傳,〈豆莫婁國…舊北夫餘也〉참조.

박은식 선생은 '선비(鮮卑)'는 북부여의 별종이라고 하였다. 따라서 부여어와 선비어는 동일했음을 알 수 있다.

또한 《통전(通典)》은 "고막해(庫莫奚)는 그 선조가 동부 선비(東部鮮卑)의 별종이다"[18]고 하였다. 《북사(北史)》 해전(奚傳)에서는 "해(奚)는 본래 고막해(庫莫奚)로 그 선조는 동부호(東部胡)로서 우문(宇文)의 별종이다"[19]라고 했는데, 우문(宇文)씨는 동부선비의 지배씨족의 하나였다.

그러므로 고조선의 제2형 후국들인 실위(원몽골)·선비·고막해(해)의 언어는 부여어(夫餘語)와 동일했음을 확인할 수 있다.

오환(烏桓)은 선비와 고막해와 함께 동호(東胡)를 구성했던 3대 맥족계열 고조선 후국들이었으므로, 오환어(烏桓語)가 선비어·고막해어와 동일했을 것임은 충분히 알 수 있다.

정령(丁零, 원돌궐, 鐵勒, 高車)과 유연(柔然)은 스스로를 고조선계(古朝鮮系)·단군계(檀君系)라고 주장했으므로, 그들이 고조선어(古朝鮮語)를 분유(分有)했을 것임은 말할 것도 없다.

반드시 검토해야 할 중요한 언어는 고조선문명권에 가장 늦게 들어왔고 가장 서쪽에 위치해 있었던 흉노(산융)족의 흉노어(匈奴語, Huns)이다.

《북사》 고거전(高車傳)에서는 "그(高車; 정령·철륵의 별명)의 언어는 대략 흉노(匈奴)와 동일하지만, 세부에서는 때때로 조금 다를 때도 있다"[20]고 하였다. 또한 《산해경》 〈대황북경〉에는 "호(胡)와 불여(不與)의 나라가 있는데, 烈(열)성이고 기장을 먹는다"[21]는 문장이 있다. 이에 대해 곽박(郭璞)은 "한나라의 이름을 중복하여 쓴 것이다. 이제는 胡(호)와 夷(이)의 언어가 모두 통한다."[22]는 주를 달았다. 여기서

18) 《通典》, 邊方, 奚條, 〈庫莫奚者 其先東部鮮卑之別種也〉 참조.
19) 《北史》 卷94, 列傳 第82, 奚傳, 〈奚本曰庫莫奚 其先東部胡 宇文之別種也〉 참조.
20) 《北史》 卷94, 列傳 第82, 高車傳, 〈其語略與匈奴同 而時有小異〉 참조.
21) 《山海經》 卷17, 〈대황북경〉, "有胡不與之國 烈姓黍食" 참조.
22) 袁珂 校注, 《山海經校注》, 巴蜀書社, 1996, p.480, "郭璞云 一國復名耳 今胡夷語皆

의 胡(호)는 북방의 산융(山戎, 원흉노)을 가리키고 이(夷,不與)는 부
여(夫餘)를 가리킨 다른 소리표기라고 해석된다.[23] 산융(원흉노)은 고
조선에 늦게 편입된 후국이었고, 부여는 매우 일찍 고조선의 후국이
된 나라였는데, "이제는(今) 胡(호,산융)와 夷(이, 동이: 부여)의 언어
가 모두 통한다"고 한 것은 후국인 호(胡,산융)까지도 고조선어를 사
용하여 부여의 고조선어가 통하게 되어서 산융과 부여가 언어는 하나
의 나라처럼 통하게 된 사실을 곽박이 지적한 것으로 해석된다.

즉 고조선어는 모든 고조선 후국들과 고조선문명권 후국들에서 사용
되고 소통되는 고조선문명권의 언어가 된 것이었음을 확인할 수 있다.

고조선시기에 형성된 '고조선어'가 고조선 고대연방국가와 고조선
문명권 주민의 공통언어였으며, 한국 원민족의 민족언어이고, 당시 모
든 고조선문명권에 속한 후국 원민족들의 공통조어였으며, 동시에 현
대 한국어의 조어(祖語)가 된 것이었다.

5. 고조선어와 일본어 형성의 관계

일본은 고조선 후국은 아니었으나 고조선 국가 해체 전후 고조선
계열 사람들이 일본열도에 건너가 정착해서 일본 고대국가 성립의 주
도세력이 됨으로써 고조선어를 조어(祖語)로 하여 일본어가 형성되어
갔다.

고대 일본 소국들을 통일한 야마토국(邪馬臺國)은 변한의 변진미오
야마국(弁辰彌烏耶馬國) 세력이 2세기에 일본열도에 이동 정착하여 규
슈(九州)에 수립되었다가, 후에 기나이(畿內)분지로 이동하면서 서일본
을 통일한 고대국가였다.

通然"참조.
23) 申采浩, 《朝鮮上古文化史》, 《改訂版丹齋申采浩全集》 상권), pp.363~419 참조.

　진·한의 중국통일과 이웃민족 침공에 의한 고조선의 해체가 전개된 서기전 2세기부터 기원후 1세기 사이에 동아시아에 민족대이동이 시작되어 6세기 말기까지 그 연쇄적 파급이 유라시아 대륙의 전체를 뒤흔들어 놓았다. 이 과정에서 한반도로부터 일본열도로의 민족이동도 끊임없이 이어졌다. 한반도 낙동강 상류 고령(高靈) 지방에 있던 변한 12개 소국 가운데 하나인 변진미오야마국이 부여(扶餘) 세력의 남하에 밀리어 고령(高靈, 高天原) 지방의 고토를 빼앗기고 바다를 건너서 규슈 지방에 이동했을 뿐만 아니라, 마한·진한과 변한의 다른 소국 세력 일부도 일본 열도 내의 규슈와 혼슈(本州) 서쪽 지역에 이동해 들어갔다.

　삼국시대에 들어와서도 백제·가라(加羅)·신라 세력뿐만 아니라 부여와 고구려 세력까지 규슈 지방을 비롯한 일본 열도의 서쪽 지방에 각각 자기의 고국의 명칭을 취한 분국들을 다수 수립하였다. 이주민들의 선진적 소분국들을 모방하여 일부 원주민까지도 소(小)군장국들을 수립하여, 《삼국지》 위서 왜인전에 의하면 약 100개의 소국이 수립되었다. 이들 가운데 비교적 강대했던 소국들은 한반도로부터 규슈 지방에 이동해 들어가서 한반도 본국의 선진문명을 갖고 수립되었던 소분국들이었다. 한반도 남부 고령지방의 변진미오야마국으로부터 일본 규슈 지방에 이동해 들어간 야마토(邪馬臺) 소왕국도 그 중의 하나였다.

　야마토는 한반도의 백제·가라·고구려·신라 등과 긴밀히 연계하여 규슈(九州) 지방과 혼슈(本州) 서쪽에 널리 수립된 백제·가라·신라·고구려·마한·진한의 이주민 소분국들을 압도하려는 정책을 취하였다. 야마토는 특히 백제·가라와 동맹관계를 수립하여 가라·백제 선진문명을 적극적으로 수입하였다.

　일본열도 내의 소국들 중에서도 규슈 지방에 있던 소국들은 거의 한반도에서 들어간 이주민들이 세운 분국들이었고, 혼슈에 있던 소국들 중에서도 강성한 소국들은 한반도 계열이었다. 그들은 여러 가지 형태의 이름으로 그들이 백제·신라·가라·고구려·진한·마한 계통의 분국들임을 표시하고 있었다.

《위략(魏略)》은 왜인의 기사에 "그 구어(舊語)를 들으니 스스로 태백(太白)의 후손이라고 말한다"고 기록하였다. 여기서 '태백'은 '큰 밝달'이며 고조선을 가리키는 것으로 고조선의 별명이었다. 야마토를 비롯하여 규슈 지방과 혼슈의 왜인들이 본래 고조선의 후손들에서 나온 것이라고 스스로 말했다고 기록한 것이었다.

야마토는 규슈지방의 소국들을 대부분 통일한 후 동정(東征)을 감행하여 5세기경 도읍을 나라(奈良)로 옮기고 저항하는 소국들과 한반도 계열 분국들을 무력으로 통합하여 7세기경에는 지금의 나라·교토(京都)·오사카(大阪) 지방을 중심으로 서일본 일대를 거의 모두 통일하여 일본 고대국가를 확립하였다.

이러한 민족이동과 고대국가 형성의 역사적 과정을 거쳤기 때문에 일본어 기층에는 미크로네시아계 선주민의 어휘들이 많이 남고, 그 위에 지배층의 고조선조어에서 나온 한·부여·가라·백제어가 압도적인 힘으로 부과되고 통합되어서, 언어형태(문법)·어순·주요 정치어휘들에서는 고조선조어가 지배하면서 민속 어휘에는 남방 마이크로네시아계의 영향이 남은 일본어가 형성되었다고 필자는 해석한다.

요컨대, 일본은 고조선 후국은 아니었으나, 고조선국가 해체 후 고조선인들과 그 후예들인 변진미오야마국을 비롯한 삼한·부여·가라·백제 사람들이 대대적으로 일본열도에 건너가서 다수의 분국들을 세우고, 한반도로부터의 도래인들에 의하여 왕가와 집권한 귀족들이 고조선어를 공통조어로 한 언어를 사용하면서 최초의 일본 고대국가를 수립하여 운영했기 때문에, 그 결과 일본어는 종합적으로 언어의 구조와 형태 면에서 고조선조어의 한 갈래 흐름으로 형성되었고, 한국어와 함께 우랄·알타이어족의 하나로 형성된 것은 움직일 수 없는 역사적 사실인 것이다.

6. 민족대이동에 동반한 고조선조어(祖語)의 이동 전파와 우랄·알타이어족의 관계

고조선이 고대국가로 건국되어 고대연방국가로 발전하고 고조선문명권이 형성된 시기부터 고조선이 멸망하게 된 BC 2세기까지 약 22세기에 걸친 장기지속 기간에 고조선의 제1유형 후국과 제2유형 후국들이 되었던 부족과 원민족들은 모두 고조선어를 공통언어로 사용하였다. 고조선 연방국가 존속기간에 고조선 연방국가 후국들의 언어 차이는 고조선어의 사투리 또는 지방어의 성격을 가진 것에 지나지 않았다고 추론된다.

고조선 연방국가가 B.C. 3세기부터 연·진·한의 연이은 공격을 받고 해체되기 시작하여 결국 기원전 108년에 붕괴되기에 이르자, 기원전 2세기부터 기원후 1세기에 걸쳐 고조선 후국들의 민족이동에 의한 동아시아에서의 '민족대이동'이 일어나게 되었다. 이 민족대이동은 동아시아에서 제일 먼저 건국되어 22세기나 지속된 거대한 고대연방제국 고조선과 그에 포함된 모든 후국들의 뿌리가 흔들리고 거주지가 크게 변동한 대이동이었기 때문에, 결국 유라시아 역사와 세계사를 뒤흔들어 놓았다.

고조선문명권에 속했던 유목 기마민족들 가운데 돌궐(Turks)족의 일부는 서방으로 새 정착지를 찾아 수세기에 걸쳐 중앙아시아를 거치고 아나톨리아반도와 발칸반도에까지 이동해 들어가면서 국가들을 세웠다. 흉노족(Huns)과 유연족(Avars) 그리고 불가족(Bulgar)과 위굴족(Uigur), 마쟐족(magyars)은 새 정착지를 찾아 알타이산맥을 넘고 우랄산맥을 넘어서 발칸반도의 불가리아, 헝가리, 중부유럽, 에스토니아, 핀란드까지 이동하여 정착하면서 고대국가를 건설하였다.

이 민족대이동 과정에서 넓은 지역에 그들이 만든 방대한 역사는 아직 충분히 연구되지 않은 미개척 분야로 남아 있다. 그러나 이들 고조선 연방제국의 서변 후국들의 후예들이 고조선어를 간직하고 사용하면서 서방으로 민족대이동을 감행하여 중앙아시아와 유럽 각 지역에 정착해서 현지 어휘들을 흡수하면서 형성한 언어들은 고조선어를 공통 조어와 근간으로 형성·확산·발전되었음은 자연스러운 귀결이라고 말할 수 있다.

즉 고조선 고대연방국가와 고조선문명권 해체를 기점으로 시작된 거대한 세계사적 민족대이동이 고조선어를 고조선계 기마민족들의 민족대이동에 동반하여 유라시아 대륙에 널리 확산시켰고, 고조선조어를 공통조어와 근간으로 한 고조선어족(언어학자들이 말하는 종래의 우랄·알타이어족)이 유라시아 대륙 도처에 형성되어 분포하게 된 것이었다.

19세기 중엽부터 까스트렌(M. A. Castrén), 람스테트(G. L. Ramstedt), 폴리바노프(E. D. Polivanov)와 그 밖의 핀란드와 헝가리 등 서양의 극소수 언어학자들은 자기 나라의 언어가 주위 다른 나라의 언어들과 문법구조, 언어의 음성, 단어의 형태가 전혀 다른 이유를 알고자하여 언어의 역사를 추적하다가, 그들의 언어의 뿌리가 동쪽으로 우랄산맥을 넘고, 다시 알타이산맥에까지도 닿는다는 경악할 만한 사실을 알게 되었다. 그리하여 그들은 이 언어유형과 언어계통에 우랄·알타이어족, 우랄어족, 알타이어족 등의 명칭을 만들었다. 또 어떤 서양학자들은 13세기 이후 몽골민족과 터키민족이 매우 강성하여 서양에 널리 알려지자 몽골어족, 터키어족의 명칭을 만들어 내기도 하였다.

그러나 이러한 모든 명칭과 가설의 정립은 사회과학과 역사과학의 관점에서는 역소급(逆遡及) 유형분류의 성격을 가진 것으로 보인다. 알타이산맥 부근에 돌궐족이 대제국을 건설한 것은 6세기경의 일로, 그 이전에 그들이 말한 우랄·알타이어족의 모든 언어들은 이미 형성 발전되어 있었다. 또한 13세기에 몽골민족과 터키민족이 세계 강대국으로 부상되기 훨씬 이전에, 위에서 밀힌 바와 같이, 그들이 연구하는 어족들은 이미 형성 발전되어 있었다.

따라서 서양학자들은 알타이어족, 우랄어족, 우랄·알타이어족의 뿌리를 반드시 민족대이동의 역사적 고찰과 함께 우랄·알타이어족의 기원인 고조선문명권의 고조선 조어에서부터 새로 다시 더 추적하지 않으면 안 된다고 생각한다.

〈표 15-1〉 민족형성의 역사에서 본 고조선공통조어의 후예 민족언어의 사회사적 계보

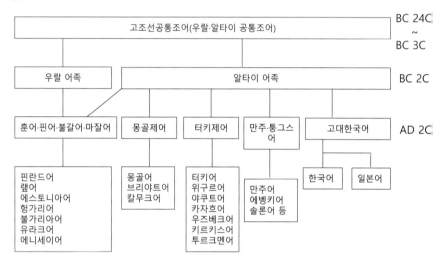

서양 언어학자들이 말하는 우랄·알타이어족의 뿌리는 바로 '고조선 조어'이다. 우랄어족, 알타이어족, 우랄·알타이어족은 시간과 역사 개념을 보류한 유형론에 지나지 않은 것이고, 민족이동 역사의 측면에서 보면 그것은 고조선어족에서 분화 발전된 갈래언어인 것이다. 따라서 서양학자들도 궁극적으로는 고조선어족의 학문적 개념을 새로이 정립해야 하고, 고조선어가 뿌리와 기둥이 되어 형성·분화·발전된 고조선 어족의 새로운 언어계통도 또는 언어수형도를 새로 작성해야 할 것이라고 본다.

민족대이동의 흐름은 한반도와 만주의 동방에서 서방으로 이동하였다. 한국민족의 원민족인 고조선민족은 한반도와 만주에서 형성되었으며, 한반도와 만주를 중심으로 형성되었던 고조선의 제1형 후국과 제2형 후국 민족들이 고조선 공통조어를 사용하면서 고조선문명권의

해체에 따라 동방에서 서방으로 오랜 기간에 걸쳐 민족대이동을 함으로써 언어학자들이 말하는 우랄·알타이어족(사실은 占조선어족) 또는 우랄어족과 알타이어족이 형성된 것이다.

서양 언어학자들이 말하는 우랄·알타이어족, 우랄어족, 알타이어족은 언어의 친연관계(親緣關係)를 횡적으로 밝힌 선구적 과학적 연구로서, 언어의 '친족' 관계를 규명하였다. 그러나 우랄·알타이어족의 '뿌리'를 밝히는 데는 불충분했다고 본다.

필자는 우랄·알타이어족의 뿌리와 형성과정을 밝히려면 반드시 민족이동을 역사적으로 밝혀야 한다고 생각한다. 왜냐하면 인류 언어는 사회사적·문명사적으로는 신석기시대와 고대에 독립언어들이 형성된 후 문화교류로서 전파되기보다는 그 언어를 모국어로 하는 사람들의 집단적 이동, 즉 민족이동에 의하여 형성 전파된 경우가 훨씬 더 많았기 때문이다.

우랄·알타이어족의 뿌리와 형성도 민족 형성과 민족이동의 역사를 밝히면 더욱 사실과 일치하게 과학적으로 밝혀질 것이다.

유라시아 대륙에 오늘날 언어학자들이 말하는 우랄·알타이 어족이라는 언어 친족유형은 사회사적으로 뿌리를 찾아보면, 유라시아 대륙의 극동지역인 占한반도와 만주 일대에 고조선이라는 고대연방제국의 주민들이 고조선어를 형성하여 2천여 년 동안 고조선어를 공동언어로 사용하면서 한 지역에 연속생활하다가, BC 108년 고조선 연방국가가 해체되어 고조선 후국 사람들이 민족대이동을 감행함으로써 형성된 것이었다.

고조선 연방제국의 후국들 가운데서 서변의 후국이었던 유목기마민족인 훈(Huns, 산융), 불가르(Bulgars, 불령지, 불도하), 아발(Avars, 유연), 마잘(Magyars), 투르크(Turks, 정령, 돌궐)족 등은 서방으로 말을 타고 마차를 끌며 민족대이동을 감행하여 일차로 카프카스 지방 등 중앙아시아에 정착하였다. 수세기 후에 그들은 다시 서방이동을 감행하여 발칸반도, 중부유럽, 북유럽으로 민족대이동을 계속하였다. 그

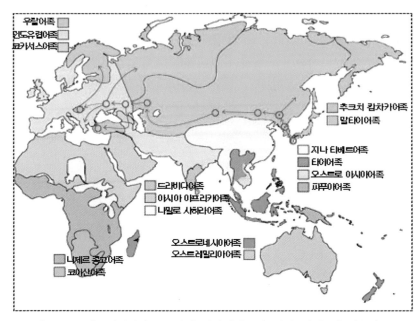

〈그림 15-1〉 민족이동에서 본 우랄·알타이어족의 이동 형성 경로(출처: Jared
Diamond, Peter Bellwood, Farmers and Their Languages: The First Expansions, *Science*
25 Apr, 2003, Fig.2.를 바탕으로 하여 재작성)

들이 정착하고자 원한 곳은 이미 선주민들이 있었기 때문에 그 사이
온갖 갈등과 전쟁과 타협의 역사가 있었다. 그들이 민족이동을 감행하
여 정착한 곳에서 선주민들의 어휘들을 대폭 채용·융합시켰다 할지라
도 언어 구조(문법)가 고조선 언어였다면 고조선언어를 조어(祖語)와
문법으로 한 우랄알타이어족이 형성되게 되는 것이다.

　오늘날 유럽과 중앙아시아에서 우랄·알타이어족의 분포는 BC 2세
기경부터 시작된 고조선어를 사용하는 민족들의 세계사적 민족대이동
의 최후의 정착결과를 나타내는 것이라고 볼 수 있다.

　고조선문명에 속했던 다수 민족들의 이러한 거대한 민족대이동을
가능하게 한 동력은 그들이 말〔馬〕을 사용하는 기마민족들이었기 때문
이었다.

　고조선어 사용 후국 민족들의 민족대이동의 경로를 세계언어지도

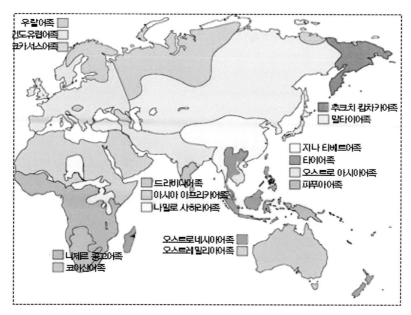

〈그림 15-2〉 21세기에 우랄·알타이어족이 우랄어족·알타이어족·축치캄차카 어족으로 세분된 세계 언어지도(출처: Jared Diamond, Peter Bellwood, Farmers and Their Languages: The First Expansions, *Science* 25 Apr, 2003, Fig.2.를 바탕으로 하여 재작성)

에 그려보면 〈그림 15-1〉과 같다.

위의 민족대이동의 경로에서도 볼 수 있는 바와 같이, 서유럽까지 들어갔던 고조선 어족 사용 기마민족들은 인도·유럽어 사용 주민들에게 결국 밀려서 지금은 헝가리와 불가리아(제1제국)와 바스크를 제외하고는 북방으로 밀려 갈레리아 지방, 핀란드, 에스토니아에 집약 정착하였다.

그러나 저항세력이 약했던 광대한 시베리아 일대는 모두 우랄·알타이 어족권이 되었다.

남방으로 민족이동을 감행한 고조선어를 사용하는 사람들은 AD 2세기에 일본열도에 야마토국을 세우고 지배족이 되어 결국은 일본열도 전체를 우랄·알타이어족의 언어를 사용하는 지역으로 만들었다.

오늘날 언어학자들은 우랄·알타이어족의 개념을 세분하여 우랄어족과 알타이어족으로 나누고, 또 언어학자에 따라서는 한국어, 일본어, 핀란드, 헝가리어, 투르크어를 각각 독립한 언어유형으로 분류하고자 하는 경향도 있다. 21세기 현재의 언어생활만 횡적으로 보면 이러한 주장에 근거가 있을 것이다.

그러나 역사적으로 뿌리를 찾아보면, 19세기 말까지는 위의 언어들이 모두 우랄·알타이어족으로 개념화하는 것이 정확했으며, 더 소급하여 우랄·알타이어족의 뿌리를 찾아보면 그것이 바로 고조선문명의 고조선어임을 알 수 있다.

유라시아 대륙의 극동지역인 古한반도와 만주·연해주 일대에서 형성 발전된 고조선 고대연방국가와 고조선문명의 고조선조어가 BC 2세기 고조선 연방국가의 해체를 기점으로 당시의 이동의 동력인 말〔馬〕을 탄 고조선후국 기마민족들의 서방, 동남방, 북방 민족대이동에 따라 온갖 우여곡절을 겪으며 정착해서 우랄·알타이어족이 형성되고 그 후에 분화되고 있는 것이다.[24]

우랄·알타이어족의 뿌리는 고조선 조어이다.

---

24) 서양 언어학자들이 우랄·알타이어족, 알타이어족, 또는 몽골어족의 용어를 만들어 보급시킨 영향으로, 암묵적으로 그 영향을 받아 흔히 한국민족과 한국어의 기원이 서방, 카프카스 지역, 알타이산맥 부근, 혹은 바이칼호 부근, 또는 몽골 지방에서 동방을 향하여 만주와 한반도로 들어온 것이라고 해석하는 설명을 가끔 듣게 되는데, 이것은 역사적 사실과는 반대되는 것이다.

제16장 고조선문명의 해독되지 않는 문자

1. 해독되지 않는 '그림기호'(記號) 문자

고조선문명권 지역의 신석기시대 사람들은 古한반도 초기 신석기인 시대부터 바위 등에 문자와 유사하지만 해독되지 않은 '그림', '기호' 또는 '부호'를 남겨 놓았다. 문자 발명 이전에도 문자를 대신한 그림, 기호, 부호가 고안되어 의사소통과 보존이 추구되었을 가능성을 시사해 준다.

古한반도 초기 신석기인은 최초에는 노끈이나 '새끼에 매듭'(結繩, 결승)을 만들어 의사소통을 한 것으로 전해지고 있다. 태호(太皥)족이 고한반도에서 중국 산동반도로 건너가서 원주민에게 새끼매듭에 의한 의사소통 방법을 전수해 주었다는 기록은, 태호족이 떠나기 전 고한반도에서는 새끼매듭에 의한 의사소통방법이 실행되고 있었음을 알려주는 것이다.

또한 古한반도 신석기인은 '나무에 새김'(楔木, 算木, 佃木)을 만들어 의사소통을 했다는 기록(《續博物志》)도 있다. 이러한 새끼줄이나 나무는 모두 썩어버렸으므로 오늘날 그 기호나 부호를 정확히 알 수 없다.

그러나 바위 또는 토기 또는 소뼈에 새긴 그림문자나 기호, 부호는 현재도 남아 있다. 몇 가지를 들면 다음 〈그림 16-1〉과 같다.

여기서 사례로 든 바위·도기·뼈에 새긴 그림문자, 기호, 부호는 이 밖에도 몇 개 더 보고되어 있지만, 사례가 너무 적어 현 단계에서는 무엇을 기록했는지 알지 못하고 있다. 앞으로 관련 학계의 연구과제라고 할 것이다.

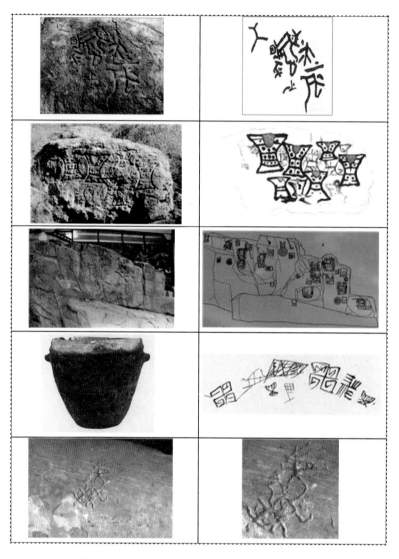

〈그림 16-1〉 해독되지 않는 고조선문명지역의 신석기 기호문자
1. 경상남도 남해군 양하리 바위 그림문자
2. 경상북도 영일군 칠포리 바위 그림부호
3. 경상북도 고령군 장기리 바위 그림기호
4. 요서지역 소하연문화(BC3000~BC2000) 토기 그림문자
5. 산동성 창락현 출토 소어깨뼈 골각문자

2. 신지문자(神誌文字)와 창힐문자(蒼頡文字)

고조선에는 '신지(神誌)문자'라는 문자가 창제되어 실재했었다. 고중국에서는 고조선의 신지문자를 '창힐(蒼頡)문자'라고 일컫기도 하였다.

한국에는 고조선시대에 신지(神誌)가 창제한 문자가 사용되었다는 전설이 내려오고 있을 뿐만 아니라, 고문헌에 신지에 대한 기록이 남아 있다. 고려시대 일연(一然)의 《삼국유사》에는 《신지비사(神誌秘詞)》라는 서책이 암자에 남아 있었음을 다음과 같이 기록하였다.

> 또한 내가 살펴보건대, 神誌秘詞(신지비사)의 서문에 이르기를, 蘇文(소문) 大英弘(대영홍)이 서문을 쓰고 또 주를 달았다.[1]

세종 때 편찬된 《용비어천가》에서는 '9변지국(九變之局)'의 '局'을 주석하면서 《구변도국(九變圖局)》을 신지(神誌)가 편찬한 도참서(예언서적)의 이름으로 설명하였다.[2] 《세조실록(世祖實錄)》(1471년 편찬)에서는 《신지비사》를 《고조선비사》(古朝鮮秘詞)》라고 기록하면서 민간이 소장하고 있는 《고조선비사》 등을 관에서 회수하여 스스로 원하는 다른 서적으로 교환해 주도록 유시하였다.[3] 《예종실록》(1472년 편찬)과 《성종실록》(1495년 편찬)에도 유사한 예종과 성종의 유시가 발령되고 있다. 이것은 신지의 《고조선비사》가 당시까지는 민간에 꽤 널리 보관되어 있었는데 조정에서 모두 몰수하여 소멸시켰음을 알려주고 있다.

조선왕조 선조시기의 권문해(權文海)가 편찬한 《대동운부군옥(大東韻府群玉)》에서는 "신지(神誌)는 단군시대 사람으로 호는 스스로 선인(仙人)이라 했다"[4]고 기록하였다.

---

1) 《三國遺事》 卷第3, 寶藏奉老 普德移庵條, 〈又按神誌秘詞序云 蘇文大英弘序并注.〉
2) 《龍飛御天歌》, 卷第3, 第15章, 注 〈局圖局也 九變圖局 神誌所撰圖識之名也.〉 참조.
3) 《世祖實錄》 卷第7, 世祖 3년(1457) 5월 26일조, 〈諭八道觀察使曰, 古朝鮮秘詞 大辯說 朝代記 誌公記, 表訓天詞, 三聖密記, 等文書 不宜藏於私處 如有藏者 許令進上 以自願書册回賜 其廣諭公私及寺社.〉 참조.

임진왜란 직전인 1590년(선조 23년) 윤두수(尹斗壽)가 편찬 간행한 《평양지(平壤誌)》에는 "평양 법수교(法首橋)에 옛 비석이 있는데 언문도 아니고 범(梵)문자도 아니며 전(篆)자도 아닌 글자로서 사람들이 능히 알 수가 없었다"[5]고 기록하였다.

또한 "계미년(선조 16년) 2월 법수교에 매장되었던 멱석비(覓石碑)를 파내어 본즉 3단으로 나누어졌는데, 비문은 예(隷)자도 아니고 범서(梵書) 모양과 같았으며, 어떤 이는 이것은 단군(檀君) 시기 신지(神誌)의 소서(所書)라고 말하였는데, 세월이 오래되어 유실된 것이라고 하였다"[6]고 기록하였다. 김윤경은 일찍이 이상과 같은 고문헌 기록을 검토한 후 이 법수교 문자가 신지문자일 것이라고 추정하였다.[7]

《해동역대명가필보(海東歷代名家筆譜)》와 《영변지(寧邊誌)》에는 다음과 같이 신지문자 16자가 채록되어 있다.

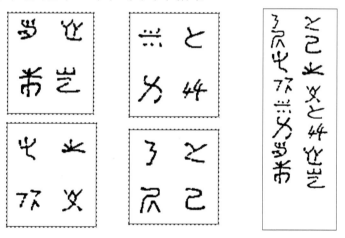

〈그림 16-2〉 신지문자 16자

4) 權文海, 《大東韻府群玉》卷13, 〈神誌 檀君時人 自號仙人〉 참조.
5) 《平壤誌》, 〈平壤法首橋有古碑 非諺非梵非篆 人莫能曉〉 참조.
6) ① 〈癸未(이는 宣祖十六年) 二月掘覓石碑之埋于法首橋者 出而視之 則折爲三段 碑文非隷字 如梵書樣 或謂此是 檀君時神誌所書云 歲久遺失〉
   ② 金允經, 《韓國文字及語學史》, 동국문화사, 1954, p.48 참조.
7) 金允經, 《韓國文字及語學史》, 동국문화사, 1954(제4판), pp.46~78 참조.

이 밖에 고조선시대의 토기·청동기·암벽 등 유적·유물에는 위의 문자와 유사한 문자들이 간혹 조각되어 있어서 고조선의 신지문자가 실재했었음을 알려주고 있다.

한편 고중국에서는 신지문자(神誌文字)를 창힐문자(蒼頡文字)라고 부르면서 기록을 남겼다.

중국 고문헌《포박자(抱朴子)》》(東晉의 葛洪 저작)에는 하나라 건국자 황제(黃帝)가 청구(青丘, 조선의 옛 별명의 하나)에 도착하여 풍산(風山)을 지나다가 자부(紫膚)선생을 만나 '삼황내문(三皇內文)'을 받아왔다는 기록이 있다.[8] 이에 대해 청구는 조선이며,

〈그림 16-3〉 창힐문자의 비석 탁본(부분 확대)

3황은 환인·환웅·단군으로서, 황제가 고조선의 풍산을 지나가다가 고조선의 '자부'라는 학자로부터 고조선의 문자(삼황내문)를 받아왔음을 기록한 것이라는 해석이 있다. 이때 황제가 받아간 삼황내문이 창힐문자라고 고중국이 일컬었던 신지문자라는 것이다.[9]

중국 송나라 시대 서기 992년(송 순화 3년)에 간행된 옛 붓글씨첩책《순화각첩(淳化閣帖)》에는 한문자로 해독되지 않는 글자로 새겨진 비문 28자를 창힐문자(蒼頡文字)라는 이름을 붙여 수록하였다. 또한 청나라 시대에 세운 중국 섬서성 백수현(白水縣) 사관향(史官鄉)에 있는 창성묘(倉聖廟)라는 사당에 있는 창힐조적서비(蒼頡鳥迹書碑)와 서안(西安)시 비림(碑林)에 있는 창힐서비(蒼頡書碑)는 역시《순화각첩》의 창힐문자 28자를 모사하여 세운 것이었다.

현재까지 발견된 신지 및 창힐문자를 표로 정리해 보면 다음과 같다.

---

8) 葛洪,《抱朴子》,〈黃帝東到青丘過風山 見紫膚先生 受三皇內文.〉참조.
9) 柳烈,〈신지글자와 '창힐글자'의 관계에 대하여〉, 이형구 편,《단군과 고조선》, 살림터, 1999, p.596 참조.

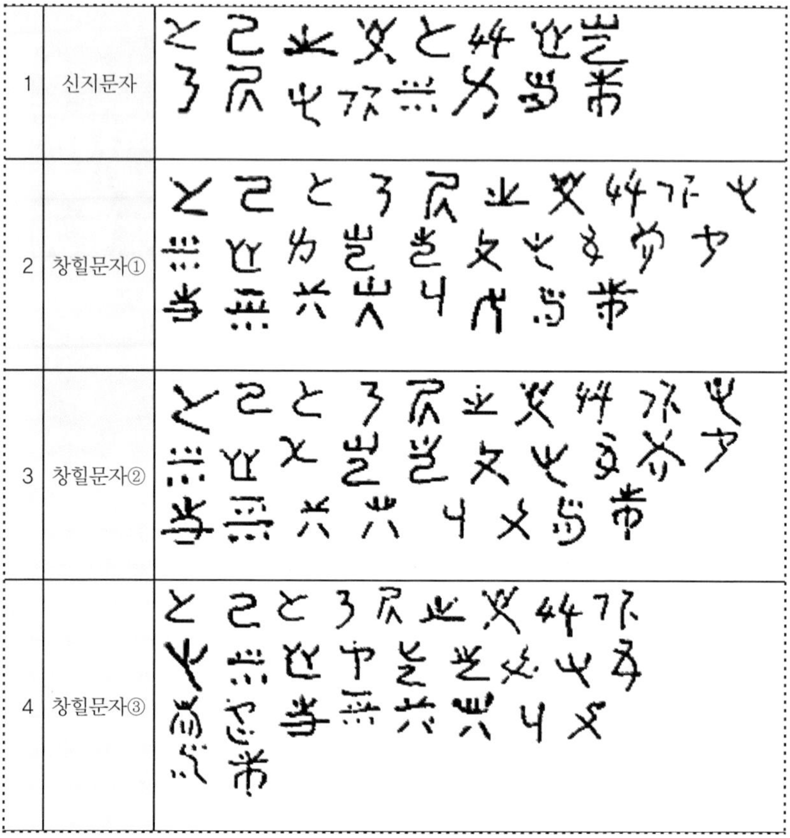

〈그림 16-4〉 신지문자와 창힐문자

　　위의 신지문자와 창힐문자를 비교하기 위해 번호를 붙여서 배열
(문장)을 해체하고 글자만 맞추어 보면, 다음 표와 같이, 신지문자와
창힐문자는 동일한 문자임을 알 수 있다.

　　신지문자와 창힐문자가 동일한 이유는 신지문자가 고중국에 전수
된 것이 창힐문자이기 때문인 것으로 해석된다. 그 근거는 우선 두 가
지를 들 수 있다.

　　첫째는 위에서 든 《포박자(抱朴子)》에 고중국의 황제(黃帝)가 동
(東)으로 가서 청구(靑丘)에 도착하여 풍산(風山)을 지나 자부(紫膚)선
생을 뵙고 삼황내문(三皇內文)을 받았다고 기록했는데, 청구(靑丘)는 예

〈표 16-1〉 신지문자와 창힐문자의 대조표

신지문자		창힐문자(순화각첩)		창힐문자(번호순)			
1			1	1		17	
2			2	2		18	
3			6	3		19	
4			7	4		20	
5			3	5		21	
6			8	6		22	
7			12	7		23	
8			14	8		24	
9			4	9		25	
10			5	10		26	
11			17	11		27	
12			9	12		28	
13			11	13			
14			13	14			
15			27	15			
16			28	16			

부터 조선의 별명이며, 조선의 삼황은 환인·환웅·단군이므로 삼황내문
은 고조선 황실의 내문이라는 뜻으로서, 고중국 황제가 조선에 간 적
이 있을 때 고조선의 학자 자부선생으로부터 고조선 문자(신지문자)를
받아왔다고 풀이되기 때문이다.

　둘째는 '蒼頡'(창힐)은 '푸른나라 사람 힐'의 뜻으로 그 자체 '靑丘'

의 의미를 내포하고 있기 때문이다. 고중국에서는 창힐을 황제의 사관 (史官)이라고 하면서 글자를 반포했다고 하여, 힐황(頡皇)이라고도 하는데, 이것은 힐이 사관이름이며 蒼은 靑丘(조선)를 의미함을 시사하는 것이다.[10] 즉 창힐문자란 고조선 사관 힐에서 받아온 문자의 뜻이 되는 것이다.

이 밖에 다수의 연구자들이 지금까지 수집한 신지글자들을 표로 정리해 보면 다음과 같다.

〈표 16-2〉 고조선 신지문자의 기타 수집표

No	유물의 시기	발굴지와 유물이름	쓰인 글자	자료
1	고조선시기	청동과		김인호
2	고조선시기 ~고구려 초기	낙랑벽돌 ①		김인호
3	고조선시기 ~고구려 초기	낙랑벽돌 ②		김윤교
4	고조선시기 ~발해시기	청진시 청암구역 부거리질 그릇		김인호 김윤교
5	발해시기	기와		김윤교
6	고려시기	성천군 황동단검		김인호 김윤교
7	고려시기	元祐通寶		김윤경
8	고조선시기	중국 산동성 萊陽 前河前村 질그릇		李步靑 林仙庭

10) 柳烈, 〈신지글자와 '창힐글자'의 관계에 대하여〉, 이형구 편, 《단군과 고조선》, pp.589~602 참조. 여기서 때때로 중국 고문헌에서 蒼자 대신에 倉자를 사용하는 것은 蒼이 正字이고 倉은 후대에 간소화해서 발음만 취한 것으로 해석하였다.

고조선의 신지문자는 BC 108년 고조선 국가가 한(漢) 무제(武帝)의 침공으로 멸망하고 한사군이 설치된 이후 한문자가 본격적으로 들어옴에 따라 급속히 소멸하기 시작하였다. 그러나 고려시대까지는 일부 수공업자 계급 사이에서 잔존했던 흔적이 보인다.

권덕규(權悳奎)는 단군 고조선 시기부터 고려시대까지 신지문자를 비롯하여 고유문자가 존재했으며, 조선왕조에서 1443년 세종대왕이 훈민정음을 창제한 것은 이를 토대로 크게 계승·발전시킨 것이라는 주장을 일찍부터 강력하게 주장하였다. 그의 주장의 요점을 옮겨보면 다음과 같다.[11]

① 몇몇 고증학자들의 말에 의하면 태호(太昊) 복희(伏羲)가 시획(始劃)하였다는 八卦(팔괘)도 조선문자와의 연원(淵源)이 깊고 밀접한 듯하다.

② 《포박자(抱朴子)》에 황제 헌원(軒轅)이 동으로 청구(靑邱)에 도착하여 자부(紫府)선생에게 삼황내문(三皇內文)을 받았다 하니, 창힐(蒼頡)의 문자제도에 삼황내문의 문자를 모방함이 명백하다.

③ 단군(檀君) 때 신지(神誌)가 서계(書契)를 담당하였고 신지가 지은 비사(秘辭, 神誌秘辭)까지 전하고 있다. 그러나 그 서계가 어떠한가는 전하지 않고 있다.

④ 전해지는 기록에 평양 법수교비문(法首橋碑文)이 단군 때의 신지문자로 추정된다.

⑤ 문화류씨(文化柳氏) 족보(族譜)에 왕문(王文)이 문자를 썼는데 그 법이 전(篆) 또는 부(符)와 같다고 한 바, 왕문은 부여조(扶餘朝)의 사람이오, 그 여전여부(如篆如符)라 함이 법수교(法首橋)의 글자꼴과 근사한즉 그 연원을 가히 미루어 알 수 있다.

⑥ 하이(蝦夷, 아이누족)의 땅에 전하는 수궁문자(手宮文字)라는 것이 아마 북부대륙 조선에서 전하던 문자인 듯 한데, 아직 미상이지만

---

11) 權悳奎, 《朝鮮語文經緯》, 廣文社, 1923, pp. 163~171 참조.

참고할 필요가 있다.

⑦ 남해의 도지면(島地面) 암석에 이상한 각문(刻文)이 있어 수천 년을 경과했는데, 진시황 때 서불(徐市)이 지나가다 새긴 것이라는 해석이 있으나 글자모양이 진(秦)나라 전자(篆字)와는 판이하여 서불의 새긴 것이 아님을 명확히 말할 수 있고, 우리나라 고대의 문예상의 유물임을 확정할 수 있다.

⑧ 《양서(梁書)》에 신라는 문자가 없고 각목자(刻木字)로 통신한다고 한바, 자존망대하기 비할 데 없는 중국인의 눈에 자기의 문자인 한문 이외의 것은 문자로 볼 리 만무한즉, 신라에 문자가 없다 함은 자기네의 것과 같은 한문자(漢文字)가 없다 함이오, 각목자(刻木字)로 통신했다 함은 한문자 이외에 별도의 문자가 있었음을 특서한 것이다.

⑨ 구려(句麗)의 언어는 부여(夫餘)와 같으며, 숙신(肅愼)·예맥(濊貊)의 언어가 대저 구려와 같고, 옥저(沃沮)의 언어가 구려와 대동(大同)하며, 백제(百濟)의 언어와 복장이 구려와 대략 같은데, 《삼국사기》에 헌강왕(憲康王) 13년 북진(北鎭)의 주(奏)한바 보로국(寶露國)이 흑수국(黑水國)과 더불어 함께 신라에 화(和)를 통(通)한다는 편불서(片不書)는 분명한 구려(句麗)의 쓰던바 북방문자(北方文字)로 쓴 것일 것이다.

⑩ 백제의 겸익(謙益, 聖王 때의 사람)은 인도의 상가야대율사(常加耶大律寺)에 이르러 범문(梵文)을 배운 지 5년 만에 범어(梵語)를 통효(洞曉)하고 율부(律部)를 깊이 공부한 후 오부율문(五部律文)을 갖고 돌아와 흥륜사(興輪寺)에서 율부(律部) 72권을 번역하였으니, 이는 분명한 백제문자(百濟文字)가 있던 증거이다. 생각건대, 종족·언어·복장이 같은 백제가 아마 구려의 문자를 사용했을지며, 그렇지 않으면 백제의 독립한 문자가 별도로 있었음은 논의를 기다릴 필요가 없을 것이니, 어찌 문자가 없는 나라에 번역이 있을까 보냐.

⑪ 당나라의 이백(李白, 이태백)은 뛰어난 시문장가인데, 《금고기관(今

古奇觀)》에 이르기를 발해(渤海) 국서(國書)가 당 현종(玄宗)에게 도착했는데 당의 문무백관이 한 자도 읽지 못하는 것을 이백만이 한 번 보아 번역하여 읽었다고 한 것은, 발해국서의 문자가 발해문자로 씌어졌기 때문일 것이다. 발해는 고구려의 구강토를 회복하고 산동 반도를 한때 점령하여 고구려의 치욕을 설욕하던 대왕조라, 문자가 없을 리가 없다. 근년에 함경도에서 발해문자비(渤海文字碑 혹은 여진문자비)가 때때로 발견되매 다시 발해문자의 유무를 의심할 까닭이 없다.

⑫ 고려의 장연우(張延祐, 일명 晉山)는 현종 때의 호부상서인데, 광종 때 사명을 받들어 강남(江南, 吳越錢氏 때인 듯)에 도착하니, 고려의 어떤 호사가가 당시 악부(樂府)의 한송정곡(寒松亭曲)을 슬(瑟)의 바닥에 새기어 바다에 띄워보낸 것이 강남에 표류하여 도착하였다. 강남 사람들이 그 가사를 해독하지 못하여 마음이 초조하던 중에 고려 사신을 뜻밖에 만나자 기뻐 그 곡을 물으니, 장연우(진산)가 한시(漢詩)로 해석하여 준 것이 《月白寒松夜 波安鏡浦秋 哀鳴來又去 有信一沙鷗》이다. 이것은 원 시조가 지금도 부르는 "한송정 달 밝은 밤에 경포대에 물이 잔데, 유신한 백구는 오락가락 하건마는 어찌타 우리 님은 가고 오지 않는고"이다. 이 글을 수록한 《청비록(淸脾錄)》(李德懋의 저서)의 설명대로라면 고려에 별도의 나라문자〔國書〕가 있었음을 알 수 있다.

⑬ 고려에서 주조한 원우통보(元祐通寶)의 뒷면에 옛 문자 'ᅶ'자가 있는데 이것은 훈민정음의 '오'자와 같은 것이라니, 고려에도 고려문자가 있었음을 알 수 있다.

⑭ 《훈민정음도해서(訓民正音圖解序)》(조선 영조 때 申景濬의 저서)에 "東方舊用俗用文字 而其數不備 其形無法 不足以形一方之言 而備一方之用也"라 했는데, 이것은 우리나라가 훈민정음 창제 이전에 '속용문자'(俗用文字)가 있었는데 그 수(數)가 불비하고 그 꼴이 규칙이 없어서 한 나라의 말을 나타내기에 부족하므로 이에 (훈민정음을 창제

하여) 한 나라의 쓰임을 다 갖추게 된 것이라 했다. 훈민정음 창제 이전에도 한 나라의 말을 잘 나타내지 못하는 덜 갖추어진 속용문자가 있었음을 알 수 있다.

⑮ 그러므로 고조선[檀朝]·부여·고구려·백제·발해·신라·고려까지 이르는 고유문자가 있었는데, 고구려 멸망 때 적장 이적(李勣)에게 사서(史書) 등 서책이 불타고, 그 후 한학자들이 한문(漢文)을 존숭하여 민간에게 남아 있는 속용문자(俗用文字, 舊文字)까지도 박해했으므로 그 흔적만 남게 되었다.

⑯ 세종대왕의 훈민정음(訓民正音) 창제의 위대한 업적은 그 이전의 고려왕조까지의 속용문자(俗用文字)를 계승하여 연구해서 더욱 바르고 모든 소리를 표현할 수 있는 정음(正音)으로 창제한 것이다.

이상의 기존 자료와 연구들에서 보면, 고조선 시대에 신지문자(또는 고조선 고유문자)가 있었음은 명백하다고 필자는 생각한다. 고조선 신지문자는 아직도 초기의 소박한 문자체계의 상태에서 BC 1세기부터 한문자가 보급되기 시작하고, 고구려·백제·신라의 조정에서 AD 4세기~AD 6세기경 한문자가 공식문자로 채택됨에 따라 급속히 쇠퇴하기 시작하여 소멸 단계에 들어간 것으로 보인다.

그러나 고려시대까지는 민간에서 구속용문자(舊俗用文字)로서 잔존했다가, 조선왕조 세조 때 마지막 잔존한 신지문자 관련 몇 종 서적까지 조정이 강제 수집하여 최종적으로 소멸시킴으로써 없어진 것으로 추정된다.

신지문자는 현재 충분히 수집되어 있지도 않고, 또한 해독되지 않고 있다. 고조선문명 연구가 매우 부족하기 때문이다. 앞으로 다수의 연구자들에 의해 신지문자가 풍부하게 수집된 다음에 언젠가는 해독될 날이 있으리라고 예견할 수 있다. 신지문자는 앞으로 학계가 연구해야 할 과제이다.

3. 훈민정음(訓民正音)과 신지문자

조선왕조 세종은 1443년(세종 25년) 마침내 다음 표와 같은 훈민
정음(訓民正音, 한글) 28자를 제정하여 1446년에 반포하였다. 초성(자
음) 17자와 중성(모음) 11자로 구성된 알파베트인데, 조립하면 세계
어떠한 언어도 능히 표현할 수 있는 우수한 과학적 문자이다.

〈표 16-3〉 훈민정음 28자

초성(자음)	ㄱ	ㅋ	ㆁ	ㄴ	ㄷ	ㅌ	ㅁ	ㅂ	ㅍ	ㅅ	ㅈ	ㅊ	ㅇ	ㆆ	ㅎ	ㄹ	ㅿ
신지문자와 닮은 꼴	○			○	○		○			○	○		○			○	
중성(모음)	·	ㅡ	ㅣ	ㅗ	ㅏ	ㅜ	ㅓ	ㅛ	ㅑ	ㅠ	ㅕ						
신지문자와 닮은 꼴	○	○	○	○	○	○	○	○		○							
종성	초성을 재사용																

주목할 것은 《세종실록》 기사에 세종이 제정한 훈민정음 글자가
'옛 전자(古篆)'를 모방했다고 다음과 같이 기록된 사실이다.

　이달에 왕이 스스로 언문 28자를 제정했는데, 그 글자는 고전(古篆)을
모방하였고, 초성·중성·종성으로 나누어 합한 연후에야 글자를 이룬다.
무릇 문자(文字)에 관한 것과 우리말에 관한 것을 모두 쓸 수 있고, 글자
는 비록 간단하고 요약되었지만 전환하는 것이 무궁하니, 이 것을 훈민정
음(訓民正音)이라 칭한다.12)

또한 정인지의 《훈민정음해례(訓民正音解例)》에서도 "글자는 옛 전
(篆)자를 모방하였다"13)고 기록하였다.

---

12) 《世宗實錄》 卷第103, 세종 26년 2월 20일조 〈是月上親制諺文 二十八字 分爲初中
　　終聲 合之然後 乃成字. 凡干文字及本國俚語 皆可得而書 字雖簡要 轉換無窮 是謂訓民
　　正音.〉
13) 《訓民正音解例》 序文, 〈字倣古篆〉 참조.

주의할 것은 여기서 고전(古篆, 옛 전자)을 반드시 한문자의 '옛 전자'로만 해석할 필요가 없다는 사실이다. 이 표현은 훈민정음 반대파에게는 한문자의 옛 전자로 해석되게 했지만, 동시에 신지문자의 옛 전자의 의미도 포함된 것으로 볼 수도 있다. 왜냐하면 훈민정음의 글자꼴이 한문자의 옛 전자와 동일한 것은 몇 개 없는 반면에, 아직 50여 자밖에 수집하지 못한 신지문자에도 그 정도의 닮은 수는 실재하기 때문이다.

물론 훈민정음은 완벽한 표음문자이고, 신지문자는 표의문자인지 표음문자인지조차 알지 못하는 미지의 문자이기 때문에, 훈민정음이 신지문자를 계승 완성한 문자라고는 말할 수 없다. 필자는 신지문자와 훈민정음은 별도의 문자체계라고 생각한다. 그러나 이것은 사회사학도이고 언어·문자학자가 아닌 필자의 생각일 뿐이다.

그럼에도 불구하고 세종이 훈민정음 창제 도중에 모든 기존 문자들을 참조했었고, 요동에 와있는 명의 언어학자 황찬(黃瓚)에게 성삼문(成三問)등을 13차례나 파견하면서 서면토론을 한 것을 고려할 때, 세종이 고려시대까지 민간의 일부에 존속했고 세종의 후대 왕들 시대까지도 그때까지 존속하여 그 수거를 명령했던 《신지비사》와 신지문자를 참작했을 것은 당연한 일이었다고 볼 수 있다.

신지문자와 훈민정음의 관계 역시 학계에서 앞으로 연구해야 할 과제의 하나라고 할 것이다.

명백히 할 것은 고조선에서 독자적 신지문자를 제정하여 사용했으며, 한문자가 들어와 그것을 대체한 AD 4세기까지는 신지문자가 지배층 사이에서 사용되었다는 사실이다. 그리고 신지문자를 계승했든지 또는 별도의 문자체계로 창제했든지 간에, 고조선문명 창조자의 후예가 15세기에 세계의 모든 문자들 가운데서 가장 과학적 문자인 '훈민정음'을 창제하여 사용하게 되었다는 사실이다.

제17장 고조선문명의 고중국문명 탄생에 미친 영향

1. 고조선 이주민의 고중국 동해안 정착

고조선문명은 약 5,000년 전에 탄생한 동아시아 최초의 고대문명이었기 때문에 그 후 인접지역에서 발생한 고중국문명(황하문명)의 탄생에 매우 큰 영향을 끼쳤다.

고조선문명이 중국문명 탄생에 직접적으로 끼친 영향은 약 6,000년 전~5,000년 전부터 古한반도에서 古한반도 초기 신석기인 유형의 일부 주민이 선진적 농업경작과 선진 신석기문화를 갖고 고중국 지역에 이주하면서부터 시작되었다.

중국 동해안의 약 7,500년 이전 지형을 보면, 산동반도는 2개의 섬이었는데, 그 후 해수면이 내려가고 황하의 토사가 해안을 매립하면서 대륙과 연륙되어, 약 4,300년 전에는 중국 동해안에 황하 하류부터 남쪽으로 회수 하류까지 매우 길고 상당히 넓은 간척지가 자연발생적으로 조성되었다.[1] 이 주인 없는 땅에 상대적 인구과잉의 古한반도 신석기인들이 이주해 들어가기 시작한 것이다(〈그림 6-2·3〉 참조).

古한반도 초기 신석기인 유형(밝족) 가운데서 고중국 동해안에 가장 먼저 이주한 씨족은 태호(太皞)족이었다. 태호족은 약 6,000년 전~5,000년 전에 古한반도 중부지역(震지역)의 선진적 농업경작과 문화를 갖고 먼저 산동반도의 신간척지에 이주했다가, 농경에 더 적합한 지금의 하남성 회양(淮陽)지역인 진(陳)지역에 도착하였다. 그들은 이

---

1) Kwang-chih, Chang, *The Archaeology of Ancient China*, Fourth Edition, 1986, Yale University Press, pp.73~75 참조.

곳에 정착하여 농업경작을 하고 새 환경에 적응하면서 새로운 문화를 창조하였다. 이주해 들어갈 때는 古한반도 초기 신석기인 유형의 토템인 새(鳥)토템을 갖고 갔으나, 주위 환경에 적응하면서 새로이 가상동물 용(龍)을 토템으로 정하였다.[2] 그러나 언어와 생활양식은 古한반도의 말기 신석기인(震·辰·韓)과 동일유형이었다. 그들은 '본래 밝족'이었다. 후에 중국 고대학자들은 한자를 만들 때 그들이 '본래 밝족'이었기 때문에 '本'(본래, 근본)의 좌변과 위에 '白(밝)'자를 2개나 붙인 '皞'(호: 밝을 호)자를 만들어서 그들이 본래 밝족임을 밝힌 것이었다고 해석된다. 앞에 '太'(태)자를 호칭에 붙인 것은 '맨 처음'의 뜻이 있다.

태호족 다음에 이주해 간 씨족은 고대국가 고조선 건국 직후인 약 5,000년 전~4,000년 전에 산동반도에 도착한 '소호'(少皞)족이었다. 그들은 고조선 건국 직후에 이주해 갔으므로 태호족보다 더 발전된 문명을 지니고 이주해 들어갔지만, 태호족보다 뒤늦게 이주해 갔으므로 소호족이라고 일컫게 되었다. 그러나 그들의 토템은 새로운 토템을 정하지 않고 古한반도 시기의 새(鳥)토템을 그대로 간직해 애용하였다.

소호족 이후에는 고조선 주민들이 발해만 연안을 거쳐서 또는 古한반도와 최단거리인 (지금의 황해도) '장산곶' 부근을 떠나서 산동반도와 황하유역·회수유역·중국 동해안에 연이어 이주해 들어와 정착해서 큰 세력을 이루었다. 그들은 언어와 생활문화가 토착인과 다르기 때문에 토착인과 별도의 마을, 읍락 공동체의 소분국(小分國)을 이루어서 자치공동체 생활을 하였다.

치우(蚩尤)·전욱(顓頊)·백익(伯益)·우(堣·禹)·래(萊)·한(寒)·엄(奄)·박(亳)·상(商)·근모(根牟)·거(莒)·서(徐) 등은 중국 고문헌에 자주 나오는 고조선 이주민의 자치적 분국들이었다.

중국 고문헌은 이들을 합쳐서 '동이'(東夷)라고 호칭해 왔다. '동이'의 '夷'는 '큰(大) 활(弓)'을 사용하는 사람'이라는 뜻의 합성한 글자로

---

2) 중국인의 애호하는 '용' 상징과 개념은 古한반도에서 이주해 간 동이족 태호족이 만든 것임을 주목하고 기억할 필요가 있다.

서,3) '동쪽에 사는 큰 활을 사용하는 사람들'의 뜻으로 사용된 용어였다. 《후한서》는 "夷(이)란 근본이다. 夷가 어질어서 생명을 좋아하므로 만물이 땅에 근본하여 산출되는 것과 같다는 말이다. 그러므로 천성이 유순하여 도리로써 다스리기 쉽기 때문에 군자국과 불사국이 있기까지 하다."4)고 설명하였다. '夷'자를 '어질다'의 뜻인 '仁'자로 보아 '인자한 사람'으로 해석한 것이다. 반면에 '夷'자를 'ㄕ'(시)자로 설명한 해석도 있다.5) 종합하면 '동이'는 "동쪽에 거주하는 용감하면서도 어진, 큰 활을 사용하는 사람들"의 뜻으로 사용된 것으로 해석된다.

상고사회에서 동이족은 중국 산동반도와 중국 동해안에 이주해 정착한 고조선 이주민과 그 후예를 가리킨 용어였다. 하(夏)와 상(商) 시기에는 동이족은 "선진문화를 갖고 용감하면서도 인자한 사람들"이라는 좋은 호칭이었다. 그러나 토착왕조인 주(周)의 시기부터는 동이족을 경쟁적 '이방인'으로서 경쟁과 갈등의 대상으로 간주하게 되었다. BC 3세기 말 진시황(秦始皇)은 정책적으로 동이족을 관내 각지에 강제로 분산·이주시키고 동화시켜 나갔다. 종래의 동이족은 점차 사라져 가고 동이라는 용어는 차별과 멸시의 호칭으로 사용되기 시작하였다. 그 대신 진(秦) 이후의 중국 고문헌은 동이(東夷)의 명칭을 중국의 밖에 있는 다른 나라인 조선·만주·일본열도 등에 있는 국가와 국민을 가리키는 호칭으로 사용하였다.

그러므로 진 이전의 '선진동이'(先秦東夷)와 진(秦) 이후의 '동이'는 내용과 실체가 전혀 다른 의미의 용어임을 주의할 필요가 있다.

주(周)나라 이전까지 고중국에서 고조선 이주민 동이가 고중국문명(황하문명)의 탄생에 미친 영향은 모든 부문에서 실로 매우 컸다. 고

---

3) 《說文》에서는 "從大從弓 東方人也" 즉 '大'(큰) '弓'(활)을 따른 문자이며, 동방 사람이라고 하여 '夷'를 '큰 활을 가진 동방사람'으로 설명하였다.

4) 《後漢書》卷85, 東夷列傳, 〈夷者 柢也. 言仁而好生 萬物柢地而出. 故天性柔順 易以道御 至有君子不死之國焉.〉

5) 康殷, 《文字源流淺說》을 인용하면서, 張富祥, 《東夷文化通考》, pp.7~8에서 '夷'를 'ㄕ'로 해석하였다. 그러나 '夷'의 글자꼴은 'ㄕ'가 되지 않는다. 'ㄕ'는 商의 상고음으로 '식'로써 '東'을 차음표기한 것으로 필자는 본다.

중국문명을 탄생시킨 상(商) 자체가 고조선 이주민이 세운 고조선계 고대국가였다. 많은 서양학자들은 바로 이 상문명(商文明)을 바로 고중국문명의 시작이라고 보는 경우가 허다하다.

일부 중국학자들은 고조선 이주민 동이족과 상(商)의 영향을 언급하지 않으려고 의도하는 경향도 보이지만, 객관적 진실은 고중국문명의 탄생은 동이족과 상(商)을 빼고는 아예 논의조차 할 수 없을 만큼 그 영향과 공헌이 막대한 것이었다. 이를 다음에 좀 더 구체적으로 세분해 서술하기로 한다.

2. '태호'(太皥)족과 '소호'(少皥)족의 초기 고조선문명 전파

고조선문명은 동아시아에서 가장 이른 시기에 형성된 고대문명이었으므로, 시기상 그 다음의 고대 문명인 고중국문명(황하문명)의 형성에 큰 영향과 도움을 주었고, 고중국문명의 형성 후에는 오랜 기간 고조선문명과 고중국문명은 평화적 상호교류가 활발하게 전개되었다.

우선 고조선문명은 태호(太皥, 太昊, 庖犧, 伏羲)족이 산동반도에 이주하여 고조선의 선진적 농경(農耕)과 농경문화제도에 관련된 각종 제도 등 선진문물을 고중국인들에게 전수해 주어 고중국문명 형성에 매우 큰 도움을 주었다.

중국에서는 산동반도에 선주민으로 수인(燧人)족이라는 부족이 거주하고 있었는데, 동방에서 동이족인 태호(太皥)족이 들어와서 태호족이 문명의 시대를 열기 시작했다고 서술하고 있다. 태호족이 동이족임은 인정하지만 동이가 고조선이라고는 밝히지 않고 있다.

그러나 역대 중국학자들과 조선왕조 학자들이 자주 인용하고, 부사년도 인용한 《태평어람》(太平御覽)과 《예기정의》(禮記正義)에는 태호족이 '진'(震)에서 이동해 왔다는 사실을 다음과 같이 기록하고 있다.

태호(太昊)의 제(帝)는 진(震)에서 나와 아직 취한 바 없으므로 그 위(位)가 동방(東方)에 있다(帝出於震 未有所因 故位在東方).6)

태호(太昊)의 제(帝) 포희씨(庖犧氏)는 …… 뱀의 몸에 사람의 머리를 하고 성덕(聖德)이 있어서 백왕(百王)의 선(先)이 되었다. (태호의) 제(帝)는 진(震)에서 출하여 아직 취한 바 없으므로 위(位)가 동(東)에 있었고, 사계절에서 봄을 주관하며, 밝은 해〔日·太陽〕를 상징으로 삼았으므로 태호(太昊)라고 칭하였다(蛇身人首 有聖德 爲百王先 帝出於震 未有所因 故位在東 主春 象日之明 是以稱太昊).7)

여기서 주목할 것은 태호족(의 제왕)이 나온 나라가 진(震)이라는 사실이다. 여기서 진(震)은 방향과 지역(나라)을 가리켜서, 동방(東方)의 진국(震國)으로 해석된다.

고조선 건국 후에 진(震, 辰)국은 한반도 중부와 남부에 걸친 고대국가였다. 한반도에서 한(韓·寒·馯·汗)족이 세운 고대국가가 진(震, 辰)국이었다. 즉 태호족의 기원인 진(震)국은 한반도의 진국이었다고 볼 수 있다.8)

---

6) 《太平御覽》 제78에 인용된 〈帝王世紀〉 참조.
7) 《禮記正義》 〈樂令〉에 인용된 〈帝王世紀〉 참조.
8) 중국 일부에서는 '震'은 '雷'와 유사한 뜻이므로 '震'은 '雷澤'을 가리킨다고 해석하기도 하지만, '震'과 '雷'는 일단 다른 문자이므로 글자대로 읽는 것이 더 정확하며, 震은 동방이라 했는데 雷澤은 남방에 있으므로 또 다른 것이다. 震이 동방 震國 지역인가의 여부는 태호족의 거주지역에 한반도 유물이 있는가의 고고유물로 판별할 수 있는데, 태호족 정착지역(산동반도)에 한반도 개석식(蓋石式) 고인돌이 1930년대까지 다수 실재했음은 '震'을 동방 震國으로 해석 하는 것이 더 정확함을 증명해 준다고 할 것이다. 태호족이 정착했던 산동반도의 개석식 고인돌에 대하여 중국의 장정랑(張政烺) 교수는 다음과 같이 기록하였다. "산동성 치천현(淄川縣) 남정(南定)의 왕모산(王母山)에 고인돌이 있는데 이것은 제1형식(남방식)에 속한다. 산동 반도의 최동단에는 허다한 거석 유적이 있는바, 무릇 지명과 촌명이 고인돌〔石棚〕이란 글자가 붙은 곳에는 모두 고인돌이 있다. 예를 들어 영성현(塋成縣) 애두집(崖頭集)의 북쪽, 4~5리 떨어진 석문자(石門子)에는 허다한 고인돌이 있는바, 그 구조 형식과 포치의 행렬은 조선 남부의 고인돌 군(群)과 같다. 애두집의 동쪽 12리 되는 아녀석(兒女石)에는 하나의 큰 석갈(石碣)이 있는데 그 동쪽에 하나의 큰 고인돌이 있다. 이 석갈과 고인돌이 공존하는 현상은 조선 전라도 순천의 정형과 완전

이 문제는 산동반도에서 고인돌 무덤 등 한반도 진국(震國, 辰國)
식 고고유물이 발견되는가의 여부로 증명될 수 있다. 산동반도의 태호
족 거주 지역에서는 한반도의 진국, 고인돌 등 한족의 고고유물들과
동일한 고고유물들이 다수 출토되고 있다. 또한 태호족이 태양숭배족
인 사실도 한반도 진(震, 辰)국의 한족과 동일하다.

복희씨와 포희씨의 명칭으로 기록되기도 하는 태호족이 중국 고대
국가 형성 및 고대문화 형성에 미친 공헌은 중국 고대 연구자들은 모
두 알고 있었다. 부사년이 제시한 자료에서 태호족의 문화적 업적을
들면 다음과 같이 요약할 수 있을 것이다.[9]

① 태호족은 결혼[嫁娶] 제도를 확립하였다.

② 태호족은 음식을 불로 익혀 먹는 화식(火食) 제도를 확립하였다.

③ 태호족의 신농(神農)씨는 보습과 가래를 만들고 농경(農耕)을 가
르쳐 주었다.

④ 태호족(포희씨)은 새끼의 매듭에 의한 의사소통법[結繩]과 그물
짜는 법[網罟]을 만들어 가르쳐서 생활을 편리케 하였다.

⑤ 태호족(포희씨)은 비파(거문고의 일종) 36줄을 만들었다.

⑥ 태호족의 포희씨는 역(易)의 8괘(卦)를 만들어 만물의 이치를 알
게 하였고, 신농(神農)이 이를 제곱하여 64괘(卦)를 만들었다.

⑦ 태호족의 허(墟, 본읍, 수도)는 진(陳, 하남성)이다.

⑧ 태호족은 관직명을 '용'(龍, 靑龍 · 赤龍 등)으로 이름 붙였다.

⑨ 태호족은 오행(五行)으로는 목(木)을 덕으로 삼았다.

⑩ 태호족의 제(帝) 포희씨와 여와씨(女媧氏)는 풍성(風姓)으로 뱀

히 일치한다."(張政烺等: 〈五千年中朝友好關係〉, p.4; 이지린 《고조선연구》, p.329)
9) 傅斯年, 〈夷夏東西說〉(《慶祝蔡元培先生之六十五歲論文集》 下册(中央研究院 歷史研究
所), 1935) 참조. 부사년은 《左傳》 僖公 21年, 昭公 17年, 《論語》 季氏편, 《易經》
繫辭 하편, 《太平御覽》 78권에 인용된 帝王世紀, 《禮記正義》 樂令에 인용된 帝王世
紀, 《毛詩正義》 譜序에 인용된 古史考 및 《書鈔》 帝王部에 인용된 古史考를 인용
해 고증하였다.

의 몸에 사람의 머리[蛇身人首]를 왕족의 표시로 사용했다. 태호족의 임금 15세가 모두 포희(庖犧)의 호를 답습하였다.

⑪ 태호족(복희씨)의 후손이 임(任)·숙(宿)·수구(須句)·전유(顓臾)의 4국(國)이다.

⑫ 태호족은 고대의 예악(禮樂)체계 형성과 생활수준 향상에 크게 공헌하였다.

신농(神農)씨는 고대부터 중국인들이 염제(炎帝), 적제(赤帝) 등으로 부르면서 사마천이 《사기》(史記) 삼황본기(三皇本紀)에서 3황의 하나로 넣었던 전설적 씨족이었다.

사마천은 신농씨가 "나무를 쪼개어 보습을 만들고 나무를 휘어서 보습자루를 만들어, 보습과 가래의 사용법을 만민에게 보여서 비로소 농경을 가르쳤다. 그래서 신농씨(神農氏)라 했다."[10]고 기록하였다. 즉 고대 중국에 농경을 전파한 부족을 고대 중국에서는 신농씨로 보아온 것이다.

부사년은 태호(太皥)족은 수인(燧人)족에 이어, 회수(淮水)와 제수(濟水) 사이 지역을 점유하고, 농경문화와 함께 고대 예악(禮樂) 계통에 상당한 공헌을 하였으며, 생활 상태 개선에도 일대 진보를 가져왔다. 그들은 비교적 높은 문화수준에 올라 있던 부족으로서, 후세에도 천시를 당하지 않았던 민족이었으며, 주(周)대에도 그들은 비록 위(衛)를 봉읍(封邑)으로 삼은 ‘소과’(小寡)의 상태였지만, 당시 세상 사람들은 그들의 ‘대호수사’(大皥修祀)를 ‘명사’(明祀)로 존경했다고 서술하였다.[11]

태호족에 뒤이어 소호(少皥)족이 산동반도에 이주하여 고조선문명의 선진문물을 고중국인들에게 전수해 주었다. 고조선 이주민 소호족은 고조선의 선진적 활과 화살제조법을 고중국 토착인에게 처음으로 전수해 주었고, 소호족의 한 갈래인 백익(伯益 또는 伯翳)족은 목축(牧畜)과 행형제도를 전수해 주었다. 백익족에 속한 대비(大費)는 우(禹)

---

10) 《史記》卷1, 五帝本紀의 〈集解〉 및 〈索隱〉 참조.
11) 傅斯年, 〈夷夏東西說〉.

왕을 도와 치수사업에 공헌하였다.

중국 고문헌들은 모두 소호가 동이(東夷)족이라고 한결같이 기록하였다. 소호족의 거주 지역이었던 산동반도의 거현(莒縣), 능양하(陵陽河)에서 1961년 소호족이 고조선족의 하나라는 사실을 증명하는 놀라운 고고유물이 출토되었다. 〈그림 4-1·2〉과 같이 고조선 초기의 독특한 토기 형태인 '뾰족밑 팽이형 토기'가 1점 나왔는데,[12] 이 토기 윗부분의 가장 잘 보이는 곳에 '아사달' 문양이 선명하게 새겨져 있는 것이다.[13]

산동 출신의 저명한 학자로서 일찍이 소호족을 깊이 연구한 부사년의 소호족의 특징과 공헌에 대한 서술을 요약하면 다음과 같이 정리할 수 있을 것이다.[14]

① 소호족은 관직 호칭을 새〔玄鳥·丹鳥·祝鳥·爽鳥 등 鳥官名〕 이름으로 지었다.

② 소호족의 본읍(本邑 즉 첫 수도: 墟)은 산동성 곡부(曲阜·窮桑·空桑)였다.

③ 소호족은 오행 사상에서 금(金)의 덕으로 왕이 되었으므로 금천씨(金天氏)라고도 하였다.

④ 소호족은 활과 화살〔弓失〕 제조법을 처음으로 전달해 가르쳐 주었다.

⑤ 소호족의 한 갈래〔伯益〕는 목축(牧畜)으로 이름이 높았다.

⑥ 소호족의 한 갈래는 법률제도〔制刑〕로 이름이 있었다.

⑦ 소호족은 거주의 지리적 위치가 태호족과 동일한 만큼 선후로 태호족에 뒤이어 들어왔기 때문에 소호라고 호칭된 것이다.

⑧ 소호족은 태호족과 달리 그 후예가 크게 번창하여 여러 소국(小

---

12) 山東省文物管理處·濟南市博物館 編,《大文口新石器時代墓葬發掘報告》, 北京: 文物出版社, 1974 참조.
13) 신용하,〈고조선 '아사달' 문양이 새겨진 山東 大汶口文化유물〉,《韓國學報》제102집, 2001 참조.
14) 傅斯年,〈夷夏東西說〉.

國)들을 세웠다. 상나라 말기의 엄(奄), 회이(淮夷)의 서(徐), 서
방의 진(秦)·조(趙)·양(梁), 중원의 갈(葛), 동남의 강(江), 황(黃)
등이 모두 소호의 후예였다.

⑨ 소호의 후예는 4개의 큰 성(姓)으로 나누어져 번창했는데, 영
(嬴)·기(己)·언(偃)·윤(允)이 대표적인 4성이다.

부사년은 소호족의 후예들이 산동반도와 중국 동해안에서 번창하
여 그 일대에 담(郯)·거(莒)·엄(奄)·서(徐)·강(江)·황(黃)·조(趙)·진(秦)·
양(梁)·갈(葛)·토구(菟裘)·비(費)·군서(羣舒)·육(六)·료(蓼)·영씨(英氏) 등 여
러 소분국(小分國)을 세우면서 크게 활동한 사실을 그 지리적 위치를
밝히면서 표로 만들어 설명하였다.[15]

거듭 강조하거니와, 고조선족 이주민의 한 갈래인 소호족의 후예로서
산동 지방을 중심으로 크게 번성한 백익(伯益)족은 한반도 기원의 단립
벼 재배를 산동반도와 중국 동해안에 전파 보급하였다. 《사기》(史記) 진
본기(秦本紀)에는 백이족 명칭 대신 '백예(伯翳)'로 나오고, 순임금을 도
와서 목축을 크게 발전시켜 그 공로로 봉토와 영성(嬴姓)을 갖게 되었다
고 기록되어 있다.[16] 대업(大業)·대비(大費)라는 명칭으로 나오는 인물
도 백익족(伯益族)에 속하였다. 《사기》(史記)에서는 대비(大費)가 우왕
(禹王)을 도와 치수사업에 큰 공헌을 한 것으로 기록되어 있다.

3. 선진적 농업과 미곡·밀·보리 경작의 전수

부문별로 세분해 보면, 앞서 쓴 바와 같이, 고조선문명계의 태호족
의 신농(神農)씨는 보습과 가래를 만들어 고중국인들에게 선진적 농경

---

15) 傅斯年, 〈夷夏東西說〉.
16) 《史記》 卷5, 秦本紀 참조.

을 가르쳐 주었다.

고조선 이주민 백익(伯益)족은 고조선문명의 단립벼(短粒稻) 재배를 산동반도에 전파하여 가르쳐 주었다.[17] 고중국에서 재배되었던 벼는 장립벼와 단립벼로 구분되는데, 장립벼는 양자강 상·중류에서 기원하여 주로 양자강 이남에서 재배되었다. 반면에 단립벼는 古한반도에서 고조선·진국 이주민들이 전파하여 산동반도와 양자강 이북의 중국 동해안에서 재배되었다. 단립벼 재배지역과 동이족 분포지역은 거의 완전히 일치하였다.[18]

고조선 이주민 래(萊)족은 고중국에 밀[小麥]과 보리[大麥] 등 맥작 농업을 고중국에 전수하였다. 중국학자 장부상(張富祥)은 동이족인 래(萊)족이 밀과 보리 재배를 고중국에 들여와 전파한 사실이 한문자에도 반영되어 '밀과 보리'를 '麥'자로 표기하게 되었다고 논증하였다.[19]

또한 고조선 이주민 근모(根牟, 또는 牟)족은 보리 경작문화를 고중국에 전수하였다. 장부상(張富祥)은 모(牟)문화는 맥(麥)문화의 한갈래이며, 대맥(보리)을 '모'(麰)라고 표기한 사실에서 '牟'는 '麰'에서 진화한 문자이고, 모(牟)족의 특징은 대맥(보리) 재배가 현저한 특징이었다고 설명하였다. 또한 《시경》(詩經)을 풀이하여 소맥족(小麥族, 萊족)과 대맥족(大麥族, 牟족)은 근친한 족속으로, 모(牟)족을 옛 래(萊)족의 한 지족(支族)으로 보았다.

4. 선진적 목축의 전수

고조선 이주민 소호족의 한 갈래인 백익(伯益)족은 고중국인들에게

---

17) 《史記》卷5, 秦本紀 참조.
18) 신용하, 〈고조선문명 형성의 기반과 한강문화의 세계최초 단립벼 및 콩 재배경작〉, 《고조선단군학》 제31호, 2014 참조.
19) 張富祥, 《夷東文化通考》, 上海古籍出版社, 2008, pp.477-498 참조.

목축(牧畜)을 가르쳐 주어 이름이 높았다.[20] 《상서(尙書)》 우공(禹貢)편은 (고조선 이주민) 래(萊)족은 "목축을 하고, 광주리를 만들고, 산뽕나무로 실을 만들었다"[21]고 기록해서, 동이족인 래족이 방목 등 목축을 전파해 주었음을 명기하였다.

5. 산뽕 누에고치의 고급 명주 전수

고조선 이주민 래(萊)족은 산뽕나무 누에고치를 쳐서 질긴 고급 명주를 직조하는 방법과 기술을 고중국에 전수해 주었다.

《상서》의 채침(蔡沈)의 주에는 《상서》 우공편을 해설하면서 래(萊)족의 산뽕나무의 누에고치로 짠 명주실은 매우 질겨서 비파 거문고의 현(絃)에 알맞다고 기록하였다. 또한 《상서정의》는 "오직 동쪽의 래(萊)에만 이 명주실이 있어서 수놓는 데 쓰며, 그 질김이 비상한 것은 산뽕의 누에고치이기 때문이라고 래인(萊人)이 말했다"[22]고 기록하였다.

즉 고조선 이주민 래(萊)족(산동반도에 정착)이 고조선으로부터 산뽕 누에고치의 고급 명주 비단을 짜는 원료와 기술을 전수해 준 것을 고대 중국인들이 이미 기록해 놓은 것이었다.

6. 치수(治水)사업의 원조

고조선 이주민 우(嵎)족은 우(禹)임금의 치수사업을 도와주었다고

---

20) 《史記》 卷5, 秦本紀 참조.
21) 《尙書》 第2篇, 夏書, 禹貢, "萊夷作牧厥篚檿絲"참조.
22) 《尙書正義》 卷6, 周書 禹貢篇 참조.

《상서정의》(尚書正義)는 인정하였다.23) 신채호는 《오월춘추》(吳越春秋)를 참조하면서 고조선의 단군이 부루(夫婁)를 도산(塗山)에 보내어 우(禹)의 치수사업을 도와주었다고 기술하였다.24)

사마천은 《사기》(史記)에서 동이족인 백익족(伯益族)의 대비(大費)가 우(禹)왕을 도와 치수사업에 큰 공헌을 했다고 기술하였다.25)

7. 큰 활(大弓)과 화살 제작술의 전수

활[弓]은 전 세계 각 지역에서 자생적으로 발명되었겠지만, 동아시아 지역에서 활을 맨 처음 발명하여 보급한 것은 古한반도 신석기인과 고조선문명이었다.

중국학자 부사년은 (고조선 이주민) 소호(少皞)족이 처음으로 활[弓]과 화살[弓矢] 제조법을 고중국에 가르쳐 주었으며, 고조선 이주민 전욱(顓頊)족은 좋은 활과 화살의 병기를 고중국에 전하여 가르쳐 주었다26)고 기술하였다.

한편 《세본》(世本)에서는 "이모(夷牟; 동이의 牟족의 뜻)가 화살을 만들었다"27)고 기록하였다. 즉 근모(根牟)족은 대맥(보리) 농경과 함께 단궁(檀弓)과 화살[矢]을 잘 만들어 전파해 주어서 중국 고문헌에 기록되어 나옴을 알 수 있다.

고중국인들은 활[弓]과 화살[矢]이 고조선지역에서 처음 발명되어

23) 《尚書正義》 卷6, 禹貢 夏書의 〈海岱維青州 '嵎夷既略'〉에 대한 공영달의 소는 '略'을 〈用功少日略〉이라 해설하여 우임금이 우이(嵎夷)의 도움을 받았음을 인정하였다. 《十三經注疏》 上, 上海古籍出版社, 1997, p.148 참조.

24) 申采浩, 《朝鮮上古文化史》, 《改訂丹齊申采浩全集》, 상권, pp.379~381 참조.

25) 《史記》 卷 5, 秦本紀 참조.

26) 傅斯年, 〈夷夏東西說〉 참조.

27) 張富祥, 《東夷文化通考》, p.499 참조.

'동이족'이 고중국에 갖고 와서 전파해 준 것임을 잘 알고 있었다.[28]

8. 청동기(靑銅器)문화의 전수와 파급

고조선 이주민 우(嵎)족은 매우 일찍이 고조선문명의 청동기문화를 고중국에 전수해 주어 청동기문화가 파급되었다.[29]

이 사실은 상(은)·서주시대 한자(漢字) 만들기에도 반영되어 있다. '鐵'(철)의 옛 글자(상·서주시대)는 '銕'(철)이었다. 銕(철)은 '동이의 금속'이라는 뜻이다. 즉 고대 중국 지식인들은 銕(철)은 동이(실제로는 고조선)에서 중국으로 들어온 것이라고 생각한 것이었다.

이때 '銕'자를 구성한 좌변 金은 금속의 뜻이고 오직 '철'만에 한정된 것은 아니라고 볼 수 있으며, 우변 夷는 선진시대의 동이(북이 포함 : 실제에는 고조선)를 가리킨 것이었다.

《한서(漢書)》 식화지(하)에서는 "금(金)에 3등급이 있는데, 황금(黃金)을 상으로 하고, 백금(白金)은 중으로 하며, 적금(赤金)을 하로 한다"[30]고 하였다. 맹강(孟康)은 이에 주를 붙여 "백금(白金)은 은(銀)이다. 적금(赤金)은 단양(丹陽)에서 나는 동(銅)"[31]이라고 하였다. 여기서 '銕'자의 좌변 金은 금·은·동을 모두 포함한 금속 일반임을 명확히 알 수 있다.

고대 중국지식인들은 '銕'자를 창제하면서 금속을 동이의 금속, 동이(고조선족)가 가져온 금속이라고 의식했는데, 그렇다면 어느 동이부족(또는 사람)이 언제 고조선 영역에서 고중국으로 금속을 가져왔을까?

---

28) 張富祥, 《東夷文化通考》, p.7 참조.
29) 신용하, 〈고조선 국가의 형성과 고조선 금속문화〉, 《단군학연구》 제21호, 2009 참조.
30) 《漢書》 卷24(下), 食貨志 下, 〈金有三等 黃金爲上 白金爲中 赤金爲下〉 참조.
31) 《漢書》 卷24(下), 食貨志 下, 注, 〈孟康曰 白金 銀也, 赤金 丹陽銅也〉 참조.

　　고조선에서 산동반도 지역으로 건너가 정착한 부족에 '우이'(우이)
라는 동이(고조선 분국족)가 있었다. 《상서(尙書)》 요전(堯典)에는 "요
임금이 희중(羲仲)에게 명하여 우이(嵎夷)에 거주하게 했는데 가로되
양곡(暘谷)이라 하였다"[32]는 기사가 있다. 이에 대해 당(唐)시대 공안
국(孔安國)은 "《상서고영요(尙書考靈耀)》 및 《사기(史記)》는 '禺鐵'(우
이)라고 썼다"[33]고 기록해서 우이(嵎夷)의 '夷(이)'가 '鐵'자로 기록되
어 있음을 밝혔다. 즉 우이를 禺鐵라고 쓰고 있다.[34] 《집운(集韻)》에
서는 "鐵는 우이(嵎夷)이고, 동쪽을 표시하는 땅인데 보통 '夷'로 쓴다"
고 하였다.[35] 《후한서(後漢書)》 동이열전에서는 "옛날 요임금이 희중
에게 명하여 嵎夷에 거주하도록 하니, '暘谷(양곡)'이라는 곳인데, 대개
해가 돋는 곳이다"[36]라고 하였다.

　　여기에서 명확히 알 수 있는 것은 鐵(이)라고 쇠금변을 붙인 夷는
우이(嵎夷)를 가리키는 것이고, 양곡(暘谷)이라는 곳에 사는 동이족인
데, 요임금이 우이를 다루는 관리인 희중을 우이가 사는 동방(東方)지
역에 파견했었다는 사실이다.[37] 이 때문에 중국 주해가들은 우이(嵎
鐵)를 동이 이름으로 보기도 하고 땅 이름으로 보기도 했었으며, 우이
(嵎鐵)와 양곡(暘谷)은 같은 것이라고 보기도 하였다.[38]

　　마융(馬融)은 우이(嵎鐵)를 동이족 이름으로 보고, 우(嵎)는 바닷가
모퉁이 해우(海嵎)이고, 그곳에 사는 동이는 래이(萊夷)라고 하였다.[39]

---

32) 《尙書》 堯典 1, 〈分令羲中 宅嵎夷 暘谷〉 참조.

33) 《尙書正義》 堯典 2, 〈尙書考靈耀及史記 作禺鐵〉 참조.

34) 또한 《사기(史記)》 하본기(夏本紀)에 "동해에서 대산(岱山, 泰山)까지가 청주
(靑州) 땅이다. 嵎夷를 이미 略하였다"(《史記》 卷2, 夏本紀, 〈海岱維靑州 嵎夷旣
略〉)라는 기사에 대한 《司馬貞索隱》에서도 "今文尙書及 帝命驗 並作禺鐵 在遼西.
鐵 古夷字也"(《史記》 卷2, 夏本紀, 司馬貞索隱, "按 今文尙書及帝命驗 並作 "禺鐵"
在遼西. 鐵 古'夷'字也.")라고 기록하였다. 즉 우이는 원래 禺鐵 또는 嵎鐵라고
적어 바로 금속에 관련된 동이족(고조선족)임을 반영한 것이었다.

35) 《集韻》 脂韻에서는 〈鐵 嵎鐵 東表之地 通作夷〉 참조.

36) 《後漢書》 卷85, 東夷列傳, 〈昔堯命羲中 宅嵎夷 曰暘谷 蓋日之所出也〉 참조.

37) 《尙書正義》 堯典 2, 〈羲中居治東方之官〉 참조.

38) 《尙書正義》 堯典 2, 〈日出於谷 而天下明故 稱暘谷 暘谷嵎夷一也〉 참조.

39) 《尙書正義》 堯典 2, 〈馬日 嵎海嵎也 夷萊夷也〉 참조.

여기까지 보아도만 다음의 사실을 알 수 있다.

(1) '銕'(철)자가 표시하는 동이의 금속, 동이가 가져온 금속의 동이는 嵎銕(우이)라는 동이(고조선 분국족)였다. 중국 고문헌이 東夷(동이)들 가운데서 오직 禹銕(우이)만 夷자가 아닌 金(쇠 금)변을 붙여서, 銕라고만 써도 우이라고 해석한 사실에서 이를 알 수 있다.

(2) 우이가 거주한 곳은 대(岱, 泰山)가 있는 산동반도의 바닷가이고 暘谷(양곡)이라고 하는 곳이다. 해가 가장 먼저 떠오르는(해오름을 가장 먼저 볼 수 있는) 동쪽 바닷가 모퉁이 땅이다. 이 때문에 暘谷은 陽谷이라고 쓰기도 했다. 아사달의 중국식 번역이라고 해석될 수 있는, 고조선 이주민과 직결된 곳이었다.[40]

(3) 우이족이 산동반도 바닷가에 이주하여 정착한 것은 요(堯)가 임금에 오른 후이므로 대개 BC 20세기경이라고 볼 수 있다. 중국 지식인에게 우이(嵎銕)는 금속을 가져오고 다루는 동이일 뿐 아니라, 그 후 우(禹)임금이 치수사업으로 양곡에 순행했을 때 우의 치수사업을 도와준 동이였다.[41]

(4) 우이(嵎銕)의 산동반도 이주시대가 BC 20세기경이므로 우이(嵎銕)가 고조선에서 산동반도로 가져간 금속은 철이 아니라 '청동'이라고 볼 수 있다. 즉 고조선족의 하나인 우이(嵎銕)가 고조선지역(한반도·요동·요서)으로부터 산동반도에 이주하면서 고조선의 초기 청동기문화를 가져가 전파시킨 사실이 '銕'자 만듦에 반영되어 있다고 볼 수 있는 것이다.

요컨대 銕은 '철'로도 읽고 '이'로도 읽는데, 원래 한자 만들 때는 철(銕)은 동이(우이)의 금속의 뜻이었고, 이(銕)는 嵎夷(우이)를 가리킨 것이었다.

---

40) 《尙書正義》 堯典 2, 〈馬云 暘谷海嵎夷之地名 日出於谷本 或昨日出於陽谷 陽洐字〉 참조.
41) 《史記》 卷2, 夏本紀, 〈略 用功少曰略〉 참조.

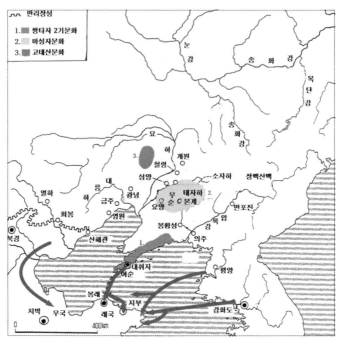

〈그림 17-1〉 고조선 청동기의 요동반도 대취자에서 산동반도 봉래, 우
국, 래국으로의 전파 경로

嵎夷(우이)는 고조선 건국 직후 단군조선 시대인 BC 20세기경에
고조선 지역(한반도·요동·요서)에서 산동 반도 양곡(暘谷)으로 이주한
고조선 분국족이었다.

신채호선생은 "嵎國(嵎夷)은 단군 때 설립하여 요(堯)의 신하 희중
(羲仲)이 측후(測候)하던 곳과 접근하니 지금의 예주부(兗州府) 등지
요"[42]라고 기록하였다.

전조선(단군조선)시기에 우이(嵎夷)가 산동반도 지역으로 전파시킨
고조선의 금속은 시기적으로 청동이었다.

최근 중국 고고학계의 발굴보고와 그 소개를 보면, 산동성 서하현
(栖霞縣) 점탄향(占疃鄉) 행가장촌(杏家庄村)의 2호묘(목곽토광묘)에서

---

42) 申采浩, 《朝鮮上古文化史》, 《改訂版 丹齋申采浩全集》, 상권, pp.416~418 참조.

날끝 부분이 삭아버린 고조선식 비파형동검 1개가 나왔다.[43] 비파형
동검과 함께 동과(銅戈), 동모(銅矛), 동화살촉, 청동 환수도(環首刀),
청동 대구(帶鉤), 청동 거축두(車軸頭), 청동 말재갈 등이 인골 및 토
기들과 함께 출토되었다. 이 가운데 동모도 고조선식 비파형동모로 판
독된다.

또한 최근에 래국(萊國)의 서울이었던 용구(龍口)시 귀성(歸城) 유
적에서 고조선식 부채꼴 청동도끼〔銅斧〕가 수습되었다(〈그림 6-6〉 참
조). 또한 요동반도 끝에서 산동반도로 이어지는 묘도열도 최남단 섬
인 장도(長島)현 황구촌(王溝村) 유적에서 기원전 8세기~기원전 6세
기의 것으로 고고학자들이 편년한 전형적인 고조선식 부채꼴 청동도끼
와 부채꼴 청동도끼 거푸집 3개가 수습되었다.[44]

---

43) ① 烟台市文物管理委員會·栖霞縣文物事業管理處, 〈山東栖霞縣占瞳鄕杏家庄戰國墓淸理
簡報〉, 《古考》1, 1992.
② 吳江原, 〈春秋末東夷系萊族木槨墓 출토 비파형동검〉, 《韓國古代史硏究》 제23
집, 2001.
③ 박준형, 〈고조선의 해상교역로와 萊夷〉, 《북방사논총》10, 2006 참조.
44) ① 吳江原, 〈동북아지역 扇形銅斧의 형식과 시공간적 양상〉, 《강원고고학보》2,
2003.
② 박준형, 〈고조선의 대외교역과 의미-춘추 齊와의 교역을 중심으로-〉, 고
조선사연구회·동북아역사재단, 《고조선의 역사를 찾아서》, 학연문화사, 2007
참조. 일부의 중국과 한국 고고학자들은 이것을 춘추전국시대 제(齊)나라가
요동반도에서 수입해 온 것이라고 보는 견해, 또는 래국(萊國) 멸망 후 고
조선과 제의 교역과정 속에서 요동지역의 비파형 동검이 제에 흘러들어왔
고, 제가 다시 래이(萊夷)의 망국인 수장에게 회유책으로 증여한 것이 행가
장 2호묘에 부장되었다고 보는 견해도 발표했는데, 이것은 부당하다. 이것
은 고조선 사람 자신들이 산동반도에 매우 일찍 이주하면서 가져간 것이라
고 본다. 그 증거는 첫째, 청동기 유물을 발견한 지역이 산동반도에 있었던
고조선의 소분국 우국(嵎國, 嵎夷=鋨)과 래국(萊國, 萊夷)의 지역이었고, 제
의 구역이 아니기 때문이다. 둘째는 이 청동기 유물이 발견된 지역에서 고
조선식 고인돌과(鳥居龍藏, 〈中國石棚之硏究〉, 《燕京學報》 31, 1946; 王獻唐,
〈山東的歷史和文物〉, 《文物參考資料》 2, 1957; 金仁喜, 〈上古史에 있어 韓中의
文化交流: 중국 大汶口文化와의 관계를 중심으로〉, 《東아시아 古代學》, 제2집,
2000; 李慧竹·王靑, 〈後期靑銅器~鐵器時 中國 山東지역과 한국 간의 교류〉,
《白山學報》 64, 2002; 박준형, 〈고조선의 해상교역로와 萊夷〉, 《북방사논총》
10, 2006) 고인돌〔石棚〕 이름을 가진 지명이 다수 남아 있기 때문이다. 산
동성 래양시(萊陽市) 전점향(前店鄕) 동석붕촌(東石棚村), 영성시(榮成市) 마

　　중국 고고학자들은 요동지역 가장 이른 시기 청동기문화는 마성자(馬城子)문화 유적과 쌍타자(雙砣子)문화 유적이라고 보고하고 있다. BC 2000~BC 1300년경의 청동기문화로 편년되고 있는 마성자문화 유적들은 요녕성 본계(本溪) 일대와 태자하(太子河) 상류 양안을 중심으로 동은 단동(丹東)까지, 서북으로 무순(撫順)지역에서도 발견된다.[45] 최근 요녕성 심양 부근 신민시(新民市) 북외(北崴) 유적에서는 BC 18세기까지 올려 볼 수 있는 비파형동검이 부채꼴 청동도끼 거푸집과 함께 출토되었다.

　　한편 쌍타자 1기 문화의 유적들은 쌍타자(雙砣子) 유적, 우가촌(于

도향(馬道鄕, 행석붕촌(杏石棚村), 하장진(夏庄鎭) 석붕국가촌(石棚國家村), 유산시(乳山市) 대고진(大孤鎭) 석붕양가촌(石棚陽家村), 유산시(乳山市) 마석장향(馬石庄鄕) 하석붕촌(下石棚村) 등은 그 예의 일부이다(李慧竹·王靑, 〈後期靑銅器~鐵器時 中國 山東지역과 한국 간의 교류〉,《白山學報》64, 2002; 박준형, 〈고조선의 해상교역로와 萊夷〉,《북방사논총》10, 2006 참조). 이러한 지역 일대는 고조선 사람들의 거주 지역이었음은 물론이다. 또한 요동반도의 榮成市 崖頭集 동북 6km 지점에서도 높이 1.3~1.4m의 큰 탁자식 고인돌의 실재가 보고되었다(王獻唐,〈山東的歷史和文物〉,《文獻參考資料》2; 遼寧省文物考古硏究所編,《遼東半島石棚》, 遼寧科學技術出版社, 1994; 박준형, 〈고조선의 해상 교역로와 萊夷〉,《북방사논총》10, 2006 참조). 고조선 사람들만이 고조선식 고인돌무덤을 썼고 무덤양식은 쉽게 변하는 것이 아니기 때문에, 산동반도 고인돌무덤의 주인공 축조자도 고조선사람인 것은 더 논란의 여지가 없을 것이다(《漢書》卷27 中之上 五行志 第7中之上에 〈孝昭元鳳三年五月泰山萊蕪山南匈匈有數千人聲 民視之 有大石自立 高丈五尺 大四十八圍 入地深八尺 三石爲足. 石立處 有白烏數千集基旁.〉라고 기록되어 있다. 이것은 한나라 소제(昭帝)의 원봉(元鳳) 3년(BC 78) 때까지도 태산의 래무산(萊蕪山) 남쪽에 높이 5척, 크기가 둘레 48아름, 땅속에 들어간 깊이가 9척의 3면 받침 돌박이의 매우 거대한 탁자식 고인돌이 남아있어서 정월에는 흰옷을 입은 고조선계 이주민 후예들의 큰 행사가 있었음을 전하고 있다). 특히 위 그림의 고인돌이 남아 있는 치박시(淄博市)는 옛 우국(嵎國)의 수도였으므로 더욱 주목할 필요가 있다고 할 것이다. 문제는 이 지역 청동기유물들의 발굴 당시 탄소 측정을 하지 않아서 정확한 연대를 알기 어렵기 때문에, 일부 중국 고고학자들과 이를 추종하는 일부 한국 고고학자들이 연대 편년을 매우 크게 끌어내리고 있다는 점이다.

45)　① 遼寧省文物考古硏究所本溪市博物館,《馬城子-太子河上游洞穴遺存》, 文物出版社, 1994.
　　② 복기대, 〈마성자문화에 관한 몇가지 문제〉,《선사와 고대》22, 한국고대학회, 2005 참조.

家村) 유적, 대취자(大嘴子) 1기 유적, 곽가촌(郭家村) 2기 유적, 소주산(小珠山) 3기 유적, 상마석(上馬石) 2기 유적 등을 포함하고 있다. 청동기로서는 대취자 1기 유적에서 청동꺽창이 1개 출토되었는데, 측정결과 4025±95bp로 나왔다. 즉 요동지역에서 가장 오래된 BC 21세기경의 청동기가 1점 출토된 것이다.

이러한 쌍타자문화는 한반도의 서북지역과 긴밀하게 연결되어 주목해야 할 청동기문화이다. 일부 중국과 한국 고고학자들은 쌍타자 1기 문화를 BC 2000~1700년경의 문화, 쌍타자 2기 문화를 BC 1600~BC 1400년으로 편년하고 있다. 요동지역에서 비파형동검은 요동반도 남단의 신금현(新金縣) 쌍방 유적과 서단산 유적의 한 계통인 성성초 유적에서 BC 12세기의 것이 나왔다.[46]

여기서 우리는 고조선 아사달 지역에서 BC 31세기~24세기에 발생한 청동기문화가 발해만 연안을 거쳐 고조선 후국인 고죽국(孤竹國)에도 전파되고, BC 21세기에 요동반도에도 전파 발전되어, 요동반도의 끝에 있는 대취자(大嘴子) 항구에서[47] 묘도열도를 거쳐, 산동 반도의 봉래(蓬萊)와 지부(芝罘)항을 통하여 BC 20세기~BC 7세기에 산동반도의 고조선 소분국인 우국(嵎國)과 래국(萊國)으로 전달된 것으로 추론해 볼 수 있다.

고조선의 청동기문명을 고중국지역에 전파하여 고중국 청동기문명의 형성의 한 흐름에 결정적 영향을 끼친 또 하나의 고조선 이주민은 고조선의 요서지방 청동기시대 유적인 하가점 하층문화(夏家店下層文化)의 청동기문화를 가지고 BC 20세기경 고조선의 요서(예맥조선) 지방에서 건너간 '밝'(박)족이었다.

고조선의 서변 요서지역에서는 난하 양안에 설치된 고조선 후국 고죽(孤竹)국을 비롯하여 발해만 연안과 내몽고지역에서 중국 고고학

46) 고조선학회,《2009년 고조선학회 중국답사자료집》, 2009 참조.
47) 大連市文物考古硏究所,《大嘴子 : 靑銅時代遺址1987年發掘報告》, 大連出版社, 2000 참조.

〈그림 17-2-1〉 고조선 요서지역 하가점 하층문화의 청동기(BC 20~BC 17)

1. 하북성 당산(唐山) 대성산(大城山) 유적 출토
2. 내몽고 적봉(赤峯) 옹우특기(翁牛特旗) 오포산(敖包山) 출토
3. 내몽고 적봉 극십극등기(克什克騰旗) 토성자(土城子) 출토

이 하가점 하층문화(BC 2200~BC 1600)라고 통칭하는 청동기시대문화가 형성 발전되고 있었다(〈그림 17-2-2〉 참조). 이곳에서 선진적 청동기들이 고조선 이주민들에 의해 고죽국을 경유하여 해안을 따라서 고중국 동해안 일대로 유입되고 있었다. 하가점 하층문화지역에서 출토된 이른 시기의 대표적 청동기의 예를 들면(〈그림 17-2〉), 중국 최초의 금속 덩이라고 종래 해석되어온 고중국 지역 당산(唐山) 대성산(大城山) 유적에서 출토된 '사다리꼴 구멍 낸 홍동편'〔梯形穿孔紅銅片〕 2점, 여러 형태의 삼족 향로와 시루솥 등을 들 수 있다. 이 고조선 청동기들은 이리두 출토 청동기보다 시기적으로 훨씬 앞선 것이다.

고조선 요서지역에서 건너간 '밝'족은 중국 동해안에 도착하자 제수(濟水)의 강안을 따라 정착지를 찾으면서 제수와 황하 중류 강안 여러 곳에 옮겨가면서 정착했었는데, 족장이 정착했던 지역마다 '밝'(박)이라는 이주민 소국(小國) 이름을 남기었다. 중국 고문헌에는 한자 차음표기로 亳(박), 薄(박), 濮(박), 薄姑(박고), 포(浦) 등으로 표기되었다. 고중국문명을 창시한 商(상)은 곧 亳(박)의 별명이며 다음 단계의 공식 호칭이었다.

'밝'(亳)족이 제수 (濟水) 중류와 황하 중 류의 사이에 있는 지 금의 하남성 언사(偃 師)시 서남쪽 9km 지 점에 있는 이리두(二里 頭) 부근(고문헌에는 西亳)에 도읍을 정하고 정착했을 때 남긴 BC 1900~1500년경의 청 동기문화가 고중국문 명의 최초의 청동기문

〈그림 17-2-2〉고조선 후국인 고죽국 영지 요녕성 객좌 현 북동촌 2호 매장지의 고조선 고죽국 청동기 출토 정황

화의 하나이다. 황보밀(皇甫謐)이 《괄지지(括地志)》에서 일찍이 세 '亳' (박)을 들면서 "몽(蒙)은 北亳(북박), 곡숙(穀熟)을 南亳(남박), 언사(偃師) 를 西亳(서박)이라 불렀다"고 지적했음은 알려져 있는 사실이다. 《사기 정의》에서는 "언사(偃師)는 서박(西亳)인데 제곡(帝嚳)과 탕왕(湯王)이 수도로 삼았던 곳이다"[48]라고 하였다. 그후 박은 상(商) 또는 은(殷)으 로 통칭되면서, 하남성 북부 안양(安陽)시 부근의 통칭 은허(殷墟)에 제기 중심의 발전된 청동기문화를 남기었다. 모두 고조선 이주민과 그 후예들이 남긴 유물들이었다.

이리두문화 유적은 4기층(四期層)으로 구성되어 있는데, 중국 고고 학자 동주신(佟柱臣)은 제1기에서 나온 조개 조각편에 C-14 연대측정 을 하여 3585±95bp 즉 BC 1620±95를 얻었고, 이의 나무 나이테 교 정연대를 BC 1690년~BC 2080년으로 보았다. 또한 이리두 3기의 출 토물을 C-14 측정하여 3210±90bp를 얻었는데, 이의 나무 나이테 교

---

48) 《史記》 卷3, 殷本紀, 〈正義〉 按 亳 偃師城也. 商丘 宋州也. 湯即位 都南亳 後徙西 亳也. 括地志云 亳邑故城在洛州 偃師縣西十四里 本帝嚳之墟 商湯之都也.〉 참조.

정연대를 BC 1300년~BC 1590년으로 보았다. 이에 동주신(佟柱臣)은
이리두 유적의 제1기는 하(夏)나라 시대의 연대에 해당하고, 제3기는
상(商)나라 시대의 것으로 보아, 《사기(史記)》 은본기(殷本紀)와 《괄지
지(括地志)》에 근거해서 이리두 유적 3기층을 상(商)의 서박(西亳)이
라고 해석하였다.49) 동주신은 이러한 이리두문화 유형에 속한 유적이
부근에 약 10개 출토되었다고 보고하였다. 이 언사(偃師)의 서박(西
亳)은 제곡(帝嚳)과 탕(湯)의 두 차례나 도읍이 된 지역이었다.

이리두문화 제1기인 BC 1690년~BC 2080년의 시기만은 중국 고
대사에서는 하(夏)시대에 해당된다. 그러나 이리두 유적 제1기의 이
지점에서 청동기는 출토되지 않았다. 하지만 이리두 유적 제2·3·4기부
터 이주민 집단인 '밝'족이 박(亳) 또는 상(商)으로 호칭되던 나라를
세우면서 청동기문화를 가지고 이곳에 들어와 거주하게 되었고, 상의
탕(湯)왕은 이곳을 도읍으로 정했음을 청동기 출토유물이 증명해 주는
것이다.

장광직은 여기서 이리두문화의 기원을 서방의 하(夏)에서 구할 것
인가 '동방'에서 구할 것인가의 문제는 "은상문명 연구의 결정적 문제"
임을 강조하면서, "아예 이리두 유형 문화를 하나라 문화로 보아버리
고, 이리두문화가 끝나는 시기를 하나라와 상나라의 문화가 교체하는
것으로 보는 것이 더욱 간단하고 명료하게 보인다"50)면서, 이리두문화
의 2·3·4기의 문화를 하나라 문화로 보자고 제의하였다. 이 제의가
수용되었는지 또는 다른 합의가 있었는지, 최근 모든 중국의 간행물들
은 이리두문화 유적을 하나라 문화유적이라고 규정하면서 이리두문화
유적에서 출토된 청동기들도 하나라 청동기로 설명하고 있다.

그러나 이것은 진실을 왜곡하는 매우 위험한 것이다. 우리가 주목
하는 이리두문화의 큰 특징은 2·3·4기에 출토되는 상의 청동기들 때

---

49) 佟柱臣, 〈從二里頭類型文化試論中國的國家起源問題〉, 《文物》 1975年 6期, 1975.

50) 張光直(하영삼역), 《중국 청동기시대(中國靑銅器時代)》 상권, 學古房, 2013,
     p.132.

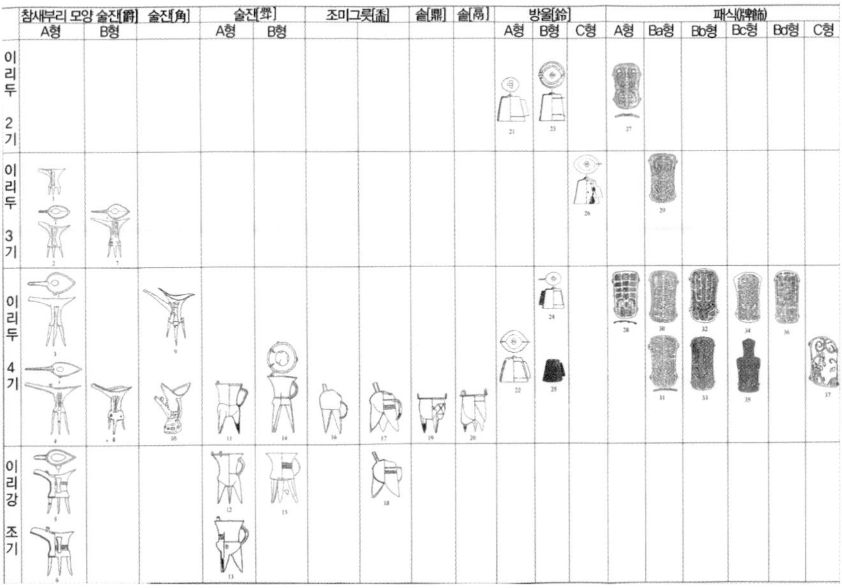

참새부리 모양 술잔[爵]		술잔[角]	술잔[斝]		조미그릇[盉]	술[斝]	술[鬲]	방울[鈴]			패식(牌飾)					
A형	B형		A형	B형				A형	B형	C형	A형	Ba형	Bb형	Bc형	Bd형	C형
이리두 2기																
이리두 3기																
이리두 4기																
이리강 조기																

〈그림 17-3〉 이리두문화 유적의 출토 청동기 일람표

1. A型 I 式爵(1973YLVⅧT22③:6)
2. A型 Ⅱ 式爵(1980YL Ⅲ M2:1)
3. A型 Ⅲ 式爵(1984YL Ⅵ M6:5)
4. A型 Ⅳ 式爵(1975YLVⅡKM7:1)
5. A型 Ⅴ 式爵(C8采:豫文104)
6. A型 Ⅵ 式爵(C8M7:3)
7. B型 I 式爵(1980YL Ⅲ M2:2)
8. B型 Ⅱ 式爵(天津历史博物馆藏)
9. I 式角(陝西省博物馆藏)
10. Ⅱ 式角(上海博物馆藏)
11. A型 I 式斝(1987YL Ⅴ M49M:1)
12. A型 Ⅱ 式斝(Wt245M49M:1)
13. A型 Ⅲ 式斝(西史村采集:6)
14. B型 I 式斝(1984YL Ⅵ M9:1)
15. B型 Ⅱ 式斝(1975YL Ⅴ 采M:66)
16. A型 盉(1986YL Ⅱ M11:1)
17. B型 I 式盉(C8T66M6:2)
18. B型 Ⅱ 式盉(C8YJM1:2)
19. 鼎1987YL Ⅴ M1:1
20. 鬲C8T166M6:1
21. A型 I 式铃(1982YLⅨM4:1)
22. A型 Ⅱ 式铃(1984YL Ⅵ M11:2)
23. B型 I 式铃(1981YL Ⅴ 采M:66)
24. B型 Ⅱ 式铃(1987YL Ⅵ M57:3)
25. B型 Ⅱ 式铃(肥西大墩子)
26. C型铃(1962YL Ⅴ M22:11)
27. A型 I 式牌饰(1981YL Ⅴ M4:5)
28. A型 Ⅱ 式牌饰(1987YL Ⅵ M57:4)
29. Ba型 I 式牌饰(沙可乐博物馆第一件藏品)
30. Ba型 Ⅱ 式牌饰(伦敦斯肯纳齐行藏品)
31. Ba型 Ⅲ 式牌饰(1984YL Ⅵ M11:7)
32. Bb型 I 式牌饰(檀香山艺术学院藏品)
33. Bb型 Ⅱ 式牌饰(1999年约新展品)
34. Bc型 I 式牌饰(沙可乐博物馆第二件藏品)
35. Bc型 Ⅱ 式牌饰(沙可乐博物馆第三件藏品)
36. Bd型牌饰(MHO博物馆藏品)
37. C型牌饰(甘肃天水博物馆藏品)

자료: 張國梁, 〈二里頭文化靑銅硏究〉, 《中國早期靑銅文化》, 2008.

문에 그러한 것이다.

최근(2008년) 발표된 진국량(陳國梁)의 논문을 보면,[51] 이리두문화의 청동기는 상시대의 유물로서 모두 이리두문화 2·3·4기에서 출토되고, 특히 중국 청동기문명의 특징을 나타내는 삼족작(三足爵, 술잔 종류), 각(角, 술잔 종류), 가(斝, 술잔 종류), 화(盉, 술 그릇), 정(鼎, 음식그릇 종류), 격(鬲, 음식그릇 종류) 등은 상(商)시대인 이리두 3·4기에 집중적으로 출토되기 때문이다.

상(商)의 이러한 발전된 청동기가 이전의 느린 진화과정 없이 갑자기 출토되는 것은 청동기를 남긴 상(商)족이 다른 곳에서 이곳으로 이주해 왔음을 알려주는 것이다.

그러므로 이리두문화 유적의 1기가 시간상 하(夏)시기에 해당되는 유적이라고 해서, 그 이후의 시기인 2·3·4기의 상(商)문화를 장광직의 제의와 같이 하문화에 통합시키면 매우 큰 진실 왜곡이 되는 것이다. 이리두문화 제1기는 하시대의 문화에 속할 수 있지만 하문명에 속할 수 있는 청동기 유물 출토는 없고, 제2·3·4기의 청동기문명은 외부에서 이주해온 상(商)의 문화로 나누어서 반드시 진실 그대로 설명해야 할 것이다.

상(商)의 이리두 2·3·4기 청동기문화의 기원은 고조선의 서부지역인 요서지역 하가점 하층문화 및 고조선후국인 고죽국(孤竹國)과 산동지역 고조선 이주민에서 기원하여 온 것이라고 필자는 확신한다. 그 증거는 요서지역 하가점 하층문화의 적봉지역 출토 청동기 유물과(〈그림 17-2-1의 ②③〉 참조) 고죽국의 선행시기 청동기가 시기가 앞서면서 그 형태와 도안이 기본적으로 이리두문화 청동기와 동일 유형이기 때문이다.

요서지방 하가점 하층문화에서 삼족토기의 형태 및 도안과 동령(銅鈴)은 수세기 앞선 것이 다수 출토되었다. 삼족토기의 몇 가지 사례만

---

51) 陳國梁, 〈二里頭文化銅器研究〉; 中國社會科學院考古硏究所編, 《中國早期靑銅文化: 二里頭文化 題硏究》, 科學出版社, 2008, pp.124~274 참조.

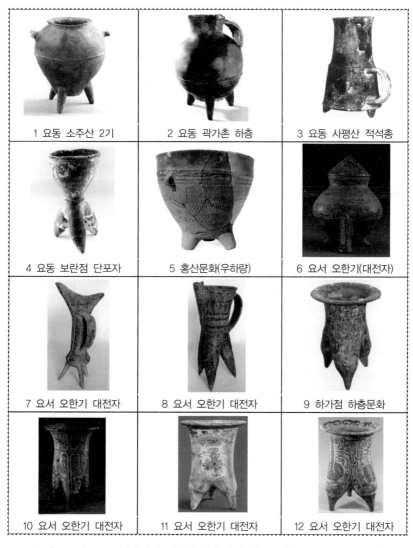

1 요동 소주산 2기	2 요동 곽가촌 하층	3 요동 사평산 적석총
4 요동 보란점 단포자	5 홍산문화(우하량)	6 요서 오한기(대전자)
7 요서 오한기 대전자	8 요서 오한기 대전자	9 하가점 하층문화
10 요서 오한기 대전자	11 요서 오한기 대전자	12 요서 오한기 대전자

〈그림 17-4〉 고조선 '하가점 하층문화'의 채색 삼족토기(BC 30C~ BC 17C)

을 들면 다음 〈그림 17-4〉과 같다.

삼족토기를 고죽국의 청동기처럼 청동으로 제작하면 이리두문화 제2·3·4기의 청동 삼족기가 되는 것이다.

최근 중국 고고학자들이 중국 고대 청동기의 시작을 여러 흐름에서 구명하는 논문들을 읽었다. 그 가운데 가장 중요한 흐름인 이리두 문화 청동기의 흐름은, 요동·요서 지역에서 제수·황하 지역으로 이주한 고조선 이주민 '밝'(亳)족이 고조선 청동기문화를 가지고 가서 발전시킨 것이라고 해석하는 것이 사실과 일치한다고 본다.

9. 기마(騎馬)문화와 기사술(騎射術)의 전수

고조선문명은 선진적 기마(騎馬)문화를 고중국문명에 전수하였다. 고중국은 고조선 이주민들이 가져온 말을 처음에는 주로 수레를 끄는 데 사용하였다. 그 후 BC 4세기 후반에 이르러 고조선의 서변 후국인 흉노와 동호(東胡)로부터 고중국의 조(趙)나라가 기병(騎兵)제도와 기사법(騎射法)을 도입하였다. 그 증거는 고중국에서 처음으로 기병부대를 거기병 형태로 도입하여 기병을 시작한 조(趙)나라의 무령왕(武靈王)이 BC 307년에 호복(胡服: 흉노·동호의 복장)을 입고 기사(騎射)를 제의했으며, 그가 당시 전국시대 군주들 가운데서 기병(騎兵) 창설을 선도적으로 제창한 가장 유력한 인물이었다는 데서 이를 알 수 있다.[52]

BC 307년 조나라 무령왕의 호복기사(胡服騎射)의 주창은 기병(騎兵)제도와 기사법(騎射法)이 고조선(산융·동호 등 고조선 후국들)으로부터 도입되었음을 상징적으로 나타내는 것이다. 또한 이것은 그의 조상 조보(造父)가 말을 받아들인 것도 고조선으로부터 도입했음을 간접적으로 시사해 주는 것이다.

즉 고중국에서 처음으로 기마제도와 기병부대를 도입하여 창설한 '조'(趙)나라를 비롯한 전국시대 7국들은 고조선의 기마문화와 기병제도를 고중국에 도입하여 전파시킨 것이었다.

---

52) 《戰國策》趙策, 〈今吾將胡服騎射以敎百姓 而世必議寡人矣. … 變服騎射 以備其參胡·樓煩 秦韓之邊.〉 참조.

고조선문명은 동아시아에서 가장 일찍 형성되어 그 다음 형성된 고중국문명의 형성에 매우 큰 도움과 영향을 주었다. 고조선의 선진문명이 고중국문명의 형성에 큰 도움을 준 상(商) 시기(BC 1600년경~BC 1046년)에는 두 문명의 교류는 주로 선진적 고조선문명이 고중국에 유입되었고 평화적 교류관계가 활발히 전개되었다.

그러나 주(周) 무왕이 상(은)을 멸망시킨 BC 1046년 이후에 주의 정책은 고조선 이주민에게 적대적이었고, 따라서 고조선과 그 후국들에 대해서도 적대관계가 조성되기 시작하였다. 그러나 아직 고중국 주의 무력은 고조선을 제압할 실력이 부족했기 때문에 큰 갈등이나 전쟁은 일어나지 않았다. 주나라 무력의 상대적 취약성과 봉건제도의 채택은 춘추시대의 7국을 비롯한 제후국가들의 치열한 경쟁을 유발하여 이 기간에 고중국문명은 크게 발전하였다. 춘추전국시대에 고중국의 제후국들 사이에는 중국문명의 독자적 체계를 정립하려는 의식과 사상이 확대되었으며, 고조선문명과의 차이성과 대립성을 강조하는 지적 분위기가 대두하게 되었다.

10. 고조선 이주민 국가 상(商)과 상문명(商文明)의 고조선 기원

고중국문명(황하문명)의 기원의 핵심은 상(商)문명임을 중국에서는 잘 알고 있는데, 상문명은 그보다 앞서 탄생된 고대문명인 '고조선문명'을 고조선의 이주민들이 갖고 가서 초기에 전수하여 창조한 문명이었음은 모르는 분들이 많다. 상(商)국가와 상(商)문명은 고조선에 기원을 둔 것이었다. 즉 먼저 형성된 고조선문명은 고조선 이주민들을 통하여 그 다음의 고중국문명(황하문명)의 형성에 매우 큰 도움을 주었다.

상(商)족이 고조선 계통이었음을 중국에서 최근세에 먼저 포착하여 밝힌 이의 하나는 중국학자 부사년(傅斯年)이었다. 그는 상(商)나라의 처음 이름은 박(亳)이었으며, 박족의 기원은 바다 건너 요해(遼海, 지금의 중국 동북의 요녕성)에 있었음을 시사하였다. 요녕성은 당시 고조선의 영토였다. 부사년은 지적하지 않았지만 박족은 박달족=밝달족=조선족이었으며, 당시 요해(요녕성)는 고조선의 서부 영토였다.[53]

고조선의 한 갈래인 박족이 지금의 요녕성으로부터 산동반도의 제수(齊水, 산동반도의 황하에서 갈라져 나와 황해로 들어가는 강) 하구에 들어와 작은 조선족 이주민나라 '박'을 세우고, 제수 양안을 따라 안으로 거슬러 올라가면서 정착하는 지역에 박(亳), 박(薄), 박고(薄姑), 포고(蒲姑), 몽박(蒙亳)이라는 지명을 남겼는바[54] 이것은 박족의 이동 경로의 과정을 시사해 준다고 부사년은 설명하였다. 이 가운데 박고(博姑)의 옛 땅인 박흥(博興)은 바닷가에서 멀지 않고 제수(濟水)가 바다로 들어가는 황하와 황해의 큰 항구였을 것으로 추정하였다. 바다(발해 또는 황해)를 건너 제수(濟水)의 하구로 들어와서 제수의 양안을 따라 거슬러 올라가면서 이동의 연도(沿途)에 사(社)를 세워 박(亳)이라는 옛 이름을 붙이면서 마침내는 섬서(陝西)성 지역까지 바로 도달하게 되어 박(亳)이라는 지명이 이 지역에 허다하게 남게 되었다고 그는 해석하였다.

부사년은 산동성(옛 魯國 지역)에 박사(亳社, 亳의 사직, 토지신 제사지내는 곳)의 유지(遺址)가 있으니, "박(亳)이 곧 상(商)나라 사람의 최초의 국호(國號)였음을 알 수 있다"고 하였다.[55] 박왕(亳王)이 자주 이동하여 박사(亳社)가 있는 지역은 모두 박(亳)이라 정할 수 있다고 보았다.

필자의 견해로는 중국 문헌의 亳(박), 商(상), 殷(은) 가운데 亳

---

53) 신용하, 〈孤竹國의 성립과 古朝鮮후국의 지위〉, 《고조선단군학》 제28호, 2013 참조.

54) 傅斯年, 〈夷夏東西說〉 참조.

55) 傅斯年, 〈夷夏東西說〉 참조.

(박)은 상(商)나라를 건국한 사람들의 민족 호칭이며 고조선족의 별칭인 '붉' '밝' '박'을 한자로 차음표기한 한자라고 본다. 毫, 薄, 濮, 薄(姑), 浦 등이 모두 같은 계통이다.

商(상)은 밝족이 세운 나라의 상형문자(그림글자)라고 필자는 생각한다. 최초의 갑골문에서 '立'은 왕(王)을 그린 글자꼴이었다. '冏'은 '삼족기(三足器)를 사용하는 사람들'의 그림이라고 본다. 冏이 삼족기의 글자꼴이며, 그 안의 口는 사람들, 국민, 주민을 나타낸다. 왕이 있고 국민이 있으니 나라인 것이다. 합성하면 商은 '삼족기를 사용하는 백성을 가진 임금의 나라'라는 뜻의 그림글자이다. 商을 상(중국 발음 shang)이라고 발음한 것은 上과 같이 '위'로 높인 말이다. 높은 문화와 문명을 가지고 들어와 사는 개명한 사람들의 나라였기 때문이라고 해석된다.

은(殷)은 상(商)이 마지막 천도한 안양(安陽)의 옛 지명에서 취한 속칭으로 본다. 상(商)이 동이족 국가임을 드러내지 않기 위하여 후대 일부 중국인들이 지명 '殷'을 내세워서 은(殷) 또는 은상(殷商)이라고 강조해 호칭한 것으로 해석된다.

상나라 사람들은 이주한 초기에 고조선 언어를 사용했던 것으로 추정된다. 그 증거의 하나는 고조선에서는 동방(東方)을 '시'(현대어로 시·사·새로 변천)라고 했는데, 상나라의 최초의 갑골문에서도 동방을 '尸方'('시'방)이라고 하면서 "왕협정시방"(王夾征尸方: 왕이 東方을 정벌하였다)고 기록하였다. 尸는 고조선말 東인 것이다.[56] 또 예컨대 商의 제1기 毫(박)의 건국왕은 王亥(왕해)인데, '亥'의 발음은 '히' '해'〔日, 太陽〕이고, 亥의 그림은 밝족의 토템 새〔鳥〕를 형상화한 것이라고 해석된다. 언어는 발음에서도 계통을 찾을 수 있으므로 상(商)족의 초

---

56) 張富祥, 《東夷文化通考》, p.1에서 商代甲骨文卜辭 중에 예컨대, ① 甲午王卜, 貞; … 余步, 從後喜征尸方. … 唯十祀. ② 癸酉卜, 在攸, …王夾征尸方. ③ 癸亥王卜, 貞: … 在九月. 王征尸方, 在雇. ④ 癸卯卜, 貞: 在五月. …唯王夾征尸方. 등의 사례를 들고, '尸方'은 즉 '夷方'이고, 곧 '東夷族'을 칭하는 본래 글자라면서 '尸'='夷'로 해석하였다. 의미는 통하지만 정확하게는 '尸'='東'이라고 본다.

기 언어는 고조선 언어가 대부분이었음을 미루어 알 수 있다.

상(商)은 약 600년 동안에 영토 개척에 힘쓴 세 시기가 있다고 부사년은 설명하였다.

제1기는 상토(相土)왕 때에 동도(東都)가 이미 태산(泰山) 아래에 있었으므로,[57] 그 서쪽은 아마도 제수(濟水)의 서안(西岸)에 도달했을 것이며, 또 해외(海外)를 감정(戡定)했다 하였으니 발해(渤海)를 그 구우(區宇)로 삼았을 것이다.

제2기는 제1대 탕(湯)왕 시기에 몽박(蒙亳)에 건국했으니, 그 광야(廣野)가 소위 공상(空桑)이요, 그 대저(大渚)가 소위 맹제(孟諸(渚))이다. 이미 이와 같이 동이(東夷)의 나라인 소호(少昊)의 옛 지역을 취하여 방기(邦畿)로 삼고, 북으로는 위(韋), 서로는 하(夏), 남으로는 회수(淮水) 유역과 맞대하게 되었은즉 그 전체의 영토 개척은 적지 않았다.

제3기는 제19대 왕 반경(盤庚)이 황하(黃河)를 건너 은(殷, 하남성 安陽)으로 옮긴 뒤, 그 세력은 서북 방면으로 발전하였다. 특히 제22대 왕 고종무정(高宗武丁), 제24대 왕 조갑(祖甲) 등 명군의 대(代)를 거치면서 그 세력은 태행산맥(太行山脈)을 넘고 이수(伊水)·낙수(洛水)를 지나 위수(渭水)에 도달할 수 있었다. 이때의 남방 강역은 아직 알 수 없으나, 남소(南巢)에 도달했다 했은즉(탕이 하나라의 걸을 지금의 남경의 서방인 남소로 쫓아냄), 이미 회수(淮水)는 넘어서 있었던 듯하다. 또 무정(武丁)이 귀방(鬼方, 陝西省의 서북 일대)을 정벌했는데, 은(殷)의 쇠란기에도 그 세력이 귀방(鬼方)에 파급되었은즉, 무정(武丁) 때에는 귀방(鬼方)이 은에 신속(臣屬)하고 있었음을 알 수 있다고 하였다.[58]

여기서 명백히 정리하고 넘어가야 할 점이 있다. 부사년은 동쪽으로부터 박족(고조선족)이 바다를 건너 제수(濟水) 하구로 들어와서 산

---

57)《詩經》商頌 참조.

58) 傅斯年,〈夷夏東西說〉참조.

동성에 상〔商, 최초의 국호는 박(亳)〕나라를 건국했다는 사실을 인정했
다는 사실이다. 그는 이 박족이 고조선족이라고 명백히 쓰지는 않았지
만, 연나라에 이웃한 박족이 고조선 민족의 한 갈래임은 논란의 여지
가 없는 것이다. 부사년도 물론 이것을 알고 있었다고 본다.[59]

그런데, 부사년은 상(商)의 제19대 왕 반경(盤庚)이 황하를 건너
은(殷, 하남성 安陽)으로 옮긴 뒤부터는 나라 이름을 슬그머니 상(商)
으로부터 은(殷)으로 바꾸어 쓰면서 이것은 상(商)과 일단 구별되는
국가로 간주하고 있다. 주민이 고중국계가 많이 포용되었으므로 비록
왕실이 고조선계일지라도 이를 고조선계와 고중국계가 통합된 왕조로
보아 이 시기부터 은(殷) 또는 은상(殷商)이라는 용어를 사용하기 시
작하였다. 여기서 중국 민족주의 사학자 부사년의 실증사학을 벗어난
역사사상을 볼 수 있다.

그러나 산동반도 일대에 건국되었던 박(亳), 상(商)이 고조선의 이
주민에 의해 건국된 소분국(小分國)으로 시작되었음은 움직일 수 없는
객관적 사실인 것이다.

부사년은 은인(殷人)은 본래 이족(夷族, 商人)은 아니었으나 이(夷)
의 인민과 토지를 무유(撫有)했으며, 부분적으로 이(夷, 商)에 동화되
었다는 요지로 설명하면서 은(殷)과 상(商)은 기원적으로 일단 구분해
보다가, 은상(殷商)을 하나의 정치세력으로 볼 때는 동이(東夷)세력으
로 간주하였다.

부사년은 종래 중국 고대사를 남·북의 대결로 보아오던 관점을 비
판하고, 진(秦)의 통일 이전까지는 동쪽의 동이(東夷) 계열과 서쪽의
서하(西夏) 계열의 동(東)·서(西)의 대립으로 전개되었다는 새로운 패
러다임을 제시하였다.[60]

---

59) 傅斯年이 〈夷夏東西說〉에서 기자(箕子)의 조선 망명을 사실로 보면서, 기자가
   조선으로 망명한 것은 원래 그의 조상의 출신 나라로 간 것이라는 의미의
   설명을 한 곳에서 이를 알 수 있다.
60) 부사년은 하(夏)의 초기 이래 동·서 대결의 국면을 정리하여 다음과 같이
   설명하였다.

부사년의 설명에서도 시사되고 있는 바와 같이, 주(周)왕조가 수립
된 이후에는 두 계열 간의 갈등과 충돌이 본격적으로 전개되기 시작하
여 중국 문헌에도 하(夏, 원중국) 계열이 승리한 경우를 중심으로 과장
해서 기록되기 시작하였다. 특히 주(周)왕조를 세운 무왕(武王)이 죽고
어린 성왕(成王)이 대를 이은 후에는 고조선 계열 소국들이 반란을 일
으키고, 주왕조 계열들도 제후들이 후국의 독립을 더욱 추구하여 갈등
은 격화되었다. 이 갈등의 시기가 춘추시대로 직결되어 나간 것이다.[61]

그러므로 BC 1600년경부터 BC 1046년의 상(商)문명의 제1·2기는

---

① 동(東)의 이(夷)—서(西)의 하(夏): 정선적(正線的)인 동·서 상쟁. 동·서가
  서로 승리. 이(夷)는 1차 하후(夏后)씨를 멸하고, 하도 수차 이를 이겼으
  나, 하는 끝내 이의 땅을 모두 차지하지 못함.
② 동의 상(商)—서의 하(夏): 정선적인 동·서 상쟁. 동이 서를 이김.
③ 동의 은(殷)—서의 귀방(鬼方): 사선적(斜線的)인 동·서 상쟁. 동이 서를
  이김.
④ 동의 은(殷)—서의 주(周): 정선적인 동·서 상쟁. 서가 동을 이김.
⑤ 동의 회이(淮夷)—서의 주(周): 사선적인 동·서 상쟁. 회이(淮夷)가 2
  차 주(周)를 위기에 몰아넣었으나 마침내 실패함.
⑥ 동의 육국(六國, 韓·魏·趙·齊·楚·燕)—서의 진(秦): 정선적인 동·서 상쟁. 서
  가 동을 이김.
⑦ 동의 진공(陳貢: 진말의 봉기 세력)—서의 진(秦): 정선적인 동·서 상쟁.
  동이 서를 이김.
⑧ 동의 초(楚, 項羽)—서의 한(漢): 정선적인 동·서 상쟁. 서가 동을 이김.
  (傅斯年, 〈夷夏東西說〉; 千寬宇, 〈傅斯年의 '夷夏東西說'〉, 《韓國學報》 제14집,
  1979 참조.)
61) 이 갈등의 시기에 산동(山東)과 그 주변 지방에 있었던 고조선 계열 소국들
  로는, 산동지방에 엄(奄)·서(書)·수(遂)·래(萊)·거(莒)·근(根)·의(矣)·서(舒)
  등이 중국 고문헌에 기록되어 있고, 북쪽으로 북평현(北平縣) 부근에 산융(山
  戎)·불령지(弗令支)·고죽(孤竹) 등이 역시 중국 고문헌에 기록되어 있다. 또
  한 산동 지방과 북평현 지방에서 활약한 주(周)왕조계 소국들로는 제(齊)·노
  (魯)·진(晉)·채(蔡)·위(衛)·연(燕) 등이 기록되어 있다. 중국 측 고문헌에 의하
  면, 비록 주왕조가 있기는 해도 제후가 실세를 이루어 통치하는 봉건제도가
  지배했으므로, 제(齊)의 환공(桓公)이 B.C. 7세기에 관중(管仲)이라는 뛰어난
  인물을 재상으로 발탁하여 그의 정책으로 제가 급속히 강성해지기 이전까지
  는 서하(西夏)계 소국들은 고조선 계열 소국들을 제압하지 못하고 도리어 고
  조선 계열이 우세했음을 시사하는 기록을 남겼다. 즉 부사년은 (고조선 이
  주민 후예들인) 회이(淮夷)의 주에 대한 반격이 실패했을 때까지는 동과 서
  는 경쟁하다가 결국 서의 하(夏)·주(周)·진(秦)의 세력이 동의 상(은)·동이
  세력을 제압하게 되었다고 본 것이었다.

고조선문명을 가지고 들어간 고조선 이주민들이 주체가 되어 형성한 문명이었으며, 제3기는 고조선 이주민 후예 지배층과 고중국·토착인 피지배층이 형성한 문명이었다고 볼 수 있다. 선행한 고조선문명이 고중국 상(商)문명의 기원이며, 고조선문명이 고중국문명 형성에 끼친 커다란 도움과 영향은 객관적인 역사적 진실인 것이다.

서양학자들이 1928년부터 상(商)의 은허(殷墟)에서 출토된 청동기에 놀라서 황하문명, 고대중국문명을 인류 최초 4대문명의 하나로 정립하기 시작한 사실에서 보아도, 당시 중국에서 가장 선진적인 산동반도의 고조선 이주민 동이문화와 상(商)문명이 고중국문명 형성에 끼친 결정적 영향을 객관적으로 확인할 수 있다. 이 상문명의 기원이 '고조선문명'임을 반드시 주목할 필요가 있다.

제18장 고조선 고대연방제국의 해체와 민족대이동의 진원

1. BC 8세기~BC 7세기 고조선과 고중국의 국경 충돌

고조선의 고대연방제국은 BC 30세기~BC 24세기경 동아시아에서 최초로 성립된 강력한 고대국가였기 때문에 서방으로도 큰 저항 없이 진출하여 고중국의 현 산서성·하남성 지역까지 깊숙이 진출하였다.

현대와 같이 국경이 극히 확실하지 않았던 고대에 국경을 명료하게 파악할 수 있는 계기와 사건이 되는 것은 국경지역에서 무력 충돌이나 전쟁이 발발했을 경우이다.

단재 신채호 선생에 의하면, 고조선 제후국과 고중국 제후국이 치른 큰 전쟁의 하나는 BC 8세기~BC 7세기의 고조선 제후국인 고죽(孤竹)·불도하(弗屠下)·불영지(不令支)·산융(山戎) 등과 고중국 제후국인 제(齊)·노(魯)·조(曹)·연(燕)·진(晉) 등 사이의 전쟁이다. 신채호는 이것을 고조선의 대외전쟁(對外戰爭)이라고 표현하였다.[1] 이 전쟁에 참가한 양측 연합군의 위치를 추적하여 우리는 BC 8세기~BC 7세기의 고조선의 서변 국경(따라서 고중국의 동북변 국경)을 비교적 정확히 추적할 수 있다.

고조선 최성기의 서부 경계선을 종래 '난하'(灤河)로 설명해 온 견해가 많았다.[2] 이 학설은 틀린 것이 아니라 일정 시기 동안 정확한

---

1) 申采浩, 《朝鮮上古文化史》, 《改訂版丹齋申采浩全集》 상권, pp.425~429 참조.
2) ① 이지린, 《고조선연구》, 백산자료원, 1963.
  ② 윤내현, 《고조선연구》, 일지사, 1994.

학설이었다. 왜냐하면 고조선이 융성하여 고중국과 국경을 접했던 고조선 영역 발전의 제2단계에서 장기간 난하가 고조선(후국포함)과 고중국(후국 포함)의 경계선이 되었던 것이 사실이었기 때문이다.

문제는 그 후 고조선이 더욱 융성했던 단계의 한 시기 약 6백년 동안 이상 고조선은 난하와 조백하(潮白河)를 고중국 방향으로 건너넘어서 고조선의 서변으로(고중국에서는 동북변으로) 영정하(永定河)와 간하(干河)를 경계로 한 최융성기가 있었다. 물론 중국의 고문헌들도 이 사실을 증명하고 있다.3)

BC 12세기경에도 고조선 사람들(고중국의 통칭 동이족)이 계속 서남쪽으로 내려오므로 고중국의 서주(西周) 시기에 주(周)는 소공석(召公奭)을 연(燕)에 봉하고, 당숙(唐叔)을 진(晉)에 봉하여 이에 대응하게 하였다. 연은 당시 황하 이남의 소국이었으며, 지금의 북경(北京) 지구는 연의 영역이 아니라 고조선 후국들이 들어와 정착한 변경지역이었다. 지금의 북경지역이 연의 영역이 된 것은 연이 갑자기 강성해져서 북천한 BC 3세기 소공(召公, BC 311~279) 때였다.4) 이에 고조선의 서변 후국들은 BC 10세기경부터 고중국이 강성해지기 이전의 후국 연, 진과 국경을 접하게 되었고, 자연히 교류와 함께 갈등도 일어나게 되었다.

BC 8세기 말(BC 707년, 東周 桓王 13년)에 고중국 사가들이 호맥(胡貊)이라고 기록한 고조선 서변 후국이 고중국 북변 제후국 '연'을 공격하여 격파하고 산동반도에 있는 제(齊)를 공격한 일이 있었다. 이때 고조선 후국(산융)의 공격력은 주로 고조선 기마문화의 선진성과 우월성에 의거하고 있었다.5) 고조선 후국의 기병부대의 민첩한 기동

---

3) 박선희, 〈복식비교를 통한 고조선 영역 연구〉, 《단군과 고조선연구》, 지식산업사, 2005.
4) 윤내현·박선희·하문식, 《고조선 강역을 밝힌다》, 지식산업사, 2006 참조.
3) 중국 당나라 시대의 행정구역으로 설명하면, 평주(平州)와 영주(營州)는 고죽(孤竹) 영토였고, 단주(檀州)와 계주(薊州)는 대체로 불도하 및 불령지 영토와 일치했으며, 위주(嬀州)와 그 북방은 산융의 영토와 일치하였다.
4) 常征, 《古燕國史探微》, 聊城地區新聞出版局, 1992, pp.85~125 참조.

성이 연을 격파하고 순식간에 산동반도의 제에까지 이른 것이었다.

그로부터 43년 후인 BC 664년(동주 혜왕 13년)에 호맥(실제로는 산융)이 또 연과 진을 공격하여 들어왔다.[6] 위급해진 연이 제에게 긴급 구원을 요청하였다. 연이 패망하면 전례에 비추어 제를 공격할 것이라고 판단한 고중국 패권자 '제'의 환공(桓公)은 재상 관중(管仲)을 대동하고 고중국 제후국들의 연합군을 편성하여 출병하게 되었다.[7] 그에 대응해서 고조선(후조선) 후국들도 연합군을 편성하여 대항하게 되었다.

이때 고조선과 고중국 변경 제후국들의 연합제후국은 다음과 같다.[8]

> **고조선(후조선)** = **고죽**(孤竹), **불도하**(弗屠何 **또는** 屠何), **불령지**(不令支, **또는** 令支), **산융**(山戎, **원흉노**, 无終, **또는** 北戎)
> **고중국**(東周) = **제**(齊), **조**(曹), **허**(許), **노**(魯), **연**(燕), **진**(晋; **그 후** 韓·魏·趙 3국으로 분화)

이때 고조선 후국들(고죽·불도하·불령지·산융)과 고중국 후국들 (제·조·허·노·연·진)의 지리적 위치의 접선을 찾아보면, BC 8세기~BC 7세기의 고조선과 고중국의 국경선을 대체로 알 수 있게 된다.

2. 고조선 최성기의 영정하(永定河)·간하(干河) 경계선

먼저 당 시대의 《통전》(通典)에 전하는 고죽국(孤竹國)의 위치를

---

5) 신용하, 〈고조선 기마문화와 농경·유목의 복합구성〉, 《고조선단군학》 제26호, 2012 참조.
6) 《史記》 卷110, 匈奴列傳 第50 참조.
7) 《管子》 卷8, 小匡 第20 참조.
8) 申采浩, 《朝鮮上古文化史》, 《改訂版丹齋申采浩全集》 상권, pp.433~435 참조.

보면, 고죽국은 지금의 난하 하류 양안에 걸친 고조선 후국이었다. 《통전》 북평군 평주(平州)조에는 "평주는 지금의 노룡현(盧龍縣)이다. 은(殷)시대에는 '고죽국'이었다. 춘추시대에는 산융(山戎)과 비자(肥子)의 두 나라 땅이었다. 지금의 노룡현에는 옛 고죽성(古孤竹城)이 있는데, 백이(伯夷) 숙제(叔弟)의 나라였다."9)고 기록되어 있다.

또한 《통전》 유성군조를 보면, "유성군은 동으로 480리에 있는 요하에 이르고, 남으로 260리에 바다에 이르며, 서로 700리에 북평군에 이른다. 북으로는 50리에 거란(契丹)과의 경계에 이른다."10)고 하였다.

또한 《통전》 영주(營州)조에서 "영주는 지금의 유성현이다. 은(殷)시대에는 고죽국지(孤竹國地)였다. 한(漢)나라의 도하현(徒河縣)의 청산(青山)이 군(郡)성(城)의 동쪽 190리에 있었다. 극성(棘城)은 곧 전욱(顓頊)의 옛터[墟]인데 군의 성의 동쪽 170리에 있다. … (수의) 양제 초기에 주(州)를 폐지하고 요서군(遼西郡)을 설치했다. 대당(大唐)이 다시 영주(營州)로 복구했는데 혹은 유성군(柳城郡)이라고 한다. 속한 현은 1개뿐이다. 유성(柳城)(현)에는 용산(龍山), 선비산(鮮卑山)이 현의 동남쪽 200리에 있다. 극성(棘城)의 동쪽 새(塞) 밖에도 선비산이 있는데 요서(遼西)의 북쪽 100리에 있다. 어느 것이 옳은지 알 수 없다. 청산(青山), 석문산(石門山), 백랑산(白浪山), 백랑수(白浪水)가 있다. 또한 한(漢)나라 시대 교여현(交黎縣) 옛성[故城]이 동남쪽에 있다."11)고 기록하였다.

위의 기록에서 특히 다음을 주목할 필요가 있다.

---

9) 《通典》, 卷178, 州郡 8, 北平郡 平州條. 〈平州 今理盧龍縣. 殷時孤竹國. 春秋山戎肥子二國地也. 今盧龍縣 有古孤竹城 伯夷叔弟之國也.〉

10) 《通典》, 卷178, 州郡 8, 柳城郡조. 〈柳城郡 東至遼河四百八十里. 南至海二百六十里. 西至北平郡七百里. 北至契丹界五十里〉

11) 《通典》, 卷178, 州郡 8, 營州條. 〈營州 今理柳城縣. 殷時爲孤竹國地. 漢徒河縣之青山 在郡城東百九十里. 棘城卽顓頊之墟 在郡城東南一百七十里. … 煬帝初年廢 置遼西郡. 大唐復爲營州 或柳城郡. 領縣一. 柳城 有龍山·鮮卑山 在縣東南二百里 棘城之東塞外亦有鮮卑山 在遼西之北一百里 未詳孰是. 青山·石門山·白浪山·白浪水. 又有漢交黎縣故城 在東南.〉

(1) 평주(平州)는 당나라 시대의 노룡현(盧龍縣)이고 은(殷) 시대에는 고죽국(孤竹國)이었다. 여기에 고죽국의 수도인 고죽성(孤竹城)이 있었다. 이에 비해 영주(營州)는 당나라 시대의 유성현(柳城縣)인데, 이곳은 고죽국지(孤竹國地)였다. 즉 고죽국의 영지였다.

(2) 그러므로 고죽국은 영역이 (당 시대의) "영·평 2주"(營·平 二州)로 구성되어 있었다. 평주가 서쪽이고 영주가 동쪽이었다. 따라서 고죽국의 서변은 고조선의 서변이 된다. 고죽국의 도읍은 난하의 동쪽 강변 노룡(盧龍)이었지만, 고죽국의 서변은 난하를 건너 서쪽으로 지금의 당산(唐山)을 포함한 지역이었다. 고죽국은 난하를 가운데 두고 그 동쪽과 서쪽에 걸친 고조선의 후국이었다.

(3) 백랑수(지금의 대릉하) 유역과 지금의 조양(朝陽) 지역은 영주(營川)지역이므로 고죽국의 통치를 받던 고죽국의 영지였다.

그러므로 고조선의 서변은 지금의 난하를 건너서 서쪽으로 지금의 당산(唐山)을 포함한 지역이 해당된다고 볼 수 있다. 이것은 중국 사회과학원이 그린 지도(〈그림 18-1〉)에서도 확인된다. 뒤에 고염무(顧炎武)가 《영평2주기(營平二州記)》에서 "난하(灤河)의 좌측 동산(洞山) 기슭에 강을 끼고 고죽국 군주의 세 무덤이 있다"[12]고 기록한 것은 위의 설명을 더욱 보강해 증명해 준다고 할 것이다.

한편 춘추시대의 도하(屠何, 불도하)의 위치에 대해서 중국사회과학원은 지금의 북경시 서북쪽 만리장성 사이에 있는 하북성 선화(宣化)지역의 마정산과 탁록(涿鹿)현 일대로 비정하고 있다.[13]

춘추시대의 영지(令支)에 대해서는, 《통전》의 북평군 평주조에 "노룡

---

12) 顧炎武, 《營平二州記》, 〈灤河之左洞山陰夾河 有孤竹君三塚〉; 이지린, 전게서, p.57 참조.

13) 中國 社會科學院 主辦(譚基驤主編), 《中國歷史地圖集》, 第1册, 中國地圖出版社, 1996, pp.20~21 참조. 춘추시대 도하(屠何)의 위치에 대해서는 중국내 대립하는 2개 견해를 모두 그려 넣었다. 하나는 북경 바로 위의 탁록(涿鹿)현 부근인데, 이것이 전통적 견해이다. 다른 하나는 지금의 요하 부근이며, 이것은 후에 동북공정파의 견해이며 사실과 일치하지 않는 틀린 것이다.

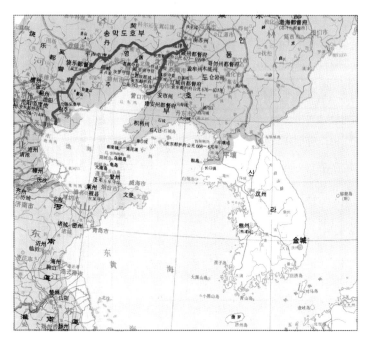

〈그림 18-1〉 고죽국 영역에 대체로 일치한 당시대의 평주와 영주(바
탕지도: 중국사회과학원 主辦/潭其驤 주편, 《中國歷史地図集》, 中國地図
出版社, 1982에 추가 표시)

(현)에 … 또한 한의 영지현성(令支縣城)이 있다"14)고 기록하였다. 영
지는 난하를 중국쪽으로 건너 고죽국의 서북쪽에 있었다.

춘추시대의 산융(山戎, 일명 北戎)의 위치에 대해서 《통전》은 어양
군(漁陽郡)에 산융(북융)이 위치했음을 지적하면서, "옛 북융(北戎)의
무종자(無終子)의 나라인데 일명 산융(山戎)이라고 칭하며, 대개 3개의
이름이 있다"15)고 하였다. 여기서 3개 이름이라 함은 ① 북융(北戎)
② 무종(无終, 無終) ③ 산융(山戎)인데, 명칭은 3개이지만 모두 산융
족이라는 것이다. 그러므로 어양군(漁陽郡) 부근의 북융, 무종, 산융의
이름이 있는 곳이 산융지역인 것이다. 지도에서 찾아보면 지금의 북경

---

14) 《通典》, 卷 178, 北平郡 平州條.〈盧龍 … 又有漢 令支縣城〉참조.
15) 《通典》, 卷 178, 漁陽郡 蘇州條.〈漁陽 ··· 古北戎 無終子國也. 一名 山戎 凡三
名〉참조.

〈그림 18-2〉 BC 10세기경 고조선과 고중국의 변경지역
구분(바탕지도: 중국사회과학원 主辦/譚其驤 주편, 《中國歷
史地圖集》, 中國地圖出版社, 1982에 추가 표시)

위의 조백하(潮白河)의 양안과 간하(干河) 일대가 무종(無終; 山戎, 北
戎) 지역이었음을 알 수 있다. 중국 사회과학원의 역사지도에서 보면
지금의 북경시 동쪽 만리장성 바로 이남과 북경시 서북쪽 장가구(張家
口) 북쪽의 만리장성의 바로 위에 무종(无終, 山戎)이 표시되어 있다.

위의 고죽, 도하, 영지, 산융(무종, 북융) 등 《관자》가 구이(九夷)
기마족[騎寇]이라고 일컬은 고조선 서변 변방 후국의 지리적 위치를
중국사회과학원이 그린 지도에서 찾아보면 〈그림 18-2〉와 같다.16)

지도에서도 잘 볼 수 있는 바와 같이, 고조선의 최성기에 고중국과
의 접경 제2단계에서 고조선 서변 후국들인 고죽, 불도하, 불영지, 산
융(무종) 등은 고중국의 소국 연(燕)나라와, 동으로는 영정하(永定河),
북으로는 간하(干河)를 경계로 국경을 접해서 연나라를 대체적으로

16) 中國社會科學院 主辦(譚基驤主編), 《中國歷史地圖集》, 第1冊, 1982, p.28 참조.

동·북·서방에서 둘러싸고 있음을 알 수 있다.

BC 664년의 제나라 환공의 연합군의 원정 이후의 상태를 보면, BC 4세기까지 고죽·영지·도하·산융의 이동은 없고 연(燕)의 이동도 없는 것으로 보아, 제나라 관중의 연합군은 산융·도하·영지·고죽을 멸망시키지는 못했지만, 연나라를 그 자리에 존속하도록 보호해 주고 돌아온 것이라고 볼 수 있다.

환공과 관중의 공적을 상찬하기 위해 사실 왜곡을 매우 많이 한 《관자(管子)》에는 마치 환공이 고죽국왕을 참하고 산융왕을 생포하여 항복을 받은 것처럼 기록하였다.[17] 그러나 이것은 사실이 아니며, 고죽과 산융·도하·영지 등이 춘추시대 말기에도 존속한 기록이 많다. 중국에서 유일하게 《연사(燕史)》를 저술한 명나라 학자 곽조경(郭造卿)은 "관자가 거짓을 많이 썼다"(管子書多誣)고 예리하게 지적하였다.[18] 신채호는 고죽·불영지·불도하가 패망한 것은 그 훨씬 후 연의 진개(秦開)에 의한 것이라고 하였다.[19]

3. 서기전 3세기 초 연(燕)의 진개(秦開)의 고조선 서변 침략

제나라의 출정과 귀환 이후의 고조선과 고중국의 변경 양상을 보면, BC 7세기 후반부터 BC 4세기 말까지 고조선 후국 호맥(胡貊)과 고죽 등이 연을 공격하여 연은 존망의 위기가 지속되었다. 신채호 선생에 의하면, 고조선 측(동호와 고죽)이 연보다 군세가 우세하고 군제

---

17) 《管子》卷 8, 小匡 第20, 〈中救晋公 禽狄王 敗胡貉 破屠何 而騎寇始服. 北伐山戎 制令支 斬孤竹 而九夷始聽.〉참조.
18) ① 이지린, 《고조선연구》, p.56.
　　② 郭造卿, 《盧龍塞略》卷1, 經部守略經古(上), 〈管子書多誣 故孔門無道焉. …然紀年悖於春秋 輕重尤爲附會 故於疑存之. 而固者辨焉.〉참조.
19) 申采浩, 《朝鮮上古文化史》, 《改訂版丹齋申采浩全集》상권, p.436 참조.

가 발달하여 연을 공격했으면 고조선이 승리할 것이 확실하였다. 그러나 이 때 고조선 측의 대신 예(禮)가 개전(開戰)을 극력 반대하고 화친을 추구하므로 그의 주장이 채택되었다. 이에 고조선 측 사신이 연에 파견되어 화친을 설득하자, 긴장의 공포 속에서 있던 연은 환영하여 동호에 진개(秦開)를 인질로 보내어서 화친을 약속하였다. 동호(고조선 후국)의 왕은 진개를 매우 신임하였으므로, 진개는 동호의 군사시설과 군사무기, 군사기술을 관찰하고 습득하게 되었다.[20]

연의 진개는 고조선 후국 동호에서 수십 년을 보내어 동호를 거울같이 잘 알게 된 후 동호를 탈출해서 연에 귀환하여 군사령관이 되었다. 진개는 부국강병책을 적극 실시하여 고조선의 철기문화와 철제병기를 수입해서 무기를 고조선식으로 개혁하고, 징병제를 실시하여 다수의 군대를 강군으로 훈련시킨 후, BC 3세기 초엽에 고조선 후국 동호를 기습하여 전쟁을 일으켰다. 진개는 동호왕의 신임을 받고 중용되던 시기에 동호의 강점과 약점을 거울같이 잘 알고 탈출하여 본국에 돌아가서 치밀한 전쟁 준비를 한 후에 동호를 기습 공격한 것이므로, 결국 동호는 대패하고 연의 진개가 크게 승리하여 동호의 많은 영토를 빼앗게 되었다.

연 진개(秦開)의 이 공격과 승전에서 사마천(司馬遷)의 《사기》는 "진개가 동호를 기습 공격하여 패주시켜 동호를 1천여 리 격퇴하였다"고 다음과 같이 기록하였다.

> 그 후 연에는 현장 진개(秦開)가 있어 호(胡)에게 인질이 되었는데, 호는 그(진개)를 매우 신임하였다. (진개는) 귀국하자 동호(東胡)를 기습하여 패주시켰다. 동호는 1천여 리나 퇴각하였다.[21]

한편 어환(魚豢)의 《위략》(魏略)은 "연이 장군 진개를 파견하여 조선의 서방을 공격해서 2천여 리의 땅을 취하여 만반한(滿潘汗)에 이르

20) 申采浩, 《朝鮮上古文化史》, 《改訂版丹齋申采浩全集》 상권, pp.433~438 참조.
21) 《史記》, 卷 110, 匈奴列傳 第 50, 〈基後燕有賢將秦開. 歸而襲破走東胡 東胡卻千餘里.〉

러 경계를 삼았다"고 다음과 같이 기록하였다.

> 옛 기자의 후예인 조선후(朝鮮侯)는 … 그 뒤에 자손이 점점 교만
> 하고 포악해지자, 연(燕)은 장수 진개(秦開)를 보내어 (조선의) 서쪽
> 지방을 공격하고 2천여 리의 땅을 빼앗아 만번한(滿番汗)에 이르는
> 지역을 경계로 삼았다. 마침내 조선의 세력은 약화되었다.[22]

《사기(史記)》는 진개가 동호의 1천여 리 땅을 빼앗은 사실에 대해
"연나라가 전성한 때부터 일찍이 진번조선(眞番朝鮮)을 공략하여 복속
시키고 관리를 두기 위해 장새(障塞)를 세웠다"[23]고 했는데, 《염철론
(鹽鐵論)》에서는 "대부(大夫)가 말하기를 옛날에 사이(四夷)가 모두 강
하여 (고중국에) 침략해 들어와서, 조선(朝鮮)은 교(徼)를 넘어 연(燕)
의 동쪽 땅을 빼앗았다"[24]고 기록하였다. 이 기록은 연의 진개가 한때
진번조선의 땅 1천여 리를 빼앗아 장새(障塞)를 세우고 관리를 두어
지키려고 했으나, 진개가 죽은 후 곧 진번조선이 반격을 가하여 교
(徼, 障塞)를 넘어서 연의 동쪽 땅(진개에게 빼앗긴 진번조선의 영토)
을 수복했음을 알려주는 것이다. 또한 이 기록은 사마천의 《사기》 흉
노열전의 동호(東胡)를 조선열전에서는 진번조선이라고 인지했음을 알
려 주고 있다.[25] 동호가 고조선 후국으로서 진번조선이었다는 사실 기
록을 처음 주목한 이는 신채호 선생이었다.[26]

여기서 유의해야 할 것은 무엇보다도 사마천의 《사기》는 먼저 연

---

22) 《三國志》 魏書東夷傳, 韓條, 〈魏略曰 昔箕子之後朝鮮侯 … 後子孫稍驕虐 燕乃遺將秦
    開攻基西方 取地二千餘里 至滿番汗爲界 朝鮮遂弱.〉
23) 《史記》 卷115, 〈朝鮮列傳〉〈自始全燕時 甞略屬眞番朝鮮 爲置使 築鄣塞〉
24) 《鹽鐵論》 卷7 備胡 편 〈大夫曰 往者四夷俱强 並爲寇虐 朝鮮踰徼劫燕之東地〉
25) 신채호는 《史記》 조선열전의 〈自始 … 眞番朝鮮〉을 眞番과 朝鮮으로 띄어 읽
    지 않고 〈眞番朝鮮〉을 붙여서 한 단어의 한 실체로 읽었다. p.91.
26) 신채호는 조선의 3조선 분할론을 정립하면서 "《史記》 朝鮮傳에는 위만이 거
    (據)한 '불조선'만을 '조선'이라 쓰는 대(代)에 '신조선(진반조선)'이 '동호'라
    고 칭하여 흉노전에 넣었으니"(《조선상고사》, p.95)라고 하여 사마천은 '진반
    조선'(신채호의 신조선)을 '동호'라고 기록했다고 밝혔다.

의 장수 진개가 인질로 간 나라를 호(胡)라고 쓰면서 이를 '흉노전'에 넣고 진개가 그 왕의 신임을 얻은 후 귀국하여 인질 때의 정보를 활용하여 진개가 공격한 나라를 동호(東胡)라고 기록했다는 사실이다. 또한 사마천은 산융과 동호를 크게는 동일한 것으로 생각하여 분류한 것이었다. 이에 비해 동일한 사실을 설명하면서 어환의 《위략》은 '동호'를 '조선'(朝鮮)이라고 기록하였다. 이것은 곧 어환과 사마천이 조선 =동호=산융을 동일 계열로 관찰하고 해석했음을 알려주는 것이다. 중국고문헌들도 동호가 곧 조선의 일부라는 사실을 증명하고 있음을 주목할 필요가 있다. 《사기》와 《위략》의 기록들은 동호와 산융이 '고조선의 서방 후국'이었음을 인지하고 있었음을 알 수 있다.

다음 《사기》의 1천 리와 《위략》의 2천 리의 차이는 중국식 숫자 과장 표현의 관습과 함께 동호(후조선 후국) 군사의 반격을 고려하면 해결되는 문제이다. 진개가 승리한 후 연이 행정구역을 상곡(上谷), 어양(漁陽), 우북평(右北平), 요서(遼西), 요동(遼東)의 5군(郡)을 편성했는데, 이때 연·진 당시에는 요서, 요동의 경계를 이룬 요수(遼水)는 지금의 난하(灤河)를 가리킨 명칭이었다. 중국 고대사에서 요하, 요수는 중국의 동북 국경지대 '멀리 있는 강'의 호칭이어서 여러 차례 변동하였다. 신채호선생이 잘 밝힌 바와 같이 진(秦)나라 때까지는 요하가 지금의 난하였다.[27] 그 후 고중국의 영역과 인식이 동북쪽으로 이동·확대됨에 따라 대능하(大凌河)를 요하로 불렀다가, 한(漢)나라 이후에야 지금의 요하를 요하로 호칭하기 시작하였다.

요컨대 연의 장수 진개의 공격 때 BC 3세기 초엽에 이르러서 요동·요서(난하의 동·서)에 걸쳐 있던 고죽국(孤竹國)·불도하·불영지는 멸망했으며, 그 왕족들은 후조선지역으로 피란하게 되었고, 고조선 후국이었던 동호(東胡)도 서방 영토를 대릉하 유역까지 상실했다가 그 후 연이 쇠약했을 때 동호가 다시 이를 수복했으나, 고죽국 영지는 회복하지 못하였다. 고조선(후조선)의 세력은 기원전 3세기 초 진개의 공격에 패하여 상당히 약화된 것이었다.

4. 고조선과 고중국의 서기전(BC) 3세기 국경선으로서의 '만리장성'

고조선은 BC 3세기에 이르러 연의 장수 진개(秦開)의 공격과 뒤이은 진시황의 '만리장성' 수축으로 영정하·간하계선에서 후퇴하여 이 단계에서는 만리장성을 고조선과 고중국의 국경선으로 삼게 되었다.

연이 고조선 후국 동호를 공격하여 BC 3세기 초에 고조선 영토 1천여 리~2천여 리를 빼앗은 최융성기 이후, 연은 중국의 전국시대(BC 403~BC 221) 이른바 '전국7웅'(戰國七雄)이라고 말하는 연(燕), 제(齊), 한(韓), 위(魏), 조(趙), 초(楚), 진(秦)의 7국의 하나로 강성해져서, 서로 패권을 장악하려고 치열한 쟁투를 벌이게 되었다. 이 가운데서도 진(秦)이 가장 강성하여 한·위·조를 차례로 멸망시키고, 마침내 BC 222년에는 연도 멸망시켰다.

진(秦)의 왕 정(政)은 열국을 통일하자 BC 221년에 황제를 자칭하여 '시황제'(始皇帝)라고 불렀다. 진시황은 통일을 성취하자마자 기존의 열국들의 성들을 연결하여 이른바 만리장성의 수축을 시작하였다. 그 가운데서 고조선과 접경한 나라가 연나라였으므로 만리장성은 연의 장성을 동북 방면의 한계로 하였다.

만리장성에 대해서는 신채호 선생의 연구가 있으므로 이를 요약해보면 그 실상을 정확히 알 수 있다. 신채호 선생에 의하면 만리장성의 역사는 3기로 나누어 볼 수 있다.[28]

첫째는 진시황 이전의 연(燕) 장성이다. 《사기》에 "연(燕)이 흉노를 막으려고 장성을 조양(造陽)에서 양평(襄平)까지 쌓았고, 그 안에 상곡

---

28) 申采浩, 《朝鮮上古文化史》, 《改訂版丹齋申采浩全集》 상권, pp.440~443 참조.

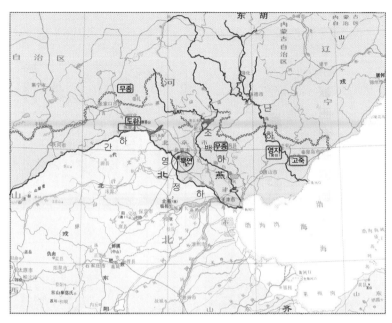

〈그림 18-3〉 BC 3세기의 고조선과 고중국 국경으로서의 '만리장성'(중국사회
과학원, 主辦/譚其驤 주편,《中國歷史地図集》, 中國地図出版社, 1982에 추가 표시)

(上谷), 어양(漁陽), 우북평(右北平), 요서(遼西), 요동(遼東) 군(郡)을
두었다"고 했는데, 이것이 진시황 이전의 연의 장성이다. 여기서 요서·
요동이라고 함은 지금의 난하(灤河; 연·진 시대의 호칭 요수)의 서쪽
과 동쪽의 연나라 영토를 말하는 것이다. 상곡·어양·우북평·요서는 모
두 지금의 난하 이서에 있는 연의 요서지역의 군이었고, 요동이 난하
동쪽인 지금의 갈석(碣石) 지방이었다.

둘째는 진시황의 장성이니, 진시황은 연의 장성을 그대로 활용한 위
에 북방과 경계를 이루었던 한·위·조(본래 晉에서 분화)의 성곽을 북
서변으로 연결하였다. 이것이 진시황의 이른바 만리장성이다.

셋째는 진시황 이후의 장성인데, 오늘날 남아 있는 만리장성은 명
(明)나라 때 서달(徐達)이 진시황의 장성을 보수하여 축성한 것이다.

신채호 선생에 의하면 연의 장성이나 진시황의 장성이나 또는 명의
장성이나 모두 그 동남쪽 끝은 난하 유역의 구 영평부(永平府) 안에

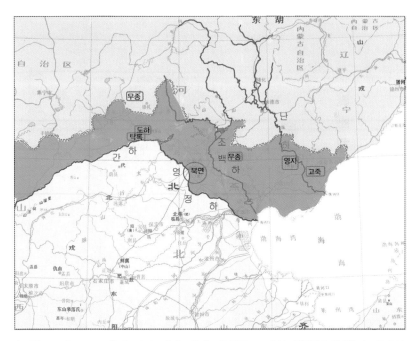

〈그림 18-4〉 BC 3세기 연과 진에 의해 상실된 고조선 영역(초록색)과 경계선 이동(바탕지도: 중국사회과학원 主辦/譚其驤 주편, 《中國歷史地図集》, 中國地図出版社, 1982에 추가 표시 재구성)

있었고, 지금의 난하 하류 동쪽 갈석산(碣石山) 부근에서 끝나는 것이다. 이것을 통칭하여 '만리장성'이라고 말하는 것이다.

그러므로 연·진 시대로 거슬러 올라가 보면, 만리장성은 연의 진개(秦開)에 의해 고조선 후국 고죽국(孤竹國)이 멸망한 직후의 고중국측(연·진)이 축성한 고조선과 고중국(연·진)의 국경선이었다고 볼 수 있다. 이를 중국사회과학원이 그린 지도 위에 그려보면 〈그림 18-3〉과 같다.29)

고중국(연·진)의 입장에서 보면, 만리장성은 고조선 후국들(산융·동호 등)의 침입을 방어하기 위해 연(燕)과 진(秦)이 축성한 방어선이었다.

고조선의 입장에서 보면, 만리장성은 그 이서 이남까지 진출했다가

29) 中國社會科學院 主辦(譚其驤主編), 《中國歷史地圖集》, 第1册, p.28 참조.

BC 3세기 초엽에 연에게 기습당해 패전하여 고죽국 등을 잃고 후퇴했다가, 진의 만리장성 수축으로 회복하지 못하게 경계선이 만들어져 버린 고조선의 서변 '국경선'이었다.

필자는 즉 '만리장성'은 고중국측(연·진)이 축성한 BC 3세기경의 고조선과 고중국의 국경선이었다고 보고 있다.

왜 고중국(연·진)은 '만리장성'을 축성했으며, 왜 고조선(동호·산융)은 잃어버린 만리장성 이남의 영토를 회복하지 못했을까? 고조선의 후국 동호(東胡)와 산융(山戎, 원흉노) 등의 질풍노도 같은 막강한 기병(騎兵)부대가 만리장성을 넘을 수 없었기 때문이었다.

만리장성은 고조선 후국들 가운데 유목 기마민족(遊牧騎馬民族)의 막강한 기병부대의 남하를 막기 위한 길고 높은 성벽이었다. 보병부대는 만리장성을 기어서 넘을 수 있었으나, 인간의 손이 관문을 열어주지 않는 한, 손이 없는 말과 기병부대는 만리장성을 원리적으로는 넘을 수 없었다.

고중국에도 《회남자(淮南子)》와 같이 만리장성이 진과 조선의 국경선이었다는 인식이 있었음을 간접적으로 인지한 기록이 보인다. "(진시황이) 성(城)을 쌓았는데 서쪽으로는 유사(流沙)에 붙어 이었고 북쪽으로는 요수(遼水, 濼河—인용자)를 쳤으며 동으로는 조선과 연결되어 있다"[30]는 기록이 그것이다.

지금까지의 고찰에서 알 수 있는 바와 같이, 고조선 고대연방제국의 서변 진출은 BC 664년 제 환공의 출병으로 저지당하였다. 뿐만 아니라 BC 3세기 초에는 연의 진개의 기습 공격을 받고 패전하여 고죽·불도하·불령지 등 후국들이 멸망하고 산융도 북방으로 후퇴했으며, 고조선은 무려 1천여 리의 영토를 연에게 빼앗겼다. 고조선은 이 패전으로 국력이 크게 기울어진 것이 틀림없다.

---

30) 《淮南子》 卷18, 〈人間訓〉, 〈築脩城 西屬流沙 北擊遼水 東結朝鮮〉. 결계(結界)는 불교 등 종교 사원·사당 등에서 내(內)와 외(外)를 구분하여 만든 목책(木柵)인데, 결조선(結朝鮮)은 조선(외)이 (안으로) 들어오는 것을 막기 위한 경계임을 나타내는 것이다.

연과 진은 점령지에 만리장성을 수축하여 산융 등 조선 후국들의 기마부대들의 기습공격을 방어케 했는바, 만리장성이 BC 3세기 고조신·고중국 사이의 국경선이 된 것이었다.

5. 위만(衛滿)의 정변과 '위만조선'의 축소 및 고조선연방제국의 사실상 해체

고조선이 쇠약해진 상태에서 BC 2세기 초에는 위만의 군사정변이 일어나 정권을 탈취함으로써 고조선 연방제국은 해체 단계에 들어갔다.

일찍이 연(燕)의 진개에 의해 빼앗긴 1,000여 리의 옛 고조선 땅에 남아 있던 조선족 후예인 위만(衛滿: 성 위씨는 연에서 사는 시기에 붙인 것)이 BC 209년경 조선인 등 피난민 1천여 명을 이끌고 고조선에 피난해 들어와 후조선 준왕에게 투항하였다. 준왕은 위만을 신임하여 고중국쪽 서변 국경 부근에 정착시키고 국경을 방어하게 하였다. 위만이 국경을 잘 지키자 준왕은 위만을 후왕에 임명하여 임명장까지 발급해 주었다.[31] 지금의 창여현(昌黎縣) 험독(險瀆)이 위만의 주둔 도읍지였던 것으로 추정된다.[32]

BC 195년 고중국 한(漢)에서 연왕(燕王) 로관(虜綰)이 한에 반역하여 흉노로 도망한 사건이 일어나서 한의 중앙군이 로관을 토벌하러 출동하자, 위만은 이것을 기회로 포착하여 후조선 준왕(準王)에게 "한의 대군이 10개의 길로 쳐들어오니 내가 가서 왕궁을 지키겠다"고 거짓 보고하여 승낙을 얻고 준왕이 있는 왕검성(王儉城: 지금의 개평 부근)에 대군을 이끌고 입성하여, BC 194년 정변을 일으켜서 정권을 장악하고 고조선왕이 되었다. 고조선의 후조선 왕조가 멸망하고 '위만

---

31) 《三國志》 卷30, 烏丸鮮卑東夷傳, 韓傳 참조.
32) 《史記》 卷115, 朝鮮列傳 참조.

〈그림 18-5〉 고조선의 제4단계: 위만조선 시기(BC 194~BC 108)

왕조'가 수립된 것이다.

후조선 준왕은 따르는 대신과 궁인들을 데리고 바닷길로 남쪽 진(辰國·震國)에 피난하여 마한왕이 되었다.

위만은 속임수로 군사정변을 일으켜 위만왕조를 세우고 조선 국호를 그대로 사용하면서 고조선의 강성을 유지 발전시키려 노력했으나, 고조선 고대연방제국은 실제로 큰 타격을 입고 급속히 축소, 약화되어 사실상 해체되었다.

첫째, 고조선 주민 중에서 예족이 끝까지 위만에게 불복하였다. 위만은 고조선의 맥족 계통일 뿐 아니라 연나라에게 빼앗긴 옛 고조선 땅의 고조선 유민으로서 속임수를 써서 '정변'을 일으켜 고조선 왕좌를 찬탈했으니, 당시 예족 후왕의 입장으로서는 위만을 도저히 제왕으로 봉대하기는 어려웠던 것으로 보인다. 심각한 갈등이 있었던 모양으로, BC 128년 예군(濊君) 남여(南閭)는 28만구의 예족을 이끌고 한

(漢)에 투항해 버렸다. 한은 이를 맞아 창해군(滄海郡)을 설치해서 남여에게 주었다가 2년 후에 이를 폐지하였다.[33] '한'에게로 투항을 거부하고 후왕 남여를 따라가지 않은 예족은 동쪽으로 이동하여 동예(東濊)로 호칭되면서 고조선 영역에 남았다. 예족은 매우 용감하고 군사에 밝아서 장수들을 매우 많이 배출한 후국족이었는데, 예족이 위만에게 불복함은 위만조선을 근저에서 매우 취약하게 만든 것이 틀림없다.

둘째, 고조선 후국 진번(眞番)과 임둔(臨屯)의 위만조선에 대한 반란이다. 이들도 예군 남여와 동일한 이유로 위만 왕조에 불복했으나, 한에 투항하지 않고, 독자적 반란으로 대응하였다. 위만은 진번과 임둔의 반란에 대해서는 무력으로 이를 진압한 후 회유하였다.[34]

셋째, 정통성과 명분이 높은 원왕검성(元王儉城) 강동 아사달(朝鮮) 지역의 불복이다. 연의 진개에게 고조선의 서쪽 변방 땅을 빼앗겼던 고조선 유민 출신 장수 위만의 왕위 찬탈에 대해 고조선 원도읍 강동 아사달 지역 고조선 사람들이 끝내 불복한 것은 미루어 알 수 있는 일이다. 결국 위만왕조가 위기에 처한 시기에 강동 아사달지역 행정책임자 조선상(朝鮮相) 역계경(歷谿卿)은 추종자 2천 명을 거느리고 위만왕조에 반대하여 남쪽 진국(辰國)에 투항해 가버렸다.[35]

넷째, 고조선 고대연방제국의 종래의 모든 후국들이 위만 정변의 불법성에 반감을 갖고 연맹을 포기하여 사실상 각각 독립 고대국가로 되어 버렸다. 이것은 직령지의 예군(濊君)과 진번·임둔의 저항이나 조선상의 진국 망명을 보아도 알 수 있는 일이다. 위만조선은 국호는 조선을 그대로 사용했으나, 내용은 단군조선(전조선) 및 후조선과는 달리 후국이 없는 외로운 단독 왕조가 되었다. 사실상 고조선 고대연방제국은 해체되어 후조선으로 끝났고, 위만조선은 크게 축소되어 작은 단독 고대국가로 된 것이다.

---

33) 《三國志》卷30, 烏丸鮮卑東夷傳, 濊傳 참조.

34) 《史記》卷115, 朝鮮列傳 참조.

35) 《三國志》卷30, 烏丸鮮卑東夷傳, 韓傳 참조.

　다섯째, 결국 고조선 고대연방제국은 2천 8백 년 동안 장기 지속하여 문화적으로는 여전히 고조선문명권으로 남아 있었지만, 정치적으로는 BC 195년 정당성이 결여된 속임수 정변으로 세워진 위만왕조의 수립을 계기로 그 체제적 특징은 사실상 해체된 것이다. 고조선 후국들은 각각 독립하여 위만조선에 대해서는 독립국가들처럼 되어버리고, 때로는 적대적으로까지 되었다. 위만조선이 위기에 처했어도 원조해 나설 후국들은 없게 되어 버린 것이다.

　고조선에 위만왕조가 수립됨으로써 고조선 고대연방제국은 사실상 해체되고, 후조선 직령지에 위만조선으로만 남게 된 것이다. 그러므로 축소된 위만조선(BC 194~BC 108)을 그 이전의 고조선 연방제국(전조선과 후조선)과 영토와 국력과 체제 면에서 동일한 고대국가로 간주하는 것은 사실에 맞지 않는 것이다. 후조선 시기까지와는 전혀 달리, 부여·진(삼한)·옥저·동예·읍루·실위·산융 등은 위만조선의 지배나 지휘를 받기는커녕 고조선의 정권을 불법 탈취한 왕조로 적대시하는 경우가 많았다.

　위만조선은 고조선의 외롭고 고립된 작고 취약한 왕조가 되었다.

6. 한(漢)무제(武帝)의 침략과 위만조선의 멸망

　고조선 위만왕조의 위만은 처음의 군사정변의 정당성 결여와 취약성에도 불구하고, 개인적 능력과 정략이 있었으므로 한때 수공업과 농업을 장려하고, 군사력 강화에 주력하며, 한 및 흉노와의 외교에도 힘써서 위만왕조는 안정되고 점차 부강하게 되었다.

　고조선 위만왕조의 위기는 위만의 손자인 우거왕(右渠王)시기 BC 109년에 닥쳐왔다. 한(漢)의 무제(武帝)가 '천하통일'의 꿈을 실현하기 위해 고조선 침략 정복을 결정했기 때문이었다.

한 무제는 BC 141년에 즉위하자 흉노와 돌궐로부터 기마와 철제무기 제조술을 도입하며 대군을 양성하더니, BC 119년에 만리장성 안에 들어와 살던 좌흉노를 무력으로 만리장성 북쪽으로 몰아내고 만리장성을 넘어서까지 추격하여 흉노 기마병을 패배시키는 데 성공하였다. 한 무제는 이어서 BC 111년에는 남방 원정을 단행하여 양자강 이남 남월과 동월을 공격하여 평정해서 10개 군을 설치하고 만리장성 이남 중국의 통일을 완성하였다.

이에 한 무제는 문제(文帝, 재위 BC 180~BC 87) 때부터 꿈꾸어오던 고조선 병탄을 위해 화평파의 반대를 눌러가며, BC 110년에 고조선 침략을 결정하였다. 그는 육군과 수군의 대군을 동원하여 BC 109년에 고조선을 공격하였다.[36] 한 무제의 침략으로 시작된 위만조선-한 전쟁의 큰 전투는 3차례 있었다.

제1차 큰 전투는 BC 109년에 한 무제의 좌장군 순체(筍彘)가 지휘하는 한나라 공격 육군과 위만조선의 전진 방어군이 패수(대능하 하류) 서편에서 격전을 벌여 한나라 침략군이 참패하고 위만조선 방어군이 대승리를 거둔 전투였다. 한편 한 무제의 누선장군(樓船將軍) 양복(楊僕)의 수군은 열구(列口: 요하 하구)에 도착하여, 승전한 한나라 육군이 도착하면 수륙군 합동작전으로 왕검성(개주)을 포위 공격하여 함락시키려는 원래의 작전 수행을 기다리고 있었다. 패수에서 한나라 육군이 도착하지 않는데, 우거왕의 왕검성 방어군은 패수 방어전에 대부분 나가서 얼마 되지 않는다는 정보를 얻고 양복은 공명심으로 7천 명의 수군을 거느리고 단독으로 왕검성을 공격하였다. 양복의 군대가 많지 않음을 알게 된 왕검성 안의 우거왕 방어군이 먼저 성문을 열고 질풍노도처럼 한나라 군대를 선제공격하였다. 양복의 선봉대 7천 명은 거의 전멸했고, 위만 조선군은 대승리를 거두었다. 한 무제는 수륙 양군이 모두 참패하게 되어 일거에 왕검성을 점령하여 대승을 거두려던 목표는 완전히 좌절되었다.

---

36) 《史記》 卷115, 朝鮮列傳 참조.

한 무제의 좌장군 순체는 자기의 공격작전 실패를 선봉장의 선제공격 때문이라고 하여 선봉장 다(多)의 목을 베어 징계하였다.《사기》는 "좌장군 순체가 요동(이때는 산해관 지역)으로부터 나가 우거를 치니 우거는 험한 지형에 의거하여 방어하였다. 좌장군의 졸정 다(多)는 요동지방 군사를 이끌고 먼저 공격하였으나 싸움에 패하여 흩어지고 다(多)는 도망쳐 왔으므로 법에 따라 참형을 당하였다."37)고 기록하였다.

둘째의 큰 전투는 한 무제의 군대가 왕검성을 포위하고 연속 공격했으나 우거왕의 수성군이 잘 방어하여 어느 편도 승리하지 못한 지리한 전투였다.

첫 전투에서 수륙 양군이 모두 대패한 한 무제는 위산(衛山)을 보내어 우거왕을 설득해서 항복의 강화를 실행하도록 하였다. 그러나 위산이 실패하고 돌아오자 무제는 그를 주살(誅殺)하였다.38)

항복 설득에 실패하자, 한 무제의 육군 순체부대는 패수(이때는 대릉하) 하류를 버리고 상류로 우회하여 우거왕의 상류 방어군을 물리치고 남진해서 왕검성의 서북쪽을 포위하였다. 누선장군 양복의 수군부대는 대오를 정비하여 해안을 따라서 왕검성 남쪽을 포위하였다. 그러나 한 무제의 수륙 양군이 수개월 동안 아무리 공격해도 왕검성의 방어는 철통같아서 꿈적도 하지 않았다. 해를 넘겨 BC 108년이 되었으나 전투에 어느 편도 승리하지 못하고 전쟁은 교착상태에 들어갔다.

한 무제의 수군 누선장군 양복은 대패전을 겪었을 뿐 아니라 전투에는 승리할 자신이 없어 전투를 회피하였다. 육군 좌장군 순체는 공명심으로 전투를 재촉하여, 양 지휘관이 서로 불신하였다. 우거왕은 항복 의사가 전혀 없으면서도, 적을 분열시키기 위해 누선장군과만 강화 교섭을 진행시켰다.

한 무제는 전쟁이 교착상태에 빠진 채 두 장군이 불화하다는 보고

---

37)《漢書》卷95, 朝鮮傳,〈兵五萬 左將軍荀彘 出遼東 誅右渠. 右渠發兵距險. 左將軍卒多率遼東士先縱 敗散 多還走 坐法斬〉참조.
38)《史記》卷115, 朝鮮列傳 참조.

를 받고, 제남태수(濟南太守) 공손수(公孫遂)를 전선에 파견하여 조정
케 하였다. 좌장군 순체는 공손수에게 "조선이 항복할 형편에 이른 지
오래되었는데도 항복하지 않는 것은 누선장군이 여러 번 싸울 시기에
합세하지 않아서입니다"하고는 평소 품고 있던 생각을 낱낱이 고하면
서 "지금 이와 같으니 (누선을) 체포하지 않으면 큰 해가 될까 두렵
습니다. 누선 혼자만이 아니라 조선과 함께 아군을 공멸시킬 것입니
다."39)라고 말하였다.

공손수는 이 말을 옳게 여기고 양복을 좌장군 군영에 들어와서 일
을 의논하라고 황제의 신임장으로 부르고는 순체의 병사들로 양복을
체포한 뒤 그의 수군을 순체의 육군에 통합시켜 순체가 총지휘하게
하였다. 공손수가 한나라 조정에 돌아와 보고하자 한 무제는 공손수가
공명심으로 순체의 편만 들었다고 하여 공손수를 주살하였다.

셋째의 전투는 통합된 한 무제의 침략군의 포위 총공격과 항복 회
유 공작에 맞서서 우거왕이 방어전을 용감히 전개하는 도중에, 우거왕
의 왕검성 조정 안에 반역자가 암약하여 우거왕이 암살당하고 왕검성
이 함락된 전투이다.

한 무제의 통합된 군대가 더욱 맹공격을 가해오자, 우거왕은 용감히
맞서 싸우면서 왕검성을 잘 방어하였다. 그러나 희생자가 나오고 무
기·군수물자가 부족하게 되자 신하들 일부에서 '항복'을 모의하는 반
역자들이 나타나게 되었다. 조선상 로인(路人)·상(相) 한도(韓陶)·이계
상(尼谿相) 참(參)·장군 왕협(王唊) 등은 "처음 누선(양복—인용자)에
게 항복하려 했으나 지금 누선은 잡혀 있고, 좌장군(순체) 단독으로
장졸을 합하여 전투가 더욱 맹렬하니 맞서서 싸우기 두렵거늘 왕(우
거왕) 또한 항복하려 하지 않는다"40)고 불평하고, 항복을 모의하였나.
마침내 한도·왕협·로인 등은 도망하여 한나라 군대에 항복하였다. 로

---

39) 《漢書》卷95, 朝鮮傳, 〈左將軍曰 '朝鮮當下久矣 不下者 樓船數期不會'. 具以素所意
告遂曰 '今如此不取 恐爲大害 非獨樓船 又且與朝鮮共滅吾軍.〉참조.
40) 《漢書》卷95, 朝鮮傳, 〈始欲降樓船 樓船今執 獨左將軍並將 戰益急 恐不能與 王又不
肯降.〉참조.

인은 도중에 죽었다.

BC 108년 여름까지 되어도 우거왕은 왕검성을 잘 방어했고, 한나라 순체의 침략군은 공격을 거듭했으나 왕검성을 함락시키지 못하였다.

한나라 순체의 음모인지, 우거왕 신하의 음모인지는 분명치 않으나, 이계상 참(參)이 사람을 시켜 우거왕을 암살하고 한나라 순체의 군대에 항복하는 대반역사건이 일어났다. 나중에 순체가 한 무제에게 참형을 당한 것을 보면, 순체가 전투로서는 왕검성을 함락시키지 못하게 되자 초조하여 이전에 항복해 온 한도와 왕협 등으로 하여금 이계상 참에게 연락해서 우거왕을 시해하고 투항하도록 비밀리에 공작한 것으로 추정된다.

우거왕이 죽으면 왕검성이 함락되리라 예견되었는데, 우거왕의 아들 장(長)까지 항복했음에도 불구하고, 뜻밖에 죽은 우거왕의 대신 성기(成己)가 군사지휘자가 되어 항복을 거부하고 끝까지 방어전을 전개하였다.

이번에는 무제의 좌장군 순체가 직접 나서서 항복한 우거왕의 아들 장(長)과 로인(路人)의 아들 최(最)를 보내서 백성을 달래고 항복을 권유하되 말을 듣지 않으면 암살하도록 교사해서 파견하였다. 성기는 항복을 거부하고 끝까지 항전을 택하였다. 우거왕의 아들과 로인의 아들 등은 성기를 암살해 버렸다.[41] 위만조선군은 끝까지 저항했으나 총지휘자를 잃고 중과부적으로 패전하여 왕검성은 함락되고, 고조선의 위만왕조는 BC 108년 가을에 3대 86년의 단명으로 멸망하였다. 위만왕조의 멸망으로 고조선 국가도 BC 108년 사라지게 되었다.

한 무제의 침략군은 결국 왕검성을 점령했으나 전투 자체는 패전이 거듭된 졸전이었고, 비열한 암살공작들이 난무한 수치스러운 전쟁이었다. 한의 무제는 침략군이 귀환하자 그 장수들에게 상을 준 것이 아니라 졸전을 책망하여, 좌장군 순체에게는 공을 다투고 서로 시기해서 작전계획을 어긋나게 한 죄를 물어 공손수와 함께 참형에 처하고 시

---

41) 《史記》 卷115, 朝鮮列傳 참조.

체를 저자거리에 전시하게 하였다. 누선장군 양복은 열구에 도착해서 좌장군을 기다리지 않고 단독 공격했다가 패전한 죄를 물어 처음에는 사형을 선고했다가 속전을 받고 서인(庶人)으로 신분을 강등시켰다. 무제는 이 수치스러운 전쟁의 수륙군 지휘장군들을 모두 처형한 것이었다. 무제는 위만조선의 직령지에 한(漢)의 4개 군(郡)을 설치하고, 그 주위의 고조선 후국들과의 더 이상의 병탄전쟁은 도저히 힘에 겨워서 단념하였다.

고조선 위만왕조의 멸망으로 고조선 고대연방제국은 정치적으로 완전히 해체되고 고조선 본국은 멸망하였다. 과거의 고조선 후국들은 각각 독립국가로 되어 한(漢)의 침략과 한사군 퇴치를 위해 대응 활동하게 되었다.

7. 민족대이동의 진원

고조선 위만왕조를 멸망시킨 한 무제는 위만조선의 통치지역(고조선 직령지)에 BC 108년 한의 4군(낙랑군, 진번군, 임둔군, 현도군)을 설치하였다. 고조선 직령지 주민들의 저항이 격렬하자 한사군 설치 16년 후(BC 82년)에는 진번군과 임둔군을 폐지했고 그 후 낙랑군도 북방으로 밀려 이동시키지 않으면 안 되었다.

한(漢)무제가 위만조선을 침략하여 고조선이 멸망하기 이전까지는 유라시아 대륙의 극동은 장기간 평화의 지역이었다. 고조선 연방제국의 서변에서 BC 7세기 이후 고조선 연합군과 고중국 연합군의 국경 충돌이 간헐적으로 있었지만, '산융' 기병대를 중심으로 한 고조선 서변 연합군의 우세로 고조선 연방제국 전체는 평화 속에서 아직도 황량한 자연환경과의 투쟁을 전개하면서 독립적인 고조선문명을 발전시키고 있었다.

그러나 BC 108년 고조선의 멸망은 2800여 년 장기 지속의 안정된 평화체제를 근본적으로 붕괴시키고 흔들어 놓았다. 고조선 연방제국의 후국들은 이미 BC 195년 위만의 정변 때 사실상 해체되어 각각 독립되었다고 하지만, BC 108년 고조선 직령지(위만조선)의 몰락은 매우 큰 충격이 되어 밀려오는 고조선 본국 주민들의 이동과 함께 결국 모든 고조선 연방제국의 후국들과 전체 유라시아 대륙에 '민족대이동'의 '진원'이 된 것이었다.

고조선 연방제국의 붕괴라는 민족대이동의 진원은 거시사회사적으로 수세기에 걸쳐 유라시아 대륙에서 3차례의 민족대이동의 파동을 일으켰다.

민족대이동의 제1단계 파동은 옛 고조선 고대연방제국 내의 민족대이동의 직접적 파동이었다. 한·맥·예족 계열의 진(辰)·부여·옥저·고죽 유민·구려·양맥을 비롯한 제1형 후국들은 각각 독립국가로 되어 고조선 민족으로 그대로 남은 채 한4군을 몰아내기 위한 강렬한 투쟁을 전개하였다. 특히 제1형 후국 구려가 고구려로 발전하면서 한4군을 맹렬히 공격하여, 결국 고구려는 낙랑군까지 몰아내고 고조선의 옛 강토를 거의 모두 회복하였다. BC 1세기경 한반도와 만주·연해주에는 부여·고구려·백제·신라·가라·탐라 등을 중심으로 신채호 선생이 이름 붙인 '다국시대'가 열리게 되었다. 다국(多國)들은 각각 자기의 주도로 통일국가를 완성하려고 치열한 상호 경쟁을 시작하였다.

한편 제2형 후국들 가운데 기마유목민족인 실위족과 읍루족은 고조선 계열에서 분리 독립하여 독자적인 전근대민족 형성의 길을 가게 되었다.

또한 고조선연방제국의 고조선·진국 사람들과 무장들이 바다를 건너 일본열도 규슈(九州) 지방 등에 들어가서 그 영향으로 일본에서도 고대국가가 형성되기 시작하였다.

민족대이동의 제2단계 파동은 BC 1세기부터 AD 2세기까지 약 300년 동안 고조선 연방제국의 후국족 일부가 고중국 북방에서 한(漢)제국에게 대반격전을 감행하여 결국 한제국을 멸망시키고, 중국 북부지방에 이른바 5호 16국(五胡十六國)을 세워 활동한 단계이다. 여기서 5호(五胡)는 고조선 후예에 해당하는 흉노(匈奴, 산융)·선비(鮮卑)·오환(烏桓)과 한의 서변에 있던 저(氐)와 강(羌)을 가리킨다. 이들은 한(漢, 前漢)을 멸망시킨 자리에 자기들의 국가를 수립하고, 수(隋)의 발흥과 통일 때까지 약 200년간 중국의 화북지방을 지배하였다.

민족대이동의 제3단계의 파동은 옛 고조선 후국족들의 일부가 수·당의 발흥과 통일로 더 이상 중원에 들어가지 못하고 중앙아시아 초원지대로 민족이동을 감행하여 새 정착지를 찾았다가, 또 더 서방으로 이동하여 유럽지역까지 들어간 단계이다. 고조선 연방제국 안의 유목기마민족 중에서 주로 흉노(산융)·불령지·불도하·유연·정령(돌궐) 등이 서방으로 이동하여 처음에는 발카쉬호(Balkash Lake), 아랄해(Aral Sea), 카스피해(Caspian Sea), 흑해(Black Sea) 사이의 선주민 북부지역에 정착하였다.

그러나 중앙아시아에서 정착 과정상의 갈등으로 그들은 다시 더 서방으로 민족이동을 감행하여 발칸반도와 유럽지역 안으로 들어가게 되었다. 훈(Hun, 흉노)족이 AD 375년경 판노니아 평원의 게르만족인 동고트(Goths)족을 기마부대로 몰아내고 이곳을 새 정착지로 삼은 것이 도화선이 되어 유럽 전역에서 다시 민족대이동이 일어나게 되었다. 유럽의 AD 4세기 민족대이동도 추적해 보면 BC 108년 고조선 연방제국의 붕괴가 진원이 된 것이었다.

옛 고조선 연방제국의 후국족들은 고조선문명을 분유하면서 서방이동을 감행하여 새 정착지에서도 고조선문명을 간직한 채 새 환경에 적응하고 이를 더욱 변용시켜 각각의 민족문화를 형성 발전시켰다. 그 결과 고조선문명의 요소들을 유라시아 대륙의 중앙아시아와 서쪽 발칸반도, 중부유럽 일부와 북부 에스토니아·핀란드·갈레리아 지방까지 확산시키게 된 것이다. '우랄어족'의 형성도 이러한 고조선문명권의 기마민족 민족대이동의 문화변용의 한 부문으로 관찰된다.

제19장 민족대이동의 서방행렬과 고조선문명의 확산

1. 민족대이동의 서방행렬

이 책은 원래 18장에서 종설하고, 고조선 고대연방제국 해체를 유라시아 대륙 '민족대이동'의 진원으로 한 그 후의 민족이동의 이야기는 별도의 저서를 구상했었다. 그러나 전적으로 조금이라도 후학들의 참고자료가 될 수 있으리라는 생각에서 실증자료를 대부분 생략한 채, 우선 고조선 연방제국과 고조선문명의 서변 후국족들의 서방이동 이야기를 간단히 기록해 두기로 한다.

주의해야 할 것은, 여기서 설명하는 고조선 연방제국 서변 후국들의 서방이동 이전에 중앙아시아는 빈 공간이 아니라 이미 구석기시대부터 인간이 거주해 왔던 선점된 지역이었다는 사실이다. 각국 고고학자들에 의해 이 지역 구석기 유적들이 다수 발굴되어 있다. 또한 지구온난화 이후 신석기시대 유적들도, 예컨대 아파나시에보문화 유적, 쿠르간문화 유적, 안드로노보문화 유적, 마누신스크문화 유적, 카라스쿠문화 유적, 알틴 테레문화 유적 등 대표적 유적들을 비롯하여 다수의 신석기·청동기문화 유적들이 발굴되어 있다.

중앙아시아의 흑해와 카스피해 사이의 코카서스 지역은 인도·유럽어족(Indo-European language family)의 기원지이기도 할 만큼 역사가 오랜 인류 거주지였다.

고조선 연방국가 서변민족들이 민족이동을 감행하여 들어가기 직전 중앙아시아의 초원지역에는 이미 이란계의 선주민족인 스키타이 민족(Scythians)과 사마르트 민족(Samartians)의 여러 갈래들이 고대국가

를 형성하여 BC 7세기~BC 1세기에 걸쳐 농경정착생활을 하고 있었
고, 초원 지역에서는 유목민도 형성되어 있었다. 즉 중앙아시아는 이
미 그 자체 인류의 오랜 역사를 축적하여 갖고 있었다. 그 연구가 짧
고 덜 축적되어 있을 뿐이다.

BC 7세기~BC 1세기의 이 지역 선주민들은 주로 남방 이란계 농
경민들이었으므로 농업경작에 적합한 비옥한 농경지대에 밀집되어 있
었고, 북쪽의 초원지대에는 초기 유목민이 형성되어 있기는 했으나 인
구가 영성하였다. 이 초원지대 가운데서도 한냉한 지역의 틈새를 뚫고
고조선 서변 후국민족들이 민족이동을 감행해 들어가서 새로운 역사를
만든 것이었다.

그러므로 여기서 서술하는 것은 중앙아시아의 역사가 아니라, 초원
지대에 민족이동해 들어간 고조선 서변 계열 민족들의 경로만에 한해
서 그것도 큰 이동 경로만을 간단히 지적하는 데 불과한 것임을 주의
할 필요가 있다.[1]

---

1) ① Herbert, William Von, *The Chronicles of a Virgin Fortress: Being Some
    Unrecorded Chapters of Turkish and Bulgarian History*, Osgood, McIlvain &
    Co., London, 1896.
    ② Uustalu, Evald, *The History of Estonian People*, Boreas Publishing Co.,
    London, 1952.
    ③ Rice, Tamara Talbot, *Ancient Arts of Central Asia*, Thames and Hudson,
    London, 1965.
    ④ Belenitsky, Aleksandr, *The Ancient Civilization of Central Asia*, Barrie &
    Jenkins, London, 1969.
    ⑤ Grousset, René. *The Empire of the Steppes: A History of Central Asia*,
    Lutgers University Press, 1970.
    ⑥ Masson, V.M. and V.I. Sarianidi, *Central Asia: Turkmenia before the
    Achaemenids*, Thames and Hudson, London, 1972.
    ⑦ Kwanten, Luc, *Imperial Nomads: A History of Central Asia: 500-1500*,
    University of Pennsylvania Press, 1979.
    ⑧ Sinor, Denis(ed.), *The Cambridge History of Inner Asia*, Cambridge
    University Press, 1990.
    ⑨ 하자노프(김호동 역), 《유목사회의 구조》, 지식산업사, 1990.
    ⑩ Dani, A.H. and V.M. Masson(eds.), *History of Civilizations of Central
    Asia*, Vol. I , UNESCO Publishing, 1992.
    ⑪ Harmatta, János(ed.), *History of Civilizations of Central Asia*, Vol. II ,

　유라시아 대륙의 극동지역에서 2800~2200여 년 동안 큰 전쟁 없이 평화의 '장기지속' 중에 탄생하여 성장한 고조선문명과 고조선 연방제국 후국민족들은 고조선 연방국가의 붕괴로 입지가 처음으로 크게 흔들리고 일부 후국족들은 뿌리가 뽑히기도 하였다. 특히 고조선 고대 연방제국의 서변 후국들 중에 제2형 후국으로 분류된 후국민족들 가운데 기마유목민족들은 '한'(漢)계열 국가의 압력과 공격으로 정착지에서 뿌리가 흔들리거나 뽑히자 사방으로 새로운 정착지를 찾아 나선 과정에서 결국 서방행렬 민족이동을 감행하게 된 것이다.

　고조선 고대연방제국의 후국들인 산융(흉노)·불령지·불도하·선비·오환·정령(돌궐)·기타 후국족들이 그러하였다. 그들은 처음 한(漢)을 멸망시키고 중국 북부지방에 중국사의 통치 '5호 16국'(五胡十六國)의 고대국가를 세워서 계속 정착하려고 끈질기게 노력하다가, 수(隋)의

UNESCO Publishing, 1994.

⑫ Harris, David R.(ed.) *The Origins and Spread of Agriculture and Pastoralism in Eurasia*, Smithonian Institution Press, Washington D.C., 1996.

⑬ Hildinger, Eric H., *Warriors of the Steppe : A Military History of Central Asia, 500 B.C. to 1,700 A.D.*, Sarpedon, New York, 1997.

⑭ Wright, David C., *Peoples of the Steppe : Historical Sources on the Pastoral Nomads of Eurasia*, Simon and Schuster, Needham, 1998.

⑮ 르네 그루쎄(김호동·유원수·정재원 역), 《유라시아 유목제국사》, 사계절, 1998.

⑯ 정수일, 《고대문명교류사》, 사계절, 2001.

⑰ 최한우, 《중앙아시아 연구》(상·하), 펴내기, 2003.

⑱ 정재훈, 《위구르 유목제국사 744-840》, 문학과지성사, 2005.

⑲ Anthony, David W., *the Horse, the Wheel and Language*, Princeton University Press, 2007.

⑳ Tekin, Talat(이용성 역), 《돌궐비문연구》, 제이앤씨, 2008.

㉑ Bechwith, Christopher I., *Empire of the Silk Road : A History of Central Eurasia from the Bronze Age to the Present*, Princeton University Press, 2009.

㉒ Doraiswamy, Rashmi(ed.), *Cutural Histories of Central Asia*, New Delhi, 2009.

㉓ Hiro, Dilip, *Inside Central Asia : Overlook*, Duckworth, New York, 2009.

㉔ Baumer, Christoph, *The History of Central Asia : The Age of Steppe Warriors*, I.B.Tauris, London, 2012.

㉕ 김호동, 《아틀라스 중앙아시아 역사》, 사계절, 2016.

발흥과 통일로 이것이 불가능하게 되자 중앙아시아의 북부지방으로 이동하였다. 그러나 중앙아시아도 비옥한 토지들은 이미 선주민들의 것이었다. 한랭한 기후에 적응력을 가진 그들은 중앙아시아의 발카쉬호·아랄해·카스피해·흑해 사이사이와 북변의 초원에 정착하여 목초지와 생활터전을 개척하였다.

그들 가운데 일부 민족은 중앙아시아 초원지대에서 생활하는 가운데 여러 가지 특수한 자연적·정치적 사정과 도전을 받게 되자, 그 동안 배양한 실력에 기초하여 고조선문명의 유산을 간직한 채 발칸반도와 중부·서부유럽 지역에 진출하여 정착을 시도하였다. 고조선 고대연방제국의 서변을 지키면서 거주했던 후국 민족들 가운데 산융·유연·불도하·불령지·정령(돌궐) 등의 후예가 그들이었다. 그들은 고조선문명의 유산과 고조선언어를 가지고 들어가서 이를 바탕으로 새 정착지 환경에 적응하여 새로운 문화를 창조하였다. 특히 그들이 가지고 간 고조선언어는 새 정착지에서 각각 그들의 민족언어로 발전하였다. 몇 민족의 경우를 간단히 고찰하기로 한다.

2. '산융'족(흉노, Huns)의 서방 이동과 훈 제국

산융(山戎)은 후에 중국인들이 보통 흉노(匈奴)라고 호칭하고, 서유럽에 이동해 들어갔을 때에는 훈족(Huns)이라고 불렀다. 산융은 일명 북융(北戎) 또는 무종(无終, 無終)이라고도 했는데, 셋은 모두 같은 족속의 다른 호칭이라고 《통전》(通典)은 설명하였다.[2]

학계에는 서양에 이동해 들어간 훈족(Huns)이 흉노족과 동일한 것인가의 문제를 놓고 논쟁이 있는데, 필자는 산융이 곧 진(秦)·한(漢)

---

2) 《通典》 卷178, 漁陽郡 蘇州條 참조.

시대부터 나쁜 글자로 바꾸어 쓴 이름 흉노이고 훈족(Huns)이라고 본다.

그 증거는 산융(흉노)족이 고대에 스스로를 훈(Hun)이라고 호칭한 증거가 있기 때문이다.

중국인들은 이웃나라와 이웃민족의 이름을 호칭할 때 '나쁜 글자'를 붙여서 비하하는 악습이 있다. 발음을 차음 표기할 때 나쁜 글자가 없으면 꼬리에 나쁜 글자를 한 자 붙여서라도 비하와 혐오의 뜻을 첨가하는 나쁜 습관이다. 흉노(匈奴)의

〈그림 19-1〉 흉노의 철제 솥

흉(匈)자나 노(奴)자가 모두 그러하다. 이 점을 참고하고 찾아보면 흉노의 원 호칭이 훈(Hun)임을 알 수 있게 된다.

《사기》에서는 흉노의 이름이 훈육(葷粥)[3]과 훈육(薰育)[4]으로 나온다. 《맹자》에서는 훈죽(獯鬻)으로도 나온다.[5] 이것은 주로 중국의 상(商)시대 기술의 흉노족에 대한 호칭인데, 여기서 훈(Hun)을 葷, 薰, 獯 등 여러 글자로 표기한 것은 흉노족이 스스로 자기를 훈(Hun)으로 호칭한 것을 동일 음(音)의 여러 가지 다른 한문자로 차음 표기한 것으로 해석된다. 粥, 育, 鬻 등은 비하하는 의미를 붙인 꼬리표기이다. 비칭의 꼬리표기를 떼어버리면 흉노족이 곧 Hun(훈)족임을 알 수 있게 된다.[6]

---

3) 《史記》卷1, 五帝本紀, 〈北逐葷粥〉참조.
4) 《史記》卷4, 周本紀, 〈薰育戎狄攻之 欲得財物 子之.〉참조.
5) 《孟子》第2, 梁惠王章句 下, 〈惟智者 爲能以小事大 故大王事獯鬻 句踐事吳.〉참조.
6) 중국 고문헌에는 이 밖에도 훈족을 鬼方(귀방)·獫狁(험윤)·戎(융)·戎狄(융적)·胡(호)·北胡(북호)·混(혼)·混夷(혼이)·昆(곤)·昆夷(곤이)·山戎(산융)·匈奴(흉노) 등의 여러 호칭으로 달리 표기한 것을 볼 수 있는데, 모두 훈(Hun)족의 시대와 왕조와 학자에 따라 달리 표기한 것으로 해석된다. 混(혼)과 昆(곤)은 Hun의 몽골발음이 'khon'이어서 '혼' 또는 '곤'으로도 들리는데, 한자로 음차한 것이라고 본다. 고대 중국 고문헌에는 '곤'에서 취하여 훈족을 犬夷(견이)로 기록한 것도 나온다. 흉노족이 우랄산맥 이서에서 자기들을 '훈'이라

고조선 고대연방제국의 서변에서 고조선을 지키는 역할을 해오던 막강한 유목기마민족 산융(중국 진·한 시대에는 주로 흉노로 호칭)은 BC 129년경에 한나라 무제(武帝)의 새 기병부대의 공격을 받고 패배하여 몽골고원으로 후퇴하였다. 고조선 본국이 BC 108년에 멸망하자 흉노는 뒤이어 일어난 고구려와 동맹을 추구했으나 세력은 약화되어 있었다.

BC 57년경에는 왕위 계승문제로 권력투쟁이 일어나서 흉노는 호한야(呼韓邪) 선우의 '동흉노'와 질지(郅支) 선우의 '서흉노'로 분열되었다. 두 흉노는 전쟁을 하여 서흉노가 패배하였다. 동흉노는 중국에서 후한(後漢)이 수립된 후 후한에 대한 대응문제로 다시 남북으로 분열되어 북흉노는 몽골고원에 독립국으로 그대로 남고, 남흉노는 후한에 복속하였다. 후한은 AD 72년에 남흉노와 함께 북흉노를 공격하여 멸망시켰다. 북흉노의 패잔세력은 서방으로 이동하여 몽골고원을 떠나버렸고, 몽골고원에는 선비족이 들어와 지배하게 되었다.[7]

남흉노는 후한의 북변을 지키는 역할을 하다가 후한이 AD 220년에 멸망하고 위(魏)·촉(蜀)·오(吳)의 3국시대가 되자 점차 세력을 길러 AD 308년에 다시 독립하였다. 남흉노의 호주천(呼廚泉) 선우는 자기 할머니가 후한의 공주였음을 구실로 성을 후한 왕족 劉(유)씨로 정하고 유연(劉淵)의 이름으로 후한의 정통성을 계승한다고 하면서 북한(北漢)을 세웠다. 그러나 그의 손자대에 한(漢)족 장군들이 AD 349년 정변을 일으켜 정권을 잡고 흉노족을 대대적으로 살해하기 시작했으므로 서방이동을 감행하게 되었다.

고 말한 것을 라틴문자로 'Hun'이라고 받아썼으므로, 흉노족의 정확한 자기 족명은 훈(Hun)이라고 볼 수 있다. 훈이 몽골어에 남은 흔적으로는 사람, (다정한) 사람의 뜻이라고 한다.

7) N. Ishjamts, Nomads in Eastern Central Asia, *History of Civilizations of Central Asia*, Vol. Ⅱ (János Harmatta ed.), UNESCO Publishing, 1994, pp.151~169 참조.

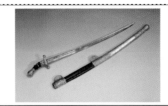

〈그림 19-2〉 4~5세기 훈족의 유물(Walters Art Museum 소장)
1. 군마의 안면 갑구(4세기)
2. 아틸라의 검(4세기)
3. 금과 보석으로 된 팔찌(부분, 5세기)

흉노족은 서방으로 이동하여 카스피해 북쪽 볼가강과 카마강이 합류하는 지역의 초원지대에서 상당기간 정착하여 유목생활을 하면서 힘을 배양하고 있었다. 흉노족은 동족들을 규합하여 AD 375년경 볼가강을 건너서 동유럽 판노니아 평원에 살고 있던 게르만족인 동고트(Goths)족을 공격하여 내쫓았다. 훈(흉노)족의 잘 훈련된 경기병(輕騎兵)제도, 강력한 활, 질풍노도 같은 기동성, 일제히 괴성을 지르며 달려드는 기습·돌격, 위장 후퇴로 적의 튼튼한 대오를 분산시킨 후 전격적 급반전 역공의 기마전술 등에 다수의 유럽민족들은 도저히 감당하지 못하고 연속 패전하였다. 훈족은 판노니아 평원을 정복하여 이곳을 자기의 정착지로 삼으려고 '훈족의 땅'(The Land of Huns, Hungary)라고 칭하였다. 이것이 유럽의 민족대이동의 시작이 되었다.

정착지를 빼앗긴 동고트족은 동족인 서고트를 찾아갔고, 서고트족은 AD 378년 로마군과의 전투에서 승리하여 서로마 영토로 이주해서 자치권을 획득하였다. 라인강 유역에 거주하던 반달(Vandal)족은 훈족의

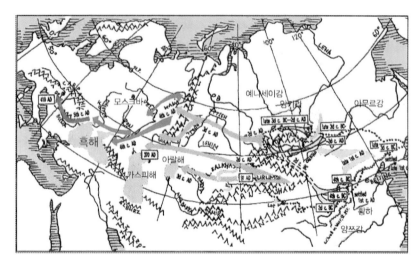

〈그림 19-3〉훈족의 민족이동 경로(Migration of the Xiong-nu through Central Eurasia. Reconstruction based in archaeological findings and written sources: map by Erdy)

침입으로 쫓겨나서 로마를 공격하여 점령하였다. 훈족에게 쫓겨난 주트 (Jute)족과 색슨(Saxon)족은 바다를 건너 브리타니아섬을 점령하였다. 결국 게르만족의 용병대장 오도아케르(Odoacer)는 서로마제국의 마지 막 황제 로물루스 아구스투루스(Romulus Agustulus)를 암살하여 서로마 제국은 멸망하였다. 이 밖에 거의 모든 서유럽의 많은 민족들이 훈족 (Huns, 흉노)의 판노니아 평원 점령과 정착을 계기로 뿌리가 뽑혀서 새로운 정착지를 찾아 옮겨 다니면서 민족대이동이 일어나게 되었다.

훈족(Huns, 흉노)은 그 사이에 서유럽에 훈제국을 세웠는데, 아틸 라(Attila)칸 때에는 그 영역이 동쪽은 우랄산맥, 서쪽은 알프스산맥, 북쪽은 발트해(Baltic sea), 남쪽으로 다뉴브강에 이르는 대제국을 건설 하였다(〈그림 19-4〉참조).

아틸라의 훈 제국은 그의 아들 덴기지크(Dengizich)칸 때에 동로마 제국에 패하여 AD 469년에 멸망하였다. 이에 훈족은 판노니아 평원에 서 철수하여 각처로 분산했다가, 후에 일부는 카프카스 지역에서 카자 르(Khajar)제국의 성립에 참가하였다.[8)]

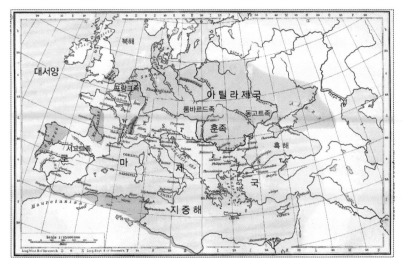

〈그림 19-4〉 최성기(5세기)의 훈 제국의 영역 (자료: WIKIMEDIA COMMONS)

아틸라의 훈 제국은 단명했으나, 그 영향은 매우 컸다. 전체 유럽민
족을 뒤흔든 민족대이동을 일으켰고, 동방 아시아 유목기마민족의 서유
럽 진출의 길을 열었기 때문이다. 훈족은 유럽에 기마법, 철제 등자(鐙
子, stirrup)를 비롯한 새로운 기마용구, 기병부대 전술 등을 전수하였
다. 이들의 종교는 태양숭배와 단군신앙(Tengrism)이었으며, 언어는 고
조선언어를 조어(祖語)로 한 알타이어족이었고, 그 흔적은 판노니아 평
원에 붙인 'Hungary'에 남아 있다. 'Hun'은 훈족이고, 'gary'는 땅(경작
지)의 옛말이다. 'Hungary'는 '훈족의 땅(정착지)'이라는 뜻이다.9)

8) ① Vambery, Arminius, *Hungary : in Ancient, Mediaeval and Modern Times*,
     T.Fisher Unwin, London, 1887, pp.18~41.
   ② Lázár, István, *Hungary : A Brief History*, Corvina, Budapest, 1996,
     pp.11~63 참조.
9) 일설에는 Hungary의 명칭은 마자르족의 판노니아 정복 때 최초로 입성(入城)
   하여 정복한 성(城)의 호칭이 'Hung'이기 때문에 유래한 것이지 Hun족의 땅
   에서 나온 것은 오해라고 한다. 문제는 'Hung'(웅, 융)이라는 호칭 자체가
   Hun족을 가리키는 Hun의 變音이다. 고중국에서는 Hun족을 역시 Hung,
   yung족이라고 변음으로도 호칭하였다. 또 일설에는 Hun의 H는 묵음이고,
   On-Ugar에 Hungary의 기원이 있다는 해석도 나와 있다. Hun족이 고중국 북
   방에 있던 시기에는 훈족 자신은 Hun이라고 발음했지만 고중국인들의 기록은

3. 유연(柔然) 대단(大檀)족의 서방 이동과 아발(Avar) 제국

'유연'(柔然)족은 고조선 연방제국 멸망 당시에는 후국인 동호(東胡)의 일부를 구성했던 선비(鮮卑)에 속한 한 부족이었다. 유연족의 원래 조상은 고조선 후국 '구려'(句麗, 久閭) 출신 무장으로서, 요서지역에서 근무하다가, BC 206년 산융(흉노)이 동호를 점령하여 동호가 선비·오환·고막해 등으로 나누어질 때, 부여족 계통인 선비족을 따라서 이동하게 되었다. 북위 때에 북위 시조 목제(穆帝)의 군대에 패하여 포로가 되었는데, 그 가운데 '우구려'(郁久閭)가 처형 직전에 탈출하여 멀리 흉노가 통치하고 있는 몽골고원으로 들어가서 일족을 모아마을을 이루고 유목민이 되기 시작하였다.[10]

이미 Un, Ung, Hsingnu 등 각종 발음으로 호칭했었다. Hun과 On-Ugur와 Magyar는 별개의 민족이다. 알타이 어족에서 'gary'는 아랍어의 'stan'과 유사하게 땅, 토지, 경작지를 의미하는 어미이므로, 'Hungary'는 'Hun+gary'의 합성어로 보는 것이 역사적 사실과도 일치한다고 본다.

10)《三國志》魏書, 蠕蠕傳은 유연족의 기원에 대하여 중국식 비하와 적의에 넘친 기록을 남기고 있다. 즉 북위의 시조[拓跋力微] 말년에 기졸(騎卒) 하나를 생포했는데, 성명도 잊어버린 대머리였으므로 노예를 삼아 주인이 대머리라는 뜻으로 郁久閭(욱구려)라고 이름 붙였다는 것이다. 이 자가 장년이 되자 노예에서 해방시켜 기병대 졸병을 삼았는데, 명령한 기일에 도착하지 않아서 참형에 처하려고 했더니 사막지대와 계곡으로 도망하여, 도망자 100여 명을 모아서 순돌린(純突隣)이라는 부족의 보호 아래 들어갔다. 욱구려가 죽고 그의 아들 車鹿會(거록회)는 용기 있고 늠름하여 부족민을 모아서 스스로 柔然(유연)이라 호칭하고 북위에 신속(臣屬)하게 되었다. 이에 북위의 세조는 그들의 무지한 상태가 벌레[蟲] 같다고 해서 '蠕蠕(연연)'이라고 명칭을 고쳐 부르게 했다는 것이다. 이 고약한 외국인 비하의 악의적 표현과 폄훼를 빼고 객관적으로 수정하여 서술하면, 북위군이 변방 기병 하나를 생포했는데 구타고문을 했더니 기억상실증이라고 이름도 붙지 않았다. 그래서 노예를 만들어 주인이 '郁久閭'라고 불렀다. 여기서 '郁'은 중국발음으로 종성이 생략되어 '우'가 되고, '久閭'는 '구려'로서 태자하 부근에 있던 '구려'와 같다. 고대에 별명은 출신지로 호칭하는 것이 관행이었으므로, 이 기병은 본래 고조선 후국 구려(句麗)의 위쪽(우) 지방 출신으로 추정된다. 구려는 양맥(梁貊)족 지역으로 이 기병은 맥족 출신이며, 적병의 포로가 되어 구타를 당하면서도 자기의 성명 관등을 불지 않은 것으로 보아 이름을 불면 안 되는 장교 출신임을 알 수 있다. 재주가 있으므로 노예에서 해방시켜 기병대 졸병을 삼았더니 사막지대의 계곡으로 도망가서 100명의 도망자를 모았다고 한 것으로 보아, 뛰어난 능력을 가진 지휘자

우구려의 아들 거록회(車鹿會)가 부족의 세력을 크게 육성하면서 부족 호칭을 스스로 유연(柔然)이라고 하였다. 그러나 유연과 적대관계에 있던 북위 등에서는 한자로 연연(蠕蠕), 여여(茹茹), 예예(芮芮) 등 비하하는 이름을 붙여 호칭하였다.[11]

거록회의 후손 사륜(社崙)은 목축에 힘쓰고 군사를 기르며 영토를 넓혀 독립국가를 세우고 스스로 '구두벌가한(丘豆伐可汗, Kuteleburi Khaghan)이라고 호칭하는 칸(王)이 되었다. 막강하게 된 유연은 여러 차례 북위를 공격하여 대승을 거두고 중국 북방의 지배자가 되었다.

사륜이 갑자기 죽고 아들 사이에 승계 권력 투쟁이 일어나자, AD 410년 사륜의 사촌 동생 대단(大檀)이 신망을 모아 권력을 장악하고 흘승개가한(紇升蓋可汗)이라 스스로 호칭한 칸에 올랐다.[12] 대단(흘승개가한)은 유연족을 더욱 강대한 민족으로 발전시키고 막강한 군사력으로 북위를 공격하여 북위보다 우위의 국가를 만들었다.

필자는 흘승개가한의 이름 한자 기록 大檀(대단)은 유연족 자신의 언어로는 '아발'이라고 생각한다. 유연의 기원은 고조선·구려 출신이므로 고조선언어로 해석하면 '아'는 '큰' '크다'의 뜻이고 '밝'은 '밝음'(光明)의 뜻으로 '밝'족을 나타내는 말이기 때문이다. '大檀'은 '큰 밝'의

였음을 알 수 있다. 그는 처음부터 이전의 포로들을 탈출시켜 인솔해 갔거나, 새로 탈영병을 100명이나 모았다면 더욱 탁월한 지휘력을 가진 장교였음을 시사하는 것이다. 욱구려가 100여 명을 인솔하고 순돌린이란 부족과 합세했는데, 그의 아들이 바로 유연의 부족장이 되었다고 한 것은, 욱구려가 고조선 후국 구려 계통의 기병장수 출신이며, 그의 출신을 확인한 사람들이 그의 아들을 유연족 족장으로 추대한 것으로 추정할 수 있다. 그들의 언어와 호칭을 볼 때 유연족은 고조선·구려 계통이며, 그들의 언어는 고조선언어로 풀면 해독될 수 있음을 알 수 있다.

11) '蠕蠕', '茹茹', '芮芮' 등은 모두 해충의 호칭으로서, 《魏書》 蠕蠕傳의 편찬자는 북위왕 세조의 이름을 빌어 자기 표현 방식을 정당화했지만 사실은 편찬자의 의도적인 악의적 호칭이었다고 보는 편이 정확할 것이다. 이 민족의 공식 명칭은 고조선 발음으로 '유연'(柔然)이었고 고중국 발음으로는 '루란'(Roulan)이었다. 흘승개가한(紇升蓋可汗) 아발(大檀)이 유연족을 이끌고 서방이동을 했기 때문에 서양에서는 유연을 아발(Avar)이라고 호칭하게 되었다.

12) 《魏書》 卷103, 列傳 蠕蠕傳 참조.

뜻인데, 의미와 발음을 함께 취하여 '아발'을 '大檀'의 한자로 기록한 것이라고 해석된다.

대단(大檀, 아발)은 AD 424년 기병부대를 인솔하고 만리장성을 넘어서 북위의 북변을 습격하고 돌아갔다. 북위의 태종(太宗)이 만리장성을 넘어 대단(아발)을 추격하다가 추위와 역습에 참패하고 돌아왔다. 북위의 태종이 죽고 세조(世祖, 太武帝)가 즉위하자 대단(아발)은 또 만리장성을 넘어 와서 식량을 약탈해 갔다. 북위 세조는 AD 424년 만리장성을 넘어 대단(아발)을 추격했다가 도리어 대단(아발) 기병대에 포위당해서 참패하고 돌아왔다.

《삼국지》 위서 연연전에 의하면, "AD 428년 8월에 대단(아발)은 아들에게 기병 1만 명을 주어 만리장성을 넘어 북위를 공격해서 식량을 약탈하였다. 이듬해(AD 429년) 4월 북위의 세조는 대군을 동원하고 신속한 고차정령(高車丁零)군을 앞세워 대단(아발, 흘승개가한)의 유연족을 총공격하였다. 북위군이 유연족 마을을 기습하여 대인(大人)들을 수백 명 살해하면서 침입해 들어가자, "대단(大檀, 아발)은 이 소식을 듣고 두려워서 일족을 이끌고 천막을 태워 종적을 끊고 서쪽으로 도주〔西走〕하여 행방을 알 수 없이 되었다"[13]고 《위서(魏書)》 연연전은 기록하였다.

필자는 이 구절을 주목해야 한다고 생각한다. 유연족 황제〔칸〕 대단(大檀, 아발)은 AD 429년 여름에 북위군과 고차정령 기병대의 총공격을 받고 전투를 피하여 자기를 따르는 유연족을 이끌고 서방으로 대이동을 단행한 것이다. 그들은 이때 중앙아시아 쪽으로 이동해서 카프카스 지역에 도착하여 유목의 새 정착지를 찾은 것이라고 필자는 해석하고 있다. 이때부터는 한자 사용 지대가 아니므로 유연족 대단은 유연족의 발음대로 칸의 이름을 취하여 아발(Avar)족으로 불리게 되었다고 본다. 이 카프카스의 아발족이 24년 후 제2차로 유연족이 서방이

---

13) 《魏書》 卷103, 列傳, 蠕蠕傳, 〈弟匹黎先典東落 將赴大檀 遇翰軍 翰縱騎擊之 殺其大人數百. 大檀聞之震怖 將其族黨 焚燒廬舍 絕跡西走 莫知所至.〉 참조.

〈그림 19-5〉 유럽인들이 'The Ring'이라고 호칭한 아발족의 거주지
구성 양식(6C~8C, 자료: INTERPOTO/Alamy Stock Photo)

동해 찾아오자 합류하여 유럽의 동로마 변경으로 민족이동을 감행한
것이라고 해석된다.

대단(아발, 흘승개가한)은 몽골고원에 있을 때 선왕 사륜의 사촌
동생이었기 때문에 사륜의 직계 여러 아들로부터 끊임없이 권력투쟁의
대상이 되었다. 대단(아발)이 서방이동을 할 때 유연족이 모두 추종한
것이 아니라, 일부 사륜 직계 혈족의 다른 무장을 따르는 유연족은 몽
골 고원에 남아서 북위에 투항하였다. 북위 황제 세조와 고차정령군은
투항한 유연족 30여만 명을 살해하고 100여만의 말을 노획하여 돌아
왔다.14)

몽골고원에 잔존한 유연족은 왕국을 존속시키기는 했으나 쇠약해
졌다가 6세기 초기에 탱그리두 구텔부리(敕連頭丘伐, Tengridu
kuteleburi) 가한 아나괴(阿那瓌, 재위 520~552년) 때 국력을 회복하였
다. 아나괴는 밖으로 주위 국가들과 친선외교에 힘쓰고 안으로 목축과
병력 양성에 노력하여 한때 부강한 나라를 만들었다. 그러나 유연에
복속하여 제철수공업에 종사하던 돌궐(突厥)족 족장이 공주에게 청혼

14) 《魏書》 卷103, 列傳, 蠕蠕傳 참조.

〈그림 19-6〉 6세기 아발족의 기사(騎士) 모습. 말머리의 새털 장식은 고조선식이다(자료: Norman Finkelshteyn).

한 것을 대장장이에게 결혼시킬 수 없다고 거절했다가 돌궐족의 반란에 직면하였다. 아나괴는 552년 돌궐족에게 패전하자 자살하였다.

아나괴의 큰 아들은 무리를 이끌고 북제(北齊)에 귀속하여 중국인으로 귀화해 버렸다. 유연족은 둘째아들 철벌(鐵伐)을 왕으로 추대했으나, AD 553년 거란과의 전쟁에서 패하여 전사하였다. 유연 사람들은 철벌의 아들 등주(登注)를 세웠다가 덕이 없자 다시 고제(庫提)를 세웠으나 북제에게 투항해버렸다. 유연 국민들은 다시 암라진(菴羅辰)을 칸으로 추대했으나 북제의 문선제(文宣帝)가 이를 공격하여 격파하고, 다른 계열의 유연왕 등숙자(登叔子, 재위 552년~553년)도 공격하였다. 등숙자는 추종자 3천 명의 병력을 이끌고 주(周)에 망명했으나, 주의 문제(宇文泰, 당시 西魏의 재상)는 돌궐의 요청을 받고, 돌궐에게 등숙자와 망명군대 3천 명을 모두 넘겨 주어, 저항자는 참형당하고 투항자는 서위 왕족의 노예가 되어, 중국 내의 유연족은 종언을 고하였다.15)

한편 AD 429년 대단(大檀, 아발, Avar, 흘승개가한)이 이끈 유연족은 몽골고원을 출발하여 서방으로 민족이동을 감행해서 말을 타고 스텝루트를 통과하여 카프카스지역의 목초지에 일시 새로 정착하였다. 그들은 이곳에서 약 120여 년 가까이 힘을 기르다가, 기후변동으로 목초지의 사막화가 진행되어 가고, AD 553년 아시아에서 유연제국이 멸

15) 《魏書》 卷103, 列傳, 蠕蠕傳 참조.

〈그림 19-7〉 아발족의 유럽 진입경로(6세기, 자료: Philip's Atlas of World History)

망하여 잔여 유연족이 망명해서 카프카스의 동족을 찾아오자 그들을
맞아 합세해서 다시 서방 이동을 감행하기 시작하였다.

아발족(유연의 다른 이름)이 동로마제국 유스티니아누스(Justinianus)
조정에 정치적 망명족처럼 찾아와서 수용을 요청한 것은 AD 558년이
었다. 유스티니아누스 황제는 아발족을 고용하여 말썽을 일으키는 부
족들의 진압에 아발족 기병대 병력을 투입하였다. 아발족은 임무를 잘
수행했으며, 동로마 황제는 그때마다 보상 지불 약속을 잘 이행하였
다. 아발족 칸(왕) 바얀1세(Bayan I)는 다뉴브강 남쪽 연안에 정착을
요청했으나 동로마황제는 이를 거절하였다. 바얀은 아발족을 이끌고
북쪽으로 향했으나 프랑크왕국이 그들을 저지하였다. 아발족은 유스티
니아누스 황제가 죽을 때까지 동로마제국의 북방을 지키면서 보상을
받고 유목생활을 지속하였다. 그러나 유스티니아누스 I 세가 죽은 후
즉위한 유스티니아누스 II 세 동로마황제는 아발족과의 약속을 파기하
고, 다뉴브강 남쪽으로 건너가는 것을 허가하지 않았다. 아발족은 남
북이 차단되자 판노니아(Pannonia) 평원으로 가서 롬바르드족
(Lombards)과 동맹하여 AD 567년 그곳에 살고 있는 게르만계 게피드
(Gepid)족을 몰아내고 판노니아에 정착하였다.

아발족 칸 바얀 1세는 568년 롬바르디아족을 마저 이태리로 쫓아

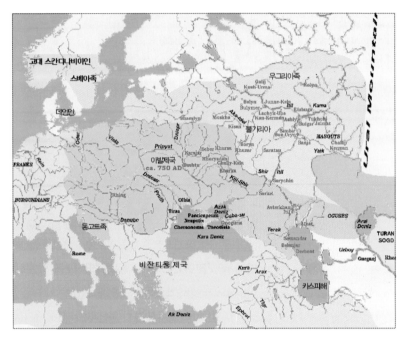

〈그림 19-8〉 전성기의 아발제국의 영토(AD 750년경, 자료: www.turkicworld.org)

내고 판노니아에 아발제국(Avar Empire)을 세웠다. 바얀 1세는 판노니아 평원을 중심으로 그의 막강하고 질풍노도같은 기병부대로 원정을 연속 감행하여, 서쪽으로는 프랑크 왕국을 패전시켜서 발트해안까지, 남으로는 비잔틴 동로마군도 패전시키면서 중부 및 동부유럽을 통치하는 거대한 '아발제국'을 건설하였다.16)

유럽에서는 AD 602년경 전염병이 창궐했는데, 바얀 1세도 이 해에 사망하였다. 전염병에 걸려 사망했다는 설과 아버지 원수를 갚기 위하여 혼인으로 침투한 백인 왕후에게 독살당했다는 설이 있는데, 어느 것이 사실인지 알 수 없다. 아들 바얀 2세가 승계하여 그 후에도 제위는 세습되었으나 바얀 1세처럼 탁월한 능력이 없었다.

---

16) Samuel Szádeczky-Kardoss, "The Avars", *The Cambridge History of Early Inner Asia*(Denis Sinor de.), Cambridge University Press, 1990, pp.206~228 참조.

〈그림 19-9〉 아발족의 금세공 유물(6세기~8세기)

　아발제국은 약 250년간 지속되다가, AD 796년 서쪽에서는 프랑크 왕국에서 샤르마뉴(Charlemagne) 대왕의 공격을 받고, 동쪽에서는 불가르제국의 공격을 받아 멸망하였다.[17]

　아발제국의 유산에 대해서는 연구가 되지 않아 별로 밝혀진 것이 많지 않으나, 250년간의 중부 및 동부유럽의 통치기간에 끼친 영향은

---

17) Miller, Frederic p. et al(eds.), *European Avars*, Alphascript Publishing, 2009, pp.1~7, pp.60~103 참조.

매우 컸다.

필자는 그 가운데에서도 아발 제국의 250년 동안에 남기고 끼친 금속공업기술의 영향에 주목할 필요가 있다고 생각한다. 아발은 아시아에 있었을 때부터 '대장장이'였다. 그들은 우수한 철제 무기를 제조하여 소수 기병부대로도 유럽에 대제국을 설립할 수 있었다. 그들이 왕권을 장악했을 때 우수한 철제 무기뿐 아니라, 가장 우수한 금·은 귀금속 세공기술을 발전시켰다. 예컨대 아발족 무덤에서 출토된 1,000여 점의 아발 보물 가운데에서 귀금속 공예는 오늘날의 눈으로도 감탄을 금할 수 없는 우수한 것이었다(〈그림 19-9〉 참조).

고조선문명의 두 후예인 동방의 신라와 서방의 아발이 6~9세기에 세계 최고 수준의 찬란한 금문화와 금속공예기술을 발전시켜 아시아와 유럽 중세 도시의 금속공예와 기술을 발전시킨 데 끼친 큰 영향은 반드시 실증적으로 연구되어야 할 것이다.

아발제국은 이뿐만 아니라 중세 유럽에 목축과 유제(乳製)식품, 말 목축을 비롯한 기병부대, 기병대 전술 기마문화와 철제 마구의 발전에 지대한 영향을 끼쳤다고 본다.

아발제국이 약 250년간 중부유럽을 지배하다가 AD 796년 멸망했는데, 그 후 아발족의 행방이 묘연한 것은 이상한 일이다. 일부는 현지 주민에 융합되었겠지만 반드시 항복하지 않고 저항하며 집단 은거한 부족이 있었을 것이다. 동아시아 민족은 국명이나 지명에 반드시 자기 족속의 이름 일부를 남기는 관습이 있기 때문에, 이를 추적해 볼 수 있다.

필자는 서양학자들이 기원을 밝히지 못하는 바스크(Basques) 민족이 끝까지 항복하지 않은 아발의 후예라는 견해를 갖고 있다. 필자는 아발어를 알지 못하므로, 동양학자의 입장에서 참고자료가 되는 사실 몇 가지를 언급하려고 한다.

아발(Avars)의 족명은 고조선 해체 후에 일족을 이끌고 서방 이동을 감행한 칸(Khan, 황제)의 이름에서 나온 것이고, 아발족의 국가 명

〈그림 19-10〉 바스크족 거주지역(피레네산맥 기슭)에 남아 있는 바스크족의 고인돌(자료: Elkar Fundajioa, Euskal Herria, 2014, 기타)

칭은 유(Eus)였다. 고대중국인들은 자기 국가 명칭만 단음(單音) 표기하고 주변 국가들의 명칭은 복음 번역하여 유연(柔然), 연연(蠕蠕, 유유) 기타 나쁜 의미 글자를 택하여 붙이는 습관이 있었다. 바스크족에

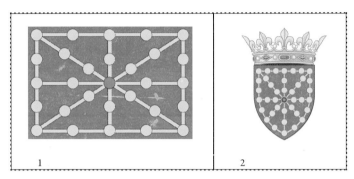

〈그림 19-11〉 바스크족 나바르 왕국의 국기(1)와 예복 문장(2, 자료: yuiyui/Alamy Stock Photo)

대하여, 스페인은 'Vascos', 프랑스는 'Basques'라고 표기하는데, 정작 바스크인들은 자기의 민족 호칭을 '유'(Eus)라고 주장하고 '바스크 언어'를 'Euskara'라고 쓴다. 필자는 이 'Eus'(유)가 그들이 '유연'(Avars) 족임을 전통적으로 주장해 온 것이라고 본다. '가라'(Kara)는 '말' 또는 나라의 고대한국어이다. 현대어에서도 '말하되'를 '가라사대'라고 쓰기도 한다.

바스크족의 거주지역에 유연이 속했던 고조선문명의 흔적이 있는가 찾아보면, 잘 변하지 않는 무덤 양식에 고인돌 무덤이 〈그림 19-10〉과 같이 현재도 남아 있다.

바스크족은 AD 824년 피레네 산맥의 끝자락 대서양 연안에 나바라 왕국(Kingdom of Navarre)을 수립했는데, 이 바스크족 소왕국의 국기와 예복 문장(紋章)은 〈그림 19-11〉과 같이, 고조선 부여족의 경기 (競技) 문장과 동일하며, 현대 한국인들이 윷놀이판으로 매우 익숙한 일상적 문장으로 되어 있었다.

필자는 바스크어를 다룰 수 없지만 민족학적으로 보면 바스크어는 아발어이고 고조선어를 조어(祖語)로 한 우랄·알타이어족에 속할 것으로 추론한다.

4. 불령지 등의 서방이동과 불가리아 제1왕국

BC 3세기 초 연(燕)의 진개(秦開)가 고조선의 서변을 공격하여 승전해서 1천여 리의 영토를 빼앗을 때, 산융(흉노)보다 무력이 약했던 산융의 이웃 고조선 후국인 불령지와 불도하는 농경에 집착하는 일부만 현지에 잔류하고, 산융이 철수하여 이동한 스텝루트를 따라 서방이동을 감행하였다.

고조선의 부여족 계통 불령지가 BC 3세기 초에 서방이동하여 스텝루트의 여러 지역을 거치면서 처음 정착한 곳은 카프카스 지역이었다.

서양학자들은 카프카스의 불가르족(Bulgars)이 동방이나 북방시베리아 어디에서 카프카스 지역으로 들어왔으나 그 이상은 기원을 추적하지 않고, 카프카스의 불가르족을 원불가리아(Proto Bulgaria)로 판단하고 있다. 그러나 카프카스의 불가리아는 이미 철검을 사용하고 있으므로 그 동방 또는 북방의 기원을 반드시 추적해야 한다.

필자는 고조선 후국 불령지의 일부가 카프카스 불가르족의 기원이라고 보고 있다. 《일주서》 왕회편에는 불령지(弗令支)를 고죽(孤竹)·불도하(不屠何)·산융(山戎) 등과 함께 주(周)성왕(成王)에게 사신을 보낸 나라로 들었는데, 공영달의 주에는 "불령지는 모두 동북이(東北夷)이다"[18]라고 하였다. 《관자》에서는 BC 7세기에 연(燕)의 구원 요청을 받고 고중국 연합군으로서 제(齊)·조(曹)·허(許)·노(魯)·연(燕)·진(晉) 등의 군대를 이끌고 북으로 대적하여 공격한 고조선 연합군으로서 고죽(孤竹)·산융(山戎)·령지(令支)·도하(屠何) 등을 들었다.[19] 《영평부지》에서는 "불령지(不令支)는 영지(令支)이고 불도휴(不屠休)는 도휴(屠休)인데 모두 동북이(東北夷)이다"[20]라고 하였다. 《황명수문비사(皇明修文備史)》는 고죽(孤竹)을 조선(朝鮮)과 함께 동이(東夷)라고 하였다.[21] 여

---

18) 《逸周書》 卷7, 王會解, 孔穎達 注疏 참조.
19) 《管子》 卷8, 小匡篇 참조.
20) 《永平府志》 卷5, 物産條, 〈釋名云 不令支 令支也 不屠休 屠休也〉 참조.

〈그림 19-12〉 불가르족의 단군신앙 마크

기서 '불'은 '밝'과 동일한 것으로 고조선·부여 계통임을 앞머리에 밝히는 작명이었다.

신채호 선생은 불령지와 불리지는 동일한 나라의 다른 표기이며 고조선의 무장이 거느린 고조선 후국인데 정복하는 지방마다 자기의 성 '불'(弗, 不)을 넣어 이름을 짓는 특징을 가졌었다고 기록하였다.[22]

여기서 '불령지'와 '불도하'는 '산융' '고죽'과 함께 고조선 서변 후국으로서 후국 국경을 서로 연접한 후국들이었음을 확인할 수 있다.

고조선이 BC 3세기 초에 연의 진개의 공격을 받아 고조선 천여 리의 서방영토를 빼앗겼을 때, 이 4개 서변 후국은 모두 뿌리를 뽑혀 민족이동을 시작했음을 여러 자료들에서 읽을 수 있다. 이 가운데 고죽국은 농경 후국으로서 대부분 그 자리에 남고 지배층만 고조선 본국이 있는 동쪽으로 이동하였다. 그러나 산융은 유목민족이었고, 불령

21) 《皇明修文備史》 卷155, 〈九邊考〉, 北京圖書館古籍珍本叢刊8, 書目文獻出版社, pp.430~431 참조.

22) 申采浩, 《朝鮮上古史》, 《改訂版丹齋申采浩全集》 상권, pp.87~88, 〈기원전 5·6세기경에 弗離支(불리지)란 자가 朝鮮(조선)의 兵(병)을 率(솔)하고 지금의 直隸(직예)·山西(산서)·山東(산동) 등 省(성)을 정복하고 代縣(대현) 부근에 1國(국)을 建(건)하여 자기의 名(명)으로 國名(국명)을 삼아 '弗離支'(불리지)라 하니, 《古書》(고서)에 '不令支'(불령지)와 《史記》(사기)의 '離支'(리지)가 다 '弗離支國'(불리지국)을 가리킨 것이며, 弗離支(불리지)가 그 정복하는 지방을 그 성 '불' 곧 '弗'의 음으로 지명을 지었나니, 요서의 '肥如'(비여)나 산동의 '兌繹'(부역)이나 산서의 '卑耳'(비이, 《管子》에 보임)가 다 '불'의 譯(역)이며, 상고에 요동반도와 산동반도가 다 聯陸(연륙)하고 1개의 大湖(대호)가 있었는데, '渤海'(발해)의 '渤'도 음이 '불'이요 또한 弗離支(불리지)가 준 이름이니, 弗離支(불리지)가 山東(산동)을 정복한 뒤에 朝鮮(조선)의 狖(유)·貂(초)·狐(호)·狸(리) 등 毛裘(모구)와 錦罽(금계) 등 직물을 수출하여 발해를 중심으로 하여 상업이 진흥하였더니라.〉 참조.

지, 불도하는 반농반목
(半農半牧)의 후국이었
기 때문에 농경에 묶여
떠날 수 없는 소수만
남고 후국 유목민들은
모두 북방으로 후퇴했
다가 서방으로 이동한
것을 확인할 수 있다.
다만 그들이 문자 기록
을 남기지 않아 정확한
연도를 찾을 수 없는데,

〈그림 19–13〉 불가르족의 단군신앙의 바위조각(6~8세기)

몇 세기 후에 카프카스 지방에 동일한 족명과 언어 및 기마문화와 무
기와 생활양식을 가지고 정착한 민족으로 나오는 것이다.

원래 고조선 후국제도에서는 후국의 소왕을 가(加, 伽, ga, gar)라
호칭했고, 분리독립해서 왕이 되었을 때에는 '가한'(khahan), '칸'(kan),
'한'(han)이라 호칭하였다. 불령지와 불도하는 고조선 부여계 후국이었
으므로, 그 통치자는 불가(불족의 가)였고, 민족이동 후에 이들을 불
가(Bulgar)족으로 통칭하게 된 것은 당연한 일이었다고 볼 수 있다.

룬시맨(Steven Runciman)의 연구에 의하면,23) 원불가리아족은 동
방에서 왔지만 기원은 알 수 없고, 유럽 역사에 발자취를 남기기 시작
한 것은 북카프카스 지방에 거주하던 오노굴 불가르(Onongur Bulgar)
족 족장이 조카 쿠브라트(Kubrat)와 함께 5세기 비잔틴 로마 황제 헤
라크레이오스 1세(Herakleios Ⅰ)를 방문한 때부터라고 한다. 동로마황
제는 크리미아와 카프카스 방위를 위해 아발 제국에 대항할 수 있는
동맹자를 구하고 있었으므로 그를 환대하여 파트리키우스의 칭호를 주
었고, 쿠부라트는 인질로 콘스탄티노플에 남게 하였다.

---

23) Steve Runciman, *A History of the First Bulgarian Empire*, G.Bell & Son,
    1930 참조.

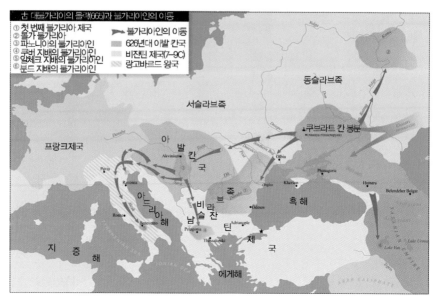

〈그림 19-14〉 古 대불가리아의 이동(7세기 중엽, 자료: Kandi's Map of Bulgars)

쿠부라트는 돌아와 족장이 되자 AD 630~635년경 비잔틴 로마제국의
지지 아래 4갈래의 불가르족을 연합해서 독립운동을 감행하여, 아발족
의 지배로부터 벗어나서 '古 대불가리아'(Old Great Bulgaria)를 건국
하였다. 그의 영토는 북카프카스로부터 돈강에 이르는 지역으로서, 서
쪽으로는 아발 제국, 동쪽으로는 서돌궐 제국에 대항하면서, 남쪽으로
는 동로마에 친선 협조하여 카프카스를 방어해 주는 구실을 하였다.[24]

그러나 '古 대불가리아'는 30년밖에 지속하지 못했다. 쿠부라트 왕
이 사망했기 때문이었다. 왕의 다섯 아들이 권력승계투쟁을 시작했는
데, 이 무렵 하잘(khazar)족이 침공해 들어왔으므로 '古 대불가리아' 부
족연합은 붕괴되었다. 쿠브라트의 큰 아들 바트바얀(Batbayan)의 '쿠비
불가리아'(Kubi Bulgaria)는 하잘의 지배하에 들어가 조공국가로 종속되

---

24) Peter B. Golden, "The People of the Russina Steppes', *The Cambridge
History of Early Inner Asia*(Denis Sinor ed.), Cambridge University Press,
1990, pp.256~284 참조.

〈그림 19-15〉 불가르족의 금제 병(일설 아바르족의 것으로도
해석, 6~8세기) 말탄 기사의 군모에 새깃털을 2개 꽂는 것은
고조선문명의 양식임(자료: 비엔나 문화역사박물관 소장)

었다. 둘째 아들 코트라그(Kotrag)는 북상하여 볼가강 중류에 독립 '고
추 불가리아'(Kocho Bulgaria)를 세웠다. 유럽인들은 이를 '볼가 불가리
아'(Volga Bulgaria)라고 불렀다. 셋째 아들 아스파루크(Asparukh)는 새
독립국가를 수립하려고 발칸반도로 들어갔다. 넷째 아들은 판노니아에
들어가서 아발 제국에 편입되었다. 다섯째 아들 알체크(Altsek)는 다뉴
브강을 건너 비잔틴 동로마제국에 복속하여 '알체코 공작'(Duke Alzeco)

의 칭호를 받고 이태리에 강제 이주되었다. 결국 둘째 아들 코트라그의 '볼가 불가리아'와 셋째 아들 아스파르크의 발칸 반도 불가리아가 불가르족의 독립국가로서의 역할을 수행하게 되었다. 여기서 룬시맨이 아들로 기록한 것은 실제로는 부족집단일 가능성이 매우 높다.

이 중에서 '볼가 불가리아'는 자기 나라 영토의 큰 강에 불가강(후에 볼가Volga강으로 변음)이라 이름 붙이고, 그 동쪽 상류는 곰강(熊川, 후에 가마Kama강으로 변음)이라고 부여족 유형의 명칭을 붙였다. 볼가 불가리아는 농경·목축·제철 및 피혁 수공업을 하다가 볼가강과 가마강을 이용한 상업에도 눈을 떠서 상업무역을 크게 발전시켰다. 그들의 종교는 태양신과 단군신(단그라)숭배였다. 그들의 상업·무역은 북으로는 바이킹(Viking)부터 남으로는 콘스탄티노플과 바그다드까지, 서쪽으로는 서유럽부터 동으로는 중국까지 그 범위가 매우 넓었다. 볼가 불가리아는 당시 세계 부의 중심지인 바그다드와의 상업·무역을 원활히 하기 위해 AD 922년 바그다드사절단을 교환하고 회교의 포교도 수용하였다.

필자는 문명사적으로 볼가강을 통한 볼가 불가리아의 문명 전파를 주목할 필요가 있다고 본다. 볼가강의 상류는 북유럽의 가레리아 지방과 핀란드 지방까지도 닿고 있다. 강줄기를 거슬러 오르면서 볼가 불가리아족이 핀란드와 가레리아 지방과 교역·교류·이동하는 것은 모험 전통을 가진 불가르족에게는 전혀 어려운 일이 아니다. 핀란드 및 가레리아의 핀(Finn)족과 그의 언어는 볼가강을 타고 북으로 전파된 불가르족과 깊은 관련이 있다고 필자는 관찰하고 있다. 핀란드와 가레리아에서 발굴되는 빗살무늬토기도 이 문화 전파의 흐름과 관련이 있을 것이다.

볼가 불가리아는 11세기~12세기에 가장 크게 번영하였다. 볼가 불가리아는 1223년 징기스칸 몽골군의 침략을 받고 일단 물리쳤으나, 1236년 다시 몽골군의 침략을 받고 5년 동안 저항하다가 패전한 후 국력이 쇠약해졌다. 현재는 러시아 연방의 타타르 자치공화국으로 되어 있다.

〈그림 19-16〉 불가리아에 남아 있는 중세 고조선식 고인돌 무덤과 적석총의 사례

　　한편 셋째 아들 아스파루크가 인솔한 불가르족은 발칸반도의 동북부 다뉴브강 하류 삼각지대에 진출하여 정착하려다가 동로마제국이 거절하자, 결전을 감행하여 승리해서 AD 681년 통칭 다뉴브 불가리아(Danube Bulgaria) 칸국을 건설하여 비잔틴 동로마의 승인을 받았다. 이것이 불가리아 제1제국(First Bulgarian Empire)이며, 오늘날의 '불가리아'의 시작이다. 아스파루크는 영내 선주민인 슬라브족을 추방하지

〈그림 19-17〉 마다라 암벽의 기사(騎士)의 상과 '태양단군신' 상징 조각

않고 포용하였다. 불가리아 제1제국은 지배층인 소수 불가르족이 전체적으로 보야(Boyar), 비어(Peer)라고 부르는 귀족층이 되었고,[25] 다수 슬라브족이 피지배 농민층이 된 구조를 갖게 되었다. 언어와 행정은 슬라브족이 압도적이어서 슬라브족과의 혼혈로 체질은 점차 슬라브형 백인이 되어 갔다.[26]

아스파루크 왕이 하잘족과의 전쟁에서 전사한 후, 계승자인 테르벨 (Tervel) 칸은 비잔틴 동로마 수도 콘스탄티노플이 AD 717~718년 이슬람 제국군의 공격으로 포위당했을 때 5만명의 기병대를 파견해서

---

25) 불가리아 제1제국의 '귀족'에 대한 고유 호칭 '보야'(Boyar), '비어'(Peer)는 불리지족의 고중국 차음표기 '肥如' '卑耳' '鳧繹' 등과 동류 어휘라고 생각된다. 고대중국 학자들이 인정한 바와 같이, 이것은 후에 '扶餘'로 부여족에 대한 차음표기가 거의 통일될 때까지 고조선의 부여족에 대한 중국 고문헌들의 여러 가지 차음표기 형태였다.

26) ① D. Mishew, *The Bulgarians in the Past*, Lausanne, 1919.
② Steve Runciman, *A History of the First Bulgarian Empire*, G.Bell & Son, 1930.
③ Tsvetelin Stepanov, *The Bulgars and the Steppe Empire in the Early Middle Ages*, Brill, Leiden·Boston, 2010 참조.

아랍군을 격퇴하여, '비잔틴의 구원자'로 칭송받으면서 영토를 발칸산 맥 이남의 발칸반도 남쪽으로 넓게 확장하였다. 8세기 초에 불가리아 동북부 마다라마을의 암벽에 조각한 불가리아 제1제국의 거대한 말 탄 기사(騎士)의 상과 그 배경에 조각한 태양 및 단군(Tangra)신 상징 의 원형조각은 불가리아 제1제국의 용맹성과 그들의 유일신인 태양 및 단군신(Tangra)숭배의 신앙을 잘 알려주는 당시 유럽 제일의 암벽 조각 예술품이다.

9세기 초기에 크롬(재위: AD 803~814) 대칸은 안으로는 빈곤을 퇴치하고 신분차별을 폐지하는 대개혁을 단행하고, 밖으로는 아발족을 공격하여 그 영토를 병합했으며, 침공해 들어온 비잔틴 동로마 니케포 로스 황제의 대원정군을 격파하고 로마황제도 전사시켰다. 크롬 대왕 은 전차 5000대와 수만 명의 기병대로 콘스탄티노플을 점령하려 했으 나, 갑작스럽게 사망하여 이루어지지 못했다. 후계자 오므르타그(재위 AD 814~831) 칸은 정책을 전환하여 비잔틴 동로마제국으로부터 거 액의 조공을 받기로 하고 30년간의 평화조약을 체결하였다. 이때 비잔 틴 동로마제국의 레오 5세(재위 AD 813~820)는 불가리아의 전통에 따라 불가리아 유일신인 '단군신'(Tangra)에게 평화협정 준수를 맹세 하였다.

불가리아 제1제국 보리스 1세(재위 852~899년)는 불가르족 귀족 지배층의 단군신앙과 슬라브 평민층의 다신교 신앙을 하나로 통일하여 국민통합을 도모해서 AD 865년 기독교를 국교로 수용하였다. 동방정 교회의 교회당이 건립되고, AD 893년에는 고대 불가리아어가 교회와 거의 불가리아 영토로 만들었다.[27]

---

27) ① Venedikov, Ivan, *Bulgaria's Treasures from the Past*, Foreign Language Press, Sofia, 1965.

② Hoddinott, R.F., *Bulgaria in Antiquity*, Ernest Benn Ltd., London, 1975.

③ Hristov, Hristo, *Bulgaria 1300 Years*, Sofia Press, Sofia, 1980.

④ Fol, Alexander(ed.), *The Bulgarians*, Tangra All Bulgaria Foundation, Sofia, 2000.

⑤ Russel, Jesse, *First Bulgarian Empire*, Bookvika Publishing, Edinburgh, 2012.

〈그림 19-18〉 불가리아의 '굿거리'(Kukeri) 곰축제. '굿거리'는 고조선어·부여어
를 그대로 간직한 '축제' 호칭이다.

그러나 927년 시메온왕이 죽은 후 불가리아 제1제국의 국력은 점
차 쇠약하게 되었다. 안으로는 왕족 내분이 있었고 밖으로는 마쟐족과
비잔틴 로마군의 공격을 받다가, 1018년 기력을 회복한 바실리우스 2
세(재위 976~1025년)의 비잔틴 동로마군에게 패전하여 멸망함으로써
비잔틴 동로마 제국의 속주로 떨어졌다.

약 160년 후, 1185년 아센(Asen)과 피터(Peter) 형제가 봉기하여
독립해서 불가리아 제2제국을 수립했고, 비잔틴 동로마황제도 1187년
결국 독립을 승인하였다. 그러나 제2제국은 슬라브족이 건국한 것이었

〈그림 19-19〉 최성기의 불가리아 제1제국의 영역(9세기~10
세기, 자료: Todor Bozhinov, The Bulgarian Lands during
the rule of Simeon I (893~927))

고, 소수의 불가르족은 그 사이 절대 다수의 슬라브족에게 용해되다시
피 통합되었다.

그러므로 고조선 후예 계통의 흐름은 불가리아 제1제국에서 끝난
것이었다. 지금은 불가리아 학자들도 카프카스 지역까지 조상을 추적
하고, 그 이상의 동방까지는 오려고 하지 않는다. 그들 스스로 슬라브
족의 한 계통인 줄 알았다가 종종 어린애의 엉덩이에 몽골반점을 가
진 애기가 태어나서 놀라는 정도이다. 그러나 거대한 유산으로 남은
것이 있다. 불가리아 언어와 수많은 지명과 기층에 남아 있는 민속문
화이다. 불가리아 언어는 고조선어를 조어(祖語)로 한 우랄·알타이어
족 언어이다.

지금도 불가리아에는 불가리아 제1제국 시기의 고조선식 고인돌무
덤이 다수 남아 있다.

디미타르 토닌(Dimitar Tonin, Димитър Тонин)씨가 지표조사

보고한 것도 1,140개나 된다(〈그림 19-14〉 참조). 이 불가리아 고인 돌은 철기시대의 것이어서 돌을 더 잘 다듬고 입구에 사각형의 상징적 출입문을 뚫어 만드는 등 불가리아식으로 발전된 특징이 있다. 그러나 기본구조는 그들 조상이 창조한 고조선문명의 고인돌 양식이 그대로 간직되고 있음을 볼 수 있다.

새해 첫 달에는 '굿거리'(kukeri)라는 고조선·부여어를 그대로 간직한 명칭의 민속 곰축제를 한다. 불가리아 제1제국이 붙인 호칭인 발칸 (Balkan)산맥(과 발칸반도)은 고조선어이며, 밝은 산(밝산: 밝달)으로서 단군신(Tangra)에게 제천하는 신성한 산이었다.[28]

5. 마자르족의 서방 이동과 헝가리 왕국

훈족에 이어 아발족, 불가르족이 한 시기 정착했던 카르파티아 분지(판노니아 평원)에 영구히 정착한 이들은 AD 9세기 후반의 '마자르'(Magyar)족이었다.

마자르족의 기원에 대해서는 헝가리 학자들 사이에 여러 견해의 논쟁이 아직도 전개되고 있다. 일설에는 언어연구에 기초하여 핀·우구르(Finno-Ugrian)설, 위구르족(Uygurs) 일파설, 훈족(Huns) 일파설, 아바르족(Avars) 일파설, 스키타이(Scythians) 일파설 등이 제기되고 있다. 이것은 마자르족이 중앙아시아에 매우 장기간 정착한 시기에 이 지역의 여러 문화요소를 수용한 뒤에 가장 늦게 우랄산맥의 서쪽 카프카스 지역에 들어갔으므로 모든 동방 유목기마민족과 일정한 공통점

---

28) Balkan산은 원래 7세기에 불가리아 제1제국이 붙인 이름이며, 불가리아인들도 원래 '밝안 달라리'(Balkan Daglary; 밝달)라고 호칭했고, 중앙아시아 사람들은 아직도 이 호칭을 보존하고 있다고 한다. '밝달'은 '밝은 산'이며, 고조선문명권에서는 'Balkan'산, 'Bulkan'산의 변음으로 남아 있는, 옛날에 제천(祭天)하던 신성한 산으로 되어 있었다.

이 보이기 때문이기도 하다. 필자는 서양학자들의 위의 학설 가운데 핀란드의 핀족(Finn)에서 마자르족의 기원을 구하는 것은 언어의 횡적 연관을 종적 역사과정과 혼동한 것으로, 언어학적 친족관계만 명백한 것이지 핀족에서 마자르족이 분화되어 나온 것으로는 볼 수 없다고 생각한다.

필자는 오히려 마자르족의 기원은 동아시아의 만주 요서지방에서 고조선의 서변을 지키고 있던 부여족 마가(馬加)의 한 부족이 BC 3세기 고조선 국가 해체 시기에 훈(Huns, 산융, 원흉노)을 뒤따라 별도로 우랄산맥 동쪽 중앙아시아 초원지대에 들어가서 이동 정착한 것으로 보는 가설적 견해를 갖고 있다.

마자르족의 기독교화 이전의 여러 민속들이 부여족과 너무 흡사하기 때문이다. 복잡한 논쟁에 견해를 하나 더 첨가한 감은 있지만, 하나의 가설이므로 서양학자들이 검토해 주었으면 한다.

(1) 고조선·부여에서는 대장군·후국 소왕은 '가'(gar, ga)라고 호칭했고, 직책에는 '말' '소' '양' '개' 등의 동물 이름을 붙였다. '마·갸르(자르)'(Ma·gyar)와 '마·가'(Ma·gar)는 서로 통한다.

(2) 부여 왕족의 토템은 사슴(deer)이고, 국민의 주토템은 곰(bear), 부토템은 새(bird, eagle)였다. 마자르족의 건국왕 아르파드(Arpad) 왕족의 건국 설화에 사슴과 투룰(Turul, 독수리)이 나오는데, 연관성이 현저하다. 국민들 사이에서는 말이 애호되었다.

(3) 마자르족의 반수혈(半竪穴) 가옥 그림은 부여의 수혈 주거와 매우 유사하다.

(4) 마자르족의 주민을 7부족 집단(Hétmagyar)으로 구성한 것이[29) 고

---

29) Paul Lendvai, *The Hungarians: A Thousand Years of Victory in Defeat*, C. Hurst&Co. Publishers, 2003, pp.15~29 및 p.533 참조. 이 때의 마자르족 7개 부족(또는 씨족)집단은 ① 예노(Jeno) ② 케르(Ker) ③ 케치(Keszi) ④ 퀴르트-자르마트(Kürt-Gyarmat) ⑤ 메제르(Megyer, 별명 Hu) ⑥ 니예크(Nyék) ⑦ 타르잔(Tarjan) 등이다. 이 중에서 '메제르'가 마자르(Magyar)와 가장 가까운 동음이고, 별명 '후'(Hu)는 胡(중국 발음 후)인 것으로 보아서, 고조선 서변에서 민족이동을 시작할 때부터 마자르족을 지휘해 온 마가르(馬

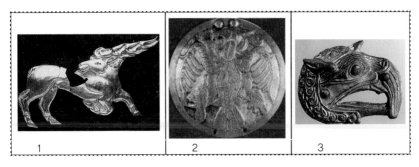

〈그림 19-20〉마자르족의 토템 장식
1. 말 장식품   2. 투룰(Turul, 신성한 새)   3. 새 조각 장식

조선 부여계 말갈족(Margar, 靺鞨)의 7개 부족집단 구성과 같다.

(5) 마자르족의 남·녀 복식과 고깔모자의 그림은 부여족의 복식과 고
깔모자[弁]와 매우 유사하다.

(6) 형이 사망하면 아우가 형수를 취하는 마자르족의 제도는 구려·고
구려와 동일하다.

(7) 마자르(헝가리)족의 민족음악은 5음계인데, 부여족 등 고조선 후
예들의 민족음악도 5음계이다.

(8) 마자르족의 언어가 핀족, 온우글족과 친족관계가 있는 것은 고조
선언어가 부여·마자르족·핀족·온우글족 언어의 공통의 조어(祖語)가
되었기 때문일 수 있다.

(9) 마자르족의 축제의 사진은 불가르족의 축제(곰축제)와 흡사하며,
부여족의 영고(迎鼓) 축제와 모두 관련이 있을 수 있다.

(10) 마자르족의 장수들과 아르파드 족장의 그림 동상 등에 보이는
모자에 모두 새 깃털[鳥羽]을 꽂은 양식은 부여·고구려의 깃털 모자
와 동일하다.

(11) 마자르족의 기독교 수용 이전의 종교는 일종의 텡그리즘(Tengrism,
Shamanism)인데, 이것은 고조선·부여의 단군신앙을 공유하여 중앙

加) 집단으로 추정된다. '후'(Hu, 胡)는 고대 중국인들이 고조선 서방을 지키
고 있던 '산융'(Hun)과 불도하·불령지·고죽을 통칭하던 용어이다.

아시아에 이동 전파된 것으로 볼 수 있다. 마자르족의 셔먄은 탈토스(taltos)라고 호칭한다.[30]

(12) 마자르족의 신앙에 태양(해)과 불[火]을 숭배하고 다음에 달을 숭배하는 것이[31] 부여족의 해(태양)·달·불 숭배와 동일하다.

(13) 마자르족의 개국 설화(Legend of the Wondrous Stag)에 어떤 나라 임금에게 두 아들 훈오르(Hunor)와 마고르(Magor)가 있었는데, 사냥을 나갔다가 불가사의한 숫사슴을 만나 뒤쫓았더니 깊은 숲속으로 두 사냥꾼을 유인하고는 사라져 버렸다. 실망한 두 사냥꾼에게 즐겁게 웃고 노래하는 소리가 들려 가보니 '둘'(Dul)왕의 아름다운 두 딸이 호수에서 물을 튀기며 놀고 있었다. 두 아들은 두 공주를 각각 말에 태우고 돌아와서 혼인하여 각각 아내를 삼으니, 훈오르가 낳은 자손이 훈족(Huns)이 되고, 마고르(Magor)가 낳은 자손이 마자르족(Magyar)이 되었다고 기록되어 있다.[32] 이 설화는 훈족과 마자르족이 아버지 국왕을 같이한 형제관계이며, 훈족이 형이고 마자르족이 아우임을 말하고 있다.

이 설화는 훈족과 마자르족이 동일 국왕 아래서 살다가 훈족이 먼저 이동을 하고 마자르족이 뒤따라 이동하여 현지 주민과 결혼해서 각각 훈족 국가 영역과 마자르족 국가 영역을 만든 것을 시사하고 있다. 그러므로 훈족(산융족)이 원래 거주했던 영역 이웃에 마자르족도 거주했으며, 민족 이동을 하여 훈족이 새정착지를 정한 부근

---

30) ① Ariminius Vambery, *Hungary in Ancient Mediaeval and Modern Times*, T. Fisher Unwin, London, 1887, pp.53~96.
② Gyula Laszlo, *The Magyars: Their Life and Civilizations*, Corvina Budapest, 1996, pp.140~145 참조.

31) Gyula Laszlo, *The Magyars: Their Life and Civilizations*, pp.41~45 및 p.195 참조.

32) ① Ariminius Vambery, *Hungary in Ancient Mediaeval and Modern Times*, pp.27~41.
② Istvan Lazar, *Hungary: A Brief History*, Corvina Budapest, 1966, pp.21~34.
③ Gyula Laszlo, *The Magyars: Their Life and Civilizations*, pp.24~36 참조.

에 마자르족도 새 정착지를 정한 것을 시사한다고 볼 수 있다.

마자르족의 민족이동은 다음 6단계로 설명할 수 있다.[33]

제1단계는 BC 20세기~BC 1세기까지의 시기이다. 이 시기에 마자르족의 기원은 훈족과 마찬가지로 동아시아에서 형성되었다. 서양학자들이 여기까지 추적하지 않고 우랄산맥의 서쪽 기슭에서 끝나기 때문에, 여기서는 훨씬 그 동쪽 동아시아의 근원적 기원을 지적하려고 한다.

고조선 연방국가의 서변은 ① 산융(山戎), ② 불도하(弗屠何), ③ 불령지(不令支), ④ 고죽국(孤竹國)이 지키고 있었다. 이 가운데 ① 산융이 훈(Hun)족의 중국측 호칭이고, ② 불도하와 ③ 불령지는 부여족의 다른 집단의 중국측 호칭이다. 부여족이 두 개의 후국으로 나뉘어 서변을 지킨 것은 부여족이 예족과 맥족의 2개 부족으로 구성되었으므로 방어에는 부족별 군사 편성과 집단 구성을 했기 때문인 것으로 추정된다. 이 가운데 부여족의 예족 부대가 불도하이고 맥족 부대가 불령지로 나뉘어 주둔했다고 필자는 본다.

부여는 대장군이나 장관을 '가'(gar)로 호칭하고, 말, 소, 개 등의 동물 이름을 붙였는데, 마가(Magar, 馬加)가 '가' 중에서 상위 가였다. 불령지가 중앙아시아로 이동했을 때 불가르(Bulgar)만 강조하고 동물 이름 직책을 지칭하지 않은 것은 지휘관이 하위 가의 지휘 아래서 이동한 것과도 관련이 있을 것이다.

불도하도 산융을 뒤따라 서방으로 민족이동을 했는데, 이 불도하의 민족이동 집단이 마자르였다고 해석된다. 그 지휘 대장군이 마가(Magar)였을 것이기 때문이다. 유연족의 지휘자가 아발(大檀)이었기 때문에 민족이동 후에 아발(Avar)족으로 호칭이 나오는 것과 유사한 것이다. 불도하는 고조선시대 요하 이동에 있던 구려(句麗, guri)와 동족으로서, 구려는 고구려의 직계 선행 국가이다.

---

33) Uzo Marvin, *Hungary History, Early History, Stephen I*, Sonit Education Academy, Budapest, 2016, pp.2~31 참조.

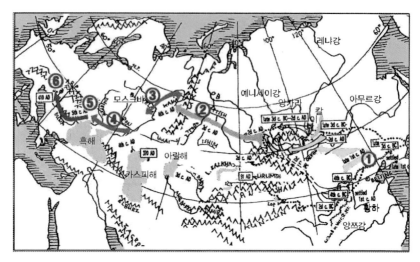

〈그림 19-21〉 마자르족의 민족이동 경로(Migration of the Xiong-nu through Central Eurasia. Reconstruction based in archaeological findings and written sources: map by Erdy를 참조하여 재작성)

고조선 연방이 BC 108년 한 무제의 침략으로 해체되자, 불도하의 농경민은 땅에 묶여서 이동하지 못하고 '마가'가 지휘하는 일단의 불도하 기병부대가 산융(Huns)족을 뒤따라서 새로운 정착지를 찾아 서방이동을 감행했다고 추정된다.

마가의 기병부대가 일단을 이끌고 처음 정착한 곳이 우랄산맥의 동쪽 토볼(Tobol)강 유역이었다. 훈(Huns)족은 우랄산맥을 넘어 서쪽 카마(Kama)강 유역에 정착하였다. 우랄산맥을 사이에 끼고 동·서로 나란히 정착한 것이다.

이때부터 그들의 호칭은 지휘자의 직책의 호칭 마자르(Magyar, Magar)로 불렸다. 주의할 것은, 마자르족의 언어와 문화가 불가르족, 아발족, 투르크족과 매우 닮은 것은 중앙아시아 우랄 동쪽에 처음 성착한 이후 획득 형성된 것이 아니라, 그 이전 동아시아에서 이미 동일한 고조선문명권에 속하여 그 시기에 형성된 것을 분유(分有)하고 있었다는 사실이다.

그들은 기본적으로 기마전사(騎馬戰士) 집단이었기 때문에, 기마술,

활쏘기, 전투기술과 언어·풍습과 일정의 농경·목축 방식 등 상당히 발전된 문명과 문화를 갖고 이동해 갔다고 보는 것이 사실과 일치할 것이다. 오직 취약한 점은 불도하의 대부분의 농민은 토지에 묶여서 동아시아를 떠나지 못했을 것이고, 기병들과 그들의 가족, 소수의 추종자들만이 포함된 수적으로 매우 적고 고독한 이동이었으리라고 추정된다.

제2단계는 마자르족이 우랄산맥의 동쪽 중앙아시아 토볼강 유역에 정착한 AD 2세기~AD 4세기경의 시기이다. 이 시기부터는 서양학자들의 연구가 상당히 축적되어 있으므로 설명이 필요치 않을 것이다. 이 시기 설명에서 다만 주의해야 할 것은, 이때의 마자르족의 생활이 서양학자들이 묘사하는 것처럼 원시적인 것이 아니라는 사실이다. 그들의 수렵은 당시 세계 최고 수준 경기병(輕騎兵) 전사들의 기병식 기사술에 의한 우수한 것이었고, 선주민과의 혼인정책으로 확대된 목축과 농업은 상당히 진전된 것이었다.

오직 마자르족의 가장 큰 문제는 여전히 절대적 인구수 부족에 따른 노동력과 군사력의 부족이었다. 과거에 매우 용감했던 이 경기병 군단은 이곳에서 선주민을 포섭해 가면서 수렵과 함께 처음으로 목축과 농경을 겸하게 되었다.

제3단계는 AD 4세기 우랄산맥을을 넘어서 서쪽으로 이동하여 우랄산맥 서쪽 카마(Kama)강과 볼가(Volga)강 사이의 이전 훈족의 첫 정착지 자리로 민족이동을 감행한 단계이다. 이번 이동의 가장 큰 동기는 동방으로부터 유목기마민족의 압력뿐 아니라 강대한 훈족(Huns)이 다시 더 서방 이동을 감행하여 그 터전이 일시 비어 있었기 때문이었다고 본다.

여기서 마자르족은 선주민을 포용하고 목축과 농경에도 힘써서 상당히 큰 민족으로 성장하였다. 헝가리 학자들이 '대 헝가리아'(Magna Hungaria)로 호칭하는 시기이다. 마자르족은 이 시기 카마강 유역에서 북방의 핀·우구르족(Finno-Ugrian)과도 교류하면서 사회문화·경제적으로 크게 발전하였다.[34]

제4단계는 AD 5세기~AD 7세기경까지의 돈(Don)강과 드니에프르(Dniepre)강 하류 사이의 레베디아(Levedia) 지방에 민족이동하여 정착한 시기이다.

이 시기에 마자르족은 불가르족이 세운 강대한 불가르 제국의 지배를 받았다. 그러나 불가르족과 마자르족은 동아시아 시기부터 이웃했던 고조선문명권의 후예였기 때문에 언어와 문화가 거의 동일하여 큰 고통은 없었다. 이 시기에 목축과 농경에 힘썼을 뿐 아니라, 그 동안 증가한 인구에 기초하여 강력한 기병부대를 육성해 나갔다.[35]

제5단계는 7세기 후반부터 9세기까지 드니에프르(Dniepre)강과 드니에스테르(Dnyester)강 사이의 흑해 위 서편 에텔쾨즈(Etelköz) 지방으로 민족이동을 한 시기이다. 이 지역은 투르크계 카자르족(Khajars)의 카자르제국 영역이었으나, 카자르제국은 남부에 세력이 집중되어 있었고, 추운 기후의 북부는 인구가 영성했으므로 마자르족이 이곳에 진입해 들어간 것이다. 마자르족은 기병부대를 7개 씨족군단으로 정비하고 이 지역을 점거하면서 카자르제국으로부터의 '독립'을 성취하였다.

카자르제국은 투르크계 페체네그족(Pechenegs)과 동맹하여 마자르족을 재정복하려고 889년 마자르족을 공격하였다. 마자르족은 895년 비잔틴 동로마 황제 레오 6세(Leo Ⅵ) 아래에 들어가서 그의 지원을 받으려고, 동로마제국의 불가르제국에 대한 전쟁에 참가하였다. 그러나 불가르군이 동로마군에 승리해 버렸다. 이에 불가르제국의 동맹군인 페체네그족이 AD 895년~896년 패전으로 약화된 마자르족을 서쪽으

34) Gyula Laszolo, *The Magyars: Their Life and Civilizations*, pp.29~39 참조.
35) Ibn Rusta(10세기 아랍 지리학자)는 마자르족의 왕(King)은 기마병 1만 명을 거느렸고 '칸다'(Kanda)로 호칭한다고 기록하였다. 'Kanda'는 'Kan·Da'로서 'Kan'은 '왕'이고 'Da'는 군사 1만 명의 사령관 Duman을 의미하는 것으로 군통수권자를 가리킨다고 해석된다. 그러나 서양학자들은 마자르족은 이 때까지도 하나의 세습 '왕'을 정하지 않은 다원적 지도체제를 지속하여, 칸다(Kanda)라는 제1군주교는 '종교'를 담당하고, '줄라'(Jula, Gyula)라는 제2지휘자는 '군사'를 담당했다고 설명하였다. C.A.Macartny, *The Magyars in the Ninth Century*, Cambridge, 1968, pp.206~209 참조.

〈그림 19-22〉 아르파드의 지휘 아래 마자르족이 가축을 이끌고 카르파티아 분지로 이동하는 헝가리 기록화. 아르파드 이하 무장들이 새깃털을 꽃은 관〔鳥羽冠〕을 쓰고, 백성들은 고깔〔弁〕 모자를 쓰고 있다.

로부터 재공격하였다.

제6단계는 AD 895년~AD 900년 사이의 카르파티아 분지(Carphatian Basin, 판노니아 평원) 안으로 다시 민족이동을 감행한 단계이다. 이곳은 동로마의 영지였으나 로마인은 많지 않았고 약 20만 명의 슬라브족이 살고 있었다.

마자르족은 이 결정적 민족이동 때 7개 씨족군단장(Hetumoger, Seven Chief Persons)이 모여서 혈맹의 뜻으로 피를 나누어 마시고 아파라트(Arpart)를 민족이동을 수행할 왕으로 지명함과 동시에 그의 남자 후손을 세습군주로 봉대할 것을 서약하였다.36) 이때 카바르족(Kabars)이 마자르족에 참가했기 때문에, 아파라트의 지휘 아래 민족대이동에 참가한 사람은 마자르 7개 부족, 카바르족, 기타 몇 소수 씨

36) 마자르족은 이에 앞서 AD 892년~894년 모라비아(Morabia) 공작에 대항해 싸우는 동프랑코의 아눌프(Arnulph) 왕을 위해 용병(庸兵)을 파견해서 이 분지에서 싸웠었기 때문에 카르파티아 분지의 내부 사정을 잘 알고 있었다.

족을 합하여 약 40만 명이 되었다.

아파라트가 지휘하는 약 2만 명의 경기병 부대는[37] 우수한 동아시아형 활을 사용하면서 895년 카르파티아 산맥을 넘어 분지 안으로 진입해서 슬라브 농민들을 신속하게 정복하였다. 아파라트의 기병부대는 분지 안의 여러 곳을 차례차례 정복하여 마자르족을 이주·정착시키고, 마침내 카르파티아 분지에 헝가리 마자르 왕국을 수립하였다.

6. 투르크족의 서방 이동과 중앙아시아 투르크계 국가들 및 오토만제국

투르크족은 중국 고문헌에서는 정령(丁零), 고차정령(高車丁零), 철륵(鐵勒), 적력(狄歷), 칙륵(勅勒), 돌궐(突厥) 등으로 기록되어 나오는 고조선 후국족이다. 한자 차음표기는 시대에 따라 각각 다르지만 모두 투르크(Turk)의 'TR'이 고중국식으로 발음되어 차음표기된 동일민족의 다른 표기라고 볼 수 있다.

서양학자들은 투르크족의 기원을 6세기 알타이산맥 일대에 건국된 돌궐국에서 찾고 있다. 한편 모든 투르크민족들은 자기 민족의 기원이 '위투캔'(Ütukan)산 일대에서 시작되었다고 하여 이를 성산(聖山)으로 여기며 지금도 제천행사를 하고 있다. 위투캔산은 몽골고원을 가로지르는 항가이산맥 가운데 높이 4021m의 우뚝 솟은 산이다. 그 시대가 흉노의 이 지역 지배시대이므로 투르크족도 흉노의 한 종족인 것으로 추정하고 있다. 그들은 고조선 아사달을 잊어버렸으므로 그들의 기원이 고조선족과 고조선문명에 있음을 알지 못하고 있는 것 같다.

그러나 그들의 개국 설화와 그 후의 사실을 보면, 투르크민족은 부계를 고조선족으로 하고 모계를 흉노족으로 하여 형성된 혼혈민족으로

37) Istvan Lazar, *Hungary: A Brief History*, pp.38~39 참조.

〈그림 19-23〉 위투캔(Ütukan)산의 사진

서, 부계사회였기 때문에 고조선언어를 사용하면서 스스로 고조선 아
사달족의 일부로 되어 활동한 고조선 서변 후국족의 하나였다.

《수서》(隋書)는 "돌궐의 선조는 평량(平涼)의 잡호(雜胡)이다. 성은
'아사나'(阿史那)씨이다."38)라고 기록하였다. 아사나는 아사달과 동일어
로서 고조선의 당시 이름이다. 그들의 개국 설화를 참고하면, 고조선
연방제국의 서변 방어군 가운데 1개 소부대가 지금의 감숙성 평량(平
涼) 부근까지 깊숙이 진출해 주둔했다가 고중국군의 공격을 받고 패
전한 일이 있었다. BC 7세기 중엽 제(齊) 환공(桓公)의 고중국 연합
군이 고죽·산융·불령지·불도하 등 고조선 서변 연합군을 공격했을 때
의 일로 추정된다. 생존한 소수의 고조선군은 '이리'토템 부족인 산융
군사의 구원을 받고 후퇴하여 멀리 산융의 통치지역인 몽골고원 항가
이 산맥의 '위투캔'(Ütukan, 몽골어 Ottokon)산 아래 목초지에 들어가
서 주둔하였다.39) 그들이 이곳에서 산융(흉노)족의 여성들과 혼인하여

---

38) 《隋書》 卷84, 列傳 北狄, 突厥傳 참조.

유목민이 형성되었는데, 이것이 투르크민족의 시조이고 기원이다. 이들
의 부계 성씨는 고조선 '아사나'(阿史那)였고, 모계는 '산융'(흉노)족이
므로, 투르크 민족의 기원은 부계 고조선족과 모계 산융(흉노)족 사이
의 혼혈족이라고 할 수 있다. 그러나 그들은 부계사회였으므로 반드시
부계 고조선언어를 사용했으며, 스스로 '아사나'(고조선)족으로 의식하
며 활동하였다.

투르크민족의 부계가 고조선 아사나족이고 고조선어를 민족언어로
사용했기 때문에, 그들의 역사는 고조선말로 해석하면 많은 문제가 풀
리게 된다. 필자는 투르크민족의 기원지 성산 위투캔(Ütukan)산은 고
조선말 '우뚝한 산'이라고 본다. 실제 모습도 '우뚝하게' 솟아 있다.

현재 몽골국 항가이 산맥에 우뚝 솟아있는 위트캔산 기슭에는 큰
냇물이 흐르고, 주위는 방대한 목초지이다. 몽골에서는 공식적으로
'Ottokon Tengri'(오똑혼 텡그리)산이라고 부르고, 그 지방 사람들은
Ottokon Bokda(오똑한 박달)산이라고 부른다.

지금도 중앙아시아의 모든 투르크 민족은 이 위투캔(Ütükan)산을
그들의 발상지로 보고 성산(聖山)으로 숭상하고 있다.

투르크족은 위투캔산 부근에서 번창하여 10개 씨족으로 나뉘게 되
고, 그 중에서 아사나씨가 부족을 주도하였다. 투르크족은 유연(아발)
이 몽골고원을 지배하던 시기에는 유연에 속해 대장장이(제철 수공업)

---

39) 아사나족이 흉노족의 도움을 받으며 '위투캔산'(우뚝한 산)에 북천하여 정
착한 시기는 세 개의 계기가 주목된다. 첫째는 B.C. 7세기 중엽에 연나라의
구원요청을 받고 산동반도의 제의 관중이 북으로 고조선 계열 불리지(弗離
支), 불도하(不屠何), 고죽(孤竹), 산융(山戎) 등을 공격한 전쟁 때의 경우이
다. 이 때 고조선 계열 불리지, 불도하, 고죽, 산융 등은 제1차 제의 공격은
잘 물리쳐 제가 패전했고, 제2차 제의 공격 때는 고조선계열 분국이 패퇴했
었다. 둘째는 B.C. 3세기 초에 연의 진개가 고조선 후국 동호(東胡)를 침략
하여 고조선의 서변 영역 1,000~2,000리를 빼앗았던 연·동호 전쟁의 경우이
다. 셋째는 B.C. 3세기 말에 진시황이 만리장성을 연결하여 쌓은 후에 만리
장성 이남의 고조선 계열 분국들을 무력으로 해체시켜 民戶를 편성하고, 만
리장성 넘어 고조선 후국 동호를 공격했다가 철수한 전쟁의 경우이다. B.C.
3세기에 몽골 지역의 자료에 "정령(丁零)"이 나타나므로, '아사나'족의 북천의
시기는 위의 세 경우의 하나가 될 것이다. 앞으로의 연구 과제이다.

에 종사했고, 유연이 알타이산맥 일대에서 유연제국을 세우자 유연을 따라 알타이 산맥 일대에 들어와서 역시 유연을 위해 제철 수공업의 일을 담당하였다.[40]

---

40) 투르크족의 기원과 초기 형성에 대한 전설에는 두 유형이 중국 고문헌에 수록되어 있다. 첫째는 《周書》 突厥傳에 수록된 투르크족의 기원 전설이다. "돌궐(突厥)은 대체로 흉노(匈奴)의 다른 갈래(別種)로 성(姓)은 아사나씨(阿史那氏)였다. (흉노와) 달리 부락(部落)을 이루었다. 뒤에 이웃 나라에게 패해 그 족속이 모두 없어졌다. (다만) 한 아이가 있어 나이가 열 살 가량이었는데, 병사가 아이가 어린 것을 보고 차마 죽이지 못하고 바로 그의 발(과 팔)을 잘라 풀이 무성한 습지 속에 버렸다. (이에) 암 이리(牝狼) (한 마리)가 고기를 가져다 먹였고, 자라나서는 이리와 교합해 마침내 임신을 하게 되었다. 그 (이웃 나라의) 왕이 이 아이가 여전히 살아 있다는 (소식을) 듣고 다시 (사자를) 보내 (아이를) 죽였다. 사자는 이리가 (그의) 곁에 있는 것을 보고 아울러 이리마저 죽이려고 했다. (그러나) 이리가 마침내 고창국(高昌國)의 (서)북쪽(에 있는) 산으로 도망했다. 그 산에는 동굴이 있었는데, 동굴 안은 평탄한 땅과 무성한 풀이 있었고 그 주위 둘레가 수백 리로 사면이 모두 산으로 둘러싸여 있었다. 이리가 그 속에 숨어 마침내 열 명의 사내아이를 낳았다. 열 명의 사내아이들이 잘 큰 이후에 밖에서 아내를 얻어 임신을 시켜 (아이를 낳았고), 그 후손들이 각각 한 개의 성(姓)을 갖게 되니 아사나도 바로 그 가운데 하나였다. 자손이 번성해 점차 수백 가에 이르렀다. 몇 세대가 지나 (무리가) 서로 더불어 동굴에서 나와 여여(茹茹)를 섬겼다. (그들은) 금산(金山)의 남쪽(陽)에 살면서 여여를 위해 대장장이(鐵工)로 부려졌다. (그들이 살던) 금산의 모습이 투구(兜鍪)와 비슷했는데, 그들의 말로 투구를 "돌궐"이라 했기 때문에 마침내 이로 인해 이름을 (돌궐로) 했다."《隋書》 돌궐전의 기록도 대체로 위와 유사하다. "돌궐(突厥)의 조상은 평량(平涼)의 잡호(雜胡)로, 성(姓)은 아사나씨(阿史那氏)였다. 북위(北魏) 태무제(太武帝)가 저거씨(沮渠氏)(가 세운) 북량(北涼)을 (영화 7년(439)에) 멸망시키자 (그의 추장이었던) 아사나가 5백 가(家)를 이끌고 여여(茹茹)에게 도망가 대대로 금산(金山)에 살면서 철을 만드는 일(鐵作)을 업으로 삼았다. (그들이 살던) 금산의 생김새가 투구(兜鍪)와 비슷했는데, 그들의 말로 투구(兜鍪)를 "돌궐(突厥)이라 불렀기 때문에 (그의) 이름으로 삼았다."다른 이야기도 있다. 그 조상이 서해(西海) 부근에 나라를 세웠는데, 이웃나라에게 멸망을 당해 (이웃나라의 군사들이) 남녀노소를 (가리지 않고) 모두 죽였다. (그러다가 열 살가량의) 한 아이는 차마 죽이지 못해 발을 자르고 팔을 잘라 큰 습지 속에 버렸다. 한 마리의 암이리(牝狼)가 있어 매번 고기를 물고 그곳에 오니 이 아이가 그로 말미암아 (음식을) 먹을 수 있어 죽지 않게 되었다. 그 이후에 마침내 (그 아이가 암)이리와 교합해 (암)이리가 임신을 했다. 그 이웃 나라에서는 다시 사람을 시켜 이 아이를 죽이게 했는데, (암)이리가 (여전히 자리를 뜨지 않고) 그 옆에 있었다. 사자가 (암 이리마저) 죽이려고 하자 그 (암)이리가 마치 신이 깃든 것처럼 홀연히 (서)해(西海)의 동쪽에 이르러 산 위에 멈추었다. 그 산은 고창국(高昌國)의 서북쪽에 있었는데, 아래

투르크족은 두만 부민(Bumin)이 지휘하여 위투캔에 도읍을 두고
AD 535년경에 '돌궐 제국'을 수립하였다. 부민은 탁월한 능력으로 목

에 동굴이 있었고, (암) 이리가 그 안으로 들어가자 평평하고 좋은 땅과 무
성한 풀을 만났는데, 땅이 사방 2백 리였다. 그 후에 (암) 이리가 열 명의
사내아이를 낳으니 그 가운데 하나가 성(姓)을 아사나씨라고 했고, (그가)
가장 현명했기 때문에 마침내 군장(君長)이 되었다. 그 까닭에 아장(牙帳)의
문에 (황금으로 된) 이리머리(를 단) 독[狼頭纛]을 세워 그 근본을 잊지 않았
다는 것을 보여주었다. (그 이후 시간이 흘러) 아현설(阿賢設)이라는 사람이
있었는데, (그가) 부락(部落)을 이끌고 동굴 밖으로 나와 대대로 여여에 신
속했다."

다른 하나의 기원 설화는 《北史》 고차정령전(高車丁零傳에) 수록되어 있는
것이다. "고차(高車)는 대개 예전의 적적(赤狄)(이라 불리던 집단)의 남은 무
리[餘種]이다. 처음에는 적력(狄歷)이라 불렸고, 북방(北方)에는 칙륵(勅勒)이
라 했고, 중국(諸夏)에서는 고차·정령(丁零)이라 했다. 그(들이 사용하는) 말
은 대략 흉노(匈奴)(가 사용하는 말과) 같았으나 때에 따라서는 조금 다른
것이 있었다. 혹은 말하기를, 그들의 선조가 흉노의 생질(甥)이라고도 했다.
그들의 종족[種]에는 적씨(狄氏)·원흘씨(袁紇氏)·곡률씨(斛律氏)·해비씨(解批
氏)·호골씨(護骨氏)·이기근씨(異奇斤氏) 등이 있었다. 세간에서 말하기를, 흉
노 선우(單于)가 두 명의 딸을 낳았는데 용모가 매우 아름다워 흉노 사람[國
人]들이 모두 (그녀들을) 신비롭게 여겼다. 선우가 말하기를 "나에게는 이(렇
게 아름다운) 딸들이 있는데, 어찌 인간을 배필로 삼을 수 있겠는가? 장차
하늘과 (한 쌍의 부부의 연으)로 맺어지게 할 것이다."라고 하였다. 이리하여
(흉노의) 근거지[國] 북쪽(의) 사람이 살지 않는 땅에 높은 건물(高臺)을 쌓
아 두 딸을 그 위에 두고 말하기를, "청컨대 하늘이시여, 친히 그녀들을 맞
이하여 주십시오."라고 하였다. 3년이 지나고 그 (딸들의) 어머니가 두 딸을
맞이하고자 하였다. 선우가 말하기를 "(딸들을 맞이하는 것은) 불가하오. 아
직 (하늘과) 통할 틈이 없었소."라고 하였다. 다시 한 해가 지나고 이에 한
마리의 늙은 이리[老狼]가 밤낮으로 (와서) 건물을 지키며 으르렁거렸고 이어
건물 아래를 뚫어 빈 구멍을 만들고 시간이 흘러도 가지 않았다. 그의 작은
딸이 말하기를, "내 아버지가 여기에 나를 두어 하늘과 (한 쌍의 부부로) 맺
어지기를 바랐는데, 지금 이리가 (이리로) 왔으니 혹 이는 신물(神物)인 듯
하고, 하늘이 그렇게 (내게로) 오게 한 것 같기도 하다."라고 하였다. (그리
고서 건물) 아래로 내려가려 했다. 그(녀의) 언니가 크게 놀라 말하기를 "이
(늙은 이리)는 짐승[畜牛]으로 네가 (이리와 결혼을 해) 부모를 욕되게 하려
는 것이냐?"라고 하였다. (그러나) 동생은 (언니의 말을) 따르지 않고 (건물
아래로) 내려가 이리의 처가 되었고 아들을 낳았다. 후에 드디어 (그들의 종
족이) 번성해져 나라를 이루게 되었다. 오래 전부터 그들은 소리를 길게 빼
서 (부르는) 긴 곡조의 노래[長歌]를 좋아했는데, (이것은) 또한 이리(가 으
르렁거리는) 소리와 같았다." 이 기원설화에서 주목할 것은, 투르크족은 '아
사나'족과 '흉노'족(이리 토템족)의 혼혈(혼인동맹)에 의해 형성된 민족이라
는 사실이다.

축을 육성했을 뿐 아니라, 우수한 제철수공업 기술로 우수한 화살촉과 창과 검을 제조하여 기병대 중심의 막강한 군사력을 갖추게 되었다. 부민은 유연의 공주에게 청혼을 했는데 '대장장이'라고 거절당하자 이를 구실로 552년 서위(西魏)와 연합하여 유연을 공격하여 멸망시켰다. 이에 부민은 스스로 이리가한(伊利可汗, Il-khahgan)이라는 칭호의 황제의 위에 올랐다. 부민 시기의 돌궐제국의 영토는 동으로 고구려와 접하고 서로 카스피해에 접하며 남으로 수(隋)와 접하면서, 수보다 국력이 우위인 막강한 제국이 되었다.41)

부민이 사망하자 돌궐은 두 아들에게 상속되어, 583년 큰 아들의 몽골고원 '동돌궐'과 둘째 아들의 중앙아시아 '서돌궐'로 분할되었다. 동돌궐과 서돌궐은 수(隋)의 책략에 말려서 단결하지 못하고 서로 분열 대립하였다. 결국 당(唐)의 공격을 받아 동돌궐은 630년에 멸망하였고, 이어서 서돌궐도 당의 공격으로 658년에 멸망하였다.

돌궐족은 약 50년간 당에 복속하여 멸시받고 살다가, 동돌궐 출신 두만 '아사나 쿨투르크'(阿史那骨咄祿: Asana Kulturk)가 679년 독립운동을 지휘하여, 682년 '돌궐제국'을 회복하고 일 테리쉬(Il-Terish) 카간(황제)에 올랐다.

돌궐 제2제국은 빌게(Bilge) 카간 때까지는 크게 융성하였다. 그러나 734년 빌게 카간이 신하에게 독살당한 후에는 내부 반란과 외환으로 국력이 쇠약해져서 돌궐 제2제국은 744년 멸망하고, 투르크족 가운데 위구르족에 의한 '위구르 제국'이 수립되었다.

위구르 제국은 몽골고원을 중심으로 한때 번영하였다. 그러나 왕족들의 끊임없는 권력 투쟁과 내분으로 쇠약하게 되자, 840년 키르키즈족이 위투캔에 '키르키스 제국'을 건국하고, 위구르족을 몽골고원에서 몰아내었다.

---

41) Denis Sinor, "The Establishment and Dissolution of the Türk Empire", *The Cambridge History of Early Inner Asia*(Denis Sinor ed.), Cambridge University Press, 1990, pp.285~316 참조.

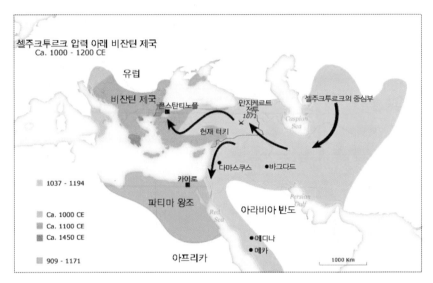

〈그림 19-24〉 셀주크투르크의 비잔틴동로마제국 진입경로(1000년~1450년, 자료: Fanack, 2013)

위구르족은 서남방으로 민족이동을 단행하여, 천산(天山)산맥의 동쪽(지금의 중국 신강성 일대)에 도착하자 일부는 정착하여 '위구르 칸국'을 세우고 점차 농경민족으로 되어 갔다. 위구르족의 다른 일부는 천산산맥을 넘어서 그 서편에 840년 '카라(Kara) 칸국'을 세웠다.

투르크족의 한 갈래인 오구즈(Oghuz)족의 무장 셀주크(Seljuk)와 그 아들들은 중앙아시아에서 세력 확대를 위해 10세기 말에 종래의 단군(Tangur)신앙을 접고 수니파 이슬람교(Islam)로 개종하였다. 유목민의 용맹성과 기병대 전투력에 아랍계 수니파 이슬람교를 수용하여 결합시키자 막강한 세력을 형성하게 되었다. 이에 셀주크투르크족은 1037년경 '셀주크제국'을 수립하고 중앙아시아 투르크계 부족·민족들을 통합하였다. 셀주크제국은 1055년 바그다드를 점령했으며, 1068년에는 비잔틴 동로마제국의 아나톨리아반도를 침공하였다. 셀주크군은 저항하는 비잔틴 동로마군을 1071년 만지케르트(Manjikert) 전투에서 섬멸하고 비잔틴 황제 로마누스 4세 디오게네스를 생포하였다. 투르크

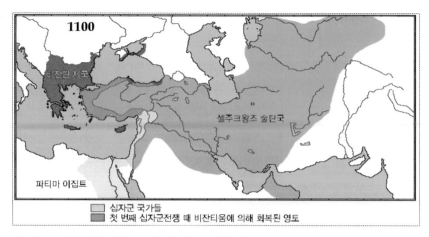

〈그림 19-25〉 셀주크투르크의 영토(1100년경, 자료: www.timetoast.com/timelines/spread-of-islam-timeline)

족이 아나톨리아반도에 정착하게 된 것이다.[42]

셀주크제국에 의해 투르크족은 아나톨리아반도에 깊숙이 정착이 진행되었으나, 이때 고조선문명의 요소에서 가지고 간 것은 민족과 언어였고, 종교와 신앙은 이미 이슬람교로 개종되어 있었다.

셀주크투르크군은 몽골군의 1243년 침입 때 몽골군에 패전하였다. 셀주크제국은 이어서 1256년과 1277년에도 몽골군에게 패전해서 몽골의 일 칸(Il Khan)의 지배하에 들어갔다.

몽골의 침입 때 중앙아시아 유목족 투르크멘(Turkmen)의 오스만(Osman)가의 족장이 몽골의 압력에 밀려서 일족을 이끌고 아나톨리아의 서북부에 들어와 정착하였다. 그들은 몽골 지배 아래 셀주크제국의 술탄 룸(Rum)을 도와 비잔틴 동로마제국에 대항해 싸운 공로로 비잔틴 제국에 인접한 작은 지역의 오토만 공국(beylik, emirate)의 영주가 되었다. 13세기 말에 몽골군의 세력이 쇠약해지자 오스만가의 족

---

42) ① Stanley Lane Poole(ed.) *The People of Turkey*, 2vols, John Murray, London, 1878.
   ② Mirfatyh Zakiev, *Origin of Turks and Tatars*, Pabulishing Hous Insan, Moscow, 2002 참조.

장은 1299년 독립하여 오토만제국(Ottoman Empire : 1199~1922)을 세우고 오스만 1세(Osman Ⅰ)가 되었다.

오토만제국은 1326년 동로마제국의 부르사(Bursa)를 점령하여 수도로 정하였다. 메흐메트 2세(MehmedⅡ)는 십자군 원정을 물리친 후, 1453년 마침내 비잔틴 동로마제국의 수도 콘스탄티노플을 점령하여 이스탄불(Istanble)로 개칭해서 오토만제국의 수도로 삼았다. 오토만제국은 15세기 말까지 아나톨리아반도와 불가리아·헝가리를 포함한 발칸반도 전역을 지배하는 거대한 제국으로 발전하였다.

이러한 과정 때문에 불가리아어와 헝가리어 등 선행민족들의 언어까지 투르크어로 분류하는 경우가 있지만, 이것은 역소급한 것이고, 모두 고조선어를 조어(祖語)로 한 별개의 알타이어족이라고 볼 수 있다.

오토만제국은 최전성기인 16세기에는 아나톨리아반도의 본국을 중심으로 중동 아시아와 발칸반도 및 오스트리아·폴란드 국경까지의 중부 유럽과 아프리카의 이집트·리비아·알제리까지 3대륙에 걸친 대제국으로 영역이 확장되기도 하였다.

제20장 민족대이동의 동남방행렬과 고조선문명의 확산

1. 고조선문명의 일본열도 전파

고조선문명은 대한해협을 끼고 동남방 바다 건너에 있는 일본열도에도 큰 영향을 끼치면서 파급 전파되었다. 이를 고조선 고대연방제국 해체기를 중심으로 한정해 보면 대체로 몇 단계로 나누어 볼 수 있다.

제1단계는 일본 고고학계가 말하는 야요이〔彌生〕문화 중기(BC 6세기~BC 1세기) 단계까지이다.

고조선문명은 그 이전에는 주로 토기 제작기술을 전파하다가, 이 단계에서는 벼·콩·팥·밀·보리·깨 등의 농작물 재배경작 방법 및 기술과 청동기 제작기술을 일본열도에 전파하였다. 이때의 전파는 주로 고조선의 후국인 진국(震國, 辰國) 사람들이 자연스럽게 교류 이주하여 주민에 의해 전파된 것이 주류였고, 교역에 의한 전파는 부차적이었다고 본다. 일본열도 규슈(九州)지방 등의 도처에서 발견되는 농경유적, 고인돌, 고조선 다뉴세문경, 세형동검, 기타 청동기들은 고조선 이주민이 소지하고 들어간 것이 주류였고, 교역에 의한 것은 매우 적었다고 추정된다.

고조선문명이 전파되기 이전 일본열도의 신석기문화 상태는 일본 고고학자들이 말하는 신석기 조몬〔繩紋〕문화 상태였다. 주민은 마이크로네시아 계통 특징이 강한 체격이 작은 사람들이었다. 조몬인들은 주로 어업과 조·기장·수수 등의 원시농경으로 생업을 하며, 대부분 해안에 마을공동체를 이루어 생활하고 있었다.

이러한 상태에서 북방으로부터 고조선 진국 사람들이 꾸준히 고조선문명의 문물을 갖고 이주해 들어와서 그들의 마을 공동체를 이루어 살면서 야요이문화를 형성한 것이었다. 북방으로부터의 이주민은 아직 '민족이동'은 아니었고, 간헐적이면서도 꾸준한 자연스러운 평화적 이주였다. 조몬인과 야요이인은 물론 교류했으며 점차 야요이인 우위의 사회와 문화가 형성되어 갔다.

BC 1세기까지 이 시대의 일본열도는 대륙과 한반도에 비해서는 훨씬 낙후한 지역이었으나 상대적으로 평화로운 지역이었다. 고조선과 고중국의 변경에서는 청동기와 철기의 금속무기까지 발명·제조되어 피비린내 나는 전쟁이 연속되고 있었다. 그러나 일본열도는 바다를 끼고 대륙·한반도와 교통이 거의 차단되어 있었기 때문에 아직 고대 '국가'도 형성되지 않았고, 마을공동체의 씨족장과 부족장의 지휘 아래서 상대적으로 평화로운 생활을 영위하고 있었다.

제2단계는 AD 1세기부터 AD 4세기까지 북방으로부터 철검(鐵劍)을 비롯한 철제 무기와 도구를 가진 사람들이 바다를 건너와 '야마토' 소왕국을 비롯한 다수의 소왕국을 수립하면서 갈등과 전란을 겪기 시작한 단계이다.

제3단계는 AD 5세기부터 AD 8세기까지 북방으로부터 말(馬)과 기마술(騎馬術)을 가진 사람들이 바다를 건너가서 야마토 왕국을 중심으로 소왕국들을 통합하여 일본열도를 통일하려고 추구하면서 '고대국가'를 확립한 단계이다.

제2단계와 제3단계는 유라시아대륙과 한반도에서 고조선 고대연방제국의 해체로 말미암은 '민족대이동'의 파급으로 일어난 것이었다. 그러므로 이에 대한 큰 줄기를 약간 설명하려고 한다.

2. 변진미오야마나(弁辰彌烏耶馬那)족의　일본열도　민족이동과 '야마토'(邪馬臺)의 성립

　　고조선에서 BC 2세기 초에 후조선 왕 준(準)이 위만의 군사정변으로 정권을 빼앗기고 쫓기어 요동반도로부터 수천 명의 추종자를 거느리고 진(辰)의 마한(馬韓) 지역으로 이동해 들어가서 한왕(韓王)을 자칭하자, 기존의 진왕조 지배층에 대대적 변동과 이동이 일어났다. 기존의 진왕세력의 주류는 진한(辰韓) 지역으로 이동하고, 일부는 변한(弁韓) 지역으로 이동하였다. 이 마한지역으로 이동한 후조선 세력은 1세대 후에는 구세력의 반격과 정권 장악으로 또 각지로 이동하였다. 이 고조선(후조선)의 이주민집단 가운데 일부가 BC 1세기~AD 1세기경 일본열도에까지 이주해 들어갔을 가능성이 매우 높다.

　　《양서》(梁書) 동이전 왜국전에는 "왜는 스스로 말하기를 태백(太伯)의 후예라고 한다"[1]는 기록이 있다. 이 기록은 매우 중요하다. 여기서 태백의 후예는 고조선의 후예들이 자기들을 자랑스럽게 표현한 것이었으며, '태백'은 '고조선'의 별칭이었다.

　　AD 1세기에 북방 부여(夫餘)의 일부 세력이 9개 군사형 부대를 편성해서 주로 육로로 남하하여 변한(弁韓)에 도착해서 종래의 12개 변한소국들을 6개 가라(加羅)로 편성하였다. 필자는 고조선국가 해체기 '민족대이동'의 거시사회사적(巨視社會史的) 관점에서 보면, 가라(加羅)는 변진(변한) 12개국이 자생적으로 성장하여 형성된 고대국가가 아니라, 북방으로부터 부여족(夫餘族)의 한 갈래가 남방 이동하여 선주민을 점거해서 통폐합하면서 선주민 백성과 부여족 지배층이 결합하여 형성된 고대국가라고 본다.[2]

　　부여족의 남방 이동에서 전위 선발대는 김수로(金首露, 金首路)였

---

1) 《梁書》卷54, 列傳 第48, 東夷, 倭傳, 〈倭者 自云太伯之後〉 참조.
2) 신용하, ① 〈단군설화의 사회학적 해석〉, 《한국사회사연구회논문집》 제47집, 1995; ② 〈탐라국의 형성과 초기민족이동〉, 《한국학보》 제90집, 1998; ③ 〈한국민족의 기원과 형성〉, 《한국학보》 제100집, 2000 참조.

다. 김수로의 전위부대는 육로(陸路)로 말(馬)을 타고 산줄기와 강기슭을 따라 남해안까지 도달하여 김해(金海)지방에 주둔해서 AD 42년경 금관가라(金官加羅)를 세웠다. 부여족의 가(加)들이 '말'을 타고 남방으로 이동해 왔다는 사실은, 김수로왕의 개국설화를 수록한 《가락국기》(駕洛國記)가 구태여 '가'의 한자를 '駕'로 표기하여 '馬'(마)를 첨가한 데서도 시사되어 있다고 본다. 이들이 육로로 이동해 들어왔다는 것은 《가락국기(駕洛國記)》에 수록된 김수로왕의 개국설화에 구지봉(龜旨峰) 산봉우리에서 큰 함성이 들리고 6개의 알(卵)이 하늘에서 산으로 내려왔다고 기술한 곳에서 미루어 알 수 있다. 뒤이어 약 9개 부대들이 변한 지역(낙동강과 섬진강 사이)에 내려와서 각각 주둔지에 '가라'를 세웠다. 전방이 안전해지자 뒤에 들어온 이 부여족 한 갈래의 왕족이 낙동강 상류 지금의 고령(高靈) 지방에 있던 변한(진번) '미오야마나'를 점거하여 AD 42년 임나(任那; 대가라(大加羅))를 세웠다.3)

북방으로부터 말을 타고 철제 무기로 무장하여 이동해 온 부여족의 한 갈래에 점거당한 고령(高靈) 지방 원래의 (변진) 미오야마나 소왕국은 자생적으로 형성된 고을 소왕국이었다.4)

---

3) 《三國史記》 卷34, 地理志Ⅰ, 高靈郡조에 의하면, 대가라국의 시조는 이진아시왕(伊珍阿豉王, 별명 內珍朱智)이며, 마지막 왕 도설지왕(道設智王)까지 16대 520년 존속했다고 하였다. 대가야가 신라에 항복 병합된 것은 AD 562년이므로, 대가야 건국연대는 AD 42년이 된다.
4)

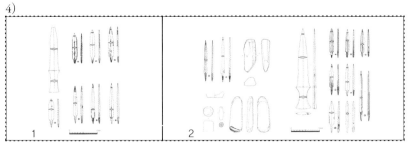

〈그림 20-1〉 고령 봉평리 고인돌 출토 부장품
1. 봉평리 2호 고인돌 출토   2. 봉평리 4호 고인돌 출토
국립나주문화재연구소, 《한국지석묘》 제2권(경상남북도·제주도편), pp.43~46
에는 고령 봉평리(鳳坪里) 지석묘 발굴조사보고서가 있다. 지석묘 5기 가운데

〈그림 20-2〉 고령 장기리 양전동 암각화
1. 양천동 암각화 전체 모습　2. 태양 암각화 3. 태양신 암각화

　미오야마나 소왕국은 태양숭배 신앙을 형성하고 새토템을 가진 고
대농경사회의 전형적인 변한(弁韓) 소국의 하나였다. 미오야마나 소왕
국의 태양숭배 유적이 바위에 그려져 아직도 남아 있다. 고령 장기리
(場基里) 양전동 암각화와 안화리 태양신 암각화가 그것이다.

　양전동 암각화의 중앙 상단에는 세 겹 둥근 원(圓)의 태양(해) 그
림이 새겨져 있고, 그 좌우에는 다수의 태양신(神)들이 새겨져 있으며,
오른쪽 하단에는 다시 제2의 태양(해)을 그렸다. 그 앞에는 약간의 공
간이 닦여져 있었는데, 농민들의 제천 행사 장소였던 것으로 추정된다.

신석기시대 제2호 지석묘와 제4호 지석묘에서는 마제 석검 2점과 마제 석촉
17점이 나왔고, 그 밖에 마제 석기 농구들이 다수 출토되었다. 이것은 이곳
군장(君長)의 자생성을 증명하는 것이라고 본다. 이밖에도 이 지역에는 2개의
선돌이 있고, 20여 기의 고인돌이 도굴되거나 경지 정리 등의 요인으로 철거
되었다고 보고되어 있다.

고조선·부여에서는 왕 아래의 귀족 장관과 장군을 '가'(加)라고 호칭하고, 왕은 '님검'[王儉]이라고 호칭하였다. '나라'는 고대나 현대나 모두 '國'의 뜻인데, 한자 표음 때에는 那, 羅, 奴, 耶, 洛 등 여러 가지로 표기하였다. 그러나 모두 '나라'의 뜻이다. 그러므로 임나(任那)는 임금의 나라(왕족이 통치하는 나라)의 뜻이고, 가라[加羅, 가야(加耶)], 가락(駕洛) 등은 모두 '가'(加)의 나라(장군·장관이 통치하는 나라)의 뜻이다.

김수로의 금관가라나 임나 모두 가라 제국의 건국연대가 AD 42년으로 나타나는 것은, 그들이 이동해 들어온 동일 계통의 부여족 나라들이기 때문이다. 그들은 일정 기간 경과 후에 결국 6개 가라국가[六加羅]로 편성되었다. 명분상으로는 임나(任那)가 왕족국가이므로 그 지휘 아래 통일국가로 출발했으면 처음부터 강대한 고대국가로 탄생했을 터인데, 실질적 군사력을 가진 장군들[加], 특히 가장 막강한 김수로가 순종하지 않아서 처음부터 통일국가로 되지 못하고 6가라의 연맹국가 체제가 되었다. 이에 따라 부여 왕족이 통치하는 임나는 본명보다 6가라의 하나로 간주되어 대가라(大加羅)로 불리게 되었다.

대가라(임나)의 건국에 대하여, 《동국여지승람》에는 신라 학자 최치원(崔致遠)이 인용한 승려 이정(利貞)의 기록인 다음의 대가라 건국 설화가 수록되어 있다.

가야산신(伽耶山神) 정견모주(正見母主)는 곧 천신(天神) 이비가(夷毗訶)에 감응한 바[所感]되어, 대가야(大伽倻) 왕 뇌질주일(惱窒朱日), 금관국(金官國) 왕 뇌질청예(惱窒靑裔) 두 사람을 낳았는데, 뇌질주일은 이진아시왕(伊珍阿豉王)의 별칭이고, 청예는 수로왕(首露王)의 별칭이다.[5]

---

5) 《新增東國輿地勝覽》 卷29, 高靈縣, 建置沿草條, 〈按崔致遠釋利貞傳云 伽倻山神正見母主 乃爲天神夷毗訶之所感 生大伽倻王惱窒朱日 金官國王惱窒靑裔二人 則惱窒朱日爲伊珍阿豉王之別稱 靑裔爲首露王之別稱.〉 참조. 《동국여지승람》 편찬자는 이 전설이나 가락국의 六卵(여섯 알) 전설이나 모두 허황한 것으로서 믿을 수 없다고 썼으나, 신화적 요소를 제거하면 그 골간 소재에 역사적 진실이 숨겨져 있다. 태양을 숭배하고 태양의 아들 가야산(조선왕조 시대의 호칭) 산신을 숭배하면서

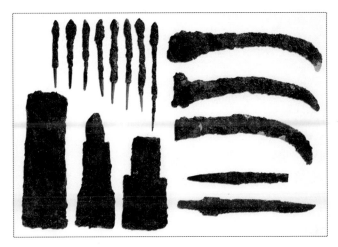

〈그림 20-3〉 대가야의 철제 농구 등 출토 철기(1세기~4세기)
(자료: 대가야박물관 편, 《대가야의 유적과 유물》, 2004)

　　여기서 말 타고 내려온 부여 왕족 한 갈래는 천신(天神)으로 표현
되어 있고, 원주민 미오야마국 어머니는 가야산(伽倻山) 산신(山神, 政
見母主)으로 설화화되어 있다. 가야산 산신 미오야마국 어머니가 천신
남자왕에게 감응한 바되어(수동적으로 결합되어) 두 아들을 낳았는데
첫째가 대가야국(임나) 시조 이진아시왕이고 별칭이 '붉은 해'[朱日]이
며, 다음이 금관국 수로왕이고 별칭이 '푸른 후손'[靑裔]이라는 것이다.
　　이 설화는 하늘에서 내려온 천신에게 가야산 산신 어머니[母主]가
항전하지 않고 평화적으로 결합하여 맏아들 붉은 해[朱日]를 낳아서
대가야국(임나) 시조가 되었다는 설화이다. 부여족의 한 갈래 왕족이
내려와 미오야마국 여성과 혼인동맹으로 전쟁 없이 대가야(임나)를 건
국한 것을 알려주고 있다. 여기서 주목할 것은 (미오)야마족 어머니

───────────────

가야산 동쪽 고령벌에서 작은 나라를 세웠던 농경족 미오야마국 사람들은
AD 42년경에 북방에서 부여왕족의 기마대 일단이 말을 타고 철검(鐵劍)으로
무장하여 미오야마나국에 들어와서 정착하려 하자, 항쟁하지 않고 혼인동맹으
로 결합하여 함께 대가야(大伽倻, 大加羅, 任那)를 세운 것이었다. 대가야(임나)
의 시조왕은 '붉은 해'[朱日]라는 별명(아명)을 가진 이진아시왕(伊珍阿豉王, 별
칭 內珍智王)이었고 성씨는 부계 해(解=부여왕의 씨족, 日, 太陽)씨였음을 미
루어 알 수 있다.

〈그림 20-4〉 삼한과 미오야마국의 위치

[母主]가 가야산 산신(山神)이라는 사실이다. 미오야 마족이 숭배한 성산(聖山)은 고령의 가야산(伽倻山)이었음을 알 수 있고, 그들이 숭배한 천신은 해(太陽, 日, 解=부여 왕의 씨족)임을 알 수 있다. 부여족의 가라 건국6)

6) 가라(加羅)의 고분과 유물들에 대한 한국 고고학계의 과거 편년은 절대연대를 측정한 것이 없고 학자마다 달리 추정해서 약 2~3세기 늦게 잡았기 때문에 수정해야 사용할 수 있다. 예컨대 대가라(고령지방)의 건국 연대는《삼국사기》에 의하면 AD 1세기(AD 42년)이고 멸망한 해는 AD 562년(신라 진흥왕 23년)이다.《동국여지승람》도 '대가야국'은 16대 520년 동안 존속했다고 기록하여 일치한다. 17개의 대가야 고분들의 편년을 정밀 연구한 한 연구는 대가야의 건국 시기를 4세기 중기로 3세기나 늦게 추정한 뒤, 200년 동안 여기에 17개 고분의 편년을 6개 급간으로 나누어서, 가장 오래된 고분의 시작을 AD 4세기 말로 편년하고 있다.

〈표 20-1〉 대가라 건국을 4세기 중엽으로 본 고분 편년

① 지산리 32NE-1호분, 지산리 32SW-1호분	4세기 말엽: 4/4분기
② 지산리 35호분	5세기 초엽: 1/4분기
③ 지산리 33·32호분→지산리 34호분, 지산리 30호분, 월산리 M1-A호분	5세기 중엽: 2/4분기
④ (옥전 M3호분), 반계제 가A호분, 다A호분	5세기 후엽: 3/4분기
⑤ 백천리 1호분, 옥전 M4호분, 지산리 44호분	5세기 말엽: 4/4분기
⑥ 지산리 45호분, 옥전 M6호분, (옥전 M7호분)	6세기 초엽: 1/4분기
⑦ 두락리 1호분→(진주 수정봉 2호분, 옥봉 7호분)	6세기 중엽: 2/4분기

자료: 김세기,《고분자료로 본 대가야연구》, pp.156-157.

그러나 대가야 16대 왕 등 적어도 고분 약 32개 가운데서 (광역) 17개를 찾은 셈이므로, 대가라 건국을 1세기 중기로 보고 가장 오래된 고분의 시작은 개략 AD 1세기 말로 수정하여 520년 동안에 17개의 고분을 편년하는 것이 합리적이다. 가장 오래된 고분의 시작을 예컨대 다음과 같이 개략 AD 1세기 말로 해서 마지막 고분을 6세기 중엽으로 편년해야 할 것이다.

이에 따라 절대연대를 측정하지 못한 모든 고분 출토유물의 편년도 모두 수정해서 사용해야 할 것이라고 본다.

세력은 남방 이동 때 부여의 동아
시아 최선진 기마문화와 철기문화
를 가지고 내려와서, 부여보다 앞선
변한의 농경문화와 결합했기 때문
에 처음부터 상대적으로 백제·신라
보다 부강한 상태로 출발하였다. 그
러나 연맹국가로 군사무력의 통합·
통일이 이루어지지 않아서 충분한
국력 발전이 성취되지 않았다. 그들
은 명분과 왕족신분을 가진 대가야

〈그림 20-5〉 6가라와 대가라(임나)의
위치

(임나) 왕을 추종하는 북가라 연맹세력과 금관가라(김수로왕 후예)를
따르는 남가라 연맹세력으로 분화되었다. 금관가라(김해)세력은 왜(倭,
야마토)와의 무역 등 각국 무역을 통하여 부를 축적하면서 더욱 막강
하게 되어 동으로 울산·밀양까지 진출하면서 AD 1세기~AD 4세기까
지 가라연맹을 주도하였다.

백제가 3만 군사를 동원하여 신라를 점령 병합하고자 391년 금관
가라 및 야마토 왜와 군사동맹을 맺고, AD 399년 백제연합군이 신라
를 침공하였다. 이때 대가라(임나)는 군사력이 약한 나라였으므로 백
제연합군에 참가하지 않았고, 백제도 대가라를 무시하였다. 신라는 고
구려에 긴급 구원을 간청하였다. AD 400년 이에 응해 고구려 광개토

〈표 20-2〉 대가라 건국을 1세기 중엽으로 본 고분 편년 수정

① 지산리 32NE-1호분, 지산리 32SW-1호분	1세기 말엽: 4/4분기
② 지산리 35호분	2세기 초엽: 1/4분기
③ 지산리 33·32호분→지산리 34호분, 지산리 30호분, 월산리 M1-A호분	3세기 중엽: 2/4분기
④ (옥전 M3호분), 반계제 가A호분, 다A호분	4세기 후엽: 3/4분기
⑤ 백천리 1호분, 옥전 M4호분, 지산리 44호분	5세기 말엽: 4/4분기
⑥ 지산리 45호분, 옥전 M6호분, (옥전 M7호분)	6세기 초엽: 1/4분기
⑦ 두락리 1호분→(진주 수정봉 2호분, 옥봉 7호분)	6세기 중엽: 2/4분기

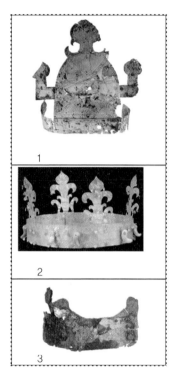

〈그림 20-6〉 3C 대가야의 금동관
1. 고령 지산동 32호 고분 출토(3C)
2. 전 고령 출토
3. 고령 지산동 30-2호 고분 출토(3C 중엽)
자료: 《대가야의 유적과 유물》, 2004.

대왕(廣開土大王)은 5만 명의 병력으로 동아시아 최강의 기병부대를 앞세우고 백제연합군을 공격하여 대패시키고, 대항하지 않는 대가라(임나)는 피해서 금관가라의 수도 김해까지 점령했다가 돌아갔다. 이 전투에서 백제군의 포로만도 8천 명에 달했으니 백제·금관가라·야마토 왜군이 얼마나 참패했는가를 알 수 있다. AD 400년 참패 이후 금관가라와 남가라 연맹은 급속히 쇠락하였고 남가라 연맹세력의 주도권도 아라가라(安羅加羅, 함안)로 넘어갔다.

이와 달리, 전쟁의 피해가 적은 대가라의 북가라 연맹세력은 급속히 성장하여 AD 5세기 한때 남원·임실·장수·구례·진안·하동 등과 섬진강 하류 넘어까지 진출하여 국제무역항들을 확보하였다.[7]

대가라(임나가라)에게 AD 1세기 나라를 잃은 변한 12국 가운데 고령(高靈) 지방의 미오야마나의 왕족과 무장은 약 1백 년 동안 대가라 왕족들과 결합하여

7) ① 金基雄, 《伽耶の古墳》, 学生社, 1978.
   ② 千寬宇, 《加耶史研究》, 一潮閣, 1991.
   ③ 金泰植, 《加耶聯盟史》, 一潮閣, 1993.
   ④ 부산대학교 한국민족문화연구소, 《한국고대사 속의 가야》, 혜안, 2001.
   ⑤ 박천수·홍보식·이주헌·류창환, 《가야의 유적과 유물》, 학연문화사, 2003.
   ⑥ 김세기, 《고분자료로 본 대가야 연구》, 학연문화사, 2003.
   ⑦ 東潮, 《倭と加耶の國際環境》, 古川弘文館, 2006.
   ⑧ 정호완, 《가야의 언어와 문화》, 보고사, 2007.
   ⑨ 李炳基, 《大加耶의 형성과 발전연구》, 경인문화사, 2009 참조.

살다가 결국 일부 미오야마국 왕족과 무장의 인솔하는 한 집단이 AD 2
세기 후기 바다를 건너 대마도→일기도를 경유하여 일본열도의 북부 규
슈지방에 도착해서 '야마토'(邪馬臺) 소왕국을 세웠다.[8] 뒤에 다시 논증
하겠지만, 야마또는 야마(족)의 땅(또)이라는 뜻이며, 여기서 야마족은
변한의 대가라지방(고령지방)에 거주하던 '한'족이었다.

원래 고령(高靈)은 고산(高山, 高陽)지방(고산국 옛터)과 영천(靈
川)지방을 통합한 명칭이다. 이 가운데서 고산지방이 야마족의 땅이었
다. 일본에서는 지금도 야마는 山을 의미하는데, 야마(邪馬)는 '사마'
(邪馬)라고도 읽고, '사마'는 '높은'(높은 사람)의 뜻을 갖고 있다. 즉
야마와 高山은 동일한 의미를 갖고 있다. '마'가 山의 고대어이고, '야'
가 '高' 뜻의 고대접두어이다.

'임나'는 한국어 '임금(검) 나라'의 준말이고 한자로는 '任那'로 표
음기록해 왔다. 임나(任那)를 고대부터 일본에서 '미마나'라고 읽어온
것은 고령지방에 존재했던 변진(弁辰)의 미오야마나(彌鳥耶馬那)를 줄
인말로 '미마나'라고 훈독했다고 해석되어 있다.[9]

변진미오야마 땅(현재의 경북 고령지방)에 들어와 이전의 미오야
마나 왕족 일부를 포섭하면서 임나가라(대가라, 大加羅)를 세운 부여
족 왕은 해(태양, 解)씨었다. 고령지방 가야유적 발굴보고서를 읽으면,
이미 심하게 도굴되어 버린 상태에서 수습된 것을 보아도, 지산리 고
분군 32호분에서 금동왕관이 출토되었다. 고아리에서는 벽화고분 1기
가 발굴되었는데, 부장품은 도굴되어 버렸다. 아치형 무덤방의 현실
천정에 둥근 해(태양)와 햇빛(태양광선)이 둥근 원 안에 붉은색으로
그려져 있다.[10] 둥근 원만이 아니라 붉은색이 태양과 햇빛임을 표현하

---

8) 신용하, 〈임나일본부설의 허구(상·하)〉, 《동아일보》, 2007년 4월 21일자 및 4
   월 28일자 〈다시보는 한국역사 ④⑤〉 참조.
9) ① 韓鎭書, 《海東繹史·續》.
   ② 千寬宇, 〈韓國史에서 본 騎馬民族說〉, 《伽倻史研究》, 일조각, 1991, p.186.
   ③ 愼鏞廈, 《한국민족의 형성과 민족사회학》, 지식산업사, 2001, pp.183~184
      참조.
10) 발굴자는 이를 연화문으로 해석했으나, 이것은 훨씬 후의 불교 시대를 의식

〈그림 20-7〉 고아동 벽화 고분(자료:《대가야의 유적과 유물》, 2004)
1. 현실 내부　　2. 현실 천정 붉은 해(태양) 벽화

고 있다. 해(태양)와 햇빛은 야마족과 부여족의 공통의 숭배대상이며 상징이었다.

한반도 변한 고산(高山)지방의 야마족은 AD 42년에 미오야마나를 부여족에게 빼앗긴 후 약 1세기 동안 함께 생활하다가, 대가라(임나)의 통치에 불복한 미오야마나 왕족과 무장들이 남하한 부여족 임나의 불만세력 일부까지 대동해서 AD 2세기에 현해탄을 건너 일본열도의 규슈 지방에 도착하였다. 그들은 이곳을 정착지로 삼아 "야마족의 뜨(땅)"이라는 뜻으로 '야마또' 소왕국을 건국했다는 것이 필자의 견해이다. 고조선문명권에서는 민족이 민족이동 후 새 정착지에 자리 잡을 때에는 그 땅에 자기 민족 명칭을 붙여서 자기 민족의 땅임을 강조하는 관행이 있었다. 예컨대 훈(Hun)족이 훈족의 땅이라는 의미로 'Hungary'(gary는 땅), 불가족이 불가족의 땅이라는 의미로 'Bulgaria'의 호칭을 사용하는 것과 같은 것이다. 야마뜨(＝야마토)는 야마족의 땅이라는 의미이다. 이것이 일본 고대국가 야마토의 최초의 기원이다.[11]

한 해석이고, 그대로 보면 태양과 햇빛이다. 붉은색의 햇빛살이 태양을 상징하는 것이다.
11) 야마는 족명이고 '또', '토'는 한국 고대어 '뜨'(地, 土)의 변음이라고 본다. '뜨'는 일본 가나발음에서는 '토' '타'로 변음되었다. '미오'의 '미'는 왕족의 왕계라는 뜻이 내포되어 있고, '오'는 벼슬아치, 통치자, 높은의 존대의 뜻이 포함된 고대어라고 본다.

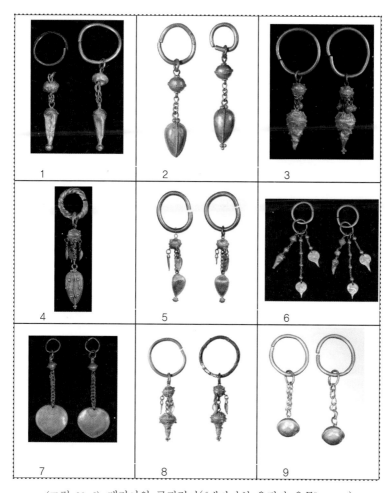

〈그림 20-8〉 대가야의 금귀걸이(《대가야의 유적과 유물》, 2004)
1. 고령 지산동 44-11호 고분 출토   2. 고령지 산동 44-6호 고분 출토
3. 고령 지산동 44-1호 고분 석실 출토 4. 중앙동 고분 출토
5. 봉서리 고분 출토   6. 본관동 36호 고분 출토
7. 백천리 1-3호 고분 출토   8. 지산동 45-2호 고분 출토
9. 지산동 45-1호 고분 출토

야마토족은 일본 규슈 북부지방에 야마토국을 세우면서 이전의 한
반도의 미오야마국을 모형으로 했을 것임은 물론이다. 야마토국은 한
반도 고령(高靈) 지역의 미오야마국=야마국이 AD 2세기에 바다를 건
너 일본 열도 규슈지방에 이동해 들어가 세운 민족이동의 나라였다.

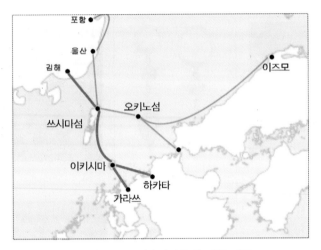

〈그림 20-9〉 미오야마족의 이동 경로
1. ━━━━ : 미오야마족의 이동 경로
2. ──── : 기타 이동 교통로

고조선 진(震, 辰)국의 왕족들은 자기들이 천손(天孫, 하늘·태양의 자손)이라는 의식을 가졌었다. 미오야마국의 왕족들도 천손의식을 가졌음은 물론이다. 이 천손의식으로 표현하면 미오야마국 천손이 바다를 건너 일본 규슈에 이동해서 야마토국을 세운 것이었다.[12]

미오야마족이 한반도에서 일본으로 건너간 주경로가 김해→대마도→일기도→북부규슈(박다 및 가라쓰)였다고 본다. 물론 일지도를 경유한 다른 보조적 경로도 있었다고 추정된다.

이때 야마토 건국세력이 한반도에서 가져온 문화는 국가에 의한 통치방법만이 아니라 큰 항목만 써도 ① 농경문화 ② 기마문화 ③ 청동기·철기문화와 같은 금속문화 등이었다.

이 시기 변한 지역에서는 6가라 성립과정에서 치열한 주도권 투쟁이 전개되었으므로 여기에 불만을 품거나 패배한 무장들은 부하들을 거느리고 야마토 소왕국 건국 이후에도 연이어 일본열도(특히 규슈와

---

12) 《古事記》에서 '天照大臣'의 설화는 바로 이 부분이 설화화된 것이라고 본다. 따라서 이 설화의 '高天原'은 '高山'(高靈) 지방이 된다.

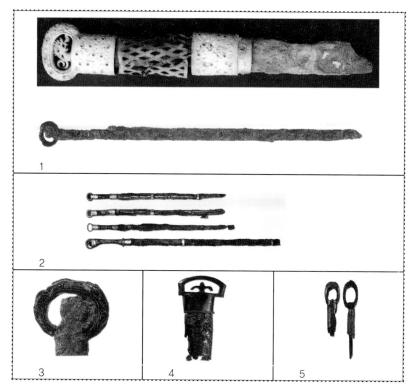

〈그림 20-10〉대가야의 환두대도와 환두(자료: 《대가야의 유적과 유물》, 2004)
　1. 대가야의 환두대도(a. 지산리 32호(1~3세기), 길이 30cm+α, b. 60.9cm)
　2. 대가야의 환두대도(옥전리 M3호 고분 출토, 4세기, 113.1cm)
　3. 지산리 동32NE-1호 고분 출토 환두(1세기)
　4. 지산리 45호 고분 출토 환두(6세기초)
　5. 월산리 M-1호 고분 출토 환두(3세기)

이즈모지방)로 건너갔다.

　가라(변한)지방에서 건너간 사람들은 일본열도에 각각 6가라 등 출신 가라국 호칭의 자치공동체 분국을 세우고, 고구려·백제·신라 출신의 이주민들도 각각 자치적 분국을 세웠다. 그 결과 AD 2세기~AD 4세기경에는 규슈와 혼슈 등 일본열도 여러 곳에 한반도 마한·진한·변한·임나·가라·고구려·백제·신라의 분국(分國)들이 다수 존재하게 되었다.[13)]

일본열도에는 그 결과 AD 1세기경에 1백여 개국이 존재했었고, 통합된 후에도 AD 3세기경에 규슈지방 중심으로 30여 개국이 존재하게 되었다.[14] 이들의 다수는 한반도의 분국들이었고, 일부는 선주민이 바다를 건너온 도래인들의 '나라'에 자극을 받아 세운 선주민 소국들이었다고 추정된다.

3. 히미코(卑彌呼) 여왕의 '야마토'

야마토 소왕국 건국 약 70년 후 세습왕자가 없게 되자 무장들 사이에 치열한 권력투쟁이 일어났다. 결국 AD 3세기 초엽에 히미코(卑彌呼)를 추대하자 여러 무장들이 승복하여 야마토 소왕국이 안정되었다고 기록되어 있다.

일본에서는 히미꼬의 샤마니즘과 무장들 사이의 세력균형으로 히미꼬의 여왕 등장을 설명하고 있는데, 중요한 또 하나의 요인 설명이 결여되어 있다고 본다.

필자는 히미꼬가 부여왕족(왕녀)이었기 때문에 출신신분이 왕족이었고, 한편 무장들은 가(주로 소가)들이었기 때문에, 신분제의 영향이 무장들(소가들) 사이의 세력균형 요인과 함께, 야마또 왕국의 안정 합

---

13) ① 김석형, 〈삼한·삼국의 일본렬도내 분국들에 대하여〉, 《역사과학》 제1집, 한국복사판, 1966.
   ② 조희승, 《초기조일관계사》 상, 사회과학출판사(한국복사판), 1988.
   ③ 김석형, 《초기조일관계사》, 사회과학출판사(한국복사판), 1988.
   ④ 조희승, 《일본에서 조선 소국의 형성과 발전》, 백과사전출판사(한국복사판), 1990.
   ⑤ 김은택, 《고대일본 기나이 지방의 조선계통문벌들에 관한 연구》, 백산자료원, 1993.
   ⑥ 조희승, 《가야사연구》, 백산자료원, 1944 참조.
14) 《三國志》 卷30, 魏書, 烏丸鮮卑東夷傳 倭傳, 〈倭人在帶方東南大海之中 依山島爲國邑. 舊百餘國 漢時有朝見者 今使譯所通三十國〉 참조.

의에 큰 작용을 했다고 해석하고 있다.

일본에서 왕족성 '히'는 부여와 왕족 '해'에 해당한다(일본어에서 '해'는 '히'로 변음되었다). 미는 왕, 궁(宮)의 뜻이며, 코는 자·녀(子·女)의 뜻이다. 일본에서는 '미·코'를 합하여 尊(미코)로 읽기도 한다. 히미코는 (부여) '왕족해씨의 왕자', (부여) '왕족 해씨의 왕녀'의 당시 용어이고, 이것을 卑彌呼라고 표음 표기한 것은 고중국 위(魏)나라 사신 등이 좋은 뜻이 없는 한자를 골라 음역(音譯)한 것이다.

히미코 여왕이 〈진·부여·가라〉 출신이라는 사실은 《삼국지》 위서 동이전, 왜전(倭傳)에도 기록으로 암시되어 있다.

첫째, 히미코가 '귀도'(鬼道)를 섬기는 여성이라는 사실이다.15) 여기서 귀도는 신도(神道)를 가리킨 것이고 섬기는 신은 귀신이 아니라 천신(天神)이라고 본다. 유사한 사실에 대하여 《삼국지》 위서 한(韓)전은 "귀신을 믿기 때문에 국읍(國邑)에 각각 한 사람씩을 세워서 천신(天神)의 제사(祭祀)를 주관케 하는데 이를 천군(天君)이라고 부른다. 또 여러 나라에는 각각 별읍(別邑)이 있으니 그것을 소도(蘇塗)라 한다."16)고 하였다. 또한 《후한서》 한(韓)전에서도 "여러 국읍(國邑)에는 각각 한 사람이 천신(天神)의 제사를 주재하는데, 그 사람을 천군(天君)이라 부른다"17)고 하였다. 《진서》 한전에도 거의 동일한 기록이 있다.18) 《삼국지》의 저자 진수(陳壽)의 필법으로 자기 종교의 신 이외에는 모두 귀신이라고 비하하면서도 설명에서는 그것을 천신(天神)이라고 기록하였다.

필자는 히미코가 여왕으로 추대되기 전에 야마토국의 천신(天神)을 섬기는 소도(蘇塗)의 천군(天君)이었다고 본다. 즉 야마토국의 성스러운 소도에서 천신(天神=檀神)에게 제사하는 제사장(祭祀長)의 직임에 있다가 여왕으로 추대된 것이다. 일본의 발굴고고 유물·유적을 보면

15) 《三國志》 卷30, 魏書, 烏丸鮮卑東夷傳 倭傳, 〈乃共立一女王 名曰卑彌呼 事鬼道〉 참조.
16) 《三國志》 卷30, 魏書, 烏丸鮮卑東夷傳 韓條 참조.
17) 《後漢書》 卷85, 東夷列傳, 韓條 참조.
18) 《晉書》 卷97, 東夷列傳, 馬韓條 참조.

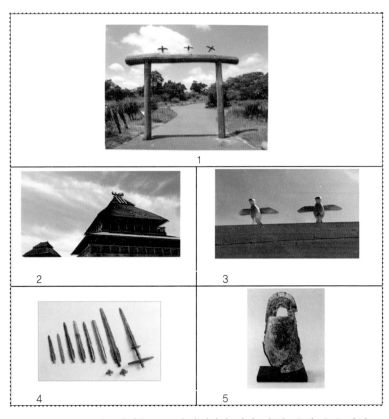

〈그림 20-11〉 요시노가리(吉野ヶ里)의 (변한·가라 계통) 유적·유물 복원
  1. 유적 입구의 '솟대' 표시   2. 궁실 지붕 위의 솟대 표시
  3. (2)의 부분   4. 고조선식 세형동검
  5. 변한식 동탁(銅鐸)

소도의 솟대 위에 새를 앉힌 그림이 있다.

　일찍이 시라토리(白鳥庫吉) 교수가 히미코를 귀신숭배의 무녀(巫女)로 비하하면서 빗나간 해석을 내린 선입견을 그 뒤 모든 일본학계가 따랐기 때문에 여왕 추대 이전의 히미코가 천신(天神) 제사장(祭祀長)이었을 때의 신성한 높은 지위와 역할을 파악하지 못한 것이다.

　둘째 《삼국지》 왜전은 히미코의 능력에 대하여 "능히 무리를 미혹한다[能惑衆]"[19]고 마치 사교(邪敎)의 교주가 혹세무민하는 식의 표현을 하였다. 이것은 《삼국지》 저자 진수의 왜인(외국인)에 대한 멸시의 선입견과 악관습의 필법에 지나지 않는다. 실제로 히미코의 통치를 객관적으로 보면 당대 탁월한 정치능력을 가진 지배자였음을 알 수 있다.

《삼국지》왜전에 의하면 "그 나라(야마토국)는 원래 남자를 왕으로 삼았으나, 70~80년이 지나자 왜국에서 난리가 일어나 서로 공벌(攻伐)한 지 여러 해가 되었다. 마침내 모두 함께 한 여자를 세워서 왕으로 삼았는데 이름은 히미코(卑彌呼)라고 하였다."[20]고 기록하였다. 여기서 명료히 알 수 있는 것은 야마토국의 최초의 건국왕은 남자왕이었고 건국한 지 약 70~80년 후에 무장들 사이에 권력투쟁(倭國乱)이 수년 동안 계속되었다가 이 내란의 수습과정에서 히미코가 여왕으로 등장한 것이었다. 히미코의 등장은 사회적으로는 그가 부여계 왕족녀였고 야마토국 소도의 천신(天神)을 제사하는 천군(天君)이었기 때문이었지만, 개인적으로는 능력이 탁월했기 때문이었다고 보아야 할 것이다. 진수는 이것을 "능히 무리를 미혹한다"(能惑衆)고 비하하는 표현을 썼지만, 사실은 약 30소국들의 무장들을 설득하는 탁월한 능력의 소유자였다. 히미코가 여왕이 된 후 중국에 대한 외교를 보더라도 경쟁자인 구노국(狗奴國)을 물리치고 '친위왜왕'(親魏倭王)의 인장을 받아내는 것도 기민한 것이었다. 히미코는 야마토국 소도의 제사장의 지위와 역할을 활용하여 천신(天神)을 신앙하는 무장들을 스스로 설득해서 여왕(女王)으로 추대된 것이라고 해석된다.

히미코는 여왕이 된 후 정치와 종교를 약간 분리하여 종교(神道)를 상위에 두고 정치를 그 아래 두어 야마토 여왕국을 통치하였다. 《삼국지》왜전에서는 "(히미코는) 나이가 많았음에도 남편이 없고 남동생(男弟)이 있어서 나라통치를 돕게 하였다. (히미코가) 왕이 된 이래 (그녀를) 본 자가 적다. 그녀는 여자 종(婢) 1천 명으로써 자신을 모시도록 했으며, 오직 남자 1명이 있어서 (그는) 음식을 올리거나 말

<hr />

19) 《三國志》卷30, 魏書, 烏丸鮮卑東夷傳, 倭傳,〈名曰卑彌呼 事鬼道 能惑衆〉참조.

20) 《三國志》卷30, 魏書, 烏丸鮮卑東夷傳, 倭傳,〈其國本亦以男子爲王 住七八十年 倭國亂 相攻伐歷年 乃共立一女子爲王 名曰卑彌呼.〉

을 전달하러 출입하였다. 궁실(宮室)과 누관(樓觀)에 거처하였고, (주변에는) 성책(城柵)이 엄중하게 설치되어 있었으며, 항상 병기(兵器)를 가진 사람이 있어서 (그녀를) 지켰다."21)고 기록되어 있다.

이것은 히미코가 국왕과 제사장을 겸하여 정치와 제천 행사를 담당하되, 정치의 일부와 대민접촉을 남동생이 담당하도록 하는 분화 구조였음을 알려준다. 국왕 히미코와 남동생이 제천과 정치를 분담하는 횡적 분화가 아니라, 정치와 제천 행사를 히미코가 담당하고, 남동생은 정치의 행정 관리와 국민과의 관계를 분담하는 종적 분화였다고 볼 수 있다.

히미코는 궁실과 누관에 거처하면서 남자는 오직 전언자 1명을 두고, 나머지는 1천 명의 여종을 두어 일체의 외부 인사와 접촉을 삼갔다. 국민은 물론이오 무장들도 거의 만나뵐 수 없는 신(神)적인 먼 거리의 여왕이 된 것이다. 관리와 무장을 만나는 행정 업무는 여왕의 지침을 받으며 남동생이 전담한 것이다.

그러나 궁실과 누관의 주위에는 나무로 성책(城柵)을 쌓고, 그 둘레는 환호(環壕)를 파서 물을 넣어 외부의 육상 공격을 차단시켰을 뿐 아니라, 병사들로 궁실과 누관의 성책을 엄중하게 방비하도록 철저한 호위체계를 상비하였다. 주목할 것은 궁실과 누관 주위에 성책(城柵)을 만들고, 그 밖에다 환호를 파는 방어체제는 남방에는 없었고, 부여와 한(韓)의 북방식 방어체제라는 사실이다.

《삼국지》 왜전에 기록된 야마토국의 풍속에는 북방 부여·가라 풍속과 선주민의 남방 풍속이 혼효되어 있다. 예컨대 주민들이 문신(紋身)을 하고 맨발로 다니는 풍습은 남방 풍속이다. 그러나 남자가 상투를 하고 목면으로 묶는 풍습은 고조선 부여·가라 풍속이다.22) 또한 여행 등 큰일을 당하여 길흉을 알아 보려고 뼈를 태워서 갈라진 금을

21)《三國志》卷30, 魏書, 烏丸鮮卑東夷傳, 倭傳,〈(卑彌呼) 年已長大 無夫壻 有男弟佐治國. 自爲王以来 少有見者 以婢千人自侍 唯有男子一人給飮食 傳辭出入. 居處宮室樓觀 城柵嚴設 常有人持兵守衛.〉

22)《三國志》卷30, 魏書, 烏丸鮮卑東夷傳, 倭傳,〈男子皆露紒 以木緜招頭〉 참조.

보고 점을 치는 야마토의 '뼈점'(骨卜)은 부여·가라의 풍습이다.[23]《삼국지》부여전에서는 "(부여에서) 전쟁을 하게 되면 그때도 하늘에 제사를 지내고, 소를 잡아서 그 발굽을 보아 길흉을 점치는데, 발굽이 갈라지면 흉하고 발굽이 붙으면 길하다고 생각한다"[24]고 기록하였다.

히미코 여왕 시대의 야마토국에는 창·방패·목궁(木弓)이 주무기였는데, 화살촉은 철촉(鐵鏃; 철 화살촉)과 골촉(骨鏃; 뼈 화살촉)이 있었다.[25] 화살촉에 철촉이 골촉과 함께 사용되었음은 철(鐵)이 AD 3세기의 야마토국에 도입되기 시작했음을 나타내는 것이다. 청동기와 함께 철기시대가 시작되고 있는 것이다.

《삼국지》왜전에서는 야마토국에는 소·말·범·표범·양·까치가 없다고 하였다.[26] 이것은 AD 3세기 말까지는 야마토국에는 아직 말이 도입되지 않았음을 알려주는 것이다.

이러한 지배체제를 갖춘 히미코가 통치한 나라는 《삼국지》왜전에 의하면, 모두 약 30개국에 달하였다(여기서 국은 왕국에 속하는 하위단위였다).[27] 따라서 야마토국은 야마토 연맹왕국의 도읍이 있는 도읍국인 셈이었고, 히미코 여왕은 이 야마토 연맹왕국의 여왕인 셈이었다. 이것은 초기 고대연맹왕국으로서는 상당한 규모의 고대국가였다.

---

23)《三國志》卷30, 魏書, 烏丸鮮卑東夷傳, 倭傳,〈其俗擧事行來 有所云爲 輒灼骨而卜 以占吉凶 先告所卜 其辭如令龜法 視火坼占兆〉참조.

24)《三國志》卷30, 魏書, 烏丸鮮卑東夷傳, 夫餘傳,〈有軍事亦祭天 殺牛觀蹄以占吉凶 蹄解者爲凶 合者爲吉〉

25)《三國志》卷30, 魏書, 烏丸鮮卑東夷傳, 倭傳,〈兵用矛·盾·木弓·木弓短下長上 竹箭或鉃鏃或骨鏃.〉참조.

26)《三國志》卷30, 魏書, 烏丸鮮卑東夷傳, 倭傳,〈其地無牛馬虎豹羊鵲〉참조.

27)《三國志》卷30, 魏書, 烏丸鮮卑東夷傳, 倭傳에 기록된 히미코의 통치지역은 궁실이 있는 야마토국(邪馬臺國) 외에 쓰시마국(對馬國), 이키국(一支國), 마쓰로국(末盧國), 이토국(伊都國), 나국(奴國), 후미국(不彌國), 토마국(投馬國), 기타시마국(斯馬國), 이호키국(已百支國), 이야국(伊邪國), 도키국(都支國), 미나국(彌奴國), 고고토국(好古都國), 후코국(不呼國), 샤나국(姐奴國), 다이소국(對蘇國), 소나국(蘇奴國), 고유국(呼邑國), 가나소나국(華邑蘇奴國), 기국(鬼國), 이고국(爲吾國), 기나국(鬼奴國), 야마국(邪馬國), 규신국(躬臣國), 하리국(巴利國), 기이국(支惟國), 오나국(烏奴國), 나국(奴國) 등이다.

물론 히미코의 야마토 여왕국에 복속하지 않는 소국들도 다수 있었다. 우선 규슈 남부의 구나국(狗奴國) 등이었다.

히미코 어왕은 AD 238년 중국 위(魏)에 사신 난승미(難升米)를 파견하여 대방군을 거쳐서 위 명제(明帝)를 알현하여 그로부터 '친위왜왕'(親魏倭王)의 금으로 만든 인장과 자주색 도장 끈과 오척도(五尺刀) 2개, 동경(銅鏡) 100개 등 기타 다수의 선물을 얻어냈다. 이때 위의 대방군 태수는 제준(梯儁)을 야마토[倭] 도읍에 파견하여 위 황제의 조서·인수(印綬)와 하사품을 여왕에게 전하였다. 히미코 여왕은 AD 240년에는 감사의 답서를 올리는 사신을 위에 파견하였다. 히미코 여왕은 AD 244년에도 사신을 파견하여 야마토국 남방에 있는 구나국(拘奴國)의 침공 위협을 호소하였다.

위 황제는 군대지휘용 깃발인 황당(黃幢)을 하사하였고, 대방태수는 변방 사절 장정(張政)에게 '황당'을 가지고 직접 야마토 여왕에게 전달하도록 하였다. 장정이 야마토에 도착하여 히미코가 죽은 뒤까지 체류하면서 직접 관찰한 것을 보고했기 때문에, 《삼국지》 왜전은 비교적 정확한 현지 지식과 정보를 가지고 쓸 수 있게 되어 동이전 가운데에서 가장 상세하게 되었다.

히미코 여왕의 야마토국과 경쟁관계인 규슈 남방 구나국(拘奴國)의 남자왕은 히미코코(卑彌弓呼)로서,[28] 이름을 보면 해씨로서 역시 부여·한족임을 알 수 있다. 그는 히미코 여왕에 복속하지 않고 독립해서 야마토국을 종종 무력으로 침공하고 위협해 왔다. 이것을 히미코는 무력으로 방어함과 동시에 외교로써 위나라 황제의 친위왜왕(親魏倭王)의 금인(金印)을 받아 왜왕의 지위를 공고히 하고, 그 위에 다시 황당을 받아 중국 위나라의 지원 배경을 과시하면서 구나국을 견제한 것으로 해석된다.

《삼국지》 왜전에 의하면, 히미코 여왕이 별세(AD 248년)하자, 지

---

28) 《三國志》 卷30, 魏書, 烏丸鮮卑東夷傳, 倭傳, 〈倭女王卑彌呼與狗奴國男王卑彌弓呼素不和〉 참조.

름이 1백여 보나 되는 큰 무덤을 만들고, 1백 명의 노비를 순장(殉葬)하였다.[29] 여기서 주목할 것은 이러한 순장제도는 부여·가라의 풍속이라는 사실이다. 《삼국지》 부여전에서는 "(국왕 등 대인이) 죽으면 여름에는 모두 얼음을 사용하였고 사람을 죽여 순장(殉葬)을 하는데 많으면 (순장자 수가) 백 명이나 되었다"[30]고 하였다. 가라에서는 대가야(임나가라) 44호분의 36명의 순장을 비롯하여, 왕릉급 고분에서는 거의 모두 순장이 행해졌다.[31] 따라서 히미코 여왕의 큰 무덤 순장은 히미코가 부여·가야계 여왕임을 시사하는 것이다.

히미코 여왕의 승계자로 남자왕이 등극하였다. 그러나 다시 각국 무장들이 불복하여 내란이 일어나서 서로 주살하여 피살된 자가 1천 명에 달하였다.

이에 다시 히미코 여왕의 종실 여성 '이요'(壹與, 일여)를 왕으로 세우게 되었다. 이요는 당시 13세였지만 나라 안은 마침내 안정되었다. 대방군에서 파견된 사절 장정(張政) 등이 여기에 깊이 개입하였다.[32] 그리고 야마토가 안정되자, 장정 등은 귀국하여 야마토 상황을 보고하였다.

중국 고문헌의 정보는 여기에서 끝나고, 그 후 4~5세기의 2세기 동안 중국 측에게도 일본열도에 대한 지식과 정보는 거의 없다. 일본에서도 그 후의 야마토국 정세는 물론 기록되어 나오지 않는다. 5세기 말에 가서야 기나이(畿內) 지방의 야마토에 대한 편린이 일본 고문헌에 나오기 시작한다.

그러나 우리는 3세기 후반까지의 추세를 통하여 야마토국 이요 여왕의 사후에는 다시 야마토국의 국왕 승계 문제를 중심으로 각국 무

---

29) 《三國志》卷30, 魏書, 烏丸鮮卑東夷傳, 倭傳, 〈卑彌呼以死 大作冢 徑百餘步 徇葬者·奴婢百餘人〉 참조.
30) 《三國志》卷30, 魏書, 烏丸鮮卑東夷傳, 夫餘傳, 〈其死 夏月皆用冰 殺人徇葬 多者百數〉 참조.
31) 김세기, 《고분자료로 본 대가야 연구》, 2003, p.119 및 pp.189~208 참조.
32) 《三國志》卷30, 魏書, 烏丸鮮卑東夷傳, 倭傳, 〈政等以檄告喩壹與〉 참조.

장들 사이에 대소규모의 내란 또는 무력분쟁이 일어났으리라는 것을
추정할 수 있다. 그러나 이것은 추정이지 정확한 사실은 알 수 없다.
4~5세기에도 야마토와 일본열도에는 한반도로부터 꾸준히 한반도인의
이동·이주가 계속되었다.[33]

4. 기마군대(騎馬軍隊)의 동정(東征)과 야마토의 동방 이동

역사기록이 결여된 일본열도 AD 4~5세기의 역사적 사실을 우선
밝혀줄 수 있는 자료는 고고유물이다. 이 시기 일본열도 출토 고고유
물 가운데 눈에 띄는 변화는 한반도 가라(加羅)식 철제(鐵製) 마구(馬
具)와 철제 무기들이다.

이 철제 마구와 군사장비를 자료로 하여 일본에서 에가미(江上波
夫) 교수가 기마민족일본열도정복설(騎馬民族日本列島征服說)을 발표하
였다. 이 학설은 에가미가 1948년부터 주장한 것인데,[34] 그 구성은 ①

33) ① 李鍾恒, 《古代加耶族이 세운 九州王朝》, 大旺社, 1987.
② 全浩天, 《朝鮮からみた古代日本―古代朝・日關係史》, 未來社, 1989.
③ 田中俊明, 《大加耶聯盟の興亡と‘任那’》, 吉川弘文館, 1992.
④ 大和岩雄, 《日本にあった朝鮮王國》, 白水社 1993.
⑤ 西嶋正生, 《邪馬台國と倭國》, 吉川弘文館, 1994.
⑥ 鈴木英夫, 《古代の倭國と朝鮮諸國》, 靑木書店, 1996.
⑦ 田中史生, 《日本古代國家の民族支配と渡來人》, 校倉書房, 1997.
⑧ 片岡宏二, 《彌生時代渡來人から倭人社會へ》, 雄山閣, 2006.
⑨ 平野邦雄, 《歸化人と古代國家》, 吉川弘文館, 2007.
⑩ 關裕二저, 李鍾煥역, 《일본의 뿌리는 한국》, 관정이종환교육재단, 2008.
34) 石田英郎·江上波夫·岡正雄·八中番一郎, 《日本民族の起源》(對談と討論), 平凡社,
1958. pp.1~29에 의하면, 1948년 5월 4~6일의 3일간 매일 아침부터 밤까지
동경의 한 찻집 2층을 빌리어 민족학의 岡正雄, 고고학의 八中番一郎, 동양사
학·고고학의 江上波夫 등이 토론한 속기록을 민족학의 石田英郎이 편집하여
〈日本民族の源流と日本民族の形成〉이라는 제목으로 일본 《民族學硏究》 제13권 제
3호(1949.2)에 발표한 것이 그 시작이라고 한다. 위의 《日本民族の起源》에는
그 9년 후까지의 위 4인의 토론 보완과 각주가 함께 수록되어 있다.

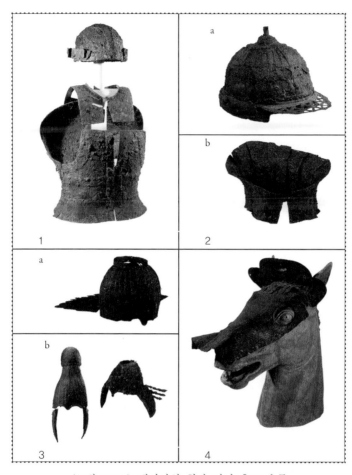

〈그림 20-12〉 대가야의 철갑 기병 출토 유물
1. 고령 지산동 32호 고분 출토 갑옷(3세기)
2a. 고령 지산동 1-3호 고분 출토 투구(3세기)
2b. 월산리 M1-A호 고분출토 목가리개(3세기)
3a. 월산리 M1-A호 출토 투구(3세기)
3b. 옥전리 28호 고분 출토 투구(4세기)
4. 옥전리 M3호 고분 출토 말머리 가리개(4세기)
(자료: 《대가야의 유적과 유물》, 2004)

대륙·한반도 기마민족에 의한 일본열도 정복과 천황가 및 일본고대국
가 형성설 ② 한·왜연합왕국설로 이루어져 있다고 말할 수 있다.[35]

---

35) ① 石田英郞·江上波夫·岡正雄·八中番一郞, 《日本民族の起源》(対談と討論), 平丹社, 1958.

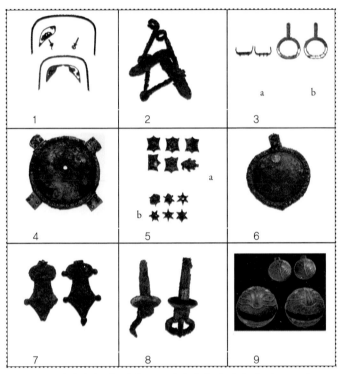

〈그림 20-13〉 대가야의 마구(자료: 《대가야의 유적과 유물》, 2004)

1. 고령 지산동 45호 고분 출토 말안장틀[鞍橋](6세기 초)
2. 월산리 M1-1호 고분 출토 말재갈[銜]
3a. 월산리 M1-1호 고분 출토 등자(鐙子, 3세기)
3b. 고령 지산동 1-3호 고분 출토 등자(3세기)
4. 고령 지산동 45호 고분 출토 말꾸미개[雲珠](6세기 초)
5a. 고령 지산리 45호 고분 출토 말꾸미개(6세기 초)
5b. 고령 지산동 44호 고분 출토 말꾸미개(5세기)
6. 고령 지산동 45호 고분 출토 말띠드리개[杏葉, 6세기 초]
7. 고령 지산동 45호 고분 출토 말띠드리개(5세기)
8. 고령 지산동 45호 고분 출토 띠고리[鉸具, 5세기]
9. 반계제 가A호 고분 출토 말방울[馬鈴]

이 가운데서 '기마민족 일본열도 정복과 천황가 및 일본 고대국가

② 江上波夫, 《騎馬民族國家》, 中央文庫, 1984.
③ 江上波夫, 《騎馬民族國家》(江上波夫著作集 6), 1986.
④ 江上波夫, 《江上波夫の日本古代史:騎馬民族說四十五年》, 大巧社, 1992 참조.

형성' 부분은 한 마디로 요약하면 다음과 같은 요지이다.

그에 의하면, 수도작 농경문화인 일본 야요이문화에 뒤이은 전기 고분(古墳)시대까지는 야요이문화가 연속되었으나, 후기 고분시대인 AD 4세기 말경의 것으로 한반도와 대륙에서 출토되는 발전된 마구류(馬具類)와 갑옷, 기마전(騎馬戰)에 편리한 복식(服飾) 등이 갑자기 일본열도 안에서 출토된다. 이와 동시에 갑자기 금·은으로 장식된 관·귀걸이·칼자루 등 금색 장식물이 공반되어 나오기 시작한다. 이것은 일본열도의 자생적 문물이 아니라 대륙의 기마민족적(騎馬民族的)이고 왕후귀족적(王侯貴族的)인 문화가 갑자기 출현한 것이다. 이것은 그 이전의 일본열도 주민들이 대륙의 문화를 자발적으로 수용한 결과라고 볼 수 없다. 왜냐하면 농경민족〔倭人〕은 전통문화에 집착하고 이질적 문화의 수용은 주저하기 때문이다.

이러한 기마민족적·왕후귀족적 고고문물의 갑작스러운 출현은 대륙으로부터 기마민족이 일본열도에 건너와서 무력으로 일본열도를 정복했음을 시사하는 것이다. 특히 출토품이 마구류뿐만 아니라 각종 무기, 복장, 장식품까지 일종의 문화복합으로서 대륙의 한반도 기마민족의 문화복합과 동일한 것이다. 이것은 후기고분문화 시기에 기마를 항상적 생활관습으로 하는 기마민족이 말과 함께 일본열도로 건너와서 기마로 정복하고 소국들을 통일해서 AD 4세기에 기나이(畿內)의 '야마토'(大和) 고대국가를 수립하고 천황 등 지배층을 형성했다고 설명하였다. 그리고 에가미는 일본천황가는 한반도의 진국(辰國)의 진왕(辰王)족이라고 설명하였다.

에가미 교수의 기마민족 일본정복왕조설은 발표되자마자, 이데올로기적 접근에 익숙한 일본 기존학설과 전혀 다른 그의 해석 때문에 일본학계에 큰 충격을 주었다. 황국사관(皇國史觀)의 전통을 계승하고 있던 일부 일본 기존학계에서는 그들의 신성한 천황족(天皇族)이 한반도(韓半島)의 진(辰)왕족의 기마민족 정복왕조(騎馬民族征服王朝)였다는 사실에 경악하고, 이 학설에 반발하였다.

한편 일본 고대국가의 형성에 대해 일본의 내재적 지배계급의 성
장에 의한 고대국가 형성으로 설명해오던 강대한 지지세력의 마르크스
주의 학파는 일본의 고대국가가 '외부의' 기마민족의 정복에 의거해
형성되었다는 설명에 큰 충격을 받았다.

일본 학계 내부에서 이 밖에도 여러 가지 반응이 나왔고, 소수의
지지자들도 출현하였다. 한국에서도 논평이 있었다.[36]

필자는 일본 천황족의 종족계보를 처음은 변진미오야마나(변한)의
왕족이라고 보므로, 에가미 교수가 일본 천황족의 종족계보를 한반도
의 진왕(辰王)족이라고 밝힌 것은 너무 포괄적이긴 하지만 실증적으로
빗나간 것은 아니라고 본다.[37] 그러나 에가미의 한·왜연합왕국설은 일

36) ① 盧泰敦, 〈'騎馬民族日本列島征服設'에 대하여〉, 《韓國學報》 제5집, 1976.
　　② 金貞培, 〈韓國에 있어서 騎馬民族問題〉, 《歷史學報》 제75·76합집, 1977.
　　③ 千寬宇, 〈한국사에서 본 騎馬民族說〉, 《加耶史硏究》, 일조각, 1991.
　　④ 金泰植·宋桂鉉, 《韓國의 騎馬民族論》(마문화연구총서 7), 한국마사회·마사
　　　박물관, 2003 참조.
37) 에가미는 한반도의 한족계 왕조인 진(辰) 왕조를 부여계의 왕조로서 남한지
　　방에서 만든 나라라고 잘못 보았고, 부여는 탁발(拓跋)·고구려처럼 모두 기
　　마민족이라고 보았다. 그에 의하면, 이 진(辰)의 진왕(辰王)은 부여계(夫餘系)
　　의 기마민족으로서 그 왕족이 바다를 건너 일본열도를 정복(征服)해서 나라
　　를 세웠는데, 이때 제1회 건국왕이 숭신(崇神) 천황이라고 한다. 숭신천황을
　　주역으로 하는, 외래 민족인 천신(天神)족이 임나(任那; 加羅)에 기반을 그대
　　로 두고 북구주(北九州)의 대마(対馬)·일기(壹岐)·축자(筑紫)에 진격하여 한
　　왜연합왕국(韓倭聯合王國)을 수립하였다. 이것이 천손강림에 의한 국가로 설
　　명되어 있다. 이때 숭신(崇神)은 임나(任那; 미마나)의 궁궐에 거주한 천황으
　　로서 한왜연합왕국 일본(韓倭聯合王國〈日本〉)의 창시자이지만, 또한 임나(가
　　라)에 상거(常居)한 임나의 진왕(辰王)으로서 왜국의 천황은 아니라고 에가
　　미는 설명하였다.
　　그에 의하면, 이른바 북구주(北九州)로부터 기나이(畿內)에 진출하여 야마
　　토(大和) 정권의 토대를 쌓은 왕이 제2의 일본건국자인 응신(應神)천황이다.
　　응신천황은 축자(筑紫)에서 출생하여 (기마부대로서) 야마토(大和)까지 진공·
　　정복해서 河内(가와치)·攝津(셋츠)까지 진출하여 여기에 도읍을 정하고 대형
　　분묘(墳墓)를 만들었는데 이것이 후기 고분시대의 개시기와 일치한다.
　　응신천황의 시기에 처음으로 일본열도의 중앙부를 지배하여 倭國이 되었
　　고, 임나·가라(任那·加羅)를 주체로 日本이라고 한 국호는 폐지해 버렸다. 그
　　러나 발상지인 임나는 임나 또는 가라 또는 일본부(日本府)라고 호칭해 왔는
　　데, 그곳에는 관가(官家) 즉 천황(왜국왕)의 직할령이 있었기 때문이다. 이것
　　이 이른바 '임나일본부'(任那日本府)라고 그는 황당한 합리화를 시도하였다.

제 어용사가들이 날조한 '임나일본부설'(任那日本府說)에 집착하여 허구에 빠진 것이라고 본다.[38]

그러나 에가미 교수의 기마민족 일본열도 정복왕조설은 창의적 착상이므로, 약간의 수정을 거치면, 고조선 기마문화의 일본열도 전파의 논증의 하나가 될 수 있는 중요한 학설이라고 생각한다.

우선 먼저 주목할 것은 광개토대왕비문(廣開土大王碑文)의 기사이

(기마민족 계통의) 응신천황세력에 의해 일본 고대국가가 건국되었지만, 아직도 토지의 호족과 히미꼬(卑彌呼)의 종교적 권위가 남아 있어서 응신의 천황족이 강대한 힘을 갖고 있으면서도 일거에 전국을 통일하지는 못했다. 기마민족은 정복지에서 토착세력을 존중해 주고 족외혼을 통해서 점차 합작·연합·융합해 가면서 단계적으로 마침내 전국을 통일하였다고 에가미는 설명하였다.

38) 필자의 의견으로는 에가미 교수가 한·왜연합왕국(韓·倭聯合王國)을 상정한 것은 역사적 사실과는 전혀 다른 망상에 가까운 상상에 지나지 않는 것이라고 본다.

이 시기에는 6가라와 일본열도와의 물적 교류뿐만 아니라, 인적 문화적 교류도 상당히 많았으므로, 만일 6가라와 일본열도의 대마·일기·축자 등을 포함한 한·왜연합왕국이 실재했다면 반드시 나라이름[國名]이 있게 마련이고, 한국·일본·중국 등의 고문헌이나 문물이나 전설에 나라이름이 기록되거나 나왔을 것이다. 그런데 이 큰 연합왕국에 나라이름이 아직까지 기록되거나 전해지거나 발견된 적이 전혀 없다. 이것은 '한왜연합왕국'은 실재하지 않았음을 증명하는 것이다.

에가미 교수가 한왜연합왕국을 상정하여 집착하는 것은, 千寬宇씨가 정확히 지적한 바와 같이, 임나일본부(任那日本府)에 대한 집착 때문인 것으로 추론된다. 역사 실제에서는 임나일본부 자체가 존재하지 않았던 것이며 망상에 불과한 것이었다. 임나일본부설은 과거 일본제국주의를 위해 사실을 곡필한 《日本書紀》를 편찬한 일본 황국사관의 어용사가들이 일본의 최초 고대국가 야마토의 고향이 임나가라 지역이므로, 신라의 한반도 통일로 그곳을 가볼 수 없게 되자 도리어 자기의 뿌리·고향을 도리어 식민지로 날조한 허구에 불과한 것이었다.

에가미는 유라시아 대륙 기마민족으로서 스키타이, 흉노, 돌궐, 선비, 오환을 들고 있다. 에가미는 이러한 기마민족 가운데 일부가 4세기 말~5세기 초에 기마 군단을 이끌고 일본열도를 정복한 것처럼 설명했다가, 역사에 그러한 사실이 없으니까, 부여와 고구려와 진을 동북아시아의 기마민족국가로 가정하여 이 가운데 진왕의 후예가 가라와 일본 구주를 통합한 한·왜연합왕국을 건국했는데 이것이 가라에 임나일본부를 두게 된 근거라고 설명하였다. 그러나 한·왜연합왕국은 역사 실제에서 출현한 일도 없고 아예 존재한 적도 없었다. 일본(日本)이라는 용어가 출현한 것도 7세기 말~8세기 초에 처음 나타나는 것이다.

다.[39] 4세기 말에 〈백제·가라·야마토〉가 동맹하여 〈신라〉를 점령하려
고 공격하여 한반도 남부에서 전쟁이 일어났다. 멸망의 위기를 깨달은
신라는 고구려에 긴급 구원을 요청하였다. 고구려의 광개토대왕은 AD
400년에 5만의 군사로 기병부대를 앞세워 백제·금관(김해)가라·야마
토 동맹군을 일거에 격파해서 신라를 구원하였다. 이때 수만 명 백제
군 가운데 고구려군에 생포된 백제군 포로만도 8천여 명이었으니, 백
제 동맹군은 고구려의 막강한 기병부대에 참담한 패배를 당한 것이었
다. 이때 백제와의 동맹에 참가한 가라군의 숫자와 야먀토군의 숫자는
기록에는 없다. 한국 역사학자들은 야마토군은 바다를 건너온 것이므
로 약 1천 명 이내라고 추정하고 있다. 이것이 광개토대왕비의 "신묘
년에 (…) 왜가 바다를 건너오니 격파하였다"는 기사이다.

여기서 먼저 반드시 주목할 것은 양편 군사 편대와 장비의 특징이
다. 광개토대왕 시기의 고구려군은 대부분이 기병부대였고, 장교는 철
제 장검과 창, 병사는 철제 단검과 창이었다. 반면에 백제와 가라는
주력이 보병부대였고, 소수의 기병부대가 있었다. 야마토군은 보병부대
뿐이었다.[40] 고대 군사에서 기병의 위력은 참으로 막강한 것이었다.
광개토대왕의 고구려 기병부대는 당시 무적(無敵)의 막강한 부대였고,
만주의 광대한 고조선 영역을 회복할 만큼 강대했다.

야마토군은 이때(AD 399년~AD 400년) 금관가라에 상륙하여 그
들의 성지(聖地)이고 역사적 고향인 임나가라(대가라, 고령지역)에도
여행해 보았을 것이고, 고구려 기병부대의 위력도 경험으로 잘 체득했

---

39) ① 이진희, 《廣開土王陵碑の研究》, 吉川弘文館, 1972.
　　② 박진석, 《호태왕비와 고대 조일관계연구》, 박이정, 1993.
　　③ 이종학, 《광개토왕비문의 '왜'의 연구》, 나라사랑, 1997.
　　④ 연민수, 《고대한일관계사》, 혜안, 1999.
　　⑤ 사회과학원, 《광개토대왕릉비문연구》, 중심, 2001.
40) 《三國志》 卷30, 魏書, 烏丸鮮卑東夷傳, 倭傳에서는 이 책이 쓰여진 AD 3세기
　　말까지 왜에서는 소·말이 없다고 하였다. 또한 일본열도에서는 AD 4세기까
　　지 마구(馬具)와 마골(馬骨) 등 고고유물이 출토되지 않는다. 따라서 AD 399
　　년의 왜군은 보병부대였다고 확언할 수 있다.

을 것이다. 당연히 야마토군의 지휘관
들은 기마부대의 도입과 창설의 결의
전략을 구상하고 귀국했을 것이다.

신라 공격전쟁이 참담한 패전으로
종결된 후 야마토군의 일부 병사는
백제군에 합류하여 백제인으로 귀화해
버렸겠지만, 백제·가라 기병부대 장병
들 가운데는 야마토군의 요청과 약속
에 응하여 말(馬)과 함께 야마토군에
합류하여 바다를 건너와서 야마토국에
귀화하여 야마토 기병부대 창설에 봉
사한 군사들이 있었을 것이다.

필자는 AD 400년 한반도 가라지
방에서 귀환한 야마토 지원군 부대
세력이 규슈 야마토 지역을 중심으로
말(馬)을 기르고 기마부대를 창설하고
철제(鐵製) 군사장비를 대량 제작하여

〈그림 20-14〉 가라 기병을 조각
한 기마인물형 각배 가라토기(김
해 고분 출토, 국보 275호, 경주
박물관 소장, 자료:《대가야의 유
적과 유물》, 2004)

막강한 군사력을 형성한 후 야마토 왕국의 정권을 장악했다고 본다.
이때 정권을 교체하여왕이 된 세력은 백제·가라계 기병무장세력이었다
고 추정된다. 그리고기마부대와 철제 무기의 막강한 군사력이 갖추어
지자 일본 본주를 향한 동정(東征)을 시작했다고 본다.

이때 야마토의 동방 정벌을 시작한 왕은 누구일까?

일본의 고문헌 자료가 완전히 결여된 시기이므로, 야마토왕이 중국
왕조에 보낸 조공사신에게 내린 왜5왕의 칭호에서라도 흔적을 찾아 볼
필요가 있다. 동양에서는 왕조교체나 큰 내전 전후에는 외부원조와 권
위 획득을 위해 집권자가 중국 왕조에 조공사신을 보내고 왕, 대장군
칭호를 얻어 오는 경우가 자주 있었다. 야마토 왕국도 예외가 아니었다.

이 표에서 추정해 보면, 필자는 421년경 야마토 왕국에서 백제·가

〈표 20-3〉 중국에서 하사받은 '왜5왕'(倭五王)의 칭호

연도(서기)	왜왕이름	중국왕조	하사된 왜왕 호칭	자료
421	讚	宋 高祖	칭호 하사 없음	《宋書》
425	讚	宋 太祖	칭호 하사 없음	《宋書》
438	珍	宋 太祖	安東將軍倭國王	《宋書》
443	濟	宋 太祖	安東將軍倭國王	《宋書》
451	濟	宋 太祖	安東將軍六國諸軍事(加授)	《宋書》
462	興	宋 世祖	安東將軍倭國王	《宋書》
478	武	宋 順帝	安東大將軍	《宋書》
479	武	南濟 高帝	鎭東大將軍	《南齊書》
502	武	梁 武帝	征東將軍	《梁書》

라 기마병 세력인 찬(讚)세력이 무력으로 권력을 장악하고, 왕조가 이 전의 〈변진미오야마나·부여·임나〉 세력으로부터 〈백제·금관가라〉 세 력으로 교체되었다고 추정한다. 새 왕조는 진(珍)과 제(濟) 때 왜국왕 으로 송(宋)나라로부터 인정받았다. 이어서 제(濟)의 아들 무(武) 때 는 막강한 기마부대로서 일본 통일에 나섰다고 추정된다.[41]

41) 《宋書》 夷蠻傳, 東夷. 倭國조에 (태조 원가 2년; 438년, 倭의) "찬(讚)이 죽고 아우 진(珍)이 즉위하자 사신을 보내어 공물을 바쳤다. 스스로 칭하기를 '사 지절(使持節), 도독(都督), 왜(倭)·백제(百濟)·신라(新羅)·임나(任羅)·진한(秦 韓)·모한(慕韓)·유국제군사(六國諸軍事) 안동(安東大將軍) 왜국왕(倭國王)'이라 고 하면서, 표(表)를 올려 정식으로 임명해 주기를 구하였다."(讚死 弟珍立 遣 使貢獻 自稱使持節·都督倭·百濟·新羅·任那·秦韓·慕韓六國諸軍事 安東大將軍 倭國王 表求除正.)는 기록이 있다. 이것은 왜국왕이면서 자칭하여 왜·백제·신라·임 나·진한·모한의 도독(都督)이라고 스스로 자칭한 것에 불과한 것이고, 역사 실제에서 그러한 것이 전혀 아니었다. 그러나 송 황제의 승낙과 권위를 빌려 전쟁을 시작할 의지를 나타내기는 한 것이다. 송 태조가 승낙해 준 것은 '안 동대장군 왜국왕'뿐이었다. 《宋書》 동일 기사에서 "(왜국왕) 홍(興)이 죽자 아우인 무(武)가 즉위하여 또 다시 사지절 도독 왜·백제·신라·임나·가라·진 한·모한 칠국제군사(七國諸軍事) 안동대장군 왜국왕"을 자칭하였다. 그리고 송 황제에게 바친 표문에는 "봉해진 나라가 먼 곳에 치우쳐 있으며, 밖에 번 국을 이루고 있는데, 과거의 조상으로부터 스스로 갑옷과 투구를 걸치고 산 천을 누비느라 편안히 거처할 겨를이 없었습니다. 동으로는 모인(毛人) 55국 을 정벌하였고, 서로는 중이(衆夷) 66국을 복종시켰으며, 바다 건너 해북(海 北) 95국을 평정하니, 왕도는 화락하고 편안하며, 땅을 넓히고 왕기를 아득 히 크게 하였으며, 여러 대에 걸쳐 조종(朝宗: 중국 황제에 알현)하였으며 해마다 어긋나는 일이 없었습니다. 신(臣)이 비록 아주 어리석으나 조상의 뒤를 이어 다스리는 곳을 이끌고 천극(天極: 송나라 황제)을 존숭하고자 하 였습니다. 가는 길이 백제를 거쳐야 하므로 큰 배를 준비했는데 구려(句麗:

특히 주목할 것은 AD 451년~AD 479년경부터 왜왕 무(武)가 중
국 측에 대해서도 조공사절을 연달아 파견해서 정복전쟁에 대한 정당
성을 확보하려고 노력했다는 사실이다.[42]

고구려)가 무도하여 (우리를) 집어 삼키려 하고 변방의 속한 곳을 노략질하
며 살육을 그치지 않으니, 매번 지체되어 좋은 바람을 놓치게 됩니다. 비록
길을 나서지만 혹은 통하고 혹은 통하지 못합니다. 신(臣)의 돌아가신 아버
지 제(濟)가 실로 원수가 천로(天路: 宋나라 가는 길)를 막는 것에 분노하니,
활을 쏘는 병사 100만이 의로운 소리에 감격하여 바야흐로 크게 일어나고자
하였으나, 갑자기 아버지와 형을 잃으니, 수성(垂成)의 공을 이루고자 하였으
나 마지막 한 삼태기를 얻지 못하였습니다. 상중에 있어 병사를 움직이지 못
하고 쉬고 있었으므로 이기지 못하였습니다. 지금에 이르러 갑옷과 무기를
갖추어 부형의 뜻을 펼치고자 하니, 의롭고 용맹스러운 병사들이 문무로 공
을 이루어, 번쩍이는 칼날이 눈앞에 닥쳐도 또한 눈을 딴 곳으로 돌리지 않
습니다. 만약 황제의 세상을 뒤덮는 덕으로써 이 강적을 무찔러 온갖 어려움
을 극복한다면, 이전의 공을 바꾸는 일은 없을 것입니다. 삼가 스스로 개부
의동삼사(開府儀同三司)를 가수(假受)하고, 다른 사람에게도 각각 (적당한 관
작을) 가수하여 출정을 권유하였습니다."고 하였다.

42) 앞의 주에서 왜왕 무(武)의 상표문 전문을 보면 AD 5~6세기의 일본의 무
장(武將)들과 그 측근의 문관들이 얼마나 허장성세와 과대망상의 사기사들인
지를 알 수 있다. 송황제에게는 온갖 아첨의 표현을 하고, 내용은 거짓으로
충만하여 이미 일본열도의 동쪽으로 55국, 서쪽으로 66국, 즉 121개국을 병
합하고 바다 건너 한반도 95국을 평정하였다는 것이다. AD 478년 당시 한
반도에는 남부에 신라·가라·백제가 강력한 왕국으로 정립되고 북쪽과 만주
에는 고구려가 버티고 있는데, 신라·가라·백제는 이미 정복했으며, 고구려만
정복하지 못했다는 것이다. 언제 AD 478년경에 신라·백제·가라가 왜왕 무나
그 부형에게 정복당했단 말인가? 새빨간 거짓말을 송 황제에게 표문으로 이
렇게 조작하니, 이들이 쓴 역사서가 얼마나 조작될 수 있는가를 알고도 남음
이 있다. 여기서 주목할 것은, 왜왕 무가 송황제 순제(順帝)에게 자기의 정복
활동에 의해 신라·가라·백제는 이미 정복했다고 거짓말을 하고 도독 왜·백
제·신라·임나·가라·진한·모한 칠국제군사·안동대장군·왜국왕을 자칭하고 있
었다는 사실이다. 이미 이 직책을 자칭하고 그 자격으로 부하에게 직책을 주
는 것을 이미 실시하고 있으니, 송황제가 이를 추인해 주면 100만 대군을 일
으켜 원수 고구려를 쳐서 정복하겠다는 것이었다. 이에 대해 송황제는 친교
가 있는 백제만 빼고 나머지 6국에 대해서는 '왜·신라·임나·가라·진한·모한
육군제군사(六國諸軍事)의 도독(都督)'을 무(武)에게 내려 주었다는 것이다.
거짓말 놀이는 여기서 끝난 것이 아니다. 바로 1세기 후에《일본서기》가 이
구절을 자료로 삼아 소위 '임나일본부'(任那日本府)를 문장으로 조작하였다.
송황제에게 올리는 표문을 위와 같이 조작하는 집단이 자기가 쓰는《일본서
기》에서 임나를 식민지로 정복하여 임나일본부를 두어 都督(도독, 총독과 같
은)했다고 거짓 문장을 조작하는 것은 극히 쉬운 일이었을 것이다. 더욱 주
목할 일은 19세기 일본제국주의가 한반도를 침략할 때 임나일본부설을 국가

《송서(宋書)》 왜국전에 보면, AD 478년에 "왜왕 무(武)가 송황제에 표문(表文)을 올리자 '안동대장군(安東大將軍)'의 호칭을 내리었다"고 기록되어 있다. 이듬해 AD 479년에 야마토의 무(武)왕은 남제(南齊)의 고제(高帝)로부터 '鎭東大將軍'(진동대장군)의 칭호를 받았다. 그로부터 23년 후인 AD 502년에 야마토국 왕, 무(武)는 양(梁)의 황제로부터 '征東將軍'(정동장군)의 칭호를 받는다.

필자는 규슈 '야마토국'에서 제(濟)왕과 무(武)왕이 AD 451~AD 479년에 동정(東征)을 감행하여 야마토국의 도읍을 기내(畿內)의 지금의 '나라'(奈良) 지방으로 옮겼다고 해석하고 있다. '나라'라는 용어 자체가 '國'을 말하는 고대 부여·백제·가라 언어였다. 일본역사에서는 무(武)가 AD 479년에 별세했다는 설도 있으나, 《양서》에 정동장군의 칭호를 내렸다는 것이 역시 주목되는 자료이다. 야마토국의 국왕 무는 누구인가? 일본역사의 연구과제가 될 것이다.

일본의 역사연구서들을 읽어보면 '야마토'를 최초의 고대국가로 보면서도, 야마토 건국지역에 대한 '규슈설'(九州說)과 '기나이설'(畿內說)이 나누어져 무려 100여 년 동안이나 논쟁하면서 서로 크게 다른 상고사를 서술하고 있다.

필자는 동아시아 문명의 거시사적(巨視史的) 관점에서 보면, 일본의 야마토 국가는 AD 2세기 후반에 규슈(九州)에서 건국되어 기나이(畿內)지역으로 도읍을 이동했다고 본다. 이동의 주체는 AD 5세기 후반 규슈 야마토 국왕과 지배층 무장들 세력이었고, 동정(東征)의 수단은 철제(鐵製) 무기, 특히 철창(鐵槍), 철검(鐵劍)과 기마병(騎馬兵)이었다.

공식 학설로 정립하여 전 국민을 교육했다는 사실이다. 더욱 기이한 것은 21세기 개명천지에 현대 일본정부가 이 날조된 임나일본부설을 다시 일본 중등교육 교과서에 넣었으며, 다수의 일본 역사학자들이 각종의 우회적 방법으로 거짓의 임나일본부를 역사적 사실로 만들려고 노력하고 있다는 사실이다. 그러나 역사 실제에서 AD 4~6세기에 임나일본부라는 것은 없었고, 왜국왕의 송황제에게 바치는 상표문(上表文)에만 신라·백제와 함께 이미 정복한 것으로 거짓말이 쓰여 있었던 것뿐이었다.

〈그림 20-15〉 일본열도에서 출토되는 가라식 철제무기와 말가리개(5세기~6세기)

일본열도에서 AD 3세기 말(또는 고분시대 초기)까지 철제 도구 (무기류와 농구류)의 제조 생산은 규슈 지역이 압도적으로 많다.[43] AD 400년 광개토대왕 기병부대에 대패한 직후부터 적극 도입된 양마 (養馬)와 기병대가 규슈 야마토 철제무기와 결합되었다. 기병대에 대

---

43) 川越哲志, 《彌生時代鐵器總覽》)(2000년)을 자료로해서 寺澤薰, 《王權誕生》(2000, 日本の歷史 第2卷)이 그린 고분시대 초기까지의 현벌 철기 출토 숫자는 다음 그림과 같이 규슈지방이 압도적이다.

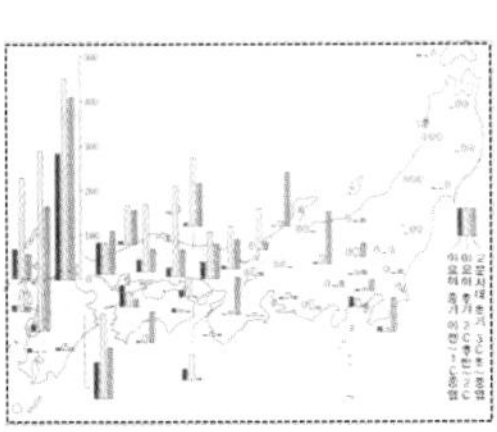

〈그림 20-16〉 일본 열도 내 고대 철기 출토 현별 분포

해서는 에가미 교수의 연구가 있으니 더 설명이 필요치 않을 것이다.

이 철제무기와 기마부대가 결합한 막강한 새로운 무력으로 규슈 야마토 왕은 동정(東征)을 감행하여 무왕 시기 AD 5세기 후반에 기나이(畿內) 야마토로 도읍을 옮기고, 그 후 서일본(西日本)을 사실상 거의 통일하였다고 본다.

5. 기나이 '야마토'(大和)국의 정체성 정립

기나이 지방(나라 지방)에 이동한 '기나이 야마토'의 동천(東遷) 건국자는 5세기 후반 왜국왕 무였다. 무가 별세하자 각지 호족과 무장들이 대왕권을 장악하기 위해 대전란이 한 세대 계속되다가 세력균형 상태로 수습되었다. 기나이에 이동 정착한 야마토는 그간의 피비린내 나는 내전의 상처를 치유하고 대화합을 강조하는 의미에서 야마토의 한자 표기를 대화(大和)로 쓰기 시작하였다. 그 후 특기해야 할 몇가지 큰 변화를 볼 수 있다.

첫째는 성덕태자(聖德太子, 쇼토쿠 다이시, 574~622)의 개혁이다. 그의 본명은 우마야토(厩戸, 마굿간)로, 방계 왕족으로 태어나 AD 593년 추고(推古, 스이코) 여왕의 섭정이 되어서 외가인 백제계 소가노 우마코(蘇我馬子)와 협동하여 관직의 12계(冠位十二階) 제도와 율령 17조(憲法十七條)를 제정해서 고대 율령국가(律令國家) 체제 지향의 대개혁을 단행하였다. 그는 불교를 신앙하여 595년 백제의 고승 혜총(惠聰)과 고구려의 고승 혜자(惠慈)를 초청해서 불교 전파에 노력하였다. 스스로 불교경전 해설을 했고, 다수의 사찰 건립을 지원하였다. 620년에는 역사서 《국기》(國記) 등을 편찬케 하였다. 그는 백제·신라·고구려를 모형으로 해서 일본을 불교 문명국가로 개혁하려고 노력하였다. 일본 고대 최초의 문화인 아스카(飛鳥)문화는 성덕태자와 소가씨의 정책으로 형성된 것이라고 볼 수 있다.

둘째는 7세기 중엽 대화개신(大化改新, 다이카 가이신)이라고 하는 중앙집권적 국가건설을 위한 정치·사회·경제개혁이다.

나카노 오오에(中大兄) 왕자와 나카도미노 가마다리(中臣鎌足) 등은 645년 소가노 이루카(蘇我入鹿) 부자를 죽이고 집권한 후, 소가 가문을 비롯한 호족들을 숙청하여 중앙집권적 권력을 장악하고, 646년부터 당(唐)제도를 모형으로 한 국왕의 조칙을 반포하여 개혁을 단행하였다. 조칙 내용은 ① 토지의 국유화, 대부(大夫) 이상에게 식봉(食封) 차등 지급, 이하의 관인과 백성에게 비단·삼베 지급 ② 수도 정비, 교통제도 정비, 행정단위로서의 기나이(畿內), 국(國)의 범위 규정 ③ 호적, 기록대장, 반전수수법(班田收受法) 도입, ④ 이전의 부역(賦役) 폐지, 토지·호구에 부과되는 조용조(租庸調)제도 실시 등이었다. 그러나 토지 국유화는 호족들의 저항으로 실행되지 못하였고 다른 개혁들도 부분적으로만 실행되었다. 그럼에도 불구하고 대화개신으로 중앙집권제가 수립되고 율령국가의 체제가 강화되었다.

셋째는 AD 663년 백촌강(白村江)전투 패전 후의 자각과 AD 672년 임신의 난(壬申亂)의 영향으로 야마토국의 자주적 정체성과 '일본' (日本) 의식을 확립한 것이다.

한반도에서 660년 신라가 당(唐)과 동맹하여 백제를 침공·점령하자, 야마토국은 백제 독립군의 긴급 요청에 응해서 대군을 백제 독립의 지원군으로서 바다 건너 백제에 파견하였다. 그러나 663년 백제·야마토군은 신라·당군과의 백촌강 전투에서 대패하였다. 이어서 신라와 당군은 668년 고구려를 공격하여 멸망시켰다. 신라는 한반도 내의 당군도 몰아내고 676년 한반도 내의 삼국통일을 실현하였다.

AD 663년 백촌강 전투에서 대패하여 귀국한 야마토국 장병과 야마토 조정은 고향 상실의 깊은 아픔을 절감하였다. 신라의 한반도 통일로 야마토국의 역사적 고향이고 하늘과 태양〔天日〕의 근원지 고천원(高天原)이며, 정신적 탯줄인 미오야마나(대가야, 고령지방)는 이제 영원히 돌아갈 수 없는 남의 땅이 된 것을 절실히 깨닫게 되었다. 백촌강 패전 이전에는 야마토국의 지배층은 가라(특히 임나, 대가라)와 백제를 그들의 조상 천손족의 본래의 출신지이고, 야마토 민족의 역사적 고향이며, 태양이 가장 먼저 떠서 가장 먼저 햇살을 받는 나라 부상국(扶桑國)으로 인식해 왔다. 부상국은 동아시아에서는 아사달·진국(辰國)을 가리키고 상징화한 용어였다.[44] '扶'(부)는 '밝음' '불'의 발음차용 표기였고, '桑'(상)은 '솟대'의 나무 위에 세 마리 '새'를 그린 그림글자로 진국(辰國)을 상징한 것이었다. '밝족의 솟대가 있는 곳'이 태양이 가장 먼저 떠올라서 맨 먼저 아침 햇살을 받는 곳이라는 의미이다. 古한반도 진국(辰國)이 바로 扶桑國(부상국)이었고 해〔日〕가 솟아 맨 먼저 아침〔朝〕이 밝아지는 곳〔本〕이었다.

가라와 백제 출신의 후예들인 야마토국 지배층은 부상국인 가라와 백제를 조상의 나라로 생각하여 항상 친근감을 가졌고, 정신적 고향으로 생각하여 완전한 타국으로는 의식하지 않았었다.

그러나 백촌강 패전과 신라의 통일 이후에는 한반도는 돌아갈 수 없는 곳임을 깨닫고 가라·백제에 연결된 탯줄을 스스로 끊고 정신적으로 사회의식에서 자주자립을 추구하게 되었다. 가라·백제계 야마토 지배층 씨족 가운데는 야마토를 한자로 일본(日本)으로 표기하고 야마토로 훈독하는 가문이 나타났다. 이제 태양의 근본은 한반도 임나가라에 있는 것이 아니라 일본열도 여기에 있다는 의식을 주창한 것이다.

야마토 조정에서 일본(日本)을 국호로 처음 공식 사용하기 시작한 것은 AD 689년 아스카 키요미하라령(飛鳥淨御原令, 비조정어원령)이라는 관제 행정기구 제정에 관한 율령에서 종래의 왕(王)을 천황(天皇), 국호 왜를 일본(日本)으로 호칭한 때부터라고 알려져 있다.

야마토 조정은 698년 우선 신라에다 사신을 파견하면서 국호 야마토가 한자로 日本임을 알렸다. 《삼국사기》 효소왕(孝昭王) 13년(698년)조에는 다음과 같이 기록되어 있다.

---

44) 《山海經》海外東經, 湯谷조 및 《淮南子》道應訓 참조.

(698년) 3월에 일본국사(日本國使)가 내조(來朝)하였으므로 왕은 숭례전에서 그들을 인견하였다.[45]

야마토 조정은 이어서 AD 701년 《대보령(大寶令)》을 시행하면서 일본천황(日本天皇)의 제도를 공포하였다.

야마토 조정은 또한 AD 702년 사신(栗田眞人)을 당(唐)에 파견하면서 중국에 대해 처음으로 일본(日本) 국호를 사용하였다. 《당력(唐曆)》에는 다음과 같이 기록되어 있다.

　이 해(長安 2년, AD 702년) 일본국(日本國)이 대신(大臣) 조신진인(朝臣眞人)을 파견하여 방물(方物)을 조공하였다. 일본국은 왜국(倭國)의 별명이다.[46]

야마토 조정의 국호 왜(倭)의 일본(日本)으로의 변경에 대해, 신라의 기록에는 논평이 없고, 당의 기록에는 왜국의 별명(別名)이라고 하여 선뜻 수용하지 않는 차이를 보이고 있다.

야마토 조정은 古한반도 고조선·진(辰)에 연결된 탯줄을 끊고 의식적으로 일본의 자생(自生)과 역사적 기원의 독립을 강조하면서 정체성을 확립하기 위해 일본 중심의 새로운 역사체계로서 AD 712년 《고사기(古事記)》(고지키)를 편찬하였다. 이 역사서의 핵심은 ① 古한반도 진(辰)으로부터 기원한 야마토의 기원과 일본열도로의 민족이동을 하늘에서 내려온 신화와 설화로 체계화하고, ② 일본열도에서 시작한 야마토 초대왕을 신무천황(神武天皇)으로 추존하여 그 이후 당시까지 왕계보를 일사불란하게 한 줄로 한 천황족보의 통치사를 만든 것이었다.

그러나 야마토 지배층 일부에서는 《고사기》의 서술체계에 만족하지 않았다. 그들은 모든 체계와 명칭을 일본(日本) 제일 중심으로 할 뿐

---

45) 《三國史記》 新羅本紀 卷8, 孝昭王 7년 3월조, 〈日本國使至 王引見於崇禮殿.〉
46) 《續日本記》, 〈唐曆云 此歲 日本國遣其大臣 朝臣眞人貢方物. 日本國者 倭國之別名也.〉에서 再引用.

아니라, 모든 경쟁자들이 일본에 패배하여 항복한 일본 지배의 새 역사서를 만들고자 하였다. 이 목적 수행을 위해 편찬된 것이 8년 후의 《일본서기(日本書紀)》이다. 이 역사책에서는 왕만 천황으로 격상시킨 것이 아니라 고유명칭 倭도 日本으로 모두 바꾸었다. 예컨대 倭建命(야마토 다케루노미코토)을 日本武尊(야마토 다케루노미코토)으로 바꾼 것과 같은 것이다. 뿐만 아니라 이웃나라에 보낸 것은 모두 '하사'한 것이고 일본을 방문한 것은 모두 '조공'한 것으로 고쳤다.

《일본서기》 편찬자들은 일본 제일 중심, 일본 지배를 나타내기 위해서 역사 날조도 서슴지 않았다. 그 가운데 가장 악랄하고 패륜적인 예가 야마토의 발상지이고 옛 조상의 고향인 임나가라를 과거에는 그들의 뿌리요 고향이라고 존숭 동경해 오다가, 이번에는 갑자기 일본이 무력 점령하여 AD 4세기~AD 6세기 약 2백 년 동안 임나일본부(任那日本府)라는 일종의 총독부를 설치하여 식민지 지배를 했다고 날조한 것이다. 역사적 진실은 백제와 가라 연합군이 신라를 점령하려고 야모토[倭]에 참가를 요청하자 약 1천 명의 지원군을 AD 399년에 김해에 상륙시켰다가 이듬해 AD 400년에 신라의 구원 요청을 받고 남하한 고구려 광개토대왕의 기병부대에 참패하여 백제군은 포로가 된 병사만도 8천여 명이 되고, 왜군도 참패하여 패잔병을 배에 싣고 황급히 돌아왔으며, 고구려군은 김해까지 내려와서 가라의 항복을 받고 상당기간 주둔했다가 돌아간 것이다. 당시에는 일본이라는 국호도 없었다. 이 진실이 《일본서기》에서는 일본군이 가라6국을 점령하여 임나일본부를 설치해서 식민지로 2백 년 동안 식민지 통치를 했다니, 동서고금의 역사책에서 이러한 날조는 다시 볼 수 없는 최악의 것이었다. 일본부의 일본 명칭도 4세기에는 없었고, 7세기 말~8세기 초에 처음 정립된 것이었다.

야마토 지배층의 뿌리인 임나·가라와 백제를 병합한 신라에 대한 증오심은 '신공황후(神功皇后)의 신라정벌설(新羅征伐說)'까지 조작해 내었다. 일본 오진(應神) 천황의 어머니인 섭정 신공황후가 아이(오진

천황)를 임신한 채 돌로 눌러 출산을 늦추면서 군사를 태우고 신라를 정벌하여 항복을 받고, 신라는 일본의 신하로 매년 선박 80척 분의 조공을 받도록 했다는 주장 역시 완전히 날조된 것이다.[47)]

---

47) 《日本書紀》 卷9, 神功皇后紀에는 신공황후의 신라 정벌이 기록되어 있다. 그 내용을 간단히 요약하면, ① 중애천황(仲哀天皇) 9년(AD 278년) 10월 신축일 신공황후가 신라 정벌에 나서니 바람 신(神)이 바람을 일으키고 태양 신이 파도를 일으키며, 바다 속 큰 물고기들이 떠올라 배를 도와 밀어서, 큰 바람이 순풍으로 불고, 범선은 파도를 따라 노를 젓는 노력도 필요 없이 바로 신라에 도달하였다. 이때 선박을 따른 파도가 멀리 (신라)나라 안을 덮었다. 이에 천신지신이 모두 (신공황후를) 도운 것을 알았다. ② 신라 왕은 무서워 떨면서 "신라 건국 이래 아직 바닷물이 나라 안까지 올라온 일은 없었다. 천운이 다하여 나라가 바다가 되는 것이 아닌가"라고 말하였다. 말이 끝나기도 전에 (신공황후의) 수군(水軍)이 바다를 메우고 깃발들이 햇빛에 빛나고 북과 피리 소리가 산천에 진동하니, 비상한 군사들이 장차 신라를 멸망시키려는 것으로 생각하고 싸울 마음을 잃었다. ③ 이에 신라왕은 "내가 들으니 동쪽에 신국(神國)이 있는데, 일본이라 한다. 또한 성왕(聖王)이 있는데, 천황(天皇)이라 한다. 반드시 그 나라의 신병(神兵)일 것이다. 어찌 군사를 들어 막을 수 있겠는가"하고 백기를 들어 스스로 항복하였다. 신라왕은 흰 줄을 목에 감고 스스로를 포박하여, 도장과 호적을 바치면서 신공황후의 선박 앞에서 항복하였다. 그리고 머리를 조아리며 금후로는 양마(養馬)의 일을 할 것이며, 매년 춘추로 말빗[馬梳]과 말채찍[馬鞭]을 바치고 수제공산품도 바치겠다고 굳게 맹세하였다. ④ 신공황후는 신라왕을 죽이자는 부하의 의견을 거부하고, 신라왕의 왕자를 인질로 하여 금·은·채색 비단과 명주를 80척의 배에 실어 관군에 따라가게 하였다. 이 때문에 신라왕은 항상 80척 배의 조공을 일본국에 바친다. ⑤ 고구려와 백제의 두 나라 왕은 신라가 일본국에 항복했다는 소식을 듣고, 비밀히 그 군세(軍勢)를 알아보니 도저히 이길 수 없음을 알게 되자, 스스로 (신공황후의) 영(營) 밖에 와서 머리를 조아리고 "금후는 영구히 (신공황후의) 서번(西蕃)이 되겠으며, 조공을 그치지 않겠습니다"고 말하였다. 이에 내관가둔창(內官家屯倉)으로 정하였다. 이것이 소위 삼한(三韓)이다. 이에 황후는 신라에서 돌아왔다. 《日本書紀》의 위의 '신공황후 신라정벌설'은 완전히 조작해낸 거짓이다. AD 278년(일본 중애왕 9년)은 야마토의 히미코 여왕이 사망한 지 30년 후이고 이요 여왕의 시기이며, 북위 대방군의 사신 장정(張政)이 야마토에서 귀국한 지 약 28년 후이다. 이런 대사건이 일어났으면, 야마토에 관심이 컸던 당시 중국이나 고구려·백제·신라 야마토의 기록에 조금이라도 기록되고, 그 유물·유적이 한 점이라도 남아 있을 터인데, 그러한 것이 전혀 없다. 또한 3세기 말에는 아직 일본, 일본국, 천황, 황후라는 용어 자체가 일본에는 없었다. 3세기 말에는 일본 열도에 아직 말이 도입되지 않아서 말빗, 말채찍의 물자도 필요 없었다. 당시 신라·백제·고구려의 세 나라가 각각 모두 야마토보다 군세가 훨씬 우세한 선진강국이었는데, 신라왕이 싸우지도 않고 스스로 몸을 묶어서 신공황후에 항복했다니 이런 역사 날조가 어디 있겠는가. 또한 신라가 80척 선박의 조공을 야마

《고사기》와 《일본서기》는 객관적 사료와 과학적 역사서적으로는 치명적 결함을 갖게 되었지만, 역사적 진실과는 별도로 한반도로부터 일본민족의 정신적·사상적 자주독립의 성취를 목적으로 한 교과서로서는 당시에 큰 역할을 했으며, 그 후에는 오히려 한반도에 대한 침략사상 배양의 교과서가 되기 시작하였다.

야마토를 日本으로 한자 표기하고 야마토라고 훈독하기 시작한 것은 일본에서 7세기 말에 시작되어 8세기 초엽 《일본서기》 편찬 집단에서부터 성립된 것이다.[48]

야마토는 AD 2세기~AD 5세기 동안은 한자 번역에서는 〈야마토=倭〉로 번역표기 되었고, AD 6세기~AD 7세기에는 〈야마토=大和〉로 표기되었으며, AD 8세기~근대까지는 〈야마토=日本〉으로 표기되었다. 야마토=倭=大和=日本은 음독 때에는 각각 달라도 훈독할 때는 언제나 '야마토'였다.

고조선문명의 동남방 전파 확산과 민족이동은 7세기 말~8세기 초에 일본 고대국가를 탄생 확립시킨 것이었다.

토에 바친 사실이 전혀 없었다. 고구려·백제·신라·가라·야마토는 서로 조공국가의 관계가 아니었다. 《日本書紀》는 역사적 사실을 기록한 것이 아니라, 야마토를 왜로부터 일본으로 바꾸고 왕을 천황으로 높이면서 그에 필요한 거짓의 이데올로기를 만든 서책이므로, 이를 사료로 사용할 때에는 사전에 철저한 사료비판과 다른 사료 및 역사실제와 엄정한 교차 검증이 선행되지 않으면 안 될 것이다.

48) ① 井乃香樹, 《日本國號論》, 建設社, 1943.
　　② 石田英郎·江上波夫·岡正雄·八幡一郎, 《日本民族の起源》, 平凡社, 1958.
　　③ 岩橋小彌太, 《日本の國號》, 吉川弘文館, 1970.
　　④ 江上波夫, 《騎馬民族國家》(江上波夫著作集6), 平凡社, 1986.
　　⑤ 吉田孝, 《日本の誕生》, 岩波新書, 1997.
　　⑥ 高森明勅, 《謎とき'日本'誕生》, ちくま新書, 2002.
　　⑦ 森公章(編), 《倭國から日本へ》(日本の時代史3), 吉川弘文館, 2002.
　　⑧ 神野志隆光, 《'日本'とは何か》, 講談社, 2005.
　　⑨ 小林敏男, 《日本古代國家の形成》, 吉川弘文館, 2007.
　　⑩ 大和岩雄, 《神と人の古代學》, 大和書房, 2012 참조.

에필로그

우리는 지금까지의 학술탐사 여정에서 약 5천 년 전 극동아시아에 '고조선(아사달)문명'이라는 또 하나의 거대한 인류 고대 독립문명이 존재했던 사실을 확인하였다.

이 거대한 문명은 태양이 맨 먼저 떠오르는 나라(Land of the Sunrise, Land of Morning)라는 의미의 '아사(시)달'(고조선)이 정치체가 되어 형성한 문명으로서, '아시아'(land of the sunrise)라는 용어를 탄생시킨 문명이었다.

고조선문명은 동북아시아 지역의 인류가 약 5만 3천 년 전 최후의 빙기의 대재앙을 만나 북위 40도 이하 古한반도 동굴지대에 모였다가, 약 1만 2천 년 전 지구가 온난화되자 동굴 등에서 나와 '古한반도 초기 신석기인 유형'을 형성해서, 북방 동토(凍土, Tundra) 지대에 연접하여 혹한의 자연재해와 싸워 가면서 탄생시킨 최초의 인류 독립문명의 하나였다. 이 때문에 고조선문명의 모든 특징은 혹한의 극복에 크게 관련되어 있었다. 당시 혹한의 동토 접경지대에서 인류 최초의 거대한 독립문명을 탄생시킨 것은 오직 우수한 인간두뇌를 갖고 인류 초기의 합리적 지식과 기술을 창안하여 축적하면서 난제를 극복해 간 인류만이 할 수 있는 놀라운 성취였다.

고조선문명(약 5000년 전~약 2200년 전)을 탄생 성장시킨 고조선 고대연방제국의 공동의 언어는 '고조선어'였다. 고조선 연방제국의 여러 씨족·부족·민족들은 약 2천 수백 년 동안의 '장기지속' 기간에 긴밀하게 서로 교류하고 공동 활동을 같이하면서 자연스럽게 언어공동체, 공동의 언어를 탄생시킨 것이다. BC 108년 고조선 고대연방제국의 멸망으로 말미암은 하나의 대폭발(빅뱅)이 시작으로 되어 고조선 연방제국의 일부 민족·부족·주민들이 영토를 잃고 새로운 정착지를 찾아 동서남북 4방으로 분산 이동하게 되었다. 이때 서방 이동한 고조선문명의 후예들이 고조선어를 갖고 가서 새 정착지에서 선주민의 언어를 흡수하여 융합·사용하면서 형성·발전시킨 언어에 대한 언어학자들의 유형화 개념이 알타이어족과 우랄어족이었다. 그러므로 우랄·알타이어족은 고조선어를 조어(祖語)로 한 언어 가족이며, 고조선문명이 우랄·알타이어족을 탄생시킨 모체인 것이다.

고조선문명은 매우 이른 시기에 인류의 신석기 농업혁명을 시작한 문명의 하나로서, 독특한 농경과 목축을 시작하고 발전시켜서 인류에게 크게 공헌하였다. 고조선문명의 농경민족은 인류 최초로 단립벼·콩·조·기장·수수·들깨·참깨의 재배 경작에 성공하여, 이를 기초로 한 '단립벼 쌀+콩장'의 식문화 유형을 정립하였다. 이것은 메소포타미아문명과 이집트문명의 '밀·보리' 식문화, 인도문명의 '장립벼 쌀' 식문화, 중국문명의 '잡곡·밀·보리 식문화', 멕시코 마야문명의 '옥수수' 식문화, 페루 잉카문명의 '감자' 식문화 유형과 대비되는 것이다. 또한 고조선문명의 목축의 발전은 농경이 불가능한 동토지대 연접의 광대한 초원지대에서 유목(遊牧)만으로도 생활할 수 있는 동아시아·중앙아시아 유목민을 탄생시켰고, 고조선문명의 유목민은 동아시아와 유럽에 목축과 유제품, 발효유의 식문화를 제공해 주었다.

고조선문명은 동아시아에서 가장 이른 시기에 청동기·금동과 금·철기 등 금속문화를 형성하여 동아시아에 보급한 문명이었다. 인류 최초의 5대 독립문명은 모두 청동기와 철기를 제작했지만, 동아시아에서는 고조선문명이 가장 일찍 청동기·금·철기의 금속문화를 발명하여 보급하였다. 특히 고조선문명의 금문화는 정교한 가공기술을 동반한 최고 수준의 것이었다. 고조선문명의 청동기문화는 상(商)을 통하여 황하유역에 전파되어 고중국문명의 형성과 그 청동기문화·금속문화 형성에도 큰 영향을 끼쳤다. 또한 고조선문명의 금속문화는 일본열도에도 전파되어 일본 고대문명 형성에 매우 큰 영향을 끼쳤다.

고조선문명은 태양(해)과 태양이 있는 하늘과 태양이 솟아 광명(밝음)을 낳는 아침을 가장 사랑하고 숭배하는 문화와 신앙체계의 특징을 가진 문명이었다. 인류의 모든 문명들은 태양숭배의 경향이 있었다. 그러나 고조선문명은 가장 추운 동토 지대에 연접하여 혹한과 싸워가면서 탄생한 문명이기 때문에, 태양이 주는 밝음(광명)과 따뜻함의 은혜에 대한 감사의 정도가 더욱 크고 더욱 강렬하여 모든 문화 내용을 관통하였다. 고조선문명은 태양신과 하느님〔天神〕을 조상신〔단군〕으로 숭배하고, 하늘을 나는 새〔鳥〕를 경애하고 숭상하였다. 국명·지명·성명·상징에서도 밝음, 태양, 햇빛살, 아침, 새 등이 가장 사랑받는 이름이 되었다.

고조선문명은 동아시아에서 최초로 야생마를 순화시켜서 가축화하여 동력으로 사용하고, 기마문화와 기마술과 기병부대의 기병전술을 확립하여 동아시아와 유럽에 공급하였다. 18세기 영국에서 증기기관 발명에 의한 기계동력의 출현 이전까지는 마력(馬力, horse power)이 인류문명의 기본동력이었으며, 동력의 기본 단위까지 되었다. 유라시아 대륙의 동방과 서방의 끝이 매우 먼 거리로 말미암아 육로 교통과 교류가 지난했던 농업사회 시기에, 기마문화는 육로 교통과 교류를 가능케 해준 매우 효율적 교통수단이었다. 기마문화와 기병부대와 기병술을 발전시킨 나라는 유라시아 대륙의 지배자가 되기도 하였다. 고조선문명의 기마문화는 증기기관 발명 이전까지 유라시아의 광활한 대륙과 동·서의 육로 원거리를 교통하고 교류하는 가장 효율적인 교통수단과 통신수단을 제공하였다.

고조선문명은 고조선 연방제국 밀망(BC 108) 때 소멸되어 사라져 버린 문명이 아니었다. 고조선문명의 후예들이 그 자리에 남아 고조선문명에 기초하여 그 후속의 새 문명을 계승·발전시켰다. 그뿐만 아니라 그 후예들이 말을 타고 각처로 민족대이동을 감행한 결과 고조선문명의 문화요소가 유라시아 대륙의 동방과 서방과 북방에 광범위하게 전파되고 확산되었다.

고조선 고대연방제국 멸망(BC 108)의 제1차 대폭발(the First Big Bang)은 유라시아 대륙의 동아시아에서 제1차 민족대이동을 일으켰다. 그 파장은 뒤이어 중앙아시아에서 기마유목민족의 제2차 민족대이동을 일으켰다. 이어서 그 파장은 훈족(Huns)에 의한 판노니아 평원의 동고트(The East Goths)족의 추방(AD 375)의 제3단계 파동까지 낳아 유럽의 민족대이동이 시작되었다. 유럽의 중세 역사가 근본적으로 격렬하게 요동치게 되었다.

고조선문명을 만든 아득한 조상들의 다양한 후예들은 유라시아 대륙의 극동(한국, 일본, 연해주)으로부터 중앙아시아·발칸반도·북유럽(에스토니아·핀란드·에스토니아)에 이르기까지 긴 벨트로 연결된 우랄·알타이어족(Ural-Altaic Language Family), 우랄어족, 알타이어족의 언어를 사용하면서 생활하게 되었다. 우랄·알타이어족에 속한 언어들을 사용하는 모든 사람들의 뿌리와 문화기층과 역사 기원에는 어디에나 고조선문명의 문화적 초석과 문명 요소의 특징이 남아 있다.

우리는 이 책에서 인류 역사에서 잊어버리고 잃어버렸던 고조선문명을 다시 찾기 시작하였다. 우리들의 공동노력에 의한 고조선문명의 발견에 따라서, 인류문명사와 세계사의 새 패러다임이 제시되었다. 우리들의 새 패러다임이 검증되면서 더욱 정밀화되면 머지않아 인류문명사와 세계사는 더욱 다양하고 풍요롭게 사실과 일치하도록 새롭게 쓰여질 것이다. 이 책의 새 패러다임이 종래 묻혀 있던 인류문명의 또 하나의 진실을 밝힘과 동시에, 한국인들과 독자들이 古한반도에서 인류 5대문명의 셋째 번 문명이 탄생 성장했음을 알기 시작하게 되고, 또한 인류평등과 세계평화를 사랑하는 모든 독자들에게 다양한 인류문명의 새로운 이해에 조금이라도 도움이 되었기를 간절히 소망한다.

참고문헌

1. 자료

자료①

　《江東郡邑誌》《江東郡誌》《江東誌》《江東縣邑誌》《疆域考》《京都雜志》《高麗史》《古事記》《管子》《管子校注》《關西邑誌》《揆園史話》《舊唐書》《記言》《老乞大諺解》《盧龍塞略》《論衡》《大戴禮記》《大東地志》《大東歷史》《大明一統志》《讀史方輿紀要》《東國歲時記》《東國通鑑》《東國歷代總目》《東國史略》《東明王篇》《東史綱目》《東史輯略》《孟子》《毛詩正義》《文字源流淺說》《北堂書鈔》《北史》《史記》《史記索隱》《史記正義》《山海經》《山海經校注》《三國史記》《三國遺事》《三國志》《尙書》《尙書正義》《尙書注疏》《說文》《說文解字》《成川誌》《星湖僿說》《世宗實錄》《世祖實錄》《續日本記》《宋書》《水經注》《修山集》《隋書》《旬五志》《述異記》《承政院日記》《詩經》《新唐書》《新增東國輿地勝覽》《十三經注疏》《藥泉集》《梁書》《呂氏春秋》《與猶堂全書》《鹽鐵論》《營平二州記》《永平府志》《禮記》《禮記正義》《五洲衍文長箋散稿》《龍飛御天歌》《魏略》《魏書》《應制詩注》《日本書紀》《日省錄》《逸周書》《潛夫論》《戰國策》《齊民要術》《帝王年代歷》《帝王韻紀》《朝鮮王朝實錄》《左傳》《周書》《周易正義》《周禮》《竹書紀年》《晋書》《集韻》《册府元龜》《靑鶴集》《叢史》《春秋》《春秋左氏傳》《太平御覽》《太平宇記》《太平寰宇記》《通典》《平壤誌》《平壤續志》《抱朴子》《標題音註東國史略》《漢書》《海東繹史》《海東繹史·續》《海東異蹟》《皇明修文備史》《淮南子》《後漢書》《訓蒙字會》《訓民正音解例》《欽定滿洲源流考》

자료②

《발굴 조합조사보고》, 1974.
姜仁求 외, 《松菊里》I (국립박물관 고적조사보고11), 1979.
경기도 박물관, 《경기도 3대하천유역 종합학술조사 I, 임진강》 3책, 2001.
경기도 박물관, 《경기도 3대하천유역 종합학술조사 II, 한강》 3책, 2002.
경기도 박물관, 《경기도 3대하천유역 종합학술조사 III, 안성천》 1책, 2003.
경기도 박물관, 《경기도 고인돌》, 2006.
고고학연구소, 《고고민속논문집》 I, 1969.
고려대 미사리 발굴 조사단(윤세영·이홍종), 《美沙里》V, 1994.
고조선학회, 《고조선유적 답사자료집》, 2008·2009·2010.
과학·백과사전종합출판사, 《조선기술발전사 I》, 1996.
과학원 고고학 및 민속학연구소, 《태성리 고분군 발굴보고》, 유적발굴보고 제5집, 1968.

국립경주박물관, 《菊隱李養璿수집문화재》, 1987.

국립나주문화재연구소, 《한국지석묘》 제2권(경상남북도·제주도편).

國立文化財研究所, 《高城文岩里遺蹟》, 2004.

국립문화재연구소, 《고성 문암리유적(사적 426호) 발굴조사 현장설명회 자료집》, 2012.

국립문화재연구소, 《한국 신석기시대 고고식물 압흔분석보고서》, 2015.

국립제주박물관, 《제주의 역사와 문화》, 2001.

國立中央博物館, 《岩寺洞》, 1994.

국립중앙박물관, 《松菊里 Ⅲ》, 1987.

국사편찬위원회, 《한국사》 1~3, 1997.

국사편찬위원회 편, 《한국사 3》, 〈청동기문화와 철기문화〉, 1997.

權五榮·李享源·申誠惠·朴重國, 《華城 盤松里 靑銅器時代 聚落》, 한신대 박물관, 2007.

吉林大學考古敎硏室, 〈農安左家山新石器時代遺址〉, 《考古學報》, 1989年 2期, 1989.

吉林省文物考古硏究所, 〈吉林省近十年考古工作的主要收穫(1979~1989)〉, 《博物館硏究》, 1990
    年 1期.

金敎獻, 《神壇民史》, 1904.

金敎獻, 《神壇實記》, 1914.

金秉模 외, 《中原荷川里 D지구 유적발굴 조사보고-1984년도-》, 1984.

김병모·金承·兪炳璘, 《大母山 文化遺蹟 試掘調査報告書》, 漢陽大學校博物館, 1999.

김신규·김교경, 〈상원 검은모루 구석기유적 발굴보고〉, 《고고학자료집》4, 사회과
    학출판사, 1974.

김신규·김교경·백기하·장우진·서국태, 〈승호구역 만달리 동굴유적 발굴보고〉, 《평양
    부근 동굴유적 발굴보고》 14, 과학출판사, 1985.

김용간, 《금탄리 원시유적 발굴보고》, 1964.

김용남·김용간·황기덕, 《우리나라 원시 집자리에 관한 연구》, 사회과학출판사·백산
    자료원, 1975.

김원용·임효재·권학수·이준정, 《오산리유적》 Ⅰ·Ⅱ·Ⅲ, 서울대박물관, 1984·1985·1988.

단국대 동양학연구원 편, 《동아시아 청동기문화의 교류와 국가형성》, 학연문화사, 2012.

단국대 박물관, 《中原高句麗碑조사보고서》, 1979.

內蒙古敖漢旗博物館, 《敖漢文物精華》, 內蒙古文化出版社, 2004.

대가야박물관 편, 《대가야의 유적과 유물》, 대가야박물관, 2004.

大連市文物考古硏究所, 《大嘴子: 靑銅時代遺址 1987年發掘報告》, 大連出版社, 2000.

大倧敎總本司, 《大倧敎重光六十年史》, 1971.

동북아역사재단·중국 내몽고문물고고연구소, 《하가점 상층문화의 청동기》, 2007.

도유호, 《지탑리 원시유적 발굴보고》, 1961.

동아대학교 박물관, 《陝川鳳溪里유적》 동아대학교 박물관, 1989.

梅原末治·藤田亮策, 《朝鮮古文化綜鑑》제1권, 美德社, 1947.

孟昭凱·陳瑞周 主編, 《古今朝陽千題》, 朝陽市文化局, 1993.

孟昭凱·金瑞淸, 《五千年前的文明: 牛河梁遺址》, 中國文聯出版社, 2009.

문화공보부 문화재관리국, 《八堂·昭陽댐 수몰지구 유적발굴 종합조사보고》, 1974.

문화재청 국립나주문화재연구소, 《일본지석묘》(동아시아 지석묘⑥), 2011.

文化財守護委員會, 《志登支石墓群》, 埋藏文化財發掘調査報告 4, 1956.

문화재청·서울대 박물관, 《한국 지석묘(고인돌) 종합조사 연구》 I·Ⅱ, 1999.

渼沙里遺蹟發掘調査團, 《渼沙里》 I~Ⅳ, 1994.

朴殷植, 《朴殷植全書》(전3권), 단국대 동양학연구소, 1975.

朴殷植, 《白巖朴殷植全集》(전6권), 백암박은식선생전집편찬위원회, 2002.

박천수·홍보식·이주현·류창환, 《가야의 유적과 유물》, 학연문화사, 2003.

배기동, 《금파리 구석기유적》, 국립문화재연구소, 1999.

榧本龜次郎, 〈平安南道大同郡龍岳面上里遺蹟調査報告〉, 《博物館報》 제6집, 1934.

사회과학원, 《중국동북지방 유적발굴보고》, 사회과학원 출판사, 1966.

사회과학원고고학연구소, 〈상원 검은모루 유적 발굴중간보고〉, 고고학연구소편,
    《고고민속논문집》 I, 사회과학출판사, 1969.

席永杰·張國强·王華·孫永剛 編著, 《西遼河流域史前陶器紋飾圖錄》, 內蒙古出版集團·內蒙
    古人民出版社, 2010.

邵國田 主編, 《敖漢文物精華》, 內蒙古文化出版社, 2004.

徐五善·權五榮, 〈천안 청당동유적 발굴조사보고〉, 《休岩里》, 국립중앙박물관, 1990.

서오선·권오영·함순섭, 〈천안 청당동유적 제2차 발굴보고〉, 《松菊里》 Ⅳ, 국립중앙박
    물관, 1991.

서오선·함순섭, 〈천안 청당동유적 제3차 발굴조사 보고〉, 《固城里貝塚》, 국립중앙
    박물관, 1992.

서울대박물관, 《鰲山里遺蹟》 I·Ⅱ·Ⅲ, 1984·1985·1988.

서울특별시사편찬위원회 편, 《漢江史》, 1985.

석광준, 〈오덕리 고인돌 발굴 보고〉, 《고고학자료집》 4, 민족문화, 1974.

석광준, 《각지고인돌무덤조사발굴보고》, 백산자료원, 2003.

孫秉憲 외, 《김해 퇴래리유적》, 성균관대 박물관, 1989.

손보기, 《상시 바위그늘 옛 살림터》, 연세대 박물관, 1984.

손보기, 〈단양 도담리 금굴유적 발굴조사보고〉, 《충주댐 수몰지구 문화유적 연장
    발굴조사 보고서》, 1985.

손보기·신숙정·장호수, 〈일산1지역 고고학조사〉, 《일산 새도시 개발지역 학술조
    사보고 I: 자연과 옛 사람의 삶·자연환경 조사-고고학발굴보고》, 한국선
    사문화연구소·경기도, 1992.

손보기·이융조, 〈앙덕리〉, 《八堂·昭陽댐 수몰지구 유적발굴 종합조사보고》, 1974.

손보기·신숙정·장호수, 〈일산1지역 고고학조사〉, 《일산 새도시 개발지역 학술
    조사보고 I: 자연과 옛 사람의 삶·자연환경 조사-고고학발굴보고》, 한국선사
    문화연구소·경기도, 1992.

손보기·이융조, 〈앙덕리〉, 《八堂·昭陽댐 수몰지구 유적발굴 종합조사보고》, 1974.

孫晋泰, 《孫晋泰先生全集》, 太學社, 1981.

宋正鉉·李榮文, 〈牛山里 내우 지석묘〉, 《住岩댐 수몰지역 문화유적 발굴조사 보고
    서》 Ⅱ, 전남대 박물관·전라남도, 1988.

쇼다 신야, 《청동기시대 생산활동과 사회》, 학연문화사, 2009.

숭실대학교 한국기독교박물관, 《거푸집(鎔范)과 청동기》, 2011.

申采浩, 《改訂版丹齋申采浩全集》(전4권), 단재신채호선생기념사업회, 1977.

瀋陽市文物管理辨公室·瀋陽古宮博物館, 〈瀋陽新樂遺址第2次發掘報告〉, 《考古學報》 1985年 2

期, 1985.

瀋陽市文物管理辦公室, 〈瀋陽新樂遺址試掘報告〉, 《新樂文化論集》(瀋陽新樂遺址博物館), 2000.

瀋陽市文物管理辦公室, 〈瀋陽新樂遺址第二次發掘報告〉, 《新樂文化論文集》, 2000.

瀋陽市文物管理辦公室, 〈遼寧沈陽新樂遺址搶救淸理發掘簡報〉, 《新樂文化論文集》, 2000.

瀋陽新樂遺址博物館·瀋陽市文物管理辦公室, 〈遼寧瀋陽新樂遺址搶救淸理發掘簡報〉, 《考古》 1990年 11期, 1990.

沈陽新樂遺址博物館, 《新樂文化博物館館藏文物集粹》, 遼寧美術出版社, 2008.

안재호 외, 《동북아청동기문화 조사연구의 성과와 과제》, 학연문화사, 2009.

安在鴻, 《民世安在鴻選集》(전8권), 지식산업사, 1981~2008.

于建設 主編, 《中國北方古代文化國際學術研討會備忘錄》, 遠方出版社, 2006.

敖漢旗博物館, 《敖漢文物精華》, 2004.

遼寧省文物考古研究所, 〈遼寧牛河梁紅山文化'女神廟'與積石塚群發掘簡報〉, 《文物》, 1986年 第8期.

遼寧省文物考古研究所, 〈遼寧牛河梁第二地点四號塚筒形器墓的發掘〉, 《文物》, 1997年 第8期.

遼寧省博物館, 〈大連市郭家村新石器時代遺址〉, 《考古學報》 1984年 3期.

遼寧省博物館·昭烏達盟文物工作隊·敖漢旗文化館, 〈遼寧敖漢旗小河沿三種原始文化的發現〉, 《文物》, 1977年 第12期.

遼寧省文物考古研究所·本溪市博物館, 《馬城子－太子河上游洞穴遺存》, 文物出版社, 1994.

遼寧省文物考古研究所 編, 《遼東半島石棚》, 遼寧科學技術出版社, 1994.

遼寧省文物考古研究所 編著, 《牛河梁: 紅山文化遺址發掘報告(1983~2003年度)》, 2012.

遼寧省考古研究所·吉林大學考古學系, 〈遼寧阜新平頂山石城址發掘報告〉, 《考古》, 1992年 5期.

劉國祥, 《東北文物考古論集》, 科學出版社, 2004.

俞炳鱗, 《한국 靑銅器時代 住居址 集成(서울·경기·강원도)》, 춘추각, 2004.

劉泳 主編, 《赤峰博物館文物·典藏》, 遠方出版社, 2007.

윤내현·한창균·신숙정·양현주, 〈일산 3지역 고고학 조사〉, 《일산 새도시 개발지역 학술조사보고 I : 자연과 옛 사람의 삶·자연환경조사·고고학발굴보고》, 한국 선사문화연구소·경기도, 1992.

尹炳鏞, 《부산 노포동 고분군》, I·II, 부산시립박물관, 1985·1988.

尹容鎭, 〈中原荷川里 F지구 유적발굴 조사보고－1983·1984년도－〉, 《충주댐 수몰지 구 문화유적 발굴조사보고》(고고·고분 분야 ②), 충북대 박물관, 1984.

遼寧省博物館·遼寧省文物考古研究所, 《遼河文明展文物集萃》, 2006.

李相佰, 《李相佰著作集》(전3권), 을유문화사, 1978.

이선복·이교동, 《파주 주월리·가월리 구석기유적》, 서울대 고고미술사학과·경기 도, 1993.

李榮文·鄭基鎭, 《여수 오림동 지석묘》, 전남대 박물관·여천시, 1992.

이영문·정기진, 《여천 적량 상적 支石墓》, 전남대 박물관·여천시, 1993.

李隆助, 〈양평군 양근리지역·앙덕리지역 유적발굴보고〉, 《八堂·昭陽댐 수몰지구 유 적 발굴 종합보고》, 1974.

이융조, 〈단양수양개 구석기유적 발굴조사보고〉, 《충주댐 수몰지구 문화유적 발 굴 종합보고서》I, 1984.

이융조 편, 《수양개와 그 이웃들》, 충북대 박물관, 2007.

이융조 편, 《청주 소로리볍씨: 조사와 연구》 I·II, 청주시·청주소로리볍씨조사위원회, 2017.

이융조·박선주, 《청원 두루봉 흥수굴 발굴 조사 보고서》, 충북대 박물관, 1991.

이융조·우종윤, 《충주 조동리 선사유적(Ⅰ)》, 충북대 박물관, 2001.

이융조·우종윤 편, 《청원 小魯里 구석기유적》, 충북대 박물관·한국토지공사, 2000.

이융조·우종윤 편저, 《선사유적발굴도록》, 충북대 박물관, 1998.

이융조·우종윤·이승원, 《충주 조동리 선사유적(Ⅱ)》, 충북대 박물관, 2003.

李淸圭, 《北村里 유적》, 제주대 박물관, 1988.

李亨求, 《江華島 고인돌 무덤 조사연구》, 2006.

이융조, 〈양평군 양근리지역·앙덕리지역 유적발굴보고〉, 《八堂·昭陽댐 수몰지구 유
    적발굴종합조사보고》, 1974.

李浩官·趙由典, 〈양평군양수리지석묘 발굴보고〉, 《八堂·昭陽댐 수몰지구 유적발굴
    종합조사보고》, 1974.

任孝宰, 《흔암리주거지》Ⅳ, 서울대박물관, 1978.

임효재, 〈미사리 긴급발굴 보고〉, 《한국고고학보》 8, 1981.

임효재, 《암사동》, 서울대 박물관, 1985.

張華 撰·林東錫 譯註, 《博物志》, 동서문화사, 2011.

赤峰市博物館 編, 《赤峰博物館文物考古文集》, 遠方出版社, 2007.

鄭寅普, 《朝鮮史研究》, 서울신문사, 1946.

鄭寅普, 《詹園鄭寅普全集》(전6권), 연세대 출판부, 1983.

鄭漢德 편저, 《中國考古學研究》, 學研文化社, 2000.

제주대 박물관, 《제주 高山里유적》, 1998.

조선기술발전사편찬위원회, 《조선기술발전사》 Ⅰ, 과학백과사전종합출판사, 1996.

朝鮮総督府古蹟調査委員会 編, 《大正十一年(1922)古蹟調査報告》, 1924.

朝陽市·遼寧省文物考古研究所, 《牛河梁遺址》, 學苑出版社, 2004.

朝陽市文化局·遼寧省文物考古研究所, 《牛河梁遺址》, 學苑出版社, 2004.

조중공동고고학발굴대, 《중국동북지방유적발굴보고》, 1966.

趙宇·學信·閻海淸·衛中·營文華 編, 《今古朝陽》, 遼寧大學出版社, 1986.

周時經, 《周時經全集》, 아세아문화사, 1976.

周時經, 《국어문법》(《주시경전집》 하권), 아세아문화사, 1976.

中國國家文物局 主編, 《中國文物地圖集;內蒙古自治區分冊》(下), 西安市圖出版社, 2003.

中國社會科學院考古研究所內蒙古工作隊, 〈赤峰蜘蛛山遺址的發掘〉, 《考古學報》, 1979年
    第2期.

中國社會科學院考古研究所內蒙古工作隊, 〈赤峰西水泉紅山文化遺址〉, 《考古學報》, 1982年
    第2期.

中國社會科學院 主辦·潭基 主編, 《中國歷史地圖集》 1, 1982.

崔南善, 《六堂崔南善全集》, 현암사, 1973.

최몽룡, 《나주 보산리 支石墓 발굴보고서》, 1977.

최몽룡·이청규·이영문·이성주 편저, 《한국 지석묘(고인돌)유적 종합 조사·연구
    (Ⅱ)》, 1999.

최몽룡·이헌종·강인욱, 《시베리아 고고학》, 주류성, 2003.

崔盛洛, 〈연암 장천리 주거지〉 2, 목포대학 박물관, 1986.

최성락 편, 《영산강 유역의 고대사회》, 학연문화사, 2000.

충북대학교 박물관, 《충북대학교 박물관연보》 제6집, 1997.

충주시, 《조동리 선사유적박물관》, 2005.

한국동북아역사재단·중국내몽고문물고고연구소, 《夏家店上層文化의 靑銅器》, 동북아역사재단, 2007.

황기덕, 〈1958년 춘하기 어지돈 관개공사구역 유적정리 간략보고(Ⅱ)〉, 《문화유산》 1959년 2호.

黃鳳岐 主編, 《朝陽史話》, 遼寧人民出版社, 1986.

황용훈, 〈양평군 문호리지구 유적발굴보고〉, 《八堂·昭陽댐 수몰지구 유적발굴 종합조사보고》, 1974.

黑龍江省文物考古工作隊, 〈密山縣新開流遺址〉, 《考古學報》 1979年 4期.

黑龍江省博物館, 〈烏蘇里江流域考古調査〉, 《文物》 1972年 3期.

黑龍江省博物館, 〈昻昻溪新石器時代遺址調査〉, 《考古》 1974年 2期.

2. 저서 및 단행본

1) 한국어 저서

강인구, 《한반도의 古墳》, 아르케, 2000.

고구려연구재단, 《고조선·단군·부여》, 2004.

고조선사연구회·동북아역사재단, 《고조선의 역사를 찾아서》, 학연문화사, 2007.

고조선사연구회·동북아역사재단, 《고조선사 연구 100년》, 학연문화사, 2009.

국학원, 《고조선과 고구려를 통해 조명하는 한국 고대사》, 2005.

權兌遠, 《古代韓民族文化史研究》, 일조각, 2000.

그루쎄, 르네(김호동·유원수·정재원 역), 《유라시아 유목제국사》, 사계절, 1998.

김권구, 《청동기시대 영남지역의 농경사회》, 학연문화사, 2005.

김두진, 《한국고대의 건국신화와 祭儀》, 일조각, 1999.

김상기, 《동방사논총》, 서울대학교출판부, 1974.

김석형, 《초기조일관계사》, 사회과학출판사(한국복사판), 1988.

김성환, 《조선시대 단군묘 인식》, 경인문화사, 2009.

김세기, 《고분자료로 본 대가야 연구》, 학연문화사, 2003.

김양동, 《한국고대문화 원형의 상징과 해석》, 지식산업사, 2015.

김영수 편, 《고대 동북아시아의 민족과 문화》, 여강출판사, 1994.

김영환, 《조선어사》, 역락, 2002.

김영황, 《고구려의 언어유산》, 역락, 2011.

김용간·석광준, 《남경유적에 관한 연구》, 1984.

김용섭, 《동아시아 역사 속의 한국문명의 전환》, 지식산업사, 2008.

金完鎭, 《原始國語의 字音體系에 대한 연구》, 국어연구회, 1978.

김완진, 《향가와 고려가요》, 서울대 출판부, 2001.

김원룡, 《한국고고학연구》, 일지사, 1987.

金允經, 《韓國文字及語學史》, 동국문화사, 1954.

김은택, 《고대일본 기나이 지방의 조선계통문벌들에 관한 연구》, 백산자료원, 1993.

金載元, 《檀君神話의 신연구》, 정음사, 1947.

김정배, 《고조선에 대한 새로운 해석》, 고려대 민족문화연구원, 2010.

김정학, 《한국상고사연구》, 범우사, 1990.

김종서, 《한사군의 실제 위치》, 한국학연구원, 2005.

김주미, 《한민족과 '해 속의 삼족오'》, 학연문화사, 2010.

金宙鉉, 《申采浩文學研究草》, 소명출판, 2012.

김지형, 《한자 전래 이전시기의 한국어와 중국어의 비교》, 박이정, 2009.

金哲埈, 《韓國古代社會研究》, 지식산업사, 1975.

金泰植, 《加耶聯盟史》, 一潮閣, 1993.

金泰植·宋桂鉉, 《韓國의 騎馬民族論》(마문화연구총서 7), 한국마사회·마사박물관, 2003.

김호동, 《아틀라스 중앙아시아 역사》, 사계절, 2016.

노태돈 편저, 《단군과 고조선사》, 사계절, 2000.

단군학회 엮음, 《남북학자들이 함께 쓴 단군과 고조선연구》, 지식산업사, 2005.

렴종률, 《조선말 역사문법》, 역락, 2001.

리득춘, 《조선어 언어력사 연구》, 흑룡강조선민족출판사, 2006.

리태영, 《조선광업사》, 백산자료원, 1998.

문안식, 《요하문명과 예맥》, 혜안, 2012.

文定昌, 《古朝鮮史研究》, 한뿌리, 1969.

박대재, 《중국 고문헌에 나타난 고대조선과 예맥》, 경인문화사, 2013.

박선미, 《고조선과 동북아의 고대화폐》, 학연문화사, 2009.

朴仙姬, 《한국고대복식》, 지식산업사, 2002.

박선희, 《우리 금관의 역사를 밝힌다》, 지식산업사, 2008.

박선희, 《고조선 복식문화의 발견》, 지식산업사, 2011.

박선희, 《고구려 금관의 정치사》, 경인문화사, 2013.

朴成壽, 《단군문화기행》, 서원, 2000.

朴殷植, 《大東古代史論》, 1911.

朴殷植, 《韓國痛史》, 《白巖朴殷植全集》(백암박은식전집 편찬위원회).

朴殷植, 《檀祖事攷》, 《白巖朴殷植全集》.

박준형, 《고조선사의 전개》, 서경문화사, 2014.

박진석, 《호태왕비와 고대 조일관계연구》, 박이정, 1993.

박진욱, 《조선고고학전서: 고대편》, 1988.

박진욱·황기덕·강인숙, 《비파형 단검문화에 관한 연구》, 과학·백과사전출판사, 1987.

白南雲, 《朝鮮社會經濟史》, 改造社, 1933.

白山學會 편, 《古朝鮮·夫餘史研究》, 백산자료원, 1995.

배진성, 《무문토기문화의 성립과 계층사회》, 서경문화사, 2007.

복기대, 《요서 지역 청동기시대 문화연구》, 백산자료원, 2002.

부산대학교 한국민족문화연구소, 《한국고대사 속의 가야》, 혜안, 2001.

부찐, 유·엠/이항재·이병두 옮김, 《고조선》, 소나무, 1990.

북한문제조사연구소, 《북한의 단군 및 고조선 논문자료》, 1994.

사회과학원, 《광개토대왕릉비문연구》, 중심, 2001.

서국태, 《조선의 신석기시대》, 사회과학출판사, 1986.

서무송, 《한국의 석회암 지형》, 세경자료사, 1996.

서영대 편, 《북한학계의 단군신화 연구》, 백산자료원, 1995.

석광준, 《조선의 고인돌무덤 연구》, 중심, 2002.

성삼제, 《고조선, 사라진 역사》, 동아일보사, 2005.

소상영, 《한반도 중서부지방 신석기문화변동》, 서경문화사, 2016.

손보기, 《구석기 유적: 한국·만주》, 한국선사문화연구소, 1990.

손영종, 《고구려사의 제문제》, 신서원, 2000.

손영종·조희승, 《조선수공업사》 I, 백산자료원, 1990.

孫晉泰, 《우리나라 역사와 민속》(남창손진태선생 유고집, 최광식 엮음), 지식산업사, 2012.

宋基中, 《역사비교언어학과 국어계통론》, 집문당, 2003.

송호정, 《한국사 속의 고조선》, 푸른 역사, 2003.

승천석, 《고대 동북아시아와 예맥한의 이동》, 책사랑, 2011.

신숙정, 《우리나라 남해안 지방의 신석기문화연구》, 학연문화사, 1994.

愼鏞廈, 《박은식의 사회사상연구》, 서울대출판부, 1982.

신용하, 《한국민족의 형성과 민족사회학》, 지식산업사, 2001.

신용하, 《증보 신채호의 사회사상 연구》, 나남, 2004.

신용하, 《한국원민족 형성과 역사적 전통》, 나남출판, 2005.

신용하, 《고조선 국가형성의 사회사》, 지식산업사, 2010.

신용하, 《한국민족의 기원과 형성 연구》, 서울대학교출판문화원, 2017.

신일철, 《신채호의 역사사상 연구》, 고려대출판부, 1981.

신종원, 《일본인들의 단군연구》, 한국학중앙연구원, 2005.

申采浩, 《朝鮮上古史》, 《改訂版丹齋申采浩全集》 상권, 단재신채호선생 기념사업회, 1977.

신채호, 《朝鮮上古文化史》, 《改訂版丹齋申采浩全集》 상권, 단재신채호선생 기념사업회, 1977.

신채호, 《讀史新論》, 《改訂版丹齋申采浩全集》 상권, 단재신채호선생 기념사업회, 1977.

신형식, 《한국고대사 서술의 정착과정 연구》, 경인문화사, 2016.

岳南, 《天古學案》, 심규호·유소영 역(2005), 《夏商周斷代工程(2)》, 일빛, 2001.

안승모, 《아시아 재배벼의 기원과 분화》, 학연문화사, 1999.

安在鴻, 《朝鮮上古史鑑》, 민우사, 1947.

梁柱東, 《古歌研究》, 박문출판사, 1957.

양주동, 《增訂古歌研究》, 一潮閣, 1969.

연민수, 《고대한일관계사》, 혜안, 1999.

오강원, 《비파형동검문화와 요령지역의 청동기문화》, 청계, 2006.

오강원, 《서단산문화와 길림지역의 청동기문화》, 학연문화사, 2008.

우실하, 《전통음악의 구조와 원리》, 소나무, 2004.

우실하, 《동북공정너머 요하문명론》, 소나무, 2007.

우장문, 《경기지역의 고인돌 연구》, 학연문화사, 2006.

유원수 역주, 《몽골秘史》, 혜안, 1994.

尹乃鉉, 《韓國古代史新論》, 일지사, 1986.

윤내현, 《고조선 연구》, 일지사, 1995.
윤내현·박선희·하문식, 《고조선의 강역을 밝힌다》, 지식산업사, 2006.
윤명철, 《단군신화 또 다른 해석》, 백산자료원, 2008.
윤무병, 《한국청동기문화 연구》, 애경문화사, 1996.
尹以欽 외, 《檀君-그 이해와 자료》, 서울대 출판부, 1994.
이건무, 《청동기문화》, 대원사, 2006.
이기길, 《우리나라 신석기시대의 질그릇과 살림》, 백산자료원, 1995.
이기문, 《國語音韻史硏究》, 탑출판사, 1977.
이기문, 《國語語彙史硏究》, 동아출판사, 1991.
李基白, 《韓國古代의 國家와 社會》, 일조각, 1985.
이기백, 《한국전통문화론》, 일조각, 2002.
이덕일·김병기, 《고조선은 대륙의 지배자였다》, 역사의아침, 2006.
이만열, 《단재 신채호의 역사학연구》, 문학과지성사, 1990.
李丙燾, 《韓國古代史硏究》, 박영사, 1976.
이선복 외, 《한국민족의 기원과 형성》, 상·하, 소화, 1996·1997.
이성주, 《청동기·철기시대 사회변동론》, 학연문화사, 2007.
이융조, 《충북의 선사문화》, 충청북도 충북학연구소, 2006.
이정훈, 《발로 쓴 反동북공정》, 지식산업사, 2009.
이종수, 《송화강 유역 초기철기문화와 부여의 문화기원》, 주류성, 2009.
이종욱, 《고조선사 연구》, 일조각, 1993.
이종철, 《청동기시대 송국리형문화의 전개와 취락체계》, 진안진, 2016.
이종학, 《광개토왕비문의 '왜'의 연구》, 나라사랑, 1997.
李鍾恒, 《古代加耶族이 세운 九州王朝》, 大旺社, 1987.
이지린, 《고조선연구》, 과학원출판사·백산자료원, 1963.
李淸圭, 《제주도고고학 연구》, 학연문화사, 1995.
이태영, 《조선광업사》, 백산자료원, 1991.
李炯基, 《大加耶의 형성과 발전연구》, 경인문화사, 2009.
이형구 편, 《단군과 고조선》, 살림터, 1999.
이형원, 《청동기시대 취락구조와 사회조직》, 서경문화사, 2009.
이홍직, 《한국고대사연구》, 신구문화사, 1971.
林炳泰, 《한국 청동기문화의 연구》, 학연출판사, 1996.
임상택, 《한반도 중서부지역 빗살무늬 토기문화 변동과정연구》, 일지사, 2006.
임상택, 《한반도 중서부지역 빗살무늬 토기문화 변동과정 연구》, 일지사, 2006.
임재해, 《신라금관의 기원을 밝힌다》, 지식산업사, 2008.
임재해, 《고조선문화의 높이와 크기》, 경인문화사, 2015.
임재해 외, 《고대에도 한류가 있었다》, 지식산업사, 2007.
임효재, 《한국 신석기문화》, 집문낭, 2002.
임효재 편저, 《한국 고대 稻作문화의 기원-김포의 古代米를 중심으로》, 학연문화사, 2001.
임효재 편저, 《한국신석기문화의 전개》, 학연문화사, 2005.
張光直, 《商文明》(윤내현 옮김), 민음사, 1989.

張智鉉, 《韓國傳來豆類栽培史研究》, 聖心女大出版部, 1993.

鄭璟喜, 《한국고대사문화연구》, 일지사, 1990.

정광, 《역학서 연구》, 제이앤씨, 2002.

정광, 《훈민정음과 파스파문자》, 역락, 2012.

정수일, 《고대문명교류사》, 사계절, 2001.

鄭允在 외, 《민세 안재홍 심층연구》, 백산서당, 2005.

정재훈, 《위구르 유목제국사 744–840》, 문학과지성사, 2005.

鄭漢德 편저, 《日本의 考古學》, 學硏文化社, 2002.

정호완, 《가야의 언어와 문화》, 보고사, 2007.

趙東一, 《동아시아 문명론》, 지식산업사, 2010.

조법종, 《고조선·고구려사 연구》, 신서원, 2006.

趙賓福/崔茂藏 옮김, 《中國東北新石器文化》, 集文堂, 1996.

趙仁成, 《揆園史話와 桓檀古記》, 일조각, 1988.

趙子庸, 《三神民考》, 가나아트, 1995.

趙鎭先, 《細形銅劍文化의 연구》, 학연문화사, 2005.

조흥윤·김택규·김열규·성백인, 《한국민족의 기원과 형성》, 소화, 1996.

주시경, 《국어문법》(《周時經全集》 하권), 아세아문화사, 1976.

조희승, 《가야사연구》, 백산자료원, 1944.

조희승, 《초기조일관계사》 상, 사회과학출판사(한국복사판), 1988.

조희승, 《일본에서 조선 소국의 형성과 발전》, 백과사전출판사(한국복사판), 1990.

千寬宇, 《고조선사·삼한사연구》, 일조각, 1989.

천관우, 《加耶史研究》, 一潮閣, 1991.

최남선(정재승·이주현 역주), 《불함문화론》, 우리역사연구재단, 2008.

최몽룡·김경택·홍형우, 《동북아 청동기시대 문화연구》, 주류성, 2004.

최성락 편저, 《영산강 유역의 고대사회》, 학연문화사, 1999.

최몽룡 편저, 《경기도의 고고학》, 주류성, 2007.

최몽룡·최성락, 《한국 古代國家 형성론》, 서울대 출판부, 1997.

최몽룡·김경택·홍형우, 《동북아 청동기시대 문화연구》, 주류성, 2004.

최몽룡·이형구·조유전·심봉근, 《고조선문화 연구》, 한국정신문화연구원, 1999.

崔在錫, 《한국가족제도사연구》, 일지사, 1983.

최재석, 《한국고대사회사연구》, 일지사, 1987.

최재석, 《고대한일관계사 연구》, 경인문화사, 2010.

최태선, 《조선의 구석기시대》, 사회과학출판사, 1977.

최한우, 《중앙아시아 연구》(상·하), 펴내기, 2003.

최홍규, 《申采浩의 민족주의사상》, 형설출판사, 1983.

崔弘基, 《韓國戶籍制度史 研究》, 서울대학교출판부, 1975.

하문식, 《고조선지역의 고인돌 연구》, 백산자료원, 1999.

하문식, 《고조선 사람들이 잠든 무덤》, 주류성, 2016.

하자노프/김호동 옮김, 《유목사회의 구조》, 지식산업사, 1990.

한국고고학회편, 《한국 農耕文化의 형성》, 학연문화사, 2002.

한국정신문화연구원, 《한국상고사의 제문제》, 1987.

韓炳三, 〈价川 용흥리 출토 청동검과 반출유물-세형동검의 기원과 관련된 일고찰
  -〉, 《考古學》I, 1968.
허종호 외, 《고조선 역사개관》, 사회과학출판사, 2001.
許進雄, 《中國古代社會》(洪喜 옮김), 東文選, 1991.
허흥식·이형구·손환일·김주미, 《삼족오》, 학연문화사, 2007.
현승일, 《사회사상사》, 오래, 2011.
홍기문, 《조선어역사문법》, 한국문화사, 1999.
황기덕, 《조선 원시 및 고대사회의 기술발전》, 과학.백과사전출판사, 1984.

2) 중국어 저서

高廣仁·樂豊實, 《大汶口文化》, 文物出版社, 2004.
顧炎武, 《營平二州地名記》, 《顧炎武全集》第4集, 上海古籍出版社, 2011.
郭大順, 《龍出遼河源》, 百花文藝出版社, 2001.
郭大順 主編, 《紅山文化》, 文物出版社, 2005.
郭文韜 編著, 《中國大豆栽培史》, 河海大學出版社, 1993.
郭墨蘭 編, 《齊魯文化》, 華藝出版社, 1997.
內蒙古敖漢旗博物館, 《敖漢文物精華》, 內蒙古文化出版社, 2004.
大連市文物考古研究所, 《大嘴子: 靑銅時代遺址發掘報告》, 大連出版社, 2000.
大連通史編纂委員會 編, 《大連通史: 古代卷》, 人民出版社, 2007.
馬承源 主編, 《中國靑銅器》, 上海古籍出版社, 1990.
孟昭凱·金瑞淸, 《五千年前的文明: 牛河梁遺址》, 中國文耳出版社, 北京, 2009.
苗威, 《古朝鮮硏究》, 香港亞洲出版社, 2006.
山東省文物管理處·濟南市博物館 編, 《大汶口新石器時代墓葬發掘報告》, 北京: 文物出版社, 1974.
常征, 《古燕國史探微》, 聊城地區新聞出版局, 1992.
徐秉琨·孫守道, 《中國地域文化大系》, 上海遠東出版社, 1998.
席永杰·張國强·王華·孫永剛 編著, 《西遼河流域史前陶器紋飾圖錄》, 內蒙古出版集團 內蒙古
  人民出版社, 2011.
宋誠如 主編, 《遼寧通史》第1卷, 遼寧民族出版社, 2009.
沈陽新樂遺址博物館, 《新樂文化論文集》, 2010.
瀋陽新樂遺址博物館 編, 《新樂遺址博物館館藏文物集粹》, 2008.
岳南, 《天古學案》, 심규호·유소영 옮김, 《夏商周斷代工程(2)》, 일빛, 2005.
安作璋·王志民 主編, 《齊魯文化通史》I(远古至西周卷, 王志民·張富祥著), 中華書局, 2004.
嚴文明, 《史前考古論集》, 科學出版社, 1998.
袁珂 校注, 《山海經校注》, 巴蜀書社, 1996.
王永强·史衛民·謝建猷, 《中國少數民族文化史》, 東北卷1, 廣西敎育出版社, 1999.
遼寧省文物考古研究所編, 《遼東半島石棚》, 遼寧科學技術出版社, 1994.
遼寧省文物考古研究所·本溪市博物館, 《馬城子-太子河上游洞穴遺存》, 文物出版社, 1994.
敖漢旗博物館, 《敖漢文物精華》, 2004.
柳東靑, 《紅山文化》, 內蒙古大學新聞社, 2002.
劉泳 主編, 《赤峰博物館文物·典藏》, 遠方出版社, 2007.
劉俊勇/崔茂藏 옮김, 《中國大連考古研究》, 學研文化社, 1997.

劉俊通, 《大連考古研究》, 哈尓濱出版社, 2003.

游修齡·曾雄生, 《中國稻作文化史》, 上海人民出版社, 2010.

衣保中, 《中國東北農業史》, 吉林文化出版社, 1995.

李伯謙, 《中國青銅器文化結构體系研究》, 科學出版社, 1998.

李珍華·周長楫 編, 《漢字古今音表》, 中華書局, 1993.

林沄, 《林沄學術文集》 Ⅱ, 科學出版社, 2008.

林惠祥, 《中國民族史》 上卷, 北京商務印書館, 1998.

張光直/하영삼 옮김, 《중국 청동기시대(中國青銅器時代)》 상권, 學古房, 2013.

莊炳昌 主編, 《中國野生大豆生物學研究》, 科學出版社, 1999.

張富祥, 《東夷文化通考》, 上海古籍出版社, 2008.

張星德, 《紅山文化研究》, 中國社會科學出版社, 2005.

張華 撰·林東錫 譯註, 《博物志》, 동서문화사, 2011.

赤峰博物館 編, 《赤峰博物館文物考古文集》, 遠方出版社, 2007.

趙賓福/崔茂藏 옮김, 《中國東北新石器文化》, 集文堂, 1996.

朝陽市文化局·遼寧省文物考古研究所, 《牛河梁遺址》, 學苑出版社, 2004.

趙宇 外編, 《今古朝陽》, 遼寧大學出版社, 1986.

中國國家文物局 主編, 《中國文物地圖集; 內蒙古自治區分冊》(下), 西安市圖出版社, 2003.

中國社會科學院 主辦(譚基驤主編), 《中國歷史地圖集》, 第1冊, 中國地圖出版社, 1996.

中國社會科學院歷史研究所 中國共產黨昌黎縣委員會編, 《昌黎縣史》, 河北人民出版社, 1985.

陳文華·渡部武 編, 《中國稻作起源》, 六興出版, 1989.

河北省文物管理處, 《文物考古工作三十年》, 文物出版社, 1979.

許進雄/洪喜 옮김, 《中國古代社會》, 東文選, 1991.

許玉林, 《遼東半島石棚》, 遼寧科學技術出版社, 1994.

黃鳳岐 主編, 《朝陽史話》, 遼寧人民出版社, 1986.

黃斌·劉厚生, 《箕氏朝鮮史話》, 遠方出版社, 2007.

3) 일본어 저서

甲元眞之, 《東北アジアの青銅器文化と社會》, 同成社, 2006.

江上波夫, 《騎馬民族國家》, 中央文庫, 1984.

江上波夫, 《騎馬民族國家》(江上波夫著作集6), 平凡社, 1986.

江上波夫, 《江上波夫の日本古代史：騎馬民族說四十五年》, 大巧社, 1992.

高森明勅, 《謎とき'日本'誕生》, ちくま新書, 2002.

関裕二/李鍾煥 옮김, 《일본의 뿌리는 한국》, 관정이종환교육재단, 2008.

宮里修(미야자토 오사무), 《한반도 청동기의 기원과 전개》, 사회평론, 2010.

金基雄, 《伽耶の古墳》, 學生社, 1978.

吉田孝, 《日本の誕生》, 岩波新書, 1997.

大和岩雄, 《日本にあった朝鮮王國》, 白水社 1993.

大和岩雄, 《神と人の古代學》, 大和書房, 2012.

東潮, 《倭と加耶の國際環境》, 古川弘文館, 2006.

寺澤薰, 《(日本の歷史02) 王權誕生》, 講談社, 2000.

森公章 編, 《倭國から日本へ》(日本の時代史3), 吉川弘文館, 2002.

西谷正,《東アジアにおける支石墓の總合的 研究》, 九州大學文學部考古學研究室, 1997.
西嶋正生,《邪馬台國と倭國》, 吉川弘文館, 1994.
石田英郎·江上波夫·岡正雄·八中番一郎,《日本民族の起源》(對談と討論), 平凡社, 1958.
小林敏男,《日本古代國家の形成》, 吉川弘文館, 2007.
神野志隆光,《'日本'とは何か〉, 講談社 , 2005.
岩橋小彌太,《日本の國號》, 吉川弘文館, 1970.
鈴木英夫,《古代の倭國と朝鮮諸國》, 靑木書店, 1996.
王建新,《東北アジアの靑銅器文化》, 同成社, 1999.
有光敎一,《朝鮮櫛目紋土器の研究》, 京都大學考古學叢書3, 1962.
李進熙,《廣開土王陵碑の研究》, 吉川弘文館, 1972.
田中史生,《日本古代國家の民族支配と渡來人》, 校倉書房, 1997.
田中俊明,《大加耶聯盟の興亡と'任那'》, 吉川弘文館, 1992.
井乃香樹,《日本國號論》, 建設社, 1943.
全浩天,《朝鮮からみた古代日本—古代朝·日關係史》, 未來社, 1989.
片岡宏二,《彌生時代渡來人から倭人社會へ》, 雄山閣, 2006.
平野邦雄,《歸化人と古代國家》, 吉川弘文館, 2007.

4) 서양어 저서

Anthony, David W., *the Horse, the Wheel and Language*, Princeton University Press, 2007.
Atkinson, Austen, *Lost Civilizations*, Watson-Guptill publications, New York, 2002.
Bacon, Edward (ed.) *Vanished Civilizations*, Thames & Hudson, London, 1963.
Baumer, Christoph, *The History of Central Asia: The Age of Steppe Warriors*, Tauris, London, 2016.
Bechwith, Christopher I., *Empire of the Silk Road: A History of Central Eurasia from the Bronze Age to the Present*, Princeton University Press, 2009.
Belenitsky, Aleksandr, *The Ancient Civilization of Central Asia*, Barrie & Jenkins, London, 1969.
Bellwood, Peter, *First Farmers: The Origins of Agrarian Societies*, Blackwell, Oxford, 2005.
Bellwood, Peter·Ness, Immanuel, *The Global Prehistory of Human Migration*, Blackwell, 2014.
Braudel, Fernand, *A History of Civilizations*, The Penguin Press, London, 1994.
Chang, Kwang-chih, *Shang Civilization*, Yale University Press, 1980.
Chang, Kwang-chih, *The Archaeology of Ancient China*, Fourth Edition, New Haven, Yale University Press, 1986.
Dani, A.H. and V.M. Masson(eds.), *History of Civilizations of Central Asia*, Vol. I, UNESCO Publishing, 1992.
Daniel, Glen, *The First Civilizations*, Thames & Hudson, London, 1968.
Danilevsky, Nikolay/이혜승 옮김, 《러시아와 유럽》, 지식을 만드는 지식, 2009.
Doraiswamy, Rashmi(ed.), *Cutural Histories of Central Asia*, New Delhi, 2009.
Durkheim, Emile, *Le Formes Elémentaires de la Vie Religieuse* ; (영어판) Translated by Karen E. Field, *The Elementary Forms of Religious Life*, Free Press, 1995;

(한국어판) 노치준·민혜숙 옮김, 《종교생활의 원초적 형태》(한국사회과학연구소), 민영사, 1992.

Earle, T.(ed.), *Chiefdom: Power, Economy and Ideology*, Cambridge University Press, 1991.

Ehlers, J., P. L. Gibbard (eds.), *Quaternary Glaciation: Extent and Chronology 3*, Part Ⅲ, South America, Asia, Africa, Australia, Antartica, Amsterdam, Elsevier, 2004.

Engels F., *The Origin of the Family, Private Property and the State*, Pathfinder, New York, 1972(1884).

Fagan, Brian (ed.), *The Complete Ice Age: How Climate Change Shaped the World*, Thames & Hudson, London, 2009(이승호·김맹기·황상일 옮김, 《완벽한 빙하시대》, 푸른길, 2011).

Fine, John V. A., *The Early Medieval Balkans*, University of Michigan Press, 1991.

Fol, Alexander(ed.), *The Bulgarians*, Tangra All Bulgaria Foundation, Sofia, 2000.

Geyl, Peter, Arnold J. Toynbee, Pitrim A. Sorokin, *The Pattern of the Past*, The Beacon Press, Boston, 1949.

Grousset, René, *The Empire of the Steppes: A History of Central Asia*, Lutgers University Press, 1970.

Harmatta, János(ed.), *History of Civilizations of Central Asia*, Vol. Ⅱ, UNESCO Publishing, 1994.

Harris, David R.(ed.), *The Origins and Spread of Agriculture and Pastoralism in Eurasia*, Smithonian Institution Press, Washington D.C., 1996.

Herbert, William Von, *The Chronicles of a Virgin Fortress: Being Some Unrecorded Chapters of Turkish and Bulgarian History*, Osgood, McIlvain & Co., London, 1896.

Hildinger, Eric H., *Warriors of the Steppe: A Military History of Central Asia, 500 B.C. to 1,700 A.D.*, Sarpedon, New York, 1997.

Hiro, Dilip, *Inside Central Asia: Overlook*, Duckworth, New York, 2009.

Hoddinott, R.F., *Bulgaria in Antiquity*, Ernest Benn Ltd., London, 1975.

Hoffecker, John F., *A Prehistory of the North: Human Settlement of the Higher Latitudes*, Rutgers University Press, 2006.

Hoffecker, John F., Scott A. Elias. 2007. *Human Ecology of Beringia*, Columbia University Press, 2007.

Hristov, Hristo, *Bulgaria 1300 Years*, Sofia Press, Sofia, 1980.

Institute of Korean prehistory, *Recent Discoveries and Interpretations from Korean Paleolithic Sites(V)*, 2014.

Johnson, A.W. & Earle. T., *The Evolution of Human Societies: From Foraging Group to Agrarian State*, Stanford University Press, 1987.

Kafesoglu, Ibrahim, *Origins of Bulgars*, Institute for the Study of Turkish Culture, Ankara, 1986.

Karlgren, Bernard, *Analytic Dictionary of Chinese and Japanese*, Dover Publication, 1991.

Kitamura S., *Applied Botany*, Asakura Book Co., 1962.

Kottak, Conrad Phillip, *Windows on Humanity*, New York, McGrow-Hill, 2005.

Kwanten, Luc, *Imperial Nomads: A History of Central Asia: 500-1500*, University of Pennsylvania Press, 1979.

Laszlo, Gyula, *The Magyars: Their Life and Civilizations*, Corvina Budapest, 1996.

Lazar, Istvan, *Hungary: A Brief History*, Corvina Budapest, 1996.

Lendvai, Paul, *The Hungarians: A Thousand Years of Victory in Defeat*, C. Hurst&Co. Publishers, 2003.

Levi-Strauss, Claude, *Totemism*, Merlin Press, London, 1964.

Macartny, C.A., *The Magyars in the Ninth Century*, Cambridge, 1968.

Macdougall, Doug, *Frozen Earth: The Once and Future Story of Ice Ages*, 2005(조혜진 옮김, 《우리는 지금 빙하기에 살고 있다: 얼어붙은 지구와 인류의 미래》, 말글빛냄, 2005).

Mangerud, J., Ehlers, P. L. Gibbad(eds.), *Quaternary Glaciation: Extent and Chronology 1*, Part I, Europe, Amsterdam, Elsevier, 2004.

Marvin, Uzo, *Hungary History, Early History*, Stephen I, Sonit Education Academy, Budapest, 2016.

Masson, V.M. and V.I. Sarianidi, *Central Asia: Turkmenia before the Achaemenids*, Thames and Hudson, London, 1972.

Miller, Frederic P. et al(eds.), *European Avars*, Alphascript Publishing, 2009.

Mishew, D., *Bulgarians in the Past*, Lausanne, 1919.

Morgan W.H., *Ancient Society*, Chicago: H. Charles & Kerr, 1909.

Morton, Fried, *The Notion of Tribe*, Cummings, Menlo Park, 1975.

Peel D.Y.(ed.), *Herbert Spencer on Social Evolution*, University of Chicago Press, 1972.

Poole, Stanley Lane (ed.), *The People of Turkey*, 2vols, Murrary, London, 1878.

Rice, Tamara Talbot, *Ancient Arts of Central Asia*, Thames and Hudson, London, 1965.

Rizoff, D., *The bulgarians in Their Historical, Ethnographical and Political Frontiers*, Berlin, Wihelm Greve, 1917.

Roberts, J. M., *Prehistory and the First Civilizations*, Oxford University Press, 1998.

Runciman, Steve, *A History of the First Bulgarian Empire*, G Bell & Son, London, 1930.

Russel, Jesse, *First Bulgarian Empire*, Bookvika Publishing, Edinburgh, 2012.

Service, E. R. *Primitive Social Organizations*, Random House, New York, 1962.

Service, E. R. *Cultural Evolutionism: Theory in Practice*, Holt, Rinehart and Winston, New York, 1975.

Service, E. R. *Origins of the State and Civilization: the Process of Cultural Evolution*, Norton, New York, 1975.

Shirokogoroff, S. M., *Anthropology of Northern China*, Royal Asiatic Sosiety, Shanghai, 1923.

Shirokogoroff, S. M., *Ethnological and Linguistical Aspects of the Ural-Altaic Hypothesis*, The Commercial Press, Shanghai, 1931.

Shirokogoroff, S. M., *Social Organization of Northern Tungus*, The Commercial Press, Shanghai, 1933.

Shirokogoroff, S. M., *The Psychomental Complex of the Tungus*, Kegan Paul, Trench, Trubner &Co., London, 1935.

Sinor, Denis(ed.), *The Cambridge History of Inner Asia*, Cambridge University Press, 1990.

Smith, Anthony D., *The Ethnic Origin of Nations*, Oxford, Blackwell, 1986.

Smith, Anthony D., *Myths and Memories of the Nation*, Oxford University Press, 2000.

Smith, Anthony D., *The Antiquity of Nations*, Polity Press, London, 2004.

Smith, Anthony D., *Cutural Foundations of Nations*, Oxford, Blackwell, 2008.

Spencer, Herbert, *First Principles*, Williams and Norgate, London, 1867.

Spencer, Herbert, *The Principles of Sociology*, Williams and Norgate, London, 1893.

Steward J.H., *Theory of Cultural Change*, Urbana-Champaign, University of Illinois Press, 1955.

Sorokin, Pitirim A., *Social Philosophies of an Age of Crisis*, The Beacon Press, 1951.

Sorokin, Pitrim A., *Sociological Theories of Today*, Harper & Low, New York, 1966.

Stepanov, Tsvetelin, *The Bulgars and the Steppe Empire in the Early Middle Ages*, Brill, Leiden·Boston, 2010.

Tekin, Talat/이용성 옮김, 《돌궐비문연구》, 제이앤씨, 2008.

Timasheff, Nicholas S., *Sociological Theory: Its Nature and Growth*, Random House, New York, 1967.

Toynbee, Arnold J., *A Study of History*, A New Edition, Revised and Abridged by the Author and Jane Caplan, Weathervane, New York, 1979.

Uustalu, Evald, *The History of Estonian People*, Boreas Publishing Co., London, 1952.

Vambery, Ariminius, *Hungary in Ancient Mediaeval and Modern Times*, T. Fisher Unwin, London, 1887.

Venedikov, Ivan, *Bulgaria's Treasures from the Past*, Foreign Language Press, Sofia, 1965.

Weber, Max, *Wirtschaft und Gesellschaft*, Tübingen, 1956; *Economy and Society*, New York, Bedminster Press, 1968.

Weber, Max, *The Agrarian Sociology of Ancient Civilization*, NLB, 1976.

Wright, David C., *Peoples of the Steppe: Historical Sources on the Pastoral Nomads of Eurasia*, Simon and Schuster, Needham, 1998.

Zakiev, Mirfatyh, *Origin of Turks and Tatars*, Pabulishing Hous Insan, Moscow, 2002.

3. 논문

1) 한국어 논문

강승남, 〈고조선시기의 청동 및 철가공기술〉, 《조선고고연구》, 1995년 2호.

강인욱, 〈동아시아 고고학·고대사·연구 속에서 옥저문화의 위치〉, 《고고학으로 본 옥저문화》(동북아역사재단 연구총서37), 2008.

강인욱·천선행, 〈러시아 연해주 세형동검관계 유적의 고찰〉, 《한국상고사학보》 제42집, 2003.

權悳奎, 《朝鮮語文經緯》, 廣文社, 1923.

權臣漢, 〈大豆의 起源〉, 《한국의 콩연구》 제2권 제1호, 1985.

김교경, 〈평양일대의 단군 및 고조선 유적유물에 대한 년대측정〉, 《조선고고연구》, 1995년 1호.

김기흥, 〈부조예군에 대한 고찰〉, 《한국사론》 제12집, 1985.

김동일, 〈별자리가 새겨진 고인돌무덤에 대하여〉, 이형구 엮음, 《단군과 고조선》, 살림터, 1999.

金杜珍, 〈三韓 別邑社會의 蘇塗 신앙〉, 《한국 고대의 국가와 사회》, 1985.

金庠基, 〈韓·濊·貊移動考〉, 《東方史論叢》, 서울대출판부, 1974.

김석주, 〈중국의 동굴자원과 동굴연구〉, 《한국동굴학회지》 제95집, 2009.

김석형, 〈삼한·삼국의 일본렬도내 분국들에 대하여〉, 《역사과학》 제1집, 한국복사판, 1966.

김연주, 〈先秦시기 산동성 지역 동이에 관한 연구〉, 이화여대 박사논문, 2011.

김연주, 〈商代 東夷열국과 문화〉, 《고조선단군학》 제26호, 2012.

김용간리순진, 〈1965년도 신암리유적 발굴보고〉, 《고고민속》 3, 1966.

金元龍, 〈廣州 渼沙里 櫛文土器遺蹟〉, 《歷史學報》 14, 1961.

김원룡, 〈岩寺里遺蹟의 土器·石器〉, 《歷史學報》 17·18, 1962.

김원룡, 〈沈陽鄭家窪子 靑銅器時代墓와 부장품〉, 《동양학》 6, 1976.

김유철, 〈고조선시기 경제발전과 노예제도의 변천〉, 이형구 엮음, 《단군과 고조선》, 살림터, 1999.

金仁喜, 〈上古史에 있어 韓·中의 文化交流: 중국 大汶口文化와의 관계를 중심으로〉, 《東아시아 古代學》 제2집, 2000.

金貞培, 〈韓國에 있어서 騎馬民族問題〉, 《歷史學報》 제75·76합집, 1977.

김정배, 〈蘇塗의 정치사적 의미〉, 《歷史學報》 제79집, 1978.

김정배, 〈동북아의 비파형동검문화에 관한 종합적 연구〉, 《국사관논총》, 제88집, 2000.

김정배, 〈고조선과 비파형 동검의 문제〉, 《단군과 고조선 연구》, 지식산업사, 2005.

金鍾允, 〈우리나라 콩 재배 역사〉, 《생물학》 4-1, 1965.

金鍾徹, 〈廣州 渼沙里 櫛文土器에 대한 小考〉, 《韓國考古》 1, 1967.

盧泰敦, 〈'騎馬民族日本列島征服設'에 대하여〉, 《韓國學報》 제5집, 1976.

류춘길·최미경, 〈식물규소체 분석을 통한 재배작물분석: 고성 문암리 유적 신석기시대 경작층을 중심으로〉, 《자연과학에서 본 農耕출현》(제1회 동아시아 농경연구 국제워크숍 발표논문집, 문화재청 국립문화재연구소). 2013. 10.

리규태, 〈배천군 대아리 돌상자 무덤〉, 《고고학자료집》 6, 1983.

리순진, 〈신암리 유적 발굴중간보고〉, 《고고민속》 3, 1965.

文明大, 〈천전리 암각화의 발견 의미와 도상의 재해석〉, 《울산 반구대 천전리 암각화》(천전리 암각화 발견 40주년기념 학술대회 논문집), 한국미술사연구소, 2010. 12.

문명대, 〈대곡리 암각화의 의미와 기법과 양식에 의한 신석기시대 편년연구〉, 《강좌 미술사》(한국미술사연구소) 제47호, 2016.

문안식, 〈옥저의 기원과 대외관계의 변화〉, 《역사학연구》 제32집, 2008.

朴仙姬, 〈복식비교를 통한 고조선 영역연구〉, 단군학회 엮음, 《단군과 고조선 연구》, 지식산업사, 2005.

박선희, 〈고대한국 갑옷의 원류와 동아시아에 미친 영향〉,《고대에도 한류가 있
    었다》, 지식산업사, 2007.

박준형, 〈고조선의 해상교역로와 萊夷〉,《북방사논총》10, 2006.

박준형, 〈고조선의 대외교역과 의미-춘추 齊와의 교역을 중심으로-〉, 고조선사
    연구회·동북아역사재단,《고조선의 역사를 찾아서》, 학연문화사, 2007.

박진욱, 〈비파형단검문화의 발원지와 창조자에 대하여〉,《비파형단검문화에 관한
    연구》, 과학백과사전출판사, 1987.

박진욱, 〈고조선의 비파형단검문화에 대한 재검토〉,《조선고고연구》, 1995년 2호,
    1995.

박태식·이융조, 〈고양 家瓦地 Ⅰ지구 출토 벼 낟알들과 한국선사시대 벼농사〉,
    《농업과학논문집》제37집, 1995.

박태식·이융조, 〈소로리볍씨 발굴로 살펴 본 한국벼의 기원〉,《농업사연구》제3
    권 제2호, 2004.

방선주, 〈한국 巨石制의 제문제〉,《史學硏究》제20집, 1968.

卜箕大, 〈마성자문화에 관한 몇가지 문제〉,《선사와 고대》22, 한국고대학회, 2005.

복기대, 〈존(尊)의 기원과 계승성에 관한 시론〉,《先史와 古代》제25집, 2006.

복기대, 〈試論 紅山文化 原始龍에 대한 재검토〉,《白山學報》제77호, 2007.

복기대, 〈홍산문화와 하가점 하층문화의 연관성에 관한 시론〉,《文化史學》제27
    호, 2007.

사회과학원 고고학연구소, 〈낙랑구역 일대의 고분발굴보고〉,《고고학자료집》6, 1983.

서국태, 〈영흥읍 유적에 관한 보고〉,《고고민속》, 1965년 제2호, 1965.

손영종, 〈단군 및 고조선 관계 비사들에 대한 이해 -《규원사화》를 중심으로〉,
    《단군과 고조선연구》, 지식산업사, 2005.

孫晉泰, 〈蘇塗考〉,《朝鮮民族文化의 硏究》, 을유문화사, 1948.

손진태, 〈조선 Dolmen에 관한 조사연구〉,《朝鮮民族文化의 연구》, 을유문화사,
    1949.

송순탁, 〈대동강 유역 청동기시대 문화 성격에 대하여〉,《단군과 고조선 연구》,
    지식산업사, 2005.

慎鏞廈, 〈周時經의 애국계몽사상〉,《韓國社會學硏究》제1집, 1977(《韓國近代社會思想
    史》, 일지사, 1987 재수록).

신용하, 〈民族形成의 理論〉,《韓國社會學硏究》제7집, 1984.

신용하, 〈두레공동체와 농악의 사회사〉,《한국사회연구》제2호, 1984(《한국사회사
    연구》(일지사), 1987 재수록).

신용하, 〈탐라국의 형성과 초기 민족이동〉,《한국학보》제90집, 1988(《한국민족의
    형성과 민족사회학》, 지식산업사, 2001 재수록).

신용하, 〈檀君說話의 社會學的 解釋〉,《韓國社會史硏究會論文集》제47집, 1995.

신용하, 〈韓國民族의 起源과 形成〉,《韓國學報》제100집, 2000(《한국민족의 형성과
    민족사회학》, 지식산업사, 2001 재수록).

신용하, 〈한민족의 형성과 단군에 대한 사회사적 고찰〉,《단군학보》제3집, 2000(단군
    학회 엮음,《단군과 고조선연구》, 지식산업사, 2005 재수록).

신용하, 〈古朝鮮 '아사달문양'이 새겨진 山東 大汶口문화 유물〉,《韓國學報》제102

집, 2001.

신용하, 〈古朝鮮文明圈의 三足烏太陽 상징과 朝陽袁台子벽화묘의 三足烏太陽〉, 《한국학보》 제105집, 2001.

신용하, 〈고조선문명권의 형성과 동북아의 '아사달' 문양〉, 임재해 외, 《고대에도 한류가 있었다》, 지식산업사, 2007.

신용하, 〈고조선문명의 형성과 동북아의 '아사달' 문양〉, 임재해 외, 《고대에도 한류가 있었다》, 지식산업사, 2007.

신용하, 〈임나일본부설의 허구(상·하)〉, 《동아일보》, 2007년 4월 21일자 및 4월 28일자 〈다시보는 한국역사 ④⑤〉, 2007.

신용하, 〈고조선의 통치체제〉, 《고조선연구》 제1집 (고조선학회), 2008.

신용하, 〈고조선 국가의 형성-3부족 결합에 의한 고조선 개국과 아사달〉, 《사회와 역사》 제80집, 2008.

신용하, 〈고조선 국가의 형성과 고조선 금속문화〉, 《단군학연구》 제21호, 2009.

신용하, 〈고조선문명권 형성의 기본구조〉, 《단군학연구》 제23호, 2010.

신용하, 〈고조선 국가의 요동·요서지역으로의 발전〉, 《고조선 단군학》 제25호, 2011.

신용하, 〈고조선의 기마문화와 농경·유목의 복합구성〉, 《고조선단군학》 제26호, 2012.

신용하, 〈箕子朝鮮說의 사회학적 검증과 '犯禁8條'의 실체〉, 《고조선단군학》 제29호, 2013.

신용하, 〈孤竹國의 성립과 古朝鮮 후국의 지위〉, 《고조선단군학》 제28호, 2013.

신용하, 〈구한말 서구 사회학의 수용과 한국사회사상〉, 《學術院論文集》 인문·사회과학편, 제52권 제1호, 2013.

신용하, 〈고조선문명 형성의 기반과 한강문화의 세계최초 단립벼 및 콩의 재배 경작〉, 《고조선단군학》 제31호, 2014.

신용하, 〈고조선 국가의 영역확대와 고조선 청동기의 분포〉, 《사회와 역사》(한국사회사학회) 제101집, 2014.

신용하, 〈고조선문명의 형성과 한강문화의 특징〉, 《고조선문명의 학제적 연구 제1차년도 연차보고서》, 2014.

신용하, 〈고조선문명 형성에 들어간 濊족의 新樂문화와 신석기문화의 유형〉, 《고조선문명의 학제적 연구》 제2차년도 보고서, 2014.

신용하, 〈고조선문명의 사회사①〉, 《고조선문명의 학제적 연구 제1차연도 보고서》, 2014.

신용하, 〈고조선문명권의 공간적 구성〉, 《고조선문명의 학제적 연구 제1차년도 연차보고서》, 2014.

신용하, 〈한국민족 최초 나라이름·겨레이름에 대한 사회사적 고찰-'밝'·'밝달'·'한'·'맥'·'예'·'아사달'을 중심으로〉, 한국학중앙연구원 현대한국학 연구센터, 《한국사 속의 나라이름·겨레이름》 학술대회 기조발표논문, 2015.

신용하, 〈고조선문명 형성에 들어간 貊부족의 紅山문화의 특징〉, 《고조선단군학》 제32호, 2015.

신용하, 〈한국민족의 기원과 형성에 대한 '한'·'맥'·'예' 3부족의 결합설〉, 《학술원논문집》(인문·사회과학편) 제55집 1호, 2016.

신용하, 〈고조선문명의 첫 기반인 한강문화의 '10진법'의 성립과 사용 시론〉, 《고조선문명의 학제적 연구》 2016년 4월 30일 월례세미나 발표논문, 2016.

신의주력사박물관, 〈1966년도 신암리 유적발굴 간략보고〉, 《고고민속》 2, 1967.

신형식, 〈'중화5천년', 紅山文明의 재조명〉, 《백산학보》 제77호, 2007.

안승모, 〈두류 재배기원에 대한 고고학적 고찰〉, 《한국콩연구회지》 제19권 제2호, 2002.

안승모, 〈대천리유적의 麥類로 본 동아시아 맥작의 초보적 검토〉, 《옥천 대천리 신석기유적》, 2003.

안승모, 〈콩과 팥의 고고학〉, 《제15회 인제식품과학 FORUM》, 2008.

梁在淵, 〈公無渡河歌小考〉, 《국어국문학》 제5집, 1953.

吳江原, 〈春秋末東夷系萊族木槨墓 출토 비파형동검〉, 《韓國古代史研究》 제23집, 2001.

오강원, 〈동북아지역 扇形銅斧의 형식과 시공간적 양상〉, 《강원고고학보》 2, 2003.

오대양, 〈한강 본류 유역 고인돌유적의 성격〉, 《백산학보》 제79호, 2007.

우실하, 〈흐름과 교류의 산물 三足烏〉, 《동북공정너머 요하문명론》, 소나무, 2007.

우실하, 〈홍산문화의 곰토템부족과 단군신화의 웅녀족〉, 《고조선단군학》 제27호, 2012.

우실하, 〈고조선문명의 기원과 요하문명〉, 《고조선문명의 학제적 연구 제1차년도 연차보고서》, 2014.

우장문, 〈화성·용인지역 선돌의 비교고찰〉, 《京畿史學》 제6집, 2002.

柳烈, 〈신지글자와 '창힐글자'의 관계에 대하여〉, 이형구 편, 《단군과 고조선》, 살림터, 1999.

尹容鎭, 〈한국청동기문화연구-대구평리동출토일괄유물검토〉, 《한국고고학보》 제10·11집, 1981.

이강승, 〈요령지방의 청동기문화〉, 《한국고고학보》 6, 1979.

李健茂, 〈한국식 동검문화의 성격-성립배경에 대하여-〉, 第3回 文化財研究 國際學術大會論3集《東아시아의 靑銅器文化》, 문화재연구소, 1994.

李基文, 〈韓國語形成史〉, 《韓國文化史大系(Ⅴ)》(言語·文學史), 高大民族文化研究所, 1967.

李基白, 〈高句麗王妃族考〉, 《震檀學報》 제20집, 1959.

이기백, 〈高句麗國家形成문제〉, 《한국고대국가와 상회》, 1985.

李丙燾, 〈檀君神話의 해석과 阿斯達 문제〉, 《서울大論文集》 제2집, 1955.

이병도, 〈檀君說話의 해석과 阿斯達 문제〉, 《한국고대사연구》, 1976.

李相佰, 〈賤者隨母考〉, 《震檀學報》 제26·27합병호, 1964(《李相佰著作集》 제3권, 을유문화사, 1978).

이성규, 〈중국 사학계에서 본 고조선〉, 《한국사시민강좌》 제49권, 2011.

李盛雨, 〈大豆文化는 東方에서〉, 《한국콩연구회지》 제1호, 1984.

이성우, 〈大豆재배의 기원에 관한 고찰〉, 《한국 食文化學會誌》 제3권 제1호, 1988.

이순진, 〈재령군 부덕리 수역동의 토광묘〉, 《문화유산》 1961년 6호.

이순진, 〈부조예군 무덤에 대하여〉, 《문화유산》 1964년 4호, 1964.

이순진, 〈부조예군무덤 발굴보고〉, 《고고학자료집》 4, 1974.

李榮文, 〈한반도 출토 비파형동검 형식분류 시론〉, 《博物館紀要》 7, 단국대 박물관, 1991.

이영문, 〈중국 절강성지역의 지석묘〉, 《한국 지석묘사회 연구》, 학연문화사, 2002.

이영호·박태식, 〈출토유물과 유전적 다양성으로 본 한반도의 두류재배 기원〉, 《농업사연구》 제5권 제1호, 2006.

이융조, 〈양평 앙덕리 고인돌 발굴보고〉, 《韓國史硏究》 제11집, 1975.

이융조, 〈한국 선사문화에서의 선돌의 성격〉, 《東方學志》 제46집, 1985.

이융조, 〈중원지역의 구석기문화〉, 《중원광장》 창간호, 중원포럼·충북일보, 2009.

이융조, 〈소로리 볍씨, 왜 중요한가?〉, 2014년 4월 15일 한국선사문화연구원 발표논문, 2014.

이융조·김정희, 〈한국 선사시대 벼농사의 새로운 해석: 식물규소체 분석자료를 중심으로〉, 《先史와 古代》 제11집, 1998.

이융조·박태식·우종윤, 〈고양 가와지 볍씨의 발굴과 농업사적 의미〉, 《고양 가와지볍씨와 아시아 쌀농사의 조명》, 고양 600주년 기념 국제학술회의 논문집, 2013.

이융조·우종윤, 〈세계 最古의 소로리볍씨의 발굴과 의미〉, 제1회 국제학술회의 《아시아 선사농경과 소로리볍씨》, 충북대 박물관·청원군, 2003.

이종미, 〈한국의 떡문화: 형성 기원과 발달과정에 관한 소고〉, 《한국식문화학회지》 제7권 제2호, 1992.

李鍾宣, 〈세형동검문화의 지역적 특성」, 《韓國上古史學報》3, 한국상고사학회, 1990.

李淸圭, 〈청동기를 통해 본 고조선〉, 《국사관논총》 제42집, 1993.

이청규, 〈동북아지역의 다뉴경과 그 부장묘〉, 《한국상고사학보》 28, 1999.

이청규, 〈비파형동검문화〉, 《한국고대사연구의 새 동향》, 한국고대사학회, 2007.

이현혜, 〈沃沮의 기원과 문화 성격에 대한 고찰〉, 《한국상고사학보》 제70호, 2010.

李慧竹·王靑, 〈後期靑銅器~鐵器時 中國 山東지역과 한국 간의 교류〉, 《白山學報》 64, 2002.

李亨求, 〈靑銅器文化의 비교 Ⅱ(중국과의 비교) - 銅鏡을 중심으로 본 우리나라 靑銅器의 기원-〉, 《韓國史論》(국사편찬위원회) 13, 1983.

이형구, 〈고구려의 三足烏 신앙에 대하여〉, 《東方學志》 제86집, 1994.

이형구, 〈大凌河 유역의 殷末周初 靑銅器文化와 箕子 및 箕子朝鮮〉, 《한국상고사학보》 제5집, 1991.

임효재, 〈경기도 김포반도의 고고학조사연구〉, 《서울대학교박물관보》 제2집, 1990.

張權烈, 〈古農書를 통해 본 한민족과 콩〉, 《한국콩연구회지》 제6권 제2호, 1989.

全榮來, 〈금강유역 청동기문화권 신자료〉, 《馬韓百濟文化》(원광대) 제10집, 1987.

정용길, 〈신평군 선암리 돌상자 무덤〉, 《고고학자료집》6, 1983.

조현종, 〈우리나라 稻作農耕의 기원과 稻作類型〉, 《농업사연구》 제3권 제2호, 2004.

朱貴, 〈遼寧十二臺營子靑銅短劍墓〉, 《考古學報》, 1960年 1期.

朱永剛, 〈중국동북지역내 燕·秦·漢 長城과 初期鐵器시대 문화〉, 단국대 동양학연구원, 《농아시아의 절기문화와 고조선》, 학연문화사, 2013.

千寬宇, 〈韓國史에서 본 騎馬民族說〉, 《伽倻史硏究》, 일조각, 1991.

崔南善, 〈檀君及其硏究〉, 《別乾坤》 1928년 5월호, 1928.

崔德卿, 〈齊民要術'의 高麗豆 보급과 한반도의 농작법에 대한 일고찰〉, 《東洋史硏究》 제78집, 2002.

崔德卿, 〈大豆재배의 기원론과 韓半島〉, 《中國史研究》 제31집, 2004.

최웅선, 〈상원군 장리 고인돌무덤을 통하여 본 고조선 초기의 사회문화상에 대하여〉, 이형구 편, 《단군과 고조선》, 살림터, 1999.

하문식, 〈금강과 남한강 유역의 고인돌문화 비교연구〉, 《손보기박사정년기념고고인류학논총》, 지식산업사, 1988.

하문식, 〈고인돌의 축조에 관한 문제: 채석과 덮개돌운반-경기 지역을 중심으로〉, 《白山學報》 제79호, 2007.

하문식, 〈경기지역 선돌유적과 그 성격〉, 《古文化》 제72집, 2008.

한국고고학회, 〈부여 송국리 출토 一括遺物〉, 《고고학》3, 1974.

한규항, 〈한국 선돌의 기능변천에 대한 연구〉, 《白山學報》 제28집, 1984.

한인호, 〈조선 초기의 금제품에 대한 고찰〉, 《조선고고연구》, 1995년 제1호.

한인호, 〈고조선의 귀금속 유물에 대하여〉, 《조선고고연구》 1996년 제3호.

한창균 외, 〈옥천 대천리유적의 신석기시대 집자리 발굴 성과〉, 《한국신석기연구》(한국신석기연구회) 제2호, 2002.

한창균·김근완·구자진, 〈대천리유적 신석기시대 집자리에 대한 고찰〉, 《옥천 대천리 신석기유적》, 한남대 중앙박물관·한국고속철도건설공단, 2003.

한흥수, 〈조선巨石文化연구〉, 《震檀學報》 제3호, 1935.

허문회, 〈신석기시대 집자리 출토 곡물분석〉, 한남대학교중앙박물관·한국고속철도건설공단, 《옥천대천리 신석기유적》, 2003.

허종호, 〈단군 및 고조선 역사연구에서의 몇 가지 기본문제들과 그 해명〉, 《단군과 고조선》, 살림터, 1999.

허종호, 〈고조선사회의 성격〉, 단군학회 엮음, 《남북학자들이 함께 쓴 단군과 고조선연구》, 지식산업사, 2005.

홍시환, 〈우리나라 자연동굴의 지리적 분포와 그 특성의 연구〉, 《한국동굴학회지》 제62집, 2004.

황기덕, 〈무산 범의 구석유적 발굴보고〉, 《고고민속논문집》 6, 사회과학원출판사, 1975.

황기덕, 〈요서지방의 비파형 단검문화와 그 주민〉, 《비파형단검문화에 관한 연구》, 백산자료원, 1987.

2) 중국어 논문

喀左縣文化館·朝陽地區博物館·遼寧省博物館, 〈遼寧喀左縣北洞村殷周靑銅器〉, 《考古》, 1973年 第6期.

喀左縣文化館·朝陽地區博物館·遼寧省博物館, 〈遼寧省喀左縣山灣子出土商周靑銅器〉, 《考古》, 1977年 第12期.

高廣仁, 〈試論大汶口文化的分期〉, 《考古學報》 1978年 4期.

曲瑞琦, 〈試論新樂文化〉, 《新樂遺址學術討論會文集》.

郭大順, 〈玉器的起源與漁獵文化〉, 《北方文物》, 1996年 4期.

郭大順, 〈紅山文化 '惟玉爲葬與遼河文明起源特徵' 再認識〉, 《文物》 1997年 第8期.

郭大順·張克擧, 〈遼寧省喀左縣東山嘴紅山文化建築群發掘簡報〉, 《文物》, 1984年 第11期.

郭文韜, 〈略論中國栽培大豆的起源〉, 《第8屆中國飮食文化學術硏討會論文集》, 2004. 7.

靳楓毅, 〈論中國東北地區含曲刃青銅短劍的文化遺存〉(上), 《考古學報》 4, 1982.

靳楓毅, 〈論中國東北地區含曲刃青銅短劍的文化遺存〉(下), 《考古學報》 1, 1983.

靳楓毅, 〈大凌河流域出土的青銅時代遺物〉, 《文物》 11, 1988.

吉林大學考古教研室, 〈農安左家山新石器時代遺址〉, 《考古學報》, 1989年 2期.

吉林省文物考古研究所, 〈吉林省近十年考古工作的主要收穫(1979~1989)〉, 《博物館研究》, 1990年 1期.

吉林省文物工作隊·長春市文管會·楡樹縣博物館, 〈吉林楡樹縣老河深鮮卑墓群部分墓葬發掘簡報〉, 《文物》 1985年 第2期.

金庠基, 〈韓·濊·貊 移動考〉, 《東方學論叢》, 1974.

唐蘭, 〈從大汶口文化的陶器文字看我國最早文化的年代〉, 《大汶口文化討論文集》, 1979.

佟柱臣, 〈從二里頭類型文化試論中國的國家起源問題〉, 《文物》 1975年 6期.

牟永抗·吳汝祚, 〈試論玉器時代-中國文明時代產生的一個重要標誌〉, 蘇秉琦 主編, 《考古學文化論集(4)》, 文物出版社, 1997.

方殿春·劉葆華, 〈遼寧阜新縣胡頭溝紅山文化玉器墓的發現〉, 《文物》, 1984年 第6期.

傅斯年, 〈夷夏東西說〉, 《慶祝蔡元培先生六十五歲論文集》, 1935.

傅仁義, 〈大連郭家村遺址的動物遺骨〉, 《考古學報》 1984年 3期.

北洞文物發掘小組·喀左縣文化館·朝陽地區博物館·遼寧省博物館, 〈遼寧喀左縣北洞村出土的青銅器〉, 《考古》, 1974年 第6期.

邵望平, 〈遠古文明的火花-陶尊上的 文字〉, 《大汶口文化討論文集》, 濟魯書社, 1979.

蘇秉琦, 〈遼西古文化古城古國一試論當前田野考古工作的重點和大課題〉, 《文物》 1986年 第8期.

孫守道, 〈論中國史上'玉兵時代'的提出-紅山文化玉器研究札記〉, 《遼寧文物》, 1983年 第5期.

孫永剛·趙志軍, 〈魏家窩鋪村: 紅山文化遺址植物遺存綜合研究〉, 《農業考古》, 2013年 第3期.

孫祖初, 〈論小珠山中層文化的分期及與各地比較〉, 《遼海文物學刊》 1991年 1期.

瀋陽古宮博物館, 〈沈陽鄭家洼子的兩座青銅時代墓葬〉, 《考古學報》 1, 1975.

瀋陽市文物管理辨公室·瀋陽故宮博物館, 〈瀋陽新樂遺址第二次發掘報告〉, 《考古學報》 1985年 2期.

瀋陽市文物管理辨公室, 〈瀋陽新樂遺址試掘報告〉, 《新樂文化論集》(瀋陽新樂遺址博物館), 2000.

瀋陽新樂遺址博物館·瀋陽市文物管理辨公室, 〈遼寧瀋陽新樂遺址搶救淸理發掘簡報〉, 《考古》 1990年 11期.

楊東晨, 〈東夷的發展與秦國在西方的復位〉, 《中南民族學院報》 第5期(總第38期), 哲學社會科學版, 1989.

黎家方, 〈新樂文化的科學價值和歷史地位〉, 《新樂文化論文集》, 2000.

烟台市文物管理委員會·栖霞縣文物事業管理處, 〈山東栖霞縣占疃鄉杏家庄戰國墓淸理簡報〉, 《古考》 1, 1992.

寧城縣文化館, 〈寧城縣新發現的夏家店上層文化及其相關遺物的研究〉, 《文物資料叢刊》 9, 1985.

寧城縣博物館·中國社會科學院研究生院東北考古專業, 〈寧城縣新發現的夏家店上層文化墓葬及其相關遺物的研究〉, 《文物資料刊叢刊》 9, 1986.

鳥居龍藏, 〈中國石棚之研究〉, 《燕京學報》 31, 1946.

王嗣州, 〈小珠山 下層文化類型與后注下層文化類型的比較〉, 《博物館研究》 1990年 3期.

王雲剛, 〈遼寧綏中縣近年發現的青銅劍〉, 《北方文化》 2002年 4期.

王獻唐, 〈山東的歷史和文物〉, 《文物參考資料》 2, 1957.

遼寧省博物館, 〈遼寧客座南洞溝石槨墓〉, 《考古》 1977年 6期.

遼寧省博物館, 〈大連市郭家村新石器時代遺址〉, 《考古學報》 1984年 3期.

遼寧省文物考古研究所, 〈遼寧牛河梁紅山文化'女神廟'與積石塚群發掘簡報〉, 《文物》, 1986年 第8期.

遼寧省文物考古研究所, 〈遼寧牛河梁第二地点四號塚筒形器墓的發掘〉, 《文物》, 1997年 第8期.

遼寧省文物考古研究所 編著, 《牛河梁: 紅山文化遺址發掘報告(1983~2003年度)》, 2012.

遼寧省文物保管所, 〈遼寧義縣發現商周青銅器窖藏〉, 《文物》 1982年 2期.

遼寧省文物調查訓練班, 〈一九七九年朝陽地區文物普查發掘的主要收穫〉, 《遼寧文物》 1, 1980.

遼寧省博物館文物工作隊, 〈槪述遼寧省考古新收穫〉, 《文物考古工作三十年, 1949~1979》, 文物出版社, 1979.

遼寧省博物館·昭烏達盟文物工作隊·敖漢旗文化館, 〈遼寧敖漢旗小河沿三種原始文化的發現〉, 《文物》, 1977年 第12期.

遼寧省昭烏達盟文物工作站, 〈遼寧城縣南山根的石槨墓〉, 《考古學報》 1973年 2期.

遼陽市文物管理所, 〈遼陽二道河子石槨墓〉, 《考古》 1977年 5期.

于建華, 〈扇面形銅斧初論〉, 《北方文物》 1993年 第2期.

于崇源, 〈從瀋陽的新樂文化談記〉, 《遼海文物學刊》 1999年 1期.

魏凡, 〈牛河梁紅山文化第三地点石棺墓〉, 《遼海文物學刊》, 1994年 第1期.

魏海波, 〈遼寧本溪發現青銅短劍墓〉, 《考古》 2, 1987.

劉國祥, 〈夏家店上層文化青銅器研究〉, 《考古學報》 4, 2000.

劉國祥, 〈紅山文化墓葬形制與玉制度研究〉, 《首屆紅山文化國際學術研討會》 資料集, 2004.

劉世民 外 2人, 〈吉林永吉出土大豆炭火種子的初步鑑定〉, 《考古》 1987年 4期.

劉振華, 〈內蒙古奈曼旗滿德圖遺址〉, 《社會科學輯刊》, 1994年 增刊號.

劉煥民, 〈新樂斜口異形器用途硏究〉, 《新樂遺址學術討論會文集》, 1983.

李恭篤, 〈遼寧凌源縣三官甸子城子山遺址試掘報告〉, 《考古》, 1986年 第6期.

李恭篤, 〈遼寧原始文化區計劃分與類型研究〉, 《遼寧大學學報》, 1988年 第2期.

李龍, 〈試談昂昂溪遺存的元始農業〉, 《黑河學刊》 1988年 2期.

李殿福, 〈建平孤山子·楡樹林子青銅時代墓葬〉, 《遼海文物學刊》, 1991年 第2期.

李曉鐘, 〈瀋陽新樂遺址 1982~1988年 發掘報告〉, 《遼海文物學刊》, 1990年 1期.

林沄, 〈論團結文化〉, 《北方文物》 1985年 1期.

林沄, 〈所謂'玉猪龍'并不是龍〉, 《二十一世紀的 中國考古學》, 文物出版社, 2006.

林沄, 〈說"貊"〉, 《林沄學術文集》(2), 北京: 科學出版社, 2008.

張光直, 〈談'琮'及其在中國古史上的意義〉, 《文物與考古論集》, 文物出版社, 1986.

張靜·田子義·李道升, 〈朝陽小波的青銅短劍墓〉, 《遼海文物學刊》, 1993年 第2期.

張泰湘, 〈嫩江流域原始文化初論〉, 《北方文物》 1985年 2期.

齊俊, 〈本溪地區發現青銅短劍墓〉, 《遼海文物學刊》 2, 1994.

朱貴, 〈遼寧十二臺營子青銅短劍墓〉, 《考古學報》 1, 1960.

朱鳳瀚, 〈吉林奈曼旗大瀋他拉新石器時代遺址調查〉, 《考古》, 1979年 第3期.

周延忠, 〈淺談'新樂文化'出土的斜口器〉, 《新樂遺址學術討論會文集》, 1983.

中國社會科學院考古研究所內蒙古工作隊, 〈寧城南山根遺址發掘報告〉, 《考古學報》, 1975年 1期.

中國社會科學院考古研究所內蒙古工作隊, 〈赤峰蜘蛛山遺址的發掘〉, 《考古學報》, 1979年 第2期.

中國社會科學院考古研究所內蒙古工作隊,〈赤峰西水泉紅山文化遺址〉,《考古學報》, 1982年 第2期.

中國社會科學院考古研究所東北工作隊,〈沈陽肇工街和鄭家窪子遺址的發掘〉,《考古》10, 1989.

陳國梁,〈二里頭文化銅器研究〉; 中國社會科學院考古研究所編,《中國早期青銅文化: 二里頭文化 題研究》, 科學出版社, 2008.

陳星燦,〈青銅器時代與玉器時代-再論中國文明的起源〉,《考古求知集》, 中國社會科學出版社, 1997.

陳雍,〈左家山新石器時代遺存分析〉,《考古》, 1992年 11期.

陳俏蕾,〈新樂遺址木雕藝術品再探〉, 瀋陽市 文物考古研究所編,《瀋陽考古文集》第2集, 2009.

陳全家·趙賓福,〈左家山新石器時代遺址的分期及相關文化遺存的年代序列〉,《考古》, 1990年 3期.

巴林右旗博物館,〈內蒙古巴林右旗那斯臺遺址調查〉,《考古》1987年 第6期.

河北省文物管理委員會,〈河北唐山市大城山遺址發掘報告〉,《考古學報》, 1959年 第3期.

郝思德,〈也談昂昂溪文化的經濟生活〉,《內蒙古東部區考古學文化研究文集》, 海洋出版社, 1991.

項春松·李義,〈寧城小黑石溝石槨墓調查清理報告〉,《文物》, 1995年 5期.

許玉林,〈遼寧東溝縣后洼遺址發掘概要〉,《文物》1989年 12期.

許玉林,〈后洼遺址考古新發現與研究〉,《中國考古學會 第6次年會論集》, 文物出版社, 1990.

華玉冰,〈牛河梁女神廟平臺東坡筒形器群遺存發掘簡報〉,《文物》, 1994年 第5期.

黑龍江省文物考古工作隊,〈密山縣新開流遺址〉,《考古學報》1979年 4期.

黑龍江省文物考古研究所·吉林大學考古學系,〈黑龍江肇源縣小拉哈遺址發掘報告〉,《考古學報》, 1998年 1期.

黑龍江省博物館,〈烏蘇里江流域考古調查〉,《文物》1972年 3期.

黑龍江省博物館,〈昂昂溪新石器時代遺址調查〉,《考古》1974年 2期.

3) 일본어 논문

江上波夫,〈騎馬民族の渡來〉,《騎馬民族國家》(江上波夫著作集6), 平凡社, 1986.

宮本一夫,〈青銅器と彌生時代の實年代〉,《彌生時代の實年代》, 2004.

宮井善郎,〈朝鮮半島と日本列島の青銅器の比較〉, 德藤直, 茂木雅博 編,《東アジアと日本の考古學 Ⅲ – 交流と交易》, 同成社, 2003.

渡部忠正,〈アジア栽培稻の起源と傳播〉,《サイエンス》14(12), 1984.

森貞次郎,〈青銅器の渡來 – 銅鏡細形銅劍銅矛·銅戈〉,《世界考古學大系》オ2卷, 日本 Ⅱ, 平凡社, 1960.

森貞次郎·岡崎敬,〈島原半島·原山遺跡〉,《九州考古學》第10號, 1960.

西谷正,《東アジアにあける支石墓の總合的研究》, 九州大學文學部考古學研究室, 1997.

王建新,〈日本列島における東北アジア系青銅器文化の伝播と發展〉,《東北アジアの青銅器文化》, 同成社, 1999.

中村大介,〈日本列島 彌生時代開始期前後의 墓制〉, 제2회 아시아권 문화유산(고인돌) 국제심포지엄(東北亞支石墓研究所) 발표논문, 2007. 12.

蔡鳳書,〈古代山東半島と交流〉, 千田稔等編,《東アジアと半島空間》, 思文閣出版, 2003.

平井尚志,〈沿海州 新出土の多鈕粗紋鏡とその一括遺物いつて〉,《考古學雜誌》, オ46卷 オ3号, 1960.

4) 서양어 논문

Ambrose, S. H. "Late Pleistocene Human Population Bottlenecks, Volcanic Winter, and Differentiation of Modern Humans," *Journal of Human Evolution*, 34, 1998.

Berger, A., MF. Loutre. "Climate: An Exceptionally Long Interglacial Ahead?" *Science*, 297, 2002.

Eldredges, S. "Ice Ages—What are they and What causes them?" *Utah Geological Survey*, Retrieved 2, March, 2013.

Golden, Peter B., "The People of the Russia Steppes', *The Cambridge History of Early Inner Asia*(Denis Sinor ed.), Cambridge University Press, 1990.

Hoffecker, John F. "The Human Story" in Brian Fagan(ed.), *The Complete Ice Age*, Thames & Hudson, London, 2009.

Ishjamts, N., Nomads in Eastern Central Asia, *History of Civilizations of Central Asia*, Vol. Ⅱ (János Harmatta ed.), UNESCO Publishing, 1994.

Kim, Kyeong Ja, Yung-jo Lee, Jong-Yoon Woo, A.J. Timothy Jull, "Radiocarbon ages of Sorori ancient rice of Korea", *Beam Interactions with Materials and Atoms (Nuclear Instruments and Methods in Physics Reserach B)* vol.294, January 2013.

Lee, Yung-jo and Park, S. J. "A New Discovery of the Upper Pleistocene Child's Skelton from Hungsu Cave(Turubong Cave Complex), Ch'ongwon, Korea", *The Korea Journal Quaternary Research* vol.4, 1990.

Park, Chan Kirl and Yang, Kyung Rin, "KAER I Radiocarbon Measurements III", *Radiocarbon* Vol.16, No.2, 1974.

Severinghaus, J., E. Brooks. "Abrupt Climate Change at the End of the Last Glacial Period Inferred from Trapped Air in Polar Ice," *Science*, 286, 1999.

Sinor, Denis, "The Establishment and Dissolution of the Tük Empire", *The Cambridge History of Early Inner Asia*(Denis Sinor ed.), Cambridge University Press, 1990.

Szádeczky-Kardoss, Samuel, "The Avars", *The Cambridge History of Early Inner Asia*(Denis Sinor de.), Cambridge University Press, 1990.

Varadi, F., B. Runnegar, M. Ghil, "Successive Refinements in Long-Term Integrations of Planetary Orbits," *The Astrophysical Journal*, 592, 2003.

찾아보기

ㄱ

716